재활평가

Brian F. Bolton · Randall M. Parker 편저

신현욱 · 이은정 · 김정한 · 안성희 · 김원호 · 박진희 공역

Handbook of Measurement and Evaluation in Rehabilitation, 4th edition

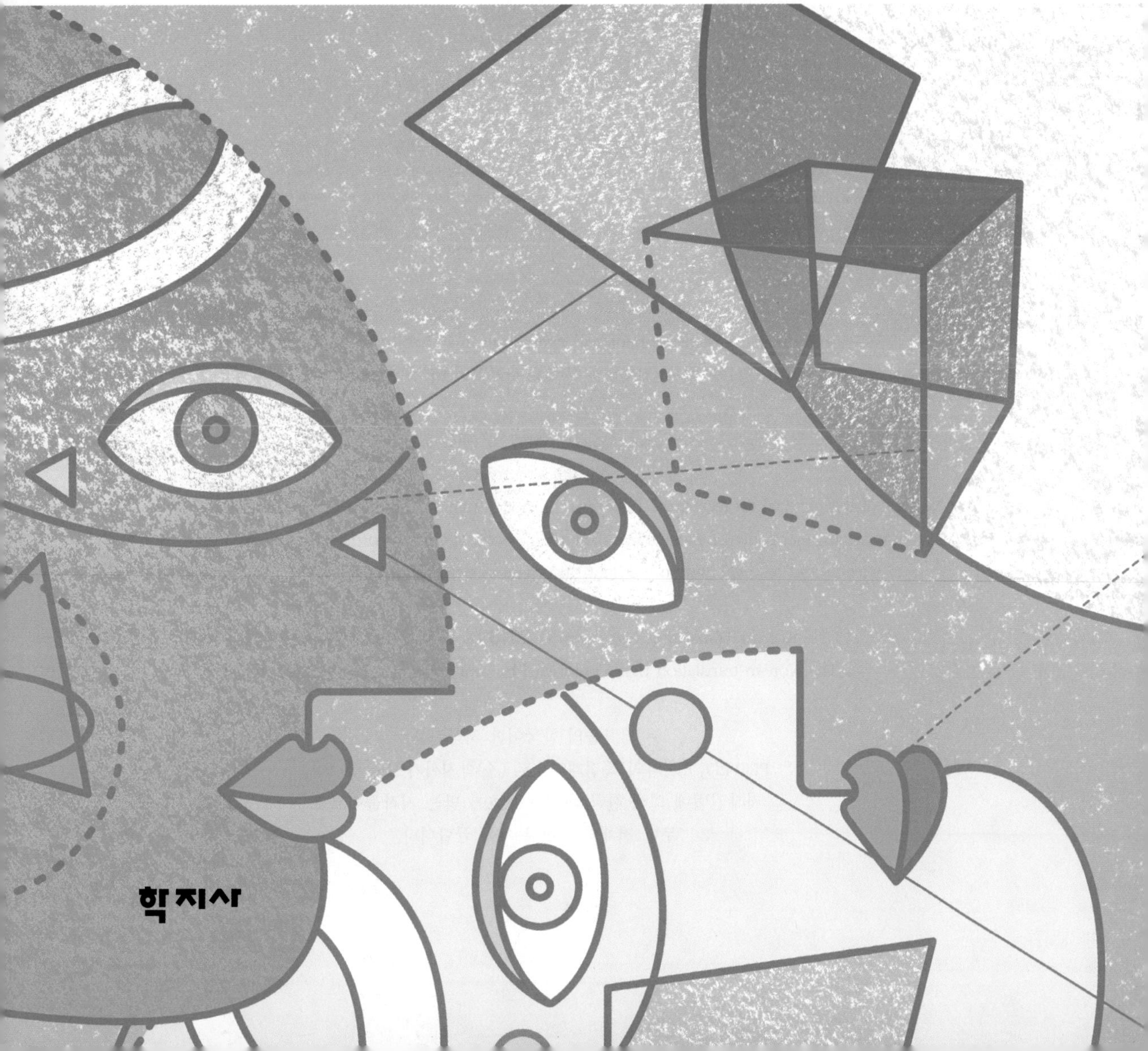

학지사

Handbook of Measurement and Evaluation in Rehabilitation, 4th edition
Edited by Brian F. Bolton and Randall M. Parker

역자 서문

재활기관에서 일하면서 안타까웠던 것은 평가의 개념 및 평가도구에 대하여 재활 전문가가 바이블처럼 아끼고 참고할 수 있는 재활 및 직업재활 평가 관련 서적이 부족하다는 것이었다. 이러한 부족함을 극복하기 위해 나름대로 임상 현장에서 여러 시도를 해 보았지만, 과연 이러한 평가의 방향이 정확한 것인지, 그리고 궁극적으로 장애를 가진 분들에게 도움이 되는 것인지에 대한 아쉬움이 늘 남아 있었다. 그러던 중 위스콘신 매디슨 대학 박사과정에서 Norman Berven 교수님의 재활평가 관련 세미나 수업을 통해 *Handbook of Measurement and Evaluation in Rehabilitation*을 접하면서, 재활평가와 관련해서 가지고 있던 그간의 많은 궁금증을 해소할 수 있는 기회가 되었다. 즉, 장애인에 대한 재활평가는 현재의 결점을 발견하여 미래의 장점으로 승화시킬 수 있도록 하며, 개인을 독특하고 인지적 · 사회적 역할을 가진 전체적인 완성체로 바라보게 한다는 측면에서 앞으로 더욱 중요할 것이라고 생각하게 되었다.

우리나라에 재활 학문이 도입되어 많은 발전과 변화를 이루어 왔지만, 아직도 재활평가에 대한 깊이 있고 체계적인 내용을 담아낼 수 있는 평가서가 부족한 것이 현실이다. 이러한 상황에서 이 책 『재활평가』는 평가의 기본부터 영역별 최신 평가도구에 대한 소개 그리고 장애인의 특성 및 재활 상황에 맞는 적용에 이르기까지 방대한 내용을 담고 있어 평가의 전 과정을 체계적으로 새롭게 정립하였다고 생각한다.

Brian F. Bolton과 Randall M. Parker 박사의 *Handbook of Measurement and*

*Evaluation in Rehabilitation*을 번역하면서 그분들의 학문적 성취와 재활평가에 대한 다양한 개념을 우리 사회의 실정에 맞추어 잘 전달할 수 있을 것인가에 대한 생각이 번역을 하는 내내 커다란 과제로 다가왔다. 이러한 고민은 번역을 마무리하는 현 단계에서도 쉽게 지워지지 않는데, 그 이유는 우선 원서에서 소개하는 많은 평가도구가 아직 한국어 버전으로 개발되어 있지 못한 점, 미국과 우리나라의 재활 상황이 여러 측면에서 달라 발생하는 개념적 정립에 대한 부분, 마지막으로 역자들의 역량 부족으로 원서에서 말하고자 하는 바를 독자에게 충분하게 전달하는 데 대한 어려움이다.

비록 이러한 아쉬움이 있지만 역자들은 이 책에 재활평가의 전 과정을 담아내기 위해 노력하였다. 이 책의 번역을 위해, 신현욱(1, 8, 18장), 이은정(3, 5, 14장), 김정한(2, 4, 12장), 안성희(6, 7, 19장), 김원호(9, 10, 16, 20장), 박진희(11, 13, 15, 17장)가 각 장을 맡아 애써 주셨다. 참고로 2, 4, 12장의 경우 이해를 돕기 위해 번역 과정에서 일부 의미 수정 및 축약이 있었음을 밝힌다. 다시 한 번 역자들의 노고에 감사드린다.

이 책은 학부생은 물론 대학원생을 위한 재활평가의 기초부터 고급 단계까지의 핵심 영역을 잘 아우르고 있다. 또한 재활 관련 연구자의 연구 설계에 많은 도움을 줄 수 있을 것이다. 이 책이 재활평가와 관련한 모든 궁금함을 해소해 줄 것이라고는 생각하지 않는다. 하지만 적어도 재활의 여러 상황에서 발생하는 평가와 관련된 개념 및 방법론에 대하여 좋은 길잡이 역할을 할 수 있을 것이다.

2013년 8월
대표 역자 신현욱

머리말

모든 재활 전문가는 종합적인 평가가 장애인에 대한 재활서비스 제공을 위한 전략적 기반을 제공할 수 있다는 공통된 인식을 가지고 있다. 『재활평가(Handbook of Measurement and Evaluation in Rehabilitation)』(제4판)는 전문가가 평가 결과를 바탕으로 재활서비스를 효과적으로 수립하도록 돕기 위해 출간되었다. 본 교재의 주요 목적은 우선 재활평가, 심리검사, 직업평가 과정의 학부 및 대학원생을 위한 교과서 역할을 하는 것이다. 두 번째는 장애인의 심리 및 직업 평가를 실시하는 전문가와 재활 서비스 및 프로그램의 효과에 대한 조사 · 분석을 수행하는 연구자를 위한 주요 참고 자료로 활용되는 것이다.

『재활평가』(제4판)는 심리측정의 원칙 및 적용을 위한 재활평가의 여러 쟁점에 대하여 언급하고 있다. 이 책의 영어 제목에 포함되어 있는 핵심적인 네 가지의 용어가 재활평가에서 주요한 개념을 나타내는데, 그 각각의 경우는 다음과 같다. 본 편람(handbook)은 백과사전적인 참고용 교재라기보다는 실무자와 학생을 위한 종합 매뉴얼이라고 볼 수 있고, 측정(measurement)은 사람에 대한 심리 및 직업 관련 정보를 수집하기 위한 표준화된 절차라고 정의할 수 있다. 평가(evaluation)는 평가 또는 개별평가와 동의어로서 고객을 위한 서비스 계획을 수립하기 위한 평가 결과의 체계적인 사용이라고 제시될 수 있으며, 마지막으로 재활(rehabilitation)은 장애인을 최적의 기능으로 회복시키기 위해 제공하는 심리적 · 직업적 서비스의 범주를 뜻한다. 이 책은 이와 같은 개념을 모두 포괄하여 담아내고자 노력하였다.

이 책은 총 3부로 구성되어 있다. 제1부에서는 측정의 기초로서 점수와 규준, 신뢰도·타당도를 포함한 기본적 심리측정의 개념을 제시한다. 또한 평가 결과 해석에 대한 간단한 소개와 추가적인 정보에 대한 개요를 포함하고 있다. 제2부에서는 5개 영역에 걸친 최신의 평가도구—지능검사, 다중요인 적성검사, 성격검사, 정신병리검사, 직업검사—에 대한 소개 및 요약을 제시한다. 제3부는 재활평가 적용으로서, 평가 체계 및 모델을 설명하고, 특수한 평가 영역에 대하여 요약하며, 특정 장애 집단에 대한 평가 절차를 세부적으로 제시한다.

『재활평가』(제4판)에 실린 총 20장의 초점은 제3판과 동일하며, 제3판의 총 19장의 공저자가 제4판의 작업에 참여해 주었다. 따라서 제4판 역시 유능한 저자들의 전문성이 그대로 담보된다고 할 수 있다. 『재활평가』(제4판)는 말 그대로 수년에 걸친 임상 및 연구 결과의 결정체라고 할 수 있다. 이 책의 저자들은 심리학 및 재활 전문가다. 그분들의 노고에 진심으로 감사드린다.

차 례

Part 1 측정의 핵심 개념

Part 3 재활평가 적용

/ Part /

1

측정의 핵심 개념

Chapter 01

점수와 규준

Brain F. Bolton | Randall M. Parker | Jeffrey B. Brookings

이 책의 처음 세 장에서는 심리측정의 이론 및 쟁점에 대해 간결하게 설명하고자 한다(이러한 커다란 주제를 제한된 지면에 모두 담아내기에는 한계가 있다고 생각하지만). 제1장에서는 다음 네 가지의 주요 주제에 관해 논의하고자 한다. 첫째, 심리검사 또는 심리측정이란 무엇인가? 둘째, 검사점수의 중요한 특성은 무엇인가? 셋째, 어떻게 해서 검사점수가 해석되고 의미를 갖게 되는가? 넷째, 재활 분야에서 평가검사를 활용하는 데의 주요한 원칙은 무엇인가? 비록 이 장에서는 검사 문항 구성, 척도화(scaling), 균등화(equating)와 같은 상위 개념에 대해서는 다루지 않지만, 이러한 내용에 관심이 있는 독자는 다른 문헌이나 참고 자료에서 정보를 얻을 수 있을 것이다. 제2, 3장에서는 검사에서의 두 가지 핵심적 특성인 신뢰도 및 타당도에 관하여 다루고자 한다. 일반적으로 신뢰도는 측정 과정의 정확성을 말한다. 타당도는 검사를 통해 양적으로 측정하고자 하는 특성이나 구조를 얼마나 정확하게 측정할 수 있는가에 따라 구분할 수 있다.

1 측정과 검사

1) 정의 및 용어

심리측정은 정해진 규칙에 따라 개인의 특성을 숫자화하여 할당하는 것이라고 정의할 수 있다. 숫자를 할당하는 규칙 또는 절차는 반드시 사전에 명시되어야 한다. 심리측정은 인간 행동의 추상적 측면(예: 지능, 성격, 동기) 그리고 관찰할 수 있는 다양한 행위 유형으로부터 추론 가능한 개인적 특성을 밝혀내고자 고안되었다고 볼 수 있다. 심리적 구성체라고 할 수 있는 측정된 특성(trait) 및 특질(attribute)에 관한 개념은 제3장에서 좀 더 심도 깊게 다룰 것이다.

Cronbach(1990)는 검사를 "숫자화된 척도와 정해진 범주를 통해 개인의 행동을 관찰 · 기술하는 체계적 과정"(p. 32)이라고 정의하였다. 체계적 또는 표준화된 과정은 피검사자의 행동에 대하여 검사를 수행하고 관찰하며 점수화하는 세부적인 규칙을 필요로 한다. 표준화는 서로 다른 평가자가 검사를 통하여 유사한 결과를 얻고자 할 때 필요하다. 검사는 행동 관찰을 위한 기초를 제공하기 위한 과제, 문항 및 자극(stimuli)으로 구성된다.

Cattell(1986)은 검사 사용 방식을 강조하여 검사를 다음과 같이 정의하였다. 표준 자극 상황(standard stimulus situation)은 미리 정해진 방식으로 개인을 평가하기 위한 반응 방식과 사전에 정의된 지시를 포함한다. 검사도구는 개인의 여러 행동에 관한 추론을 하거나 예측을 하기 위해 사용된다. 이러한 정의에서와 같이, 적절하게 구조화된 검사는 관찰된 행동을 설명 및 결정하게 하는 잠재적 근본 특성이지만, 하나 이상의 심리적 차원에서의 피검사자의 현 위치를 알 수 있게 해 준다.

Newland(1980)에 따르면, "검사는 일정한 방식을 통하여 이미 알려진 개인적 특성에 자극을 줌으로써 그 자극에 대한 개인 반응 행동의 통제된 관찰이다"(p. 76). 그는 좀 더 세부적으로 검사에 관한 여섯 가지 가정을 구분하여 제시하였다.

- 평가자는 검사를 실행하고 채점할 수 있는 적절한 기술을 가지고 있다.
- 검사 상황에서 행동의 표본화는 양적으로 적절하고 일정한 범위를 대표한다.
- 검사를 받는 개인이 서로 유사한 대상이어야 하지만, 완전히 동일하거나 문화적 적응을 필요로 하는 것은 아니다.

- 인간 행동의 측정에서 오류는 일어날 수 있다고 가정된다.
- 오직 현재 행동만이 관찰 가능한 것이다.
- 개인의 미래 행동은 추론될 수 있다.

이러한 가정 또는 필요조건은 재활 상황에서 종합적인 진단평가의 수행을 위해 사용되는 평가도구의 적절한 해석을 위한 핵심적인 내용이기 때문에, 이 책의 여러 부분에서 좀 더 세부적으로 다룰 것이다.

Cronbach가 개념화한 최대 수행(maximum performance) 검사와 유형적 수행(typical performance) 검사의 구분은 검사 이슈를 논의하는 유용한 방법 중 하나다. 최대 수행 검사의 경우, 피검사자는 사전에 만들어져 정답이 있는 검사 문항에 응답하거나 문제를 풀게 됨으로써 자신의 지식 또는 능력을 보여 주게 된다. 이러한 것에는 지능, 성취, 적성 및 기술 검사 등이 있다. 이와는 대조적으로, 유형적 수행 검사는 피검사자의 의견을 유도할 수 있는 문항 또는 자극을 포함하며, 이러한 것에는 성격, 태도, 흥미 및 가치 검사 등이 있다. 비록 대부분의 유형적 수행 검사가 자기보고(self-report)식 검사이지만, 몇몇 검사의 경우는 훈련받은 관찰자에 의해 평가가 수행되기도 한다.

개인차에 대한 측정은 개인 간(interindividual) 차이라고 불리는데, 심리측정의 근원적인 목적이라 할 수 있다. 이러한 것들은 1차원적인(하나의 특성을 측정할 수 있게 하는) 도구에 의해 측정될 수 있다. 하지만 이 책에서 다루는 대부분의 검사 및 설문지는 적성, 성격 및 독립생활 기술에서의 개인의 강점 · 약점을 평가할 수 있는 여러 점수를 갖는 프로파일(profile)을 도출하게 된다. 점수 프로파일을 제공하는 검사도구는 다중인자 또는 다면적 평가라고 불리는데, 개인 간 상대적인 변이성 또는 개인 간 차이를 설명하는 데 활용될 수 있는 점수를 제공한다. 이러한 개인 간 점수의 차이가 신뢰도의 감소를 가져올 수 있기 때문에, 제2장에서 언급하는 것과 같이 하나의 프로파일 내의 척도 차이를 해석할 때에는 많은 주의를 기울여야 한다.

비록 측정(measurement), 사정(assessment), 평가(evaluation) 그리고 감정(appraisal)이라는 용어가 각각의 특징적 개념을 가지고 있지만, 이 책에서는 이러한 용어를 혼용하고자 한다. 하지만 측정(measurement)이라는 용어는 심리적 특성을 양적으로 계량화하는 과학적 과정이라고 개념화하고, 나머지 세 용어는 검사 및 비검사 정보의 다양한 개인적 차이를 근거로 하여 통합된 하나의 상(picture)을 발전시키는 과정이라고 구분하여 제시하고자 한다. 비록 이러한 용어들이 측정 과정의 임의적 유형을 가리키는 것이기는 하지만, 검사(test), 측정(measurement), 도구(instrument)의 용어 역시 혼용하고자 한다. 더 나아가 조사(inventory) 및 설문(questionnaire)은 정형화된 행동을 측정하는 검사라고 할 수 있지만, 능력, 적성 및 기술을 측정하는 데에는 적용하여 쓰지 않고 있다.

표준화된 검사 및 측정은 비표준화된 관찰 및 임상적 판단(clinical judgment)과 비교했을 때 다음의 다섯 가지 장점을 가지고 있다(Nunnally & Bernstein, 1994).

- 객관성: 표준화된 측정은 피검사자의 개인적 의견에 의존하지 않는다.
- 양적화: 수적인 정확성은 평가 담당자에게 관심 있는 영역에 대한 심도 깊은 구분을 가능하게 해 준다.
- 의사소통: 표준화된 측정도구의 사용은 전문가 사이의 의사소통을 증진시켜 줄 수 있다.
- 경제성: 표준화된 측정 과정은 컴퓨터 또는 보조기구를 통해 수행될 수 있기 때문에, 전문가는 평가 결과를 해석하며 재활 전략을 수립하는 데 좀 더 많은 시간을 사용할 수 있다.
- 과학적 일반화: 표준화된 측정은 인간 행동을 설명하기 위한 과학적 원칙의 수립에 핵심적인 역할을 하게 된다.

2) 표준화된 검사의 특징

이 책의 제1부와 제2부에서는 다양한 종류의 측정도구에 관하여 기술하고 있는데, 예를 들어 지능 및 적성 검사, 성격검사, 흥미검사, 사정 면접, 기능적 기술 및 숙련도 측정척도 등이 포함되어 있다. 각각의 측정도구는 검사 수행 방식, 채점, 점수 해석의 주요 특성에 따라 구분될 수 있다. 다음에 기술된 범주별 구분은 활용할 수 있는 측정 기술 간의 비교를 촉진할 수 있다.

- 개인 대 집단 검사 수행 방식: 개인 검사 수행 방식은 특정 장애를 가진 피검사자가 검사에 잘 적응하는가의 여부에 대하여 평가자가 직접 판단할 수 있게 해 주며, 검사 기간 동안 임상적으로 유용한 정보를 얻을 수 있게 해 준다. 집단 검사 수행 방식은 개인 검사 수행 방식과 같이 좀 더 정확한 정보를 얻을 수 있게 하지는 못하지만, 좀 더 경제적이고 일반적으로 그리 나쁘지 않은 신뢰도와 타당

도를 가진 자료를 제공해 줄 수 있다. 집단 검사 수행 방식을 위해 만들어진 많은 검사도구가 컴퓨터를 통해 수행될 수 있도록 프로그램화되고 있기 때문에 이러한 방식을 제3의 범주로 구분하기로 한다.

- 시간제한적 대 비시간제한적 검사: 최대 수행 검사의 경우는 일반적으로 제한된 시간 안에 시험을 실시하게 되는데, 이는 검사의 수행 속도가 측정 시 핵심적인 요소로 간주되기 때문이다. 하지만 일부 피검사자의 능력은 시간제한적 검사에서는 현저하게 저하되는데, 이러한 사람은 비시간제한적 검사에서 좀 더 나은 결과를 얻을 수 있다. 유형적 수행 검사는 일반적으로 비시간제한적 검사로 피검사자가 자신의 페이스에 따라 시험을 볼 수 있다.
- 객관식 대 주관식 채점 방식: 대부분의 집단 수행능력 검사와 거의 모든 질문지는 미리 정답을 가지고 있기 때문에 기계적인 방식으로 혹은 채점자에 의해 점수가 매겨진다. 반면에 개인 검사 수행 방식의 경우, 예를 들어 Stanford-Binet, Wechsler, Rorschach, Bender, Gestalt, 문장 완성 기술과 같은 검사들은 고도로 훈련받은 전문가가 주관적으로 해석하여 채점하게 된다.
- 규준적 대 개인 내 상대적 비교 채점 방식: 최대 수행 검사는 독립적으로 문제를 묻고 답을 하게 하는 방식으로 구성되어 있다(독립적 문항이 표준점수를 산출하게 한다). 반면에 개인 내 상대적 비교 채점 방식의 몇몇 설문지는 피검사자가 서로 다른 특성을 나타내는 여러 개의 보기 중 자신을 가장 잘 나타내는 보기를 선택하게 하는 방식으로 구성되어 있다. 따라서 응답자가 몇몇 척도에서 높은 점수를 보이게 되면, 반드시 상대적인 항목은 낮은 점수를 보이게 된다(강제선택형 문항의 경우 개인 내 상대적 비교 점수 프로파일을 만들게 된다).
- 평가자 대 컴퓨터에 의한 점수 해석: 대부분의 심리 및 직업 평가도구는 연구 보고서, 코드 북, 핸드북, 매뉴얼을 통해 평가자가 점수를 해석할 수 있도록 하고 있다. 반면 최근에는 많은 수의 검사가 컴퓨터에 의해 채점이 수행된다. 즉, 일정한 규칙에 의하여 저장된 내용이 컴퓨터 채점을 통해 보고서 형식으로 출력된다.
- 절대적 대 문화상대적 점수 해석: 재활을 목표로 하는 장애인은 미국 중산층의 다수를 차지하고 있다. 따라서 일반 규준집단을 통한 검사 해석은 합리적이고 적절한 것으로 판단된다. (규준집단은 검사점수에 따라 해석을 제공하는 대표적인 비교집단으로서의 역할을 하게 되는데, 이에 대한 논의는 이 장 후반부에서 깊이 있게 다룬다.) 하지만 장애의 경우 사회적인 소수 및 불리한 위치에 속한 집단에서 발생될

확률이 높기 때문에 이러한 장애를 가지고 검사에 응시한 사람의 경우 적성 발달, 직업적 흥미, 적절한 직업 가치에서 제한적인 기회를 가질 수 있으므로 점수 해석 시 각별한 주의를 기울여야 한다.

이와 같은 여러 고려 사항은 장애인 평가를 위한 검사도구의 사용 및 선택에 여러 가지 함의를 제공해 줄 수 있다. 예를 들어, 개인 내 상대적 비교 채점 방식의 흥미 검사도구는 개인이 모든 활동에 흥미를 보이고 있다고 평가될 수 있다(또는 거의 대부분에 대해 흥미를 보이지 않거나). 비록 피검사자가 모든 활동에 흥미를 보이고 있다고 채점되는 방식이 일정 정도 의미 있는 결과일 수 있지만, 적어도 직업상담에서는 유용성이 크게 떨어질 수 있다. 일반적으로 집단을 대상으로 하는 객관식 검사는 비용 및 효율성 측면에서 선호되기는 하지만, 개인 특성이 강한 장애인의 경우 상세하고 임상적으로 관련성 있는 표준화된 검사 결과를 얻을 수 있는 개인 검사 수행 방식의 검사도구가 유용할 수 있다. 검사도구들 사이의 이러한 여러 가지 차이는 이 책에서 자세히 논의될 것이다.

3) 측정의 수준

심리측정의 목적은 개인의 특성이나 숫자화된 형태의 특질을 정량화하거나 변환하는 것이다. 검사점수는 개인의 특성을 적절하게 측정할 수 있는 자극이나 과제에 대한 반응의 합을 통해 나타난다. 심리측정에서 중요한 사항 중 하나는 검사점수의 명확한 해석을 위해 심리 및 직업 검사도구로부터 얻은 숫자화된 점수의 의미나 특성을 고려해야 한다는 것이다. 점수의 질(quality)에 관한 문제는 척도화 기술을 통해 언급되고 있으며, 측정이론에서 중심적이고 지속적인 논의 주제다. 다음에는 네 가지 척도가 제시되어 있는데, 가장 낮은 수준의 명목척도는 기술적 수준에서 척도라 하기에 어려운 측면이 있다.

- **명목척도**(nominal scale): 재활서비스에 있어서 개인에게 일련번호를 부여할 때와 같이 개개인을 분류하기 위해 번호를 부여할 때 사용된다. 부여된 번호는 수량, 특성의 크기를 표현하지 못하고, 오직 연속적인 순서만을 나타낸다. 숫자는 단지 지정된 종류 및 범주만을 가리키는데, 예를 들어 『정신장애의 진단 및 통계편람 제4판(DSM-IV-TR)』(American Psychiatric Association, 2000)에서와 같이 망상

장애(297.1), 강박장애(300.3), 분열성 인격장애(301.2)처럼 번호가 부여되어 표시된다. 즉, 개인에게 부여된 임의의 숫자는 척도의 숫자적 특성과는 전혀 관련이 없는 것이다. 비록 명목척도를 가지고 있는 심리검사도구가 존재하지는 않지만, 진단적 범주, 직업 집단, 치료훈련 프로그램과 같은 것을 나타낼 때 명목척도가 사용될 수 있다.

- **서열척도**(ordinal scale): 검사 집단에 속해 있는 개인을 측정된 특성에 따라 순서를 비교할 수 있게 해 준다. 하지만 서열척도는 개인차나 성격 특성의 절대적 크기에 대한 정보를 줄 수는 없다. 서열척도 정보는 상담 전문가에게 유용하기 때문에 몇몇 상담측정도구는 서열척도로 구성되어 있다. 사회성 측정법(특정한 성격 특성을 가지고 있는 사람이 어떠한 집단에 속하게 되는지)이 서열척도를 사용하여 만들어진 몇 안 되는 측정도구이지만, 많은 심리검사가 규준집단과 관련하여 단지 서열적 의미만을 나타내는 검사점수를 도출하기도 한다.
- **등간척도**(interval scale): 한 개인이 가진 고유의 특성이 다른 사람보다 많음 또는 적음을 단순하게 보여 줄 뿐 아니라 개인차의 크기를 측정할 수 있도록 도와주는 측정의 표준화된 단위다. 따라서 등간척도는 측정의 확정된 단위(척도 간의 간격이 같은)를 가지고 있는 서열척도로 간주할 수 있으나, 서열척도는 척도 자체가 개인 특성의 절대적 크기를 의미하지는 않는다. 예를 들어, 기계적성검사가 등간척도로 구성되었다고 하였을 때, 53~58점의 차이는 40~45점의 차이와 같다고 할 수 있을 것이다. 하지만 어떤 개인이 0점을 받았다고 했을 때는 이를 피검사자가 기계 적성이 완전히 없는 것으로 간주할 수는 없다. 비슷한 예로 표준화된 단위를 가지고 온도를 측정할 수 있는 화씨(Fahrenheit) 온도계를 들 수 있는데, 0도라고 하는 것이 척도 내에서 특별한 의미를 가지고 있지 않은 것과 같다.
- **비율척도**(ratio scale): 등간척도의 특성을 가지고 있을 뿐만 아니라(측정의 표준화된 단위), 절댓값 0을 가지고 있는 척도라 할 수 있다. 이 책에서 다루고 있는 측정도구 중에서는 비율척도를 가지고 있는 것이 하나도 없기 때문에 이 척도에 대해서는 더 이상 언급하지 않기로 한다. 사실 심리학에서 비율척도로 간주될 수 있는 접근법은 신체적 연속체를 순서화하여 자극에 대한 척도 값 그리고 자극에 대해 반응하기 시작하는 분계점을 결정하기 위해 사용할 수 있는 특정한 심리-신체 방법에서 볼 수 있다(Nummally & Bernstein, 1994 참조).

대부분의 심리 및 직업 검사 그리고 특정한 조사 측정도구는 서열척도와 등간척도를 사용하여 만들어진 것으로 볼 수 있다. 모든 조건이 동일할 경우에는 앞서 언급한 것과 같이 등간척도를 사용하여 측정하는 것이 가장 바람직하다고 볼 수 있다. 서열척도에서의 점수가 규준참조 집단 속에서 오직 개인의 상대적인 위치를 알려 주는 반면, 등간척도 수준에서의 측정의 경우는 평균과 같은 고정된 참조 지점으로부터 개인의 특성 차를 동일한 간격으로(표준단위 숫자) 측정할 수 있기 때문에 상담사가 장애인의 현 상태를 파악할 수 있는 중요한 자료로 활용할 수 있다. 하지만 측정을 위해 등간척도를 만들어 내는 작업은 쉽지 않은 과정을 거치게 된다(Devellis, 2003; Magnusson, 1967; Netemeyer, Bearden, & Sharma, 2003; Nummally & Bernstein, 1994; Torgerson, 1958 참조).

많은 전문가는 개별적으로 수행되는 지능검사와 같은 최대 수행 검사가 유형적 수행(예: 성격 설문지, 흥미검사, 투영 기법, 직업순위 척도) 검사보다는 등간척도에 가깝다고 생각하고 있다. 또한 최대 수행 검사는 유형적 수행 검사보다는 보다 큰 정밀함과 정확성을 요구하는 것으로 보인다. 하지만 이 책의 제2, 3장에서 언급하는 다양한 유형적 수행 검사는 장애인의 재활계획을 위한 유용한 도구로 볼 수 있다. 따라서 재활 전문가는 유형적 수행 검사의 해석 시 신중함을 가지고 접근해야 한다.

2 점수 해석의 전략과 쟁점

1) 점수 해석

검사 문항을 합산하여 얻은 원점수(raw scores)는 개별 검사도구에 대한 추가적인 지식·정보가 없을 경우에는 의미를 갖지 못한다. 적어도 검사를 구성하고 있는 문항의 수 및 특성에 관한 정보, 검사 형태 및 점수의 분포에 대한 사전 숙고가 필요하다. 대부분의 표준화된 검사의 경우 점수에 대한 기본적 의미 부여를 위해 참조집단에 대한 세심한 설명이 필요하다. 검사도구의 가장 간단한 형식인 문제 체크리스트는 내담자가 어렵게 생각하고 있는 부분을 판별해 낼 수 있게 한다. 따라서 체크리스트의 결과는 주의를 요하는 문제 상황에 대한 간단한 목록을 제공해 줄 수 있다. 원점수를 바로 해석하기에 적절한 것은 흥미검사를 사용할 경우다. Cronbach (1990, p. 474)는 특정 직업에 대한 절대적인 선호도가 상대적인 선호도보다 의미 있기 때문에 흥미검사의 경우 해석에서 원점수의 사용이 좀 더 타당하다고 주장하였다.

검사점수에 대한 다음과 같은 세 가지 해석 전략이 있다. ① 영역 또는 내용 참조(domain-referenced or content-referenced) 점수 해석, ② 규준참조(norm-referenced) 점수 해석, ③ 준거 또는 예측 참조(criterion-referenced or predictive) 점수 해석이다. 이와 같은 세 가지 해석 전략의 범주를 벗어난 것으로 특성참조(trait-referenced) 점수 해석 방법이 있다. 명칭이 의미하는 것과 같이, 특성참조 점수 해석은 평가도구가 측정하고자 하는 검사나 척도의 잠재적인 특성의 본질에 초점을 맞추고 있다. 특성참조 점수 해석에서 심리측정 기초를 이루고 있는 것은 경험적으로 결정된 평가도구의 구성타당도다. 제3장에서 언급하겠지만, 구성타당화 절차는 검사점수의 변이성을 설명하는 심리적 특성(또는 구성)을 설명하거나 식별하게 해 준다.

특성참조 점수 해석 방법은 일반적으로 이와 같은 세 가지 해석 전략과 관련하여 사용되기 때문에, 여기서는 이 방법에 대하여 따로 언급하지는 않는다. 다음은 이러한 세 가지 해석 전략에 대한 세부 내용이다.

① **영역참조 점수 해석**: 이 해석 방법은 핵심 기술을 완수한 정도에 따라 피검사자의 행동을 평가하게 된다. 여기서 검사 내용은 측정하고자 하는 행동 영역을 대표하는 표본이어야 한다. 독자에게 가장 익숙한 영역참조 검사는 학업성취도 검사와 기술 습득을 측정하는 적성검사가 있다. 재활 분야에서는 영역참조 검사가 일상생활 기술에 관한 측정에 가장 많이 사용되어 왔지만, 지금은 기능평가로 알려진 평가 접근 방법으로 점차 그 인지도가 높아지고 있다(Halpern & Fuhrer, 1984 참조). 영역참조 검사의 중요한 측면은 표본화 과정의 적절성이다. 검사도구의 타당도는 검사 내용의 대표성 정도에 크게 좌우된다. 분명히, 검사도구의 문항 및 과제는 재활서비스와 직접적인 관련이 있는 것이어야 한다. 영역참조 검사의 점수는 검사 문항을 맞춘 개수나 과제를 완수한 비율에 의해 측정된다.

② **규준참조 점수 해석**: 이 해석 방법은 피검사자를 대규모의 대표집단과 비교하여 평가하게 된다. 표본은 규준 모집단(normative population)으로부터 신중히 정의되어야 하며, 이러한 비교 표본을 위한 검사점수의 편집본을 검사 규준(norms)이라 한다. 동시에 규준표(norms tables)는 원점수를 비교적 의미를 가진 점수로 변환한 간결한 통계적 도구로서 변환점수(derived scores)라 한다. 변환점수는 알려진 속성을 가진 표준 척도의 형태로 해석된다. 변환점수에 대한 내용은 다

음에서 좀 더 심도 깊게 논의될 것이다. 규준참조 점수에 관해 강조할 주요 사항은 이 점수가 규준 모집단의 속성을 내포하고 있다는 것이다. 예를 들어, 고등학생 규준집단의 85% 정도에서의 언어 사용률 점수는 대학원생의 15% 정도에 위치할 수 있을 것이다. 해석 목적을 위한 몇몇 관련 있는 모집단이 있기 때문에, 많은 검사도구는 여러 규준표본표를 가지게 된다. 적절한 규준의 선택은 재활계획을 수립하기 위한 결정에 좌우된다. 규준 표본은 성별, 연령, 교육 및 장애의 종류와 같은 일반 현황에 따라 충분히 기술되어야 한다. 하위 집단 간의 행동 실행의 차이가 존재한다면 별도의 규준표 또는 수정 계산이 필요할 수 있다. 장애인의 검사 결과 해석을 위한 적절한 규준집단의 선택에 관한 사항은 이 책의 여러 장에서 심도 깊게 논의될 것이다.

③ 준거참조 점수 해석: 이 해석 방법은 피검사자의 점수를 훈련 프로그램의 완수 또는 직업에서의 만족스러운 수행과 같은 외부 준거와 비교하여 성공 여부를 직접적으로 평가하는 방식이다. 준거참조 점수 평가 보고서는 검사점수를 경험표(experience table), 다중회귀 방정식, 최소 적격점수에 기반을 둔 다중확정범위 척도를 사용하여 주어진 행동 결과를 확률 또는 예측 수준으로 변환하여 나타내게 된다. 진단 집단의 특성이 독립적으로 결정될 때, 미네소타 다면적 인성검사(MMPI)와 임상분석 설문지 같은 검사도구로부터 얻은 성격 프로파일을 상승척도 또는 프로파일 유사성 색인을 사용하여 진단적 범주로 해석하는 것 또한 준거참조 점수 해석 방법으로 볼 수 있다. 준거참조 해석 방법을 사용하기 위해서는 검사가 관련 기준에 따른 성과를 예측할 수 있어야 하며, 경험적 관계가 적절하게 정량화되어 있어야 한다.

2) 변환 표준점수

변환 표준점수는 이미 점수의 분포 특성이 알려져 있기 때문에 검사 수행의 결과를 해석 · 보고할 때 사용된다. 따라서 표준점수의 의미는 즉시 이해되고 쉽게 의사소통이 가능하며, 여러 검사도구 간의 점수 비교를 촉진한다. 여기서는 백분위수, 선형 표준점수(linear standard scores) 그리고 표준화된 기준점수(normalized standard scores)의 세 종류의 변환 표준점수를 살펴본다.

변환 표준점수의 가장 단순한 형태는 백분위수 또는 백분위 점수다. 백분위수의 척도는 가장 낮은 1에서 가장 높은 99까지 분포되어 있다. 각각의 척도점수 또는 백분위수는 피검사자가 상회한 규준집단의 비율을 의미한다. 예를 들어, 72의 백분위 점수를 달성한 사람은 (72 백분위수에 위치한) 규준집단 인원 중 72%를 상회한 것을 의미한다. 원점수 분포의 특성에도 불구하고, 원점수의 백분위 점수로의 전환이 측정된 특성 분포에 관한 어떠한 예측을 가능하게 해 줄 수는 없다. 즉, 백분위 분포는 항상 정방형의 형태를 하고 있다. 좀 더 설명하자면, 백분위 분포는 점수 분포를 같은 크기의 100개 범주로 분할하는 99지점으로 구성되어 있는 것이다.

백분위 점수로의 변환은 측정의 정확성을 일정 정도 떨어뜨릴 수 있다. 즉, 백분위 척도는 분포 중앙 부근에 위치한 원점수 차이를 강조하는 나머지 양극단의 원점수 차이를 감소시키는 경향이 있다. 원점수 척도의 이러한 왜곡은 정규(또는 가우시안)분포로 불리는 수학적 곡선의 형태로서 [그림 1-1]에 제시되어 있다. 정규분포에서 대부분의 값은 평균에서는 거리상 멀고 점수는 낮은 형태로 중간점수 또는 평균에 밀집되어 있다. 정규분포는 키와 지능점수와 같은 생물학적이고 심리학적인 변수와 같은 근삿값에 의한 이론적 빈도 분포이지, 자연법칙과 같은 것은 아니다. 백분위수는 분포의 중간에 밀집되어 있고 양극단으로 갈수록 펼쳐질 수 있다는 것이 [그림 1-1]에 나타나 있다. 비록 백분위수가 측정 방법에서 서열척도 방식을 따르고 있음에도 불구하고, 이러한 방식이 전문가나 장애인에 의하여 쉽게 이해될 수 있기 때문에 검사에 대한 보고서를 작성할 때 유용하게 사용된다. 하지만 이러한 쉬운 해석은 측정의 정확성에 의해서만 담보될 수 있다는 것을 명심할 필요가 있다(예: 동일한 간격을 가진 자료는 무시될 수 있다).

백분위수와 대조적으로, 선형 표준점수는 척도의 단위와 원점수 분포의 형태를 유지하고 있다. 선형 표준점수는 평균(M)으로부터 각각의 점수를 뺀 값을 분포의 표준편차(*SD*)로 나누어서 계산할 수 있다[z점수 = (원점수−평균)/표준편차]. z점수의 변환된 분포는 0의 평균값과 1.0의 표준편차를 가지게 된다. 표준 z점수는 주어진 점수가 표준편차의 단위에서 얼마나 위 또는 아래에 위치하고 있는가를 나타내 준다(z점수 1.5는 평균으로부터 1.5배 단위의 표준편차 위치를 의미한다). z점수가 음의 값과 소수점을 가지고 있기 때문에(예: $z = 1.2$), 검사점수에 대한 평가 보고서를 작성할 때 그리 편리하다고 볼 수는 없다. 표준검사 해석을 위해 가장 일반적으로 쓰이는 것은 *T*점수로서, 50의 평균값과 10의 표준편차를 가지고 있다. 또 다른 표준편차 방식은 Wechsler 지능검사로서 100의 평균값과 15의 표준편차를 가지고 있다. 또한 일반적성검사(GATB) 척도는 100의 평균값과 20의 표준편차를 가지고 있다.

만약 원점수의 분포가 대략 정규적인 형태를 보인다면([그림 1-1]에서와 같이 점수

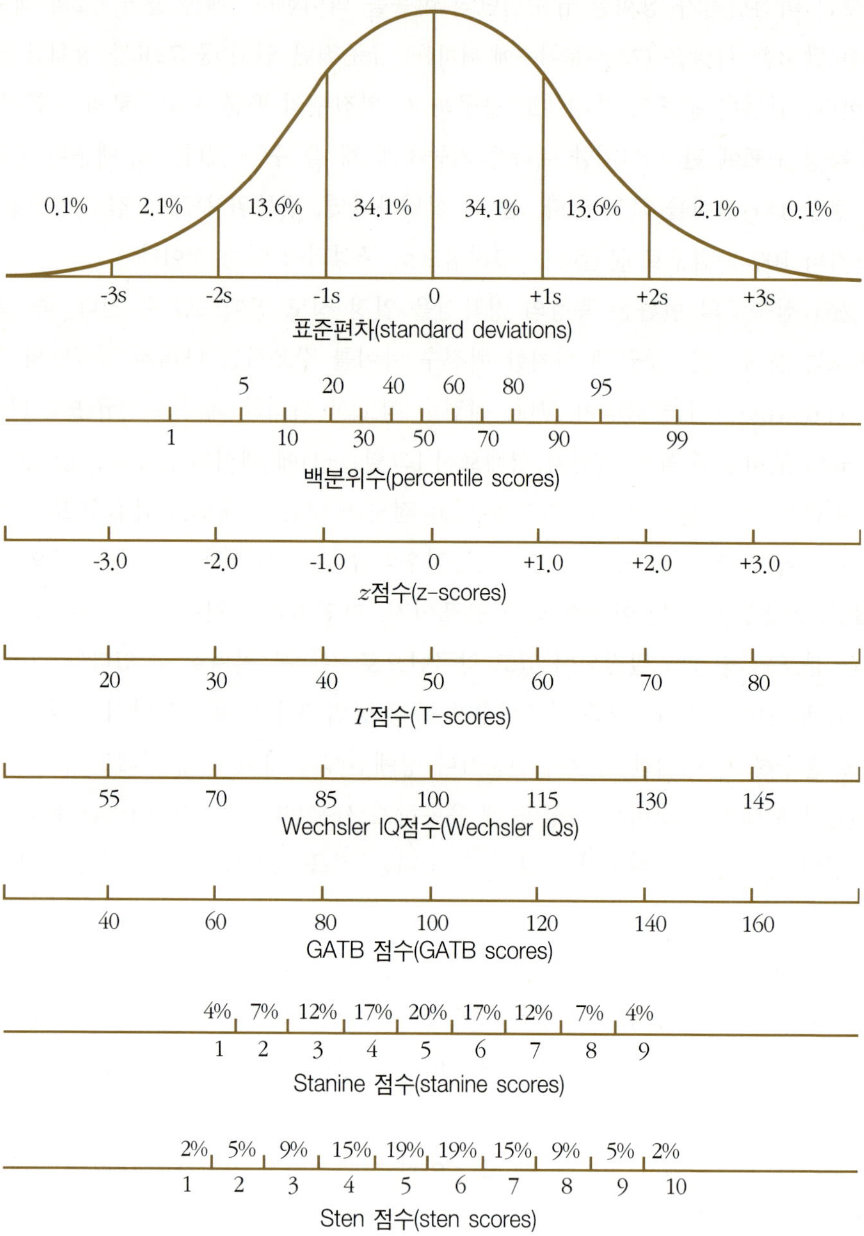

[그림 1-1] 정규분포를 보이는 표준점수

의 히스토그램이 곡선과 같이 매끄러운 모양을 하고 있을 경우), 앞서 언급한 것과 같이 선형 표준점수는 해석을 좋게 하기 위해서 백분위수로 변환될 수 있다. 하지만 만약 원점수의 분포가 정규분포곡선에서 크게 벗어나 있을 경우, 정규분포곡선 표에 의하여 선형 표준점수를 백분위수로 변환하게 되면 정확성이 크게 떨어질 우려가 있다. 만약 심리적인 특성이 정규분포를 띠고 있다고 가정한다면(Hays, 1963, 제8장 참조), 원점수 분포는 표준점수의 계산 결과와 함께 표준화될 수 있다. 이러한 분포는 표준화된 기준점수로 구성된다. 이러한 과정은 다음과 같은 가정에 입각한다. 즉, 점수 분포가 정규 형태로부터 벗어나게 되는 것은 측정 과정의 왜곡 또는 심리적 특성에 대한 부적절한 정량화로부터 비롯된다. 따라서 원점수 분포의 표준화가 측정하고자 하는 개인 특성의 '본질적인' 형태를 있는 그대로 담아낼 수 있는가에 대해서는 많은 논쟁의 여지가 있다.

여기서 독자는 백분위 점수가 원점수 분포로부터 직접 계산될 수 있음에도 불구하고 표준화된 기준점수를 백분위수 해석이 가능하도록 왜 다시 계산해야 하는가에 대한 의문을 가질 수 있을 것이다. 이에 대한 답은 정규적인 형태로 심리적 특성이 분포되어 있다는 가정이 등간척도 측정이라는 기본적 토대를 마련해 주기 때문이다(Magnusson, 1967 참조). 측정의 단위가 척도의 처음부터 끝까지 동일하기 때문에, 표준화된 기준점수에서 서로 다양한 지점에 위치하고 있는 개인 간의 차이가 비교될 수 있다. 다른 말로 하면, 표준점수와 백분위수는 정규적으로 분포된 검사점수의 분포와 같이 중요한 정보를 전달하게 되며 유용한 해석적 도구로 사용될 수 있다고 할 수 있다.

sten(standard-ten)과 stanine(standard-nine)은 아주 간결한 형태의 자주 사용되는 표준화된 기준점수의 형식으로, 각각 1~10 그리고 1~9의 범위를 가지고 있다. [그림 1-1]에서와 같이, sten과 stanine 척도의 점수 범주는 표준편차의 1/2 길이를 가지고 있으며(양극단 범주 제외) 정규분포와 유사성을 지니고 있다. 이러한 표준점수 척도는 검사의 수행 정도를 양수로 표현해 주는 이점을 가지고 있다.

검사 수행 정도를 나타내는 또 다른 방식의 표준점수는 정신연령 동등점수(mental age equivalent scores) 및 학년 동등점수(grade equivalent scores)다. 전자는 지능 발달 정도를 측정할 때 사용되고, 후자는 학력성취검사의 결과를 나타낼 때 사용된다. 이러한 두 척도 모두는 잘못 해석될 가능성이 있기 때문에 그것들로 검사점수를 평가 및 보고하는 것은 바람직하지 않다고 볼 수 있다.

3) 점수 해석의 예

(1) 영역참조 점수 해석

독립생활행동 점검표(Independent Living Behavior Checklist: ILBC; Walls, Zane, & Thvedt, 1979)는 총 343개 문항의 여섯 가지 영역(이동기술, 자기관리 기술, 가정관리 및 안전 기술, 식사기술, 사회 및 의사소통 기술, 기능적 학업기술)으로 구성되어 있다. 이 평가도구는 사전에 정의된 상황 또는 조건에서 구체화된 행동 수행이 관찰되고, 명시된 기준에 의해 과제 수행 만족 및 불만족이 판단된다.

343개의 문항은 피검사자의 수행능력에 대하여 신뢰할 수 있는 관찰을 증진시킬 수 있도록 표준화된 형태로 기술되어 있다. 이동기술의 하나인 욕조에 관한 예는 다음과 같다.

제시된 조건: 욕조 사용

- 수행 행동: 욕조에 걸어서 들어가기, 앉기, 서기, 욕조에서 걸어 나오기
- 수행 표준: 30초 안에 행동 수행. 욕조에 걸어서 들어가기, 앉기, 서기, 욕조에서 걸어 나오기에 손잡이 또는 기타 보조도구를 사용할 수 있다.

ILBC의 이동기술 항목은 42개의 문항으로 구성되어 있고, 침대 이용하기나 지역사회 이동 및 여행에 관한 독립생활 기술을 측정할 수 있게 한다. 평가자의 판단에 따라 개별 장애인에게 적절하지 않다고 여겨지는 기술 항목이나 특정 재활 프로그램과 상관없는 항목은 생략할 수 있고, 필요한 기술 항목은 추가할 수 있다.

ILBC 평가 결과는 개인에게 적용한 기술 항목과 주어진 과제를 성공적으로 수행했는가를 보여 줄 수 있는 기술요약표에 의해 제시될 수 있다. 기술 목표 달성 프로파일은 여섯 가지의 모든 영역에서 각 항목에 대한 내담자의 수행도를 그래픽 및 온도계 눈금과 같은 형태로써 나타낼 수 있게 한다. 만약 피검사자가 33개의 이동기술 중 대략 14개를 달성했다면, 백분위 점수는 42%가 될 것이다. 다른 범주에서의 점수는 개인의 수행도에 따라 높아지거나 낮아질 수 있고, 각각의 항목을 비교하여 재활적 함의를 도출해 낼 수 있을 것이다.

재활 현장에서 ILBC의 주요 적용 분야는 반복된 측정을 통한 기술의 습득 과정을 측정해 내고, 프로그램 계획을 위한 기초로서 어려움과 부족을 평가할 수 있게 하는 것이다. 영역참조 점수 해석의 논리는 ILBC의 사용과 유사한 평가도구의 사용에서

처럼 특정 수행 영역(이동기술, 사회 및 의사소통 기술)으로 이루어진 정의된 기술의 완수 및 적절성을 예측할 수 있게 해 준다. 관찰자에 의한 행동기술 평가가 상당히 신뢰성이 높은 것으로 나타나고 있는데, ILBC의 경우 특정 기술 항목에 있어서 평균 99%의 관찰자 간 평가 일치도를 보이고 있는 것으로 조사되고 있다.

(2) 규준참조 점수 해석

개인의견 질문지(Personal Opinions Questionnaire: POQ)는 장애인의 재활을 위하여 개인의 역량강화(empowerment)를 측정할 수 있게 하는 평가도구다(Bolton & Brookings, 1998). 개인의 역량강화는 자신의 능력을 통해 얼마나 사회적·정치적 시스템에 중요한 영향을 미칠 수 있는가로 정의할 수 있다. POQ는 개인의 역량강화의 네 가지 분야, 즉 개인적 능력, 집단적응, 자기결정, 장애인으로서의 긍정적인 자아관을 측정한다.

POQ는 피검사자가 예/아니요로 응답하는 형태로 64개의 문항으로 구성되어 있다. 피검사자가 한 가지 형태로 몰아서 응답하는 것을 피하기 위해서 문항의 반은 긍정문으로, 나머지 반은 부정문으로 구성되어 있다. 다음은 POQ의 집단적응 항목에서 제시한 문항의 예다.

- 나는 집단 속에서 일하는 것을 좋아하지 않는다.
- 나는 대부분 다른 사람과 같이 일하는 것을 통해서 나의 목표를 달성한다.
- 나는 스스로 일하는 것을 좋아한다.
- 나는 지역사회 활동에 거의 참여하지 않는다.
- 나는 지역사회를 돕기 위해서 프로젝트에 참여해 일하기를 좋아한다.

원점수는 각각의 응답에 따라 한 점씩 점수를 부여한다. 즉, 긍정적으로 응답해야 할 항목에 '예'로 응답했을 경우 1점, 부정적으로 응답해야 할 항목에 '아니요'로 응답했을 경우 1점을 부여하는 방식으로 합산하여 점수를 낸다. 집단적응 척도는 15문항으로 구성되어 있기 때문에, 이 척도의 점수는 0~15 사이의 분포를 보여 준다.

POQ는 역량강화의 철학과 관련된 장애인의 태도와 가치를 평가해 줄 수 있는 유일한 평가도구다. POQ를 위한 규준(norms)은 주정부 및 연방정부에서 직업재활 프로그램 서비스를 제공받은 장애인 473명의 응답을 기반으로 하고 있다. POQ 척도에서 남성 및 여성의 점수 차가 그리 크지 않았기 때문에 성 구별 없이 하나의 통합된 규준표가 만들어졌다(Brookings & Bolton, 2000). 규준표를 사용하여 POQ의 원점수는 표준화된 백분위 점수로 변환되고, 네 가지의 POQ 하위 범주에서 피검사자의 위치 및 규준집단에 비례한 총 점수를 제공하게 된다.

예를 들어, 한 응답자가 네 개의 하위 범주에서 각각 19, 6, 10, 9점을 획득하고 총점은 44점이었을 경우, 이러한 원점수는 각각 하위 범주 55%, 20%, 65%, 95% 그리고 총점 60%로 변환될 수 있다. 이 응답자의 경우 전체 역량강화 총 점수는 규준 평균보다 약간 높은(60%) 점수를 받았지만, 하위 범주의 해석은 크게 다를 수 있다. 이 응답자의 경우 자기결정(65%) 및 개인적 능력(55%)에서 평균보다는 약간 높은 점수를 보임으로써 어느 정도 자기 스스로의 권리 확보 및 책임성이 있는 것으로 판단된다. 마지막으로, 집단적응(20%)에서는 낮은 점수를 보여 주었는데, 이는 혼자서 일하기를 좋아하는 것으로 볼 수 있다. 이러한 정보는 재활 프로그램 수립 시 유용하게 사용될 수 있다.

(3) 준거참조 점수 해석

미네소타 다면적 인성검사(MMPI)는 임상 현장에서 가장 폭넓게 사용되고 있는 성격 검사지다. MMPI-2(Butcher et al., 1989)는 1930년 말부터 1940년 초에 개발된 검사도구의 최초판이다. MMPI-2는 3개의 타당도 척도와 10개의 임상척도, 즉 속임(L), 비전형(F), 방어(K), 건강염려증(Hs), 우울증(D), 히스테리(Hy), 반사회성(Pd), 남성성-여성성(MO), 편집증(Pa), 강박증(Pt), 정신분열증(Sc), 경조증(Ma), 내향성(Si)으로 점수화될 수 있는 567개의 예/아니요 문항으로 구성되어 있다.

원점수는 전국에 있는 2,600명의 남성 및 여성 표본을 통하여 산출된 평균 50과 표준편차 10을 갖는 표준 *T*점수로 변환된다([그림 1-1] 참조). 점수가 높을수록 앞의 척도에서 제시한 것과 같은 각각의 항목에서 다양한 정도의 정서적 부조화를 나타낸다. *T*점수 65 이상은 '임상적으로 중요한' 의미가 있는 것으로 간주된다.

MMPI-2의 점수 해석은 검사계획의 타당성, 개인 임상적 척도의 향상, 임상적 프로파일 구성 분석의 서로 관련되어 있는 세 개의 논점과 결부된 복잡한 과정이다. 더 나아가 중요한 문항, 내용척도 그리고 다른 보충적인 정보가 검사를 해석하는 데 같이 사용될 수 있다. 비록 각각의 임상척도가 해석적인 가치를 가지고 있지만, MMPI-2의 해석에서는 프로파일 점수의 구성 및 조합이 더욱 중요한 것으로 간주된다.

MMPI-2 프로파일의 해석에서 가장 폭넓게 사용되는 전략의 하나는 고득점(highpoint) 코드다. 명칭에서 암시하는 것과 같이, 고득점 코드는 개인의 프로파일에서 둘 또는 세 개의 가장 높은 점수에 초점을 맞추는 것이다. 이러한 절차는 같은 고득점 척도 조합을 갖는 하나 또는 그 이상의 준거집단을 찾아내는 것이다. 준거참조 점수 해석의 개념을 예시하기 위해, Graham(1990)이 제시한 세 가지의 서로 다른 두 고득점 코드 해설을 편집하여 다음과 같이 서술한다.

- 코드 D-Pt(우울증-강박증): 이러한 코드를 가진 사람은 불안 및 긴장, 과도한 걱정과 우울증의 증상을 보여 준다. 그들은 지극히 비관적이며, 자신의 문제에 대한 걱정에 잠기게 된다. 그들은 무능함 및 불안감과 같은 감정에 빠지기 쉽고, 타인과의 관계 속에서 의존적이거나 온순한 경향이 있다.
- 코드 Pa-Sc(편집증-정신분열증): 이러한 코드를 가진 사람은 타인에 대한 의심이 많고 쉽게 믿지 않는다. 그들은 사회적 기술이 부족하고, 혼자 있을 때 가장 편안함을 느끼게 된다. 또한 타인이 자신을 화를 잘 내고 비사교적이며 부정적인 사람으로 생각한다고 간주해 버린다. 그들의 사고방식은 주로 자폐적이고 분절적이며 기괴하다.
- 코드 Pd-Ma(반사회성-경조증): 이러한 코드를 가진 사람은 자아도취적이고 자신에게 관대하며 충동적이다. 그들은 종종 낮은 판단력을 가지며, 경험으로부터 배우는 것에 어려움을 보인다. 그들은 분노 및 적개심과 같은 감정에 빠지기 쉽다. 또한 책임을 지려고 하지 않으며, 자신의 어려움을 타인의 탓으로 돌린다.

여러 코드 집단과 비교하여, 두 고득점 척도점수(순서에 상관없이)를 가지고 있는 내담자는 이와 같이 기술된 임상적 증상을 보일 수 있다. 다른 말로 하면, MMPI-2 두 고득점 코드 유사성은 공유된 행동 특색에 대한 기본적인 추론을 제공해 줄 수 있다. 코드 집단에 대한 경험적 연구 및 임상적 연구로부터 축적된 이와 같은 내용은 추가적인 행동검사와도 상관관계를 보이며, 준거참조 점수 해석의 내용을 구성하고 있다. 추론된 행동의 유사성은 MMPI-2 해석자에 의하여 평가된 가설로서 간주될 수 있다.

MMPI-2 코드 방식 해석은 다중 절단점(cutoff) 방식으로서, 프로파일 중 두 개의 높은 점수가 모두 *T*점수 65 이상이 되어야 함을 의미한다. 해석자는 중요 점수가 절단점 수준 근처에 머물 경우에 대비하여 평가 판단에 대한 여러 훈련이 필요하고, 척도점수의 신뢰할 수 없는 가능성도 고려해야 한다(제2장 참조). 검사점수를 준거참조 해석 방식으로 추론하는 다른 통계적 도구들은 경험표, 기대 차트(expectancy chart), 다중회귀 방정식이다. 이런 방식들은 다중 절단점 해석 방식과는 대조적으로 준거를 연속변수로 간주하고, 확률적 추정이나 표준척도에 대한 추정된 점수를 제공해 준다.

4) 의심스러운 타당도 점수

거의 불가능하고 또 발생 가능성도 낮지만, 피검사자는 추측이나 '허세 반응(faking good)'을 함으로써 시험에서 높은 점수를 받을 수 있다. 하지만 능력검사에서 피검사자의 수행은 검사 불안 또는 최선에 대한 동기 부족에 의해 악영향을 받을 수 있다. 동기 부족의 경우는 높은 검사점수를 받게 되는 경우의 긍정적인 측면, 즉 고등교육 및 직업 기회의 확대를 강조함으로써 피검사자가 검사에서 최선을 다해야 함을 주지시킬 수 있다. 피검사자의 검사에 대한 불안은 검사 수행을 방해하는 요인으로서, 성공적인 적응을 위해서는 치료적인 개입이 필요하다(Sarason, 1980; Zeidner, 1998 참조). 어떤 경우라 하더라도, 능력검사 점수는 잠재적으로 검사를 어렵게 하는 환경적 요인에 관한 평가자의 관찰을 이끌어 내게 된다. 즉, 비타당성(invalidity)이라는 것은 개인 검사점수의 정확도를 의심스럽게 하는 반응자의 스타일이나 검사를 받는 태도의 부정적인 영향이라고 정의할 수 있다. 이러한 내용은 이 장의 처음 부분 및 제3장에서 세부적으로 언급하고 있는 검사 타당도의 정의와 일치하는 것이다. 검사도구가 측정하고자 하는 특성이나 구성체 측정의 정확도를 떨어뜨리는 어떠한 조건이나 요소를 비타당성의 원인이라고 할 수 있다.

자기보고식 검사도구 및 질문지 같은 유형적 수행 검사는 부적절한 반응 요인 및 '스타일'(점수를 얻게 하는 피검사자의 검사 행동이 응답자의 실제 흥미, 성격 및 가치를 정확하게 반영하지 못하게 하는) 변인에 민감할 수 있다. 가장 직접적으로 검사 행동을 무효화할 수 있는 것이 속임(faking)이다. 때때로 피검사자는 좀 더 호의적인 인상을 주기 위해 의식적이거나 계획적인 노력을 하기도 하고, 반대로 문제시되는 문항에 일부러 표시함으로써 혼란을 일으키기도 한다. 하지만 몇몇 피검사자의 경우에는 스스로를 부정확하게 나타내거나 속이려는 의도 없이 단순히 자신의 반응 스타일이 자신의 성격과 일치하기 때문에 사회적으로 바람직하거나 사회적으로 승인된 방향으로 검사 문항에 반응할 수도 있다. 사실 사회적으로 바람직한 반응은 성격검사도구에서 개인 간 편차의 중요한 원인이 될 수 있다(Edward, 1970 참조). 부정확한 결과를 낳게 하는 또 다른 반응 스타일을 묵인이라고 하는데, 피검사자의 일반적 경향으로서 성격검사에서 '진실' 또는 '예'라고 답하거나 또는 홍미검사에서 '좋음'에 체크하는 경우를 들 수 있다.

그동안 평가 전문가는 사회적으로 바람직한 응답이나 속임의 정도를 가늠하거나 구별해 낼 수 있는 여러 전략을 고안해 왔고, 몇몇 평가도구에서 이미 원하지 않는 영향을 제거하기 위해 얻어진 점수를 '수정'하거나 조정할 수 있는 방법을 고민해 왔다. 피검사자의 그릇된 반응 경향을 다룰 수 있는 세 가지 표준 방법으로는 ① 오해를 일으키지 않는 범위에서 검사 명칭 또는 평가도구의 목적을 악의 없이 위장하는 것(비록 윤리적인 문제가 있기는 하지만), ② 대안적 방식으로서 사회적 적절성을 판단하는 도구에서 적용되어 온 강제 선택 형태를 사용하는 것이다. 그리고 세 번째 전략은 사회적으로 승인된 반응인지가 명확하지 않은 '어렴풋한' 문항에 대해서만 적용 가능한, 임상적으로 재구성된 평가도구를 사용하는 것이다.

설문지와 평가도구를 위해 수많은 검증 척도가 고안되어 왔다(MMPI의 거짓말 또는 속임 척도, 16가지 성격요인 질문지의 동기왜곡 척도, 성인성격검사의 좋은 인상 척도). 강제 선택 방식을 사용하지 않는 대부분의 평가도구는 지시에 따른 문항이나 불명확한 문항의 총 점수를 계산한다. 타당도가 높은 점수를 얻는 방법에서는 상담사와 장애인의 협력적인 관계(rapport)가 무엇보다도 중요한데, 이를 통해서 장애인은 면접이나 평가 문항에서 자기가 가장 좋아하는 것에 관하여 정직하게 응답하게 된다. 반응 경향이나 추가적인 타당도 검증 방식에 관한 좀 더 깊이 있는 내용에 관하여 알고 싶은 독자는 Nunnally와 Bernstein(1994)의 저서를 참조하기 바란다.

3 검사 사용에 관한 일반적 지침

1) 재활 분야에서의 검사 사용

재활 분야에서 진단적 평가에 관한 주제는 이 책의 제3부에서 여러 장에 걸쳐 자세히 기술되어 있다. 여기서는 예비적인 제언을 위하여 상담에서의 검사 해석의 일반적 개관에 관하여 살펴보고자 한다. 그리고 장애를 가진 내담자의 재활상담 시 실제적인 활동을 위해 앞서 예시한 전략을 확장하여 제시해 보고자 한다.

평가 해석의 궁극적 목적은 검사점수 및 관련된 관찰을 해석하여 내담자의 성공적인 직업 적응의 가능성을 최적화하고(가능하다면 경쟁고용 시장에서), 제한적인 환경에서라도 가능한 한 적절한 생활을 영위할 수 있게 하는 종합적인 재활계획을 만들어 내는 것이다. 평가 과정을 통해 도출된 지식을 바탕으로, 상담사와 내담자는 상호 수용 가능한 계획을 발전시키기 위해 같이 노력하게 된다.

재활계획의 기초를 확립하기 위해 평가 결과는 면접 방식을 통해 내담자와 공유되어야 한다. 재활평가 후 내담자와의 면접은 크게 다음과 같은 네 가지 목적을 가진다. 비위협적인 방식으로 정보를 전달할 것, 결과를 해석하여 내담자가 그 함의를 이해할 수 있을 것, 검사 결과로 내담자의 반응을 유도해 낼 것, 그리고 대안적인 행동 방향을 발전시킬 것이다.

재활에서 검사 해석은 두 가지 연관된 과정과 관련되어 있다. 즉, 평가 자료를 일관된 보고서 형태로 정리하는 것과 평가 결과를 내담자와 논의하는 것이다. 이러한 활동의 목적은 내담자의 재활 가능성을 탐색하기 위해 검사 및 면접 정보를 조직화 · 종합화하여 요약하는 것이다. 상담사에게 최적의 전략은 평가 예비 보고서의 윤곽을 잡고, 이러한 개략적인 밑그림을 내담자와의 상담 시 기본적 토대로 사용하는 것이다. 최종 평가 보고에서는 내담자의 반응과 제안을 보고서의 권고란에 포함시켜야 한다.

Vash(1981), Vash와 Crewe(2004)는 검사 해석 과정에 내담자를 참여시켜야 할 이유를 다음의 세 가지로 제시하였다. ① 내담자에게 평가의 목표를 설명해 줌으로써 그들을 격려하고 활동적인 참가자로서의 역할을 하게 한다. ② 평가 결과를 내담자와 공유함으로써 결과에 대하여 일정 정도 책임감을 가질 수 있도록 한다. ③ 내담자가 자기 자신에 대하여 가장 잘 알고 있기 때문에 평가 결과의 해석 시 많은 정보 및 지식을 표현할 수 있다. 저자들은 상담사에게 다음과 같은 조언을 결론적으로 제시하고 있다. 의심이 생길 때는 내담자에게 자문을 구하라!

다음으로는 평가 결과를 재활계획을 위해 유용하게 재해석할 수 있도록 하는 몇 가지 검사 해석 전략과 원칙을 제공해 보고자 한다. 이러한 제안은 세 가지 참고문헌(Bolton, 1998; McGowan & Porter, 1967; Moriarty, Minton, & Spann, 1981)에서 발췌한 것이다.

(1) 보고서 준비

- 평가 자료의 해석은 임상적 판단과 평가도구에 대한 전문적 지식을 필요로 한다. 임상적 전문기술은 평가 수행 경험과 평가도구의 연구 결과에 대한 지식을

기초로 한다. 다른 말로 하면, 상담사는 평가 자료를 해석하는 훈련과 사용한 검사도구에 대한 기술적인 특징에 관한 지식을 필요로 한다.

- 평가 해석을 위해서는 원자료, 예를 들어 면접 기록, 검사 및 검사도구에서 도출된 점수, 기타 여러 정보를 집중적으로 참고할 필요가 있다. 핵심적 평가 결과는 검사 매뉴얼 및 핸드북과 같은 다양한 해석 자료를 사용하여 적절하게 간추려야 한다. 평가 보고서는 내담자의 배경, 장애 요인, 지능, 흥미, 성격, 직업 기술 그리고 재활계획을 위한 권고 등을 포함해야 한다.
- 평가도구는 함께 참조하여 해석되어야 하는 점수 프로파일을 도출하게 된다. 이러한 평가와 관련된 세 가지 특별한 단계가 있다. 첫째, 프로파일의 종합적인 수준이 검토되어야 한다. 즉, 점수가 평균 이상, 평균 또는 평균 이하인 경향이 있는가? 둘째, 점수의 전반적인 변이성이 검토되어야 한다. 즉, 점수들이 거의 비슷하거나 또는 개인 간 상당한 편차가 있는가? 셋째, 프로파일의 가장 높은 점수 및 가장 낮은 점수가 내담자에게 설명될 수 있도록 제시되어야 한다. 다중 점수 프로파일은 내담자 특성의 유기적 구조에 대한 중요한 정보를 제공해 준다.
- 내담자에 관한 가설을 세우기 위해 면접 자료, 직업력, 평가도구 및 척도 등이 수렴하는 지점을 주의 깊게 찾아야 한다. 척도점수의 해석을 위해서는 구성타당도에 대한 근거 및 평가 내용을 주의 깊게 검토해야 한다(즉, 검사 항목에 대한 반응이 점수 획득으로 이어지는 것과 같이). 따라서 점수에 관한 모든 해석은 특성참조(trait referenced)되었다는 것이 강조되어야 하는데, 이는 평가 해석의 기초로서 검사점수는 측정하고자 의도하는 것을 측정해야 한다는 것을 의미한다.
- 평가점수는 내담자의 수행 잠재력에 대한 개략적인 추정이기 때문에 신뢰하기 힘든 측정 과정에 대하여 고려해야 한다. 이러한 문제를 해결하기 위해서는 검사점수를 단일 값으로 나타내기보다는 측정의 표준오차를 사용하여 간격이나 대역(band)으로 나타낼 수 있다(제2장 참조).
- 평가에 대한 명확한 권고를 제공하기 위해서는 선택된 관련 분야에서 내담자의 장단점 항목을 만들어 볼 필요가 있다. 즉, 내담자의 장점이 단점을 상쇄하는가? 내담자의 단점이 완화될 수 있는가? 설명은 단순하고 직설적으로, 또한 평가 결과를 해석하여 내담자 서비스 계획을 위한 함의로 사용할 수 있어야 하겠다.

(2) 내담자에게 평가 결과의 피드백 제공하기

- 내담자가 받은 검사의 목적 및 점수의 의미에 대하여 짧고 간결한 방식으로 설명하라. 재활계획과 관련하여 쉬운 용어로 검사 결과를 설명하라.
- 내담자로 하여금 검사 결과 해석에 참여하도록 유도하라. 검사 결과는 내담자가 자신의 강점 및 약점을 수용하고 좀 더 나은 이해를 가질 수 있도록 돕는 수단이 되어야 한다.
- 평가 결과에 관한 검토는 직업력, 교육, 동기, 장애 관련 쟁점 등 가능한 모든 정보를 포함해야 한다. 검사점수는 내담자의 생활 환경, 포부 및 목표와 같은 넓은 범주의 정황이 모두 고려되었을 때만 의미를 갖게 된다.
- 평가 자료는 그 결과가 내담자의 과거 경험, 현재 행동 그리고 미래 계획과 직접적으로 연관 있을 경우에만 의미를 가지게 된다. 추상적인 평가 이슈보다는 검사점수의 실제적인 함의를 더욱 강조하라.
- 평가에 대한 전반적인 관점은 유지하면서도, 낮은 검사 수행 결과 및 유쾌하지 않은 정보에 대하여 정직하게 설명하라. 낮은 점수에 관하여 중요하지 않은 것으로 기각하지 말고, 대신 내담자의 장점에 관하여 더욱 강조하라. 또한 낮은 검사점수의 재활계획 관련성에 대하여 내담자가 이야기할 기회를 주라.
- 재활서비스 계획 확립의 근간으로서 평가 후 면접의 목표는 내담자의 자아 이해를 증진시키고 내담자를 검사 해석 과정에 참여시키기 위한 것이다. 이러한 과정 속에서 책임을 공유함으로써 문제 해결을 위한 내담자의 역할을 존중해야 한다. 마지막으로, 평가 결과의 긍정적인 면을 강조하는 간결한 요약으로 마무리를 하라.

2) 장애인 구직자 검사

장애를 가지고 있는 구직자에 대한 고용 가능성에 관한 검사는 재활 전문가의 중요한 역할이다. 재활평가와는 대조적으로, 고용평가는 훈련을 통하여 회복시킬 수 있는 장애인의 단점뿐만 아니라 장애인의 강점 및 가능성에 초점을 맞추게 되는데, 이는 고용주가 장애인을 고용하게 되었을 때 특정 작업 환경에서 가장 이상적으로 과업을 수행하는 사람을 고용하기를 원하기 때문이다. 하지만 법에 따라 고용주는 평가 또는 평가 절차에서 장애인 구직자를 부당하게 차별하여서는 안 된다. 여기에서는 ① 장애인 고용평가와 관련된 연방 법률 및 규제에 관한 개요를 언급하고,

② 장애인 구직자의 편의를 도모하기 위한 검사 및 검사 절차에서 가능한 변환에 관하여 설명하고, ③ 『교육 및 심리 검사의 표준(Standards for Education and Psychological Testing)』(American Psychological Association, 2000) 측면에서 이와 같은 검사의 변환이 고용검사의 심리측정 속성에 어떠한 영향을 주게 될 것인가를 평가하고자 한다.

(1) 연방 법률 및 규제

1973년에 제정된 재활법 제504조에서는 연방기금을 받는 모든 기관의 장애인 구직자에 대한 차별을 금지하고 있다. 이 법은 1978년 모든 연방기관을 포함하는 것으로 개정되었고, 1990년 미국장애인법(ADA)의 제1장은 이러한 차별 금지를 민간 영역에까지 확대하였다. 이 법은 정신적 또는 신체적 어려움을 가지고 있는 구직자의 고용검사에서 합리적인 편의 조정(reasonable accommodations)을 제공하도록 명시하고 있다.

더 나아가 ADA는 장애인의 고용이 확정되기 전까지는 '의학적 검사'를 하지 못하도록 규정하고 있다. 1994년 미국 고용평등위원회(Equal Employment Opportunity Commission: EEOC)에서는 심리검사가 의학적 검사인지 아닌지를 결정할 수 있는 지침을 제시하였다(이러한 이슈는 '미해결 쟁점' 부분에서 자세히 언급하고자 한다).

(2) 검사 변환

일반적인 검사 변환은 검사 방식을 변화하는 것이다. 예를 들어, 시각이 손상된 피검사자의 경우는 커다란 문자 또는 점자와 같은 형식으로 검사가 제공되거나, 녹음된 형태로 검사가 제공되거나, 제3자가 읽어 주는 형식으로 검사에 임할 수 있다. 만약 피검사자가 청각에 손상을 입었을 경우, 검사는 수화 통역자에 의해 제공될 수 있다.

두 번째 형태의 변환은 반응 형태와 관련되어 있다. 언어장애를 가진 구직자의 경우 소리 내어 반응해야 하는 검사 문항에 대하여 글로 써서 제출하도록 할 수 있고, 반면에 검사 문항에 대하여 신체적인 반응을 해야 하는 경우에는 소리로 검사에 응하게 할 수 있다. 마지막으로, 언어적 · 신체적 손상을 가지고 있는 사람의 경우, 문항에 대한 반응을 예/아니요의 형태로 단순화할 필요가 있다.

또한 검사가 이루어지는 환경을 변화시킬 필요가 있다. 예를 들어, 시각 손상을 가지고 있는 구직자의 경우 검사 항목을 적절하게 읽을 수 있도록 조명을 변화시킬 필요가 있고, 몇몇 구직자의 경우는 작업장에서 검사를 받는 대신에 자신의 집에서 검사를 받게 할 수도 있다. 그 밖의 검사 또는 검사 과정의 변환으로는 문항이나 하위 영역을 줄여 전체적인 검사를 줄일 수도 있고, 문항을 재배치하거나 바꾸어 제시할 수도 있고, 원래 검사를 다른 검사로 대체할 수도 있다.

마지막으로, 장애인의 경우 몇몇 형태의 검사 문항에 대하여 명확히 말하거나 또렷하게 발음하지 못할 수도 있기 때문에, 평가자는 검사 반응에 대한 해석 시 피검사자의 '문화적 동화(acculturation)'를 고려할 필요가 있다.

(3) 미해결 쟁점

1990년에 ADA가 통과되었을 때 검사 변환에 대한 효과가 검사 타당도에 미치는 영향에 관한 경험적인 증거를 거의 가지고 있지 못했고, 측정 전문가는 ADA의 엄격한 적용이 오히려 좋은 의도를 가지고 이러한 법령을 준수하려고 하는 고용주에게 어려움을 줄 수 있다고 지적하였다. 세부적으로 미국심리학회(American Psychological Association) 제5분과(평가 · 측정 · 통계)는 'ADA에 의하여 초래될 수 있는 심리 및 평가 쟁점이라는 성명서'(1993)를 발간하였다. ADA에 의해 야기될 수 있는 네 가지의 중요한 질문은 다음과 같다.

① 변환된 검사를 통해 얻은 피검사자의 점수가 표준화된 조건에서 원래의 검사를 통해서 획득될 수 있는 점수와 동일하게 비교될 수 있는가?
② 변환된 검사가 표준화된 검사에서와 같이 동일한 구성체를 측정할 수 있는가, 또한 유사한 정확도를 가지고 직업 행동을 예측할 수 있는가?
③ 장애인의 고용을 결정하는 인사 담당자에게 획득된 점수가 변환된 검사에 의한 것이라는 것을 인지시켜야 하는가?
④ ADA에 의거하여 주어진 성격 또는 기질 검사가 의학적 검사로 적절하게 간주되었는가, 아니면 오직 구직자가 고용이 결정된 후에 그러한 정보가 제공되었는가?

질의 ① 및 ②와 관련하여, 교육검사서비스(Educational Testing Service)는 장애인(예: 학습장애, 신체 및 시각 장애)의 대학적성검사(SAT)와 대학원입학시험(GRE)의 표준 및 변환 검사를 비교 · 분석하는 연구를 수행했다. 표준 및 변환 형태의 검사는 검사 시간과 관련된 변환만을 제외하곤 일반적으로 거의 비슷한 것으로 조사되었다(세부적인 결과는 Willingham et al., 1988 참조).

Cohen과 Swerdlik(1999)은 피검사자의 편의를 도모하기 위해 변환된 검사 및 검사 과정에 관한 심리검사 보고서인 '편의 부록 제안서'에서 질의 ③에 관하여 언급하였다. '편의 부록 제안서'는 첫째, 어떻게 검사 및 검사 과정이 변환될 수 있는가를 명확히 설명하였고, 둘째, 편의 조정을 위한 심리측정 정당성이 기존 연구 문헌에 의하여 뒷받침되었고, 셋째, 검사점수의 해석과 관련된 기타 정보를 제시하였다. 여기서 언급되지 않은 것은 피검사자 장애에 관한 설명이었다. 『교육 및 심리 검사의 표준(Standards for Educational and Psychological Testing)』(American Psychological Association, 2000)에서는 만약 표준 및 변환 검사가 비슷한 측정 결과를 보여 준다면 변환된 검사의 점수라는 것을 공표하지 말 것을 제안하였다(이 장의 후반부 참조).

마지막으로, 고용이 제공되기 전까지 의학적 검사에 대한 금지는 (필수적인 신체능력과 같은 진전된 심사를 조건으로 하는) 고용주로 하여금 장애라는 이유로 구직자를 차별하지 않게 하는 장치라는 것에 대해 일반적으로 전문가의 동의가 있어 왔다. 하지만 문제가 되는 것은 '의학적 검사'라는 용어에 대한 정의다(질의 ④). 미국심리학회(1994a)에 따르면, 검사라는 것은 그것이 어떻게 사용되는가를 근거로 정의되어야 한다. 즉, 어떤 회사가 성격검사를 심리 문제를 진단하기 위해 사용하지 않고 직업수행을 예측하기 위해서 사용하였다면 그 검사가 고용이 제공되기 전에 사용되는 것을 허용해야 한다고 제시하고 있다. 하지만 미국고용평등위원회(EEOC)는 만약 어떤 검사가 원래 임상적 진단을 위해 고안되었고(예: MMPI) '의료 전문가'에 의해 실시되었다면(심리학자 포함) 의료적 검사로 간주되어야 하며, 따라서 고용이 결정된 후에만 그 검사가 허락되어야 한다고 명시하고 있다. 결과적으로, 고용주는 공공의 안전에 대한 책임감에도 불구하고 조건부 고용이 확정되기 전까지는 구직자의 정신적 안정성 여부를 평가해서는 안 된다고 할 수 있다(American Psychological Association, 1994b).

(4) 장애인 검사 표준

이론적으로 말하면, 검사 및 검사 과정의 변환은 심리측정 특성이 검사에 미치는 영향에 관한 여러 연구를 통해 제시될 수 있다. 변환의 효과는 체계적 연구 문헌에 의해 제시될 수 있다. 『교육 및 심리 검사의 표준』(American Psychological Association, 2000)에 제시된 내용을 소개하면 다음과 같다.

- 검사와 관련된 검사 개발자와 검사 사용자는 구성체와 관련 없는 요인(예: 장애

인 검사점수)에서 장애 조건의 영향을 최소화하기 위한 책임이 있다.

- 장애인을 위해 검사를 변환하는 사람은 검사 수행 시 장애 조건의 영향 및 심리측정에 관한 적절한 전문성과 지식을 가져야 한다.
- 검사 매뉴얼은 검사 변환에 대한 이론적 근거 및 절차에 관한 상세한 설명을 제시해야 한다. 만약 검사 변환에 관한 타당도가 명백하지 않을 경우, 변환검사로부터 얻은 검사점수의 추론에 관한 주의 사항을 포함시켜야 한다.
- 가능하다면, 변환된 검사는 변환의 적절성을 검증하기 위해 검사 집단을 위한 타당도 효과 검증 및 파일럿(pilot) 검사를 거쳐야 한다.
- 속도 검사의 시간 제한을 변화시킬 경우에는 경험적 근거를 바탕으로 해야 하며, 피검사자에게 검사 시간을 더 많이 주게 되었을 경우 가능한 피로 영향 역시 검증되어야 한다.
- 가능하다면, 검사점수의 변환 효과를 측정하고자 하는 연구자는 비교 목적을 위해 변환되지 않은 표준검사를 수행할 필요가 있다.
- 장애인에게 검사를 수행하는 전문가는 변환된 검사의 종류 및 활용에 관한 지식을 가지고 있어야 하며, 이러한 지식을 피검사자에게 제공해 주어야 한다. 또한 검사점수를 보고하기 위한 적절한 규준을 선택할 수 있는 심리측정에 관한 전문성을 가지고 있어야 한다.
- 만약 표준 및 변환 검사가 비슷하다는 연구 결과가 있을 경우, 평가 보고서에 변환검사의 점수에 대한 별다른 표시는 필요치 않을 수 있다. 하지만 그러한 결과가 이용 가능하지 않을 경우, 검사 사용자는 변환의 내용에 관해 법이 허락하는 범위에서 표시를 할 필요가 있다.

(5) 장애인 구직자에 대한 검사: 권고 사항

산업 및 조직 심리학회(Society for Industrial and Organizational Psychology, 2003)는 회사 및 기업체에서 장애인 구직자에 대한 책임 있는 평가를 위한 권고 사항을 제시하였는데, 이는 다음과 같다.

- 기업은 선택된 측정도구에 대한 수행 시 구직자의 장애가 어떠한 영향을 미치며, 이러한 심리측정에서 장애인을 위한 올바른 변환을 거친 평가도구가 활용 가능한가에 대한 전문적 지식을 가지고 있어야 한다. 선택된 평가도구의 실행에서 장애 영향이 사소한 것이 아닐 경우, 회사는 현재의 측정도구를 수정하거나,

새로운 것을 개발하거나, 또는 그것을 다른 직업 관련 정보로 대체하여 사용할 수 있을 것이다.

- 대부분의 조직에서 연구의 정당성을 입증하기에는 구직자 및 근로자의 수가 너무 적은 경우가 많다. 하지만 가능하다면 고용주는 변환된 검사를 수행하거나 또는 유사한 표본집단을 가지고 검사를 수행하여, 이러한 결과로부터 장애인의 고용을 결정하기 위한 타당도 및 신뢰도에 대한 실질적인 추정을 도출해야 한다.
- 심리측정 특성에 대한 자료 및 피검사자의 검사를 포함한 모든 변환에 대하여, 가능하다면 이러한 모든 사항을 원래의 검사도구에 세부적이며 철저하게 기입하여야 한다. 선택된 검사도구의 변환된 형태로 검사를 받은 구직자의 신원에 대하여 반드시 기록해야 하지만, 고용 결정을 위해 조직에서 사용되는 평가 자료와는 분리하여 보관하여야 한다. 고용주에게 이러한 정보를 제공하는 것은 법으로 제한될 수 있다.
- 평가자는 장애인의 독립생활 및 흥미 정도를 측정하기 위해 검사도구의 대체나 변환에 관하여 측정해야 할 의무가 있다. 이러한 목적을 위한 적절하고 현실적인 편의 조정에 대하여 구직자와 의견을 주고받는 과정이 전체적인 검사 절차에 포함되어야 한다.
- 마지막으로, 고용 전 검사의 목적은 장애 조건을 평가하는 것이 아니라 직업 수행에 대하여 예측하는 것이기 때문에, 장애 구직자를 위해 선택된 검사 절차는 다른 구직자를 위해 사용되는 절차와 가능하면 유사해야 한다.

4 평가의 윤리적 원칙

재활 전문가는 심리 · 직업 검사 및 검사도구의 선택 · 수행 · 해석을 결정하기 위해 윤리적 기준을 준수해야 한다. 모든 주요 전문가 조직은 구성원의 행동을 안내해 주는 윤리 규범을 선포한다. 재활평가에 적용할 수 있는 다음과 같은 윤리적 기준은 재활상담사자격위원회(CRCC, 2001)에 의해 발간된 『재활상담사의 전문가 윤리규범(Code of Professional Ethics for Rehabilitation Counselors)』에서 발췌되었다. 재활 전문가, 상담사(American Counseling Association, 2005) 및 심리학자(American Psychological Association, 2002)는 자신과 밀접히 관련된 윤리 규범에 친숙해야 한다.

CRCC 윤리 기준은 재활 전문가가 평가를 수행할 때 평가도구의 선택, 사용 및 해석 시 내담자의 복리를 증진시켜야 함을 명기하고 있다. 책임 있는 평가의 실행을 구성하는 핵심 행동은 '윤리 실행의 시행 표준'에 자세히 제시되어 있다. 이러한 규범에 따라 재활 전문가는 다음 사항을 준수해야 한다.

- 검사의 시행 전에 검사 결과의 명확한 사용처와 검사의 목적을 내담자에게 인지시켜 주어야 한다.
- 내담자에게 익숙해진 기능 수행 및 능력의 한계에 대하여 인지하여야 한다.
- 특정 상황에서 특정 개인을 위해 검사도구를 선택하게 될 때는 검사의 세부적인 타당도, 신뢰도, 기술적 한계, 적절성을 주의 깊게 검토해야 한다.
- 장애를 가진 내담자에게 편의를 제공하는 때를 제외하고는 표준화된 조건에서 검사를 실시해야 한다.
- 규준집단에 의해 대표되지 않는 사람, 문화적 다양성을 가진 사람 그리고 장애인의 수행평가에서 주의를 기울여야 한다.
- 평가 결과는 나이, 성별, 결혼 상태, 장애, 성적 취향, 민족성, 인종, 종교, 문화 및 검사점수 관련 편의 조정의 모든 영향을 고려하여 해석되어야 한다.
- 평가 결과는 내담자가 이해할 수 있는 언어로 설명해 주어야 한다.
- 컴퓨터를 활용한 방식에 의한 평가의 시행 · 채점 · 해석이 정확한 결과를 도출하도록 주의 깊게 검토해야 한다.
- 법적 · 계약적 의무에 부합하도록 검사 및 기타 평가 절차의 안전성 및 통합성을 유지하도록 노력해야 한다.
- 평가 결과가 시대에 뒤떨어질 수 있다는 것을 인지하고, 시대에 뒤처진 도구의 오용을 방지해야 한다.

5 추가 정보

장애인의 기능적 기술 · 흥미 · 성격 · 능력 · 지능을 평가하는 데 유용한 50여 가지 이상의 심리검사가 이 책의 제2부 및 제3부에서 소개되고 있다. 이러한 심리검사는 각 장의 저자들의 전문적 판단에 따라 선별된, 특정 목적에 부합되는 현재 활용 가능한 최상의 평가도구다. 하지만 이러한 검사 및 평가도구는 재활 현장에서 사용할 수 있는 아주 작은 부분에 지나지 않는다. 따라서 여기에서는 기본적 교과서, 독립적인 평가 소견을 담고 있는 보고서, 기술적인 참고서적, 학술적인 논문 그리고 재활평가와 관련된 기타 참고문헌을 포함하는 중요한 여러 정보원을 제시하고자 한다.

검사와 관련된 중요 정보는 검사와 함께 제공된 매뉴얼에 포함되어 있다. 몇몇 경우에 검사 매뉴얼은 검사 핸드북과 같이 하나 이상의 참고서적에 의해 보충될 수 있다. 좋은 검사 매뉴얼은 주기적으로 업데이트되며, 검사의 수행 · 채점 · 해석과 관련한 정보, 타당도 및 신뢰도에 관한 연구 분석이 요약 제시되어 있다. 검사 매뉴얼과 관련된 고유의 문제는 검사를 고안한 사람에 의해 제시되고, 검사를 보급하는 출판사에 의해 제공된다는 것이다. 따라서 검사의 강점 및 긍정적인 면은 강조되는 반면, 문제 및 부정적인 측면은 최소화되는 경향이 있다.

평가도구에 관한 좋은 인상을 주기 위해 노력하는 검사 개발자 및 출판사의 일반적 경향을 완화시킬 수 있는 유일한 방법은 심리검사에 대한 독립적이고 비판적인 논평을 제공받는 것이다. 이는 이미 60년 전에 Oscar Buros에 의해 제시된 해법이다. 그의 이러한 통찰은 네브래스카 대학교 출판사에 의해 출간 및 제공되는 『정신측정 연감(Mental Measurements Yearbooks: MMYs)』에 자세히 제시되고 있다. 『MMY 13판』(Impara & Plake, 1998), 『MMY 14판』(Plake & Impara, 2000), 『MMY 15판』(Plake, Impara, & Spies, 2003)은 현재 활용 가능한 정보 자료다. 전문가가 활용 가능한 주요한 검사 평론의 하나는 『검사 비평(Test Critiques: TCs)』 총서(Keyser, 1984-2005)로, MMYs보다 검사에 관한 상세한 해설을 제공하고 있다.

MMY, TCs 총서, 기타 여러 문헌을 참조하여 출간된 유용한 검사 평론의 하나는 『진로평가도구에 대한 상담사 가이드(A Counselor's Guide to Career Assessment Instruments)』(Kapes & Whitfield, 2001)다. 마지막으로, 상업적으로 출판되지 않은 수백 가지의 평가 및 평가도구에 관한 종합적인 목차가 『실험적 정신측정의 미출판 목록(Directory of Unpublished Experimental Mental Measures)』(Goldman & Mitchell, 1997)에 제시되어 있다.

특별히 재활 전문가에게 도움이 되는 평가 및 검사 평론에 관한 수많은 리뷰 역시 중요한 정보원이다. 『응용심리검사(Applied Psychological Measurement)』, 『성격평가 학술지(Journal of Personality Assessment)』, 『심리교육평가 학술지(Journal of Psycho-Educational Assessment)』, 『상담과 성장 평가(Measurement and Evaluation in Counseling and Development)』, 『심리평가(Psychological Assessment)』, 『직업평가 학술지(Journal of Career Assessment)』, 『직업평가와 직무적응 보고(Vocational Evaluation and Work

Adjustment Bulletin)』 등이 있다. Anastasi와 Urbina(1997), Cronbach(1990), Walsh와 Betz(2000), Urbina(2004)가 저술한 4권의 서적은 여러 평가에 대한 검사 이슈 및 평가적인 해설에 대한 기본적인 소개를 제공하는 한편, Linn(1989), Nunnally와 Bernstein (1994), Thorndike(1982)는 검사이론에 관한 기술적 주제들을 언급하고 있다. 검사의 전문가 사용과 관련된 두 가지의 추가적인 문헌은 『교육 및 심리 검사의 표준』(American Psychological Association, 2000) 및 『표준검사 사용자의 의무에 관한 정책보고서(Policy Statement on Responsibilities of Users of Standardized Tests)』(American Counseling Association, 1989)가 있다.

수많은 책, 장 및 전공 논문이 재활평가에서 적절한 평가도구 및 실천에 초점을 맞추고 있다. 이러한 평가도구들은 특히 상업적으로 출간되었지만, 앞서 언급한 참고문헌에서는 깊이 있게 검토되지 않은 것들이 많다. Bolton(2004)은 재활상담 결과를 측정하기 위해 유용한 스물두 가지의 평가도구에 대하여 기술하고 있다. Harrison, Garnett과 Watson(1981)은 고용 잠재력, 독립생활 기술, 기타 내담자 특성을 측정할 수 있는 40개의 오래된 평가도구들에 관하여 설명하고 있다. Glueckauf, Sechrest, Bond와 McDonel(1993)은 재활평가에서의 이론, 타당도, 실용성, 훈련 그리고 적용에 관한 내용들을 기술하고 있다. Bolton과 Cook(1980)은 재활 내담자 평가에서의 고전적 논문 25개를 검토하여 하나의 책으로 출간하였고, Parker와 Bolton(2005)은 이러한 주제에 관한 총람을 출간하였다. Cushman과 Scherer(1995)는 의료적 세팅에서의 심리평가에 관하여 기술하였고, Parker와 Schaller(2003)는 직업평가 및 장애와 관련한 다양한 주제에 관하여 논의하였다. 마지막으로, Power(2006)의 최근 서적은 장애인의 직업 사정에서의 검사 사용에 관해 잘 개관하고 있다. 좀 더 특성화된 참고문헌은 이 책의 여러 장에 제시되어 있다.

6 결 론

이 장에서는 측정 및 평가에 관한 중요한 용어를 정의하고, 표준검사의 두드러진 특징을 논의하였으며, 검사 해석에서의 주요한 전략을 제시하였다. 또한 표준점수의 기본적 형태를 설명하였으며, 의심스러운 타당도를 가진 점수에 관하여 논의하였고, 재활에서의 검사 사용 시 지침을 제시하였다. 장애인을 위한 검사 변환의 표준을 세분화하였으며, 재활 전문가를 위한 평가의 윤리적 원칙을 제시하였고, 재활에서의 검사에 관한 추가적인 정보를 검토하였다. 이러한 주제들은 재활평가에서 전문가의 전문성을 높이는 데 핵심적이기 때문에, 독자는 이 책의 제2, 3부를 읽기 전에 그에 관해 익숙해져야 할 필요가 있을 것으로 판단된다.

Chapter 02

신뢰도

Robert M. Thorndike | Tracy Thorndike-Christ

1 검사점수의 일반화

일반적으로 모든 심리검사는 특정 목적에 따라 사용된다. 일반적으로 재활 분야에서 검사의 목적은 진단과 예후에 걸쳐 다양하지만, 검사의 목적이 무엇이든 간에 거의 모든 심리검사도구는 알고자 하는 개인 특성에 대한 간접적인 지표를 사용한다. 예를 들면, 내담자의 지적 기능을 측정하는 Wechsler 성인용 지능검사(Wechsler Adult Intelligence Scale-Third Edition: WAIS-III; Wechsler, 1997)로 얻은 점수는 내담자의 지능을 표현하는 간접적인 지표인 것이다. 검사를 통해 얻은 하나의 관찰점수는 특정 시간, 인위적인 환경에서 만들어진 하나의 행동에 대한 예이므로, 검사의 목적은 이렇게 얻은 점수를 바탕으로 미래의 시간과 다른 상황에서 개인이 어떻게 행동할 것인지에 대한 정보를 얻고자 한다.

모든 심리검사는 표본이 되는 행동을 포함하고 있다. 검사 항목은 특정한 행동 표본에 국한되고, 측정이 특정한 하나의 시간단위에서 이루어진다는 것이 심리검사가 가지는 제한점이 된다. 그러므로 검사 사용자가 스스로에게 해야 할 중요한 질문은 '검사로 얻은 자료를 종합적으로 고려했을 때, 어떻게 일반화를 하는 것이 이치에 합당하고 적절한가?'라는 것이다.

일반화는 두 가지 형태로 나타난다. 첫 번째는 '일관성(over time)'이다. 하나의 시점에 나타나는 행동 양식이 제2, 제3의 시점에 나타나는 행동에 대한 중요한 지표일 수 있는가로, 다양한 시간대에 이루어진 검사 결과에서 얼마나 일관된 결과를 얻을 수 있는가에 관한 것이다.

두 번째 형태의 일반화는 검사 결과, 즉 특정 검사 항목으로부터 다른 검사 항목이나 다른 행동에 대한 지표를 일반화하는 것과 관련되어 있다. 예를 들어, WAIS-Ⅲ 점수에 있어서 고유의 관심 영역이라는 것이 거의 존재하지 않는다. 즉, 상담사는 WAIS-Ⅲ 점수를 행동 잠재력이나 비검사적 행동의 지표로 사용하게 된다. 검사에서 측정된 행동 및 특정 항목을 통해 학교, 직장, 가족 상황에 있어서의 비검사적 행동의 연속적 일반화를 가능하게 할 수 있다.

이 장에서는 전통적으로 신뢰도에서 설명되는 일반화의 비교적 제한된 내용에 관하여 제시하고자 한다. 즉, 신뢰도 측면에서 '일반화'라고 하는 것은 유사한 시험 항목에 있어서 행동 및 시간과 관련된 것들이라고 할 수 있다. 반면 다른 종류의 시험 및 비검사적 행동의 일반화는 타당도와 관련되어 있고, 이는 제3장에서 다룰 것이다.

이러한 측면에서 볼 때, 검사도구의 신뢰도는 검사 자체를 예측하게 하는 능력인 반면, 타당도는 다른 것을 예측하게 하는 검사의 능력이라고 할 수 있다. 이런 두 개의 개념 모두는 검사도구로부터 얻어진 측정의 질과 관련 있다. 즉, 신뢰도는 제한된 범위에서의 측정의 질과 관련이 있는 반면, 타당도는 다른 목적을 위한 검사도구의 유용성과 관련 있다. 실제 상황에서 적합한 신뢰도를 평가하는 몇몇 방식이 존재한다. 평가도구는 외부적인 유용성(타당도)이 확보되기 전에 내적 질(신뢰도)이 우선적으로 확보되어야 한다.

2 고전적 심리검사 이론

심리 측정의 초기 역사에 있어서, 연구자들은 인간의 차이를 규명하는 것이 다소간 어려운 일이라는 것을 인지하기 시작했다. 왜냐하면 사람에게 있어 수행이라는 것이 일관성을 갖기 어렵다는 측면이 있기 때문이었다. 인간의 행동은 변화가 크기 때문에, 초기 심리 과학의 경우 기존 발달된 과학 분야에서는 직면하지 못한 측정 문제가 제기된다. 천문학자, 화학자, 물리학자의 경우 그들이 연구하는 현상이 규칙적인 형태로 발생하였고, 미묘한 불일치의 경우는 측정도구에 의해서 감지되지 않았기 때문에 측정도구의 일관성에 대하여 깊이 있는 고민이 필요하지 않았다. 관찰의 신뢰성이 거의 자연스러운 현상으로서, 측정 행위가 측정하고자 하는 대상을 바꾸지 않는다는 것이 받아졌기 때문에 연구 결과는 쉽게 되풀이 될 수 있었다. 또한 새로운 샘플의 연속 관측이 높은 일관성을 보여 주게 되었다.

Binet의 검사도구와 같이 초기 심리 측정도구는 다른 과학영역에 비해 엄밀한 의미에서 조악하고 부정확했다. 하지만 인간수행의 변화가 집단적인 수준 및 시간의 변화에 따른 개인 간에 있어서도 모두 컸기 때문에 100년 전의 세련되지 못한 심리 측정도구라 하더라도 이러한 차이를 감지해 낼 수 있게 된다. 몇 년 후 기존 발달된 과학분야 역시, 심리 과학 분야에서 미묘한 차이를 발견해 낼 수 있는 측정도구를 고안한 것과 같은 검사도구를 발전시키게 된다. 오늘날 모든 과학 분야가 측정도구에 대한 신뢰도에 관심을 가지고 있다. 하지만 심리학의 경우 인간 행동의 측정 단위가 상대적이고 변화가 크기 때문에 아직도 어려운 측면을 크게 내포한다고 볼 수 있다.

1) 반복 시행과 진점수

검사점수의 신뢰도에 관한 고전적 모델은 두 개념(진점수와 측정오차)에 의해 설명될 수 있다. 첫 번째는 행동이 반드시 측정될 수 있는 양적 측면에 관한 것으로 특정 행동이 수량화될 수 있다는 것을 말한다. 이것은 진점수(true score)에 관한 것으로, 검사를 통해 얻어지는 검사점수는 다를 수 있지만 개인이 순수하게 가지고 있는 행동의 양적 측면은 동일하다는 가정이다.

2) 측정오차

심리검사의 신뢰도에 관한 고전적 이론의 두 번째 전제는 각각의 관찰은 항상 측정오차(error of measurement)라고 하는 오차 요소를 포함하고 있다는 것이다. 고전적 이론에서 각각의 측정오차는 서로 독립적이라고 가정하며, 오차는 진점수로부터 무작위로 분포된다. 즉, 오차는 평균이 0인 정상분포곡선을 이룬다는 것을 가정한다는 의미다. 그래서 개인의 관찰점수는 개인의 진점수와 오차점수로 구성된다.

다음의 예를 통해 신뢰도에 관한 고전적 이론이 설명하는 방식에 대해 좀 더 자세히 알 수 있다. John의 골프 실력은 측정될 수 있고, 연구의 목적은 John이 공을 얼마나 멀리 쳐 낼 수 있는지에 관한 것이라고 가정하자. 첫 번째 시행에서 John은 225

야드를 기록하였다. 여기서 '225'라는 숫자는 이번 시행에서의 John의 검사(관찰)점수인데, 숙련된 골퍼라면 누구나 이러한 한 번의 시행이 진점수와 오차점수 간의 합이라는 것을 알고 있다. 즉, 두 번째 시행에서는 검사 항목이 같다고 하더라도 아주 정확하게 같은 점수를 기록할 확률은 아주 낮을 것이다. 좀 더 신뢰할 수 있는 검사를 위해서 John이 골프공을 페어웨이에 올려놓기 위해 앞의 시행을 여러 번 반복한다고 가정하자.

John의 점수는 어떻게 요약될 수 있는가? 실질적인 관점에서 John이 앞선 단계의 시행에서 얻은 점수에 관한 정보는 앞으로의 시행에서 그가 어떤 점수를 얻을 것인가에 대한 예측을 위해 유용하게 사용될 수 있다. John의 실력에 대해 다소 많은 양의 데이터가 수집되었다면, 다음 시행에서 John이 얼마의 비거리를 기록할 것인가에 대한 가장 좋은 예측은 수집된 정보로부터 얻을 수 있는 평균점수일 것이다. 이러한 방식으로 우리는 최소한의 오차로 앞으로의 수행에서 얻을 수 있는 점수에 대한 예측을 할 수 있다.

3) 표준측정오차와 신뢰도

검사로 얻은 점수는 진점수와 오차(variation)로 구성된다. 여러 번의 골프 검사를 통해 얻은 John의 점수들을 바탕으로 John의 골프 실력을 예측한다고 가정해 보자. John의 실제 골프 실력에 가장 가까운 점수는 여러 번의 시행에서 얻은 점수들의 평균값일 것이고, 이 평균값에 오차값을 합해서 얻은 값이 관찰값임을 알 수 있다. 이처럼 진점수는 독립적으로 반복된 시행에서 얻은 관찰점수의 평균으로 정의하고, 관찰점수는 진점수와 무작위로 일어나는 측정오차의 조합으로 정의할 때, 존의 관찰점수는(X_{oi})는 다음과 같이 공식화할 수 있다.

$$X_{oi}(\text{관찰점수}) = T_i(\text{평균}) + e_{oi}(\text{측정오차}) \quad \cdots\cdots\cdots\cdots \quad [\text{공식 1}]$$

[i=특정 개인, o=관찰, X_{oi}는 개인의 특정한 관찰에서 얻은 관찰점수]

이 공식을 바탕으로 표준측정오차(standard error of measurement: *SEM*)에 대해서 논의해 보기로 하자. 공식 1에 따르면, T_i가 관찰점수의 분포상 나타나는 평균이기 때문에 관찰점수 분포의 표준편차는 측정오차 분포의 표준편차로 간주될 수 있고(여기서 평균은 진점수, 즉 변치 않은 상수의 역할을 하기 때문에), 이를 표준측정오차라고 한다.

다음 예를 생각해 보자. 여러 피검사자의 골프 실력을 각각 한 번씩 측정한다고 가정해 보자. 개별 피검사자의 관찰점수는 공식 1과 같이 진점수와 개별 시행에서 생길 수 있는 무작위적 오차의 합으로 표현된다. 오차의 관점에서 본다면, 관찰점수 분포의 분산은 피검사자 집단에 속해 있는 개인들의 실제 능력(진점수)에서의 차이(오차)에 대한 분산과 개별 피검사자의 시행 때마다 생길 수 있는 측정과 관련된 오차들의 분산의 합으로 설명될 수 있다. 통계학의 관점에서 설명한다면, 하나의 표본집단에서 생기는 측정오차 분포는 평균이 0이고 분산이 S_e^2인 정상분포를 나타낸다. 일반적인 심리검사에서 가장 중요시되는 것이 개인의 진점수를 가능한 한 정확하게 추정하는 것이라고 할 때, 공식 2와 같이 측정오차를 줄이면 가능한 진점수에 가깝게 추정할 수 있게 되고, 측정오차가 작을수록 신뢰할 수 있는 심리측정도구라는 말이 성립할 수 있는 것이다.

$$S_X^2 = S_T^2 + S_e^2 \text{ 또한 } S_e^2 = S_X^2 - S_T^2 \quad \cdots\cdots\cdots\cdots \text{ [공식 2]}$$

4) 신뢰도의 정의

앞에서의 방식으로 신뢰도를 정의하는 데에서의 한 가지 문제는 진점수와 오차점수의 구분이 단지 표현상으로만 가능하다는 것이다. 실제 심리검사를 위한 관찰에서 이 두 가지 점수를 정확히 구분해 낸다는 것(얼마만큼이 실제 측정오차 때문에 생긴 것인지)은 거의 불가능한 일이지만, 다음과 같은 방식으로 이 문제를 다소 극복해 낼 수 있다.

먼저 같은 특성을 측정하는 두 가지의 동일한 검사도구가 있다고 가정해 보자. 이 검사도구들은 동일한 특성을 검사하는 동일한 검사로 간주되기 때문에 동일한 평균과 표준편차를 가질 것이라고 가정할 수 있으며, 그 결과 동일한 표준측정오차를 가질 것이라고 가정할 수 있다. 이를 공식화하면 다음과 같다.

$$r_{x_1x_2} = \frac{S_T^2}{S_X^2} \quad \cdots\cdots\cdots\cdots \text{ [공식 3]}$$

즉, 두 검사의 상관관계라고 하는 것은 두 검사의 진점수의 분산을 관찰점수의 분산으로 나눈 비율(신뢰도 계수)과 같다.

이러한 방식으로 신뢰도를 이해하는 것은 여러 가지 큰 의미가 있다. 먼저 신뢰도가 검사도구의 정확성이나 일관성의 지표로 인식될 수 있는 기본적인 정의를 제공한다는 것이다. 진점수는 동일한 검사도구나 검사의 실행 간에도 고정적인 것이므로, 신뢰도는 다음과 같은 속성을 가진다.

- 신뢰도는 피검사자 간 관찰점수의 차이에 관한 것으로 진점수의 차이에 의한 것이다. 다시 말하면, 신뢰할 수 있는 심리검사도구로 나타나는 두 피검사자의 능력 차이는 진점수(실제 능력)의 차이일 수 있다.
- 신뢰도란 검사의 종류나 검사 시점과 관계없이 지속적이고 고정적으로 나타날 수 있는 피검사자의 실제 수행능력(진점수)에 관한 것이다.

두 번째 내용에 관한 것은 나중에 설명할 것이고, 여기서는 첫 번째 내용에 대해 먼저 설명하고자 한다.

5) 표준측정오차에 대한 재고찰

공식 2와 3을 간단히 조작하면, 다음과 같은 공식을 표준측정오차(*SEM*)와 관련해 구할 수 있다.

$$S_e = S_x\sqrt{1 - r_{x_1x_2}} \quad \cdots\cdots\cdots\cdots \text{[공식 4]}$$

이 도식은 *SEM*을 이해하는 데 아주 유용한 의미를 가진다. 공식 4를 통해 얻은 값은 일련의 개인으로 구성된 표본집단의 측정오차의 표준편차이지만, 이것은 또한 개인에게 반복 시행을 했을 때 얻을 수 있는 점수분포에 대한 표준편차이기도 하기 때문이다. 이러한 관점에서 *SEM*이란 측정도구의 지속성 및 안정성의 지표가 된다고 할 수 있고, 이를 바탕으로 얻는 신뢰도 계수는 특정 검사가 특정 개인에게 두 번에 걸쳐 또는 그 이상으로 시행되었을 때, 개인의 점수가 얼마나 지속적이고 안정적으로 비슷한 결과를 나타낼 것인가에 대한 지표가 된다.

비록 신뢰도 계수가 일반적으로 검사도구를 비교하는 데 자주 사용되기는 하지만, *SEM*은 개인의 점수를 해석하는 데 무척이나 중요한 의미를 가지고 있다. 일반적으로 검사도구를 사용한다는 것은 검사를 받는 개인을 검사가 측정하는 관점에서 어느 정도의 위치에 배치할 것인가 하는 의미를 가지고 있다. 예를 들면, 지능검사에서 피검사자가 100점을 받았다고 할 때, 이 100점이 검사에 참가한 다른 참가자들의 점수와 비교해 어느 정도의 위치(지능이 상대적으로 높은지 또는 낮은지)에 있다는 것은 *SEM*을 사용해 알 수 있다. 다음을 보자.

측정오차의 분포는 S_e를 표준편차로 하고, 0을 평균으로 하는 정상분포의 형태를 가진다. *SEM*은 예측 가능한 오차들에 대한 평균값을 제공한다.* 이것은 관찰점수에 대해 일정의 오차 확률에 따라 개인의 진점수가 분포할 수 있는 점수 범위를 나타내는 신뢰구간을 예측할 수 있게 한다. 평균이 110, 표준편차 $S_X = 14.5$, 신뢰도 .80인 다음의 예를 보자.

$$S_e = 14.5\sqrt{1 - .80} = 14.5(0.4472) = 6.4846$$
$$S_e^2 = (6.48)^2 = 42.05$$

공식 3으로부터 진점수의 분산은

$$S_T^2 = .80(14.5)^2 = 168.2$$

그러므로

$$S_X^2 = S_T^2 + S_e^2$$
$$210.25 = 168.2 + 42.05$$

이 식을 통해 관찰된 점수의 80%(168.2)가 진점수 분포에 의해 도출된 결과임을 나타낸다.

이제 97점의 관찰점수를 가진 Betty의 경우를 생각해 보자. *SEM*을 통해 Betty에 관한 다양한 정보를 알 수 있다. Betty의 점수가 97점인 경우 정상분포곡선을 통해 1표준편차(6.48)를 기준으로 할 때의 신뢰구간이 90.52~103.48(97±6.48)임을 알 수 있다. 이 구간은 다음 공식에서 보듯이 가능한 표준편차 단위에 따라 달라질 수 있다.

---

* 통계적으로 볼 때, 개인 진점수의 정확한 추정은 평균에 관찰점수가 회귀하는 경향을 통해 얻을 수 있다. 좀 더 깊이 있는 논의는 Lord와 Novick(1968, 제7장) 또는 Feldt와 Brennan(1989)을 참조하라.

$$(X_i - z_p S_e) \leqq T_i \leqq (X_i - z_p S_e) \cdots\cdots\cdots\cdots \text{[공식 5]}$$

[X_i= 관찰점수, T_i= 개인의 진점수, Z_p= 양측 검정과 관련된 표준편차 단위]

그러므로 Betty의 점수에 대한 95% 신뢰구간은 다음과 같다.

$$97-1.96(6.48) \leqq T_i \leqq 97+1.96(6.48)$$

$$84.30 \leqq T_i \leqq 109.70$$

다른 말로, Betty의 점수(97점)는 95% 신뢰구간에 속한다. 다음 식을 통해 Betty의 진점수가 집단의 평균과 동일한 확률을 구해 보면 약 50분의 1(0.02)임을 알 수 있다.

$$z = \frac{97-110}{6.48} = \frac{-13}{6.48} = -2.01$$

$$P_z = 0.022$$

신뢰도를 이해할 때 한 가지 기억해야 할 점은 비록 신뢰도가 .80 이상 또는 .95 이상이라 할지라도 개인의 행동에는 차이가 있을 수 있고, 이러한 부분이 개인의 점수 해석에 반영되어야 한다는 점이다. 다시 말하면, 신뢰도가 높은 검사라 하더라도 검사점수에는 항상 오차가 포함될 수 있다는 점을 인지하고 있어야 하며, 검사 절차상 이런 오차를 키울 수 있는 요소가 있었는지에 대한 이해를 바탕으로 검사 결과를 해석해야 한다는 것이다.

3 검사점수에서의 편차

다양한 이유로 개인에 대한 검사 결과는 편차가 있을 수 있다. 개개인은 측정하고자 하는 특정 기질 등에서의 차이처럼 개인의 수행과 관찰에 관한 측정오차의 가능성도 다양하게 존재한다. 여기에서는 이러한 변화의 요인이 되는 변수들에 대해 논의한다.

1) 편차의 원인

Thorndike(1951)는 검사점수에 편차가 생길 수 있는 원인들을 여섯 가지의 광범위한 범주로 나누었다. 그중 일부는 피검사자의 진점수의 차이에 관한 것이고, 일부는 측정오차에 관한 것이다.

첫째는 검사에 장기간 영향을 미치는 일반적 요인들(lasting general characteristics)이다. 이 범주에는 검사의 종류와는 무관하게 오랫동안 지속되는 개인의 특성들이 포함된다. 즉, 일반적 지능이나 어휘력, 수리력과 같은 특성들이 이 범주에 포함된다. 또 다른 예로, 검사에 임하는 자세/기술이나 성격적 측면 역시 검사 간 편차를 나타나게 하는 요인이 될 수 있다. 이러한 요인들은 검사의 종류와 상관없이 개인이 지속적으로 장기간 가지고 있는 개인차이므로 검사 시에 검사점수를 차별화하는 중요한 요인이다.

둘째는 검사에 장기간 영향을 미치는 특수한 요인들(lasting specific characteristics)이다. 어떤 개인적 특성들은 장기간 개인 속에 내재되어 있지만 특별한 검사 시에만 반응을 하는 경우가 있으며, 이런 특성들은 크게 ① 검사 전체에 영향을 주는 경우, ② 특정 검사 문항에만 영향을 미치는 경우의 두 가지가 있다. 첫 번째 범주에 관한 예로 객관식 검사와 주관식 검사를 생각해 보자. 이 두 가지 유형의 검사에 대답하는 능력에 개인차가 있는 두 사람이 주관식 문제로만 구성되어 있는 검사를 받는다면, 두 사람 간의 개인차는 검사 전반에 반영된다. 반면에 검사도구가 주관식·객관식 문제를 모두 포함하고 있을 경우 편차는 줄어들 것이다.

셋째는 검사에 단기간 영향을 미치는 일반적 요인들(temporary general characteristics)이다. 피로, 감정 상태 등과 같이 검사 당일의 신체나 건강상의 변화는 일시적이지만 검사에 영향을 미치는 요소들이다. 이런 요소들은 또한 검사 자체가 가지고 있는 중요도에 따라서도 달라진다. 예를 들면, 일반적인 가이드를 제공하기 위해 사전 지식을 검사하는 것과 대학입학을 위해 사전 지식을 검사하는 것 간에는 검사에서 오는 스트레스의 정도가 다르다. 또한 피검사자가 검사를 어떻게 생각하는지에 따라서도 검사의 결과는 다른 양상을 나타낸다. 이러한 요인들은 지속적이고 긍정적인 방식으로 검사 환경을 개인에게 맞추어 줌으로써 최소화될 수 있다.

넷째는 검사에 단기간 영향을 미치는 특수한 요인들(temporary specific characteristics)이다. 검사 질문을 일시적으로 혼동하거나 잠깐 주의력을 잃는 것과 같은 경우는 해당 검사의 일부분 또는 특정 검사 항목에만 영향을 미친다.

다섯째는 검사의 시행과 수행에 대한 평가(administration and appraisal of test performance)와 관련된 요인이다. 이 범주는 검사 자체가 가지고 있는 차별화된 특성을 말한다. 검사에 따라 검사 시행의 방법이 다르고(예: 질문을 하는 방식, 검사 결과를 기록하는 방식 등), 같은 매뉴얼을 사용하더라도 검사를 진행하는 검사자에 따라서 항상 편차가 존재한다. 또한 검사를 관찰하고 기록 · 평가하는 부분에도 검사자의 개인차가 유의미하게 반영된다.

여섯째는 무작위 변수(chance variance)에 관한 것이다. 검사에는 항상 무작위로 일어날 수 있는 많은 변수가 존재한다. 대표적인 예로 질문에 대한 답을 알지 못하고 대답을 했음에도 상당 부분 운 좋게 옳은 대답을 선택할 수 있으며, 피검사자의 대답을 검사 기록자가 잘못 기재하거나 하는 식의 변수는 항상 존재한다.

2) 자료 수집 전략

검사점수가 검사나 검사가 이루어지는 상황에 의해 영향을 받을 수 있다는 점을 통해 우리는 신뢰도를 확정 짓는 어느 하나의 점수는 존재하지 않으리라는 것을 짐작할 수 있다. 먼저 신뢰도 .85가 믿을 만한 것인지에 대해 검사 사용자는 먼저 검사 개발자의 진점수와 오차점수에 대한 정의를 주의 깊게 살펴야 할 것이다. 또한 신뢰도 검사가 진행되는 다양한 상황이 존재하는 만큼, 검사도구의 신뢰도 측정을 위한 연구가 부적절하게 이루어졌을 경우 신뢰도 자체에 대한 신뢰성이 확보되지 않을 수도 있다.

일반적으로 신뢰도 검사는 두 가지 측면에서 다섯 가지의 방법이 자주 시도된다. 첫째, 검사가 하나의 양식으로 이루어졌는지, 아니면 동일한 검사이지만 다양한 양식으로 개발되었는지에 관한 것이다. 둘째, 첫 번째와 두 번째 시행 간의 시간 차가 얼마나 존재하느냐에 관한 것이다. 이러한 관점에서 네 가지의 경우가 고려된다. ① 지연된 검사-재검사 방식(delayed test-retest: 하나의 검사가 시간 차를 두고 두 번 반복 시행됨), ② 즉각적인 검사-재검사 방식(immediate test-retest: 하나의 검사가 시간 차 없이 반복 시행됨), ③ 지연된 동일 양식(delayed equivalent form: 두 개의 동일하지만 다른 양식의 검사가 시간 차를 두고 시행됨), ④ 즉각적 동일 양식(immediate equivalent form: 두 개의 동일하지만 다른 양식의 검사가 시간 차 없이 시행됨)이다.

다섯 번째의 경우는 반분법(split-half)으로, ③과 ④를 취합한 경우라 할 수 있다. 단지 하나의 검사 양식이 있을 경우 그것을 두 번 시행하는 것은 바람직하지 못한 경우가 생길 수 있다. 이런 경우에 하나의 검사를 두 개로 나누어(짝수 문항과 홀수 문항처럼) 두 개의 반분된 검사에서 얻은 점수를 비교할 수 있다. 이런 경우 두 개의 반분된 검사를 통하여 두 개의 검사점수군을 얻을 수 있고, 일반적으로 이 경우 시간 차 없이 검사가 시행된다.

3) 반분법 설계 사용에서의 제한점

반분법을 통해 신뢰도를 측정하는 경우 고려해야 할 몇 가지 사항이 존재한다. 검사 항목의 내용이나 항목의 난이도가 다를 때는 특히 이를 동일화하기 위한 과정이 수반되어야 하고, 이런 경우에 검사 항목들은 무작위로 나뉘기보다는 비슷한 항목별로 나뉘어야 한다.

검사에 대한 반응 속도가 검사점수의 중요한 부분을 차지하는 경우, 반분법은 적절한 신뢰도의 지표로 사용될 수 없다. 모든 검사가 매우 쉬운 검사 항목으로 구성된 반응속도 측정검사에서는 일반적으로 검사 항목에 따라 그 차이가 크지 않고 일정하기 때문에 실제로 반분된 양식으로 검사를 양분한다 할지라도 검사점수가 상당히 동일할 가능성이 높은데, 이런 경우 신뢰도가 높아지는 경향이 있기 때문이다. 이런 경우에는 일반적으로 검사-재검사가 더 유용한 방식으로 신뢰도를 측정할 수 있다.

반분법 설계에서의 세 번째 제한점은 검사 자체의 검사 항목이 많지 않을 경우 반분법으로 신뢰도를 측정하기가 어렵다는 것이다. 검사점수의 신뢰도라는 것은 관찰된 횟수에 어느 정도 비례하게 된다. 그러므로 양분된 하나의 검사에서 얻은 검사점수군 사이의 상관관계는 많은 항목을 두 번 검사해서 얻은 검사점수들 사이의 상관관계보다 낮아지는 경향이 있기 때문이다. 이런 경우 다음의 Spearman-Brown 공식을 통해 다소 수정이 가능하다(이 공식에 대해서는 Feldt & Brennan, 1989 참조).

$$r_c = \frac{2r_{12}}{1 + r_{12}}$$

4) 내적 일관성 지표

신뢰도를 측정하는 데에서의 반분법의 또 다른 제한점은 검사 사용자들에 의해 제기된 것이라기보다는 검사 이론가들 사이에서 제기된 것이라고 볼 수 있다. 하나의 검사를 두 개의 양식으로 나눈다는 것은 고려해 볼 수 있는 가능한 방법들 중의 하나에 불과한데, 다양한 방식으로 검사가 양분되면 다양한 신뢰도 결과를 얻을 수 있기 때문이다. 그래서 일반적으로 반분법을 비롯한 다른 여러 방식의 차이가 있다고 하더라도, 신뢰도는 검사의 일관성에 대한 하나의 지표로 나타내는 것이 일반화되어 있다.

이러한 문제는 Kuder와 Richardson(1937)에 의해서 논의되었으며, Cronbach (1951)에 의해 정립되었다. Kuder와 Richardson의 방식은 검사 항목들이 두 개의 차별화된 방식(p=정답률, q=오답률)으로 기록된다. 여기에 ① 모든 검사 항목은 같은 진점수 분산과 오차점수 분산을 가진다. ② 모든 검사 항목 간의 상관관계는 같다. ③ 모든 검사 항목은 같은 속성을 검사한다는 가정을 더하여, 그들은 KR_{20}이라는 신뢰도 계수 공식을 만들어 내었다.

$$KR_{20} = \frac{n}{n-1}\left(1 - \frac{\Sigma pq}{S_X^2}\right) \quad \cdots\cdots\cdots\cdots \text{[공식 6]}$$

이 식에서 S_X^1는 관찰점수의 분산, Σpq는 p와 q의 점수들 간의 합을 나타내지만, 실질적으로 Σpq는 정답률과 오답률의 차이를 나타낸다. 또 다른 관점에서, 모든 검사 항목이 같은 난이도를 지닌다면 Kuder와 Richardson의 공식은 다음과 같다.

$$KR_{21} = \frac{n}{n-1}\left(1 - \frac{\overline{X}[1-(\overline{X}/n)]}{S_X^2}\right) \quad \cdots\cdots\cdots\cdots \text{[공식 7]}$$

이 식에서 신뢰도는 검사점수들의 분산과 평균 그리고 검사 항목의 수에 의해 계산된다. 만약 검사 항목들이 같은 난이도를 가진다면 KR_{20}과 KR_{21}은 같은 결과를 만들어 낸다. 같은 난이도를 확보하지 못했다면 KR_{21}이 좀 더 믿을 만한 신뢰도 계수로 받아들여진다.

α 계수(Cronbach, 1951)는 가장 일반적으로 받아들여지는 신뢰도 계수이며, 단지 정답 또는 오답으로 구성된 검사 항목이 아니더라도 다양한 양식의 검사 항목들에도 사용될 수 있다. 이는 각각의 검사 항목을 하나의 작은 검사로 간주하여 모든 검사

항목의 내적 상관관계에 기초한 신뢰도 계수를 얻는 것이다.

$$\alpha = \frac{n}{n-1}\left(1- \frac{\Sigma S_i^2}{S_X^2}\right) \cdots\cdots\cdots\cdots \text{[공식 8]}$$

[ΣS_i^2 는 개별 검사 항목의 분산의 합]

KR_{20}과 KR_{21} 그리고 α 계수는 검사 항목이 피검사자들을 얼마나 일관되게 차별화(ordering)하는가의 정도에 대한 지표이고, 그래서 모두 신뢰도 계수로 받아들여진다.

반분법처럼 내적 일관성 계수 역시 모든 피검사자가 모든 항목에 반응할 것을 요구하고, 검사 항목이 그 내용 면에서 동일군에 속하는 속도검사에는 사용되지 못한다.

5) 변수를 만들어 내는 요소

앞서 열거한 연구 방법들은 신뢰도에 대한 의미 있는 지표를 만들어 내지만 모두가 같은 것은 아니며, 방법과 절차에 따라 신뢰도가 달라질 수 있는 가능성이 항상 존재한다. 이러한 편차가 나타나는 가장 일반적인 이유는 어떤 변수들이 체계적이고 지속적으로 검사의 측정에 영향을 미치기 때문이다.

동일 양식 검사법(equivalent form approach)에는 두 개의 동일한 양식의 검사가 필요하다. 만약 두 양식의 검사가 정말로 동일한 것이라면 이 두 검사는 동일한 심리적 구인을 측정하는 것이어야 한다. 이 검사법은 동일한 심리적 구인을 측정하는 다수의 질문을 만든 다음 무작위로 검사 항목을 재배열해서 두 개의 다른 검사지를 만드는 것이다. 즉, 검사 항목이 개발된 방식은 동일하지만 검사 항목 자체는 다른 검사가 되는 것이다. 그리고 두 검사의 상관관계가 검사의 신뢰도가 된다. 이 검사법이 가지는 한 가지 문제는 상당수의 검사 항목을 만들어 내야 하는데 그것이 쉬운 일이 아니라는 것이다. 또한 이 검사법은 무작위로 조합된 항목들로 만들어진 두 검사지가 동일한 구인을 측정한다는 기본 전제 아래에서만 가능한 것인데 경우에 따라 이것은 달라질 수도 있기 때문이다. 이 검사 양식은 반분법과 비슷하지만, 두 경우에는 중요한 차이가 있다. 동일 양식 검사법의 경우는 각각의 검사가 서로 독립적으로 사용될 수 있다는 것이다. 예를 들면, 동일한 검사를 사전 · 사후검사에 사용해서 내적 타당도에 문제가 생길 경우, 동일 양식 검사법에서는 A양식을 사전검사에 사용하고 B양식은 사후검사에 사용함으로써 내적 타당도의 문제를 다소 해결할 수 있다는 것이다.

반분법의 경우는 하나의 검사이기 때문에 한 번의 검사가 시행된다는 점에서 동일 양식 검사법과 차이가 있고, 검사 진행상의 요인들이나 우연히 발생하는 요인들에 의해 신뢰도가 위협을 당할 가능성이 있다.

신뢰도 계수란 또한 바꾸어 말하면 검사와 관련된 변수들이 얼마나 지속적이고 체계적으로 검사에 영향을 주는가에 대한 지표이기도 하다. 이러한 관점에서 체계적으로 구분될 수 있는 변수의 요소가 가장 적다면, 즉 다른 요소들이 일정하다면 이 검사법이 가장 낮은 신뢰도를 산출해 낼 수 있다. 이에 비해 검사-재검사 방식은 다소 높은 신뢰도 계수를 산출해 내지만 일시적 요인이나 기억 요인 등이 시간 차(또는 시간 차가 없는 즉각적인 반복 시행)에 미치는 영향이 고려되어야 한다. 그리고 내적 일관성 지표가 동종성에 대한 가정을 위반하는 경우가 아니라면 나머지 방식이 좀 더 높은 신뢰도를 산출하지만, 검사의 신뢰도는 검사가 진행된 방식이나 환경을 충분히 고려하여 이해하는 것이 필요하다.

4 신뢰도 계수에 영향을 미치는 요인

신뢰도 계수를 해석하는 데에는 많은 주의가 필요하다. 신뢰도 계수는 단지 해당 검사도구의 일관성을 나타내는 하나의 점수가 아니라 그에 영향을 미칠 수 있는 일련의 기타 사항에 대한 충분한 고려와 함께 해석되어야 한다.

1) 논리적 요인

각각의 검사 방법은 다른 검사 방법들에 적용되지 않는 검사 환경과 상황에서 이루어지지만, 다음의 세 가지 기본적 여건에 대한 이해가 필요하다. ① 구인에 대한 검사 범위, ② 검사가 측정하는 특성의 본질에 대한 가정, ③ 검사가 사용되는 방식이다. 이런 점을 고려할 때, 검사는 특정 상황에서 높은 신뢰도를 보일 수 있는 반면 다른 상황에 적용될 때에는 검사 사용에 따른 논리적인 논거가 반드시 마련되어야 한다.

(1) 구인에 대한 검사 범위

구인(coverage)에 대한 검사 범위란 검사가 가지는 동질성에 관한 것이다. 검사로 얻은 측정점수가 좁은 범위의 행동에 대한 것이라면(예: 특정 능력에 대한 한 가지 요인), 내적 일관성 지표는 좋은 선택이 될 수 있다. 하지만 가령 일반적 정신운동수행(general psychomotor performance)처럼 다양한 특성을 가진 구인에 대해서는 하나의 점수와 하나의 높은 신뢰도 지표만이 존재할 경우 그 신뢰도 지표를 신뢰하기는 어려울 것이다.

(2) 검사가 측정하는 특성의 본질에 대한 가정

대부분의 검사는 일반적으로 지속적이고 안정적으로 나타나는 행동의 한 특성을 측정하고자 개발된다. 검사가 측정하고자 하는 행동상의 특성이 시간에 상관없이 일관되게(아니면 아주 조금 변동되어) 나타난다면, 시간 간격이 있는 검사-재검사 방식으로 신뢰도를 산출하는 것은 바람직한 방법일 수 있다. 하지만 어떠한 방식으로 신뢰도가 정의되든 간에, 특정한 측정도구를 평가하기 위해서는 측정하고자 하는 특성의 본질(nature)에 대해서 검사의 결과가 일관되게 나타나야 한다는 것이 신뢰도 측정의 대전제다.

(3) 검사의 사용

검사도구는 예측을 위해 사용되기 때문에 어떠한 방식으로 신뢰도를 산출하든 일관성과 안정성이 필수조건이 된다. 검사가 장기간에 걸쳐 안정적일 경우, 일시적인 기간 동안에도 안정적으로 사용될 수 있다고 하여 일시적으로 안정적으로 사용될 수 있는 검사가 장기간에도 안정적으로 사용될 수 있다고 믿기는 어렵다. 그러므로 검사도구를 어떤 목적으로 사용하는지에 따라 신뢰도 계수는 다르게 평가 · 고려되어야 한다.

2) 통계적 요인

모든 다른 변인이 동일할 경우, 이질적 집단들로부터 얻어진 신뢰도 계수가 더 신뢰할 만하다. 다른 말로 하면, 관찰된 점수 변화가 증가할 때 오차분산이 상대적으로 지속적으로 유지되고, 신뢰도 계수는 증가하게 된다. 신뢰도 조사에서 사용되었던 것으로부터의 변동성과 차이가 있는 샘플의 신뢰도 계수를 측정할 수 있게 하는 공식들이 있다(Feldt & Brennan, 1989).

(1) 집단 간 변인

집단 간 변인과 연관된 통계적 고려 사항들은 검사 집단이 어떻게 선택되는지와 밀접한 연관이 있다. 검사 집단의 선택 시 집단 변인이 작을 수도 클 수도 있겠지만, 어떠한 경우든 이 변인은 신뢰도 연구에서 간과될 수 없다. 예를 들면, 지능검사에 대한 신뢰도 검사가 10세 아동을 대상으로 이루어졌고, 이 검사가 6~14세 아동을 대상으로 사용된다고 가정하자. 이 경우 14세 집단에서의 검사의 신뢰도는 6세 집단의 신뢰도와 비교해 높을 것이다.

집단 선택과 관련해 신뢰도가 더욱 위협받을 수 있는 상황은 선택에 의해 검사점수가 상당히 다르게 분포될 수 있는 경우다. 지능검사를 예로 들어 보자. 40~50세의 소수 피검사자 집단을 기준으로 얻은 지능검사의 신뢰도가 .98인 경우, 개발자들은 이 검사가 무척이나 안정된 검사라고 생각할 수 있지만, 이는 신뢰도가 더 넓은 동질집단을 대상으로 확립되어야 한다는 점을 간과한 결과가 될 수 있다. 검사의 신뢰도는 검사가 사용될 대상 집단과 최대한 비슷한 집단을 상대로 얻은 결과이어야 한다. 대상 집단이 특정 부분에서 이질적으로 높거나 낮은 양상을 보일 경우, 또는 대상 집단을 반영하지 못하는 일반적 집단을 대상으로 신뢰도 검사가 이루어진 경우, 신뢰도 검사는 적절성이란 부분에 대한 세심한 고려와 함께 사용되어야 한다.

(2) 검사에 걸리는 시간

검사에 걸리는 시간은 신뢰도와 관련된 또 하나의 중요한 요인이다. 사실상 전체 검사가 시행되지 못하는 상황이 생길 수도 있으며, 측정의 정확성을 높이기 위해 특정 검사만 시행하는 것이 더 바람직한 상황이 있을 수도 있다. 이러한 경우에는 다음의 Spearman-Brown 공식으로 신뢰도를 산출할 수 있다.

$$r_c = \frac{k r_{x_1 x_2}}{1+(k-1) r_{x_1 x_2}} \quad \cdots\cdots\cdots\cdots \text{[공식 9]}$$

[r_c= 새 신뢰도 값, $r_{x_1x_2}$= 본래의 신뢰도 값,

k= 제한적으로 시행된 검사와 본래 검사의 시행 시간상의 비율]

예를 들어, 원검사가 20개 문항, 새 검사가 50개 문항일 경우 k계수는 2.5다. 하지만 원검사가 50개 문항이고 20개 문항에 대한 신뢰도가 측정된다면 k계수는 .40

이 되어야 한다. 50개 항목을 가진 원검사의 신뢰도가 .80이라고 할 경우, 20개 항목을 사용한 검사의 신뢰도 측정은 .62[.40(.80)/1+(.40−1)(.80)]로 계산된다. 이 공식은 상대적으로 짧은 검사가 만족할 만한 신뢰도를 가지는지 또는 검사를 확장함으로써 더 이상적인 검사 결과를 얻을 수 있는지에 대해 관심이 있을 경우 유용하게 사용될 수 있다.

5 서로 다른 점수들에 관한 신뢰도

상담사나 치료자는 자주 두 번의 검사점수들 간 차이를 해석하는 경우에 직면한다. 일반적으로 치료나 상담 개입 후 내담자의 증상이 개선되거나 호전되는지를 보기 위한 경우가 있는데, 이는 상당히 주의를 요하는 일이다.

이것은 본래의 측정도구가 가지는 신뢰도보다 두 번의 검사에 걸쳐 얻어진 점수를 바탕으로 산출되는 신뢰도가 낮은 경향이 있기 때문이다. 두 번의 검사 *X*와 *Y*를 생각해 보자. 두 검사의 상관관계는 두 검사가 공유할 수 있는 분산(S_C^2), 각각의 검사가 가지는 고유한 부분(S_{Ux}^2와 S_{UY}^2) 그리고 오차와 관련된 부분(S_{Ex}^2와 S_{EY}^2)이 존재한다. 그래서 검사 *X*를 통해 얻은 진점수의 분산은 공통의 그리고 각각의 고유성과 오차로 구성된다. 검사 *Y*의 경우에도 같은 이론이 적용될 수 있으나, 두 검사점수상의 차이($X-Y$)의 경우는 두 검사에 공통으로 적용되는 변인의 분산인 S_C^2가 포함되지 않는다. 그래서 두 개의 오차 요소가 두 점수 사이의 차이의 큰 부분을 차지하고, 차이의 신뢰도는 본래 검사의 신뢰도보다 낮아지는 경향이 있다.

$$r_{X-Y} = \frac{\frac{1}{2}(r_{XX} + r_{YY}) - r_{XY}}{1 - r_{XY}} \quad \cdots\cdots\cdots\cdots \text{[공식 10]}$$

이 공식을 통해서 본다면 두 검사의 상관관계가 점수들의 차이를 감소시킨다는 것이 명확해진다. 만약 검사의 신뢰도가 각각 .80과 .40인 검사가 있다면 두 번의 검사에서 얻은 점수의 신뢰도는 .67이 된다. 두 검사 간의 상관관계가 높아지거나 두 검사의 신뢰도 사이의 평균이 떨어질수록 이러한 현상은 더욱 가속화된다. 분명히, 점수 간의 차이에 대한 어떤 결정을 내릴 때에는 원검사의 신뢰도가 높고 서로 상관관계가 낮은 검사들이어야 한다. 반복된 측정은 두 검사 사이의 상관관계를 높이므로 높아진 점수가 상담 개입이나 내담자의 성장과 관련된 것으로 결론을 내리기 위해서는 주의가 필요하다. 그리고 내담자의 검사점수가 여러 번 변동할 경우 점수상의 변화 요인이 간과되거나 또는 지나치게 중요하게 해석될 소지가 없는지를 잘 살펴야 한다.

6 컴퓨터화된 검사의 신뢰도

과거 25년 동안 많은 검사가 컴퓨터화되어 검사의 시행, 점수화 그리고 해석까지 컴퓨터에 의해 가능하게 되었다. 이러한 변화는 검사의 신뢰도를 다른 관점에서 해석하게 하는 기초를 마련하였다. 컴퓨터화된 검사(computer adaptive test: CAT)에서는 특정한 피검사자에 맞는 검사 문항의 난이도를 결정하고 가장 적절한 검사 문항을 선별하기 위해 문항반응 이론(item response theory: IRT)을 적용한다. IRT와 CAT의 기본적인 아이디어는 검사의 항목과 검사를 받는 피검사자가 동시에 그 항목이 요구하는 능력치와 피검사자가 지닌 능력치에 따라 맞춤형으로 배치될 수 있다는 것이다. 이것은 피검사자가 각각의 항목에 대해 50% 이상의 정답률을 보인다는 것을 의미한다. 그래서 IRT는 항목이 요구하는 능력치와 피검사자의 능력치를 맞추기 위한 연결 고리를 제공하고, CAT는 이 두 가지를 고려해 최적의 조합을 찾아내는 역할을 한다. CAT에서 각각의 피검사자는 큰 항목 범주에서 개인에 맞게 선택된 고유한 검사 항목으로 이루어진 검사를 받게 된다. 어떤 두 명의 피검사자도 동일한 검사로 검사받지 않으므로, 전통적인 방식에서의 신뢰도에 대한 측정은 불가능해진다.

이는 문항정보함수를 사용함으로써 해결될 수 있다. 문항정보함수(item information function)란 검사 항목과 전체 점수 사이의 상관관계로부터 얻어지는 것으로, 검사 항목이 특정한 능력치에 있는 피검사자를 얼마나 정확하게 측정해 내는지를 나타내는 지표다. 따라서 CAT를 통해 얻어진 전체 정보는 피검사자에게 시행된 검사 항목들의 문항정보함수의 합이 된다. 검사의 표준측정오차는 그 후 검사정보함수(test information function)에 의해 계산된다. 이 표준측정오차는 능력치를 측정하기 위한 신뢰구간을 계산하는 데 사용된다.

IRT와 CAT의 주요한 장점은 검사지를 통한 검사보다 훨씬 효율적이라는 것이다. 전통적인 방식(검사지 방식)에서 피검사자는 그들에게 너무 쉽거나 또는 너무 어려운 검사 항목까지 모두 접하게 되지만, 사실 이러한 검사 항목들은 피검사자를 이해하는 데 큰 도움을 주지 못한다. CAT에서는 정확성이나 표준오차의 측면에서 같은 수준의 정확성을 유지하면서도 절반의 항목과 노력을 통해 더 정확한 검사 결과를 얻을 수 있는 장점이 있다. Embretson과 Reise(2000), Kline(2005)에서는 IRT에 관해 더 상세한 정보를 다루고 있다.

7 결 론

적절한 신뢰도의 확보는 피검사자 심리검사에서 필수적인 요소다. 검사도구의 신뢰도는 검사를 통해 얻은 피검사자에 대한 정보를 얼마나 정확하고 믿을 만하게 사용할 수 있을지를 나타낸다. 또한 신뢰도는 검사를 해석하는 데 피검사자의 진점수가 분포하는 신뢰구간을 산출할 수 있게 해 준다. 하지만 신뢰구간의 범위에 대한 해석은 검사와 관련된 모든 상황을 충분히 고려해 이루어져야 한다.

다양한 변인에 의해 검사점수가 달라질 수 있다. 신뢰도에 관한 정보가 수집되는 방식이 검사점수상의 진점수와 오차점수에서의 차이를 만들어 낼 수 있다. 따라서 신뢰도를 평가할 때 검사를 사용하는 전문가는 신뢰도에 관한 정보를 수집한 방식이나 방법을 세심히 고려해서 결론을 내려야 한다.

고전적 방식의 신뢰도 검사는 검사지를 사용한 전통적 방식으로 검사를 진행할 때보다 적절하게 사용될 수 있지만, 컴퓨터화된 검사가 점점 더 대중화됨에 따라 좀 더 혁신적인 방식으로 검사의 신뢰도를 확보할 수 있는 IRT와 같은 방안들이 마련되었다. 그리하여 미래에는 더 효율적인 방식으로 인지기능을 측정해 낼 수 있을 것이다.

Chapter 03

타당도

Nancy E. Betz | David J. Weiss

심리검사의 자료는 여러 곳에서 다양하게 사용된다. 예를 들어, 능력검사는 특정 작업을 수행하는 데에서의 성공 여부, 학문적 커리큘럼을 수행해 낼 수 있는지의 여부를 예측하는 데 쓰일 수 있다. 성취도 검사는 정의된 영역의 내용을 숙지하고 있는지의 여부를 판단하기 위해 사용되기도 한다. 또한 성격 및 흥미 검사는 상담사가 내담자에 대해 좀 더 알고 싶거나 내담자의 스스로에 대한 이해를 돕기 위해 사용되기도 한다. 이러한 검사의 사용은 각각 주어진 검사점수에 대한 특정 해석을 요구한다. 예로, 검사 *X*에서 높은 점수는 직업적 성공에 대한 가능성을 보여 주는 반면, 검사 *Y*에서 높은 점수는 개인의 사회서비스업에는 별로 관심이 없음을 의미하기도 한다. 타당도에 관련된 정보는 검사점수 각각의 해석에서 정확도와 안전성을 보여준다.

어떤 검사를 사용할지에 대한 검사의 특정 용도와 상관없이 심리측정도구—즉, 심리적 관찰들을 수적인 표상으로 전환시키는 절차—는 심리학의 과학적 틀 안에서 존재한다(마치 물리학자가 저울과 온도계를 어떤 문제에 대한 현상을 연구하고 수량화하기 위한 도구로 사용하는 것과 같은 맥락이다). 검사는 심리학자에 의해 사람에 관한 행동을 연구하고 수량화하기 위해 사용되는 도구이며, 과학이라는 좀 더 넓은 맥락에서 타당도는 주어진 도구에 대한 사용법과 수적 가치들을 해석하는 법에 대해 알려 준다. 따라서 심리검사 타당도에 대한 논의는 좀 더 넓은 맥락에서 볼 때 측정도구의 기능 및 중요성, 과학적 이론, 과학의 목적 추구에 대한 타당화로 시작되어야 한다.

1 과학적 맥락에서의 측정

과학의 목적은 자연현상을 설명·묘사·예측하는 데 있다. 이러한 목적을 달성하기 위해서는 먼저 현상에 대한 조심스럽고 심도 있는 관찰이 필요하다. 이것이 측정의 과정이다. 그다음, 이러한 측정을 해석하고 인과관계를 밝히기 위해서 어떤 틀이 필요하다. 과학적 설명은 곧 이론이 된다. 마지막으로, 측정에 대한 설명 또는 해석이 바르고 옳은 것인지에 대한 점검이 필요한데, 이것이 타당화 과정이다.

1) 측정

측정은 대상의 속성(attributes)을 양적으로 표상화하기 위해 수를 부여하는 규칙이라고 정의될 수 있다. 심리학에서 대상은 대부분 인간(또는 동물)이고, 속성은 심리적 홍미로서 불안, 지능, 동기 등과 같은 변인들을 예로 들 수 있다. 측정 과정은 규칙을 적용하는 것으로, 수를 부여하는 절차가 명확하게 공식화되는 것을 가리킨다. 측정을 위한 규칙의 명확한 확립은 측정도구의 표준화에서 핵심적인 요인이다.

한 도구가 서로 다른 사람이 사용하더라도 비슷한 결과를 보여 준다면 잘 표준화된 것이라 볼 수 있다. 예를 들어, 지능검사가 다른 검사자에 의해 시행되었는데도 한 아동에 대해 같은 점수를 도출해 낸다면, 이는 표준화가 잘된 검사라고 할 수 있을 것이다.

표준화된 측정은 현상에 대한 관찰에 몇 가지 이점을 제공한다. 첫째, 표준화된 측정은 결과에 대한 소통을 가능하게 한다. 과학의 가장 주요한 철칙은 한 과학자의 발견이 다른 과학자에 의해 사용되고 입증될 수 있어야 한다는 것이다. 즉, 과학자들이 실증적 사건에 대한 관찰에 동의하지 않는다면 불가능한 일이다. 측정 규칙이 명확하게 확립된 표준화된 측정도구의 사용은 개별 과학자로 하여금 같은 사건을 같은 방법으로 관찰할 수 있게 한다.

둘째, 속성에 대해 숫자를 부여하는 것은 좀 더 세세하고 자세한 결과 보고를 가능하게 한다. 예로, 교사는 학생들을 '똑똑한' '평균적인' '평균보다 낮은' 등의 용어로 구분할 수 있다. 하지만 지능검사 점수는 특정 아동에 대해 더 정확한 설명을 가능하게 하며, 집단 내에서 특정 아동을 정확하고 유익하게 구분하는 것을 가능하게 한다. 속성의 양을 표상하기 위해 숫자를 사용하는 것은 이론을 공식화하고 연구 결과를 검토하는 데 통계적이고 수학적인 분석 방법을 사용할 수 있게 한다.

따라서 표준화된 측정은 관찰의 평범한 과정을 단순히 세분화하고 체계화하는 것처럼 보이지만 과학에서 가장 필수적인 것이다. 표준화는 한 측정의 유용성을 위한 내적인 요구 조건이며, 따라서 신뢰도와 밀접하게 연관되어 있다. 왜냐하면 표준화는 측정들이 신뢰할 수 있는지, 반복 측정이 가능한지, 상세한지에 대한 전제조건이 되기 때문이다.

측정치들은 표준화와 신뢰도/세분화에 대한 단순한 기준에 맞아야 할 뿐 아니라 현실 세계의 현상을 이해하는 데 필요한 정보를 제공해야 한다. 신뢰도가 높은 측정치가 실제로는 유용성이 떨어지고 의미가 없는 정보들을 제공하기도 한다. 예를 들어 머리둘레, 머리 길이, 머리 두께 간의 수치 등은 표준화가 잘되어 있었고, 20세기 초반에 머리와 관련된 측정치들이 지능과 관련하여 높은 상관관계를 가지고 있다고 생각되었지만(Anastasi, 1958), 결국 머리둘레와 지능 또는 다른 심리학적 변인들 간에는 전혀 상관관계가 없음이 밝혀졌다.

머리둘레는 그 수치들 간의 관계 외에는 어떤 다른 것과도 점수에 상관관계가 없었고, 따라서 이는 의미가 없다는 것을 제시한다. 검사점수의 의미는 점수들이 다른 관심 사항에 대한 다양한 변인과 관계성 그리고 타당도를 세우고 이론이 어떤 의미를 탐색하는 데 중요한 역할을 할 때 의미 있는 것이다.

2) 이론

변인 간의 관계에 대한 연구는 왜 그런 관계가 생겼을까를 설명하는 토대가 제공될 때 과학적 이해를 돕게 된다. 예로, 직무 수행과 직업에 대한 만족 간의 상관관계는 ① 수준 높은 수행은 사람들에게 더 많은 만족감을 가져온다, ② 높은 만족감은 사람들로 하여금 더 열심히 일해 더 좋은 수행을 하게 한다, ③ 다른 제3의 변인이 더 좋은 수행과 더 높은 수준의 만족감을 유도한다 등의 사실들로 설명될 수 있다. 따라서 이러한 변인들 사이의 주어진 관계들은 다양한 방식으로 설명될 수 있다. 이론은 변인들 간에 관찰된 관계들에 대한 제안된 해석이나 설명인 것이다.

이론의 가장 기초 요소는 ① 구성, ② 가설, ③ 조작적 정의나 측정치로, 모두 '이

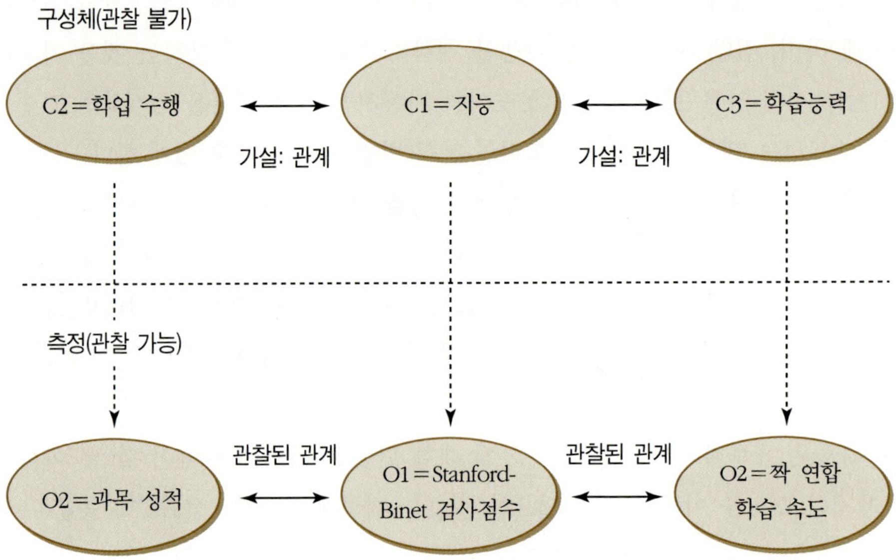

[그림 3-1] 지능이라는 구성체에 대한 가설적 이해 관계도

해적 관계(nomological network)' (Cronbach & Meehl, 1955) 또는 경로 다이어그램으로 표상화될 수 있다. [그림 3-1]은 지능에 대한 간단한 이론을 이해적 관계로 표현한 것이다.

[그림 3-1]의 위쪽은 이론의 가설 및 구성을 보여 준다. 구성은 상정된 속성을 묘사한 단어나 구절들이다. 구성의 가장 중요한 영역(property)은 관찰에서 온 추상적인 것이며, 그 자체는 관찰 불가능할 수도 있다. 따라서 그것을 다른 말로 보이지 않고 만질 수 없다는 의미로 '잠재적(latent)'이라 부르기도 한다. 예를 들면, 불안, 동기 등과 같은 구성들은 주어진 이론에서 상정된(postulate) 것이다. 우리는 실제로 불안이나 동기 등을 볼 수는 없다. 왜냐하면 그것이 관찰된 행동에서 온 추상적인 것이기 때문이다. [그림 3-1]에 소개된 이론에서 구성들은 학업 수행, 지능, 학습능력이다.

구성체(constructs)는 가설에 의해 다른 구성과 연관이 된다. 가설은 한 구성에서의 변화가 다른 구성에서의 변화와 연관되는 방식을 명확하게 하기 위해 세워지는 것이다. 가설 또한 관찰에서 추상화되는 것으로 사건에 대한 제안된 해석들이며, 이론에서 두 번째 기본 요소이기도 하다. 우리가 구성체와 관련된 '행동'을 하나 또는 다수의 가설로 공식화할 때, 우리는 그 구성체에 대한 이론을 그려 나가기 시작하는 것이다. [그림 3-1]에서 제시한 이론에서 지능의 구성체는 학업 수행과 학습능력 모두와 연결되어 있다고 보인다.

구성체와 가설을 명확하게 하기 위해 우리는 '이론'이라는 것을 우리가 관찰하고 직접적으로 연구할 수 있는 현상으로 해석할 필요가 있다. 구성체는 조작적인 정의나 측정치를 통해 수적인 형태로 관찰할 수 있게끔 만들어진다. [그림 3-1]에서 보면, 지능은 Stanford-Binet 검사상의 점수에 의해 조작화될 수 있다. 학업 수행의 조작적 정의는 과목별 성적이며, 학습능력은 학습 속도에 의해 관찰할 수 있다. 이것이 명백한 경우, 구성체 간 관계에 대한 가설은 조작적 정의 및 구성체의 측정치 간의 관찰 가능한 관계의 평행성 시스템(parallel system)을 도출하게 된다.

이론이 완전하게 명시화되면 수집된 자료들에 의해 검사될 수 있다. [그림 3-1]에서는 일종의 유용함을 조사하기 위해 자료는 학교 성적, Standford-Binet 검사점수, 규준집단의 학습과 관련된 속도검사 점수를 포함시킬 수 있다. 측정치 사이에 관찰된 관계가 숨겨진 구성체 간 가설적 관계에 반응하는 강도는 그 이론 내에 놓여 있는 현상을 이해하는 방식으로 이론을 활용할 수 있는가에 대한 단서를 제공할 수 있다.

3) 구성타당도

측정된 변인 간의 관찰된 관계가 구성체 간의 가설적 관계에 반응한다는 발견이 이론 활용의 결정적 단서이기는 하지만, 구성체의 조작적 정의가 적합한지를 추론하는 능력 또한 중요하다고 볼 수 있다. 다른 말로 하면, 이러한 발견은 측정도구가 실질적으로 구성체가 측정해야 할 개념을 표상화한다는 추론에 매우 필수적인 것이다. 측정치 중 하나 혹은 그 이상이 측정을 위해 고안된 이론적 구성체에 대한 조작적 정의를 제대로 내리지 못한다면, 그 이론이 궁극적으로 엄청난 활용 가능성을 가지고 있다고 할지라도 이론은 실제 지지를 받지 못하게 되는 것이다. 따라서 이론적 예상에 반응하는 자료는 이론에서의 오류 또는 의도된 구성체를 측정하지 못하는 측정치의 사용으로 이어지는 실패를 낳게 된다.

구성타당도는 측정치나 검사가 의도된 이론적 구성체를 얼마나 잘 반영하는가로 정의될 수 있다. 검사에 대한 구성타당도 연구를 위한 자세한 방법이 다음 절에서 논의되겠지만, 검사를 타당화하는 과정은 이론적 구성의 조작적 정의인 검사를 정의하는 이론적 틀 안에 포함되어 있다는 것을 주지할 필요가 있다. 구성 타당화와 이론의 개발은 상호 의존적 과정으로 연결되어 있으며, 이 둘은 인간의 행동을 이해 · 묘사 · 예측하는 데 가장 중요하며 필수적인 것이다.

2 타당도의 증거 유형

심리검사가 다양하게 사용되고 있기 때문에, 타당도의 정확한 유형은 검사 사용 의도에 따라 매우 중요하다. 미국교육연구위원회(American Educational Research Association), 미국심리학회(American Psychological Association), 교육측정전국의회(National Council on Measurement in Education)의 대표자들이 모인 위원회가 검사 사용의 기준을 확립하였데, 이는 『교육 및 심리검사의 표준(Standard for Educational and Psychological Testing)』(2000)이다. 이 기준은 검사 사용 시 건전하고 윤리적인 사용을 위한 지침을 마련하였으며, 검사의 질을 평가하고 검사의 사용을 위해 추천된 방법을 포함하고 있다.

양질의 검사를 추구하기 위해 가장 중요한 조건은 타당도를 갖추는 것이다. 이에는 세 가지 중요한 타당도 종류가 포함되는데, 내용타당도, 준거타당도 및 구성타당도다. 내용타당도는 가장 흔하게 성취도 검사에 적용되는 평가 기준이지만 다른 검사와 측정도구를 평가하는 데 중요한 역할을 한다. 준거타당도는 검사가 사람에 대한 실질적 결정을 내린다거나 또는 가능한 행동을 예측하도록 돕는 예측 장치로 사용된다. 구성타당도는 심리학자가 특정 심리적 변인이나 특성에 대한 징후(indicants)로 검사점수를 해석할 때 중요한 요소다. 내용 및 준거 타당도는 매우 세부적인 범위에서 사용되지만, 구성타당도는 좀 더 일반적인 이슈에 널리 사용되는 접근 방법이다. 나중에 이 세 가지 유형에 대해 별도로 논의하겠지만, 이 모든 방법은 검사가 측정하기로 한 구성체에 대해 제대로 측정하고 있는지에 대한 질문에 해답을 제시하기 위한 것이다.

마지막으로, 개념적으로 타당도와 연관 없는 유형으로 안면타당도가 논의될 것이다. 안면타당도는 심리검사의 절차나 원칙에 익숙하지 않은 잠정적인 피검사자나 사용자에게 그 검사가 언제 적절한지를 정당화하거나 전달할 필요가 있을 때 필요한 개념이다.

1) 내용타당도

내용타당도(content validity)는 행동의 특정 표본이 특성이나 특징을 반영하는 수행을 측정하는지, 또는 하나의 특성이 구성하는 행동의 전체 영역을 제대로 대표하는지에 대한 것으로, 다양한 상황에서 표현되거나 또는 가능한 내용의 경험 세계에서 표현되는 한 개인의 행동을 고려하는 것이다. 예를 들어, 불안을 측정할 때 피검사자에게 불안하게 하는 가능한 모든 상황에 대해 물어보는 것은 불가능하다. 또한 미국 역사 과목의 성취도 수준을 수량화하기 위해 미국 역사에서의 모든 사건에 대해 일일이 물어보는 것 역시 불가능하다. 대신 특성 또는 영역의 내용이 결정되면 표본 추출을 하고, 그 표본에 대한 한 개인의 행동이 미국 역사에 대한 지식이나 불안감의 수준 등에 대한 일반화를 하거나 또는 추론을 하기 위해 사용될 수 있다. 그러한 영역으로부터 검사 문항에 대한 표본 추출을 하는 것은 반드시 표집된 검사 문항으로부터 그 영역 전체에 이르기까지 직접적인 추론을 허용할 만큼 대표적이며 광범위해야 한다.

학습된 지식으로 대표되는 성취도 검사의 경우는 내용타당도 원칙을 가장 명백하게 응용한 결정체로 볼 수 있다. 내용타당도에 대한 기준을 충족하기 위해서는 검사 문항이 지식 그 자체에서 추출되어야 하며, 또한 문제 영역에서 각각의 단위로 체계적으로 추출되어야 한다. 그래서 한 개인의 지식 면에서 특정한 강점이나 약점이 그 영역에 대한 피검사자의 지식을 평가하는 데 불균형적인 영향을 미치지 않아야 한다. 교육자들이 관련 과목 문제를 특별히 더 확실하게 하거나 잘 정리하면 할수록 그 관련된 주제로부터 추출된 검사를 구성하는 것은 더 쉬워질 것이다.

내용타당도의 원칙은 매우 중요하지만, 어떤 심리측정도구의 개발 시 내용타당도는 구성체에 대한 정의나 개념화가 직접적으로 연결되기 때문에 더더욱 중요하다. 예를 들면, 불안에 대한 이론적 구성을 정의할 때에는 어떤 행동이 불안의 징표가 되는지를 명시하고 또한 불안감을 느끼게 되는 상황의 경험 세계를 명시하는 것이 필요하다. 어떤 사람들은 사회적 상황에서 불안해지기도 하고, 또 어떤 이는 학업 또는 일과 관련된 상황에서, 또 어떤 이는 운전을 하거나 장을 볼 때 불안해지기도 한다. 그리고 어떤 사람은 이 모든 상황에서 불안을 느낄 수 있다. 불안해지는 전반적인 경향을 예측하기 위해 특정 행동이 보이는 상황의 전체적인 범주로부터 표본을 추출하는 것이 중요하다. 따라서 성취도 검사의 경우에는 구성과 관련된 행동이 좀 더 정확하게 정리되고 명확해질수록 우리가 행동들을 표집해서 만든 측정도구로부터 성취 수준을 일반화하기가 더 쉬워진다.

(1) 내용타당도를 지지하는 증거

내용타당도는 실제 검사 개발에 앞서 구성에 대한 주의 깊은 정의를 통해 최적화될 수 있다. 검사 문항의 개발이 다른 연관된 구성과의 차별을 두고 한 구성에 대한 주의 깊은 정의와 묘사에 기초하고 따를수록 측정도구의 결과는 내용타당도를 더 많이 지닐 수 있다. 이것은 과학적인 과정이 만들어 낸 구성체 정의의 세심한 과정을 통한 것이라 할 수 있다.

내용타당도를 지지하는 데 초기에 가장 자주 소개되는 증거의 종류는 특정 영역 및 특성 정의에 친숙한 전문가나 검사 개발자의 주관적인 판단이다. 이러한 증거는 보통 질적인 것이며, 초점이 되는 행동상 영역에 대한 자세한 정의 그리고 검사 문항 표집 방법이 제시되어야 한다. 도구 개발 후기 단계에서 이러한 판단은 각각의 행동 표본의 적합성을 채점하고, 검사 문항 범위를 평가하고, 각각의 검사 항목에 대한 채점자 간의 동의(Tinsley & Weiss, 2000)를 합산함으로써 수량화될 수 있다.

내용타당도는 검사가 얼마나 높은 내적 일관성 신뢰도를 가지고 있는지와 획일성(homogeneity)을 가지고 있는가에 따라 간접적으로 평가될 수 있다. 높은 내적 일관성 신뢰도 계수, 즉 상관관계는 알파(alpha) 또는 Kuder-Richardson 공식과 같은 것으로 나타나며, 이는 각각의 문항이 같은 행동 영역을 반영하는지, 각각의 문항이 서로 관련이 있는지, 그리고 검사의 총점과 관련이 있는지에 대한 것을 보여 준다. 그러나 여전히 부족한 점은 총점이 일정한 영역 전체를 반영하는지의 여부다. 예를 들면, 덧셈 문항만 있는 수학 성취도 검사의 경우 내적 일관도는 높을 수 있다. 검사 문항 모두가 서로 연관되어 있고 총점과도 연관되어 있지만, 이 경우 총점이 수학 성취도 영역에 대한 점수라고 일반화하기에는 어려움이 있으며 그 영역에 관련된 내용타당도를 가지고 있지도 않다.

따라서 높은 내적 일관도는 모든 검사 문항이 서로 연관되어 있음을 보여 주며, 또한 같은 변인을 측정하고 있다는 것을 보여 준다. 이는 우리가 내용의 영역에서 추출할 수 있는 일종의 증거들을 제공하지만 행동과 관련된, 즉 이 영역이 측정하고자 하는 구성체를 충실하고 완전하게 대표한다는 것을 확신하기 위해서는 구성타당화(validation) 절차와 같은 다른 방법이 필요하다.

요인분석(예: Gorsuch, 1983; Guttman, 1990; Velicer, Eaton, & Fava, 2000; Weiss, 1970, 1971)은 측정도구의 내용타당도를 입증할 증거를 제공할 수 있는 통계적 방법

이다. 요인분석의 결과는 검사 문항의 내적 상관관계가 검사 수행을 묘사하거나 수렴하기 위해 얼마나 많은 측면이나 특성이 필요한지에 대한 정보를 산출해 낸다. 만약 검사가 하나의 특성을 측정하기 위해 만들어졌고 문항들 또한 그 특성을 반영하는 행동으로부터 표본이 추출되었다면, 요인분석이 하나의 '일반적' 요인을 산출해 낼 때 비로소 검사 수행이 그 하나의 특성에 관해 설명하고 있다는 것을 입증할 수 있는 것이다. 하지만 요인분석이 여러 가지 요인을 추출해 낸다면 결론은 그 검사가 하나 이상의 특성을 측정하고 있다는 것을 의미하게 된다. 반대로 여러 가지 변인을 측정하기 위해 고안된 검사의 문항에 관한 요인분석이 시행되고, 이 검사가 내용타당도가 입증된 검사라면, 반드시 이러한 변인을 밝힐 수 있을 만한 요인이 제시되어야 한다. 그러나 획득된 요인이 정확하고, 연관된 구성체에 대한 완전한 표상이라는 것을 내세우기 위해서는 다른 타당화 방법이 병행되어야 한다. 즉, 군집분석 및 다차원적 척도(multidimensional scaling)가 내용타당도를 평가하고 내용과 구성 타당도 간의 고리를 연결하기 위해 사용될 수 있다(예: Deville, 1996; Sireci & Geisinger, 1992).

따라서 내용타당화에서 가장 중요한 첫 번째 단계는 구성타당도의 확립이다. 왜냐하면 이는 우리가 관심을 둔 구성체에 대해 자세하고 통합적 정의를 내리기 위해 충분한 시간과 세심한 생각을 했다는 것을 보여 주기 때문이다. 구성체에 대한 우리의 생각이 측정치를 지닌 임상적 데이터를 수집하면서, 또 그것에 대한 상관관계를 밝히면서 바뀔 수도 있지만(Nunnally & Bernstein, 1994 참조), 주의 깊은 초기 정의 단계가 없이는 이론을 검증하거나 질 높은 측정도구를 개발하는 과정을 시작할 수 없다. 또한 검사점수에 심리학적 의미를 부여하고 해석하는 우리의 능력은 어떤 행동 영역이 검사 문항에 반영되었는가를 알고 있는지에 달려 있다. 이는 다른 어떤 종류의 심리검사보다도 성취도 검사에 대한 내용타당도를 평가할 때 좀 더 간단명료해진다. 왜냐하면 성취도 검사에서 하나의 영역은 내용 또는 지식에 대해 정의된 부분 내에서 언급된 교육적인 목표로 구성되기 때문이다. 하지만 비성취도 구성체에 대한 내용타당도의 이해는 구성체의 관찰 가능한 지표들에 대해 신중한 정의를 도출해 내므로 가치 있는 것이다. 더욱이 내용타당도의 초점은 특정 행동에 관한 표본 추출로 좀 더 광범위한 설명적 구성체 혹은 행동 특성의 일반화를 가능하게 하는 방법을 상세히 설명하는 데 있다. 따라서 검사 개발에서 내용타당도를 강조하는 것은 우리가 측정하길 원하는 것을 측정할 가능성을 증가시키며, 또한 검사점수가 의미 있고 유용한 것이리라는 가능성을 증가시킨다.

2) 준거타당도

준거타당도(criterion-related validity)는 특성에 대한 측정이 관심 영역의 측정치 또는 어떤 외현화된 행동과 관련이 있는지에 대한 것을 나타낸다. 이 외적 측정치, 즉 우리가 기준이라고 부르는 것은 우리가 실제로 관심 있는 행동을 대표한다. 우리는 기준상 상태나 수행을 예상하기 위해 검사점수나 다른 측정도구를 사용하기를 원한다. 예를 들면, 학문적 능력검사는 대학 학사과정을 완전하게 성취했는지의 성공 여부를 예측하기 위해 쓰인다. 이 경우, 대학에서의 성공이 관심 대상이 되지만 이는 아직 발생하지 않은 일이므로 관찰할 수가 없다. 따라서 검사점수와 성공 간의 상관관계는 현실에서 학문적 능력검사의 유용성의 중요한 지침이 된다.

다른 연구자들은 준거타당도의 두 가지 유형을 차별화하였고, 이 유형 간 차이점은 예측변인 자료의 수집과 기준 자료 수집 간의 일시적 관계와 관련되어 있다고 주장했다. 예측타당도(predictive validity)는 예측 기준이 예측 요인에 대한 검사점수가 획득된 일정 시간 후에 측정되는 시점에서 연구된다. 이는 검사상 현재 상태가 기준변인상의 미래 상태를 어떻게 예측하는지를 평가한다. 따라서 고등학교 졸업반의 능력검사 점수와 그들이 대학 3학년 때의 성적 간의 상관관계가 예측타당도의 계수가 되는 것이다.

동시타당도(concurrent validity)는 예측요인 점수와 기준점수를 모두 동시에 얻을 경우에 얻을 수 있다. 이는 검사에서 현재 상태와 기준상의 현재 상태 간의 관계를 평가한다. 예로, 미네소타 다면적 인성검사의 척도점수와 현재 『정신장애의 진단 및 통계 편람(DSM-IV)』 사이에 관찰된 관계가 동시타당도의 자료가 될 것이다. 유사하게, 능력검사 점수와 현재 학교나 직장에서의 수행 간의 상관관계가 동시타당도 계수의 예가 될 수 있다.

그러나 좀 더 일반적으로 이야기하면, 준거타당도는 특성에 대한 측정치와 특성에 대한 이론에서 특성과 관련된 다른 측정치 또는 변인 간의 관찰된 관계의 범위 및 방향을 의미한다고 볼 수 있다. 같은 맥락에서 준거타당도는 특성 측정에 대한 구성타당도의 확립에 필수적인 단계로 볼 수 있다. 앞서 언급하였듯이, 측정도구에 대한 구성타당도를 확립하는 과정은 도구상에서의 점수 척도가 측정하고자 하는 행동들과 연관되어 있다는 것을 보여 주며 시작된다. 예를 들면, 학업 수행은 애초에 아동의 지능에 관한 관찰 가능한 지침으로 여겨져 왔고, 지능검사는 학업 수행을 예측하거나 상관관계가 있다는 것을 보여 주는 것이 필요했다. 유사하게, 불안감이나 외향성 같은 특성에 대한 자기보고식 측정치는 심리학자 또는 동료에 의해 채점된 다른 지침들(indices)과 연관되어 있음을 보여 주어야 한다.

덧붙여, 구성체나 특성에 대한 이론을 정교화하는 과정에서 우리는 변인이나 특성이 주어진 측정도구상의 점수와 상관이 없다는 가설을 만든다. 예를 들어, 불안에 대한 구성체의 이론을 정교화할 때, 우리는 '불안은 측정된 지능과 별개여야 한다.'는 가설을 세울 수 있다. 왜냐하면 더 불안한 사람이 더 지능적이어야 한다거나 덜 지능적이어야 한다는 이유가 없기 때문이다. 물론 지능은 불안의 기준은 아니지만, 측정된 불안이 지능을 예측하지 않는다는 것을 보여 주는 것이 준거타당도의 접근 방식과 일관되는 것이다.

따라서 두 가지 종류의 증거들이 준거타당도를 보여 주는 데 필요하다. 첫째, 측정된 변인과 그 변인을 예측하기 위해 측정된 다른 변인들 간에 관계가 있어야 한다. 둘째, 측정도구가 관련이 없어야 하는 다른 변인들을 측정하지 않도록 해야 하며, 검사상의 점수들은 기준이 적절하지 않은 변인들과 연관되지 않아야 한다. 왜냐하면 이 잠정적인 관계들은 적절한 이론에 의해서 가장 잘 결정되기 때문에, 준거타당도가 검사의 구성타당도를 조사하는 특별한 방법이 된다.

(1) 준거타당도를 지지하는 증거

준거타당도를 지지하는 가장 기본적인 증거는 두 변인 간의 관계다. 이 두 변인은 예측 요인(중심 구성체에 대한 조작적인 정의)과 기준(이론적 혹은 실제적 관심에 대한 또 다른 구성체의 조작적 정의)이 된다. 이 두 변인 간의 관계의 범주와 성질은 중심적 구성체의 이론 내에서 명시된다.

두 변인 간의 관계에 대한 아이디어는 관계를 묘사하거나 연결을 서술하도록 고안된 다양한 통계 절차를 의미한다. 하지만 일반적으로 통계 자료의 두 가지 다른 유형(집단 간의 평균 차에 대한 자료와 상관관계 자료)은 준거타당도를 확립하는 데 관련된다는 것을 나타낸다(예: Cronbach & Meehl, 1955; Dunnette, 1966). 비록 통계적 방법의 두 가지 일반적 유형이 준거타당도에 관련된 자료를 산출해 내더라도, 이들 간의 차이는 인위적이다. 평균 차 자료와 상관관계 자료 모두 '관계 또는 연관의 측정치'로 이해될 수 있다. 그러면 이 두 가지 분석 방법 모두 준거타당도가 구성타당도를 보여 주는 증거의 특별한 사례라는 논점과 일치한다. 준거타당도는 측정된 구성체 이론과 관련된 제한적 범위 안에 있는 이론을 조사 대상으로 한다.

(2) 집단 간의 점수 차

준거타당도를 도출해 내는 방법은 검사나 측정도구가 집단을 구분할 수 있을 때 이루어진다. 예를 들어, 우리는 업무 혹은 훈련 프로그램에서 성공이나 실패를 예측하기 위해 검사점수를 사용하길 원하거나, 또는 정신과적 증세를 앓는 사람과 신경과적 증세를 앓는 사람을 구분하거나 특정 직업에 대한 자격(membership)을 예측하기 위해 검사점수를 사용하길 원한다. 혹은 구성체에 관한 우리의 가설은 각기 다른 집단이 그 구성체의 측정에서 다르게 수행한다는 것을 제안할 수 있다. 예를 들어, 우리는 외향성을 측정하기 위해 만들어진 도구가 성공적인 연구 과학자 집단과 비교해 성공적인 판매자 집단에서 더 높은 외향성 점수를 산출해야 한다고 예상한다. 연관성의 지표로서 집단 간의 점수 차를 생각한다면 위의 각 상황에서 두 변인(검사점수와 집단 자격)이 개입되어 있음을 언급하는 것이 중요하다.

예측변인 측정치의 집단 자격에 대한 관계는 각 집단 내에 사람들이 획득한 예측점수의 평균을 계신하는 것으로 표현된다. 이 평균점수 차이의 방향 및 유의도(significance)는 준거타당도의 증거를 제공할 수 있다. 따라서 한 직업에 성공한 사람이 업무의 성공을 예측하기 위한 검사의 평균점수가 그렇지 않은 사람에 비해 높게 나타난다면, 이는 그 검사에 대한 준거타당도의 증거가 될 수 있다.

[그림 3-2], [그림 3-3] 그리고 [그림 3-4]는 성공적인 피고용인 집단과 그렇지 못한 집단에 대한 평균 검사점수의 차이를 보여 주는 가설적인 자료들이다. 이는 검사점수에서 집단 차이를 분석하는 데 가능한 세 가지 결과를 보여 주고 있다. 그림에서 세로축의 점수들은 검사점수이고, ◆는 집단의 평점이나 평균점수다. [그림 3-2]는 성공적인 집단이 그렇지 못한 집단보다 높은 평균 검사점수를 받은 경우를 보여 주고 있다. 검사점수가 이 방식에서 성공과 연관된 가설적인 변인을 측정한 것이라면, 이 자료는 준거타당도의 긍정적인 증거를 보여 주는 것이라 하겠다.

[그림 3-3]은 성공적인 집단과 그렇지 못한 집단이 모두 같은 평균점인 43점을 나타내고 있다. 이 자료에서는 집단의 구분과 검사점수 간에 어떤 연관이나 관계도 없다. 연관성의 부족은 두 집단의 평점이 연결되는 가로줄에 나타나 있다. [그림 3-4]는 성공적이지 못한 집단이 성공적인 집단에 비해 검사에서 높은 평점을 받은 자료를 보여 준다. 두 평균점을 연결한 선이 가로로 평행하지 않기 때문에 집단 자격과 검사점수의 두 변인 간에는 관계가 있는 것으로 보인다. 하지만 이 자료가 타당도 자료를 대표하고 있는지는 특성의 본질과 이해적 관계(nomological net)에 의존하고 있다. 예를 들어, 검사점수가 사무적 기술검사에서 범해진 실수의 수이고 집단은

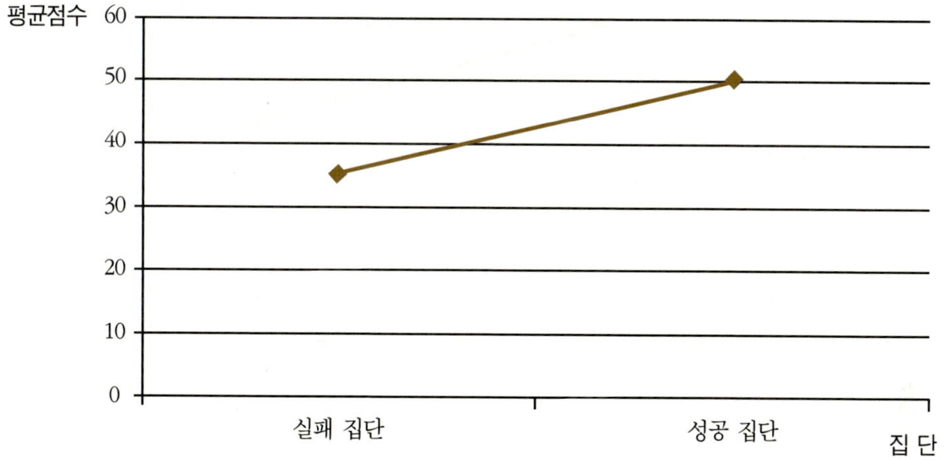

[그림 3-2] 성공과 실패 기준에서 점수 간의 정적 관계

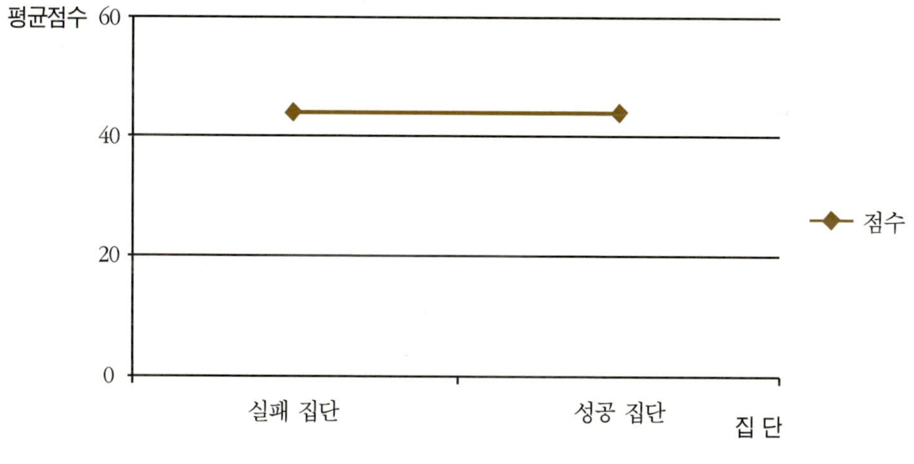

[그림 3-3] 성공과 실패 기준에서 점수 간 관계가 없는 경우

성공적인 직원과 그렇지 못한 직원들이라면, [그림 3-4]에 제시된 자료가 준거타당도의 증거로 쓰일 수 있다. 하지만 검사점수가 타이핑 검사에서 맞게 타이핑된 단어의 수라면 [그림 3-4]에 제시된 자료는 준거타당도라고 해석되기에는 모순이 있다. 따라서 준거타당도는 단순히 집단의 차이나 연관성만을 보여 주는 데 있는 것이 아니다. 오히려 그것은 자료가 측정된 특성의 이해적 관계에서 추출된 가설을 지지하는가에 달려 있다고 볼 수 있다.

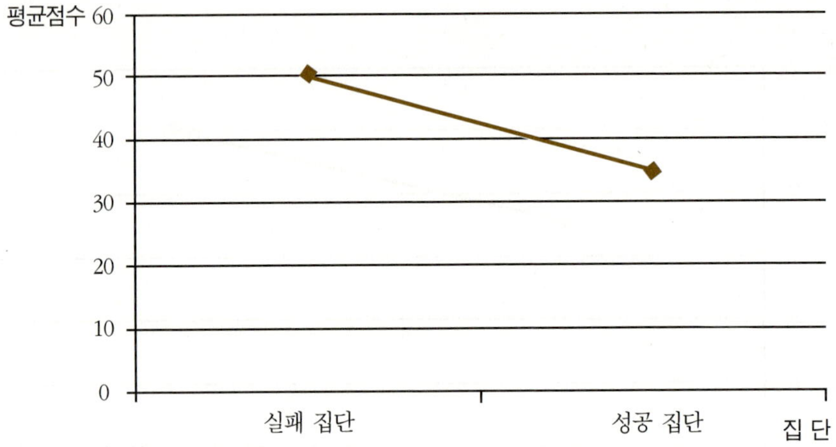

[그림 3-4] 기준 수행에서 검사점수 간의 부적 관계

이론적 연관성에 대한 기준을 충족시키는 것과 더불어, 준거타당도 자료는 통계적 유의도 기준과 실제적 유용성 기준을 충족시켜야 한다. [그림 3-2]에 제시된 자료는 통계적 유의도를 보여 준다. 두 집단 간의 관찰된 평균점수 차이가 우연의 결과가 아니라는 것을 보여 주기 때문이다. 하지만 특정한 환경 내에서 보면 [그림 3-2]의 집단 평균의 차이는 쉽게 우연적으로 산출될 수 있다고 볼 수도 있다. 따라서 차이는 그다지 중요한 것이 아니라는 결론을 내릴 수 있다. 왜냐하면 차이는 통계적으로 유의하지 않기 때문이다. 하지만 평균 15점 차는 그저 단순히 우연에 의해 발생되기가 쉽지 않다. 만약 이것이 사실이라면 차이는 단순히 우연적 요인들의 결과가 아니며 통계적으로 유의하다는 결론이 내려진다. 따라서 이런 유형의 자료에서 통계적으로 유의미한 결과를 찾는 것은 관찰된 평균 차이가 우연적인 요인에 의한 결과냐, 아니면 실제 집단 간의 차이를 대표하는 것이냐를 결정짓는 하나의 방법이 된다. 추론적 통계 방법론이나 아니면 평균 차이가 통계적으로 유의한지를 결정하는 방법은 심리학 관련 통계책에 잘 설명되어 있다(예: Glass & Hopkins, 1984; Hays, 1994).

그러나 검사에서 다른 집단의 평균점 간의 통계적으로 유의한 차이조차도 그 검사가 실제 상황에서 유용한지에 대한 항상 좋은 징표가 된다고 볼 수는 없다. 집단 내에 인원수가 많은 경우에는 실제적으로는 중요하지 않은 집단 간의 차이가 통계적으로 유의한 결과를 낳기도 한다. 검사점수에 기초한 성공에 대한 예측을 하기 위한 검사의 실질적 유용성에 대한 아이디어를 얻기 위해서는 효과크기(effect size)를 계산하는 것이 매우 도움이 된다. 예를 들면 Cohen(1988)의 d가 있다. .20~.50의 효과크기는 대체로 작은 효과에서 중간 효과를 의미하며, .50~.80의 효과크기는 중간 효과에서 큰 효과를 의미한다. 효과크기가 .20 이하라면 점수들이 아무리 통계적으로 유의하다고 하더라도 실질적으로는 중요하지 않은 효과라는 것을 의미한다.

(3) 상관관계 자료

상관관계 자료는 준거타당도를 조사하기 위해 사용되는 통계학 자료의 또 다른 유형이다. 상관관계는 관계나 연관에 대한 지표(indices)가 되기 위해 고안되었다. 그러나 상관관계의 논리는 [그림 3-2]에 나타나듯이 평균 차이에 대한 관계에서 추출되었다. 두 개의 변인 간의 연관은 두 집단의 평균이 가로로 평행하지 않은 선에 의해서 연결될 수 있을 때만 존재한다. 두 집단의 평균이 같다면, 그것을 연결하는 선은 가로로 평행할 것이며, 이는 두 집단과 검사점수 간에는 아무런 관계나 연관이 없음을 의미한다.

성공한/실패한 집단과 같이 두 영역 혹은 두 집단만이 있다면 분류 변인이 이분적이라 할 수 있다. 검사점수와 이분법적 기준 사이의 관계 범위는 양류상관계수(point-biserial correlation coefficient)에 의해 축약될 수 있다. 양류상관은 두 집단 간의 평균 차상의 자료 혹은 0 또는 1로 입력된 양극 변인으로 적률(product-moment)상관관계 공식으로부터 산출될 수 있다(McNemar, 1969). 긍정적인 양류상관관계는 [그림 3-2]에 보인 평균 차로 반영될 것이다. [그림 3-4]의 자료는 부적 상관으로 보인다. [그림 3-3]의 두 집단 평균은 같기 때문에 양류상관관계는 0이 되고, 이는 집단 자격과 검사점수 사이의 관계가 전혀 없음을 의미한다. 양류상관관계의 범위는 -1에서 +1 사이다.

양류상관과 관계가 있는 것이 양분(biserial)상관계수인데, 이는 한 변인이 지속적으로 배분되고(distributed) 다른 변인은 양분화되거나 인위적으로 이분화될 때 사용된다. 예를 들어, 연속적인 기준의 점수 분포는 어떤 시점에서 임의적으로 높은 점수 반을 '성공적'으로, 그리고 나머지 낮은 점수 반을 '실패한'으로 나눈다면 양분상관관계가 연속적인 예측변인 점수들 세트와 성공한 집단과 실패한 집단 자격에 대한 양분화된 기준변인 간의 관계를 표현하는 데 적합한 통계가 될 것이다.

Pearson 적률상관계수(r)는 연관성에 대해 가장 흔히 사용되는 지침이다. r의 사용은 두 연속적인 변인의 존재를 보여 준다. 따라서 변인이 집단 자격이었던 이전의 예들과는 대조적으로, r은 두 변인이 어떤 측정도구들이나 지속적인 변인들로부터

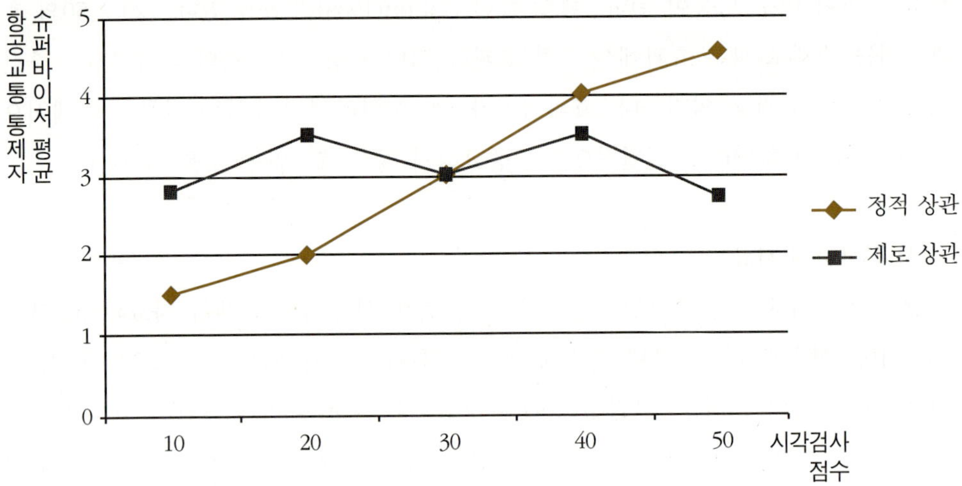

[그림 3-5] 검사점수와 수행평가 간 상관관계의 예

의 점수들이라고 가정한다. 예를 들어, r은 검사섬수를 가지고 직업 성공의 측정된 기준을 예측하기 위해 계산될 수 있다. 이 기준은 직업 성공의 정도이며, 이는 일에 대한 지식검사로 측정 가능하다(다만 이 경우에 점수의 분포를 '성공한/실패한'이라고 나누는 일은 없다). 또한 일의 성공은 슈퍼바이저가 개인의 피고용인에 대해 성공 정도에 따라 평점을 주는 평정척도에 의해 측정될 수도 있다. 이러한 경우들은 두 변인 사이의 관계가 Pearson 적률상관계수 혹은 r을 계산하는 것으로 표현된다. 두 개의 연속적인 변인에 대한 r값은 [그림 3-5]처럼 제시될 수 있다.

[그림 3-5]에서 보이는 것처럼, 선이 오른쪽 위로 상향곡선을 그리는 경우는 정적 상관관계로서, 시각검사에서 높은 점수를 얻을수록 적어도 슈퍼바이저의 평점에 의해 항공교통 통제자로 더 나은 수행을 기대할 수 있다는 것을 보여 준다. 이는 그 직업에서 성공적인 수행과 관련 있는 구성체를 그려 낸 이해관계 내에서 보았을 때 시각검사에 대한 준거타당도의 증거가 될 수 있다. 부적 상관관계는 한 변인에서의 낮은 점수가 다른 변인에서의 높은 점수와 연관이 있는 경우를 의미한다. r이 0일 때, 이는 두 변인 간의 상관이 전혀 없음을 의미하는 것이다. 상관관계가 양분상관에서처럼 거의 0에 가깝다면 산포도는 [그림 3-5]에서처럼 거의 가로로 평행한 선을 보여 준다. 그러나 평균치들이 곧은 직선으로 나타나지 않을 경우, Pearson 적률상관계수가 존재하는 관계를 정확하게 반영하지는 못할 것이다. 이 경우에는 그 계수에 대한 일반적 경우를 사용하는 것이 필요하며, 이를 에타(eta) 계수 혹은 상관비

(correlation ratio)라고 부른다. 이는 평균들이 직선으로 떨어지는 것에 상관없이 두 변인 사이의 관계의 양을 가리킨다(Hays, 1994; McNemar, 1969). 에타 제곱은 평균 차에 대한 분석의 높은 단계의 적용에서 효과크기의 지표로 사용된다(Kirk, 1982; Tabachnick & Fidell, 1989).

이때 상관관계는 인과관계를 암시하지 않는다는 점을 알아두는 것이 중요하다. 상관관계는 두 변인 사이의 연관성을 가리키며, 이는 변인들이 서로 다르다는 것을 의미한다. 한 변인이 다른 변인을 야기하는 것을 입증하기 위해서는 다른 변인이 자유롭게 달라지는 동안 한 변인은 체계적으로 조작되는 실험적 방법이 요구된다. 두 번째 변인이 첫 번째 변인에 실험적으로 의존적이라는 것이 보인다면, 그리고 이 드러난 의존성을 다른 변인으로는 설명할 수 없을 때 둘 간의 인과관계를 추론해 볼 수 있다. 하지만 상관관계 자료는 실험적 의존성을 입증하는 것이 아니므로 인과관계의 틀 안에서 해석될 수 없다.

상관관계 자료와 평균 차 자료가 매우 가깝게 연관되어 있기 때문에 변인 간의 상관관계는 통계적 유의도에 대한 검사나 실제적 유용성을 충족시켜야 한다. 아주 작은 표본집단을 기초로 한 상관관계는 표본집단이 큰 경우와 비교해 상당히 더 높은 경향이 있다. 따라서 작은 표본에서 유추된 결과는 실제 드러난 관계가 거짓일 경우에도 두 변인 간에 높은 상관관계가 있다는 잘못된 결론에 이르게 할 수 있다. 그러므로 계산된 상관관계들은 과연 0에서부터 상당히 다르게 나타나는지 결정하는 통계학적 유의도를 검사하여야 한다(예: Glass & Hopkins, 1984; Hays, 1994). 다만 매우 큰 표본집단은 0과는 통계적으로 차이가 있으나 매우 작은 상관관계를 보일 것이며, 따라서 실제적 활용도를 위한 상관관계적 결과를 점검하여야 한다.

상관관계의 유용성은 관찰된 상관관계에 기초하여 한 변인으로부터 다른 변인을 정확하게 예측하는 것에 달려 있을 수 있다. 이러한 예측은 한 변인에서 나타난 점수로 다른 변인에서 개인의 가능한 점수를 예상하는 것을 말한다. 예를 들어, 만약 사무직 검사점수와 업무 수행 사이의 상관관계가 알려졌다면, 새로운 피고용인의 업무 수행 수준은 그 사람의 사무능력 검사점수를 가지고 예상할 수 있게 된다. 이러한 유형의 예측들은 피검사자의 예측변인 점수로부터 기준변인상의 예측된 점수를 얻기 위해 두 가지의 변인회귀공식의 사용이 필요하다. 예측된 점수가 일단 획득되면 그 예측에서 오류의 예측된 양이 예상된 기준점수 근처의 실제 기준점수 분포를 점검함으로써 실제적 응용을 할 수 있다. 그 분포는 '표준추정오차(standard error of estimate)'라 불리는 양(quantity)으로 요약될 수 있다. 이 수량은 상관관계가 알려지지 않은 경우 생성되는 예측들과 비교해 두 변인 사이의 상관관계로 예측하는 데 오류를 줄일 수 있는 예상치를 준다(Hays, 1994). 이 정보는 개인에 대한 예측을 하기 위해 관찰된 상관관계의 역량을 결정할 때 사용된다.

준거타당도의 입증은 유의미한 평균 차 혹은 유의미한 상관관계에만 기초하는 것이 아니다. 실제로 관계에 대한 가설을 조사하는 어떤 통계적 방법도 구성타당도를 조사하는 데 사용될 수 있다. 이들은 또한 카이제곱 분석(chi-square analysis; Glass & Hopkins, 1984; Siegel, 1956)에 한정되어 있지 않고, 상관관계를 계산하는 다른 방법(McNemar, 1969), 실험적 설계의 매우 효과적인 기법들(Winer, 1971), 다중변인 자료 분석을 위한 다양한 방법 등을 포함한다(Bentler & Dudgeon, 1996; Loehlin, 1987; Long, 1983a, 1983b; Maruyama, 1998; Weiss, 1974).

(4) 수렴 및 변별 타당도 그리고 다중특성-다중방식 행렬

검사점수가 하나 또는 그 이상의 기준과 연관되어 있다는 것을 보여 주는 것에 덧붙여, 이론에서 가설화된 것처럼 검사의 준거타당도를 확인하는 데는 검사점수가 이론적으로 연관성 없는 변인들과 상관관계가 없다는 것 또한 보여 주어야 한다. D. T. Campbell과 Fiske(1959)는 이를 수렴(convergent) 혹은 변별(discriminant)이라는 용어로 사용했는데, 이 용어는 준거타당도의 두 가지 측면을 구분하는 데 사용된다. 수렴타당도는 검사점수가 같은 특성을 재는 다른 측정도구와 연관되어 있다는 증거에 기초한다. 변별타당도는 일치하지 않거나 상관이 없는 변인의 관계 부족에 관한 증거를 기초로 한다.

심리학적 측정도구의 결과에 가장 큰 영향을 미치는 것 중 하나는 측정의 방식이다. 하나 혹은 다수의 검사에서 점수들 간의 높은 상관관계는 검사들이 같은 구성체를 측정하였기 때문이 아니라 측정도구가 같은 방식을 사용했기 때문에 초래되었을 수 있다. 예를 들어, 많은 능력검사는 컴퓨터 용지를 가지고 지필검사 수행을 실시하며, 또 일정한 시간 제한을 두고 시행된다. 이러한 검사지 사용에 경험이 있는 사람들은 검사에 익숙하지 않거나 수행이 느린 사람들에 비해 수행을 훨씬 빠르게 할 수 있다. 따라서 측정도구의 방식상 특징은 인위적으로 검사점수 간의 높은 상관관계를 유도할 수 있다. 관심 있는 구성체에 대한 결과가 아닌 측정도구의 검사 방식에서 기인한 점수의 변화도는 '방법변량(method variance)' 이라고 불린다. 방법변량은 타당한 특성변량이 아니다.

D. T. Campbell과 Fiske(1959)는 방법변량의 효과를 점검하고 한 측정치에 대한

수렴 및 변별 타당도를 점검하기 위해 둘 혹은 그 이상의 특성이 다수의 같은 방법으로 각각 측정되는 설계를 사용하는 것이 필요하다는 것을 보여 주었다. 모든 검사 점수의 상관관계는 D. T. Campbell과 Fiske가 다중특성-다중방식 행렬이라고 불렀던 것에 대입된다. 이러한 설계의 예는 불안, 주도성, 외향성에 관한 특성들을 포함하며, 이들은 각각 자기보고, 또래평가 그리고 상황검사 등으로 측정되었다. 같은 특성에 대한 다른 측정치들이 서로 연관이 있다는 정도는 수렴타당도를 지칭하는 반면, 같은 방법으로 측정된 다른 특성 간의 상관관계 부족은 변별타당도로 지칭된다. 그러나 같은 방식으로 측정된 다른 특성 간에 유의미한 상관관계가 있다면 이는 방법변량의 증거가 된다.

다수의 분석 방식은 다중특성-다중방식 행렬의 해석을 간소화하기 위해 제안되었고, 그중 확인적 요인분석이라는 것이 소개되었다(Schmitt & Stults, 1986). 다른 것들은 두 검사들이 하나의 구성체를 측정하는지에 관한 결정을 내리는 방식을 제공해 왔다(Turban, Sanders, Francis, & Osburn, 1989). 다중특성-다중방식 행렬에 관한 더 많은 정보는 Ivancevich(1977), Schmitt(1978), Widaman(1985)에서 찾을 수 있다.

(5) 준거타당도에서 특별한 쟁점

• 기준 측정의 질

준거타당도 연구에 항상 영향을 끼치는 문제는 기준에 대한 측정치의 질이다. 예를 들어, 업무 수행에서 기준 측정치가 신뢰도 혹은 타당도에 의문점들이 있다면 잘 안정되고 개발된 예측변인들이라도 정작 측정치와 관계가 없을 수 있다. 이러한 사례에 따라 실제 타당하지 않은 측정치가 기준일 때 예측 요인은 타당하지 않은 것이 된다고 결론 내릴 수 있다. 구성타당도라는 넓은 범주 안에 준거타당도 점검의 중요성을 보기 위해 준거타당도의 상당히 직접적인 점검과 관련된 이해적 관계를 고려해야 한다. 우리가 업무 수행의 예측 요인으로 성실함에 대한 측정치를 입증하길 원한다고 생각해 보자. 성실함과 업무 수행은 모두 우리의 이해적 관계망 안에서 구성체(안 보이는) 수준에 있다. NEO 성격검사 개정판(NEO Personality Inventory-Revised; Costa & McCrae, 1992)을 사용하여 성실함을 조작해 왔다고 가정할 수 있다.

질문상의 직업이 항공교통 통제자라고 가정하자. 비록 슈퍼바이저의 편향이 있을 수 있다는 것을 알고 있지만(슈퍼바이저의 편향과 오류에 대한 리뷰는 Murphy & Davidshofer, 1991 참조), 우리는 우리의 기준인 업무 수행을 측정해야 한다. 우리는 업무 수행을

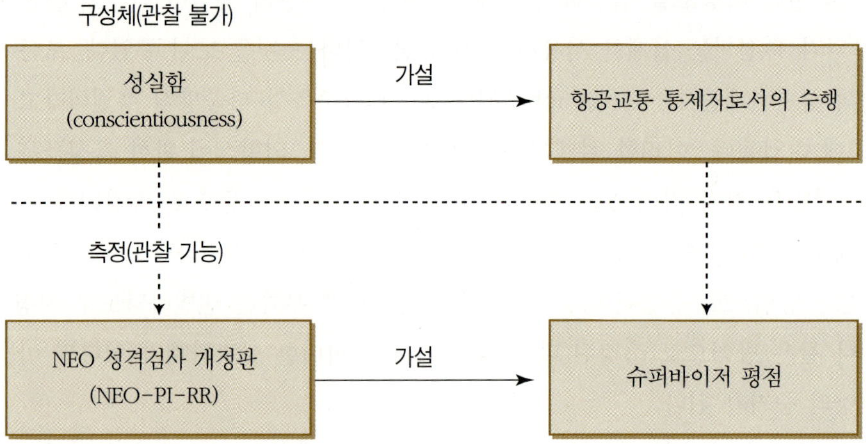

[그림 3-6] 기준의 타당성이 의심되는 경우 가설적 준거타당도 연구로 제시된 이해적 관계도

슈퍼바이저가 내리는 업무에 대한 평점으로 정의할 수 있다. 또한 작업 수행을 측정하기 위해 우리는 안전하게 착륙시킨 비행기의 수 또는 업무 중 발생한 사건의 수 등을 셀 수도 있다. 또 레이더 화면상의 자료를 통합적으로 처리하는 것을 평가하도록 검사를 개발하고 시행할 수도 있고, 사건을 재현하는 수행검사를 개발하여 피고용인이 위기 상황에 얼마나 잘 대처하는지를 살펴볼 수도 있다. 당연히 이 모든 기준에서의 정의들이 측정도구 이슈들과 연관되어 있다. 심지어 간단한 '세기'도 작업 수행에 대한 전반적인 구성체의 측정치로서 입증되어야 할 것이다.

기준 측정치에 대한 신뢰도 및 타당도의 문제들을 해결할 수 있는 답안은 질적으로 높은 측정치를 고안하고 사용하는 데 있다. 더불어 다양한 측정은 기준 수행의 다양한 측면을 반영하기 위해 사용될 수 있어야 한다. 이상적으로 이 사용법은 기준 수행의 측면성 및 본질에 대한 체계적인 조사에 의해 사용되어야 한다(예: J. P. Campbell, McCloy, Oppler, & Sager, 1993). 따라서 준거타당도에 관한 연구를 설계할 때는 적당한 심리측량적 장점이 있다는 것을 보여 준 기준 측정들을 선별하는 것이 중요하다. 만약 측정도구가 제대로 갖추어져 있지 않다면, 연구는 하나 이상의 기준 측정을 개발하고 평가하는 데 초점을 두어야 한다.

• 다중변인

응용된 타당도 연구에서 예측된 기준변인들은 흔히 복잡한 변인들이다. 예를 들어 작업 수행은 종종 능력검사로 예측되지만, 직무에 있어서 성공적인 수행에 이르는 요인이 다양하기 때문에 예측요인검사에 대한 적절한 설명은 하나의 기준을 예측하기 위해 다양한 예측변인의 사용을 요구한다.

하나의 예측을 하기 위해 몇몇 검사점수로부터 자료를 병합하는 데는 다양한 방법이 있다(Weiss, 1974). 그중 가장 흔한 방법은 예측 요인과 기준이 모두 측정된 변인일 경우에 한해 다중상관관계 혹은 다중회귀분석을 사용할 수 있다. 예측요인 점수는 그것들이 각각 기준을 얼마나 잘 예측하는가에 의해 처음으로 가중치가 되고, 그리고 나서는 예견된 기준점수를 획득하기 위해 더해진다. 이 예측된 기준점수는 예측요인 점수의 가중치의 합산이며, 이는 공식으로 다음과 같이 명시될 수 있다.

$$\hat{y} = b_1x_1 + b_2x_2 + \cdots + b_kx_k \quad \cdots\cdots\cdots\cdots \text{[공식 1]}$$

이 공식에서 bs(베타 가중치, beta weights)는 k라는 예측 요인들, x 그리고 $\hat{y}$ 각각에 붙는 가중치며, 이를 예측된 기준점수 혹은 변량이라 부른다. 변량은 두 개 이상의 다른 점수의 병합에서 생성되는 인위적인 점수로 정의될 수 있다(다중회귀 사례에서는 가중치의 합). 다중상관계수 R은 변량 $\hat{y}$와 실제 얻어진 기준점수들 사이의 Pearson 적률상관관계다. 각각 예측변인에 대한 가중치(weights, bs)는 R을 최대화하는 것과 같은 수학적 방식으로 결정된다.

다중회귀공식에서 추출된 다중상관계수는 하나의 기준변인과 예측변인들 세트에서 점수들의 병합 사이의 관계를 설명한다. 이 상관관계의 규모(magnitude)와 특징적인 예측변인의 베타 가중치 규모는 하나의 특징적인 예측 요인에 대한 준거타당도를 해석하는 데 도움이 된다.

• 교차타당화

회귀공식은 예측요인 점수와 기준점수가 알려진 집단 내에서 개발되지만 예측요인 점수가 알려진 집단에 한해서 사용된다. 즉, 우리가 한 개인에 대해 기준점수를 알고 있다면 그것을 전혀 예측할 필요가 없다는 뜻이 된다.

회귀공식—다른 모든 예측 공식—은 개발 집단의 표본 특정적인 특징의 영향을 받게 된다. 즉, 관찰점수와 예측점수 간의 상관관계는 피검사자들 중 한 표본에 특정적인 요인들로 인해 정해진 것보다 높은 상관을 보일 수 있다. 결과적으로, 회귀 및 예측 공식이 같은 인구 내의 각기 다른 집단에서 예측된 점수와 실제 기준점수 사이에서 비슷한 상관을 산출해 내도록 하는 것이 항상 중요하다. 이는 교차타당화라는 과정을 통해 실행된다. 교차타당화는 한 피검사자 집단에서 산출된 회귀 혹은 예측 공식을 다른 집단의 예측요인 점수에 적용하는 것을 말한다. 만약 이런 방식으로 얻어진 예측된 기준점수들이 새로운 집단 사람들의 실제 기준점수와 비슷한 강도의 관계를 보인다면, 이것으로 우리는 등식(equation)이 좀 더 일반적인 예측을 하는 데 유용성을 갖는다고 확신할 수 있다. 이런 방식으로 획득된 예측 기준점수와 새 집단의 실제 기준점수들 간의 상관관계를 교차타당화된 예측계수라고 부른다. 이 교차타당화 상관은 표본 특정적 오류로 인한 부하량(inflation)을 제거하기 때문에 예측요인들과 기준 사이의 관계 정도를 좀 더 현실적으로 추정할 수 있게 한다.

• 매개변인

준거타당도를 입증하는 데에서의 또 다른 중요한 문제는 어떤 집단 혹은 어떤 유형의 사람들을 다른 집단의 사람들보다 좀 더 잘 예측할 수 있거나 또는 더 못할 수 있다는 사실이다. 즉, 하나의 검사건 검사 배터리건 간에 그에 관한 예측타당도가 집단을 어떻게 형성하느냐에 따라 타당도 계수를 얻을 때 다른 결과를 초래할 수 있다는 것이다. 예로, Seashore(1961)는 고등학교와 대학교에서 여학생의 성적이 남학생의 성적에 비해 예측하기가 용이했다고 밝혔다. 이 연구에서 여학생의 학술적 능력 및 학습성취도 간의 높은 상관관계를 발견했다. Grooms와 Endler(1960)는 불안한 대학생들의 성적($r = .63$)은 능력 및 성취도 검사에서 불안하지 않은 학생들의 성적($r = .19$)보다 예측하기가 좀 더 용이했다고 밝혔다. 또한 Stern, McCants와 Pettine (1982)은 삶의 변화 및 질병의 중증도 간의 관계는 배우자의 죽음과 같이 통제하기 힘든 사건의 경우가 이혼과 같이 통제 가능한 사건의 경우보다 더 강하게 드러났다고 보고했다.

매개변인은 예측 요인과 기준 간의 관계의 방향성 혹은 강도 등에 영향을 주는 불안의 강도와 같은 측정된 변인이거나 성, 인종 및 결혼 상태와 같은 범주형 변인을 이야기한다. 매개변인의 발견이 중요한 이유는 다음과 같다. 첫째, 우리가 한 개인에 대해 얼마나 잘 예측할 수 있는지를 아는 것은 그에게 주어진 결정 유형에 영향을 준다. 둘째, 우리가 어떤 사람에 대한 예측이 덜 정확하리라는 것을 안다면 그에 대한 다른 종류의 정보를 구하려 할 것이다. 게다가 이는 한 검사가 한 집단의 사람들에 대해 최선의 예측을 할 수 있는 반면, 다른 검사는 다른 사람들에 대해 같은 기준에서 최선의 예측을 할 수 있다. 예측에서 검사점수 사용의 효능성과 정확성은 이런 정보들을 사용함으로써 극대화될 수 있다. 마지막으로, 발견된 매개변인의 유형은 관련된 구성체의 이론적 연결망에 영향을 준다. 불안한 학생에 대한 높은 예측 가능도는 능력 구성체와 연관된 기준상 수행의 관계에 대한 것을 제안한다.

주어진 예측 요인과 기준 관계상의 매개변인을 발견하기 위해 많은 방식이 제안되어 오고 있다. 매개변인을 발견하는 한 가지 방법은 관심 대상이나 표본의 구성을 점검하고 개인 간에 다른 예측 정도와 관련된 개인편차 변인이 존재하는지에 대해 가설을 세우는 방법이다. 성별은 매개변인의 명백한 후보가 되기도 하지만, 구성체에 관한 이론은 불안 정도, 능력, 나이, 교육 수준과 같은 다른 것들을 제시하기도 한다.

일단 매개변인이 설명되면, 이 변인이 실제 예측요인-기준 관계를 매개하는지 여부를 분석하는 데는 몇 가지 방법이 있다. 하나는 두 개 이상의 집단에 대한 타당도 계수를 통계적으로 비교하는 방법인데, 이는 집단 내에 변화량에서의 차이에 대한 민감성을 기본으로 한다는 점과 연속적인 매개변인을 허용하지 않는다는 점에서 비난받아 왔다(예: Baron & Kenny, 1986; Nunnally & Bernstein, 1994). 분석 방법에 좀 더 일반적으로 유용한 방식은 다중회귀분석을 사용하는 것이다(매개변인 효과를 분석하는 방법에 대한 자세한 설명은 Frazier, Tix, & Baron, 2004; Nunnally & Bernstein, 1994 참조).

매개변인은 변인이 개개인의 실제 기준점수가 예측된 기준점수로부터 가까운 개인과 실제 점수로서 예측된 것과 매우 다른 개인들을 구분하고 있는지를 점검함으로써 발견될 수 있다. 그러나 이런 방식으로 발견된 매개변인은 표본 특정적 특징에 의한 것일 수 있으므로 변인이 좀 더 일반적인 예측 활용성을 가진다고 가정하기 전에 교차타당화를 하는 것이 필요하다. 이 경우 교차타당화는 매개변인이 다른 표본에서 현저하게 다른 예측 가능성을 보이는지 여부를 결정하게 된다. 매개변인을 발견하고 활용하는 다양한 접근에 대한 좀 더 많은 정보는 Baron과 Kenny(1986), Frazier와 동료들(2004)의 리뷰를 참조하라.

3) 구성타당도

여기서는 검사가 측정하고자 의도한 구성체를 얼마나 제대로 측정하고 있는가에 대한 것을 다룬다. 구성타당도(construct validity)는 관심 구성체에 대한 이론의 개발과 평가의 전체적인 틀 안에서 논의될 수 있다.

(1) 구성타당도에 대한 증거

광범위하게 이야기하면, 구성타당도의 증거는 이론의 가설을 지지하는 결과가 도출해 낸 어떤 유형의 실증적 연구에 의해서 제공된다. 예를 들면, 구성체에 대한 이론이 특성과 관련된 성별 차이는 없어야 한다고 가설화했다고 해 보자. 그러면 구성체를 운용하는 검사에서 남녀 간의 평균 차는 t-검정을 했을 때 유의미한 차이를 보여서는 안 된다. 만약 지능이 학습능력과 상관있다고 가설을 세웠다면, 우리는 지능검사상의 점수와 학습속도검사상의 점수에서 중간 또는 높은 정적 상관관계를 발견할 수 있다.

만약 우리가 예상한 것처럼 실증적 자료가 이론적 예측을 지지한다면, 이는 측정의 구성타당도와 이론 모두에 대한 증거가 된다. 예를 들어, 지능검사와 학습능력검사 간의 높은 정적 상관관계의 발견은 검사뿐 아니라 지능에 대한 이론의 타당도도 지지하게 되는 것이다. 만약 자료가 이론을 지지하지 않는다면 실행의 다른 과정을 유도하는 몇 개의 대안적 설명이 나오게 된다. 첫째, 지능검사는 구성타당도가 낮다는 설명이 나올 수 있다. 즉, 검사가 측정하도록 고안된 것을 측정하지 않고 있다는 뜻이 된다. 둘째, 지능검사가 적절한 구성체(지능)를 측정하지만 이론이 틀렸을 수 있다는 설명이다. 즉, 논리적인 것처럼 보이는 가설이 구성체의 본질에 대한 충분한 이해 없이 나왔을 가능성이 있다는 것이다. 셋째, 하나 이상의 다른 구성체의 조작적 정의가 타당하지 않을 수 있다. 예로, 학습검사가 실제로는 학습보다는 주의력을 측정하는 경우가 이에 해당한다. 넷째, 측정도구로 표집된 행동들에 대해 숫자를 부여하는 것이 잘못되었다는 가정이 있을 수 있다. 예로, 측정도구들이 실제로 순서(ordinal) 차이를 반영해야 하는 경우에 순서척도 대신 동일간격 척도를 사용하는 경우가 해당된다. 다섯째 가능성은 연구가 기술적인 오류로 일관되지 않은 결과들을 보이는 경우다.

연구자는 이러한 설명 중 무엇이 가장 적절해 보이는가에 따라 다른 연구 전략들을 시도할 수 있다. 검사 혹은 이론에 대해 의문을 가지기 전에 논리적으로 이해해 보거나 통계분석 방법을 포함한 연구 방법을 주의 깊게 점검하는 것이 가장 좋은 방법일 것이다. 자료를 다른 방식으로 분석하거나 혹은 질과 정확성을 향상하기 위해 연구를 반복하여 변화량들을 다시 측정할 수 있다. 만약 이러한 접근법이 이론에 의해 예견된 결과들을 보여 주지 못한다면, 하나 이상의 비중심적 구성체를 조작하는 데 다른 방법들이 시행될 수 있다. 만약 이 또한 성공하지 못한다면, 다음 단계로는 중심 구성체를 조작하는 다른 방법을 시행하게 된다. 후자의 경우, 우리는 원검사의 구성타당도가 부족하다고 결론 내릴 수 있으므로 다른 측정 방법이 시도되어야 할 것이다. 중심 구성체를 조작적으로 정의하려는 몇 번의 시도가 거듭 실패한다면, 우리는 그 구성체에 대한 일관적인 이론을 수정하거나 포기해야 한다.

비록 실증적 연구들이 구성타당도 평가에 대한 증거를 제공하지만, 검사가 '구성체가 타당하다.'고 하거나 혹은 구성타당도를 어떤 양만큼 가지고 있다고 말하는 것은 불가능하다. 오히려 구성타당도는 검사에 대한 내적 관계의 실증적 연결망을 연구하는, 얻어진 실증적 결과에 대해 논리적인 의미나 해석 가능성을 제공하는 가설들, 그리고 구성체의 이론적 체계를 제안 · 수정 · 확인하는 연속적인 과정인 것이다. 구성타당도는 더디고 시간 소모적인 과정이다. Cronbach(1989)는 "한 구성체에 대한 견고한 해석을 하기 위해서는 많은 시간이 소요된다. Binet가 지능을 특성화하려 했던 첫 번째 노력과 우리가 현재 이해하는 지능 간에는 거의 1세기라는 시간이 소요되었다. 구성이 더 자세해지고 정교해지고 세밀화될수록 타당도에 대한 조사는 그것이 요구하는 추가 투자를 할 가치가 있다."(p. 163)라고 하였다. 검사점수가 실제 용어로 무엇을 의미하는지 말할 수 있고 또한 과학적 이해와 설명을 강화할 때, 비로소 그 검사가 어느 정도의 구성타당도를 가지고 있다고 말할 수 있다. 비록 양적 편향보다는 주관적 편향에서 구성타당도가 평가되는 것이 틀림없지만, 그 범주는 이해적 관계를 지지하는 데 제시된 관계의 다양함과 견고함에 의존한다. 심리측정은 과학적 산업에서 주로 구성타당도의 방법들과 철학을 통해 이바지한다. Crobach와 Meehl(1955)에 의해 소개된 최근 아이디어는 Cronbach(1989)에서 찾아볼 수 있다.

4) 안면타당도

안면타당도(face validity)는 도구가 측정하려는 것을 측정하거나 혹은 측정하는 것처럼 보이기 위해 나타난 범주에 대해 다룬다. 아마도 안면타당도가 있는 검사를 사용하는 가장 주요한 이유는 검사가 사용자와 피검사자에 의해 받아들여질 만하다고 확인되어야 하기 때문이다. 예를 들어, 검사가 업무 수행을 예측하는 데 사용되었으나 업무와 어떤 직접적인 관계가 없다면, 인사부서에서는 그 검사를 잘 사용하지 않을 것이며, 구직자들 또한 검사가 관련이 없으며 불공정하다고 볼 것이다.

비록 두 개의 개념이 유사성을 가지긴 하지만, 안면타당도는 내용타당도와 같은 것은 아니다. 안면타당도는 검사가 만들어진 후 검사에 대한 판단을 고려하지만, 내용타당도는 검사가 만들어지는 동안 검사 문항이 측정되는 특성을 정의하는 내용의 정의된 영역의 적절한 표본인지의 여부에 관심을 둔다. 만약 숨겨진 특성을 다룬 검사 문항 내용이 간접적이거나 감지하기 힘든 경우라면, 이 검사들은 내용타당도는 있지만 안면타당도는 없을 수 있다.

안면타당도는 준거타당도와는 관련이 없다. 즉, 실증적 관계들이 중요한 요인이 된다. 결과적으로 안면타당도는 측정도구의 타당도 평가를 위한 적절한 종류의 증거는 아니다. 왜냐하면 어떤 도구가 타당해 보인다고 해서 타당하다고 볼 수는 없기 때문이다. 따라서 안면타당도는 검사가 적절하게 사용될 것이고 측정도구의 타당도를 결정하는 데 다른 어떤 영향도 미치지 않을 것이라는 사실을 확신시켜 준다.

3 측정의 타당도 및 실제적 타당도

심리검사에서 타당도를 확립하는 것은 중요하다. 타당한 검사는 응용된 상황에서 유용하고, 또 사람의 행동에 가려진 중요한 변인 혹은 구성체에 대한 이론적 이해를 돕는 데 기여한다. 이러한 두 가지 목표와 관련된 방법과 이슈들은 다소 차이가 나고 때로는 혼란스럽다.

1) 응용 상황에서의 타당도 증거

응용 상황에서 심리검사의 유용성을 갖추기 위한 주요 요건은 검사가 어떤 기준 측정을 예측하거나 또는 집단을 구분할 수 있다는 것을 입증하는 것이다. 이러한 경우, 검사가 상식적인 관계를 낳거나 또는 검사점수의 의미를 해석하는 데 기초가 될 필요는 없다. 실제 응용에서 검사점수는 오로지 기준을 예측하는 데 필요하다. 이러한 사례에서 검사가 구성체를 측정한다는 것을 굳이 입증할 필요는 없는 것이다. 다만 어떤 성이나 인종 집단의 선택에서 검사를 사용할 때 부정적 영향에 대한 우려와 소위 '타당도 일반화' 라고 불리는 연구 개발들은 좀 더 주의 깊게 개념화되어야 하며, 측정된 기준과 예측 요인들 간의 실질적 관계를 강조하도록 유도해야 할 것이다.

(1) 검사편향

지난 10년간 인종적 · 민족적 소수의 선택을 위해 능력검사를 사용하는 것에 대한 우려가 있어 왔다. 이러한 우려의 가장 큰 이유는 '역효과' 개념으로부터 나오는데,

이는 선택을 위한 검사 사용이 인종적 · 민족적 소수집단 혹은 성별 집단에서 비율적으로 훨씬 적은 수의 사람을 선택하거나 채용하는 결과를 낳는 상황을 가리킨다. 몇몇 연구자는 이러한 역효과는 그 검사가 어떤 집단의 개인들에 대해 편향적이기 때문에 발생한다고 주장했다. 비록 역효과는 몇몇 측정도구에 존재하지만, 거기에는 어떤 형태의 편향이나 검사 자체에서의 내용 혹은 선택(예측)에 따른 결과들에 대한 어떠한 증거도 없다.

내용편향은 만약 검사 내용이 다른 소수집단과 비교해 백인 및 중산층 피검사자들에게 좀 더 친숙한 경우에 나타날 것이다. 도시에 사는 아동에게 전혀 친숙하지 않은 시골이나 농장 생활과 관련된 검사 문항이 주어진 경우가 그 예다. 비록 내용편향이 과거에는 문제시되었을 수 있지만, 현재 대부분의 능력 및 성취도 검사의 내용은 보통 인종적 · 민족적 · 사회경제적 각 계층의 집단, 남녀 그리고 장애인을 대표하는 패널들에 의해 내용검사를 거치고 있으므로 잠정적으로 불공평하거나 편향적인 내용들은 그 과정에서 제거될 것이라 예상할 수 있다.

덧붙여, 대부분의 검사는 실증적으로 문항 편파성 검증(differential item functioning: DIF)을 거치게 된다. DIF는 집단이 동일한 능력 수준을 갖추었을 때 두 집단 내에 주어진 검사 문항에서 검사 수행의 차이가 있는지의 여부를 말해 준다. 통계적으로 유의미한 DIF를 보이는 검사 문항은 검사에서 제외되며, 이 과정을 통해 잠재적인 검사편향을 줄이거나 제거할 수 있다.

역효과에 대한 하나의 가설적 이유는 편파적 예측타당도였다. 이는 간혹 선택편향이라고 불리기도 한다(Cole, 1981). 선택편향은 검사에서 인종 · 민족 · 성별 집단에 걸쳐 예측타당도가 각각 다른 정도로 나타날 때 발생할 수 있다. 예를 들어, 어떤 검사 비평은 검사들이 소수집단 사람들뿐 아니라 다수집단 사람들에 대한 예측을 하지 못한다고 보고했다. 실제 소수집단 사람들의 기준 수행을 과소 예측(underpredict)한다고 지적했다. 실제로 차별적 예측에 관한 연구들에서는 보통 회귀선의 사용이 소수집단 사람에게 우호적이었다. 왜냐하면 이러한 방정식이 오히려 그들의 수행을 축소해서 예측하기보다 과도하게 예측하기 때문이다(Niesser et al., 1996; Wagner, 1997). 따라서 선택편향은 이 경우 역효과의 원인으로 보이지는 않는다.

오히려 역효과의 근거는 특정 소수집단 구성원들, 특히 첫 번째로 흑인, 두 번째로 히스패닉 집단의 구성원들이 인지능력검사에서 다소 낮은 점수를 얻는다는 지속적인 경향성에 있다(Niesser et al., 1996). 낮은 점수에는 여러 가능한 설명들이 있을 수 있다(예: 가난한 도시 지역에는 열악한 학교 체제가 있다; Card & Krueger, 1992; Rivikin, 1994; Yinger, 1995). 낮은 점수 때문에 현재 몇몇 채용 규칙은 선택 결정을 위한 능력검사에만 전적으로 의지한다. 또한 지원서를 선택하는 과정에서 성취도의 과거 지표(예: 고등학교 성적표)가 능력검사 점수와 더불어 사용된다. 변인과 다양화(diversity)의 목적이 선택에서 사용되는 기준들에 포함될 때, 역효과는 감소되거나 제거되어야 한다. 예로, Herrnstein과 Murray(1994)의 분석에서는 대부분의 대학원 및 전문학교 입학사정 결정에서 검사점수보다 인종적 다양화가 높은 우선권을 가지고 있다. 소수민족 사람을 대상으로 한 능력검사의 사용에 대한 몇몇의 훌륭한 논의가 존재한다(예: Messick, 2000; Murphy & Davidshofer, 1991; Niesser, 1998; Niesser et al., 1996). 2000년 『교육 및 심리검사의 표준』은 검사의 사용에서 심도 있는 논의와 추천된 지침서를 제공하고 있다.

검사들은 배치 면에서 선택도구로만 사용되어서는 안 된다. 대신 검사들은 검사 활용도의 이점을 살리고, 개인적·문화적 차이의 범주를 고려하여 다른 평가 자료를 활용하며 이점을 살리는 방식으로 사용되어야 한다.

(2) 메타분석과 타당도 일반화

타당도 연구에서 방법론상의 진보는 메타분석(Hedges & Olkin, 1985; Hunter & Schmidt, 1990; Schmidt & Hunter, 2003), 즉 연속적인 연구들에 걸쳐 결과들을 축약하거나 합산하는 방식이다. Schmidt와 Hunter(1977)는 다른 선택 방법과 검사의 전반적 타당도를 추정하기 위해 다양한 연구로부터 타당도 계수를 병합하는 방식을 개발하였다. 이러한 방법 중 하나가 메타분석으로, 타당도에 관한 다수의 연구로부터 자료를 축약하는 데 널리 사용된다. 예로, Schmidt는 1992년에 메타분석이 고용 선택에 관한 500개가 넘는 연구에 응용되었다고 기록했다. 가장 자주 사용된 연구는 직업 수행과 인지능력검사 점수 간의 관계에 관한 연구들이었다. 가장 최근에 Schmidt와 Hunter(1998)는 인사와 관련한 85년 동안의 축적된 연구 결과를 정리하였다. 이는 19개 선택 과정의 관계에 대한 메타분석을 다룬 것이며, 가장 일반적으로는 지능검사, 직무 그리고 훈련 수행에 관련된 내용이었다.

메타분석은 연구 결과를 정리하는 데 많이 사용되는 방법이지만, 연구 결과에서 차이에 대한 주의 깊은 논리적 분석과 더불어 사용되어야 한다(Nunnally & Bernstein, 1994). 메타분석은 질 낮은 연구를 보상하기 위한 시도로 사용되어서는 안 된다. 왜냐하면 신뢰할 수 없는 결과에 대한 진술을 제공하게 되기 때문이다. 그러나 그것이 효과에 대한 좀 더 상세한 진술을 목적으로 한 연구들의 복제를 촉진하는 역할을 한다면 유용한 목적을 달성하고 있는 것이다. 메타분석을 실행하기 위한 지침은 Cooper와 Dorr(1996)의 연구를 참조하길 바란다.

이런 유형의 연구의 성과는 직업 및 기관 환경에 걸친 작업 수행을 예측하는 데에서 인지능력검사의 강인성을 보여 주는 타당도 일반화의 개념 수용(Schmidt & Hunter, 1977; Schmidt, 1992)이었다. 직업 수행의 예측 요인으로서 인지능력검사의 메타분석은 어떤 타당도 상관관계들이 직업, 기관, 환경의 광범위한 범위에 걸쳐 일반화될 수 있다는 것을 보여 주었다(Schmidt, 1992). 따라서 잘 개발된 능력검사는 새 직업과 관련된 응용에 타당도를 보일지의 여부를 결정하기 위해 제한적 요구들이 있을 수 있다. 타당도 연구의 측정된 결과들은 인지능력검사가 어떤 직업에서의 수행에 대한 예측 요인으로서 적어도 최소한의 타당도를 보일 수 있다는 가정에 기초를 제공할 수 있다(Murphy, 1994, p. 64). 다만 자료는 능력검사의 경우 인지능력이 요구되는 직업에서 높은 타당도를 보인다고 제안한다(Gutenberg, Arvey, Osburn, & Jeanneret, 1983; Hunter & Hunter, 1984). Schmidt와 Hunter(1998)는 직업 수행에 대한 가장 예측적인 변인으로 일반적 지능(GMA)을 꼽았다. GMA의 직업 수행도에 대한 타당도 계수는 .51이었고, 직업훈련 프로그램에서 전반적인 수행에 대한 계수는 .56이었다(Schmidt & Hunter, 1998). 그러나 연구 전체에서 가장 높은 타당도를 가진 변인들의 조합은 GMA+작업표본(work sample) 검사, GMA+진실성(integrity) 검사 그리고 GMA+구조화된 면접이다.

(3) 심리검사의 유용성

Cronbach와 Gleser(1965)는 심리검사의 응용된 유용성은 준거타당도 계수의 크기가 아니라 개인의 선택 혹은 배치를 고려한 정확한 결정을 내리는 것을 보조하는 검사의 능력에 달려 있다고 했다. 검사의 유용성(utility)은 의사결정에 전반적인 사용 가능성(usefulness)이다. 이러한 접근 방법은 정확성의 이해와 이미 내려진 결정의 중요성을 요구한다. 또한 검사의 제작 및 사용에서 오류에 의한 결정의 영향과 그에 관련된 비용에 대한 고려가 요구된다.

심리검사의 유용성에 영향을 주는 것은 증가타당도(incremental validity)이며, 이 용어는 Sechrest(1963)에 의해 소개되었다. 증가타당도는 검사가 이미 구할 수 있는 점, 혹은 경제적 방법을 사용하여 의사결정의 정확도를 개선한다는 점을 고려한 것이다. 예를 들어, 오래된 측정이 예측타당도 r=.9인 새 검사와 비교해 예측에서 그

만큼 타당도가 좋다면, 새 검사의 유용성은 그다지 많지 않을 것이다. 하지만 낮은 예측타당도를 가진 검사라도 필요한 결정을 내리는 데 다른 대안 검사가 없다면 어느 정도의 유용성이 있을 수도 있다.

의사결정의 중요성은 집단 간의 평균점수 차이를 고려한 자료의 사용과 단순한 상관관계 계수의 계산보다는 그들 분포의 공통 부분(겹침, overlap)을 유도해 내는 데 있다. 이는 의사결정에서 수용–거부 결정이 개입되고, 성공과 실패를 구분하는 검사 범위가 이 두 집단의 검사점수 분포의 공통 부분에 의해 직접적으로 표현되기 때문이다.

특정한 상황에서 검사의 유용성을 평가하는 데 설명되어야 하는 다른 요인들은 '기저율'과 '선택비율'이다(Meehl & Rosen, 1955). 기저율은 주어진 범주 영역으로 구분되는 사람의 사전적 비율 기대치를 말한다. 선택비율은 주어진 기관의 요구를 충족시키기 위해 선택된 가능한 응시자의 비율을 말한다. 심리검사 활용에 대한 평가에서 더 많은 고려점은 Cronbach와 Gleser(1965)의 논문에서 찾아볼 수 있다. 그들의 논의는 심리검사들의 응용된 유용성을 평가하는 데에서 좀 더 넓은 정보를 고려해야 할 필요성을 강조하고 있다.

Cronbach와 Gleser의 초기 개념화 이후 '유용성'의 과학은 의사결정의 응용으로 진화되어 왔다. 유용성 분석은 결정 옵션의 유용성 혹은 바람직함을 결정하는 것들을 서술 · 예측 · 설명하기 위해 고안되었고, 또한 어떻게 정보들이 결정에 영향을 주는지를 점검하기 위해 고안된 이론과 측정의 부류로 묘사되었다(Boudreau, 1991). 좀 더 많은 정보는 Boudreau(1991), Murphy와 Davidshofer(1991)의 우수한 리뷰에서 찾아볼 수 있다.

마지막으로, 연구자들은 타당도 개념이 유용성의 개념과 함께 나타난다고 제안한다. 특히 Messick(1995, 2000)은 타당도가 내용 · 준거 · 구성타당도와 같은 부속 영역의 조합보다는 통합된 개념으로 수용되어야 한다고 주장했다. 또한 검사점수는 점수가 사용된 맥락에 한해서만 해석될 수 있다고 주장했다. 의미는 맥락적이고 타당도는 연속적이다. 심리검사의 사용과 가능한 오용에 대한 염려가 연구자와 현장 실습자의 우선 고려 사항이기는 하지만, 적어도 타당도는 여전히 부분적으로 과학적 쟁점으로 남는다.

2) 특성 측정의 타당성

심리학의 과학적 목적은 실제 응용과는 상반되게 적절한 심리학적 이론과 이에 기초한 연구의 필요성을 시사한다. 적절한 이론의 존재는 이론적 구성체의 측정을 이끌고, 좀 더 넓은 설명적 구성체에 연관된 행동의 이해를 돕는다. 구성타당화 과정은 검사점수와 그 점수를 추출하는 검사도구에 대한 더 나은 이해와 해석을 이끌고, 이는 행동의 중요한 구성체의 본질과 실행을 상세히 설명하도록 돕는다. 구성타당도의 근거를 따지다 보면 의미 있는 심리학적 변인을 반영한다고 알려진 검사가 다양한 응용된 예측적 요구에 좀 더 일반화될 수 있을 것이다. 예를 들면, 어떤 특별한 기준변인의 상태 혹은 성공에 관련된 요인을 서술하는 이론적 연결망은 구성타당도 과정을 통해 검사나 예측 요인을 선별하는 것을 가능하게 해야 한다. 동시에 검사나 예측 요인들은 요인들을 세밀하게 반영한다는 것을 보여 주어야 한다. 구성에 맞추어진(construct-oriented) 접근 방법은 타당한 예측 요인 도구를 선별하기 위해 주어진 응용 상황에 대한 기준을 예측하는 요인들을 밝히는 데 실행 및 오류 탐색에 기초한 접근 방법보다 더 효율적이어야 한다.

4 결 론

이 장에서는 이론에 기초한 측정도구와 구성타당도 과정의 중요성을 강조한다. 만약 검사도구가 단순히 기준을 예측하기보다 중요한 심리학적 변인들을 측정하기 위해 만들어졌다면, 그것은 과학적이고 실제적인 유용성이 충분히 강화되어야 한다. 이 장이 이론에 기초한 측정도구 및 구성타당도 연구에 많은 관심을 촉진하기를 희망한다.

/ Part /

2

영역별 평가도구 고찰

Chapter 04

지능검사

Elizabeth O. Lichtenberger | James C. Kaufman | Alan S. Kaufman

지능검사는 심리학의 역사에서 가장 널리 탐구되어 온 분야다. 그렇기에 적절히 사용되었을 때는 개인의 잠재된 가능성을 찾고 그것을 극대화하는 데 큰 역할을 할 수 있다. 그러나 한편으로는 잘못 사용될 소지도 많은데, 예컨대 지능검사는 한때 민족주의자에 의해 인종의 상대적 우수성을 뒷받침하기 위해 사용되기도 하였다. 하지만 바르게 사용된다면 개인에게 필요한 계획을 세우거나 재활의 목적을 달성하기 위해 필요한 서비스를 재구성하는 데 큰 역할을 할 수 있다(Johnstone, Schopp, Harper, & Koscuilek, 1999). 또한 외상성 뇌손상의 경우, 특정 인지기능에 대한 분석을 통해서 개인이나 가족, 서비스 공급자에게 유용한 정보를 제공할 수 있다(O'Connell, 2000). 따라서 이 장에서는 지능검사의 역사적 배경과 지능검사와 관련한 논의들이 다루어질 것이다.

1 역사적 배경

지능검사의 역사는 기원전 5세기까지 거슬러 올라가지만(Watson, 1968), 19세기 말에 이르러서야 지능이 영혼과 인간 본성과 같은 인간의 다른 기능 및 현상과 구별되기 시작하였다(Matarazzo, 1972). 현재까지도 지능은 그 정의나 개념에 대해 활발한 논의가 진행되고 있는 분야다(Sternberg & Kaufman, 1998). 지능검사에 대한 또 다른 논쟁의 여지는 대개 특수한 목적으로 개발된 검사들(즉, 아동용 지능검사나 군사적 목적에서 개발된 검사와 같은)이 적절한 수정이나 개선 없이 그대로 현재 성인의 지능에 대한 척도로 사용되고 있다는 점이다.

지능검사도구의 개발은 사람에게 개인차가 존재하므로 그에 따라 적절한 직업을 찾고자 하는 생각에서 시작되었으며(Yoakum & Yerkes, 1920), 아동의 경우 학업과 관련된 부분에서 차별화된 재능을 보이는 아동에 대해 관심을 기울이면서부터 시작되었다(Terman, 1916). Francis Galton이 지능검사의 창시자로 간주되지만, 인간의 마음에 대해 새로운 견해를 처음 소개한 것은 Charles Darwin이다(Cronbach, 1984). Darwin은 진화론에서 종 간의 차이와 영속성에 대한 개념들을 강조하였는데, Galton이 인간의 개인차를 설명하기 위해 Darwin의 결론을 자신의 이론에 대한 증거로 채택한 것은 아마 필수불가결한 일이었을 것이다. Galton(1869)은 인간의 능력 차가 어떤 식으로 나타나는지에 대한 연구를 시작하였다. 그리고 관찰된 개인들 사이에 지적 능력의 차이가 분포함을 증명하고, 이러한 개인차에 대해 지능이 유전적인 기질임을 강조하였다. Galton(1883)은 감각 · 운동 및 반응 시간에 대한 검사를 고안하였으나, 이러한 검사가 과연 정말 '지능'을 검사하는 것인지를 경험적으로 증명하는 데는 실패하였다(Kaufman, 2000).

19세기 말, 프랑스에서는 지능과 관련된 문제 때문에 일반 학교교육에서 제공되는 교육 프로그램을 받기 어려운 사람들을 재배치하기 위해 지능검사가 중요한 역할을 할 수 있을 것이라는 인식을 하게 되고, Alfred Binet가 지능검사 개발의 기회를 갖게 된다. Binet는 초보적인 감각능력이나 운동능력 등은 인간의 지능을 측정하는 효율적인 수단이 되지 못함을 수년 동안 역설하였다. 그는 그동안의 지능검사가 너무나 많은 요인이 서로 복잡하게 연관되어 있는 지능의 개념을 효율적으로 설명하지 못하고 있음을 역설하였고, 대신 현재의 학업성취도 검사에서처럼 지적 능력으로 대표되는 행위들을 논리적으로 연결함으로써 검사를 진행하는 방식을 제안하였다.

1895년에 Binet와 그의 학생 Henri는 지능검사를 고안하면서 개인의 세부적인 지적 능력 간에도 차이가 있으며, 이들 능력이 어떠한 상관관계를 가지고 있는지를 파악하는 것도 지능검사의 일부이어야 함을 강조하였고, 기억 · 상상력 · 주의력 · 이해력 · 미학적 기능 · 도덕성 · 근력 및 의지력 · 운동능력 · 공간지각 능력 등이 지능검사의 구성 요소가 되어야 함을 제안하였다. 또한 Binet(1895)는 지능검사를 할 때 평가자 간의 편차를 줄이기 위해 미리 정해진 시간 동안 검사가 완료될 것을 지능검사의 원칙으로 제시하였다. 1905년까지 Binet와 Simon은 프랑스의 일반학급에서 정상적인 교육을 받기 힘든 학령기 아동을 대상으로 하는 검사도구를 개발하였는데, 여기에는 신체 나이와 지적 나이를 비교할 수 있는 인덱스(index)를 포함하였다. 또 한편으로는 자신이 개발한 도구로 측정할 수 있는 지능과 실제 인간의 전체 지적 능력 간에는 차이가 있기 때문에 검사의 결과가 검사를 필요로 하는 사람들을 위해 정보 제공과 교육적인 목적에서 사용되어야 함을 강조하였다.

지능검사에 대한 Binet의 접근법은 논리적이고 실용적인 방법이었다. 반면에 Galton의 접근법은 초기에 유럽과 미국에서 널리 받아들여졌으며, 이 시기 동안 지능검사는 심리학의 큰 부분을 차지하였다. 특히 정밀하면서도 단순해 보이는 감각운동 기능에 대한 과제는 많은 심리학자의 관심을 받았으나, 이후 미국에서 수행된 두 가지의 연구에 의해서 지능검사는 큰 변화를 맞게 된다. Stella Sharp(1899)는 Galton과 Binet의 방법에 대한 비교연구를 통해 두 방법 모두 지능검사로서 충분하지 않으나 Binet의 방법이 좀 더 우위에 있다고 지적하였다. 이는 Sharp가 인간의 지적 기능에 대해 연역적 태도를 보이던 독일의 게슈탈트 학파 학생이었음을 고려할 때 크게 놀랄 만한 것은 아니었다. 두 번째 연구는 지능검사에 관해 최초로 체계적인 상관관계법을 사용한 Clark Wissler(1901)에 의해 시행된 연구인데, 그는 Galton의 감각·운동능력에 특히 초점을 두면서 이 기능들이 지적 수행능력과 낮은 상관관계를 보인다고 밝혔다(즉, 이 검사들이 지능을 측정한다고 보기 어려움). 또한 이러한 요인들이 학업 수행능력과도 낮은 상관관계를 보이지만, 학업을 위한 일련의 학습과제에서는 .5 이상의 상관관계를 보인다고 주장하면서, 전반적으로 Galton의 감각·운동기능이 학업성취의 예측을 위해 사용되기 어렵다고 하였다.

이 두 연구의 결과로 인해 지능검사는 인간의 지적 능력을 측정하는 타당한 도구가 되기 어려우며 인간의 지능은 좀 더 포괄적이고 광범위한 현상으로 설명되어야 한다는 논제를 제시하게 되었다. Charles Spearman(1863~1945)은 이 두 연구의 결과를 받아들이지 않은 학자로서, 자신의 연구에서 감각기능과 계산기능 검사 간에 의미 있는 상관관계가 존재하는 것을 발견하였다. Spearman(1904)은 Wissler의 연구를 비판하면서, 그의 연구가 검사 참가자(컬럼비아 대학과 버나드 대학의 학생들) 간의 동질성 때문에 결과가 왜곡되었으며, 이러한 부분이 수정되면 실제 Spearman이 발견한 상관관계보다 더 높은 의미 있는 상관관계를 보일 수 있다고 역설하였다. 이러한 결과를 바탕으로 Spearman은 지능에 대한 이요인(two-factor) 이론을 제안하였다.

1905년에 처음 발표된 Binet 검사는 1908년 한 차례의 수정을 거쳐 1911년에는 아동지능검사에 정신연령이라는 표현을 사용하였고, 나아가 성인용 버전으로까지 사용할 수 있도록 확대 · 수정하게 되었다. 그리하여 미국에서 Binet의 지능검사에 대한 관심이 급증하게 되고 영어 버전으로까지 번역된다. 미국의 많은 학자가 Binet 검사에 대한 고유의 번역본을 만들었으나(Goddard, 1911; Kahlmann, 1912), 그중 Lewis Terman의 검사가 특히 Binet의 검사를 미국의 사정에 맞게 표준화하여 사용되었다. Terman의 검사는 현장의 요구를 받아들여(Terman, 1916), 정신연령을 실제 나이로 나눈 다음 100을 곱해 얻어지는 IQ의 개념을 처음 사용하기도 하였다.

제1차 세계대전 동안 지능검사는 획기적인 발전을 하게 되었다. 그 이전의 전쟁과는 달리 제1차 세계대전은 대다수의 병사를 한 번에 모집하고 분류하는 작업을 해야 했기 때문에 평가자를 훈련시키는 상당한 시간이 걸리는 Binet의 검사를 대신할 지능검사가 요구되었으며, Terman의 학생이었던 Otis가 이러한 대안을 제시하게 되었다(Kaufman, 2000). Otis는 Binet의 검사를 집단검사에 사용할 수 있도록 수정하여 Army Alpha라고 알려진 결과물을 제시하였지만, 다수의 피검사자가 검사에 요구되는 언어능력을 갖추고 있지 않음이 문제가 되자, 추후에 피검사자들에게 요구되는 언어능력을 조정한 Army Beta를 개발하였다.

Army Beta는 검사에서 언어능력이 차지하는 비중을 최소화한 비언어적 동작검사들로 구성되었다. 그러나 일부 피검사자에게는 이러한 검사를 진행할 수 없음이 파악되어, 사진 완성, 사진 배열 등과 같은 검사를 포함하는 군 수행능력검사(Army Individual Performance Scale)가 개발되었다. 이 검사는 최초로 대다수의 표본(거의 200만 명)을 통해 기본적인 타당도를 지닌 검사로 인정받게 되었다(징집에 응한 장교와 병사 간의 지능에 차이를 나타냄; Yoakum & Yerkes, 1920).

전쟁의 특성상 성인을 대상으로 하는 집단지능검사의 필요성이 크게 부각되었으나, Binet의 검사는 성인지능 측정에는 준거집단의 부족, 검사 진행에 필요한 설명이나 점수 계산 등의 부적합함 등의 문제를 보였다. 1937년 Terman과 Merrill(1937)은 이러한 점들을 보완하기 위해 비언어 검사를 도입하고 표준화 과정을 개선하게 되었다.

Standard-Binet 검사가 오랫동안 널리 사용되어 왔으나, David Wechsler는 검사의 유용성에 다시 한 번 의문을 제기하게 된다. 제1차 세계대전 동안 군인들에 대한 지능검사 프로젝트에 참가했던 Wechsler는 Binet의 지능검사가 지능을 적절히 개념화한 데 비해 지나치게 언어성 지능과 동작성 지능에 초점을 두고 있다고 생각하였다. 그는 지능이란 다양하게 검사될 수 있어야 하며 지능을 하나의 총체적인 기능으로 간주한다면 여러 중요한 부분을 간과하는 결과를 갖게 될 것이라고 믿었다. Wechsler는 Bellevue 정신병원에서 근무하는 동안 성인의 지능검사를 위한 Wechsler-Bellevue 검사를 개발하였다(Wechsler, 1939). Army Alpha나 Army Beta, Binet의 지능검사, 그 밖의 지능검사와 비교할 때, Wechsler-Bellevue 검사는 개인의 언어적 · 비언어적 검사를 하나의 검사도구로 동시에 측정하기 위해 최초로 체계적인 시도를 한 검사였다. Wechsler는 다음의 4단계 과정을 통해 하위검사를 개발하였다. ① 표준화된 모든 검사의 신뢰도와 기능을 분석하고, ② 분석된 검사들의 타당도를 경험적으로 다시 연구하고, ③ 주관적 관점에서 상담 실제에 어떤 의미를 가질 것인지를 결정하고, ④ 선택된 검사에 대해 2년에 걸쳐 자료를 수집하였다(Wechsler, 1958, p. 63).

Binet의 검사와 비교해 볼 때 Wechsler의 검사는 검사 개발의 초기에 출판에 상당한 어려움을 겪게 되었는데, 이런 어려움을 통해 Wechsler의 지능검사는 고유의 독창적인 체계(Wechsler-Bellevue)를 가질 수 있었다. 1989년의 Wechsler 유아용 지능검사 개정판(Wechsler Preschool and Primary Scale of Intelligence-Revised), 1991년의 Wechsler 아동용 지능검사 제3판(Wechsler Intelligence Scale for Children-III) 그리고 1997년의 WAIS-III를 포함해, 반세기 이상 임상가들에 의해 널리 사용될 수 있게 되었던 그의 검사는 대부분 Wechsler-Bellevue나 Wechsler-Bellevue Form II에서 발전되었다(Wechsler, 1946). 또한 Wechsler는 '정신연령'의 개념을 대체할 편차(deviation) IQ, 즉 성인의 지능은 아동의 지능과는 달리 선형 발달을 하는 것이 아니라 일정 연령까지 정체되며 노화와 함께 감퇴하기 때문에, 성인의 연령은 연령대별로 집단 간 비교를 통해 산출되어야 한다는 개념을 소개하였다. 이는 Wechsler 검사가 다양한 준거집단의 IQ를 제공하는 계기가 되었다. 추후 Stanford-Binet(1960) 역시 표준편차는 다소 다르지만 Wechsler의 이러한 혁신적인 시도를 도입하게 된다.

2 현재 동향

청소년 및 성인의 지능검사를 위해 임상적 목적으로 사용되어 온 지능검사는 이 분야에서 지난 60년 동안 많이 발전해 왔지만, 실질적으로 어떤 발전이 있었는가에 대해서는 다소 회의적인 면이 있다. 말하자면, Binet의 검사가 처음 소개되었을 때에도 임상적인 증거는 부족한 편이었으며, 그 후로 발전된 지능검사 역시 얼마만큼 큰 토대가 되는 지능이론에 기초를 두고 얼마나 많은 경험적 연구를 바탕으로 개발되었는가 하는 측면에서는 사실상 회의적인 면이 있다. 특히 이론에 기반을 둔 연구가 이루어지기 시작한 지는 불과 20년 정도밖에 되지 않기 때문에, 더 오래되고 널리 알려진 검사일수록 변화에는 소극적으로 반응했다(Sternberg & Kaufman, 1996). 예를 들면, 인간의 지능은 새로운 환경에 얼마나 잘 적응하는가에 대한 능력에 관한 Sternberg(1984)의 이론(triarchic approach)이나 인간의 지능에는 여덟 가지의 기본적인 지능이 존재한다는 Gardner(1983)의 이론 등 지난 25년간 지능에 관해 많은 이론이 발전해 왔으나, 아직 어떤 이론도 가까운 미래에 널리 받아들여질 만큼의 지지를 받고 있지는 못하다.

그러나 인지능력에 대한 이론 중 널리 받아들여지는 Cattell-Horn-Carroll(CHC) 모델(Flanagan & Ortiz, 2001; McGrew & Flanagan, 1998)은 현재의 IQ검사에 성공적으로 적용된 경우다. CHC 이론은 일반적으로 대부분의 인지기능은 기억력과 같은 유동성 지능(fluid intelligence), 경험과 함께 발달되는 지능(예: 이해력, 통찰력 등)인 결정성 지능(crystallized intelligence)에 기반을 두고 이루어진다는 Horn-Cattell의 이론에 기반을 두고 있다.

Horn(1985, 1989, 1991)이 유동성 지능과 결정성 지능(Gf-Gc)으로 지능검사의 영역을 넓혀 간 것처럼, 그는 검사를 통해 측정하고자 하는 인간의 지능을 좀 더 순수한 형태의 8~9가지 능력에 초점을 두었다. 현재 Horn의 이론에서는 추론기능이 강조되는 과제는 유동성 지능으로, 지식과 이해를 기반으로 할 때에는 결정성 지능으로 분류된다. 이전에는 유동성 지능들이 단기·장기기억, 시각 정보화, 속도 등에 영향을 받을 수 있다는 것이 받아들여졌다. John Carroll(1943, 1993)은 인지기능에 대한 요인분석 연구들을 검토한 결과 Horn과 Cattell의 주장과 비슷한 결과를 얻을 수 있었다. 그래서 각각 이론적으로는 달리 발전해 왔으나 CHC 이론으로 통합되게 되었다. Dawn Flanagan, Kevin McGrew와 Samuel Ortiz(2000; Flanagan & Ortiz, 2001)는 그들의 저서에서 현재 대부분의 지능검사의 바탕이 된 CHC 이론에 대해 상세히 다루고 있다.

다음에서는 주로 사용되는 지능검사들에 대해 상세히 다룰 것이다. 먼저 Wechsler가 개발한 일련의 지능검사의 대표적인 예로, 16~89세를 대상으로 하는 지능검사들 중 가장 많이 사용되고 있는 WAIS-III를 주로 다루고 있다. Wechsler의 또 다른 검사도구들(Wechsler, 1991, 2002, 2003)에 대해서는 Lichtenberger와 Kaufman(2004)의 WPPSI-III 검사 방법 및 해석과, Flanagan과 Kaufman(2004)의 WISC-IV 검사 방법 및 해석을 참조한다. 그리고 다문화적인 측면에서 WISC-III의 사용법에 대해서는 Georgas, Weiss, Van de Vijver와 Saklofske(2003)를 참조할 수 있다. 그다음으로 3~18세를 주 대상으로 CHC이론과 Luria의 신경심리학 이론에 기반을 둔 Kaufman 아동용 지능검사 제2판(KABC-II; Kaugman & Kafuman, 2004), 5~17세를 대상으로 Luria의 인간 뇌의 세 가지 기능이론에 바탕을 둔 인지평가시스템(CAS; Naglieri & Das, 1997b), 마지막으로 2~89세를 대상으로 CHC이론에 바탕을 둔 Stanford-Binet 제5판(SB5; Roid, 2003)을 다루고자 한다.

1) Wechsler 성인용 지능검사 제3판(WAIS-III)

성인용 지능검사 분야에서 Binet 검사에 대한 선호도가 감퇴함에 따라(Brown & McGuire, 1976) 상대적으로 Wechsler 검사—Wechsler 성인용 지능검사(Wechsler Adult Intelligence Scale: WAIS; Wechsler, 1955), WAIS 개정판(Wechsler Adult Intelligence Scale-Revised: WAIS-R; Wechsler, 1981) 그리고 WAIS-III(Wechsler, 1997)—에 대한 선호도는 증가하였다. WAIS-III는 Wechsler 아동용 지능검사 제4판 (WISC-IV; Wechsler, 2003)과 매우 비슷한 편이지만, 7~16세를 대상으로 검사하는 최근 버전과 비교해 보면 꽤 다른 차이가 있다. WAIS-III와 WISC-IV 모두 평균 100, 표준편차 15를 가진 네 가지 요인을 포함하고 있으며, 〈표 4-1〉은 WAIS-III의 하위검사

〈표 4-1〉 WAIS-III 하위검사

언어성 검사	동작성 검사
• 언어이해(Verbal Comprehension) 어휘(Vocabulary) 공통성(Similarities) 상식(Information)	• 지각구성(Perceptual Organization) 빠진 곳 찾기(Picture Completion) 토막 짜기(Block Design) 행렬 추론(Matrix Reasoning)
• 작업기억(Working Memory) 산수(Arithmetic) 숫자 외우기(Digit Span) 문자-숫자 배열 (Letter-Number Sequencing)	• 처리속도(Processing Speed) 숫자-부호 바꿔 쓰기(Digit-Symbol Coding) 기호 찾기(Symbol Search)
• 인덱스에서 제외(Excluded from Index) 이해(Comprehension)	• 인덱스에서 제외(Excluded from Index) 차례 맞추기(Picture Arrangement) 모양 맞추기(Object Assembly)

주: 모양 맞추기는 보충적 검사로서, 16~74세 연령대의 경우 동작성 검사 중 하나로 대체할 수 있음.

를 포함하고 있다. 네 개의 하위검사 중 세 개의 인덱스는 WAIS-III와 WISC-IV에서 같은 이름으로 명명되어 있다(WAIS-III에서는 언어이해, 지각구성, 처리속도, 작업기억으로 명명되어 있고, WISC-IV에서는 지각구성이 지각추론으로 명명되어 있다). 한 가지 중요한 차이는 WAIS-III는 세 가지 수준에서 지능이 수치화되고(언어적 지능, 수행지능, 총점), WISC-IV에서는 단지 지능이 총점으로 나타난다는 것이다.

앞으로 출간될 WIAS-IV에서는 언어성 지능과 동작성 지능이라는 두 개의 큰 범주가 하위 범주의 검사들을 가진 방식에서 단지 네 가지 범주(언어이해, 지각구성, 작업기억, 처리속도)만 사용하는 상식으로 수정될 것이다. 이는 요인분석에 초점을 두었던 이전의 방식에서 그간의 임상적 결과를 가미한 변화이고, 이러한 방식을 사용함으로써 WISC-IV에서 사용된 방식과 좀 더 일관된 방식으로의 통합을 꾀하고, 각각의 지능검사 영역에 대한 해석의 여지를 넓힐 수 있게 되었다. 또한 이러한 체계적이고 단계적인 해석 방식을 통해 임상가 역시 좀 더 발전된 방식으로 Wechsler 지능검사를 사용할 수 있도록 고안되었다.

WAIS-III는 1995년 미국 인구조사를 통해 연령, 성별, 인종, 지역, 교육 수준별로 준거집단을 층화한 2,450명의 성인을 대상으로 표준화되었다. 16~17세부터 85~89세에 이르는 13개의 연령층에 대한 준거집단이 마련되었으며, 각각의 집단에 대해 100~200명의 구성원들의 검사를 통해 기준이 마련되었다(Psychological Corporation, 1997). WAIS-III는 표준화 작업이 상당히 정밀하고 체계적으로 이루어졌다는 측면에서 현재 성인을 대상으로 하는 검사로는 가장 널리 이용되고 있고, 앞으로의 버전들도 이러한 표준화 과정을 거칠 계획이다.

WAIS-III에 이르러서는 많은 부분이 개선되었다. 설명서는 분명하고 읽기 쉬우며 검사 시행이 어렵지 않고, 기록지도 많은 부분이 개선되었다(Kaufman & Lichtenberger, 1999). 검사의 시행 방법과 점수화 방법은 거의 모든 검사에 동일하게 통일되었으며, 이에 따라 검사상의 많은 시행착오를 줄일 수 있었다(Kaufman, 1990, 제4장). 또한 WAIS-III에 이르러 인지기능이 저하된 피검사자들을 대상으로 할 수 있는 검사 항목들이 각 하위검사에 포함되었으나, 검사의 점수 범위가 45~155로 제한되기 때문에 특출한 재능을 보이거나 지적장애의 경우에는 여전히 한계를 드러내었다.

WAIS-III 이전의 버전들은 개인의 지능점수를 얻기 위해 20~34세의 준거집단을 사용했기 때문에 20세 이하와 34세 이상의 경우 또는 장년층, 노년층의 검사 결과를 신뢰하기 어려웠으나, WAIS-III의 경우 Wechsler 아동용 지능검사에서처럼 개인의 지능점수를 같은 연령을 가진 준거집단과 비교되도록 수정하였으며, 검사 기록지와

표 등이 검사 결과를 계산하고 비교하기에 좀 더 편리한 방식으로 개선되었다.

75~89세의 성인들에 대해 네 가지 하위검사의 내적 구성타당도를 수립하지 못한 것은 WAIS-III의 또 다른 단점으로서, 동작성 지능검사는 이 연령대에서 문제해결 능력보다는 시각-운동 속도를 측정하는 것으로 보였으므로 동작성 지능검사와 지각 구성검사 간의 내적 구성타당도에 대한 의문이 제기되었다. 또한 WAIS-III의 하위검사에서의 연령대 간 차이를 분석해 보면, 특히 50~80세의 피검사자군에서 작업기억 부분에 관해 몇 가지 이슈가 발견되었으며, 각각은 연령과 관련해 서로 다른 상관관계를 보여 주었다. 예를 들면, 산수의 경우 모든 연령대를 거쳐 고르게 유지되는 것으로 보였으며, 숫자 외우기의 경우는 검사 자체가 단기기억과 밀접하게 관련되어 있으므로 연령에 따라 수행 정도가 상당히 낮아질 수 있고, 문자-숫자 배열의 경우는 노년층에서 심각한 감퇴를 보였다(Kaufman, Kaufman, & Lichtenberger, 1999, 2006).

Wechsler 검사가 널리 이용되어 왔다고 하더라도, 지능을 측정하는 데에는 많은 제한점을 가지고 있다. Sternberg(1993)는 Wechsler 검사가 분석적 지능(analytical intelligence: 일반적 개념의 지능, 예를 들면 학습이나 문제해결 능력)을 측정하지만 창조적 지능(creative intelligence: 경험에 바탕한 통찰력, 새로운 상황에 대처하는 능력과 같은 지능)이나 실용지능(practical intelligence: 일상적 생활에서 일어나는 일들을 바탕으로 그때그때 상황에 맞는 의미를 찾아내는 지능)의 영역은 다루고 있지 않으며(Sternberg, 1985), Gardner의 이론과 비교해 볼 때(Sternberg, 1993; Gardner, 1983) 단지 언어, 논리-수리, 공간지각 정도만의 지능을 다루고 있다고 비판했다. 하지만 사실 이는 현재 사용되는 거의 모든 종류의 지능검사들이 공통적으로 가진 제한점이라고 할 수 있다. WAIS-III는 CHC 이론에 가장 큰 근간을 두고 개발되었다(Flanagan, McGrew, & Ortiz, 2000; Kaufman & Lichtenberger, 2006).

인간의 뇌기능을 이해하고자 하는 연구에서 언어적 능력은 좌반구에서, 비언어적-공간지각 능력은 우반구에서 담당하고 있다는 사실이 밝혀졌다(Reitan, 1955; Sperry, 1968). Wechsler나 초기 지능 연구자들은 좌우 뇌반구가 다른 영역의 역할을 담당한다는 이론에 기초해 특정 뇌반구의 손상은 언어성 지능 감소나 동작성 지능 감소 중 하나에만 국한될 것이라고 믿었다. Wechsler는 자신이 개발한 지능검사의 언어능력검사는 좌반구의 기능에 대한, 비언어적 검사는 우반구의 기능에 대한 측정 도구가 될 수 있을 것이라고 여겼으나(Dennerill, 1964; Klove, 1959; Reitan, 1955), 추후 연구자들은 이 가설의 방법론적인 결함을 이유로 Wechsler 검사와 좌우 뇌반구의 상관관계를 지지하는 데 회의적이었다. 실제로 1,400명 이상의 평가자를 대상으로 Wechsler 검사와 좌우 뇌반구의 상관성을 검토하는 연구에서는 동작성 지능검사가 우반구의 손상과 비례관계를 나타내는 것으로 드러났으나, 언어성 지능검사는 좌반구와 특별히 의미 있는 상관관계가 드러나지 않음을 확인하였다(Kaufman & Lichtenberger, 2006, 〈표 8-6〉). 추후 Sperry 등과 같은 학자들은 더 많은 연구를 통해 Wechsler 검사가 측정하고자 하는 지능의 구성 요소에 기준을 두는(언어적-비언어적 검사) 방식은 좌우 뇌반구의 기능에 기초한 분석적-연속적(analytic-sequential) 대 형태적-총체적(gestalt-holistic)으로 명명될 수 있는 좌우 뇌반구의 실질적 기능에 초점을 둔 용어로 재검토되어야 한다고 주장하였다.

Matarazzo(1972)는 Wechsler 검사의 언어영역검사는 결정성 지능의, 동작성 검사는 유동성 지능의 좋은 측정도구가 될 수 있다고 주장한 첫 번째 학자였다. 그의 견해는 다른 연구자들, 특히 지능이 성장·발달 과정 동안 변화한다는 점을 연구하는 사람들에게 잘 받아들여졌다(Kaufman, 1990, 제7장). 이후 CHC 개념이 Wechsler 검사나 WAIS 검사에 반영·적용되기 시작하면서(Flanagan & Kaufman, 2004; Flanagan, McGrew, & Ortiz, 2000; Kaufman & Lichtenberger, 2006) WAIS 검사의 언어이해검사는 결정성 지능을, 작업기억검사는 단기기억을, 지각구성검사는 유동성 지능과 시각정보처리를, 그리고 처리속도검사는 정보처리 속도를 측정하는 검사로 구성되었다. WAIS-III의 장단점에 관해서는 Kaufman과 Lichtenberger(1999, 2006)에서 상세히 다루고 있다.

2) Kaufman 아동용 지능검사 제2판(KABC-II)

KABC-II 역시 앞에서 다룬 바 있는 CHC이론과 Luria의 모델에 기초하고 있다. 이처럼 두 가지 모델에 이론적 기반을 둠으로써, KABC-II는 피검사자의 배경이나 개인차, 의뢰 이유 등을 고려해 다양하게 검사를 사용·해석할 수 있는 여지를 마련하고 있다. 또 개인의 학습능력과 문제해결 능력에 대한 이해를 돕고, 평가자와 피검사자의 필요에 따라 각각의 이론적 모델이 검사 과정에 적절히 적용·해석될 수 있는 장점이 있는 도구다.

KABC-II는 ① 학습(Learning)/장기기억회상(Long-term Storage and Retrieval), ② 연속처리(Sequentail Processing)/단기기억(Short-term Memory), ③ 동시처리(Simultaneous Processing)/시각정보처리(Visual Processing), ④ 계획능력(Planning Ability)/유동성 추

론(Fluid Reasoning), ⑤ 지식(Knowledge)/결정성 지능(Crystallized Intelligence) 검사를 포함한다.

KABC-II는 두 가지 점수, 즉 ① 지적 처리능력 지표(Mental Processing Index: MPI)와 ② 유동성-결정성 지표(Fluid-Crytallized Index: FCI)를 제공한다. MPI와 FCI 이외에도 KABC-II는 팬터마임으로 진행되는 비언어적 검사를 포함하고 있으며, 이 검사는 청각장애인이나 제한된 언어능력을 가진 피검사자에게 유용한 비언어적 지표(Nonverbal Index: NVI)를 제공한다. KABC-II가 제공하는 지능점수는 연령에 따라 다소 차이가 있다. 3세 아동까지는 FCI, MPI, NVI와 같은 전체 점수만 측정되지만, 4~6세의 경우 전체 점수 외에도 학습/장기기억회상, 연속처리/단기기억, 동시처리/시각정보처리 그리고 지식/결정성 지능의 점수를 제공하고, 7~18세의 경우 추가로 계획능력/유동성 추론 점수까지 제공된다.

KABC-II는 필수검사와 확장검사를 포함한다. 확장검사의 경우 필수검사에 의해 측정된 지능에 추가 보조적인 하위검사들을 포함한다. NVI를 제외하고는 추가 보조검사에서 얻어진 점수는 전체 점수에 반영되지 않는다.

KABC-II는 심리측정학적 관점에서 양호한 신뢰도와 타당도의 장점을 지닌 검사다(Kaufman & Kaufman, 2004; Kaufman, Lichtenberger, Fletcher-Janzen, & Kaufman, 2005). 내적 일관성 지표의 평균에서, MCI의 경우 3~6세, 7~18세에서 모두 .95이며, FCI의 경우는 3~6세에서 .96, 7~18세에서 .97을 나타내었다. KABC-II의 경우 상당히 양호한 신뢰도를 보이며, 보조검사에서 3~6세의 경우 내적 일관성 지표가 .69(손동작)에서 .92(암호화)까지, 7~18세의 경우 .74(게슈탈트 완성)에서 .93(암호화)까지 분포한다. 이 지표의 중간값은 3~6세의 경우 .84, 7~18세의 경우 .86이다.

KABC-II는 검사-재검사 신뢰도 측면에서 상당히 안정적이다[MPI = .86(3~5세), .89(7~12세), .91(13~18세)]. FCI 검사의 검사-재검사 신뢰도의 평균값은 .90(3~5세), .91(7~12세), .94(13~18세)이며, 다양한 연령층에 대한 검사에서는 ① .76~.81(학습/장기기억회상), ② .79~.80(연속처리/단기기억), ③ .74~.78(동시처리/시각정보처리), ④ .80~.82(계획능력/유동성 지능), ⑤ .88~.95(지식/결정성 지능)의 분포를 나타내었다.

KABC-II의 타당화 작업은 요인분석, 상관관계분석 그리고 임상 결과에 의해 이루어졌다. 연령층에 따른 확인적 요인분석의 결과 역시 연령에 따라 각기 차별화한 검사를 사용하는 것이 타당함을 확인하였고, KABC-II와 기타 지능검사들과의 상관관계분석의 결과 또한 KABC-II의 타당도를 다시 한 번 확인하였다(KABC-II의 전체 점수와 WISC, WPPSI-III, KAIT 등의 지능검사들과의 상관관계지표는 .71~.91에 분포하였다). KABC-II는 검사 해석이 용이하고 검사 시행과 관련된 지침과 매뉴얼이 정확하게 기술되어 있어 유용하게 사용될 수 있는 지능검사도구다(Kaufman, Lichtenberger, Fletcher-Janzen, & Kaufman, 2005).

〈표 4-2〉 KABC-II의 하위검사

연속처리/ 단기기억검사(Gsm)	필수검사	확장검사	비언어 검사	설명
단어 배열 (Word Order)	3~18세			평가자가 어떤 물체의 이름에 대해 말하면 아동은 이름의 명명된 순서대로 물체의 실루엣을 터치한다.
수 회생 (Number Recall)	4~18세	3세		아동이 평가자가 말한 것과 같은 순서로 숫자를 반복한다. 2~9의 숫자 중 두 음절인 '7(세븐)'을 제외하고 '10(텐)'을 사용한다.
손동작 (Hand Movement)		4~18세	3~18세	평가자가 요구하는 순서에 따라 아동이 주먹, 손바닥, 손의 측면 등을 터치한다.
동시처리/ 시각정보처리검사(Gv)	**필수검사**	**확장검사**	**비언어 검사**	**설명**
길 찾기 (Rover)	6~18세			아동은 장난감 강아지를 장애물을 피해 먹이가 있는 곳으로 옮기되, 가장 빨리 도달할 수 있는 길을 찾는다.
삼각형 (Tringlers)	3~12세	13~18세	3~18세	한쪽은 청색, 다른 쪽은 노란색으로 칠해진 고무 삼각형 조각들을 본래 디자인된 모양으로 맞춘다. 쉬운 항목 검사에서는 아동이 평가자가 만든 모양을 따라 블록을 조립한다.
개념적 사고 (Conceptual Thinking)	3~6세		3~6세	4~5개의 사진이 주어지면 아동은 이를 본 다음 다른 것들과 함께 구분되지 않는 한 가지를 골라낸다.
얼굴 기억 (Face Recognition)	3~4세	5세	3~5세	아동은 먼저 짧게 제시된 얼굴을 주시하고, 다른 포즈로 제시된 사진의 얼굴과 같은 얼굴 모습을 찾아낸다.
게슈탈트 완성 (Gestalt Closure)		3~18세		아동은 완성되지 않은 '잉크 반점'을 완성하고, 그에 대해 이름을 붙이거나 설명을 덧붙인다.
블록 세기 (Block Counting)	13~18세	5~12세	7~18세	아동은 다양한 사진 속에 주어진 블록의 정확한 숫자를 센다.

계획능력/ 유동성 지능검사(Gf)	필수검사	확장검사	비언어 검사	설명
패턴 완성* (Pattern Reasoning)	7~18세		5~18세	논리적이고 순차적인 일련의 자극이 주어지지만, 하나의 자극이 빠져 있다. 이에 대해 아동은 제시된 4~6가지 옵션 중 하나를 선택해 빠져 있는 패턴을 완성한다.
스토리 완성* (Story Completion)	7~18세		6~18세	이야기로 구성될 수 있는 일련의 사진을 보여 주지만, 여기에는 몇 개의 사진이 빠져 있다. 아동은 단지 이 이야기를 완성하기 위해 필요한 사진들만 골라내어 배치한다.
학습/ 장기기억회상검사(Glr)	필수검사	확장검사	비언어 검사	설명
아틀란티스-이름회상 (Atlantis)	3~18세			평가자는 물고기, 식물 또는 조개껍데기 등에 실제와 다른 아주 예쁜 이름을 붙여 준다. 그다음 아동은 각각의 사진들의 이름을 기억해 낸다.
아틀란티스-지연회상 (Atlantis-Delayed)		5~18세		위의 과정과 같으나, 아동은 15~25분 정도 시간이 지난 후에 기억해 낸다.
암호화 (Rebus)	4~18세			평가자는 특정 기호나 수수께끼 등과 관련해 그와 연결되는 단어나 개념을 설명한다. 그다음 아동은 그 기호나 수수께끼 등을 구성하는 음절이나 문장을 소리 내어 읽는다.
지연된 암호화 (Rebus-Delayed)		5~18세		위의 과정과 같으나, 15~25분 정도 시간이 지난 후에 읽는다.
지식/ 결정성 지능검사(Gc)	필수검사	확장검사	비언어 검사	설명
수수께끼 (Riddles)	3~18세			평가자는 아동에게 명확하거나 또는 애매한 개념을 설명한다. 그다음 아동은 그에 맞는 아이템들을 찾아낸다.
이름 찾기 (Expressive Vocabulary)	3~6세	7~18세		아동은 사진 속에 제시된 물체에 대해 이름을 붙인다.
설명에 맞는 사진 고르기 (Verbal Knowledge)	7~18세	3~6세		제시된 6개의 사진 중 1개만 주어진 설명에 부합하며, 아동은 6개 사진 중에서 한 가지만 골라낸다.

주: *KABC-II Manual*(Kaufman & Kaufman, 2004)에서 발췌.

* 5~6세의 경우, 패턴 완성 및 스토리 완성은 동시처리/시각정보처리검사(Gv)로 범주화할 수 있다.

3) 인지평가시스템

인지평가시스템(Cognitive Assessment System: CAS; Naglieri & Das, 1997b)은 PASS 이론에 기초를 두고 있는데, 이는 지능을 다차원적으로 이해하는 Luria의 이론에 바탕을 두고 있다. Naglieri와 Das는 Luria 이론과 관련해 인간의 인지기능이 5~17세 동안 계획능력(planning: 자기관리나 목적 설정 등에 사용되는 지능), 주의집중처리(attentional processes: 특정 자극에 대해 선별적으로 주의집중을 할 수 있게 하는 지능), 동시정보처리(simultaneous information processes: 다양한 정보를 한 번에 다 함께 고려할 수 있게 하는 지능) 그리고 순차정보처리(successive information processes: 자극들을 순차적으로 처리해서 통합된 정보를 얻는 지능)의 필수적인 네 가지 기능에 기초하고 있다고 주장하였다(Das, Naglieri, & Kirby, 1994; Naglieri & Das, 1997a, 1997b). Naglieri와 Das(1997b)는 Luria(1966, 1973, 1980)의 연구를 지능검사에 적용하였는데, 이 이론은 인간의 인지기능이 위의 네 가지 필수적인 기능에 기반을 두고 있다는 것이다(Naglieri & Das, 1997b).

계획능력은 특별한 문제해결 방법이 없을 때 해법을 찾는 수단을 제공하는데, 주의집중, 동시적·순차적 정보처리, 습득한 지식이 모두 함께 사용되는 과정이다. 계획능력검사에 성공적으로 임하기 위해서 아동은 일련의 행동 전략의 개발과 효율성을 고려하고, 평가 방법, 변화하는 요구에 대응하기 위해 기존의 계획을 적절히 변경하는 능력이나 무작위적 행동을 통제하는 능력 등이 요구된다.

Naglieri와 Das(1997b)에 따르면, 주의집중처리란 지속적으로 입력되는 자극들에 대한 무분별한 반응을 자제하고 특정 자극에만 선별적으로 주의를 집중하는 지적 활동으로, 주의집중 과제를 통과하기 위해서 선택을 하고 또 선택한 자극에 대해서만 주의를 집중하는 능력이 요구된다. 주의집중이 특별한 활동에만 직접적으로 관심을 집중하는 것인 반면, 선별적 주의집중은 무시하기 어려운 기타 다른 자극에 반응하는 것을 자제하고 몇 가지 자극에만 선택적으로 주의를 집중하는 것을 말하며, 집중유지력이란 오랜 시간 동안 지속적으로 주의집중 상태를 유지하는 것을 말한다.

동시정보처리와 순차정보처리는 지적 활동을 위해 항상 요구되는 능력이다. 동시정보처리는 서로 다른 자극을 하나의 집단으로 합하는 과정인 반면, 순차정보처리는 자극들을 순차적으로 처리해 나가는 과정을 말한다(Naglieri & Das, 1997b). 동시정보처리는 세세한 정보들을 하나의 큰 개념으로 만드는 것이고, 이 과정에는 비언어적 공간구성 능력과 논리적이고 문법적인 언어관계를 다루는 언어능력이 요구된다. 공간구성 능력은 다양한 자극을 하나의 집단으로 지각하는 집단지각 능력과 다양한 시각 정보를 하나의 구성체로 파악하는 능력이 요구된다. 논리-문법 측면에서의 지적 활동은 개별적인 단어들을 통합하고 서로의 관계를 파악해 의미를 이해하는 과정을 포함한다. 그래서 동시정보처리는 언어적 처리능력과 함께 비언어적 공간구성력이 함께 요구된다. 순차정보처리(Luria & Tsvetkova, 1990, p. xvi)는 처리될 정보가 순차적으로 하나씩 개별적으로 처리되지만 그 과정에서 하나의 정보를 구성하는 요소로 처리되는 과정을 말한다. 순차정보처리는 연속적인 문장 구성과 같은 과제에서 특히나 중요한 요소다. 순차적으로 정보를 처리하는 측면에서 순차정보처리는 자극을 순차적으로 지각하고 소리나 움직임을 정해진 순서에 맞게 구성하는 능력이다(Luria, 1966, p. 78). 문장 구성의 측면에서 순차정보처리에는 일련의 언어 정보에 대한 이해를 가능하게 하며, 지각능력, 순차적으로 입력된 자극들에 대한 재생, 문장 구성상 달라질 수 있는 의미에 대한 이해, 그리고 개별적인 소리를 더하는 일련의 과정이 포함된다.

지능검사로서 CAS는 평균 10과 표준편차 3의 표준점수를 가진 다양한 하위검사를 통해 PASS 이론에서 설명된 지능의 네 가지 구성 요소를 측정하고, 또한 평균 100과 표준편차 15의 표준화된 전체 점수를 사용해 측정할 수 있게 해 준다.

CAS는 2,200여 명의 5~17세 아동을 대상으로, 연령, 성별, 인종, 거주 지역, 교육 수준, 부모의 교육 수준 등을 고려해 표준화 작업이 이루어졌다. 그리고 표준화 작업을 위해 모인 2,200여 명의 대상자들 중 1,600여 명을 대상으로는 타당화 작업을 위해 WJ-R 성취도검사(WJ-R Tests of Achievement; Woodcock & Johnson, 1989) 역시 시행되었다. 또한 주의집중장애, 정신지체 및 학습장애가 있는 872명을 대상으로 신뢰도 및 타당도 검사가 진행되었다.

12개의 하위검사로 이루어진 CAS의 내적 일관성검사를 위해 5~17세 아동을 대상으로 한 신뢰도 측정에서 전체 점수 .96, 계획능력 .88, 동시정보처리 .93, 주의집중처리 .88, 순차정보처리 .93이 보고되었다. 또한 모든 연령을 대상으로 하는 평균 신뢰도 역시 12개의 하위검사의 신뢰도는 .75~.89에 분포하였다. 215명의 5~17세 아동을 대상으로 한 검사-재검사 신뢰도는 전체 점수 .91, 계획능력 .85, 동시정보처리 .81, 주의집중처리 .82, 순차정보처리 .86의 분포를 보였다. 내적 구성타당도는 확인적 요인분석을 통해 검사되었고, 준거타당도는 WJ-R 성취도검사와의 높은 정적 상관관계를 통해 증명되었다. 또한 장애아동 집단(주의력결핍장애, 과잉행동장애, 뇌손상, 읽기장애)의 성취도 검사 결과와의 상관관계 역시 분석되었다(Naglieri & Das,

1997a).

Carroll(1995)은 PASS 이론에 대한 두 가지 비판을 제기했다. ① 계획능력은 지각속도 요인으로 명명되는 것이 더 나을 것이고, ② PASS 이론은 구인에 대한 요인분석 결과가 불충분하다. 이후 Carroll의 이 견해는 『인지검사체계 핸드북(Cognitive Assessment System Interpretive Handbook)』(Naglieri & Das, 1997a)에서 좀 더 심도 있게 다루어졌고, 이 장에서 일부분이 요약될 것이다. Naglieri와 Das(1997a)는 CAS에 대한 확인적 요인분석을 통해 12개의 하위검사를 가진 4요인 PASS 이론이 가장 적합하다는 것을 검증하였는데, 이는 Carroll의 연구 결과와 다소 차이가 있는 결과였다.

Carroll의 비판 중 계획능력검사가 속도를 측정하는 검사로 분류되어야 한다고 주장한 부분에 대해서는 후속 연구들이 이루어졌다. Naglieri와 Das(1997a)는 전체 표집군 중 대략 90%의 아동이 계획능력을 측정하는 검사를 해결하기 위해 발달 정도에 따라 사용하는 전략적 기능에 차이가 있다는 것을 보여 주었고, 이러한 결과는 단순히 지각력속도검사로 명명되기에는 부족한 면이 있음을 역설하였다. Naglieri와 Das(1997a)는 PASS 이론과 WJ-R 성취도검사를 받은 1,600명의 표본집단의 검사 결과와의 상관관계성에 대해서도 상당한 양의 자료를 제공하였다(예: PASS 이론의 계획능력과 WJ-R의 수학 및 수학적 추론검사와 높은 상관관계를 보였다). 즉, 계획능력검사에서 전략을 사용한다는 증거와 CAS와 수학 성취도 검사에서의 상관관계는 Carroll이 계획능력을 속도로 해석한 것에 대한 반론을 제시하였다.

그럼에도 불구하고 많은 연구가 CAS의 계획능력검사의 하위검사(최소한의 의사결정 능력을 요구하는 순수한 지각속도 과제)와 KAIT의 계획능력검사 사이에 상관관계가 있음을 밝혀내었고, 이러한 결과들은 시각-지각력과 시각-운동 계획능력 검사에 대한 구분을 하는 데 많은 도움을 주었다.

Esters, Ittenbach와 Han(1997)은 자신들의 저서에서 "CAS는 타당도 수립을 위한 시도를 하였으나 큰 성과를 보이지 못한다."라고 서술하였는데, 이 주장은 Naglieri와 Das(1997a; Naglieri, 1999), Naglieri와 Gottling(1995, 1997)이 발표한 논문과는 다소 상반된 주장이었다. Naglieri와 Gottling은 계획능력이 부족한 학생들에게 계획적이고 전략적인 방식으로 문제를 해결하는 훈련을 제공했을 때 그들 중 상당수가 개선을 보였으나, 반대로 계획능력이 뛰어난 학생군에서는 같은 훈련이 제공되었음에도 다소 일부 정도만이 개선을 보여 주었고, 주의집중처리 · 동시정보처리 · 순차정보처리나 Wechsler 지능과는 아무런 상관관계를 보여 주지 않았다.

CAS는 검사도구를 개발할 때에 이론이 어떻게 사용되어야 하는가에 대한 아주 좋은 예를 제시한다. 비록 계획능력 구인에 대한 좀 더 심도 있는 연구가 필요하지만, Naglieri와 Das는 이론과 검사 그리고 교육적 관점에서의 해석이라는 측면에서 훌륭한 선례를 제공하고 있다. CAS에 대한 전반적인 리뷰는 Naglieri(1999)를 참조하기 바란다.

4) Stanford-Binet 지능검사 제5판(SB5)

Stanford-Binet 지능검사 제5판(Stanford-Binet Intelligence Scale-Fifth Edition: SB5; Roid, 2003)은 2~89세의 개별적 인지기능을 측정할 수 있다. SB5는 1986년에 출간된 제4판을 대체하는 새로운 버전이며(Thorndike, Hagen, & Sattler, 1986), 제4판의 다섯 번째 검사(시각-공간처리) 영역 부분에서 단기기억보다 작업기억을 더 강조하는 것에 대한 변화가 있었다. 또한 SB5는 비언어적 지능에 대한 설명을 한층 풍부하게 하였다. SB5는 앞서 언급한 인지기능에 대한 CHC 이론에 기초를 두고 CHC 이론에서 설명된 열 가지의 지능 영역 중 다섯 가지, 즉 ① 유동성 지능(Fluid Intelligence), ② 결정성 지능/지식(Crytallized Knowledge), ③ 양적 지식(Quantitative Knowledge), ④ 시각처리(Visual Processing), ⑤ 단기기억(Short-Term Memory)에 대한 지능을 검사한다.

SB5는 전체 지능지수, 두 개의 영역지능지수(언어적 · 비언어적 지능), 그리고 다섯 개의 하위검사(유동성 지능, 지식, 양적 추리, 시각-공간 처리, 작업기억) 점수를 산출하는 10개의 검사로 이루어져 있다. 검사는 어휘와 대상연속(object series)의 2개 하위검사로 시작되고 이 두 검사의 결과에 따라 추후 검사가 결정된다.

다섯 가지 검사점수와 세 가지 지능지수(전체 · 언어적 · 비언어적 지능점수)는 평균 100, 표준편차 15의 표준화 점수를 산출하고, 연령별 대조표를 통해 백분위수, 신뢰구간 등에 대한 정보를 알 수 있다.

SB5는 2001년 인구조사를 기반으로 성별, 나이, 인종, 지역, 사회경제적 지위 등을 고려한 4,800명을 대상으로 표준화되었고, 언어/비언어 검사 간 반분신뢰도(.85와 .89)가 양호한 수준으로 보고되었으며, 언어적 지능검사의 하위검사들의 신뢰도는 .84~.89에 분포하였다. 지능검사 점수의 평균 신뢰도는 .98(전체 지능지수), .95(비언어적 지능), .96(언어적 지능)이 보고되었다. 또한 유동성 지능에서 .90, 지식, 양적 추리, 시각-공간 처리에서 .92가 보고되었으며, 검사-재검사 신뢰도가 양호한 것으로

보고되었다

SB5의 구성타당도는 주성분분석(principle component analysis)을 통해 검토되었으며, 다섯 가지 하위검사가 모든 연령대에서 전체 지능지수 개념인 *g*와 .70 이상의 상관관계를 보였다. 이는 각각의 하위검사가 지능을 측정하기에 적합하게 개발되었음을 뒷받침한다.

각각의 SB5 표준검사는 질적으로 설명될 수 있다. 매뉴얼에서는 10점마다 일반적 평균, 상위 평균, 하위 평균, 우수, 경계선급과 같은 기술적인 분류가 가능하며, 평균을 기준으로 2표준편차마다 개인 능력에 대한 설명이 포함되어 있고, 비교평가가 가능한 표준화 점수가 산출된다(Roid & Barram, 2004). SB5의 결과는 CHC 이론에 기초한 해석을 가능하게 한다. 각각의 요인점수는 CHC 이론에 기술된 능력을 측정하고 기술적 설명을 가능하게 해 준다. 또한 준거집단에 근거한 점수의 해석은 피평가자의 수행 정도를 준거집단과 비교할 수 있게 해 준다.

Johnson과 D'Amato(2005)는 SB5가 해석에 필요한 기본적인 정보를 제공하기는 하지만 기술적 설명을 위한 자료가 부족하다는 비판을 제기하였다. 또한 표준화 집단에서 얻어진 기준점수들이 향후 일반집단과 특수집단에도 적용될 수 있는지의 여부 또한 더 검토되어야 한다고 지적하였다. Kush(2005)는 SB5가 그 해석에 있어서 언어적 · 비언어적 측면에 치중할지, 다섯 가지의 하위검사 점수에 기준할지에 대한 지침이 불명확하다는 점을 지적하였다.

이러한 비판에도 불구하고 SB5는 지속적으로 확장되어 왔고, 인지기능상의 차이를 보이는 이들을 위한 문항들도 보완해 오고 있다. 그리고 지능에 대한 개념적 설명도 경험적 연구를 통해 뒷받침하고 있으며, 작업기억에 대한 정의 역시 보완되고 있고, 전체 검사 항목의 측면 및 신뢰도와 타당도 측면에서도 많은 개선을 보이고 있다.

3 결 론

지능검사는 일반적으로 외상성 뇌손상이나 그에 수반되는 장애를 입은 환자들의 인지기능검사에 포함되어 왔다(Martin, Donders, & Thompson, 2000). 인지기능에 대한 측정은 기능 회복에 대한 예측에 기여할 수 있으나, 성공적인 재활상담이 이루어지기 위해서는 많은 변인이 함께 고려되어야 한다. 직업재활 분야에서 인지기능검사는, 지능이나 기억, 처리 속도 등의 요인이 특정 직업에서의 성공 여부를 결정하는 중요한 변인임을 고려할 때, 특히 재활계획의 수립 단계에서 상당히 유용하게 사용될 수 있다(Johnstone, Schopp, Harper, & Koscuilek, 1999). 지능검사를 통해 심리학자들은 인간의 인지기능 발달에 영향을 미치는 요소들에 대한 이해를 넓혀 왔고, 또한 CHC와 같은 지능과 관련한 이론들은 개인의 강점과 단점을 파악하는 데 중요한 역할을 해 왔다.

비록 현재까지 많은 새로운 이론이 등장하고 기존의 IQ에 관한 이론들이 가지고 있는 제한점을 지적하지만, 당분간은 여전히 현재의 IQ 모델에 수정·보완을 하는 형식으로 발전할 것이다. 1884년에 Galton에 의해 처음 과학적으로 연구되기 시작하고(Sattler, 2001), Binet 이후 널리 사용되기 시작하였으며, 현재 Wechsler에 이르러 학문적 중흥기를 겪고 있지만, 사실 현재에도 지능을 어떻게 개념화하는가에 대해서는 기존의 IQ 개념과 Wechsler의 접근법에 대한 논의를 거듭하고 있다.

Wechsler의 지능검사는 그 발전 단계상 초기에는 진단과 배치를 위해 학교심리학자들에 의해 많이 사용된 측면이 있지만, 과연 어떻게 IQ 점수를 학생의 교육적인 측면에서 건설적으로 사용할 수 있을까에 대한 논란은 지금도 지속되고 있다.

이전의 지능검사와는 달리, Wechsler 지능검사는 현재 가장 인기 있는 지능검사가 되었다. 과연 이러한 중흥기가 얼마나 지속될지 예측하는 것은 어려운 문제이나, 많은 심리학자는 당분간 Wechsler 지능검사를 대체할 새로운 형태의 지능검사가 등장하기란 어려울 것으로 예측한다. CAS, KABC-II와 같은 지능검사들 역시 꽤 자주 사용되고, Wechsler 지능검사와도 함께 사용되지만, 이러한 지능검사들이 Wechsler 검사를 대체할 수 있으리라고는 생각되지 않는다.

그러면 컴퓨터화된 지능검사는 어떠한가? 머지않은 미래에는, 즉 10년이나 20년 사이에 컴퓨터화된 지능검사가 많은 역할을 할 것으로 예측된다. CD나 DVD를 통해 검사를 진행하거나 인터넷을 통해 검사를 할 수 있을 만큼 지능검사에서 컴퓨터가 미치는 영향은 커질 것이고, 이전의 많은 심리학자들이 꿈꿔 왔던 방식의 지능검사가 구현될 수도 있을 것이다. 이렇게 된다면 Wechsler 지능검사나 많은 심리학자에 의해서 오랜 시간 동안 채택되었던 검사들이 컴퓨터 지능검사로 대체될 수도 있을 것이다.

하지만 임상적 측면에서 Wechsler 지능검사는 여전히 큰 영향력을 끼치고 있다. 심리검사자는 검사 시행과 관련된 모든 부분을 세밀하고도 통합적인 관점으로 접근하고, 또한 피검사자나 평가자 모두 단지 컴퓨터 앞에서 클릭만 하는 식으로 컴퓨터

지능검사가 이루어질 수는 없을 것이다. 아무리 컴퓨터 관련 테크놀로지가 발전한다 하더라도, 또는 우리가 현재 상상할 수 없는 범위까지 그 기술역이 넘어선다고 하더라도, 재활 현장에서의 지능검사에 대한 필요성은 여전할 것이고, 지능검사의 영역은 계속 발전해 나갈 것이다.

Chapter 05

적성검사

Randall M. Parker

적성검사는 개인의 기술과 능력을 평가하기 위해 고안된 심리평가도구다. 취업, 직업훈련, 직업개발 분야에서 정확도와 효과성을 높이기 위해 정부기관, 기업 고용인, 상담 및 지도 전문가가 적성검사를 주로 사용하고 있다. 적성검사는 인력 및 재정적인 비용을 절약할 수 있다. 예를 들어, Schmidt와 Hunter(1981)는 적성검사가 채용에 일관되게 사용된다면 업무 생산력 면에서 1981년 기준으로 매년 8천만 달러 이상의 비용을 절감할 수 있다고 예측했다. 더욱이 이러한 검사들은 장애인의 학업 및 직업 목표의 계획 및 달성을 촉진하는 촉매제가 될 수 있는 잠재력을 갖추고 있다.

적성검사는 고비용에 시간이 오래 걸린다. 이러한 사실 때문에 '적성검사가 비용 대비 가치가 있는가?'라는 의문이 생기게 된다. 많은 재활 전문가는 정식 적성검사를 꺼리며, 소비자(consumer)가 보고하는 강점 및 약점 그리고 고용 경력에 의존하게 된다. 이러한 추정치는 전환기술 및 직업 가능성 등으로 전산 처리될 수 있다.

같은 이유로, 여러 전문가는 개인의 흥미와 적성을 빠르고 쉽게 평가할 수 있는 검사도구를 사용하기도 한다. 예로, 자기탐색검사(Self-Directed Search: SDS; Holland, Fritzsche, & Powell, 1994) 같은 검사들은 피검사자에게 스스로의 능력을 평가하라는 문항을 포함하고 있다. SDS와 비슷한 검사들은 시간이 많이 걸리지 않고, 채점도 쉬우면서 신뢰도나 타당도 면에서 좋은 평을 받고 있다. 하지만 직업적성(vocational aptitude)에 대한 자기 평정(self-rating) 방식은 전통적인 적성검사와 비교해 다른 측면을 간과하거나 오류가 많다는 단점이 있다. Dunning(2005)은 자기평가에 대한 여러 심리학 분야의 연구 중 상당 부분에서 사람들이 일반적으로 하는 자신의 능력에 대한 평가가 (거만하든 아니면 겸손하든) 실제 자신이 가지고 있는 기술과 거리가 먼 것으로 조사되었다고 보고했다. 학문적 과제 수행부터 리더십, 사무직 기술에서의 전문적 지식 등 다양한 영역에서 사람들이 자신에 대해 생각하는 것은 실제 자기의 능력이나 전문성과는 상당히 거리가 있을 수 있다(p. 4).

따라서 상당수의 연구는 적성에 대해 피검사자가 스스로를 평가하는 것은 타당도를 떨어뜨린다고 보고한다. Mabe와 West(1982)는 55개의 연구를 메타분석한 연구에서 대학생과 다양한 직업군의 사람을 대상으로 능력에 대한 자기 예측과 실제 검사점수의 상관관계가 .29였다고 보고했다. Parker와 Schaller(1994)는 자기 평정과 직업적성 및 흥미도 검사점수 간의 상관관계를 연구했다. 4개 중학교 564명의 학생이 참가했으며, 6개 적성과 12개의 흥미 영역을 평정하였고, 이후 직업 적성 및 흥미 검사(Occupational Aptitude Survey and Interest Schedule: OASIS; Parker, 1983)를 작성했다. 같은 영역 내에서의 자기 평정 및 검사점수 간의 상관관계는 .10~.56이었다. 최근 들어 흥미도, 적성 및 직업 선택에 대한 반응에 관한 Tracey와 Hopkins(2001)의 연구에서 평정된 능력과 직업 선택 간의 상관관계는 .44였다.

이 연구는 적성을 스스로 평가하는 것이 검사로 평가된 적성 및 실제 직업 선택과 그다지 높지 않은 상관관계를 보인다고 제시하고 있다. 이러한 결과는 자기 예측치에 상당한 오류가 있다는 것을 보여 주며, 자기평가와 적성점수가 다소 다른 이론적 구성체(construct)들을 측정하고 있다는 것을 보여 준다. 상당량의 정보를 잃지 않으면서 동시에 한 검사가 다른 검사를 대신할 수 없다. 하지만 앞으로 연구들은 자기평가가 적절한지 또는 보다 공식적인 심리검사로 직업적성을 평가하는 것이 적절한지에 대해 연구하는 것이 필요하다. 그러한 연구들이 자기평가 검사의 사용에 대하여 오류가 없다는 것이 제시될 때까지 재활 전문가들은 내담자가 자기 적성을 스스로 평가하는 것의 위험 부담을 감수해야 할 것이다.

자기평가와 실제 검사된 적성 간의 문제는 물론 중요한 이슈이기는 하지만, 이 장에서는 적성에 대한 정의, 적성검사의 간략한 역사, 10개 정도의 적성검사도구에 대한 설명 및 평가, 또 적성평가에서의 중요한 쟁점 등을 다루고자 한다. 특히 재활 분야에서 직업평가에 자주 사용되는 다양한 적성검사도구에 초점을 두고 설명하고자 한다.

1 적성의 정의

적성(aptitude)이라는 단어에 대한 정의를 두고, 특히 성취도와 어떻게 구분할 것이냐 하는 부분에서 상당한 논쟁이 있어 왔다. 흥미롭게도, 적성은 타고났거나 또는 장기간의 발달을 거쳐 이루어진 상당히 지속적인(stable) 능력이라 간주된다. 예로, Carroll (1985)은 적성을 크게 개인이 학습 시 높거나 낮은 성공을 거두게 하는 타고난 속성이라고 간주했다. 이러한 의견은 적성이 적어도 부분적으로는 타고나는 것이거나 또는 오랜 기간에 걸친 개인적 경험과 활동 등을 통해 형성될 수 있다고 정의된다. 어떤 경우에서든 적성은 상당히 오래 지속되는 것으로 보인다(pp. 84-85).

하지만 Anastasi(1988)는 이러한 견해에 반박하며, 적성과 성취도 검사를 비교할 때 성취도 검사가 학습의 효과를 측정하는 반면 적성검사는 학습과 관계없이 타고난 능력을 측정한다는 단순한 가정을 버려야 한다고 주장했다. 따라서 "적성과 성취도에 대한 전통적인 범주를 대신할 만한 유용한 것은 개발된 능력(developed abilities)이라는 개념"을 소개했다(pp. 412-413).

Carroll(1993)은 적성과 성취도 간의 관계를 명확하게 했다. 적성에 대해 그는 "이전 학습 정도를 기준으로 학습도에 대한 예측을 돕는 것"(p. 17)이라 정의했다. 반면 성취도에 대해서는 "특정 절차에서 나타나는 학습 정도로 공식 또는 비공식적인 훈련과정 같은 학습을 생성해 내는 것"(p. 17)이라고 언급했다.

적성과 성취도 검사가 다르다는 개념은 Aiken(2003)에 의해 쟁점화되었다. 그는 적성검사들은 유전적인 그리고 환경적인 영향 간의 상호작용의 복잡한 산물인 성취도를 측정한다고 주장했다. 반면 적성검사가 추후의 성공을 예측하게 하는 심리검사 도구라면 학습능력 및 다른 수행 기준을 예측하는 성취도 검사 또한 적성검사로 적합할 것이라 주장했다(p. 212).

Anastasi와 Urbina(1997)는 현재 주로 사용되는 견해를 발표했다. 그들은 능력을 측정하는 모든 검사가 다중적성검사 배터리, 일반 지능검사 또는 성취도 검사에 상관없이 얼마나 경험적인 배경을 지니는가에 의해 모두가 한 연속성 안에 존재하며, 가장 세부적인 영역부터 가장 일반적인 영역으로 분류될 수 있다고 했다. 이러한 연속성에서 성취도 검사는 가장 특정한 경험을 요구함으로써 가장 세부적인 영역에 위치한다. 언어성 지능이나 적성검사는 개인의 다양한 활동에서 보이는 잠재된 기본적 인지기능을 재는 것이므로 연속성에서 가장 일반적인 영역에 가깝다고 볼 수 있다. 마지막으로, 동작성과 비교문화 능력검사는 가장 일반적인 극단에 위치하며, 보통 개인의 경험적인 배경에 대한 추정과는 거리가 멀다고 볼 수 있다.

2 적성검사의 역사

개인이 다양한 인지능력을 소유한다는 개념은 고대 그리스와 중국의 역사에서 유래되었다(Dubois, 1970). 하지만 정신적 능력에 대한 개별적 차이를 연구한 첫 번째 임상 연구는 Galton에 의해 진행되었다(Galton, 1869). 그의 초기 발견은 인지능력은 가족에서 유래한다는 결론을 내렸다. Galton의 연구는 Charles Spearman을 비롯한 많은 심리학자에 영감을 주었다.

Spearman은 적성을 포함한 모든 인지적인 활동은 *g*라고 불리는 일반적인 요인을 가지고 있다는 이론을 펼쳤으며, 다양한 구체적인 요인은 *s*라는 이름으로 덧붙였다. Spearman의 이론은 모든 지능검사의 목표는 일반적인 요소를 측정하는 것이라고 제안했다. 왜냐하면 이 하나의 일반적인 능력은 모든 정신적 활동에 동등하게 이용되기 때문이다. 따라서 *g*를 측정하는 검사는 광대하고 다양한 상황에서의 개인의 능력을 예측하게 하는 하나의 측정치를 제공할 것이라 했다(Anastasi, 1988).

후에 이론가들은 사람의 적성에 각각 다른 측면을 측정하는 다중적 요인의 존재를 가설했다. Kelly(1928)는 적성 영역에는 공간 · 숫자 · 언어 · 기억력 · 속도 등을 포함한 여러 개의 요인이 있다고 보고했다. 비슷하게, Thurstone(1938)은 가장 기초가 되는 정신능력들을 제안했다. 언어이해, 언어표현, 숫자, 공간, 연상 기억력, 지각적인 속도, 일반적인 추론(reasoning)이 그가 제안한 정신적 적성의 목록에 속한다. 이어 Guilford(1967)는 Humphreys(1962)와 함께 적성과 지능 간의 구분화된 구조를 묘사하였다. 예상대로, 이러한 이론들과 다음의(subsequent) 요인을 분석한 연구가 다양한 적성검사도구 개발의 초석이 되었다.

3 적성검사 소개와 평가

재활 영역에서 가장 유용하게 사용되는 주요 적성검사 정보를 제공하기 위해 몇 가지 적성검사 배터리를 리뷰하였다. 여기에 소개된 적성검사들은 저자가 Kapes와

Whitfield(2001b)의 『직업평가 측정도구에 대한 상담자를 위한 가이드(A Counselor's Guide to Career Assessment Instruments)』와 Aiken(1998)의 『검사와 시험: 능력과 수행 측정(Tests and Examinaton: Measuring Abilities and Performance)』이라는 책에 기반해 고른 것이다. 부가적인 검사들은 『정신측정 연감(Mental Measurement Yearbook)』 12~16권(Conoley & Impara, 1995; Impara & Plake, 1998; Plake & Impara, 2001; Plake, Impara, & Spies, 2003; Spies & Plake, 2005)에서 발췌한 것이다.

이 장에 소개하기 위한 검사 목록을 만들기 위해 몇 가지 기준을 사용하였다. 첫 번째는 검사들이 지능이나 성취도와는 달리 직업과 관련된 적성을 측정해야 한다는 것이다. 다음은 검사들이 최근 것이어야 한다는 점으로, 1990년 이전에 발간된 검사들은 제외되었다. 또한 직업 연령의 전국 규준을 사용한 검사들로 제한했으며, 또한 신뢰도 및 타당도에 대한 최소한의 기술적인 정보나 연구가 뒷받침된 검사로 제한했다. 마지막으로, 일정 자격을 갖춘 사람에 한해 구입이 가능한 검사를 선택하였다.

다양한 적성검사 배터리 중에 일반적성검사(U.S. Department of Labor, 1970), 군 직업적 적성검사 배터리(Department of Defense, 1995, 1999), 차별적성검사(Psychological Corp., 1992) 등이 가장 널리 사용되는 검사다. 능력탐색검사(Harrington & Harrington, 1996), APTICOM(Harris & Danski, 1991), Ball 적성검사 배터리(Ball Foundation, 1998a, 1998b, 1998c, 1998d), 커리어스쿱(Vocational Research Institute, 1998), 진로계획조사(American College Testing Program, 1997, 1998, 1999), 직업 적성 및 흥미 검사 제3판(Parker, 2001) 그리고 PESCO 2001(Loch, 1993a, 1993b, 1999)의 다중적 적성 배터리도 리뷰했다. 이 10개의 검사에 대한 설명과 평가, 적성검사와 관련된 이슈들도 이 장 후반부에서 논의될 것이다.

1) 일반적성검사(GATB)

일반적성검사(General Aptitude Test Battery: GATB; U.S. Department of Labor, 1970)는 지난 10년간 검사 타당도에 대해 강도 높은 비판을 받았기에 역사적 흥미를 반영하여 이 장에서 논의하고자 한다(Hartigan & Wigdoer, 1989). 저자의 의견으로는 GATB의 규준이 오래되긴 했지만 가장 세련된 설계와 함께 직무 수행 관련 적성검사로서 가장 정확한 점수 체계를 가진 검사라 생각한다.

GATB는 요인분석으로 추출된 9개의 요인을 가지고 있으며, 12개의 하위검사로 이루어져 있다. 이 중 8개의 검사는 지필검사이며, 4개는 물건을 조작하는 검사다.

전체 검사는 2시간 30분이 소요된다. 〈표 5-1〉은 이 검사의 요인과 하위검사를 나열하고 있다.

GATB는 채점과 해석의 두 가지로 나뉜다. 첫 번째는 66개의 직업군에서 각각 비슷하게 요구되는 능력과 가장 관련 있는 적성에 대해 다양한 기준점수(cutoff score)를 사용하였다. 직업적성 패턴(Occupational Aptitude Pattern: OAP)이 각 집단에 2~4개 적성 요인의 기준점수를 '높음, 중간, 낮음' 수준으로 보여 주도록 개발되었다. GATB상의 개인과 관련된 점수가 어떤 직업을 가장 성공적으로 수행할 수 있을지를 결정하기 위해 OAPs의 기준점수와 비교할 수 있게 하였다.

두 번째는 VG-GATB로서, 타당도 일반화(Validity Generalization: VG)라고 불리는 절차로 개발되었다. 타당도 일반화 절차는 9개 요인이 예측하는 힘을 잃지 않으면서 3개의 구성 요소를 형성하기 위해 병합될 수 있는지를 결정한다. 3개의 복합 요소(composites)와 그에 관련한 요인 구성(components)은 인지(G, V, N), 지각(S, P, Q), 심리적 조작(K, F, M) 등이다. 다음으로 세 가지 구성 점수는 66개 업무 종사자 집단을 통틀어 5개의 직업군에 각각 필요한 복합 적성과 비교하게 된다.

GATB의 기술적인 측면과 관련된 자료는 너무 광범위해서 축약하기 어렵다. 간략하게 말하자면, 12개 하위검사들 및 인지적 · 지각적 · 심리동작(psychomotor) 복합 검사-

〈표 5-1〉 일반적성검사 요인 및 하위검사

검사 요인	하위검사
G-일반적 학습능력	Part 3. 입체 공간 Part 4. 어휘력 Part 6. 연산 추리
V-언어 적성	Part 4. 어휘력
N-수적 적성	Part 2. 계수 Part 6. 연산 추리
S-공간적 적성	Part 3. 입체 공간
P-형태 지각	Part 5. 기구 대조 Part 7. 형태 대조
Q-사무 지각	Part 1. 명칭 비교
K-운동협응	Part 8. 표식
F-손가락 재치(Finger Dexterity)	Part 11. 조립 Part 12. 분해
M-손의 재치(Manual Dexterity)	Part 9. 배치 Part 10. 회전

재검사 및 동형검사(alternative form) 신뢰도는 여타의 다면적 적성검사와 비교해 상대적으로 높은 편이다. 타당도의 경우도 비슷하게 긍정적인 결과를 보여 준다. GATB와 심리측정(psychometric) 정보에 대한 비평은 Kirnan(2005), Hartigan과 Wigdor(1989), Bolton(1994) 등에서 찾아볼 수 있다.

GATB와 VG-GATB는 다양한 연구에도 불구하고 여전히 심각한 한계점으로 인해 검사 사용에 제약이 따른다. 첫째, GATB는 미국 노동부에서만 사용하도록 제한되어 있다. 따라서 이는 GATB의 실행과 채점에 대한 훈련을 받은 사람이 비영리 단체들에 일하고 있을 때만 비로소 사용 가능하다. 또 다른 한계점은 하위검사들이 속도에 많이 치중하는 경향이 있어 특정 장애를 가지고 있거나 검사에 익숙하지 않은 사람들에게 불리하게 작용할 수 있다는 점이다. 또한 가장 최근에 소개된 Form C와 D의 경우, 발행 연도가 1983년이다. 더욱이 처음 규준집단이 형성된 것이 1950년대로 그 대부분이 1940년 인구통계를 반영한 표본집단이라고 보면 된다. 또한 이 집단마저도 편의표본(convenience sample)이었으므로 집단의 대표성을 가지기에는 어려움이 있다. 마지막으로, 소집단 규준의 GATB와 VG-GATB에 대한 염려다. 소집단 규준(subgroup norming)은 소수집단에 대해 상대적으로 낮은 기준점수(raw cutting scores)를 지정하고 있으며, 이는 역차별이라는 점에서 의회 내의 정치적 논쟁을 불러일으켰다. 이러한 논쟁은 1991년 공민권법(Civil Rights Act)의 승인을 이끌었으며, 이 법에 의거해 소집단 규준 사용을 금지하고 있다(Urbina, 2004). GATB는 현재 절판 상태이며, 더 이상 정부의 고용기관에서 직업 배치를 위해 사용되지는 않는다(Anastasi & Urbina, 1997; Kirnan, 2005; Schmidt & Hunter, 2003).

GATB에 대한 여러 어려움 때문에 노동부에서는 이를 O*NET 능력분산표(Ability Profiler: AP)로 바꾸었으며, 이는 GATB의 기술적 · 조작적 특징을 향상하기 위해 개발되었다고 볼 수 있다. 능력분산표는 ① 검사 문항과 하위검사의 수가 대폭 줄어들었으며, 편향(bias)에서 자유로울 수 있는 문항들을 포함시켰고, ② 하위검사 각각에 대한 적절한 검사 수행 전략을 포함한 새로운 설명서를 포함시켰으며, ③ 특정 하위검사의 속도를 완화시켰고, ④ 모든 문자화된 내용에 대해 이해도를 높이고 문자를 보다 읽기 쉽게 만들었으며, ⑤ 매뉴얼을 포함한 검사지, 검사 문항, 답안지, 검사 책자 등에 레이아웃과 문자 모양을 최신식으로 바꾸는 데 노력을 기울였고, ⑥ O*NET 능력분산표 점수 보고서(Ability Profiler Score Report)를 피검사자 스스로 해석할 수 있도록 만들었다. 채점 결과 보고서를 평가자의 결과와 O*NET 직업군에 연결하였으며, 피검사자의 프로파일을 O*NET 직업군 내에 종사자의 전형적인 능력 프로파일과 비교할 수 있게 만들었다(U.S. Department of Labor Employment and Training Administration, 2002).

검사 자료와 매뉴얼 그리고 채점 소프트웨어를 무료로 인터넷 사이트(http://www.onetcenter.org/AP.html)에서 다운받을 수 있다. 한편 O*NET은 공공 도메인에서 능력분산표 자료들을 공유해 찬사를 받았다. 한편으로 이러한 환경이 검사에 대한 보안 및 누가 이 배터리를 시행하는지에 대한 기준 자체를 관리하는 데 어려움을 줄 수 있다는 우려를 낳고 있는 중이다. 『AP 사용자 매뉴얼(AP User's Manual)』은 AP의 개발에 대한 상당한 양의 정보를 포함하고 있지만, 신뢰도 및 타당도를 포함하는 능력분산표의 『AP 기술적 매뉴얼(AP Technical Manual)』(U.S. Department of Labor Employment and Training Administration, 2002)이 아직 개발 단계에 있기 때문에 이 장에서는 별도로 능력 분산표를 다루지 않았다.

2) 군 직업적 적성검사 배터리(ASVAB)

군 직업적 적성검사 배터리(Armed Services Vocational Aptitude Battery: ASVAB; U.S. Department of Defense, 1959, 1999)는 가장 널리 알려진 다면적 적성검사 배터리로, 미국 군인을 모집 및 배치하기 위해 16~23세를 대상으로 개발되었다. 10개의 소검사를 포함하며(〈표 5-2〉 참조), Rogers(2001)는 컴퓨터화된 검사(Computer Adaptive Test: CAT) 버전을 사용하고 있다.

다양한 복합척도들은 각기 다른 목적을 두고 개발되었다. 예로, 4개의 하위검사는(AR, WK, PC, MK)는 군인을 뽑는 데 잠정적으로 선별하는 검사로 사용되는 군입대 적성시험(Armed Forces Qualification Test: AFQT)으로 구성된다. 10개의 점수들로 구성된 프로파일은 교육적 또는 직업적인 지도를 하는 학교 상담사들이 주로 사용한다. 또 부가적인 구성 요소들은 직업탐구 프로그램과 ASVAB의 컴퓨터 검사 버전을 포함한다.

〈표 5-2〉 군 직업적 적성검사 배터리(ASVAB)

• 일반 과학(GS)	• 일에 관한 지식(WK)
• 단락 이해(PC)	• 전자 정보(EI)
• 부호화 속도(CS)	• 수리 추론(AR)
• 수학적 지식(MK)	• 기계적 이해(MC)
• 자동차/작업장 정보(AS)	• 수적 조작(NO)

청년을 대상으로 한 ASVAB는 신뢰도 및 타당도에 관한 상당히 많은 정보가 있다. Form 8~10의 동형검사 신뢰도는 .57~.90이며, 중간점수는 .79다. 복합척도 점수에 대한 신뢰도는 앞서 말한 신뢰도 수치보다 다소 높다. AFQT 복합척도에 대한 평점 가산 예측타당도의 경우 Hartigan과 Wigdor(1989)에 의해 추정되었으며, 이는 .33으로 VG-GATB의 평균 타당도 수치와 비슷한 수준이다. 이 수준의 타당도는 훈련 결과나 직무 수행을 예측하는 데 도움이 될 수 있을 것으로 간주되고 있다.

ASVAB의 규준은 1980년에 16~23세 연령층에 속하는 9,173명의 대표적 표본이 미국 전역에 걸쳐 수집된 것이다. 특정 소수집단은 과표집되어서 그들의 수행 정도의 정확한 측정치를 제공하였다. 이 데이터들을 사용하여 표본이 개발되었고, 성별 및 학업 정도(10학년, 11학년, 12학년, 고등 교과과정)를 기준으로 나뉘었다.

한계로는 표준 데이터, 검사 활용의 제한, 10개 하위검사 중 2개의 속도감 등을 들 수 있다. 또한 복합점수가 같은 검사들의 중복 사용을 허용해 계산하게 되어 상관관계가 높은 것처럼 나타난다는 것도 제한점이다. 유사하게, ASVAB 점수가 일반능력으로 불리는 *g*점수에 높게 축적되는 경향이 있다. 따라서 이 검사는 다면적 적성, 특히 사람을 다른 직업에 성공적으로 배치하는 데 필요한 차별화된 정보들을 산출해 내지 않는다. Elmore와 Bradley(1994)는 철저한 리뷰와 ASVAB에 관한 비평을 통해 ASVAB와 직업탐색 프로그램을 병행할 것을 제안했다. 특히 2년 동안 군대에 입대할 것을 고려하는 모든 사람 그리고 무료 직업탐색 프로그램의 혜택을 받으려는 사람에게 권할 수 있다고 주장했다. 그러나 ASVAB 직업탐색 프로그램에 관련한 연구가 종결되기 전까지는 이 검사를 모든 고등학생에 권하고 싶지는 않다고 말했다. Rogers(2001)는 자신의 리뷰에서 좀 더 희망적으로 ASVAB를 초심리 측량적, 광범위한 표준 데이터 그리고 우수한 검사 내용에 기초한 다면적 적성 배터리로 가장 좋은 예가 될 수 있다고 언급하였다. 하지만 민간인의 직업군에 대한 예측타당도와 히스패닉이나 흑인 학생들에 관련된 편향이 있을 수 있다는 점을 지적하였다.

3) 차별적성검사(DAT)

차별적성검사(Differential Aptitude Tests: DAT; Psychological Corp., 1992)는 1947년에 처음 발행되었으며, 7~12학년 청소년과 성인의 교육 및 직업지도의 목적으로 만들어졌다. DAT의 유용한 부가적 선택 사항으로는 직업흥미검사, DAT 컴퓨터용 검사 등이 있다. 8개의 하위검사로 이루어져 있으며, 156분 정도의 시간이 소요된다.

소검사 목록은 〈표 5-3〉에 자세히 나와 있다.

8개의 구성 요소가 DAT 하위검사를 통해 측정되는데, 이 8개의 구성은 실제적이기보다는 이론적으로 도출되었다고 볼 수 있다. 즉, 하위검사들은 DAT 개발자가 직업적·교육적으로 중요하다고 생각하는 적성을 측정한다고 볼 수 있다. 8개 하위검사의 점수와 함께 학문적 적성 복합점수는 언어추리와 수적 추리 하위검사를 더해 도출해 낼 수 있다.

신뢰도와 타당도 검사에 대한 정보는 매우 풍부한 편이며, 내적 일관성 및 동형검사 신뢰도는 모든 하위검사와 모든 학령 연령 및 성별에서 .70~.90에 분포되어 있다. 많은 양의 동시타당도 정보는 DAT 매뉴얼에 기재되어 있다(Psychological Corp., 1992).

DAT의 규준은 7~12학년의 19만 2,000명의 학생이 520개의 학군에서 모집된 것을 바탕으로 한다. 규준화된 데이터의 양은 방대하며 전국 학교 입학 통계를 사용하여 규준 또한 지역, 사회경제적 지위, 도시/지방 거주 지역, 인종, 공립/사립 학교 재학 등을 비율적으로 고려해서 개발되었다. 그러나 몇몇의 하위검사 점수는 내적 상관이 상당히 높게 나타나, 각각의 점수가 다른 훈련 활동들을 예측하도록 차별화하는 데 어려움을 준다.

앞서 말했듯이, DAT는 컴퓨터 버전이 있다. 이 검사 버전은 컴퓨터로 검사하는 방법을 사용하며, 채점 또한 컴퓨터로 하게 되어 있다. 이는 이전 반응의 정확성을 기초로 검사 문항이 제시되며, 이로써 검사 시간이 눈에 띄게 줄어드는 것을 가능하게 한다. 상당히 진보적이지만 심리측정적 수치에 있어서는 일반적 사용이 적절하지 않다(Wise, 1995 참조). 개인적이고 직업적인 사정을 위한 DAT가 또 하나의 특화된 형식으로 훈련 및 고용 장면에 있는 성인에게 사용하기 위해 개발되었다. 이 버전 또한 기본적인 DAT 버전과 비슷한 강점과 약점을 지닌다(Willson, 1995; Wing, 1995).

결론적으로, 많은 것이 DAT에 일반적으로 상당히 지지적이지만 증분타당도, 예측타당도, 구성타당도에 대한 부족한 정보는 문제가 있다고 지적된다(Willson & Stone,

〈표 5-3〉 차별적성검사 목록

• 언어추리	• 수리력
• 추리력	• 지각적 속도 및 정확도
• 기계추리	• 공간관계
• 철자법	• 언어 사용

1994). Hattrup(1995)도 이 검사의 가장 심각한 약점은 다른 기준에 대한 변별타당도와 예측 시 특정 하위검사의 증분타당도의 부족이 지속되는 것이라고 했으며, 직무수행의 예측 지표로서의 DAT 타당도가 최근 개정판에서도 역시 언급되지 않고 있다고 지적했다(p. 304). Wang(2001) 또한 이러한 염려에 더하여, 구성타당도와 소수민족을 위한 규준, 또한 준거타당도에 대해 좀 더 많은 정보가 필요하다고 언급했다. 마지막으로, Bragger와 Becker(2005)는 DAT가 상당한 강점을 지니고 있음에도 불구하고 미국 경제 속에서 직업들은 개정판이 보급된 이후로도 빠르게 바뀌고 있음을 지적하며, 이 검사를 사용하는 전문가들은 검사 해석 시 이러한 문제점를 잘 인식하고 있어야 한다고 지적했다.

DAT는 상업적으로 사용 가능한 최고의 적성검사이긴 하지만 전문가들이 사용할 때 주의를 기울여야 한다는 한계점을 지니고 있다. 내담자에게 검사 결과를 해석해 주어야 하는 상담사는 DAT를 포함해서 그 어떤 검사도 직업을 예측하는 데 완벽하게 정확한 정보를 제공하지 않는다는 점을 기억해야 할 것이다.

4) 능력탐색검사(AE)

능력탐색검사(Ability Explorer: AE; Harrington & Harrington, 1996, 2006)는 각자가 지닌 능력이 어떻게 직업의 세계와 연관되는지에 대한 정보를 제공하기 위해 학생과 일반인을 대상으로 개발된 도구다. 이 검사는 미적, 사무직(Clerical), 대인관계적, 언어, 리더십, 수동적(Manual), 음악 및 드라마, 수적/수학적, 조직적, 설득적, 과학적, 사회적, 공간적 그리고 기계적/기능적의 14개 하위검사로 이루어져 있다. AE에서 두 가지 레벨은 기계적인 채점만 가능하다. 레벨 1은 6~8학년이며, 레벨 2는 9~12학년 그리고 성인을 포함한다. 이 버전은 3개의 부분으로 구성된다. Part 1은 140개의 문항을 포함하며, 피검사자가 활동 영역을 수행하는 데 얼마나 잘하는지를 묻는다. Part 2는 112개의 활동으로 이루어지며, 1(활동을 시도하나 잘 수행하지 못함), 2(활동을 시도하며 잘 해냄), 3(활동을 시도하며 매우 잘함) 그리고 NT(활동수행을 시도하지 않음)의 네 가지로 답할 수 있다. Part 3의 경우 학교 교과목의 목록으로 구성되며, 피검사자는 각자가 수행했던 과목에 한해 자기의 성적을 적어야 한다. AE는 시간 제한이 없으나, 보통 35~45분 정도 소요된다. AE에는 수기 채점이 가능한 버전이 있는데, 이는 8학년 수준으로 앞서 말한 것처럼 Part 1과 같은 형식의 140문항이 포함된다.

이 도구는 집단 및 개인별로 검사가 가능하다. AE는 미국 노동부의 『직종 관련 안내서(Occupational Outlook Handbook)』의 정보 및 직업 가이던스, 상담 문헌과 직접적으로 연결되어 있다.

AE는 8,000명을 대상으로 규준화되었으며, 많은 환경에서 사용되어 오고 있다. Cronbah α 신뢰도는 .55~.91로 적정 수준이거나 높은 편으로 알려져 있다. 내용타당도는 『직업탐색 지침서(Guide for Occupational Exloration)』(Harrington & O'Shea, 1984)를 토대로 개발된 검사에 의해 얻어졌다. 다만 GATB와의 동시타당도는 상대적으로 낮거나 적절한 편에 속한다. 매뉴얼에는 예측타당도에 대한 연구는 소개되어 있지 않다(Borman, 2001).

AE는 다른 객관적으로 측정되는 적성검사와는 달리 자기 평정을 기반으로 한 적성검사이므로 사용 시 주의가 요구된다. 자기 평정은 상당한 실수를 동반하기 때문이다. 직업계획을 세울 때 적성 및 능력을 자기 자신이 판단하는 것에만 의존할 경우 의사결정에서나 결과 면에서 실패를 가져올 확률이 높을 수 있다. 그럼에도 불구하고 AE는 상담적 관계 내에서 잘 훈련된 전문가에 의해 신중하게 사용된다면 재활내담자의 직업 개발에 상당히 공헌할 수 있는 잘 만들어진 검사도구다.

5) APTICOM

APTICOM(Harris & Danski, 1991)은 4학년 이상의 읽기능력을 갖춘 청소년 및 성인을 위해 만들어진 컴퓨터화된 직업평가 시스템이다. 이 도구는 다면적 적성검사 배터리 이외에 흥미도 검사를 포함하고 있다. 이 리뷰에서는 적성검사 배터리에 관해서만 논의할 것이며, 적성검사 영역은 약 45분의 수행 시간이 소요된다.

이 검사는 키보드나 모니터가 없는 개별화된 컴퓨터에 장착된 검사다. 피검사자는 약 60~90cm의 가로세로로 위치한 스위치 포트를 사용해서 응답하게 되어 있다. 피검사자는 몇몇 하위검사의 경우 다수의 대안을 선택하거나 포트에 선으로 이어진 다른 하위검사를 연결하여 조작적인 작업을 수행하기도 한다. 다른 조작적 작업은 컴퓨터와 인터페이스된 외부 장치(foot switch)로 수행할 수 있다. 평가자는 검사의 진도를 컴퓨터 뒤에 달린 버튼이나 스위치로 통제할 수 있다.

APTICOM은 GATB에서 사용된 10개의 적성을 측정하도록 설계되었으며, 11개의 하위검사가 있다. 하위검사는 대상 명명, 추상적 형태 맞추기, 사무직 매칭, 눈-손-발 협응, 패턴의 시각화, 계산하기, 손가락 조작력, 수적 추론, 민첩성, 단어 의미 그리고 눈-손 협응이다. 하위검사에서 평가된 10개의 적성은 일반적 학습능력, 언어

적성, 수적 적성, 공간 적성, 형태 지각, 사무적 지각, 동작성 협응, 손가락 민첩성(Finger Dexterity), 손 민첩성(Manual Dexterity) 그리고 눈-손-발 협응이다.

신뢰도 및 타당도에 대한 정보는 다소 제한적이다. 검사-재검사 신뢰도는 1주 간격을 두고 67개 학교의 학생을 대상으로 했을 때 신뢰도 계수가 .65~.89로 나타났으며, 민첩성, 협응, 사무적 지각 등의 영역은 이 계수 점수에서 낮은 쪽에 속하는 것으로 나타났다. 비슷하게, 동시타당도에서는 GATB와 비교해 417명을 대상으로 측정되었으며, 신뢰도 계수는 일반적 학습능력, 언어 적성, 수 적성, 공간 적성, 형태 지각, 사무적 지각의 경우 .60~.80대로 나타났다. 동작성 협응, 손가락 민첩성, 손 민첩성의 경우는 신뢰도 계수가 낮은 편이었다.

APTICOM의 규준에 대한 정보는 명확하게 보고되지 않았고, 이것이 매우 부정적인 요인으로 작용해 왔다. 비슷하게, 타당도와 신뢰도에 관한 제한적인 정보들도 우려되는 부분이기도 하다. APTICOM은 높은 가격에 비해 규준, 신뢰도와 타당도에 대한 제한적인 정보를 고려할 때 다른 좀 더 확실한 심리측량적 정보를 가지고 있는 검사와 병행하는 것을 생각해야 할 것이다(Green, 1994). APTICOM은 더 이상 출판되지 않는 상태이며, 재발간된 버전은 인터넷 사이트에서 구매가 가능하다(Instructional Technologies, 2006; http://www.Intecinc.net/prod_vri_apticom.htm 참조).

6) Ball 적성검사 배터리(BAB)

Ball 적성검사 배터리(Ball Aptitude Battery: BAB; Ball Foundation, 1998a, 1998b, 1998c, 1998d)는 진로계획(career planning)을 돕기 위해 객관적인 적성평가도구를 제공하고자 개발되었다. Form M의 경우 12개의 지필 하위검사로 이루어져 있고, 이는 분석적인 추리, 연관된 기억, 청각적 기억, 사무적, 아이디어 생성하기, 추론적 추리, 수적 계산, 수적 추리, 종이 접기, 단어력, 단어 연상 그리고 쓰기 속도를 측정하게 되어 있다. Form M의 12개의 하위검사는 총 2시간 10분 정도 소요되며, 7개의 범주(속도 및 정확도, 기억력, 추리력, 학문적, 공간적, 창조력, 오리엔테이션)로 분류할 수 있다. 포함되지 않은 5개의 부가적인 하위검사는 추가 정보를 제공할 수 있는데, 모양 맞추기, 아이디어의 유창성, 손가락 민첩성, 쥐기의 강도 그리고 Karma 음악 검사다.

BAB는 두 가지 단계가 있다. 레벨 1A는 9, 10학년 대상이고, 레벨 2A는 11, 12학년 그리고 성인 대상이다. BAB의 경우 기계 채점 서비스를 이용할 경우만 채점 가능하고, 수기 채점 및 개별 기계 채점은 사용할 수 없다.

검사-재검사 신뢰도의 경우 2~6주 상관으로 검사했을 때 중간점이 .79였고, 4년 상관 시 중간점은 .50였다. 내적 일관성 신뢰도의 경우 중간점이 .80으로 나타났다. 동시타당도의 경우 DAT와 GATB, 종합적 능력 배터리(Comprehensive Ability Battery)를 대상으로 산출되었고, 중간점은 .63이었다(Thompson & Patrick, 2001).

BAB는 상당히 잘 설계된 검사도구로, 지필검사를 수행할 수 있는 사람에게 상담도구로 효과적이리라 생각된다.

7) 커리어스쿱(CS)

커리어스쿱(CareerScope: CS; Vocational Research Institute, 1998)은 컴퓨터로 하는 검사로 스스로 시행할 수 있으며, 적성과 흥미의 두 가지를 동시에 측정할 수 있다. 프로그램은 컴퓨터나 네트워크 내에 설치할 수 있으며, 영어와 스페인어 버전이 있고, 오리엔테이션과 검사 지시문 그리고 흥미도 검사 문항을 읽어 줄 때 사용할 수 있는 오디오 버전이 있다. 측정된 흥미 영역은 미국 노동부(1979)에서 제시한 12개의 흥미 영역으로 분류된다. 12개 영역은 예능, 식물/동물, 기계, 사업, 협조(accommodating), 지도력/영향력, 과학, 보안, 산업적, 판매, 인도주의적 그리고 신체적 수행 흥미도다. 여기에서는 적성 영역에 초점을 맞추어 다룰 것이며, 적성 영역에는 일반적 학습능력, 언어 적성, 수적 적성, 공간적 적성, 모양 지각, 사무적 지각 등이 포함된다. 이 검사 배터리는 4학년 수준의 읽기능력이 요구되며, 1시간 정도의 검사 소요 시간이 필요하다. CS는 APTICOM의 확장된 최신 버전이라고 볼 수 있다.

Harris(2001)는 CS에 대한 신뢰도의 타당도 검사 연구가 너무 미미하다고 보고했다. 신뢰도는 .50~.80 정도이고, 동시타당도의 경우는 GATB와 비교해 .30~.80 정도다.

요약하면, CS는 컴퓨터화된 적성 및 흥미 검사 시스템이며, 컴퓨터 사용에 제약이 없는 장애인에게 유용한 검사다. 기술적 데이터는 매우 적어서 직업 예측이나 배치의 목적으로 사용하기보다는 상담이나 지도 등에 사용되는 것이 바람직하다.

8) 진로계획조사(CPS)

진로계획조사(Career Planning Survey: CPS; American College Testing Program, 1997, 1998, 1999)는 젊은이들이 자신에 대한 자각을 얻고, 직업 세계에 대해 배우고, 연관

된 직업 선택을 돕기 위해 고안된 포괄적인 검사 시스템이다. CPS는 ACT 홍미도 검사의 유니섹스판(Unisex Edition of the ACT Interest Inventory: UNIACT), 업무관련 능력검사(Inventory of Work Relevant Abilities: IWRA) 등을 포함하는 몇 개의 구성 요소를 갖추고 있다. 선택적인 학업능력검사로는 읽기검사, 수적 능력 검사 등을 포함하고 있다. UNIACT의 경우는 6개의 직업군—사업연계, 사업 조정(operation), 기계적, 과학, 예능, 사회적 서비스—에서 각각 점수를 얻을 수 있다. IWRA의 경우는 15개의 직업 관련 영역에 대해 학생들이 스스로 평정하도록 되어 있다. 15개 영역은 사람 만나기, 타인 돕기, 판매, 리더십, 조직력, 사무, 기계적, 손 민첩성, 수적, 과학적, 창조적/예능적, 창조적/문학적, 읽기, 언어 사용 그리고 공간지각을 지칭한다. 여기에서는 IWRA에 초점을 맞춘다. IWRA는 23분의 검사 시간이 요구되고, 1만 6,000명 이상의 학생을 대상으로 규준이 만들어졌다(Reardon & Vernick, 2001).

IWRA에 대한 심도 있는 타당도 연구는 IWRA와 UNIACT 간의 상관관계를 전제로 하고 있다. IWRA에 대한 타당도 연구가 방대하긴 하지만, 대부분의 지지적인 결과는 자기 보고된 홍미도(UNIACT)와 자기 평정된 적성(IWRA)의 상관관계를 기본으로 하고 있다는 사실을 고려해야 할 것이다. 앞서 언급했듯이, 자기 평정으로 실시된 적성검사는 여러 가지 우려를 낳을 수 있다. 이러한 우려는 자기 보고로 이루어진 홍미도가 스스로 예측한 적성의 기준으로 사용되었을 때 복잡해진다. 이들의 상관관계가 상당 부분 두 검사도구의 직업 관련 문항에 대해 비슷한 주관적 평정을 사용하고 있으므로, 실제 홍미와 적성이라는 개념과는 전혀 상관이 없을 수 있다는 이야기가 된다. 그럼에도 불구하고 ACT CPS는 중 · 고등학생들의 진로 개발에 기여할 수 있는 잘 구성된 검사 배터리며, 상담 상황에서 잘 훈련된 전문가에 의해 사용될 수 있다.

9) 직업 적성 및 흥미 검사 제3판(OASIS-3)

직업 적성 및 홍미 검사 제3판(Occupational Aptitude Survey and Interest Schedule-3: OASIS-3; Parker, 2001)의 목적은 8~12학년 학생과 성인을 대상으로 자기 탐색, 직업 탐색, 진로 개발 등을 돕기 위한 것이다. 이 검사는 홍미검사와 적성검사 배터리가 별도로 구성되어 있다. 홍미검사(Interest Schedule: IS)는 12개의 영역이 『직업 탐색 지침서』(U.S. Department of Labor, 1979)로부터 개발되었는데 미적, 과학적, 자연, 보호, 기계적, 산업적, 사업, 판매, 협조(accommodating), 인도주의, 지도력/영향력 그리고 신체적 수행이다. 여기에서는 OASIS-3 중에서도 적성검사(Aptitude Survey: AS) 영역에 초점을 둔다.

AS는 5개의 하위검사로 구성되어 있으며, 총 45분의 검사 시간이 요구된다. 〈표 5-4〉에 제시된 5개의 요인에 덧붙여, 일반적 능력 복합점수는 언어성 및 계산 영역의 원점수를 더하는 것으로 산출될 수 있다.

AS 매뉴얼은 알파, 반분법(split-half), 동형검사신뢰도, 검사-재검사 신뢰도에 대한 정보를 포함하고 있다. 신뢰도는 .70~.94 정도이고, 중간점수는 .86이었다. 이는 진로 탐색을 위해 적절한 수준의 신뢰도다. 또한 구성타당도의 네 가지 유형이 보고되었으며, 요인분석, 내적 일관성, 다른 검사와의 관계, 수렴타당도, 변별타당도 등에 대한 결과들도 보고되었다. Parker(2001)는 탐색적 요인검사를 시도하였고, GATB 내의 12개 하위검사 중에 73%의 변인이 5개의 요인으로 설명되었다. 5개의 요인은 언어, 수적, 공간, 지각적, 손 민첩성으로 명명되었다. 이러한 연구는 OASIS의 개발을 이끌었다. OASIS는 GATB보다 훨씬 짧은 검사도구이며, 45분 정도의 검사 시간이 예상된다. AS와 GATB 내 하위검사 간의 상관관계는 .37~.84로 나타났으며, 비슷한 요인들의 상관관계도 .61~.84 범위 내에 위치하고 있다. 타당도 계수는 신뢰도 계수와 거의 일치했다. 이러한 결과로 AS가 GATB의 신뢰할 수 있는 축약 버전이라고 볼 수 있다. 수렴타당도와 변별타당도 역시 AS에 대해 매우 긍정적이었으나, 장기 예측타당도 연구는 아직 이루어지지 않고 있다(Blackwell, 2003).

규준의 경우 고등학교 교육을 마친 2,005명의 성인과 8~12학년의 청소년을 대상으로 전국적으로 모집되어 개발되었으며, OASIS-3의 새 개정판에서는 좀 더 높은 연령대로 규준을 확장하였다. 이전 판을 리뷰한 Miler와 Hollingshead(2001)는 "OASIS-2 AS와 IS는 일반인과 고등학생을 위한 초기 진로 탐색에 특히나 의미 있는 검사도구"이며, "이런 검사는 영어나 사회 과목 내에 진로 탐색이라는 주제로 쉽

〈표 5-4〉 OASIS-3 적성검사의 적성 요인 및 하위검사

적성 요인	하위검사
언어 적성	어휘력
수적 적성	계수
공간 적성	공간 관계
지각적 적성	단어 비교
손 민첩성	표식 표시

게 포함될 수 있을 것이며, OASIS-2는 잘 만들어지고 충분히 연구된 가치 있는 검사도구로 직업 탐색 및 진로 개발 활동에 사용되어야 한다."(pp. 154-156)고 주장했다.

10) PESCO

PESCO 2001 ONLINE(Loch, 1993a, 1993b, 1999; www.pesco.org)은 8학년에서 대학생까지를 대상으로 직업이나 훈련을 검색하고 교육 및 직업 상담 시에 사용하기 위해 개발된 도구다. 이는 전신인 사정과 집단평가 시스템(System for Assessment and Group Evaluation: SAGE)의 확장된 온라인판 6개의 검사, 즉 직업적성 배터리(Vocational Aptitude Battery: VAB), 인지적 개념적 능력검사(Cognitive and Conceptual Abilities Test: C-CAT), 혁신적인 교육 경험(Center for Innovative Teaching Experience Learning Styles Inventory: CITE LSI), 업무태도평가(Work Attitude Assessment: WAA), 직업흥미도검사(Vocational Interest Inventory: VII), 기질요인평가(Temperament Factor Assessment: TFA)를 포함한다.

직업적성 배터리(VAB)는 GATB와 유사하게 11개 적성 요인을 채점하게 되어 있는데, 일반, 언어, 수적, 형태 지각, 색차별, 사무적 지각, 공간적, 동작성 협응, 손가락 민첩성, 손 민첩성, 눈-손-발 협응 등을 포함한다. 인지적 개념적 능력검사의 소검사에는 언어, 수학, 추리가 속한다. 검사 결과는 GED 등급과 미국 노동부 산하 필요 기술 성취 위원회(Commission on Achieving Necessary Skills)의 등급에 맞추어 산출된다. 학습방식중심 검사도구(CITE LSI)는 감각 양상(sensory modalities), 사회친화성, 쓰기 및 언어표현력에 관해 선호되는 학습 방식을 측정하게 된다. 업무태도평가(WAA)는 일과 고용인의 기대치를 고려한 태도들을 평가하게 된다. 직업흥미도검사(VII)는 앞서 언급된 다른 검사도구가 그랬듯이 『직업탐색 지침서』에서 지정한 12개의 흥미 요인을 측정한다. 마지막으로, 기질요인평가(TFA)는 11개의 구체적 작업 환경과 연관된 성격(temperament) 요인을 평가한다(Rojewski, 2001).

대체로 PESCO 2001 시스템은 포괄적인 직업평가 시스템이다. Rojewski(2001)는 검사의 타당도 등과 관련된 몇몇 우려에도 불구하고 직업재활시설, 진로평가센터, 작업 훈련 및 배치 서비스 프로그램 내의 전문가들 사이에서는 PESCO 2001, 특히 기질요인평가와 직업흥미도검사를 무척 가치 있는 평가도구로 여기고 있다고 결론 내렸다. 이 장의 주제와 연관된 PESCO 하위검사, 직업적성 배터리의 타당도 및 신뢰도는 대체로 수용 가능한 수준이다(Rojewski, 2001, p. 162).

11) 제언

정리하자면, 10개의 다중적 적성 배터리 검사는 직업에 초점을 두고, 최근 정보를 갖추고, 기술적으로 적절하며, 상업적으로 사용 가능하다는 기준을 만족시킨다. 그 중 특히 일반적성검사, 군 직업적 적성검사 배터리, 차별적성검사가 우수하다는 평가를 받고 있다. 일반적성검사와 군 직업적 적성검사 배터리는 구매가 가능하지 않기 때문에, 재활 전문가들은 차별적성검사를 대신해서 사용하는 것을 고려해야 할 것이다. 그 밖에 언급된 검사도 주의를 기울여 사용해야 한다는 전제가 있다.

내담자의 미래에 대한 계획이 위태로울 경우 심리측량적 검사도구를 선택하고 시행하고 해석하는 데 더 많은 주의를 기울여야 할 것이다. 많은 재활 전문가는 심리학자나 다른 전문가가 제공한 심리 및 직업 보고서들을 사용한다. 전문적 보고서의 정보들을 평가하고 사용할 때는 특별히 주의해야 한다. 흔히 사용하지 않아서가 아니라 잘못 사용하는 것이 문제를 낳기 때문이다. 다음에서는 적성검사 및 일반 검사 사용에 있어서 몇 가지 문제가 되는 분야에 대해 논의할 것이다.

4 적성평가의 쟁점

적성검사의 사용은 사람들을 평가하고 보조하는 데 있으나 많은 쟁점을 가지고 있다. 많은 이슈 중에 ① 검사 결과의 해석, ② 신뢰도와 타당도 그리고 타당도의 일반화, ③ 일반 대 특수 규준, ④ 임상적 대 통계적 예측 등에 관해 살펴보고자 한다.

1) 검사 결과의 해석

기술적(technical) 보조 도구 혹은 방법들은 다양하게 재활 전문가를 도와 개인에 대한 자료를 주관적이지 않은 선상에서 다룰 수 있게 한다. 보조 방법은 크게 기술적인(descriptive) 해석 방법과 예측적인 해석 방법으로 나뉠 수 있다. 규준과 검사 프로파일들은 기술적 영역에 속한다. 이들은 개인이 비슷한 조건을 갖춘 다른 사람들의 수행과 비교해 어디에 위치하고 있는지를 말해 준다. 전문적인 상담가는 이러한 기술적인 자료들이 내담자의 미래와 관련하여 어떤 의미를 주는지에 대해 진술하고, 추론하거나 그럴듯한 추측을 하도록 요구된다. 반면 예측적 방법은 전문가로 하여금 한 사람의 미래의 성공과 관련해 가능성을 담은 진술을 하게 만든다. 이러한 예측적 접근 방법은 예상표와 다중적 확정범위 절차 그리고 회귀 및 차별 공식의 사용을 포함한다.

2) 기술적 방법

규준은 해석을 보조하는 데 가장 기본이 되는 요소다. 규준은 전문가가 개인의 수행 수준이 적절한 비교집단과 연관해서 어떤지를 진술할 수 있게 돕는다. 원점수는 보통 얼마나 많은 문항에 정답을 제시했는지를 통해 산출되며, 그 점수 자체로는 아무런 의미를 갖지 못한다. 한 개인이 언어능력검사에서 50개 문항에 정답을 맞추었다고 해서 그의 수행 수준이 어떤지를 말할 수는 없는 일이기 때문이다. 반면 만약에 50점이 평균적인 대학생의 수행 수준이라는 사실이 주어진 경우라면 검사점수에 의미를 부여할 수 있다.

규준표는 전문가가 원점수를 좀 더 의미를 가진 점수(예: 백분위수)로 전환할 수 있게 돕는다. 백분위수는 전체 표준화된 표본에서 특정 점수 미만의 원점수를 획득한 사람들이 차지하는 백분율을 지칭하는 것이다. 백분위수는 가장 흔하게 보고되고 또 도출된 점수가 가장 이해하기 쉽다.

여러 가지 규준표 중에 적절한 것을 선택하는 데는 상당한 판단력이 요구된다. 재활 전문가들은 종종 재활 사례에 대한 검사점수를 해석할 때 일반인을 대상으로 한 규준을 사용할지, 아니면 장애인 집단을 대상으로 한 규준을 사용할지로 고민한다. 이 문제에 대해서는 뒤에서 좀 더 자세히 논의할 것이다.

프로파일은 기술적 정보를 제시하는 또 다른 방식이기도 하다. 이는 그래프나 다른 영역에서의 검사점수를 비교해서 보여 주는 데 사용되기도 한다. 검사점수를 프로파일화하는 것은 개인에게 각각의 영역에서 자신의 관련 수행에 관한 가장 의미 있는 그림을 제시해 준다. 그러나 다음 세 가지 기본 조건을 충족하지 못한 프로파일은 오류를 범할 수 있다. ① 프로파일상에 보고된 하위검사나 척도들은 내용이나 본질 면에서 비슷해야 한다. 예를 들어, 적성과 흥미 검사점수가 나란히 배치되면 내담자와 전문가 모두 보기에 혼란스러울 수 있다. ② 측정 단위는 프로파일상에 동일하게 적용되어야 한다. 즉, 전체 프로파일은 같은 점수(예: 백분위수)로 통일되게 그려져야 한다. ③ 표준화 및 규준화된 표본에서 추출된 점수는 모두 비슷해야 한다. 이러한 조건이 모두 충족되었을 경우 검사점수 프로파일은 전문가가 해석하는 과정에서 유용한 도구로서의 역할을 하게 된다(Cronbach, 1990).

3) 예측적 방법

검사점수를 가지고 성공을 예측하는 데 사용되는 기술 중 하나로는 다중적 확정범위 접근 방식이 있다. 검사 개발자, 연구자, 지역 시설 및 기관은 자주 선별 과정을 위해 절단점을 사용한다. 예로, 고용인은 사무 보조 자리를 뽑기 위해서 사무적 적성검사의 절단점을 이용할 것이다. 절단점을 만들기 위해서는 어떤 측정치가 특정 영역의 일이나 기준이 되는 작업 수행에 가장 중요한지가 결정되어야 한다. 그리고 선별된 각각의 측정치에 대해서 절단점들은 성공적인 근로자와 그렇지 않은 근로자의 차이를 극대화할 수 있도록 통계적으로 산출되어야 한다. 각각의 절단점은 한 개인이 특정 업무나 일에서 성공하기 위해 중요한 성격의 가장 낮은 점수치를 반영한다.

일반적성검사는 다중적 확정범위 절차를 사용하였다. 미국 노동부에서 시행한 연구는 일반적 지능, 언어적 적성, 사무적 지각의 3개 적성이 상담사에게 가장 중요한 적성 영역이라고 밝혔다. 상담사 업무를 최소한 감당해 나가기 위해 지원자는 위의 3개의 영역에서 60% 내에 위치하는 점수를 받아야 한다(Anastasi, 1988).

지원자가 만약 두 영역에서는 60%가 훌쩍 넘는 점수를 받았으나 다른 한 영역에서는 낮은 점수를 받았다면, 그 지원자는 업무의 기본 적성 요건을 만족시키지 못한 것으로 볼 수 있다. 다중적 확정범위 접근 방식은 한 영역에서의 우수한 적성이 또 다른 주요한 영역에서의 낮은 적성을 보상하지 못한다고 가정한다.

성공을 예측하는 또 다른 기술은 쉽게 만들 수 있는 도구인 예상표(expectancy table)다. 간단한 예상은 하나의 예측변인과 기준변인 사이의 관계를 보여 준다. 예로, IQ(예측변인) 대 대학에서의 성적(기준변인)을 들 수 있다. 〈표 5-5〉는 대학입학자격시험에서의 점수와 학점 사이의 관계를 보여 준다. 이 표를 살펴보면 입학시험에서 높은 점수를 받은 사람은 39%가 A나 B 학점을 받았고, 낮은 점수를 받은 사람은 80%가 D나 F 학점을 받은 것으로 나타났다. 즉, 입학시험 점수가 높으면 대학에 들어가서도 좋은 성적을 받을 확률이 100명 중 39명 정도가 된다는 말이다(Wesman, 1966).

재활 전문가들은 처음 검사점수와 집단의 최종 성과 자료를 가지고 있다면 손쉽게 자신만의 예상표를 만들 수 있다. 예상표를 만들 때 첫 번째 단계는 예측과 기준변인을 모두 의미 있는 단위로 범주화하는 일이다. 예컨대 언어적 추리 점수를 상/중/하로 분류할 수 있다. 마지막 단계는 예상표의 칸들을 빈도와 퍼센트 양쪽의 자

〈표 5-5〉 남학생을 대상으로 한 대학입학자격시험 점수와 대학 성적의 관계(N=1,340)

대학입학자격시험 점수	대학 성적			
	D & F(%)	C(%)	A & B(%)	총(%)
상	16	45	39	100
중	43	50	7	100
하	80	19	2	100

주: 상은 시험 성적이 상위 70~90%, 중은 30~69%, 하는 0~29%에 해당하는 점수를 의미함.
출처: A. Weswan 허락하에 재인용, Double-Entry Expectancy Tables, *Test Service Bulletin*, No. 56, May 1966, of The Psychological Corporation, a Harcourt Assessment Company.

료를 가지고 입력하는 일이다. 예상표는 일종의 규준표의 확장이라 볼 수 있다. 이 모두가 검사점수와 성과 또는 기준변인 간의 관계를 보고 있기 때문이다.

회귀 및 차별 공식 또한 검사점수를 이용하여 성공을 예측하는 데 사용된다. 이 공식들은 통계적 기술로 매우 정교하게 만들어졌으며, 다중선형 회귀분석 및 차별분석 등이 연관되어 있다. 회귀분석은 기준변인에서 예측변인들의 중요도를 산출해 내는 방식이다. 예를 들어, 이 기술은 회계사로서의 성공을 예측하는 데 언어 및 수적 적성검사의 측정치를 대입하기 위해 가중치를 결정하는 데 사용될 수 있다. 회귀분석은 가중치를 결정할 수 있게 함으로써, 각각의 가중치가 예측 점수에 의해 곱해지고, 그 곱은 합하여진다. 결과 값은 기준의 추정이 된다. 예를 들어, 회계사로서의 성공 기준이 상사의 5점 척도상의 업무수행 평가라면, 회귀공식은 1~5점 척도에서 상사의 평정에 대한 예측치를 산출할 수 있을 것이다.

차별공식은 기본적으로는 회귀공식과 비슷하지만 그 목적에서 다소 차이가 있다. 이 공식은 다수의 검사점수를 사용하여 개인이 하나 또는 여러 집단에 대한 유사점을 결정할 때 사용된다. 예측된 절단점을 산출해 내는 회귀공식과는 반대로, 차별공식은 다른 집단과 차별되는 점수와 비교할 수 있는 점수를 산출해 낸다. 개인이 특정 집단의 차별 점수와 비슷한 점수를 받았다면, 이는 그 사람이 그 집단에 속한다는 것을 의미한다. 회귀 및 차별 분석 방법에 대한 자세한 논의는 Anastasi와 Urbina(1997), Goldman(1971)을 참조할 수 있다.

4) 신뢰도와 타당도 그리고 타당도의 일반화

이 책에서 전반적으로 심도 있게 논의되고 있는 신뢰도 및 타당도는 검사평가에서 매우 중요한 부분이기도 하다. 상대적으로 높은 신뢰도와 타당도는 다중적 적성검사의 가장 두드러진 특성이기도 하다. 많은 연구는 적성, 성취도, 지능 및 그와 유사한 능력을 재는 검사들의 경우 신뢰도가 대체로 높은 .80대에서 낮은 .90대 범위에 있다는 것을 보여 준다. 반면 성격, 흥미, 태도 측정검사들의 신뢰도는 높은 .70대에서 낮은 .80대 범위에 있다. 이러한 정보는 적성검사와 관련된 능력검사의 신뢰도가 여타의 검사보다 우월하다는 주장을 뒷받침해 준다. 낮은 신뢰도는 의심해 볼 필요가 있으며, 특히 업무 선택 및 분류법, 프로그램 응시자의 선택을 목적으로 사용되는 검사의 경우 많은 주의를 요구한다.

다른 종류의 검사와 비교할 때, 적성검사의 타당도는 대체적으로 높은 편이다. 타당도가 검사에서 가장 중요한 요소라는 점을 고려했을 때, 적성검사는 재활상담에 있어서 상당한 유용성을 지니고 있다고 볼 수 있다. 검사의 영역에 대한 일반적 타당도를 평가하기 위해 연구자는 검사 매뉴얼이나 문헌에서 언급된 타당도 계수를 참조하게 된다. 타당도 계수 중에는 예측 및 동시 타당도를 포함하는 준거타당도가 가장 흔히 사용된다. 이러한 계수는 종종 수량화할 수 있고 한 연구와 다른 연구를 비교 가능하게 해 주기 때문에 자주 사용된다. Siebel(1968)은 적성검사에 있어서 준거타당도 계수는 대체로 .30~.60 범위에 있으며 간혹 .80 정도를 보이는 검사도 있다고 보고했다.

몇몇 연구자는 적성검사의 타당도를 평가하기 위해 좀 더 임상적인 접근법을 사용하였다. 예로, 1966년에 Ghiselli는 직업적 적성검사들의 일반적 타당도를 평가하는 대표적인 연구를 내놓았다. 이 연구에서는 1919년부터 1964년까지 출판된 전문문헌들을 체계적으로 조사하였다. Ghiselli는 지적 능력, 공간, 기계적 능력, 지각적 정확도, 운동신경 능력, 성격적 부분들로 검사들을 구분해 데이터를 일관되게 보고하였다. 직업적 성공을 위한 기준으로 두 가지 영역이 밝혀졌다. 첫 번째 영역은 훈련 기준으로, 직업훈련 과정에서의 성적 등이 해당된다. 두 번째 영역은 업무 숙련 기준으로, 개인의 업무 수행에 대한 상사의 평가, 생산력 측정치, 판매량에 비례한 수익, 사고의 빈도 등이 포함된다. Ghiselli는 다른 연구에서 나온 타당도 계수를 병합하는 데 난관을 겪었다. 이를 해결하기 위해 Fisher의 z변형(transformation)을 도입했고, 타당도 계수의 평균을 계산할 수 있었다. 신뢰도 수치가 들쭉날쭉한 검사들의 계수의 평균을 계산해야 하므로 통계적인 오류가 관련되기 때문에 타당도 계수의 평균은 실제 계수보다 과소평가되는 경우가 흔하다.

Ghiselli는 대부분의 직업에서 훈련 가능성이 비교적 잘 예측되었다고 밝혔다. 동시에 업무 효율성에 대한 예측은 정확하지 않았고 타당도 계수가 보통 .20대에서 맴돌았고 .30을 넘는 경우는 거의 없었다고 발표했다. Ghiselli의 보수적인 결론은 이후에 여러 번 수정되었다. Hunter와 Hunter(1984)는 Ghiselli의 결론을 새로운 분석법인 메타분석을 통해 재해석했다. 그들의 결론에 따르면, 인지능력검사는 훈련 가능성의 예측에서 .32~.76의 타당도를 보였고, 업무 효율성의 예측에서는 .29~.61의 타당도를 보였다. 인지적 심리운동검사의 평균 타당도를 합치면 .53 정도인데, 이는 다양한 직업군에 걸쳐서 미미한 차이를 보였다.

Hunter와 Hunter(1984)는 타당도 계수를 예측하는 것에 멈추지 않고 이러한 결과를 실용적인 언어로 다시 설명했다. 유용성 공식을 사용하여 그들은 다양한 전략의 선택에서 소요되는 비용을 예측해 내었다. 적성검사를 배제하고 다른 측정치를 예측 변인으로 사용하여 연방정부의 초급 공무원직을 고용할 때 연령만 선별 기준으로 사용한 경우 150억 8,900만 달러가 소요되었고, 직업 실습(job tryouts)으로 선별 기준이 대치된 경우는 30억 1,200만 달러가 소요되었다. 다른 선별 기준이 채택된 경우(예: 의료 기록) 소요비용은 위의 두 비용 사이였다. Schmidt와 Hunter(1981)의 연구에서는 미국의 고용인력 생산력이 매년 800억 달러 정도 선이라고 예측했고, 이는 적성 및 다른 인지능력 검사가 채용 상황에 동일하게 사용되었을 때는 그렇지 않았을 때에 비해 더 늘어날 것이라 예측했다. 다르게 말하면, 검사가 제대로 사용되지 않을 경우 미국 전역의 기업 수익과 동일하거나 또는 연방정부 예산의 20%에 해당하는 비용을 허비하게 된다는 결론에 이르게 된다.

앞에서 다중적 적성검사에 대한 지지를 하였으나, 이는 타당도에 대한 연구 결과가 상황에 따라 다르거나 또는 작업장의 환경에 제대로 감지되지 않은 차이에 의해 변화가 있을 수 있다는 우려를 여전히 낳고 있다. 이는 검사가 다른 환경에서 실시될 때마다 그 환경이 타당한지를 점검해야 한다는 말이다. Hunter, Schmidt와 동료들은 이에 동의하지 않았다(Schmidt & Hunter, 2003; Schmidt, Hunter, Pearlman, et al., 1985). 그들은 상황에 따른 검사 타당도 계수의 변화는 표본 수집의 오류로 인한 결과이지 검사의 결점에 의한 것은 아니라는 주장을 했다. 적은 표본집단을 가진 연구의 결과를 병합해 메타분석한 결과, 적성 및 다른 인지능력 검사의 타당도 자료들이 대부분 안정적이라는 것을 보여 주었다. 가설화된 안정성(hypothesized stability)은 타당도의 일반화라는 이름으로 언급되었다.

Hunter는 타당도 일반화(VG)에 대한 이러한 주장들을 일반적성검사에 적용하였다. 첫 번째로, Hunter는 일반적성검사(GATB)의 9개 요인점수가 인지 · 지각 · 심리

운동 영역의 세 가지 복합척도에 의해 적절하게 설명된다는 것을 보여 주었다. 이 과정에서 그는 미국 경제 내에 있는 1만 2,000개 이상의 직업을 미국 『직업백과사전(Dictionary of Occupational Titles)』의 데이터-사람-일 분류 시스템을 사용하여 5개의 복합적 직업군으로 축소하였다(U.S. Department of Labor Employment and Training Administration, 1991).

5개의 직업군은 ① 설치/정밀(precision) 직업, ② 급식/운송 직업, ③ 통합/조정(coordinate) 직업, ④ 분석/편집(compile)/계산 직업, ⑤ 복사/비교 직업이다. 다음으로, Hunter는 35년 동안 출판된 515개의 GATB 타당도 연구들을 다시 해석하였고, 직업군들에서 수행을 예측하기 위한 복합척도들의 교정된 다중 상관관계가 .49~.59 범위에 있고 평균은 .53라고 밝혔다. 이러한 발견은 타당도의 일반화 가설을 지지하는 것으로, 타당도 일반화-일반적성검사(VG-GATB)의 개발을 주도하기도 했다(Bolton, 1994; Hartigan & Wigdor, 1989; Schmidt & Hunter, 2003).

하지만 Hunter의 연구는 여러 가지 심각한 의문점이 제기되었다. 철저하고 기술적으로 매우 섬세한 비평에서 Hartigan과 Wigdor(1989)는 ① Hunter의 분석이 VG-GATB의 복합점수를 산출해 내었지만 이는 결점이 있고, ② 모든 직업을 5개의 직업군으로 분류한 것은 직업 수행의 예측을 좀 더 유용하게 사용하는 데 오히려 장애가 되고 있으며, ③ 그가 교정한 타당도는 데이터에서 이상(anomalities)을 진술하기 위해 사용한 부적절한 것으로서 상향 조정된 경향이 있다고 주장하였다. 그들은 연구되었던 직업의 90% 정도에 대한 타당도가 .20~.40로 산출되었다고 밝히며, 이는 Hunter가 예측한 점수보다 낮은 것이라고 결론 내렸다. 불행히도, GATB는 이 논쟁에 앞서 언급된 소집단 규준화 문제의 단서를 제공하였다. 타당도 일반화와 Hunter의 연구에 대한 논쟁은 오늘날에도 계속되고 있다(Landy, 2003; Murphy, 2003; Schmidt & Hunter, 2003).

5) 일반 대 특수 규준

장애와 관련된 검사 수행의 문제점이 밝혀지고 수용되자(Esktrom & Smith, 2002), 재활 전문가들은 종종 일반인의 일반 규준을 사용해야 할지 혹은 비슷한 장애를 가진 집단의 특수 규준을 사용해야 할지에 대해 고민하게 되었다. 이 문제에 대해 한 쪽은 일반 규준을 사용해야 한다고 주장한다. 왜냐하면 장애인이 고용되기 위해서는 일반 사람들과 경쟁해야 하기 때문이라는 생각에서다. 하지만 반대쪽의 의견은 일반 규준의 사용은 장애인을 불공정하게 차별할 수 있다고 주장한다.

이 문제는 기술적인 그리고 예측적인 해석 기술에 관한 질문을 분석할 때 가장 혼란스럽게 된다. 규준을 포함한 기술적인 장치들은 단순히 어떤 참조집단 내 개인의 수행을 보는 것이 된다. 규준을 사용함으로써 특정 개인이 기계적 적성에서 75%에 속하는 점수를 받았다는 것을 결정하게 되기도 한다. 만약 참조집단이 성공한 자동차 수리공으로 이루어졌다고 해 보자. 이러한 경우는 그 개인이 매우 성공적인 자동차 수리공이 될 수 있다는 예측을 내어놓을 수 있다. 하지만 이러한 예측은 75%에 속하는 점수라는 것에 대한 연구적 확증이 없는 경우 주관적인 판단이 개입된다.

다만 자동차 수리에 연관된 변인이 모두 밝혀지고 또한 예측에 관한 공식들이 개발된 경우, 위의 개인이 자동차 수리공으로 성공할 확률은 통계적 확률치와 매우 직접적으로 연관되어 결정된다. 후자의 경우 전혀 주관성이 개입되지 않는다. 이러한 두 가지 방식의 예측 방식은 임상적 예측과 통계적 예측으로 불리고 있다.

어떤 특정한 경우에는 같은 검사점수가 한 사람의 행동에 대해 예측하고 기술하는 데 쓰이기도 한다. 하지만 재활 관련 종사자들은 기술과 예측 간의 개념적 분리에 종종 실패하게 된다. 왜냐하면 일반 규준과 특수 규준을 둘러싼 혼란스러운 논쟁 때문이다. 기술적인 목적을 위해서는 일반 규준이건, 특수 규준이건, 아니면 두 가지를 동시에 사용하건, 어차피 개인의 수준이 선택된 규준집단에 비해 어떤가에 관한 것이므로 결정하기가 용이하다. 다만 문제는 예측이라는 단어를 사용하는 순간 매우 복잡해진다. 예측은 규준으로부터 추출된 점수를 기반으로 하고 간접적 추측(armchair speculation) 또는 임상적 판단으로서 무엇이 언급되었는지가 관련되기 때문이다. 다수의 연구자(예: Meehl, 1954)는 임상적 판단을 내리는 데에서의 제한점을 지적하고 있다. 가능하다면 통계적인 방식이 예측을 하는 데 사용되어야 한다고 말하고 있다. 일반 규준 대 특수 규준의 문제는 예측이 목적이 될 때 소멸된다. 왜냐하면 규준은 기본적으로 기술적이지, 예측적이지 않기 때문이다. 기술적 방식으로 규준을 사용하기를 원하는 경우는 일반 규준이건 특수 규준이건 선택에 커다란 어려움이 없게 된다.

6) 임상적 대 통계적 예측

과학의 역사는 인간의 관찰 오류와 판단 오류로 채워진다. 인간의 오류는 특히 행동과학에서 만연하고 또 거대하다. 정신과적 진단을 예로 들면, 진단은 엄청난 변화에 의해 결정된다(Dunning, 2005). Zubin(1967)은 6개의 연구를 종합하면서, 정신과 의사들이 정신질환을 가진 환자들을 진단하는 데 동의하는 경우가 38~84%라고 보고했다. 일반적인 상태, 특히 정신병, 신경증, 뇌손상 등을 진단할 때 의사들이 동의하는 경우는 64~84%에 이른다. 다만 정신과성 질환의 특정 유형을 진단하는 데는 동의율이 38~66%에 그친다. 이런 연구 및 이와 비슷한 연구에서는 전문적인 판단이 경험과 통찰을 기반으로 하기 때문에 특히 오류를 범하기 쉽다고 이야기한다. 이러한 우려에서 Meehl(1954)은 임상적 판단의 상대적인 정확도를 통계적 예측도와 비교해 결정하려고 노력하였다. 그는 이 문제와 연관된 19개 연구를 발견했다. 그중 10개는 예측의 방법에서 차이점이 없다고 말했고, 9개는 통계적 예측이 좀 더 우수하다는 결론을 내렸다. Meehl의 연구 비평에 대한 답을 제시하기 위해 Gough(1962), Holt(1958) 그리고 여러 연구자가 애를 썼으며, Sawyer(1966)는 Meehl의 초기 연구를 좀 더 확장하려 했다. Sawyer는 임상적 예측과 통계적 예측의 정확도를 비교한 45개의 연구를 수집했고, 결과적으로 Meehl의 연구 결과를 지지했다. 즉, 통계적 예측이 데이터 수집 방식과는 상관없이 임상적 예측과 동일하거나 때로는 더 우수하다는 결론이었다. Aegisdottir와 동료들(2006)은 최근 56년 내에 임상적 대 통계적 예측을 비교한 연구를 수집해 메타분석을 실시하였다. 41개의 연구가 이에 포함되었는데, 이는 효과 크기가 -.12로 임상적 방법보다는 통계적 방법이 정확도가 더 높다고 보고하였다(p. 367). 효과 크기가 작기는 하지만, 이는 일관되고 신뢰적인 결과로 임상적 예측보다 통계적 예측이 13% 정도 더 정확하다는 것을 언급한다.

비슷한 우려들이 재활상담에 영향을 미쳐 왔다. 물론 지난 연구이지만 두 연구는 특히 흥미롭다. Roehlke(1965)는 재활상담사들의 임상적 예측과 통계적 예측을 비교하였다. 이는 다양한 재활 프로그램에서 정신장애인을 표본으로 한 결과를 다룬 것이었다. 통계적 예측은 인구조사, 심리적·직업적 변인들을 바탕으로 산출된 것으로 평균 예측 정확도가 80% 정도였다. 가장 능력 있는 상담사의 경우 예측 정확도가 55% 수준에 이르렀고, 다수의 상담사는 이보다 못했다.

Bolton, Butler와 Wright(1968)는 통계적 상담사의 임상적 평가를 비교했다. 이는 재활 프로그램 내에 재활 내담자의 성공에 대한 가능성을 평가하는 것이었다. 이전 연구와 마찬가지로 통계적 예측은 일반적으로 임상적 예측보다 좀 더 정확하였다. 적어도 35개의 사례를 종결한 28명의 상담사 중에 두 명은 예측 정확도에서 통계적 예측 수치를 능가하는 것으로 나타났다. 상담사의 예측 정확도에는 광범위한 편차가 있기는 하지만, 상담사의 교육 수준이나 경험은 정확도와는 별로 상관이 없는 것으로 나타났다. Cook(1980)은 비슷하게 임상적 · 통계적 예측의 문제를 다루었고, 이를 활동하고 있는 재활상담사들에게 적용하려고 애썼다. 재활 및 관련 문헌에 대한 그의 리뷰에서는 임상적 예측보다 통계적 예측이 우월하다고 주장했다.

전반적인 결론은 앞서 예측적 해석 방법에서 언급했던 것처럼 통계적 예측은 일반적으로 경험 있는 전문가들의 임상적 판단보다 정확하다는 것이다. 이러한 결론은 예측적 해석 방법이 자주 사용 가능하지 않기 때문에 재활 전문가들을 딜레마에 빠뜨릴 수도 있다(Anastasi & Urbina, 1997). 결론적으로, 전문가는 의사결정에 있어 자신의 통찰을 계속해서 사용해야 하지만, 그 과정에서 통찰에 의존한 판단이 놓칠 수 있는 것들이 있다는 것을 염두에 두어야 한다. 상담가는 요구된 다양한 판단에 대한 기록을 반드시 보관해서 자신의 결정이 내담자의 성과를 예측하는 데 정확한가를 생각해야 할 것이다. 상담사들은 이러한 기록을 보관함으로써 자신이 범한 오류를 밝히고 교정할 수 있어야 한다.

5 결 론

이 장은 적성검사에 대한 정의와 적성검사 개발의 역사적 배경으로 시작했다. 또한 적성검사를 대치하는 데 사용되는 자기 평정척도에서의 문제점들이 논의되었다. 그리고 10개의 적성검사 배터리(GATB, ASVAB, DAT, AE, APITCOM, BAB, CS, CPS, OASIS-3, PESCO)가 서술되고 평가되었다. 특히 세 가지 검사(GATB, ASVAB, DAT)는 우수함을 오래도록 인정받았다. 이 세 가지 검사 중 차별적성검사(DAT)는 유일하게 현재 상업적으로 사용 가능한 검사로, 리뷰에서 언급되었던 다양한 문제에도 불구하고 재활 현장에서 추천되는 검사다. 다른 7개의 검사는 잠재력을 보여 주고 있지만 그 사용에 있어 주의를 기울여야 한다는 점이 지적되었다. 마지막으로, 적성검사 관련 몇 가지 이슈가 소개되었다. ① 검사 결과의 해석, ② 신뢰도와 타당도 그리고 타당도의 일반화, ③ 일반 대 특수 규준, ④ 임상적 대 통계적 예측이다. 이러한 이슈들에도 불구하고 직업적성검사는 교육적 · 직업적 지도, 진로 개발 및 직업 배치에서 내담자와 재활 전문가에게 도움을 준다.

Chapter

06

성격평가

Samuel E. Krug

넓은 의미에서 보면, 성격평가란 특정한 상황에서 보이는 사람의 행동에 무엇이 영향을 주는가를 공식적으로 수량화하는 과정이라고 정의할 수 있다. 상황이라는 것은 직업의 선택, 치료계획, 치료적 개입, 또는 그와 관련된 다른 요소들의 조합과 관련된 것이다. 영향이라는 것은 내적 · 외적 요인의 상호작용에 의해 형성된 지적/인지적인 능력(R. B. Cattell, 1971), 사람들 간의 의사소통을 설명하는 대인 간 과정(Wiggins, 1985), 또는 직업 선택과 직업 적응을 이해하는 데 필수적인 태도, 흥미 및 가치와 같은 역동적인 특질(Bolton & Roessler, 1986)과 같은 것이다. 모델의 선택이나 이론적 견해와 관계없이, 성격평가란 그러한 영향을 측정하는 공식적인 과정이다.

성격 탐구는 역사가 기록되기 시작한 초창기부터 철학자와 소설가 등의 사람들에게 매력적인 주제였다. 아리스토텔레스의 『시학(Poetics)』이나 제임스의 『나사못 회전(The Turn of The Screw)』과 같은 작품들을 보면 등장인물의 기질과 동기에 대해 꿰뚫어보는 듯 매우 통찰력이 있다. 그럼에도 불구하고 이러한 노력은 단지 성격에 대한 학문이 20세기 들어 과학에서 꽃피기 이전의 비공식적인 선구자로 보아야만 한다.

오늘날 성격평가는 심리학 내에서 가장 기술적으로 진보된 분야 중 하나다. 최근 개발된 검사들은 잘 다듬어진 검사 개발 기법들의 총체이며, 과학과 심리학 분야에서 지대한 영역을 차지하고 있다.

하지만 처음부터 항상 그랬던 것은 아니다. 과학적 심리학이 1870년대 독일의 실험실에서 탄생하였을 때는 Weber-Fechner의 법칙과 같은 일반적인 법칙에 주로 관심이 있었으며, 이러한 법칙들은 정형화된 명확성과 수학적 고상함이 더해진 자극 반응에 관련된 것들이었다. 현대 실험심리학의 창시자라 불리는 Wilhelm Wundt와 같은 과학자들에게는 집단 반응의 평균에서 이탈된 개인 반응은 단지 측정오차일 뿐이었다.

그러나 바슷한 시기 영국의 Francis Galton은 측정오차와는 별개인 '개인차'에 관심을 기울였다. 개인차는 체계적으로 측정될 수 있는 행동의 반복적인 패턴을 말하는 것이다. 이러한 측정은 결과적으로 행동에 대해 일반적인 법칙만을 적용했던 이전보다 더욱 정확한 예측을 가능하게 하였다. Galton의 업적은 현대적 성격평가의 토대가 되었다.

최초의 심리학적 검사는 일반적 또는 특수한 능력을 평가하기 위해 개발되었다. 이처럼 능력에 중점을 둔 이유는 초기의 실험실에서 했던 차별화된 과제에 역점을 두는 전통 때문이기도 했고, 특수한 교육적 요구를 가진 학생을 선별하기 위해 실용적으로 필요했기 때문이기도 했다. 전형적인 성격검사가 단어 연상 과제와 같은 형태로 존재하긴 했지만, 성격을 평가하려는 시도는 1919년 제1차 세계대전 때 Woodworth의 『개인자료집(Personal Data Sheet)』(1930)이 출판될 때까지는 전체적으로 비과학적이고 비표준화된 채로 남아 있었다. 『개인자료집』은 불안과 관련된 다양한 증상을 대표하는 116개의 문항으로 구성되어 있다. Woodworth의 선구자적인 노력은 L. L. Thurstone이 만든 검사의 구성에 직접적으로 영향을 주었고, 그 이후의 대다수 임상척도의 개발에 간접적인 영향을 주었다. Woodworth의 문항은 매우 견고해서 그중 많은 수가 현재의 임상적 검사에서도 그대로 남아 있는 것을 볼 수 있다.

대개의 심리학적 도구가 특정한 상황에서 보이는 사람의 행동을 설명하는 데 도움을 주기 때문에, 그것이 모두 성격검사인 것처럼 분류하는 경향이 있다. 그러나 그 용어가 흔히 이해되는 것처럼, 성격검사라는 것은 단지 전체의 아주 작은 부분을 보여 줄 뿐이며, 사람이 어떻게 전형적으로 기능하는가를 보여 주는 것이 그 주된 임무다. 이것은 인지능력검사와는 대조적인데, 예를 들면 최대 수행 잠재력을 평가하거나 학생이 특정 기술을 얼마나 잘 달성했는지를 평가하는 성취도검사와 성격검사는 매우 다른 것이다. 성격의 맥락에서 검사란 크게 비구조화와 구조화의 두 가지 범주에서 고려되어야 한다. 비구조화된 검사란 Rorschach 검사와 주제통각검사와 같이 비교적 모호한 자극을 주고 넓은 범위의 반응을 유도하는 투사적 기법들을 말한다. 구조화된 검사란 정해진 문항과 반응 옵션을 가지고 있는 평가도구를 말한다. 미네소타 다면적 인성검사(MMPI)나 임상분석 질문지(CAQ)와 같이 구조화된 검사는 주로 임상과 관련된 내용에 초점을 맞추고 있다. 이들 검사에 대해서는 제7장에서 논의할 것이다. 이 장에서는 일반적 범위, 즉 비임상적인 구인을 측정하는 구조화된 검사에 초점을 두고 있다.

1 성격을 평가하는 이유

평가의 목적은 불확실성과 의사결정의 오류를 줄일 수 있도록 적절한 정보를 제공하는 데 있다. 단지 재활의 상황에서만 보아도, 답이 필요한 의사결정의 상황이 수없이 많다. 예를 들어, 약물남용의 문제를 가지고 있는 내담자의 경우, 발병 시기와 중독 기간, 사용 약물의 종류 등과 같은 사항을 기록한 단순한 과거력은 효과적인 치료 절차를 결정하는 데 불충분하며, 가능한 결과에 대해 큰 통찰을 주지도 못한다. 예를 들어, Cloninger(1987)는 알코올중독의 두 가지 유형을 규명하였다. 유형 I의 알코올중독은 특성 불안이 높으며, 알코올 소비를 비교적 잘 조절하고, 알코올 소비와 관련된 죄책감과 수치심이 큰 유형이다. 유형 II의 알코올중독은 반사회적 행동과 범죄적 행동에 동반되며 잘 조절되지 않고 충동적인 알코올 소비의 패턴으로 특징지어질 뿐 아니라 그러한 패턴의 동기가 매우 다르다. 이러한 두 가지 유형의 알코올중독은 이질적인 성격 패턴을 반영하기 때문에 그에 따라 다른 치료 전략을 필요로 한다. 성숙함 · 적응력 · 예민성 등과 같은 성격에 관한 부가적인 정보는 치료의 과정을 예견하고 개인적 치료계획을 구조화하는 데 매우 도움이 되는 것으로 나타났다. 치료를 보다 효과적으로 또한 보다 비용 절감적으로 해야 한다는 압박감이 늘어나면서(Beutler, Goodright, Fisher, & Williams, 1999; Lambert & Lambert, 1999) 환자의 강점과 약점을 치료 초기에 신뢰할 수 있게 평가해야 할 필요성이 대두된 것이다.

정상 범위 성격의 평가는 진로상담의 의사결정과 관련된 불확실성을 줄이는 데 중요한 역할을 한다. 몇몇의 저자(예: Hunter, 1986)가 논의한 것처럼, 인지능력이 직무 수행에 가장 중요한 예측변인 중 하나라는 것이 사실일지도 모른다. 그러나 인지능력 하나만으로 직무를 잘할 수 있어야 하는 사람들이 왜 늘 그렇지만은 않은 것인지를 설명할 방법이 없다. 예를 들어, 보험회사 직원들은 근무를 시작한 첫해에만 90%까지 실적을 잘 올린다. 또 어떤 직책에서는 마치 통행료를 받듯 직무 스트레스가 있는 것이 당연한 것처럼 보이기도 한다. 그러나 그러한 스트레스로부터도 살아남는 사람들이 항상 있는 법이다. 어떤 직업군에서 요구하는 심리적인 소양, 즉 일반적인 인지능력 혹은 세부적인 지식을 초월한 그런 것에 어떤 사람이 적합한지를 결정하도록 도와주기 때문에 정상 범위의 성격 특징들을 아는 것은 진로상담에 매우 쓸모가 있다.

메타분석을 한 연구 문헌에 따르면, 직무 수행을 예견하는 성격 변인이 그것을 측정하기 위해 사용된 여러 가지 다른 검사들에서도 일관적으로 나타났다(Barrick & Mount, 1991; Judge, Heller, & Mount, 2002). 다른 연구들에서는 성격검사를 직무 분석과 함께 평가에 넣었을 때, 그리고 어떤 직책에 정규직으로 고용된 재직자를 대상으로 연구를 수행하였을 때, 그 예언 수준이 상당히 증가하였다(Tett, Jackson, & Rothstein, 1991). 그러나 이 자료들을 검토해 보면 정상 범위의 성격을 측정하기 위해서 잘 개발된 검사들이 직무 배치와 직무 수행에 관한 의사결정에는 잘 쓰이지 않고 있는 것 같다(Hogan, Hogan, & Roberts, 1996).

2 자기보고식 측정 방법의 타당성과 유용성

자기보고식 측정 방법이 행동을 예측하는 데 실용적이지 않다는 것에 대한 책임론이 종종 제기된다. 몇 가지 이유가 그러한 주장을 지지한다. 관계가 없는 변인 때문에 혼동이 된다는 이유(예: 다양한 응답의 선택에서 사회적 바람직성과 같은 것), 문항들이 기저에 깔려 있는 성격의 역동에 대한 실제적인 통찰을 주기에는 너무 명확히 들여다보이고 왜곡을 고려하기에는 너무 예민하다는 이유, 또는 그것이 단지 실제적으로 사용하기에는 충분히 타당하지가 않다는 이유에서다.

자기보고식 방법이 논란의 핵심이 되었음에도, 모든 평가의 양상들이 왜곡된 응답 자체를 평가의 대상으로 삼는 것을 강조한다는 사실은 매우 중요하다(Krug & Cattell, 1971). 심리학자들이 전형적으로 관심을 기울이는 것은 그들이 측정하는 것에 의해 직접적으로 평가되는 속성이 아니라 그러한 측정을 토대로 추론할 수 있는 속성들이다. 예를 들어, 혈압이나 심장 박동은 심리적인 스트레스나 질병에 대한 취약성 또는 회복력과 같은 속성을 추론하기 위해 사용된다. 초점이 성격검사의 문항 반응에 있건 신체검사의 기록에 있건 간에, 가설적 구인을 추론하려는 모든 측정법은 이론에 기반을 두어야 한다. 자기보고식 검사의 정확성에 대한 우려는 아마도 측정을 어떻게 할 것인가 하는 방법에 대해 가장 많이 연구하고 가장 비판적으로 논의한다는 사실로부터 나오는 것 같다.

심리학적 검사들이 실용적으로 사용될 만큼 타당하지는 않다는 책임론이 적극적으로 논의되기도 하고 때로는 묵살되기도 하였다(Meyer et al., 2001). 어떤 연구에서 자궁암 조기검사법과 같은 의학적 검사의 타당도와 전형적으로 사용되는 심리학적 검사들, 즉 구조화된 검사들과 비구조화된 검사들의 타당도를 비교하여 그 둘 간에 차이가 거의 없다는 것을 알아내었다. 또 어떤 경우에서는 심리학적 검사들과 의학적 검사들이 같은 결과를 예측하는 능력에서 거의 구별이 되지 않았다. 예를 들어, 치매를 예견하는 신경심리학적 검사들과 자기공명영상법은 거의 비슷한 결과를 냈다.

질문지 문항에 대한 응답은 다차원적으로 결정된다. 검사를 설계하는 사람은 응답에 영향을 줄 만한 매우 다양하고 중요한 변인의 원천에 대해 고민한다. 그러고 나서 그들은 실질적인 변량을 극대화하고 관계없는 요인들을 최소화하도록 문항과 척도들을 구조화한다. 이 장의 뒷부분에 더 자세히 설명되어 있는 Jackson 성격검사는 검사 구성의 이러한 면에서 뛰어난 예시를 보여 주고 있다.

의도적인 꾸밈에 대해서, Hogan과 Hogan(1995)은 성격검사의 점수를 좌우하는 능력은 사회적 자신감의 기능이며 그 자체로 귀중한 정보라고 하였다. 나아가 그들은 구직의 과정에서 의도적 꾸밈의 기저선이 생각보다 훨씬 낮다는 점을 지적하였다.

어떤 사람들은 의심할 것 없이 질문지 방식을 더욱 정확하고 깊이 있는 평가 방법으로 여기면서, 인터뷰나 직접적인 관찰 방법을 보충하는 정도로 생각하고 있다. 질문지에 의한 성격의 평가가 다른 대안적 방법보다 비용이 덜 드는 경향이 있다는 것도 사실이다. 그러나 연구 문헌을 보면, 이러한 유형의 성격검사가 신뢰도, 타당도, 유용성 면에서 크게 부족한 점이 있다는 사실은 명확해 보이지 않는다. 예를 들어, Kleinmuntz(1982, p. 208)는 인터뷰가 보다 더 공식적인 심리측정 기술로 얻어진 정보에 그다지 많은 것을 더 추가하지는 않는다는 결론을 내렸다. 직접적인 관찰 방법과 행동평정 또한 신뢰도와 타당도의 문제를 가지고 있다.

최종적 분석에서, 기저에 있는 성격적 특징을 공정하고 정확하게 측정해 내는 데에는 현재 가용한 접근들 중 구조화된 성격검사가 가장 나을 수 있다는 것을 보여 주고 있다.

3 정상 범위 성격의 다차원성과 구조

1960년대 후반부터 1970년대 동안에는 성격의 '진짜' 요인 혹은 중요한 요인의 수가 몇 개인지에 초점을 둔 논의가 많았다. 이 주제에 나타난 관심은 동의의 수준을 훨씬 넘어선 막강한 것이었다. R. B. Cattell(1973, 1986), Eysenck(1976, 1986), Guilford(1975)가 가장 영향력이 큰데, 그들이 구축한 구조적인 모델과 검사들이 이러한 논쟁의 핵심에 있었기 때문이다. 그들은 성격의 본질에 대해 색다른 결론을 유도하는 요인의 개수를 두고 논쟁을 하였다. 예를 들어, Eysenck는 초기에는 두 개의 매우 폭넓은 요인, 즉 신경증 경향성(neuroticism)과 외향성(extroversion)에 초점을 맞추었고, 이후에는 세 번째 요인인 정신증 경향성(psychoticism)을 추가하였다. Guilford는 13개의 요인에 대해 논쟁하였는데, 그의 연구는 외향성과 내향성의 가설화된 구성 요소들을 분리하고자 시작되었다. Cattell은 성격의 보다 세부적인 특질에 대한 접근을 이루어 냈는데, 요인이 최소 23개임을 주장하였고, 만일 병리적인 영역이 충분히 포함된다면 35개로 늘어난다고 하였다(Cattell & Krug, 1986). 이러한 논쟁들은 너무나 활발해서 수그러들 줄 몰랐다. 요인분석적 절차와 변인의 대표성, 피검사자 표집에서 발생한 차이가 해석에서의 차이를 유도하였다는 것을 모두가 인정하였음에도 불구하고, 누구도 그 수나 성격 구조의 본질에 대해 동의를 하지는 않았다.

중심 이슈는 성격의 진행 과정을 탐구하는 것에서 어느 정도의 수준이 최적이냐 하는 것이었다. Eysenck의 신경증 경향성과 외향성과 같이 폭넓은 구성 요소들은 전형적으로 하위계층의 구성 요소들보다 더 신뢰성 있게 평가된다. 이는 이론적으로는 보다 타당한 예언이 보다 신뢰성 있고 넓은 요소로부터 유도된다고 볼 수 있다. 그러나 실제 생활의 결과물을 예견할 때에는 성격의 구성 요소들이 언제나 함께 작용하는 것은 아니며, 실질적으로는 별로 신뢰할 수 없는 구성 요소로부터 매우 타당한 예언이 유도되기도 한다.

더 최근에는 이러한 논쟁이 5요인 모델(Digman, 1990; Wiggins, 1996)이 도입됨과 더불어 상당히 약해졌다. 5요인 모델은 동료집단 평정법의 구조에 대해 반세기에 걸쳐 이루어진 요인분석적 연구에 기반을 둔 것이다. 이 모델은 우리가 타인과 우리 자신을 묘사하는 방식에 대한 다섯 개의 재생 가능하고 폭넓은 차원이 있음을 제시한다. 어떤 저자에 따르면, 이러한 영역들은 "보다 상위에 그리고 추상적 수준에 위치해 있는 일반적인 평가와 행동 묘사의 가장 높은 단계의 수준"을 보여 준다(Goldberg,

1993, p. 27). 다섯 가지의 차원은 외향성(Extroversion) 또는 외부성(Surgency), 쾌활함(Agreeableness) 또는 호의성(Friendliness), 성실성(Conscientiousness) 또는 의지(Will), 정서적 안정성(Emotional Stability) 또는 신경증적 경향성(Neuroticism), 그리고 지성(Intellect) 또는 경험이나 문화에 대한 개방성(Openness to Experience or Culture)이다. 이러한 다섯 가지 요인을 설명할 때 '또는'이라는 말을 많이 사용했다는 사실은 한 단어에 대해 우리로 하여금 믿도록 할 만큼의 의견 일치가 그다지 폭넓게 이루어지지 않았다는 것을 말한다. 어떤 저자들은 "Big 5 이외에도 행동의 차원이라는 건 얼마든지 있다는 것"을 설득적으로 논쟁하기도 하였다(Ashton, Jackson, Helmes, & Paunonen, 1998, p. 243). Wiggins와 Trapnell(1996)은 지난 반세기가 넘게 개발되어 온 5요인에 대해 사려 깊은 검토를 한 후, 실제를 반영하는 다른 버전이 Big 5와 동시에 존재할 수도 있다는 것을 지적하였다.

5요인 모델은 NEO 성격검사(NEO-PI)와 Hogan 성격검사(HPI)와 같이 새로 만들어진 검사의 개발을 안내하는 기초적인 역할을 해 왔다. 16가지 성격요인 질문지(16PF)와 같은 검사도 원래는 5요인 모델의 맥락 안에서 개발된 것은 아니었으나 그 자신의 기저에 있는 성격 모델과 5요인 모델 간의 연결 고리를 만들려는 시도를 했다. 요약하면, 5요인 모델은 1980년대부터 널리 받아들여졌고, 정상 범위 성격의 구조에 대해서 생각할 때 중요한(어떤 이들은 중심적 역할이라고 하기도 한다) 안내자의 역할을 했던 모델이다.

성격의 구조에 대해서는 어느 정도 동의가 이루어지고 있다는 사실은 놀랄 만한 일이 아니다. 많은 연구 영역에서 이는 사실로 받아들여진다. 예를 들어, 인지능력의 영역에서는 거의 모든 사람이 일반적인 능력이 존재하고 그것이 중요하다는 사실에 동의한다. 그러나 그 외에는 상당한 의견 차이가 있다. 예를 들어, 인간 능력의 영역에서 Spearman의 기본 모델에서는 단일 일반능력 요인을 가정한다. 그래서 R. B. Cattell(1971)은 유동성 지능(gf)과 결정성 지능(ge)의 개념을 도입함으로써 보다 개선된 것에 대해 논의하였다. Thurstone과 동료들은 보다 복잡한 기본능력 모델을 주장하였다. 더 최근에는 일반능력 외의 능력 변인으로부터는 직무수행력을 예언하는 데 얻을 것이 별로 없다고 하였다(예: Hunter, 1986). 그러나 그러한 지적에 대해 반대하는 이들도 있다(Hartigan & Wigdor, 1989).

상황은 성격에 대해서도 다르지 않다. 앞서 언급하였듯이, 다섯 가지의 차원을 이름 짓는 데 '또는'이라는 말이 그렇게 많이 필요하다는 사실은 그 모델이 여러 다른 검사에 적용된 방식에 상당한 변수가 있을 것이라는 것을 시사한다. Big 5의 다양한 측정법 간의 상관관계는 이러한 점에서 좋은 정보가 된다. 정서적 안정성, 외향성 및 성실성을 측정한다고 하는 각각의 척도들에 대해서 상관계수는 대개 상당히 높은 편이며, 종종 .80 또는 그 이상을 보인다. 후자의 두 영역, 즉 쾌활함과 지성에 대해서는 검사 간 일치도가 훨씬 낮다. 이는 비슷하게 이름 지어진 척도들 간의 상관이 훨씬 낮다는 의미며, 종종 .20~.30만큼이나 낮아진다.

5요인 모델은 많은 다양한 성격검사 중에 자연스럽게 존재하는 중복성을 이해하는 데 도움을 준다. 그럼에도 마케팅 문헌들에는 아마도 그다지 독특하지만은 않은 '독특한 모습들'이 몇몇 있다. 하지만 지난 반세기 동안 다양한 구인을 측정하는 척도와 명칭이 급증하였다. 5요인 모델은 다양한 성격 측정법들 간의 유사점과 차이점 평가에 틀을 제공하기도 한다.

성격을 묘사하는 가장 좋은 한 가지 방법이 있다기보다, 그것은 여러 가지 방법과 수준으로 제시될 수 있다. R. B. Cattell(1973)은 이러한 점에서 분명한 사람이었다. 그의 주요 검사인 16PF에 들어 있는 척도들은 그의 정의에 따라 기본 요인 수준에 들어가 있다. 그 위에는 반복이 가능한 한 세트의 두 번째 순위 요인(예: 외향성, 불안)이 있는데, 이들 또한 성격을 묘사하는 데 유용하다(Chernyshenko, Stark, & Chan, 2001). 게다가 보다 작은 수준에서 제시되는 개개의(예: 비판적인) 검사 문항에 대한 응답들 또한 전체적인 성격의 그림을 얻는 데 많은 정보를 제공한다. 다른 사람들(예: Karson, Karson, & O'Dell, 1997)은 이러한 생각을 발전시켜서 성격을 묘사하고 임상적으로 중요한 성과를 예측하는 데 기본 차원과 이차적 차원들이 서로 어떻게 유용하게 상호작용하는가를 보여 주었다.

그러나 5요인 모델은 그 위나 아래에 놓여 있는 유용한 다른 차원들을 무시하는 희생을 치르면서도 단일 수준 또는 성격 분석의 층을 강조하는 경향이 있다. 그럼에도 성격을 측정하는 최고의 수준은 평가의 맥락에서 요구되는 것에 따라 좌우된다. 신뢰할 만한 측정이 가능한 차이점은 Big 5의 각각의 영역 안에 있다. 예를 들어, 16PF의 외향성 척도에서 어떤 두 사람이 동일하게 높은 점수를 얻을 수 있지만 외향성의 핵심 요인 중 하나인 따뜻함 척도에서는 점수가 다를 수 있다. 따뜻함 점수가 낮은 외향성은 따뜻함 점수가 높은 외향성보다 더 얕고 덜 신실한 특성으로 대개는 받아들여질 것이다. 결과적으로, 사람들은 그 두 특징에 대해 다르게 반응할 것이다. 아마도 이러한 측면에서 표현에 차이가 있다는 것은 5요인 모델의 매우 열렬한 지지자들조차도 동일하게 동의하는 점이며, 이는 5개 영역의 점수를 더 좁은 하위척도나 양상척도들로 쪼갤 수 있도록 점수를 이리저리 조작해 보는 이유를 설명하는 데 도움을 준다(예: Costa & McCrae, 1992b; Hogan & Hogan, 1995).

4 주요 성격평가에 대한 검토

현재 사용 가능한 구조화된 성격검사가 몇 개나 있는지 어림잡는 것은 매우 어려운 일이다. 『정신측정 연감(Mental Measurement Yearbook)』과 『검사(Tests)』와 같은 참고문헌은 몇 백 개나 되는 성격검사의 목록을 나열하고 있다. 어떤 것은 사용하는 데 제한점이 있거나 굉장히 세부적인 부분에서만 적용하도록 되어 있지만, 또 다른 것들은 재활의 맥락 안에서 발생하는 많은 문제를 다루는 일반적인 목적을 가진 검사들이다. 여기에서는 적용 범위가 상당히 넓고 널리 쓰이고 있는 여섯 가지 검사에 대해 검토할 것이다.

1) 16가지 성격요인 질문지(16PF)

16가지 성격요인 질문지(16 Personality Factor Questionnaire: 16PF; Cattell, n.d.)는 정상 범위의 성인이 가지고 있는 성격 특징을 평가하기 위한 검사로서 이론에 바탕을 둔 검사들 중 가장 널리 쓰이는 검사다. 16PF는 1949년에 미국에서 처음 출판된 이래, 거의 50개의 언어로 번역되었다. 이 검사는 사회적으로 중요한 준거들을 폭넓게 예견하는 16개의 상당히 독립적인 일련의 성격 특징을 평가하는 검사로서 세계적으로 널리 쓰인다. 청소년의 성격을 평가하기 위해서 검사의 연령 범위를 초기 학령기로 확대하여 원래의 질문지를 각색하기도 하였다.

Raymond B. Cattell과 공저자들은 인간 성격의 기본 구조를 확실히 하고자 폭넓은 연구에 기초하여 수십 년에 걸쳐 이 검사를 개발하였다. Cattell은 원천 특성들(source traits)의 비교적 작은 단위에 주로 관심이 있었다. 이 원천 특성들은 표면적 성격의 훨씬 더 큰 단위에서의 변량을 설명하는 데 쓰일 수 있으며, 행동에서도 관찰되고 언어에서도 보인다. Cattell은 인간 성격의 모든 양상은 그 중요성과 흥미 또는 활용이 언어의 본질에 이미 기록되어 있다고 확신했기 때문에 성격검사에서 언어를 중시하였다(Cattell, 1943).

언어가 성격의 영역에 대해 철저하게 범위를 정한다는 것이 사실이건 아니건, 언어가 성격을 광범위하게 묘사하고 있다는 것은 맞는 말이다. Cattell이 연구를 시작할 그 즈음에 Allport와 Odbert(1936)가 영어사전에서 인간 행동의 독특한 양상을 묘사하는 1만 8,000개의 단어를 추려 내었다. 본질적으로 평가적인 단어들(예: 사랑스러운, 악한)과 은유적인 단어들(예: 생생한, 다산하는) 또는 일시적인 상태를 묘사하는 단어들(예: 크게 기뻐함, 제정신이 아닌)을 제거하자 4,504개의 단어가 남았다. Cattell은 이 4,504개 단어의 목록으로 시작하여 그중 겹치는 부분을 제거하는 일련의 분석을 시행하였다. 그의 연구는 다양한 관점(예: 동료평정, 자기보고), 다양한 표집(예: 대학생, 군인, 성인 근로자), 다양한 방법론(예: 군집분석, 요인분석)을 망라한 연구였다. 특질의 이름에 대한 조사가 시작되고 분석이 체계적으로 수행되면서, Cattell은 결과적으로 나온 마지막 세트가 '원천 특성'이 되어야만 사리에 맞다고 하였다. 그가 학부에서 화학을 전공한 것이 그의 논쟁에 영향을 주었음은 의심할 여지가 없다. 예를 들어, 물은 기초 분자들(수소의 두 부분과 산소의 한 부분)에 가중치를 두어 조합한 것으로써 개념화될 수 있다. Cattell은 창조성 또는 우울이라는 인간의 성격들이 그의 분석에서 마지막까지 살아남은 원천 특성들에 가중치를 두어 조합함으로써 물의 기초 분자들과 비슷하게 개념화할 수 있다고 믿었던 것이다.

Cattell이 연구를 시작하고서 10년이 지나도록 16PF가 출판되지 않았다. 출판 후에도 몇 번의 대대적인 수정이 있었고, 작은 개정 작업들도 많았다. 가장 최근인 1993년에, Cattell이 1998년에 사망하기 전 마지막 수정 작업이 완료되었다.

가장 널리 쓰이는 미국판 검사지(Conn & Riecke, 1994)는 185문항으로 구성되어 있고, 35~50분 정도 소요되며, 5학년 이상의 읽기능력이 있어야 한다. 이 검사는 수작업으로 채점할 수도 있지만 컴퓨터를 이용해서 채점도 하고 해석적 보고서도 볼 수 있다. 이 검사에는 16개의 '기본' 척도와 5개의 '종합' 요인이 있다. 종합 요인(초기의 검사에서는 2단계 요인이라고 불렀다)은 16개의 기본 척도에 대한 요인분석으로부터 나왔으며, 기본 척도들의 기저에서 작용하는 조직화된 주요 영향력으로 개념화되었다. 기본 척도에 대한 검사-재검사 신뢰도 계수의 평균은 몇 주 후에는 .83, 2개월 이상의 기간 후에는 .72였다. 기본 척도의 내적 일관성 신뢰도는 평균 .75였다.

이 검사의 기본 척도들은 다음과 같이 알파벳과 숫자의 상징으로 설계되었다. 즉, A-따뜻함(Warmth), B-논리성(Reasoning), C-정서적 안정성(Emotional Stability), E-지배성(Dominance), F-쾌활함(Liveliness), G-규칙의 인식(Rule-Consciousness), H-사회적 대담성(Social Boldness), I-예민성(Sensitivity), L-경계심(Vigilance), M-추상성(Abstractedness), N-사생활(Privateness), O-우려심(Apprehension), Q_1-변화에 대한 개방성(Openness to Change), Q_2-자기탄력성(Self-reliance), Q_3-완벽주의(Perfectionism),

Q_4-긴장(Tension) 등이다. 다섯 가지의 종합 요인(외향성, 불안, 강인한 정신력, 독립성, 자기통제)은 5요인 모델에서 정의된 것들과 비슷한 양상을 평가한다. 기본 척도들과 종합 요인 이외에, 16PF는 약 100개의 준거에 대해 채점될 수 있다. 그 준거들은 16PF를 임상, 상담 및 조직 심리학에 적용한 수년간의 연구에서 비롯된 것이다. 또한 16PF는 세 가지의 반응 유형, 즉 인상관리(Impression Management), 저빈도(Infrequency), 묵인(Acquiescence)의 지표를 제공한다. 이러한 척도들은 프로파일의 타당도에 영향을 줄지도 모르는 흔치 않은 반응 유형을 확인하는 데 도움이 된다.

16PF에 대해 세 가지 추가적 논평이 있다. 첫째, 이 검사의 특별한 형태인 Form E가 재활의 대상이 되는 사람들에게 널리 쓰인다는 점인데, Form E는 몇 가지 중요한 점에서 출판된 다른 검사 형태와 다르다. Form E는 훨씬 짧고, 문항에 대한 읽기 수준이 극적으로 낮다. 문항들은 반응을 단순화하도록 강제 선택 방식으로 제시된다. 이 검사는 세부적으로 타당화되어 있고, 다양한 특수 인구, 즉 시각장애인, 청각장애인, 재활서비스를 받고 있는 사람들 그리고 교도소에 수감 중인 사람들에 대한 준거를 가지고 있다. 문항 풀(pool)의 본질상 중요한 차이점이 있음에도 불구하고, Form E가 일반성인 표집에 사용하도록 설계된 다른 형태의 검사와 동일한 성격 차원들을 측정한다는 것이 질문지의 형식, 준거 자료들 그리고 연구에서 증명되었다 (Bolton, 1977a; Burdsal & Bolton, 1979; Hughey & Burdsal, 1982).

둘째, 16PF가 장애를 가진 사람들의 심리적인 특징에 대한 연구에서 자주 사용되는 검사라는 점인데, 이 때문인지 재활 인구와 관련된 해석적 자료가 많이 축적되었다. 관심이 있는 독자는 Roessler와 Bolton(1978, 제2장)을 참고하여 20개의 조사연구에서 나온 자세한 요약문을 보기 바란다. Form E에 대한 방대한 연구로부터 나온 결론은 재활의 대상이 되는 사람들에게 사용할 때 16PF가 특히 잘 적용되는 것으로 보인다는 점이다(Bolton, 1974, 1977b, 1978; Davis, 1983; Tango & Kolodinsky, 2004).

셋째, 언어적으로 다양한 표집이 점점 늘어나고 있으므로 그들에 대해 검사의 사용을 촉진하기 위해서 미국에서 살고 있는 스페인어 사용자들을 위해 조정된 버전이 개발되었다. 문항 개발의 과정에서 몇 개의 색다른 번역을 조화시켜 한 개의 유형으로 만들었고, 이를 다양한 국적과 배경을 가진 스페인어 사용자들이 이해할 만한지를 확인하였다. 원래의 본질적인 구조가 번역된 검사에도 들어 있는지를 확신하기 위해 통계적인 절차도 시행하였다(Cattell, 2005).

16PF는 그 자체만으로는 주요 정서장애와 인지장애를 평가하기에는 그리 적합하지 않다. 프로파일 해석에 경험이 매우 많은 전문가가 우울증을 시사하는 어떤 점수

패턴을 찾았다 하더라도(Karson, Karson, & O'Dell, 1997), 16PF의 척도만으로 그러한 진단을 내리는 것은 대개는 어려운 일이고, 이 검사를 다루는 대부분의 사람에게는 불가능한 일이다.

또한 16PF는 작업을 해 볼 만한 도전을 주는 검사이기도 하다. Cattell이 이 검사에 대해 해 놓았던 광범위한 연구들은 이론이나 심리측정적 관심에 방향 지어져 있었다. 그는 프로파일 분석이나 임상적 해석의 실제적 이슈에는 관심을 덜 기울였다. 다행히도, 다양한 맥락에서의 척도의 의미를 이해하도록 사용자를 도와주는 해석적 자원을 다른 연구자들이 다양하게 개발해 놓았다(Cattell, 1989; Karson, Karson, & O' Dell, 1997; Krug, 1981; Lord, 1997, 1999).

16PF는 광범위한 연구와 정기적인 업데이트로 그 유용성이 향상되고 있는 중요한 검사도구다. 성인의 기본적 성격 구조에 대한 연구에 그 이론적 토대를 두고 있으며, 다양한 재활 상황에서 의사결정자에게 중요한 자원을 제시하고 있다.

2) 캘리포니아 심리검사(CPI)

캘리포니아 심리검사(California Psycholgical Inventory: CPI)는 Gough가 설계한 검사로서, 훈련된 해석자가 유익하고 알아보기 쉽게 피검사자의 상을 만들어 나가도록 하는 방법이다. 각각의 척도들은 그런 식으로 외적인 준거와의 관계를 극대화하도록 개발되었다. 이 검사의 첫 번째 판은 1957년에 출판되었고, 가장 최근 버전인 제3판은 1996년에 출판되었다(Gough, 2000; Gough & Bradley, 2002).

CPI는 434개의 참/거짓의 문항으로 구성되어 있고, 그중 171개는 MMPI의 문항풀에서 뽑아낸 것이다. 이 문항들은 집단을 대조시키는 방식에 따라 척도에 배열한다. 그러나 Gough는 MMPI에서 했던 것처럼 임상집단과 정상집단을 대조시키기보다, 예를 들어 우세함(Do) 척도를 개발할 때는 이 척도에서 높은 점수를 기록한 사람들과 낮은 점수를 기록한 사람들을 대조시켰고, 여성성/남성성(F/M) 척도를 개발할 때는 남성과 여성을 대조시켰다. 다시 말해, 개발의 초점이 척도의 외적 타당도를 극대화하는 데 있었다. 최근의 개정판에는 20개의 기본 척도가 있다. 컴퓨터 보고서는 부가적인 척도들과 특수 목적을 가진 척도들에 대한 정보도 제공한다. 1987년부터 벡터라고 부르는 최상 3순위의 구인들인 세 가지의 근본적인 성향, 즉 사람, 대인적 생활에 대한 규칙과 기대 그리고 자신에 대한 성향들도 채점되었다.

CPI는 광범위하게 연구되었다. 예를 들어, 재활의 맥락 안에서 일시적으로 회복된 알코올중독자와 최소 4년 동안 음주를 통제해 온 사람들 사이의 성격 차이 연구에서 후자의 사람들이 책임감(Re), 인내력(To) 및 독립을 통한 성취(Ai)에서 유의미하게 높은 점수를 기록하고(Kurtines, Ball, & Wood, 1978), 관상동맥 질환의 심리적 전조(Musante, MacDougall, Dembroski, & VanHorn, 1983; Palladino & Motiff, 1981), 중독과 물질남용(Alterman, Renner, & Cacciola, 2000; Alterman, Rutherford, et al., 1998; Cook, 1998; Cook, Young, Taylor, & Bedford, 1998) 그리고 진로와 직무 적응(Briddick, Watkins, & Savickas, 1998; Collins, & Griffin, 1998; Connors et al., 2000; Day, Bedeian, & Conte, 1998; Newman, Gray, & Fuqua, 1999)을 연구하기 위해 이 검사가 사용되었다.

신뢰도의 특징과 규준의 기초로 보아서, CPI는 잘 설계되고 잘 구성된 검사로 보인다(Gough & Bradley, 2002). 가장 인상적인 특징들 중 하나는 이 검사의 근간을 형성한 최근의 광범위한 연구 성과에 있다(CPI, 2003; Craig, 1999; McAllister, 1996; Meyer & Davis, 1992). 1957년에 처음 출판되었을 때부터 CPI와 관계가 있는 넓은 범위의 주제들을 아우르는 2,500개가 넘는 논문이 출판되었다. 이는 이 검사의 척도들이 의심할 여지 없이 직접적으로 중요한 준거들을 다루고 있다는 사실을 나타낸 결과다.

3) 성인성격검사(API)

성인성격검사(Adult Personality Inventory: API; Krug, 2004)는 성인 성격의 주요 차원을 평가하고, 여러 측면의 의사결정과 이해 가능한 방식으로 그것을 보고하는 기술을 제공하는 검사다. API가 성격검사의 분야에 비교적 새롭게 나타난 검사이긴 하지만, 반세기 이상 지속되어 온 평가의 전통에 깊이 뿌리내리고 있다.

API는 324문항으로 구성되어 있는데, 이 문항들은 Cattell의 16PF에 들어 있는 기본 특성 차원과 같은 것을 측정하도록 선발된 것이다. 채점 과정에서 이러한 특성 척도들은 3개 세트의 내용척도로 변환된다. 각각의 척도 세트는 21개로서 성격 이해를 위한 독특하고 이론 중심적인 견본이며, 그것이 다양한 상황에서의 예측 가능성에 얼마나 기여하는지를 알려 준다. 개인적인 성격 척도들(외향성, 적응력, 강인한 정신력, 독립성, 성실성, 창조성, 진취성)은 표현된 성격 특성들의 기본적 구조를 나타내는 요인 공간이라고 할 수 있는 매우 넓은 차원들을 의미하는 것이다. 이 척도들은 행동을 묘사하는 가장 높은 수준에 위치한다고 생각되는 것들이다(John, Hampson, & Goldberg, 1991). 그에 따라 기대되는 것처럼, 이 척도들은 성격의 5요인 측정법과 겹치는 내용이 상당히 많다(Costa & McCrae, 1992b; Goldberg, 1981, 1993; Norman, 1963).

사람들은 여러 가지 면에서 서로 다르다. 성격의 연구에서 대인 영역, 즉 서로가 서로에게 어떻게 행동하는가 하는 것에 대한 개인차는 오랫동안 특별히 흥미로운 주제였다. 여덟 가지 대인적 척도(돌봄, 적응, 사회적 철수, 순종적, 무심함, 비순응성, 사교적, 주장적)가 대인적 특질의 기본 조직으로 나타난다고 알려진 2차원적이고도 순환적인 구조의 대표 자격으로서 개발되었다(LaForge, 1985; Wiggins, 1985). 따라서 이 여덟 가지 척도는 두 가지 차원, 즉 '돌보는-무정한'과 '내성적-주장적'의 차원 축에 제시될 수 있다. 이 척도들이 대인관계에 초점을 두고 있기 때문에, 성공적인 또는 성공적이지 못한 대인관계의 역동을 이해하는 데 매우 쓸모가 있다는 사실은 별로 놀라운 것이 아니다(Krug & Ahadi, 1986).

진로척도라고 불리는 세 번째 척도 세트는(실용적인, 과학적인, 심미적인, 사회적인, 경쟁적인, 짜임새 있는), 진로 선택, 직무 만족도 및 생활방식의 선호성 등과 관계가 있다. 이러한 척도들은 여러 직업에서 얻은 광범위한 표집에서 사람들을 구별 짓는 반응 유형을 연구함으로써 실증적으로 개발된 것들이다. 기능적으로는 Holland의 직업군 유형과 비슷하다(Ahadi, 1991).

네 개의 타당도 척도(좋은 인상, 나쁜 인상, 낮은 빈도, 불확실성)는 검사의 타당도와 관계된 왜곡의 다양한 유형을 점검한다.

성별 특수성과 성별 중성성의 규준들은 둘 다 원점수를 표준화 점수로 바꾼 것에 있다. API의 단축형은 처음의 189문항만을 사용하는 것으로, 원래 버전의 반 정도의 시간이 걸린다. 그러나 단축형 척도들의 신뢰도는 원래 버전의 신뢰도보다 평균의 약 10% 정도가 낮은 편이다. 단축형과 원래 버전의 척도들 간 평균의 상관은 .88이다.

API는 수기 채점을 할 수 없다. PC 사용자들을 위해 검사의 현장 실시와 채점, 보고서 등을 마이크로 컴퓨터 버전을 통해 제공한다(Krug, 1985, 1991). 대부분의 API 보고서가 전문적으로 사용하기 위한 것이긴 하지만, 피검사자와 나눠 보도록 특별히 기획된 보고서도 있다. 그 보고서의 형식은 피검사자가 검사 결과를 이해하는 데 도움을 받을 수 있는 배경과 맥락적 정보들을 제공하는 식으로 되어 있고, 특정 문제 혹은 결정에 대한 정보에 초점을 맞추고 있다.

이 검사는 4학년 이상의 읽기능력이 있는 사람들에게 사용할 수 있고 다양한 인구의 표집에 사용할 수 있다. 응답이 모두 컴퓨터로 채점되기 때문에 채점의 신뢰도는 거의 완벽한 편이다.

기술적인 면에서 API는 긍정적인 면이 많은 검사다. 내적 일관성과 검사-재검사의 방법으로 측정된 신뢰도 모두 실질적 척도 간 평균 신뢰도가 .82였다. A형 16PF를 동시에 실시한 1,000명이 넘는 성인들의 표집에 근거하여 규준이 만들어졌다. 그렇게 함으로써 두 검사가 가지고 있는 척도들의 구성 요소들을 비교하는 방식으로 규준을 조정하는 것이 가능했다. 16PF의 표준화 작업이 아마도 각각의 성격검사에 대해 착수된 것들 중 가장 대규모였기 때문에 두 척도 세트의 연결 고리로 API의 규준적 기초가 상당히 향상된 셈이다. 다른 여타 성격 검사와 마찬가지로 API의 타당화 작업은 각각의 척도들을 예견된 결과와 연결하고, 또 이론적으로 관련이 있는 구인들의 외현적 측정들과 연결하도록 구성을 확장하는 연구들이 맞물려 이루어지고 있다. 이에 대한 정보들은 일련의 출판물(Krug, 1985, 1986, 1991, 1995, 1997a, 1997b, 2004)과 비평들(Drummond, 1987; Lanning, 2001)에서 얻을 수 있으니 관심 있는 독자는 참고하기 바란다.

4) Jackson 성격검사 개정판(JPI-R)

Jackson 성격검사 개정판(Jackson Personality Inventory-Revised: JPI-R; Jackson, 1997)은 일반 사람의 성격기능을 이해하는 데 특별한 가치를 가지는 15개의 양극성 성격 특징을 측정하는 검사다. 이 검사의 최근 버전(1997)은 반응 편파성의 영향을 받지 않는 동질적이고 잘 정돈된 척도를 만들어 내기 위해 매우 사려 깊게 설계되었고, 검사 개발의 전략도 잘 수행된 결과가 반영되었다.

어떠한 검사든지 개발하기 전에 저자들은 문항 제작자들에게 각 척도에 대해 신중하게 저술한 설명문을 준비해 준다. 초기의 문항 풀은 최종적으로 사용될 검사의 문항 수보다 약 5~10배수로 구성된다. 이렇게 하는 것은 최종 검사로 가기 위해 몇 번의 통계적 분석의 과정을 지나는 동안 이례적으로 높은 수준의 문항 선택을 가능하게 하기 때문이다. 이러한 분석들은 내용타당도를 높이고 반응편향성을 줄이면서 검사 내 다른 척도들과의 상관관계를 낮추는 쪽으로 문항을 선택하기 위해 설계되었다. 각각의 척도들에서 정답과 오답의 균형은 정확하다.

이 검사는 300개의 문항으로 구성되어 있다. 다음의 15개의 척도들 밑에 각각 20개의 측정 문항이 있다. 복잡성, 흥미 범위, 혁신성, 인내심, 사회성, 사회적 자신감, 에너지 수준, 공감능력, 불안, 협동성, 사회적 영악함, 위기 감수력, 조직화 능력, 전통적 가치관 그리고 책임성이다. 이 15개의 기본 척도는 분석적, 외향적, 정서적, 기회주의적 및 의존적의 5개의 상위 순위 군집으로 다시 한 번 조직화되었다.

전형적으로 검사에는 45분이 소요된다. 척도들의 내적 일관성 신뢰도의 중간치는 약 .90~.93 정도다. 먹지로 된 응답지를 사용한 수작업 채점은 몇 분 정도면 할 수 있다. 우편을 이용한 채점, 보고서 서비스, 현장에서 처리하는 컴퓨터 소프트웨어 또한 사용 가능하다.

JPI-R의 점수와 널리 쓰이는 다른 검사들의 점수들을 관련짓는 연구에서 비슷한 이름을 가진 척도들끼리 높은 상관을 가지는 전형적인 패턴을 보여 주었다. 예를 들어, 사회적 자신감 척도와 성격조사검사(Personality Research Form)의 과시척도와의 상관은 .80이었다. JPI-R과 MMPI-R의 상관은 전형적으로 제로에 가깝거나 중간 정도다. 그나마 가장 상관이 높은 것은 사회적 자신감과 MMPI의 척도 중 0번 척도(사회적 내향성)와의 상관이 -.60이었던 것이었다.

다른 정상 범위의 검사들에서도 그랬던 것처럼, 이 검사의 척도들이 5요인 모델과 어떤 관계가 있는지 이해하려는 연구가 진행되었다. 겹치는 부분이 상당했음에도 불구하고(위기 감수, 에너지 수준, 통속적 가치), 어떤 척도들은 5요인 모델의 바깥 차원에 놓여 있었다(Paunonen & Jackson, 1996).

JPI가 가진 중요한 강점은 독자적인 심리측정적 기초에 있다. 이처럼 사려 깊게 개발된 성격검사는 거의 없다. 검사를 개발하면서 문항의 수준에 따라 사회적 바람직성과 관계된 변량을 없애 나감으로써 최종적인 검사 형태에는 타당도 척도가 필요치 않게끔 되었다.

JPI 척도들에 대해서는 아직 배워야 할 점들이 남아 있다. 척도의 수렴타당도와 확산타당도에 관계된 증거들이 기술적 매뉴얼에 보고되어 있음에도 불구하고(Jackson, 1994), 타당도 자료는 아직 부족하다. 그러나 JPI는 점점 많이 사용되고 있고 더 많은 타당도에 대한 증거들이 나오리라고 기대되는 검사다.

5) Hogan 성격검사(HPI)

Hogan 성격검사(Hogan Personality Inventory: HPI; Hogan, 1995)는 기본적으로 선발, 인재 개발 및 진로와 관련된 의사결정에 사용하기 위해 설계되었다. 이 검사는 사람이 어떻게 타인과 어울려 지내는가, 또 어떻게 교육적이고 진로적인 목표를 달성하는가를 이해하는 데 도움을 주기 위해 성격을 평가한다. 전체 검사는 15~20분 정도 소요되며, 4학년 이상의 읽기능력 수준이 되어야 사용할 수 있다.

이 검사의 제작자들은 검사 개발의 과정에서 5요인 모델에 눈에 띌 정도로 의존했으나, 자신들의 분석에 의해 확인된 구조로 최종적 형태를 조정하였다. 이는 외향성(외향의 차원)과 지력(경험이나 문화에 대한 개방성)의 영역을 분리된 요소로 구별 지은 것을 말한다. 그런 식으로 이 검사는 적응, 야망, 사회성, 대인 예민성, 사려 깊음, 탐구심이 많음 그리고 학습의 7개 주요 척도로 채점된다. 6개 직업적 척도들(서비스 오리엔테이션, 스트레스에 대한 인내력, 신뢰성, 사무적 잠재력, 판매적 잠재력, 관리적 잠재력)은 진로상담과 진로계획에 직접적으로 관련된 정보를 제공한다. 게다가 이 검사의 제작자들은 각각의 척도에 들어 있는 몇 묶음의 하위 주제를 발견하여 그것을 동종 문항 요소라 부르고 개인 점수도 산출될 수 있도록 하였다. 또한 이 검사는 부주의와 무작위적 반응을 알아내는 타당도 척도를 가지고 있다.

대개의 다른 검사들이 대학생 응답자를 주로 사용하였던 것과는 달리, HPI는 성인 근로자 표집에 폭넓게 의거하여 개발된 검사다. 지난 반세기가 넘게 성격검사의 개발에 종사해 온 사람들은 대학생 표집과 근로자 표집이 상호 교환이 가능하다고 생각하였지만, 두 표집 사이에는 몇 가지 차이점이 있을 것이다. HPI는 개발의 근거였던 원래의 표집에도 사용할 수 있다는 것이 큰 장점이다.

이 검사는 206개의 문항을 가지고 있다. 내적 일관성 신뢰도의 평균은 .80이며, 4주 혹은 그 이상의 간격을 둔 검사-재검사 신뢰도는 평균 .71로 약간 낮은 편이다.

검사 지침서(Hogan & Hogan, 1995)에는 HPI의 각 척도들을 동료들의 진술과 조직 행동의 다양한 양상과 관련지어 요약해 놓은 흥미로운 타당도 자료가 들어 있다. 동료들의 진술과 관련지은 타당도 연구는 검사의 타당도에 중요한데, 피검사자에 대해 타인들이 어떻게 생각할지를 예견하는 검사를 만들어 내는 것이 검사의 제작자들이 생각한 주요 목적이었기 때문이다. 검사 척도의 이름과 관련된 직무수행 행동, 즉 '진실성' 척도에서 보이는 도벽 행동이나 야망척도에서 보이는 승진 잠재력 등을 예견하는 데 성격검사들이 종종 무비판적으로 사용되기 때문에 조직 행동의 다양한 양상과 관련지은 타당도 자료가 때로는 쓸모 있게 보일 수도 있지만, 단지 특정 척도가 특정 행동을 예견한다고 주장하기보다는 검사 제작자들이 제공하는 자료를 참고하여야 한다. HPI의 타당도에 대한 메타분석 자료는 전문적인 문헌에서 찾아볼 수 있다(Hogan & Holland, 2003).

HPI는 16PF나 CPI와 같은 검사들과 비교하면 비교적 신생 검사다. 그러나 1982년의 네브래스카 학술대회에서 처음 도입되었을 때부터 이 검사는 빠른 속도로 사용률이 증가하였다. 이제까지 신중하게 쌓아 온 타당도 자료들은 향후 이 검사가 더 널리 쓰일 것이라는 것을 말해 준다.

6) NEO 성격검사 개정판(NEO PI-R)

NEO 성격검사 개정판(NEO Personality Inventory-Revised: NEO PI-R; Costa & McCrae, 1992a)은 1995년에 가장 최신의 버전으로 개정되었으며, 5요인 모델을 평가하기 위해 특별히 개발된 검사다. 'NEO'는 자기애(Neuroticism), 외향성(Extroversion) 및 개방성(Openness)의 약자로, 이들은 1985년에 이 검사가 처음 등장했을 때부터 있었던 '양상' 척도들로 정립된 것들이다. 1992년의 개정판에서 첨가된 쾌활성과 성실성의 양상척도들은 첫 번째 판에서는 단지 전반적으로 측정된 것들이었다.

이 검사에는 두 가지 버전이 있는데, 하나는 자기보고식(Form S)이고 다른 하나는 외부 평정식(Form R)이다. 이는 성격검사들 중 흥미롭고 평범치 않은 특징이며, 다른 성격검사들은 전형적으로 외부 평정자로부터 정보를 수집하기 위해 동일한 검사를 제공하지는 않는다. 각각의 버전은 240문항으로 구성되어 있고, '매우 찬성하지 않음'부터 '매우 찬성함'까지의 범위에 5개 중 한 응답을 선택하도록 한다. 이 다섯 가지 영역의 점수에 더하여 이 검사에서는 30개의 양상척도의 점수를 제공한다. 이 검사에는 의도적으로 타당도 척도 자체를 포함시키지 않았는데, 이 검사의 제작자들이 피검사자의 주의를 검사의 타당도로부터 다른 곳으로 돌릴 수 있다고 믿었기 때문이었다(McCrae et al., 1989). 그러나 그들은 대규모 자원자 표집에서 뽑은 몇 가지 흔한 반응 방식을 체크하는 일련의 지침을 제시하였다. 예를 들어, '찬성' 또는 '매우 찬성'의 반응 수가 150이 넘으면 묵인(acquiescence)이 검사 결과에 과도하게 영향을 미칠 수 있기 때문에 프로파일 해석에 주의를 기울일 것을 제안한다. 또한 검사의 마지막에 있는 3개의 질문은 피검사자에게 모든 문항에 정직하고 정확하게 응답했는지, 그리고 반응을 맞게 넣었는지를 직접적으로 묻는 질문들이다. 이 질문들에 대한 답들은 더욱 세련된 타당도 척도에서 나온 점수만큼이나 정보를 줄 수 있다.

48문항의 영역척도에 대한 내적 일관성은 .86~.95에 걸쳐 있다. 이는 성격검사들에 대해서는 이례적으로 또 인상적으로 높은 수치다. 단축형 척도들에 대한 신뢰도는 낮은 편(.56~.90)이지만 꽤 납득할 만하다.

이 검사가 상업용으로 처음 출판된 이래 20년 동안 광범위한 연구가 수행되고 출판되었다(Costa & McCrae, 2003). 현재의 성격 연구에 5요인 모델이 편재하고 있음을 생각해 볼 때, NEO PI-R은 그 모델 자체에 대한 흥미 때문에 수행된 많은 연구의 산물로부터 이득을 얻고 있는 셈이다.

5 성격검사에서 컴퓨터의 역할

5요인 모델의 가능한 예외와 더불어, 최근의 성격평가의 응용에 큰 영향을 미친 것을 생각해 보면 아마 컴퓨터 만한 것도 없을 것이다. 여기에는 세 가지 이유가 있다. 첫째, 컴퓨터는 복잡한 채점을 쉽고 효율적이고 실수가 거의 없도록 만들어 준다. 둘째, 통계적인 해석이 임상적 해석보다 뛰어나다는 논쟁을 지지하는 자료를 Meehl(1954)이 처음 제시하였을 때부터, 의사결정의 규칙을 한결같고 정확한 방식으로 적용함으로써 컴퓨터가 임상가를 능가할 수 있다는 것을 반복적으로 주장해 왔다(Dawes, 1979; Goldberg, 1970; Kleinmuntz, 1963). 셋째, 엄청나게 많은 연구물이 쏟아져 나와서 도움 없이 검사를 사용하려고 하는 사람들은 검사의 데이터베이스에 신뢰할 수 있고 일관성 있게 접근하는 것이 어려우나, 이런 일은 컴퓨터를 통해서는 쉽다. 컴퓨터를 기반으로 하는 검사의 보고서에는 많은 연구자와 그들의 연구가 가지고 있는 축적된 지혜를 아주 쉽게 제시할 수 있다.

전자 보고서를 만들어 내려고 했던 가장 초기의 시도들 가운데 Swenson과 Pearson (1964)이 MMPI에 대한 전자 보고서를 준비하였다. 처음 그것이 출판되고서 실제 프로그램이 출현하여 상용화되기까지 5년 정도가 지났다. 컴퓨터의 하드웨어가 시장에 들어간 지 약 10년 후에, 그리고 비교적 원시적이었던 어셈블러 이상의 프로그래밍 소프트웨어가 발달한 지 몇 년 후에 최초로 컴퓨터를 이용한 검사 해석이 가능해졌다.

다른 검사들도 곧 MMPI의 뒤를 따랐다. 20세기 말에는 컴퓨터로 실시하고 채점하고 보고서 서비스를 하지 않는 성격검사를 보기란 어려운 일이 되었고, 대부분의 검사가 인터넷을 기반으로 하는 서비스를 하게 되었다.

이 영역에 대해 최초로 수행된 광범위한 리뷰에서, 컴퓨터를 사용하는 검사 약 200개를 확인하고 그 검사들의 연간 성장률이 10~20%라는 추정치를 얻었다. 그 후 10년이 못 되어 후속으로 나온 리뷰(Krug, 1993)에서는 총 533개의 검사, 특히 1993년부터 1998년까지 5년 동안 소개된 204개의 검사에 대해 확인하였는데, 그때는 인터넷 검사가 관심을 끌기 시작하기 직전의 시기였다.

많은 심리학자가 그러한 도구들이 잘못 쓰일 수 있는 가능성에 대해 우려의 목소리를 높여 왔다(예: Eyde & Kowal, 1984; Matarazzo, 1983; Mitchell, 1984). 이러한 우려는 대개 ① 이제까지 생산된 검사들의 기술적 질과 타당도 정보의 부족, ② 만일 자격을 갖추지 않은 사람들이 그러한 검사들을 사용하도록 허용했을 때 대중에게 미칠 수 있는 위험성, ③ 원래는 도움을 받기 위해서 창조한 컴퓨터 기반의 검사들이 여하한 전문가들의 자리를 차지하게 되는 것은 아닌가 하는 두려움과 관련이 있다. 이러한 우려들 중 그 어떤 것도 쉽게 떨쳐질 수 없는 것이지만, 관련 이슈들에 대해 논의하는 것은 이 장의 범위를 넘어서는 것이다. 그러나 다음 내용을 간단하게 짚고 넘어가는 것이 적절할 듯하다.

그 검사들의 기술적 질에 대해서는 검사 제품들의 사용을 장려하기 위해 기록 문서를 축적하는 일에 점진적인 향상이 있었다. 이는 적어도 부분적으로는 사용자들의 기술이 세련되어 가고 있다는 것과 더 나은 검사 제품들의 가용성이 증가하고 있다는 것을 반영하는 것이다. 기록 문서를 축적하는 일이 모든 사용 가능한 검사 제품에 대해 충분하게 이루어지고 있다고 말하는 것은 아니다. 어떤 것은 일요신문에 나오는 자기평가검사보다도 더 요지가 없는 것같이 보이는 검사들도 있다.

자격을 갖추지 않은 사용자에 대한 우려에 대해서는 적어도 주류의 검사 개발자들이 그러한 검사 제품의 배급 시 검사도구 자체를 배급하는 것만큼 조심스럽게 통제하고 있는 것으로 보인다(Krug, 1993). 그러나 검사 제품에의 접근을 통제한다는 것은 이 문제의 단지 부분적인 해결책이 될 뿐이다. 검사를 사용하려는 사람들은 그러한 도구를 사용하는 것에 대해서, 또 검사 자체에 대해서 훈련을 받을 필요성이 있다는 사실을 이해해야만 한다. 그것을 책임감 없이 사용한다면 원하지 않는 심각한 결과를 초래할 것이다(Eyde, Robertson et al., 1993).

기술에 밀려날 것 같다는 전문가들의 두려움에 관해서는 의학계에서 일어나는 그와 반대되는 강력한 증거들을 통해 반증할 수 있을 것이다. 방사선 촬영의 발전과 약리학의 진보, 그리고 진단적 검사에 컴퓨터를 더 많이 의지하게 되는 것이 훈련된 전문가들에 대한 필요를 축소시키는 것은 아니다. 그보다는 그러한 기술의 발전들이 전문가들의 효능성을 극적으로 증가시키고 있다.

6 결 론

정상 범위의 성격검사들은 많은 다양한 재활 현장에서 내려진 효과적인 의사결정에 공헌한 유용한 자료들을 제공하였다. 현존하는 검사들은 폭넓고 다양한 관련 이슈들을 규명하는 광범위한 연구를 포함한다. 새롭게 만들어지는 검사들과 잘 만들어진 검사들의 개정판은 심리측정적 지식에 대한 세련된 결과물을 점점 더 많이 제시하고 있다. 검사 실시와 평가, 결과 해석의 계획에서 컴퓨터를 적용하는 것이 큰 주안점이 되고 있으며, 이는 성격평가의 응용에 중요한 진보를 이루게 하는 운명을 가지고 있는 것으로 보인다.

Chapter 07

정신병리 평가

Rodney L. Lowman | Linda M. Richardson

재활이 필요한 사람들 중 정신병리나 정신장애를 가지고 있는 사람을 평가하는 것은 제2차 세계대전 직후의 시기로 거슬러 올라갈 만큼 긴 역사를 가지고 있다. 그 시기에는 수나 다양성 면에서 재활이 필요한 사람들이 증가되었는데, 집으로 돌아온 상이군인 중 대부분이 전쟁으로 인한 신체적 혹은 정서적 후유증을 가지고 있었기 때문에 그들이 재활의 대상이 되었다. 이렇게 수적으로도 많고 상태가 복잡한 사람들을 효율적으로 평가할 필요가 있었지만, 잘 훈련된 정신건강 전문가들은 상대적으로 부족하였다. 게다가 1940년대 중반에 통과된 법안에서는 행동상의 혹은 정서상의 문제를 가지고 있는 사람들도 잠재적인 재활 인구에 추가하도록 하였다(Brieland, 1971). 그리하여 재활심리학자들은 관심사를 정형외과적 조건에서 신경학적 조건으로 확장하여 정신질환과 정신지체를 가지고 있는 사람들을 포함시켰다(Usdane, 1971). 이에 따라 재활심리학에서는 출생 시의 손상에 의해 발생한 장애뿐만 아니라 질환이나 상해에 의해 발생한 장애도 장애의 범주에 포함시켰다. 재활 환자들의 상태에 대해 심리학적 측면이 어떠한지를 적절하고도 효율적으로 평가하기 위해서는 임상적 인터뷰를 보충해 주는 평가기술이 필요하였다. 재활심리학에서의 이러한 변화는 심리학적 검사의 발달과 동시에 발생했다. 가장 현저한 것은 MMPI(Greene, 1991, 1999)의 출판이었으며, 현재는 두 번째 개정판이 출간되었다(MMPI-2; Butcher, 2000; Butcher, Dahlstrom, Graham, Tellegen, & Kaemmer, 1989; Butcher, Graham, &

Ben-Porath, 1995; Greene, 1999). MMPI와 같이 정신질환을 측정하는 표준화된 방법은 가격이 저렴하고 시간을 아껴 줄 뿐 아니라 인터뷰보다도 정확하여 정신질환을 효율적이고 효과적으로 측정하는 데 합당한 방법으로 여겨져 왔다(Eber, 1976). 이에 따라 재활 내담자에 대한 심리학적 평가는 내담자의 요구에 의해 결정되기도 하지만, 의뢰기관의 요구가 있어야 하고, 심리학적 평가기술을 가진 전문가를 보유하고 있는가의 여부도 고려되어야 하는 복잡한 과정으로 진화하게 되었다.

오늘날 정신질환의 평가는 보다 공식적인 진단적 과정과 연결되곤 한다. 대개 의뢰 시 하는 질문들은 내담자의 심리학적 상태와 건강에 대한 것들로서 진단적 의견을 요구할 때 수반되는 상당히 일반적인 질문이기 때문이다. 정신건강 전문가들이 정신장애의 진단을 위해 사용하는 기본적인 진단 시스템은 APA에서 출판한 DSM-IV(DSM 시리즈의 다음 버전인 DSM-5가 2013년 출간되었다-역자 주)다. 다섯 가지 차원 또는 축을 기준으로 구성된 평가를 통해 진단을 하게 되어 있지만, 이 중 두 가지 축인 I과 II만이 정신장애를 다루고 있다. 축 II는 성격장애와 정신지체로 제한되어 있다. 축 III은 신체장애를 기록하고 있는데, 재활 내담자의 사례에서는 자주 사용되는 축이다. 축 IV에서는 심리사회적 문제와 환경적 문제들을 다루며, 축 V는 내담자의 현재 기능 상태에 대한 전반적인 평가로 이루어져 있다. DSM-IV의 주요 강점은 약칭을 사용한다는 점과 세부적인 진단 근거가 있다는 점, 실증적 주안점이 점점 늘어나고 있다는 점에 있다. 약칭은 널리 알려져 있고, 이는 다른 건강 전문가들과 의사소통하는 면에서 합의된 용어다. 이 시스템의 약점은 하나의 DSM 버전이 다음 버전으로 넘어가면서 진단의 연속성이 부족해졌다는 점(진단 목록이 확장되는 경향이 있었고, 몇몇 진단 근거는 바뀐 것도 있다)과 DSM-IV의 진단 중 몇 개는 타당도의 자료가 매우 부족하다는 점에 있다(Neale, Davison, & Haaga, 1996). 이 장에서 검토될 모든 측정법은 정신장애의 진단과 관련된 것이기는 하지만, 어떤 검사들은 DSM의 진단적 이론과 더욱 밀접하게 연결된 것들도 있다.

1 정신병리의 평가

1) 정신병리 측정 목적

재활 내담자에게 정신병리가 있는지를 평가하는 데에는 몇 가지 목적이 있다.

- 신체적 질병 또는 장애를 경험하는 사람들에게 정신건강상의 어려움이 있는지 확인하기 위함이다. 그들이 임상적으로 어떠한지를 기술하고, 일반적인 심리적 어려움과 정신의학적 장애를 구별하며, 장애에 대한 일시적인 반응과 공존하는 질환을 구별하려는 목적을 가지고 있다. 이는 또한 일반적인 사람들뿐 아니라 특수한 장애를 가지고 있는 사람들에 대해서 규준을 확립하는 것을 의미한다.
- 신체적 상태 또는 장애를 어떻게 하면 가장 잘 관리하고 다룰 수 있겠는지를 결정하는 데 도움을 주기 위함이다. 예를 들어, 생리적인 원인과 심인성 원인으로 인해서 극심한 허리 통증을 경험하는 환자들을 어떻게 하면 가장 잘 치료할 수 있는지를 결정할 때 도움이 된다.
- 2차적인 이득을 목적으로 보고되는 상태들 또는 과장의 가능성에 대한 평가를 도와주기 위함이다. 예를 들어, 극심한 통증을 호소하는 환자가 과장하거나 꾸미는 태도를 가지고 있는지, 꾀병을 부리고 있는지, 또는 실제의 증상을 보고하고 있는지를 알아볼 때 도움이 된다.
- 직장으로 복귀할 의무와 능력에 대한 적합성을 평가하기 위함이다.
- 신체질환과 관련되어 있을 수도 있는 임상적 하위 프로파일(신체적 상태에 영향을 줄 수도 있지만 심리적 장애의 진단에는 잘 들어맞지 않을 수 있는 심리학적 상태들)을 확인하기 위함이다(예: Fraguas, Henriques, DeLucia, Iosifescu, Schwartz, Menezes, et al., 2006; Koenig, 2006; Koenig, Vandermeer, Chambers, Burr-Crutchfield, & Johnson, 2006).
- 신체질환을 유발하는 심리적 상태와 정신적 고통을 유발하는 신체적 상태를 구별하도록 돕기 위함이다. 정신적 고통을 유발하는 신체적 상태는 심리적인 원인이 있는 것처럼 보이기도 한다(예: Goldstein & Reznikoff, 1972).

2) 정신병리 측정법의 종류와 자료의 근거

전통적으로 정신병리의 측정은 두 가지의 주요한 유형, 즉 객관적 검사와 투사적 검사로 나뉘었다. 객관적 검사로는 허술한 점이 많았던 MMPI와 그것을 계승한 MMPI-2(Butcher et al., 1989; Hathaway & McKinley, 1943) 또는 훨씬 새로운 형태의 성격평가검사(PAI; Morey, 1991, 1996)와 같은 검사들이 있다. 이들 검사는 피검사자로 하여금 문항에 답하도록 하게 하는 일련의 강제 선택의 방식으로 정신병리의 유무를 측정하는 방법들이다. 이러한 측정법들은 ① 여러 질환을 한데 묶거나, ② 증상 또는 질병 중심으로 나눈 측정법으로 더 세분될 수 있다. 여러 질환을 한데 묶거나 개괄적인 성격 측정법은 우울증, 불안증, 성격장애와 같이 색다른 유형의 정신병리들을 다룰 수 있다. 반면 증상 또는 질환 중심으로 나눈 측정법은 단지 한 가지 질환 또는 제한된 범위의 질환들을 다룬다. Beck의 우울척도(Beck, Ward, Mendelson, Mock, & Erbaugh, 1961)와 같은 측정법은 우울만을 다루며, 상태불안검사(Spielberger, Sydeman, Owen, & Marsh, 1999)는 불안이나 외상후 스트레스 장애(PTSD; 예: Foa, Cashman, Jaycox, & Perry, 1997)만을 다룬다.

반면 정신병리의 투사적 측정법은 모호한 자극을 제시하고 피검사자로 하여금 반응하도록 하는 방법이다. 어떤 자극에 대한 개인의 지각과 반응 그리고 그 내용과 구조는 그의 기본적 성격 스타일을 반영한다는 것에 그 기본 가정이 있다. 이러한 측정법들은 여러 질환을 한데 묶어서 볼 수도 있고 더 세분될 수도 있다. 투사검사는 일반적으로 증상이나 질환 중심적으로 되어 있지는 않다. 특정 상황에서 발생하는 행동을 예언하거나 의식적인 것을 평가할 때, 기능의 행동적인 측면을 평가하고자 할 때는 객관적 검사가 특히 효과적이며, 시간에 걸친 행동을 예측하거나 무의식을 평가하고자 할 때와 기능의 종단적이고 구조적인 양상을 평가하고자 할 때는 투사적 검사가 효과적인 것으로 알려져 있다(Masling, 1997; Stricker & Gold, 1999).

정신병리를 측정하고 범주화하는 또 다른 방식은 평가될 정신병리 유형의 규모와 넓이에 그 기초를 둔다. 이런 검사들은 간단한 선별검사와 그보다 규모가 큰 정신병리의 측정으로 나누어 볼 수 있다. 증상 체크리스트-90 개정판(SCL-90R; Derogatis, 1977, 1994; Derogatis & Savitz, 2000)과 같은 선별검사는 심리적 불편감을 겪고 있을 수 있는 사람들을 가려내는 데 쓰일 수 있는 짧은 검사다. 이 짧은 검사 후에 피검사자가 겪는 어려움의 본질을 정확히 찾아내고, 그 사람을 폭넓게 이해하기 위해 구조화된 임상적 인터뷰나 여러 질환을 한데 묶는 객관적 검사 또는 투사적 검사와 같이 더욱 규모가 큰 검사를 피검사자에게 실시한다.

Derogatis, Fleming, Sudler와 DellaPietra(1995)는 중증 질환을 가지고 있는 모든 환자에게 선별검사를 하고 이 검사에서 양성 결과가 나온 사람들에게 더욱 세부적인 검사를 실시할 것을 제안하였다. 이 방법은 아직 발견되지는 않았지만 정신병리를 가지고 있을 수 있는 사람들을 확인할 수 있기도 하고, 정신질환의 가능성을 키우고 있는 사람들을 보수적이고 철저하게 가려내는 자원이 되기도 한다.

전형적으로 정신병리의 임상적 평가에는 세 가지 방법, 즉 임상적 인터뷰(과거력과 피검사자에 대한 관찰적 자료와 더불어서), 투사적 검사 및 객관적 검사가 있다. 검사를 의뢰할 때, 다양화된 방법의 결과이기도 하고 자료의 원천이 되기도 하는 몇 가지 질문들에 대답할 것이 요구된다. 일반적으로 하나의 검사보다는 다중적 측정 또는 검사 배터리가 이러한 질문에 대한 정보를 제공하는 데 보다 효과적인 것으로 알려져 있다. 재활의 대상이 되는 특정 내담자에게 어떤 측정법을 쓸 것인지를 선택하는 문제는 여러 가지 요인에 달려 있다. 즉, 의뢰 시 하게 되는 질문들, 내담자의 기능 상태(내담자에게 시각적 · 청각적 · 신체적 결손이 있는가 하는 점들로, 이러한 점들은 정신병리를 측정하는 다양한 검사를 완수하는 데 지대한 영향을 미칠 수 있다), 평가의 맥락 등에 의해서 결정한다. 의뢰기관과 검사비를 지불하는 제3자들은 평가서비스를 신청할 때 비용, 결과를 받는 데 걸리는 시간, 결과의 유용성을 강조하는 경향이 늘어나고 있다. 그러므로 이러한 변인들 또한 심리학적 검사 배터리를 조합할 때 고려해야 한다. 검사를 선택할 때 중요한 다른 요인들로는 타당도, 신뢰도, 유용성 등이 있다.

2 정신병리 평가 시 고려 사항

정신병리를 평가하려고 할 때 고려해야 할 몇 가지 이슈들이 있다. 피검사자의 원래 성격, 검사 환경, 정신질환적 증상에 대해 과도하게 보고하거나 과소하게 보고하는 태도 등이 고려되어야 한다. 피검사자가 가진 원래의 성격은 어떤 검사를 할지 선택할 때, 검사를 시행할 때, 그리고 검사 결과를 해석할 때 반드시 고려되어야 할 중요한 변인이다. 인종 · 문화 · 모국적 등과 같은 요인들은 평가의 모든 영역에 커다란 영향을 줄 수 있다(Butcher, 1995). 미국 내 소수민족들이 계속 성장해 오고 있기 때문에, 주류 인구를 대상으로 개발되고 표준화되고 적용되어 온 평가 방법론들이 전체 인구의 다른 집단에게는 적합하지 않을 수 있다는 인식이 점점 확산되고 있다. Dana(1996)는 심리학자들로 하여금 문화적으로 만족할 만한, 즉 각각의 문화 양식에 맞는 서비스 전달 체계, 내담자의 모국어, 문화적인 규준이 적절하게 확립된 검사를 쓰도록 권고하였다. 그는 개인에게 검사를 시작하기 전에 그가 어떤 문화의 구성원인가를 먼저 평가하도록 권면하였다(Dana, 1996). 다른 것으로는 내담자의 성별과 나이가 반드시 고려되어야 한다. 많은 심리학적 검사가 성별에 의해서 표준화되어 있고 가끔 나이에 의해서도 표준화되어 있는데, 그것은 이러한 변인들이 중요하다는 것을 반영하는 것이다.

재활의 대상이 되는 내담자의 심리학적 평가는 다양한 현장, 즉 병원(전형적으로 의료 또는 재활 시설), 장기요양시설(예: 숙련된 간호사들이 상주하는 시설 또는 재활센터), 외래 환자들이 이용할 수 있는 곳(예: 평가자나 재활상담사의 사무실) 등에서 발생할 수 있다. 그러한 장소는 정신병리적 측정에 영향을 미칠 수 있다. 어떤 장소는 조용하고 사생활을 보호하지만, 어떤 장소는 특정 검사를 실시하기에는 너무 시끄럽고 부적절할 수 있다. 객관적 측정법들은 거의 모든 장소에서 사용 가능한 반면(조용한 곳이 더 좋긴 하겠지만), 투사적 검사를 할 때는 조용하고 사생활이 유지되어야 하며 간섭이 없는 장소이어야 한다. 피검사자가 스스로 검사를 하거나 또는 도움을 받더라도 특정 검사를 끝낼 수 있는 능력이 제한되어 손상이 발생한 경우(예: 시각적 손상이 있거나 손을 사용할 수 없을 때)도 있을 수 있다.

심리학적 평가 시 곤란한 이슈는 피검사자가 자신의 정신병리적 증상을 과다하게 또는 과소하게 보고할 수도 있는 가능성에 대한 것이다. Green(1991, 1999)은 어떤 환자는 자신을 실제보다 더욱 곤란한 장애가 있는 것으로 보이려고 할 수 있다는 것을 제안하였다. 심리적으로 너무 괴로워서 자신의 고통에 대해 확실하게 주목받고 싶어 하기 때문에 과장을 하는 사람도 있다. 그것은 으레 과잉반응을 하기 때문일 수도 있고, 자신이 상처받았다고 여기기 때문일 수도 있다. 또 어떤 사람은 이차적인 목적을 위해서 일부러 심하게 보이려고 노력하기도 한다(예: 산업재해 보상이나 장애인 수당을 얻어 내고자 할 때). 재활의 대상이 되는 피검사자들은 때때로 기능이 회복되었다는 것을 보이지 않으려고 하는데, 만약 그 결과에 따라 직장으로 복귀해야 한다거나 재정적 혜택을 잃게 될 때는 더욱 그렇다. 또 어떤 사람들은 일을 그만하고 싶어서 그러한 목적을 달성할 수 있는 기회로 보고 평가에 임하기도 한다. 심리적으로 문제가 있는 것처럼 보이도록 꾸미는 것은 투사적 검사에서보다 객관적 검사에서 더 쉬울 수 있다. 투사적 검사 자극이 더 모호하기 때문이다. 심리학적 검사에서 꾀병을 부리지 못하도록 막을 수는 없겠지만, 꾀병을 찾아내고 최소화하기 위한 절차를 마련할 수는 있다. 평가에 대해 피검사자를 적절히 준비시키는 것은 필수적이며, 종합적인 평가가 가능할 때는 정신병리에 대한 여러 가지 측정법과 더불어 면밀한 임상적 인터뷰와 관찰을 통한 자료의 수집도 함께 사용하는 것이 권고된다. 만일 평가자가 과잉 보고 또는 꾀병을 의심한다면, 검사에 임하는 태도를 측정하는 타당도 척도를 가지고 있는 검사들 중 적어도 두 가지 방법, 즉 두 가지 이상의 심리학적 측정에서 동일한 단서를 주는 자료를 얻고자 할 것이다. 일단 피검사자가 과잉 보고를 하거나 꾀병을 부리고 있다는 것이 확인되면, 피검사자와 상담을 하여 몇 가지 검사를 다시 실시하거나 또는 평가 보고서에 평가 결과가 내담자의 실제 상태를 정확하게 보여 주는 것이 아님을 적절하게 명시하여야 한다.

꾀병을 부리거나 과잉 보고를 하는 것이 더 흔한 일이긴 하지만, 과잉 축소하거나 심리학적 증상을 축소하려고 노력하는 것도 재활의 대상이 되는 표집에서는 잠재적 문제가 된다. 내담자는 다음과 같은 이유로 정신건강의 문제들을 과소하게 보고하는 경우가 있다. 자신이 그러한 문제를 가지고 있다는 것을 믿지 않기 때문에, 문제를 인식하고는 있지만 너무나 익숙해진 나머지 그다지 괴롭지 않다고 느끼기 때문에, 특정 목표를 달성하기 위해서(예: 특정 재활 프로그램에 들어가기 위해서), 또한 정신적으로 건강하게 보이고 싶기 때문에 문제를 축소해서 보고한다. 이러한 시도를 예방할 수 있는 방법은 거의 없지만, 임상가는 정직하고 솔직담백하게 보고하는 것의 중요성을 강조함으로써 피검사자를 평가에 준비시킬 수 있다. 임상가는 내담자와 라포를 형성함으로써, 또 조용하고 이완할 수 있는 장소에서 피검사자를 만남으로써 평가 상황에서 피검사자가 편안함을 느끼도록 노력해야 한다. 정신병리가 축소되어 보고되고 있다는 결론을 내릴 때에는 여러 가지 자료가 사용될 수 있다. 만일 축소 보고된 것이 발견되면, 임상가는 그 문제에 대해 피검사자와 상담을 하여 몇 가지 검사를 다시 하는 방법을 생각해 볼 수 있다.

재활의 대상이 되는 피검사자들에게 특정 검사를 사용할 때는 검사에 걸리는 시간이 얼마나 되는가와 평가에 드는 비용도 중요한 요소다. 어떤 경우에는 특정 상황에서는 거의 모든 재활 환자에게 간단한 선별검사만이 가능한 경우도 있다. 더욱이 특정 상태에 있는 환자들에게는 평범치 않은 검사 실시법이 필요할 수도 있다. 어떤 신체적 상태에서는 특정 손상에 대해 편의 제공을 하도록 검사의 속도를 느리게도 할 수 있고 절차를 바꾸는 것이 필요할 수도 있다. 게다가 한계가 있긴 하지만 특정한 신체적 상태(예: 척수 손상)가 심리학적 검사의 결과에 차별적으로 연관되어 있을 수 있다는 증거가 다소 있다(예: Rodevich & Wanlass, 1995). 더욱이 특정 재활의 상태에서는 증후군 또는 상태 자체와 개입이 필요할 수도 있는 부수적인 심리학적 손상의 여부로 구성되어 있는 심리학적 증상들을 가려내는 것이 평가적 질문에 중요한 부분이 된다.

3 정신병리의 세부적 측정

여기서는 정신병리를 측정하는 세 가지 주요 유형인 구조화된 면접, 객관적 측정법 그리고 투사적 측정법에 대해 살펴보고자 한다. 각각의 범주에서 가장 흔히 쓰이는 측정법들이 논의될 것이다. 각각의 검사에 대한 기본적 목적, 구조, 채점 방식, 해석, 타당도, 신뢰도 그리고 적용 가능한 특정 장애 유형에 대해 다루려고 한다.

1) 구조화된 면접

대개의 임상가들은 심리학적인 평가를 할 때 면접을 실시한다. 면접은 개인적으로 하도록 설계되거나 혹은 표준화되어 있고, 구조화된 형식, 약식으로 구조화된 형식 또는 비구조화된 형식을 가지고 있다. 미국에서 널리 쓰이는 표준화된 면접법에는 적어도 세 가지 종류, 즉 DSM-IV를 위한 구조화된 임상적 면접(Structured Clinical Interview for DSM-IV: SCID), 진단적 면접 일람표(Diagnostic Interview Schedule: DIS) 그리고 정동장애와 정신분열병에 대한 일람표(Schedule for Affective Disorder and Schizophrenia: SADS; Groth-Marnat, 1999)가 있다.

(1) DSM-IV를 위한 구조화된 임상적 면접(SCID)

SCID(Spitzer, Williams, & Gibbon, 1987; Spitzer, Williams, Gibbon, & First, 1987)는 구조화된 면접법 중 아마 가장 종합적인 것일 것이다. 이는 DSM-III(American Psychiatric Association, 1980)에 공헌한 『진단적 준거 연구(Research Diagnostic Criteria)』(Spitzer, Endicott, & Robins, 1987)에 그 기초를 두고 있으며, 몇 번에 걸쳐 수정되었다(1983, 1987, 1995). SCID의 진단적 범주가 DSM의 체계와 매우 비슷하고 DSM의 진단이 SCID의 자료로부터 나오긴 했지만, SCID가 DSM의 진단적 범주를 모두 다루는 것은 아니다. 이 검사에는 입원 환자용, 외래 환자용, 비환자용, 축 I의 장애를 가진 사람들용, 축 II의 장애를 가진 사람들용의 몇 가지 버전이 있다. 게다가 청소년기의 행동장애와 분열성 장애의 평가를 위해 세부적인 척도가 제안되기도 하였다(예: Smith, Huber, & Hall, 2005; Steinberg, 2000).

컴퓨터로 실시할 수 있는 몇 가지 형식이 있긴 하지만, 전형적으로 SCID는 검사자와 면대면으로 이루어진다. 이 검사는 몇 가지 언어로도 번역되었다. 개방형 질문과 다양한 상태를 제외할 수 있는 문항들로 구성되어 검사를 실시하는데, 상당한 융통성이 있으며 대개 1~2시간 정도 걸린다. 검사 문항이 단위별로 분류되어 있기 때문에 질환의 범주에 따라 면접의 범위를 세부적인 질환별로 제한을 두는 것도 가능하다. 또한 Mini-SCID(First, Gibbon, Williams, & Spitzer, 1995)라는 약식 컴퓨터용 버전도 있다. 검사 실시자는 임상적 판단력을 가지고 있어야 하기 때문에(이 검사의 질문들이 개방형 질문의 속성을 가지고 있기 때문에), 훈련된 정신건강 전문가가 면접을 실시해야 한다. 면접 외의 사항에서 얻은 자료들도 활용될 수 있다. SCID에 대한 연구에서는 이 검사가 신뢰도에 일관성이 없고 타당도 연구 또한 한계가 있었다는 것을 제시하고 있으므로 타당도와 신뢰도 연구가 더욱 필요하다(Groth-Marmat, 1999; Segal, 1997).

구조화된 면접으로서 SCID를 사용할 때 있을 수 있는 잠재적인 장점은 종합적이고, 융통성이 있으며(검사 문항에 여러 가지 형태와 유형이 있다), DSM-IV와 호환이 가능하다는 점에 있다. 단점은 길다는 것과 신뢰도와 타당도가 부족하다는 것이다. SCID는 재활의 대상이 되는 사람들에게는 정신장애에 대한 종합적인 평가를 제공하며, 정신장애가 있는 것이 의심되지만 어떤 유형의 정신장애인지 알 수 없을 때 특히 유용하다(예: Koenig, Vandermeer, Chambers, Burr-Crutchfield, & Johnson, 2006).

게다가 이 검사는 형태에 융통성이 있기 때문에 내담자의 세부적 장애에 적용하기가 좋다. 새로운 측정법인 종합 중독 및 심리 평가(Comprehensive Addictions And Psychological Evaluation: CAAPE; Gallagher, Penn, Brooks, Feldman, & Gallagher, 2006)가 주목되는데, 이 검사는 SCID와 같이 정신건강의 요인을 측정하는 비교적 새로운 검사다.

(2) 진단적 면접 일람표(DIS)

DIS는 역학적 연구에 사용하기 위해 개발한 검사로서 매우 구조화된 면접법이다. 이 검사는 전문가가 아니더라도 약간의 훈련을 받고 면접을 실시할 수 있다(Robins, Helzer, Croughan, & Ratcliff, 1981). 컴퓨터를 사용해서 실시할 수도 있으며, 몇 번에 걸쳐 개정되었다. 현재의 버전은 DSM-IV와 호환이 가능하다(Segal, 1997). DIS 검사를 완료하기까지는 1시간에서 1시간 30분 정도 걸리며, 478문항에 모두 응답하여야 한다. 질문은 모두 강제 선택 방식이고, 피면접자와 관련이 없는 영역에 대해서는 면접자가 생략하고 다음으로 넘어갈 수 있다. 컴퓨터에 의한 자료 분석을 통해 초기의 24개 진단적 범주가 만들어졌다. 아동용, 청소년용 및 부모용 버전의 검사지가 개발되었다(Johnson, Barrett, Dadds, Fox, & Shortt, 1999).

DIS에 대한 신뢰도와 타당도 자료는 다소 결과가 불분명하다. 신뢰도가 충분하다고 여겨지는 반면, 타당도와 검사-재검사 신뢰도에는 약간 문제가 있었다(Groth-Marnat, 1999; Hodges, 1994; Segal, 1997; Wells, Burnam, Leake, & Robins, 1988). DIS

에서 나온 진단과 여타 진단 기준 간의 관계를 탐구하는 연구는 거의 없어서 더 연구가 되어야 한다는 것만은 확실하다. 보다 나은 신뢰도와 타당도의 자료가 나올 때까지는 정신건강 전문가들이 진단을 위해 DIS를 단독으로 사용하는 것을 삼가는 것이 좋을 듯하다(Segal, 1997).

DIS의 주요 장점은 실시 및 채점 방법이 쉽고, 비전문가 혹은 컴퓨터를 통해 실시할 수 있다는 것이며, 따라서 평가의 비용을 줄일 수 있다(Groth-Marnat, 1999). DIS는 정신건강에 대한 약간의 배경이 있는 보조자가 사무실에서 행할 수도 있고, 후속 자료를 위해 피검사자가 투자해야 하는 시간을 줄여 주기 때문에 더 많은 내담자에게 평가를 행할 수 있다. 주요 단점은 타당도와 신뢰도의 문제를 잠재적으로 안고 있다는 점이다.

(3) 정동장애와 정신분열병에 대한 일람표(SADS)

SADS(Endicott & Spitzer, 1978; Carmer, 1995; Hasin, 1991)는 약식으로 구조화된 면접법으로서 임상적 연구에 사용하기 위해 개발되었다. 이 검사는 진단에 의해 범주화된 동종 피검사자, 특히 정동장애와 정신분열병 피검사자를 구별하는 표준화된 방법을 제공하기 위한 것이다. 이 검사는 진단적 자료를 수집하려는 초기의 체계적인 노력들 중 하나로 대표될 수 있는데, 이는 수집된 정보와 평가 시 사용하는 준거에 많은 변수가 있는 것이 흔한 일이던 전형적인 정신의학적 연구와는 무척 대조적인 것이었다.

SADS에서는 정신의학적 장애의 증상이 면접자에 의해 평가되며, 진단은 Spitzer와 동료들(1978)이 개발한 『진단적 준거 연구』로부터 얻은 범주를 사용해서 내려진다. 이러한 진단적 범주화는 DSM-II를 개량하려는 목적이 있었던 DSM-III 진단 체계의 전신이 되었다. DSM 시리즈로부터 나온 진단들을 만들 의도에서 SADS를 개발한 것은 아니었지만, 정신분열장애 · 정동장애 · 불안장애 · 알코올남용 · 약물남용 등이 이 검사로 확인될 수 있다. 수년에 걸쳐 SADS는 몇 번 개정되었으며, 다양한 언어로 번역되어 여러 가지 표집(예: 교정이 필요한 표집)에서 사용되고 있다(예: Rogers, Jackson, Salekin, & Neumann, 2003).

이 검사에서는 훈련된 정신건강 전문가가 200개가 넘는 문항에 대해 1~6 Likert 척도상에서 손상의 심각성 정도 또는 발생의 빈번함 정도와 더불어 증상을 평가한다. 평정을 위한 자료는 내담자를 면접한 것과 여타 가용한 자료, 예를 들면 기록이나 피면접자와 가까운 사람들로부터 얻을 수 있다. 검사는 두 부분, 즉 현재의 증상들과 과거의 문제들로 구성되는데, 그것을 따로따로 하기도 하고 혹은 함께 실시하기도 한다. 현재의 증상에 대해 평가할 때는 가장 최근의 에피소드 중에서 가장 증상이 심했던 기간 또는 지난주에 초점을 맞춘다. 그러한 평정에는 임상적 판단력이 요구되기 때문에 면접자는 반드시 정신건강 분야에서 검사를 사용할 수 있도록 훈련받은 사람이어야 한다. 소요되는 시간에 따라 기본적인 형태가 달라지는 여러 검사가 있다. SADS의 두 부분을 둘 다 실시하는 데는 보통 1시간 30분 혹은 2시간이 소요된다. SADS의 문항들은 진단적 범주에 따라 군집을 이루고 있고, 각각의 영역에 앞서 그 범주에 해당되지 않는 진단을 미리 가려내는 질문들이 있다. 이는 검사 실시를 촉진하고 검사 시간을 잠재적으로 줄이기 위한 것이다. 8개의 요약척도(느낌과 생각, 타고난 양상, 양상과 관련된 우울, 자살 생각과 행동, 불안, 조증 증후군, 망상과 환각, 명백한 사고장애)와 24개의 진단적 척도에 점수가 그려진다. 하지만 컴퓨터 채점은 현재 가용하지 않다.

이와 같은 세 가지의 면접 형태 중 SADS는 아마 정신의학 연구에서 가장 널리 쓰이고 가장 강력한 타당도와 신뢰도의 증거를 가지고 있을 것이다. SADS의 요약척도는 신뢰도가 매우 높다. 진단적 척도의 신뢰도는 대체로 높은데, 여러 연구에서 다양하게 나타나고 있다(Segal, 1997). SADS의 타당도는 보다 넓은 영역에서는 약간 약하지만, 그것은 '진단적 규준'의 타당도가 약하기 때문이다(Arbisi, 1995). 재활의 대상이 되는 사람들에게 사용할 때는 타당도와 신뢰도가 높고 증상의 심각한 정도가 평가된다는 점이 주요 강점이며, 너무 길고 검사 실시자가 반드시 훈련된 정신건강 전문가이어야 한다는 점과 그 검사가 다루는 진단의 범위가 제한되어 있다는 점(예: PTSD와 성격장애는 포함되어 있지 않다)이 주요 단점이다. 게다가 DSM의 초기 버전이 성행할 때 개발되었기 때문에 몇몇 문항의 언어가 요즘의 어투와 잘 안 맞기도 하다.

2) 객관적 측정법

(1) 미네소타 다면적 인성검사

미네소타 다면적 인성검사(Minnesota Multiphasic Personality Inventory: MMPI)는 원래 1940년에 개발되어 1942년에 처음 출판되었고, 정신병리를 측정하는 데 가장 자주 쓰이는 측정법 중 하나다(Watkins, Campbell, Nieberding, & Hallmark, 1995). MMPI는 소개된 이후 임상과 연구 등 매우 넓은 범위에서 쓰여 왔다. 유일한 개정판인 MMPI-2(Butcher et al., 1989; Graham, 2006)는 MMPI를 다시 표준화한 것이다. MMPI-2에서 바뀐 점은 몇 개의 문항을 약간 고친 것, 상당수의 문항을 새로 집어넣은 것, 그리고 몇 개의 타당도 척도와 보충척도를 더한 것이다. 현재의 미국 인구를 더욱 정확하게 대표하도록 소수집단을 포함시킨 것과 표집의 크기를 전국 규모로 늘려서 규준의 표집을 확장한 것이 MMPI-2의 주목할 만한 변화다(Hathaway & McKinley, 1989). *T* 점수(점수의 해석이 가능하도록 원점수를 표준화하는 것) 또한 흔히 쓰이는 거의 모든 임상척도(여성성-남성성 척도와 사회적 내향성 척도를 제외한 나머지 척도에 대해서)와 모든 내용척도에 대해 개정되어서 지금은 동일한 범위와 분포를 가지는 척도가 되었다.

MMPI와 MMPI-2는 정신병리의 객관적 측정에 매우 널리 쓰인다. MMPI-2는 자기보고식 검사로서 예/아니요로 대답하는 567문항으로 구성되어 있다. 이 문항들은 저자들의 임상적 경험과 여타의 성격 측정법 등의 다양한 원천으로부터 모아진 것이다. 주요한 정신병리적 장애를 대표하는 규준집단과 정상집단을 구별할 수 있는 문항들이 핵심적인 과학적 방법으로 선별되었다. 원래 MMPI의 임상척도들은 다양한 진단적 집단에 들어가는 사람들을 확인하려는 의도가 있었다. 그러나 중복 문항이 많은 것과 여러 가지 검사적 특징 때문에 그 척도들이 비정상적 성격 특성들을 기술하는 데에 진단적 범주를 순수하게 측정하는 것보다 더욱 효과적일 수 있다는 것을 알아낸 것이다(Groth-Marnat, 1999).

MMPI-2는 여러 가지 형태, 즉 집단적 형태, 연구적 형태, 오디오테이프로 녹음된 형태, 컴퓨터를 이용하는 형태, 모든 문항이 같은 순서에 놓여 있는 형태, 개인검사 혹은 집단검사의 형태 등으로 존재한다. 지필 형태는 적어도 8학년(중학교 2학년) 이상 수준의 읽기능력을 가지고 있는 18세 이상의 사람들에게 실시하는 것이 권고된다. 만일 지필 형태를 16, 17세의 사람에게 실시하려면 청소년 규준을 사용하여야 한다. 16세 이하의 청소년에게는 MMPI의 청소년 버전인 MMPI-A를 실시하여야 한다. 대개의 성인은 1시간에서 1시간 30분이면 검사를 끝낼 수 있다. 채점은 채점 견본(template)을 이용해서 수기 또는 컴퓨터로 할 수 있다. 기본 척도들에 대해 수기로 채점하는 것은 매우 빠르게 끝낼 수 있다. 컴퓨터로 채점을 하면 기본 척도와 부가적 척도에 대한 원점수와 *T* 점수로 구성되어 있는 프로파일 보고서를 만들어 낼 수 있으며 해석적 보고서도 만들어질 수 있다. 최근 사용 가능한 보고서에는 Caldwell 보고서, 미네소타 보고서, MMPI-2 성인용 해석 시스템 등이 있다.

MMPI의 기본적 채점은 검사 태도를 평가하는 네 가지 타당도 척도(말할 수 없음,

거짓말, 드묾, 교정)와 비정상적 행동들의 주요한 형태들을 측정하는 열 가지 임상척도(건강염려증, 우울, 히스테리, 반사회성, 남성성-여성성, 편집증, 강박증, 정신분열, 조증, 사회적 내향성)에 있는 점수들을 계산하는 것이다(Greene, 1991). 기본 척도들은 처음의 370개의 검사 문항으로부터 채점될 수 있지만, 다른 많은 세분화된 척도도 계산될 수 있도록 전체 검사를 다 실시하는 것이 권고된다. 일단 원점수가 얻어지면 표준점수나 *T* 점수로 바꿔 주고, 내담자의 성별에 따라 프로파일지에 점을 찍게 된다. 표준화 작업은 척도 간 비교를 가능하게 한다. 내담자의 검사 프로파일이 검토되고 그것이 타당하다는 것이 확인되면, 임상척도에서 가장 점수가 높은 척도와 다양한 임상척도에서 상승한 척도들 그리고 전체적인 척도의 배열 형태를 중심으로 자료의 해석이 이루어진다. *T* 점수에 근거하여 낮은 점수는 40점 이하, 최빈치 점수는 41~55점, 중간 정도의 점수는 56~65점, 높은 점수는 66~75점, 매우 높은 점수는 76점 이상을 말한다(Hathaway & McKinley, 1989). 단일 척도의 상승은 전체적인 조합적 상승보다는 덜 중요하다. MMPI-2에서 *T* 점수가 65 이상(또는 MMPI에서 *T* 점수 70점 이상)인 두 가지 임상척도의 동반 상승에 따라 기술하는 것을 '상승척도쌍'이라고 부른다. MMPI-2가 MMPI보다 점수가 낮아졌기 때문에 *T* 점수로 자르는 점수대가 낮아졌고 절단점 이상의 점수들은 유의미하다고 보아야 한다. 정신병리의 해석은 단일 척도의 상승에 기초하여 이루어지지는 않고 그보다는 상승된 척도들의 패턴을 고려하여 해석이 된다.

MMPI는 다양한 다른 척도에 대해서도 채점할 수 있다(예: Greene, 1999 참조). 보충척도들은 불안, 억압, 자아강도, 개정된 MacAndrew 알코올리즘 척도 등을 말한다. 부가적인 척도들은 과잉 통제된 적개심, 우월성, 사회적 책임감, 대학 부적응, 성역할 그리고 외상후 스트레스 장애에 대한 척도들이다. 또한 15개의 내용 특정적 척도들이 있는데 공포, 기이한 정신상태, 작업의 방해 등이다. 핵심적 문항들(이러한 검사 문항들은 개별적으로 특수한 임상적 중요성을 가진다) 또한 MMPI를 해석할 때 사용된다. Koss-Butcher와 Lachar-Wrobel의 핵심 문항 세트를 비롯한 몇 가지 버전이 있다. Harris-Lingoes 하위척도 또는 몇 개의 임상척도(예: 우울, 히스테리, 편집증)와 같은 하위척도들도 있다. MMPI와 MMPI-2의 검사 자료가 DSM에 비견할 수 있는 정신병리적 진단을 양산한다 해도 이 문항들이 DSM상의 장애와 관계 지어서 개발된 것은 아니다.

MMPI의 타당도와 신뢰도에 대해서는 수천 개가 넘는 엄청난 자료가 있지만 모든 결과가 다 좋은 것은 아니다. 주요 척도들의 구성타당도에 대해서는 일반적으로 양호한 증거들이 나와 있다. 그러나 시간적 안정성과 내적 일관성에 대한 타당도는 중간 정도다(Butcher et al., 1989; Groth-Marnat, 1999; Hunsley, Hanson, & Parker, 1988).

그럼에도 불구하고 성격평가에 MMPI를 사용하는 것은 여러 가지 면에서 좋은 점이 있다. 첫째, MMPI가 자기보고식 검사이기 때문에 평가자가 필요 없다. 또한 손으로 채점하든 컴퓨터로 채점하든, 채점하는 데도 평가자가 시간을 많이 할애하지 않아도 된다. 둘째, 채점이 객관적이라서 평가자의 편견을 없앨 수 있다. 셋째, 내담자에 대해 많은 정보를 제공할 수 있도록 수집된 데이터가 다양한 척도로 점수화될 수 있을 뿐만 아니라 주요 문항에 대한 응답을 추려서 평가할 수도 있다. 넷째, 검사 해석을 도와주는 임상적 데이터와 연구 데이터가 아주 많다. 다섯째, 꾀병에 대한 의심과 같이 검사 태도를 알아보는 데이터가 상당히 많다(예: Bacchiocchi & Bagby, 2006; Nelson, Parsons, Grote, Smith, & Sisung, 2006 참조). 여섯째, 평가자의 시간을 줄여 주고 채점에 완전성과 정확성을 기할 수 있을 뿐만 아니라 종합적인 해석적 정보를 제공하고 평가자의 주관성을 최소화할 수 있도록 컴퓨터로 실시하고 채점하고 해석할 수 있다는 점이다(Butcher, 1995; Williams & Weed, 2004).

어디에서나 사용할 수 있음에도 불구하고, MMPI와 MMPI-2는 아직 제한점이 잠재되어 있다. 첫째, 검사가 너무 길어서 특정 재활 환자에게는 쉽게 지치게 할 수 있다. 약식 버전(처음의 370문항)으로 실시할 수도 있지만, 그렇게 하면 단지 기본 척도만 채점이 된다. 이러한 문제점을 보완하려는 노력의 일환으로 MMPI의 단축형을 개발하려는 여러 가지 시도—가장 유명한 것으로 Mini-Multi, 축약형 MMPI, MMPI-168—가 있었지만 결과는 분분하였다(Greene, 1991). Greene, Gwin과 Staal(1997)은 단축형은 타당도 연구가 부족하고 일치율이 낮기 때문에 되도록 사용하지 않도록 조언했다. 둘째, 척도 간 중복 문항이 상당히 많아서 척도들 사이의 상관이 높을 수밖에 없다. 척도를 재편성하려는 최근의 작업들이 유망하긴 하지만(Simms, Casillas, Clark, Watson, & Doebbling, 2006), 일상적인 임상 현장에서 상업적으로 당장 사용할 수 있는 검사는 아직 긴 버전의 검사다. 셋째, 검사 문항 중 많은 것에서 재활의 평가적 목적이 지나치게 명백하게 보인다. 넷째, 거짓 문항의 수보다 참 문항의 수가 훨씬 많다. 이는 질병을 위장하려는 시도를 촉진할 수 있다. 다섯째, 척도의 이름(예: 정신분열병 척도)이 잘못되었다는 점인데, 그 척도가 이름이 표방하고 있는 것처럼 해당 진단을 순수하게 측정하고 있다고 보기가 어렵기 때문이다. 마지막으로, 컴퓨터가 만드는 해석은 종합적이고 시간적으로 효율적이지만 언제나 충분하게 세부적인 정보를 주는 것은 아니며, 피검사자에게 잘 맞지 않을 수도 있고, 너무 과학적으로 보여서 임상적으로는 아무 의미가 없을 수도 있다(Butcher, 1995).

이러한 이슈들이 있긴 하지만, MMPI-2와 MMPI는 매우 널리 쓰이고 있다. 이 검사는 특수한 표집이나 다양한 인종 집단을 평가할 때도 매우 적합하다(Arbisi, Ben-Porath, & McNulty, 2002; Hall, Bansal, & Lopez, 1999; Butcher, Cheung, & Lim, 2003; Dong & Church, 2003). 그것은 150개 이상의 언어로 번역되어 50개 이상의 나라에서 쓰이고 있다. 게다가 영어 수화로 녹화된 비디오테이프의 형태도 있다. 그러나 번역이 항상 완벽하게 정확하고 문화를 잘 반영하고 있는 것은 아니다(예: Dana, 1996). 다양한 장애 또는 건강 상태, 즉 신경성 식욕 부진증, 시각장애, 극심한 통증, 청각장애, 우울, 두부 손상, 정신분열병, 척수 손상, 약물남용 등을 가진 사람들을 대상으로 사용되었다. 이 검사는 전형적으로 그러한 표집을 기술하고 분류하는 데 사용되었고, 치료의 성공과 치료 후의 결과, 치료에 대한 만족도를 예견하는 데 사용되었으나 결과는 다소 분분하였다(예: Belding, Iguchi, Morral, & Husband, 1998; Vendrig, Derksen, & de Mey, 1999). 그러나 장애인 집단은 동질적이지 않기 때문에 이 검사 혹은 성격을 측정하는 어떤 검사라도 비슷한 양상을 보일 것이라는 추측은 지나치게 단순한 것이다. 또한 MMPI-2는 고용을 중시하는 재활 프로그램에서 직장으로 복귀하려는 사람들을 기술하고 예견하는 데 쓰인 적이 있었는데, 성공 여부에 대한 결과는 분분하였다(Allen & Webb, 1999). 이 검사는 또한 숨은 동기를 위해 정신질환을 위장하는 사람들을 가려내려는 시도(예: Bury & Michael, 2002 참조)와 산업재해를 입은 노동자들의 평가 및 그들의 재활(Alexy & Webb, 1999; Colotla, Bowman, & Shercliffe, 2001; Scheibe, Bagby, Miller, & Dorian, 2001)에도 광범위하게 사용되었다.

(2) 성격평가검사

성격평가검사(Personality Assessment Inventory: PAI)는 Morey가 개발하여 1991년에 처음 출판되었다(Morey, 1995). MMPI-2처럼 비정상적인 특성들을 전체적으로 측정하는 검사다. 자기보고식 검사로서 344문항에 대해 네 가지 반응의 대안들, 즉 '거짓, 전혀 사실이 아님' '약간 사실임' '거의 사실임' '정말 사실임' 중 하나를 피검사자가 고르는 방식이다. 이 검사는 적어도 4학년 이상의 읽기 수준이 되는 18세 이상의 성인에게 사용되도록 만들어졌으며, 완료하는 데 50~60분 정도 걸린다. 단축판(Frazier, Naugle, & Haggerty, 2006 참조)도 있지만, 척도의 수는 많고 검사 문항의 수는 비교적 적기 때문에 일반적으로는 사용하지 않도록 권고하고 있다(Boyle & Lennon, 1996). 4개의 타당도 척도, 11개의 임상척도, 5개의 치료척도, 2개의 대인관계 척도를 포함한 22개의 척도에서 점수를 내도록 되어 있다. 게다가 10개의 기본 척도에는 하위척도들이 있고, 7개의 영역에 걸친 27개의 문항을 포함하는 위기 항목 검사지(Critical Items Form)도 있다. 7개의 영역은 행동이 일어날 빈도가 매우 낮지만 위기로 발전할 수 있는 가능성 때문에 즉각적인 주의를 기울여야 하는 행동 혹은 정신병리에 중점을 두고 있다. 두 부분의 응답지에 있어서 채점은 매우 간단한데, 첫 번째 장에 있는 응답지는 피검사자의 응답을 위한 것이고, 두 번째 장에 있는 먹지로 된 응답지는 모든 피검사자의 응답이 채점되는 곳이다. 지필식 형태와 더불어 컴퓨터 버전도 있다. 원점수는 평균 50과 표준편차 10을 가진 *T* 점수로 변환된다. 그런 후 점수들은 표준화된 프로파일과 임상 표집 프로파일과 함께 성인용 프로파일 양식에 기록된다. PAI의 어떤 척도에서건 70점 이상을 기록하면 평균에서 유의미하게 벗어났다는 의미이기 때문에 더 면밀한 검사를 진행해야 한다. 해석은 단일 척도의 상승과 상승의 패턴에 기초하여 이루어진다. 또한 내담자의 프로파일은 군집분석을 통해 만들어진 10개의 형태적 프로파일과 비교될 수 있다. 그러나 주어진 프로파일을 그러한 열 가지 프로파일 집단 중 하나에 배치하는 과정이 어렵고, 시간 낭비라는 지적도 있다(Kavan, 1995). 컴퓨터화된 해석적 보고 역시 사용이 가능하다. 규범적 자료가 지역사회의 성인 거주민, 대학생, 정신건강 서비스를 받고 있는 사람, 흑인 및 노인을 대상으로 수집되었다. 성별과 인종에 대해서는 거의 차이가 없었지만, 연령 간 차이는 주목할 만하였다. PAI는 스페인어, 중국어 및 아랍어 등의 언어로도 번역되었다. 또한 PAI의 위장척도가 쓸모가 있다는 것이 증명되기도 하였다(Blanchard, McGrath, Pogge, & Khadivi, 2003).

PAI에 대해 진행된 많은 연구에서 이 검사가 평가도구로서 가치가 있다는 사실이 제시되었지만, 구성타당도의 증거와 요인 구조상 다소 논란의 여지가 있기도 하다(Boyle, 1995; Conger & Conger, 1996; Deisinger, 1995; Fantoni-Salvador & Rogers, 1997; Morey, 1995; White, 1996). 게다가 불일치와 낮은 빈도 척도에 대한 신뢰도와 타당도 결과는 다른 척도들보다 약하다(Kavan, 1995). 이 검사는 비교적 최근에 개발된 것이고 상업적으로 판매하고 있어서 부분적으로는 성장하는 듯이 보이겠지만, 심리학자들이 이 검사를 실무에서 쓰는 것에는 한계가 있어 보인다. DSM상의 장애들을 세부적으로 다루고 있지는 않지만 PAI는 몇몇 질환을 진단하는 데 쓰일 수도 있다.

PAI의 강점은 동시대의 언어를 사용하고 있다는 점과 중복 문항이 없다는 점, 심리측정적 특징들을 가지고 있다는 점에 있다. 주요 단점은 널리 쓰이지는 못한다는 점과 폭넓은 연구 문헌이 갱신되지 못하였다는 점, 검사 문항의 수에 비해 척도의 수가 비교적 많다는 점이 약점으로 지적될 수 있다(Boyle, 1995). 이제까지 출판된 PAI에 대한 문헌을 검토해 보면 질환 은폐에 대한 연구, 특히 범죄자 표집에 주로 쓰였다는 것을 알 수 있다(Rogers, Swell, Morey, & Ustad, 1996). 재활의 대상이 되는 사람들에게는 약물이나 알코올 남용 환자들 또는 통증 치료를 받고 있는 사람들에게 가장 자주 사용되었다(George & Wagner, 1995; Schinka, 1995; Schinka, Curtiss, & Mulloy, 1994).

(3) Millon 임상적 다축평가 제3판

Millon 임상적 다축평가 제3판(Millon Clinical Multiaxial Inventory: MCMI-III; Choca, Shanley, & Van Denburg, 1992; Craig, 2005; Jankowski, 2002; Millon, 1994)은 객관적 성격 측정법으로서 성격 유형, 정서적 적응, 검사 태도 유형을 평가한다. 이 검사를 개발할 때 Millon의 목적은 MMPI가 가지고 있는 주요 한계—꽤 긍정적인 속성도 있긴 하지만—를 극복하는 성격검사를 만드는 것이었다. 1977년에 처음 출판된 MCMI는 1987년에 개정되었고, 1994년에 다시 개정되었다. 이 검사는 정신병리를 측정하는 데 가장 빈번하게 쓰이는 객관적 검사이며, 지난 25년간 일반적 임상실무에서 가장 널리 채택된 몇 개 안 되는 검사들 중 하나다. 객관적 자기보고식 검사인 MCMI는 참/거짓으로 응답하는 175개의 문항으로 구성되어 있고, 이 문항들은 Millon의 성격이론에 기초하여 만들어진 폭넓은 문항 풀에서 뽑아낸 것들이다(예: Davis, 1999; Millon, 1990, 1996; Millon & Davis, 1996; Widiger, 1999).

가장 최근의 버전인 MCMI-III는 Millon의 이론에서 개선된 점과 이전 버전에서 얻은 자료들 그리고 DSM-IV를 토대로 업데이트된 것이다. MCMI를 DSM의 최근 버전과 일관성 있도록 만들기 위한 노력이 기울여졌다. MCMI-II에 성격유형 척도인 우울 척도가 하나 더 첨가되었고, DSM에 PTSD가 첨가된 것을 반영하여 임상적 증후군 척도인 외상후 스트레스 장애 척도가 MCMI-III에 첨가되었다. 문항 가중치 적용에도 변화가 있었다. 보통의 문항들에는 1점을 주고, 척도에 가장 큰 영향력을 가진다고 생각되는 전형적 문항들에는 2점을 주도록 배정하였다(Millon, 1994).

이 검사에는 손으로 채점하는 것과 컴퓨터로 채점하는 것의 두 가지 형태가 있다. 오디오로 녹음된 형태도 있는데, 이는 지필검사를 할 수 없는 피검사자에게 실시할 수 있는 방식이다. 지필 형태와 오디오테이프 형태는 스페인어로도 제공된다. 이 검사에 적절한 피검사자는 적어도 18세 이상이어야 하고, 적어도 8학년(중학교 2학년)

이상 수준의 읽기능력이 있어야 한다. 검사 매뉴얼에서는 이 검사가 20~30분 걸린다고 하지만, 시간이 더 걸리는 경우가 종종 있다. 채점은 견본과 여러 가지 계산법을 사용하여 수기 혹은 컴퓨터로 할 수 있다. 수작업 채점은 30분 또는 그 이상이 걸릴 수 있고, 과정도 복잡하다. 엄청나게 많고 지루한 계산법이 요구되기 때문에 결과를 신뢰할 수 없는 경우도 있다. 기계적 채점은 완성된 답안지를 검사 채점 서비스로 보내거나 자동화된 온라인 채점으로 할 수 있다. 지필식으로 수집된 원자료도 컴퓨터로 채점할 수 있다.

MCMI-III에서 나온 원점수는 다섯 개의 군집으로 범주화된 28개의 척도를 만들어 낸다. 다섯 개의 군집은 수정 지표(타당도 지표, 노출, 바람직함, 악화 척도), 임상적인 성격유형(분열성, 회피성, 우울성, 의존성, 히스테리성, 자기애성, 반사회성, 공격적 가학성, 강박성, 수동공격성, 자기패배성 척도), 중증 성격병리(분열형, 경계선적, 편집성 척도), 임상적 증후군(불안, 신체화, 조울: 조증, 기분부전, 알코올의존, 약물의존, 외상후 스트레스 장애 척도) 그리고 중증 증후군(사고장애, 주요우울, 망상적 장애 척도)이다. 이들에 대한 원점수는 기저율 점수(BR)로 변환되는데, 기저율 점수란 특정 변인이 일반 인구에서 발생할 빈도로부터 산출하는 점수를 말한다. 마지막으로, 최종 BR 점수를 산출하기 위해서 특정 BR 점수의 상승에 근거하여 조정이 이루어진다. 만일 노출 척도의 원점수가 123점 이상으로 매우 높다면, 다른 척도들의 점수는 낮아질 것이다. 또는 불안 척도에 대한 최종 BR 점수가 75점 이상이라면, 다른 척도들의 점수는 낮아질 것이다(Millon, 1994). 그러고 나서 최종 BR 점수를 프로파일 기록지에 성별을 구별하여 분산시킨다.

MCMI-III의 결과 해석은 점수가 높은 척도를 보는 것과 프로파일 분석에 있다. 이러한 해석은 피검사자의 검사 태도 맥락 안에서 이루어져야 한다. 정신질환에 대한 많은 검사와는 달리, MCMI는 임상적 장애와 성격적 장애를 동시에 평가하는 척도들을 가지고 있다. 임상적 성격유형 척도들은 피검사자의 심리적 기능을 유지하는 힘 또는 성격 유형을 반영한다고 생각되었다. 중증 성격병리 척도들은 성격의 심리학적 장애를 평가한다. 임상적 증후군 척도들은 기본적 성격 유형의 왜곡을 평가한다. 이는 일시적인 경향이 있고, 종종 특정 상황에 의해 촉발되며, 선명한 정신병리를 표현하는 것이다. 임상적 증후군 척도들은 약간 중증인 장애들을 표현하고, 중증 증후군 척도들은 두드러진 중증장애들을 표현한다(Millon, 1994).

MCMI에 대한 연구들은 이 검사가 강력한 내적 일관성과 높은 검사-재검사 신뢰도를 가지고 있음을 보여 준다(Craig, 2005; Jankowski, 2002; Retzlaff, 1998). 이 검사의 타당도에 대한 자료들은 초기의 자료들이 유망했음에도 정신병리를 측정하기 위해 오래전에 제작했던 다른 몇몇 검사에 대한 자료보다도 더 제한적임을 보여 준다(Groth-Marnat, 1999; Hess, 1998). 가장 최근의 검사들처럼, 원래 의도했던 평가의 목적에 대해 타당도를 수립하기 위해서는 더욱더 많은 연구가 필요하다. 검사를 타당화하는 데 어려운 점 중 하나는 이 검사가 비교적 최근에 만들어졌지만 세 번씩이나 엄청난 개정을 하였다는 데 있다. 이전의 버전에서 이루어진 연구를 다른 버전에 적용하는 것은 명확하지가 않다.

MCMI-III를 사용하는 데에는 몇 가지 장점이 있다. 첫째, 이 검사가 비교적 간결한 측정법이라는 점인데, 피검사자의 협조를 쉽게 구할 수 있고 피로감도 줄일 수 있다. 둘째, 성격 유형과 성격장애를 평가하는 척도들을 포함하고 있다는 점으로서, 둘 다 성격과 정신병리를 이해하는 데 중요한 것이지만, 다른 정신병리의 측정법에서는 드물게 포함되어 있는 것이다. 셋째, 이 검사가 이론적인 모델과 실증적인 연구 둘 다에 기초를 두고 있다는 점이다. 이론적인 모델은 검사 결과의 해석에 틀을 제공한다. 넷째, 이 검사가 DSM과의 조정을 통해 개발되었다는 점이다. 이는 DSM 체계를 사용하여 진단을 내리는 것을 가능하게 한다. 다섯째, 몇몇의 척도가 해당 임상적 증후군 내에서 증상의 심각성 수준을 다양하게 반영한다는 점이다(예: 우울증; Millon, 1994).

그러나 MCMI에도 약점은 있다. 사람들에 대해 과도하게 병리화하고 진단화하는 경향과 해석적 보고서에 과도하게 부정적인 묘사를 한다는 점이 보고되었다(Flynn, McCann, & Fairbank, 1995). 대부분의 검사 문항이 사실로 되어 있기 때문에, 문항에 대해 '그렇다'로 응답하는 경향을 가진 사람들이 과도하게 병리화된다(Hess, 1998). 또한 개정된 것이 좋긴 하지만 이 검사는 자주 개정되었기 때문에 연구를 복잡하게 만든다. 왜냐하면 이전 버전에서 얻은 데이터를 다음 버전에 적용하는 것이 어렵기 때문이다. 또한 척도들 간에 중복 문항이 상당히 많아서 척도 간 상관이 높아지는 결과를 초래한다. 그러한 성격 특징을 보상해 주기 위한 노력의 일부로서 BR이라는 척도 교정이 부분적으로 이루어졌음에도 불구하고, 특성을 측정하는 척도들(성격척도들)과 상태를 측정하는 척도들(임상척도들) 간의 상관이 높은 것은 문제가 있다. 왜냐하면 성격이론에서는 그 반대가 될 것으로 기대된다고 하였기 때문이다(Groth-Marnat, 1999). 게다가 BR 교정점수를 사용하는 것은 이상심리의 측정에서 흥미롭고 새로운 접근법이며, 향후 연구가 더 필요하다. 이 검사는 다양한 척도에 대해 BR 교정점수들을 결정하는 데에는 역학적 자료가 부족하다는 사실 때문에 애매한 점도 있다(Hess, 1998). 결국 MCMI는 주어진 문항의 개수에 비해 상당히 많은 수의 척도를 가지게 되었다(Retzlaff, 1998).

MCMI는 약물남용과 섭식장애 등의 다양한 재활 표집에 대한 연구에 상용되어 왔다(Craig & Weinberg, 1992; Tisdale, Pendleton, & Marler, 1990). 또한 Millon은 신체 질환을 가진 사람들과 재활 또는 행동의학의 대상이 되는 사람들에 대한 평가도구도 개발하였다. 그것은 Millon 행동건강검사(Millon Behavioral Health Inventory; 예: Strack, 1999)인데, 이 자기보고식 측정법은 성인 환자들을 대상으로 건강과 관련된 심리학적 대처를 평가한다. 이 검사가 생활 스트레스나 심리학적인 장애로 인한 문제를 가지고 있는 사람들을 가려낼 수 있다 해도 정신병리를 측정하도록 설계된 것은 아니다. 150문항의 참/거짓으로 구성된 이 검사는 18세 이상, 8학년(중학교 2학년) 이상의 읽기 수준을 가지고 있는 사람들에게 실시할 수 있으며, 20분 정도 소요된다. 4개의 범주로 묶이는 20개의 척도에 점수를 매기게 되는데, 그것은 기본적 대처 유형, 심인성 태도, 심신의 관련성 그리고 예후의 지표다. 이 검사는 장애를 가진 사람들을 평가하는 데 매우 도움이 될 수 있으나, 정신병리를 측정하기 위해서는 사용할 수 없다.

(4) 임상분석 질문지

임상분석 질문지(Clinical Analysis Questionnaire: CAQ; Cattell & Krug, 1985; Cattell & Kameoka, 1985; Krug, 1980)는 Cattell과 동료들이 개발한 검사로서 정상적인 성격을 평가하기 위해서, 또한 정서적인 부적응자를 빠른 시간 내에 선별하기 위해서 만들어졌다. 이 검사의 목적은 정상적 성격의 측정에 정신병리를 측정하는 척도를 더함으로써 16PF(Krug & Johns, 1990)의 실용성을 확장하기 위함이었다. 검사 문항들은 임상적 증상의 요인분석 연구로부터 수집되었다(Cattell, 1973 참조). CAQ의 척도들은 다른 객관적 성격 측정법, 즉 비교집단에 실증적 가닥을 맞춘 측정법들에 비해 보다 동질적이고 보다 독특한 정보를 제공한다. 왜냐하면 CAQ의 각각의 문항들은 하나의 척도에서만 볼 수 있으므로 각각의 척도들이 서로 독립적이기 때문이다(Krug, 1989).

272문항으로 구성된 자기보고식 측정법인 CAQ는 원래 처음에는 128문항이었는데, 그 문항들은 16PF의 약식 버전을 구성하는 16개의 척도상에서 정상적인 성격을 평가하기 위한 것들이었고, 남은 144문항은 정신병리를 평가하기 위한 것들이었다. 현재 사용 가능한 CAQ 버전은 전체 16PF(개정4판, 187문항)를 받아들인 것이다.

16PF의 16개 척도들은 정상적인 성격을 측정하기 위한 것이다. CAQ의 임상척도들은 여섯 가지의 임상적 질환(우울증, 편집증, 정신병증적 일탈, 정신분열증, 정신쇠약증, 심리적 부적절감)을 12개의 독립된 척도를 사용하여 평가한다. 우울증은 일곱 가지의 척도(건강염려증, 자살적 우울증, 흥분, 불안적 우울증, 낮은 에너지 우울증, 죄책감과 분노, 권태와 관계회피)에서 평가되는 반면, 다른 다섯 가지의 질환은 각각 하나의 척도로 표현된다. 더불어 반응을 왜곡하려는 의도적인 노력을 알아내기 위한 타당도 척도가 있다(Himelstein, 1984). 각각의 문항에는 세 가지 응답 옵션, 즉 양극단 및 중간적 대안으로 응답할 수 있다. 이 검사는 6, 7학년 이상의 읽기 수준을 갖춘 16세 이상의 사람들에게 실시할 수 있으며, 완성하는 데 2시간 정도가 소요될 것으로 예상되었지만 대부분 1시간 이내에 검사를 마치곤 한다.

CAQ의 채점은 표본을 사용하여 수작업으로 하거나 컴퓨터로 하거나 응답자의 답안지를 출판사의 검사 채점 서비스로 보내어 할 수도 있다. 컴퓨터 채점은 해설적 보고서와 더불어 척도점수의 프로파일을 만들어 낸다. 수작업 채점은 계산을 많이 해야 하긴 하지만, 복잡하지 않고 시간도 많이 들지 않는다. 일단 원점수가 얻어지면, 그것을 적절한 규준표를 사용하여 'sten(standard-ten)' 점수로 변환한 후 프로파일에 그려 넣는다. CAQ상의 몇몇 점수는 왜곡동기의 경향성에 따라 조정된다. 최근에 업데이트되지는 않았지만 대학생, 전형적 성인, 임상적 진단 집단, 범죄자 등의 몇몇 집단에 대해 규준을 사용하는 것이 가능하다. 이제까지 보고된 모든 규준은 남성에 대해서만 보고된 범죄자 규준을 제외하면 양성 모두에 대해 보고되었다. 10점 sten 점수를 사용하여 점수들이 1~4의 범위이면 낮은 편, 5~7의 범위이면 중간 혹은 평균, 8~10의 범위이면 높은 편으로 간주된다. 평균은 5.5이며 표준편차는 2다. 또한 2순위 요인들도 계산된다. 척도점수의 높고 낮음과 프로파일의 형태에 따라서 프로파일이 해석된다. 검사 매뉴얼에 다양한 진단적 집단에 대한 최빈치 프로파일이 나와 있지만, 그것들을 어떻게 사용하는지 또는 검사 프로파일을 어떻게 하면 보다 일반적으로 해석할 수 있는지에 대해서는 안내가 부족하다(Guthrie, 1985). 검사 결과의 해석에는 상당한 훈련과 경험이 필요하며, 복잡한 척도 명칭과 약어가 많아 익숙해지는 데 시간이 걸린다.

CAQ의 임상척도(정상 성격과 비교해서 또는 16PF와 비교해서)의 타당도와 신뢰도는 매우 제한적인데, 이를 사용한 경험적 연구의 양이 많지 않기 때문이다(Cattell & Krug, 1985). 한 연구(Krug, 1980)에서 검사-재검사 신뢰도가 제시되었지만, 검사 실시의 시간 간격이 1일로 매우 짧았다. CAQ에 대한 준거타당도와 구성타당도에 대한 연구는 극소수이며, 외부적 준거를 사용하거나 요인분석이 보고된 연구는 거의 없다(예: Bellivau & Stoppard, 1995; Boyle, 1987; Carpenter, 1995; Montag & Birenbaum, 1989; Spotts & Shontz, 1991). 검사 개발자와 후속된 연구 문헌에서 제공한 것보다, 기저에 있는 동일한 구인의 심오한 차이점(우울증의 유형별 변화)을 측정하고자 했던 수많은 척도에서 구성타당도의 증거가 필요하다는 점이 논의되었다. CAQ에 대한 타당도와 신뢰도 모두 더 연구될 필요가 상당히 있으며, 이제까지 출판된 문헌도 별로 없다. CAQ의 심리측정적 한계 역시 주목할 만하다(예: Boyle, 1987; Krug, 1989; Zaza & Barke, 1986).

CAQ의 긍정적 측면은 척도 간 중복 문항이 적다는 점, 긍정적인 심리측정적 특징을 가지고 있는 16PF가 부분적으로 들어가 있다는 점, 정상 성격 유형과 정신병리 둘 다에 대한 데이터가 나온다는 점, sten 척도점수, 즉 점수가 높거나 낮을 때 그것이 갖는 심리적인 의미를 지칭하는 점수를 사용한다는 점 등이다. 약점으로는 타당도와 임상 및 재활의 표집에 세부적인 규준의 자료가 제한되어 있다는 점, 프로파일 해석에 대한 정보가 부족하다는 점, 임상가들 사이에서 자주 쓰이지 않는다는 점 등이 있다. Krug(1989)는 CAQ가 10점 평정척도 때문에 잘 쓰이지 않는다고 제안하였다. 10점 평정척도는 다양한 장애를 구분하는 데 너무 제한적이다. 또한 그는 척도점수들의 정상분포에 대한 가정이 특히 정신병리적 척도들에 대해 옹호적이지 않다고 하였다. 어떤 전문가들(예: Himelstein, 1984)은 개발의 상태를 고려할 때, CAQ는 현재로서는 정상 특성과 병리적 특성을 평가하는 데 사용하도록 추천할 수가 없으며 오직 연구의 도구로서만 사용해야 한다고 주장한다. CAQ에 대해서는 일반적으로 연구가 잘 되어 있지 않고 재활 인구 표집에 대해서는 더더욱 연구된 것이 없다. 재활 표집을 사용한 연구들에는 Carpenter(1995), Burns, Kappenberg, McKenna와 Wood(1994)가 있다.

(5) 증상 체크리스트-90 개정판

증상 체크리스트-90 개정판(Symptom Checklist-90 Revised: SCL-90R)은 정신의학적 증상에 대한 객관적이며 간결한 체크리스트로서, Derogatis(1977; Derogatis & Savitz, 2000)가 개발하여 1975년에 처음 출판되었다. 이 검사는 특정 증상과 증상의 패턴뿐 아니라 전체적인 증상의 심각도도 평가한다. 검사 문항들 중 몇 개는 이전의 체크리스트로부터 뽑아 온 것인데, 평가 영역의 내용을 반영하도록 쓰인 것이다. SCL-90R은 90문항으로 구성되어 있고, 피검사자는 야기된 증상에 의해 특정 기간 동안, 대개는 지난주에 걸쳐 고통을 받았던 정도에 대해 5점 척도로 평정하게 된다. 이 체크리스트는 완료하는 데 15분 정도 걸리고, 성인들에게 적합하며, 읽기능력 수준이 높을 필요가 없다. 또한 단축 SCL(Derogatis, 1992)이라고 불리는 53문항 축약 버전이 있고, 극심한 통증을 겪는 환자에게 사용할 목적으로 개발된 27문항 버전도 있다(Hardt & Gerbershaen, 2001).

SCL-90R은 전체적인 중증도 지수, 양성 증상 곤란도 지수 그리고 양성 증상 총합과 같은 기능의 대략적인 차원에 대한 점수를 제공하며, 이는 검사의 사용 시 잘 타당화된 것으로 보인다. 또한 아홉 가지 기본 증상의 차원—우울, 불안, 신체화, 강박충동, 적개심, 정신증적 경향성, 공포불안, 편집증적 생각, 대인관계 예민성(Derogatis, 1977)—에 대해서 측정한다. 이 검사는 성별에 따라 규준화되어 있다. SCL-90R이 DSM의 진단을 내릴 수 있도록 만들어진 것도 아니고 그것을 목적으로 설계된 것도 아니지만, 검사 데이터는 부가적인 검사를 하거나 임상적 인터뷰를 함으로써 그 이상의 진단을 탐색하도록 하는 진단적 방향을 확인하는 데 도움을 준다. SCL-90R은 다양한 재활 대상의 표집, 즉 정신분열병, 여타 주요한 정신질환, 알코올 및 약물 남용(Choquette, 1994), 극심한 통증(van der Laan, van Spaendonck, Horstink, & Goris, 1999; Williams, Urban, Keefe, Shutty, & France, 1995), 섭식장애(Peveler & Fairburn, 1990; Zubieta, Demitrack, Fenick, & Krahn, 1995), 뇌중풍(Woesser, 1996), 외상성 뇌손상(Hoofien, 2005), 척수 손상, 두부 손상, 심근경색, 목뼈 손상, 관절염을 가진 사람들에게 쓰였다. 이 검사는 주로 기술하기, 치료의 종결과 성과를 예견하기, 치료의 효과를 평가하기, 다양한 치료 방법의 효과성을 비교하기, 치료를 원했던 사람들과 원하지 않았던 사람들을 비교하기 그리고 고용 상태와의 관계를 알아보기 위한 목적으로 사용되고 있다.

정신병리의 존재와 그 심각성을 나타내는 전체적 지수의 타당도와 신뢰도는 꽤 강한 편이지만, 기본적 증상의 차원들에 대한 타당도와 신뢰도는 훨씬 약하다(Anastasi & Urbina, 1997). 게다가 이 검사의 요인 구조는 모든 표집에 대해 확인된 것이 아니고, 세부적인 임상 요인들은 일반적으로 최소한의 확증이 된 상태다(예: Rauter, Leonard, Swett, & Chester, 1996 참조). 최근의 연구들에서 이 검사가 인종 집단(예: Martinez, Martinez Stillerman, & Waldo, 2005)에 대해, 그리고 다양한 국제적 맥락(예: Schmitz, Hartkamp, & Kuise, 2000)에서 실용성이 있는지에 대한 증거를 논의하고 있다. 이러한 결과들은 유망하긴 하지만 아직 결과가 분분하고, 결론을 내리기보다는 이성적으로 해석되어야 한다.

SCL-90R의 장점은 이 검사가 간결하고 실시하기 쉬우며 정신건강의 문제를 가지고 있는 사람들을 대략적으로 가려내는 데 쓸 수 있는 잠재력이 있다는 점, 규준으로서 전체적인 지표를 사용한다는 점에 있다. 단점은 검사 문항이 너무 명백해서 증상을 위장하려는 사람에게는 취약하다는 점, 척도 간 상관관계가 높다는 점이다(Anastasi & Urbina, 1997). 최근 심리학자들의 심리학적 검사 실무에서 조사된 것에 따르면, 관리의료의 영역에서 일하는 심리학자들은 SCL-90R과 같은 선별적 측정법을 더 선호하며, 광범위한 실시 과정과 채점 시간을 요하는 측정법을 쓰는 것보다는 간결한 증상 중심적 측정법을 더욱 빈번하게 사용한다(Piotrowski, Belter, & Keller, 1998; Watkins et al., 1995).

3) 간결한 증상 혹은 행동 패턴 중심적 평가도구

정신병리를 증상 중심으로 측정하는 방법들에 대해 광범위하게 검토를 하는 것은 이 장의 범위를 벗어나는 것이다. 그러나 이러한 방법들 중 두 가지 유형의 측정법이 널리 쓰이고 있다는 것은 알고 있어야 한다. 첫 번째 유형은 특정 질환 혹은 증상을 평가하기 위해 개발된 것인데, Beck 우울척도(Beck Depression Inventory: BDI; Beck, Steer, & Garbin, 1988; Beck, Ward, Mendelson, Mock, & Erbaugh, 1961)와 같은 것이 이에 속한다. 두 번째 유형은 특정 질환 혹은 행동 패턴을 측정하는 도구들(예: MMPI-2 또는 SCID)에서 도출된 척도들을 의미한다. 예를 들어, 이들은 MMPI의 편집증 척도(Butcher et al., 1989)와 같은 것이다. 그러한 측정법들은 간결하고 재활의 대상이 되는 내담자들이 특정 정신장애를 경험하고 있는지를 결정하는 데 유용하다는 장점을 갖는다. 그러나 증상 중심적 측정법들은 한 개인의 완전한 심리적 프로파일을 제공하는 데에는 쓰일 수 없다.

4) 투사적 검사

(1) Rorschach 검사

Rorschach 검사는 아마도 가장 널리 쓰이는 성격과 정신병리의 측정법일 것이다(Watkins et al., 1995). 1921년에 처음 출판되어 최초의 주요 임상적 투사검사로 분류되었다(Rabin, 1981). Rorschach 검사는 엄청난 양의 임상 문헌과 연구 문헌에서 다루는 대상이 되어 왔고, 오늘날까지도 논란의 소지가 많이 남아 있다. 원래는 정신병리를 평가하려 한 것이 아니라 한 개인의 지각의 양상(그것이 성격과 정신병리에 관계되어 있다고 여겨졌다)을 평가하기 위해 개발되었는데, Rorschach 검사 자체는 그 어떤 이론에도 근거를 두고 있지 않다. 이 검사에서는 개인이 조직화 또는 판단을 내려야 하는 모호한 자극을 다루는 방식과 마찬가지로, 잘 알려져 있고 널리 출판되기도 하였던 잉크반점에 대한 반응도 조직화할 것이라고 여긴다. 자극에 대한 지각과 해석은 그 개인이 가진 심리적 기능의 기본 양상을 반영한다고 생각되었다.

Rorschach 검사의 신뢰도와 타당도에 대한 의구심은 오랫동안 성가신 일이 되어 왔다(예: Meyer, 2004; Wood, Nezworski, Lilienfeld, & Garb, 2002 참조). 어떤 연구에서는 Rorschach 검사를 사용하지 말 것을 권고하고 그 대신 다른 잉크반점 투사검사, 예를 들어 Holtzman 검사가 심리측정적인 성격과 타당도 면에서 더 낫다고 제안하기도 했다(예: Meyer, 2004 참조). 잉크반점에 대한 반응에서 조성된 지각을 조직화하고 채점하는 방법들로서 수년에 걸쳐 많은 Rorschach 시스템이 개발되어 왔다. 미국에서는 Beck, Klopfer, Piotrowski, Hertz 그리고 Rapoport의 체계가 우세하다(Exner, 1993 참조). 이 체계들은 반응 내용과 반응 성격에 두는 강조점이 기본적으로 서로 다르다. 각각의 체계가 같은 반응을 다른 방법으로 채점하기 때문에, 이 측정법이 각각의 체계별로 연구화되기 시작한 때로부터 Rorschach 검사에 대한 신뢰도가 문제가 되었던 것이다. 이 문제는 1974년 Exner가 Exner 종합체계를 처음 출판했을 때 다루어졌다. 이는 Exner가 Rorschach 검사를 채점하고 해석하는 공통적 계량법을 만들고자 시도한 것이었다. 지난 25년간 이 방법은 실무자들과 연구자들 사이에서, 또한 임상적 훈련 프로그램에서 가장 월등한 시스템으로 떠오르게 되었다(Hunsley & Bailey, 1999). Exner 종합체계(Exner, 1974, 1993 참조)는 5개의 주요 체계의 요소들을 병합하고, Rorschach 검사를 더욱 타당하고 신뢰할 수 있게 하기 위해 새로운 요소를 첨가한 것이다. Exner 체계는 비이론적이지만 현존하는 채점 체계 중 가장 뛰어난 것으로 알려져 있다. Exner 체계는 상당수의 실증적 연구를 생산해 냈고 또 그에 근거를 두고 있다. 이 체계에서는 반응 또는 지각 내용에 걸친 피험자의 반응 성격과 지각 성격(예: 반응한 것의 형태의 질, 반응한 내용이 보인 반점의 영역)을 강조한다. Exner 종합체계의 실시와 채점은 표준화되어 있다. 이것이 이전의 체계보다도 타당하고 신뢰성 있는 자료를 만들어 내는 데 도움을 주었다. 나이, 정신질환 그리고 기타 다른 변인들에 근거한 다양한 집단에 대해서 준거표가 개발되었다. 이 준거표는 다양한 표집 간 비교를 가능하게 한다. 무엇보다도 Exner 종합체계는 상당한 양의 실증적인 연구에서 비롯된 것이고, 이것이 Exner 종합체계를 실무에서 사용할 수 있도록 안내자의 역할을 하였다(예: Exner, 1993; Exner & Weiner, 1995).

Rorschach 검사를 실시하기 위해서는 훈련된 평가자, 즉 전형적으로 심리학자 또는 심리학적 평가자가 있어야 한다. 평가자가 10장의 잉크반점 카드를 피검사자에게 차례로 제시하면서 그것이 무엇으로 보이는지를 묻고(즉, "이것이 무엇일 수 있나요?"), 그것에 대해 반응하도록 한 후 피검사자의 발언을 말 그대로 기록한다. 잉크반점 카드를 모두 보여 준 후, 평가자는 피검사자와 함께 각각의 반응을 한 번에 하나씩 검토하여 반응을 채점하는 데 중요한 정보를 얻게 된다. 세부적으로 평가자는 잉크반점의 어느 부분에 대해 반응했는지, 무엇이 그렇게 보이게 했는지를 알고 싶을 것이다(Exner, 1974). 매우 숙련된 한 명의 평가자가 한 명의 피검사자와 전체의 과정을 진행하며, 전형적으로 40~55분 정도 걸린다(Exner, Weiner, & Schuyler, 1976). 피검사자가 글을 읽을 수 있어야 하는 것이 아니기 때문에 피검사자의 읽기 수준은 문제되지 않는다. 그러나 피검사자는 잉크반점을 명확히 볼 수 있는 적절한 시력을 가지고 있어야 한다. 이 검사를 인지적 기능이 낮은 피검사자에게 사용하는 것은 적절하지 않다.

검사가 끝나면 평가자는 피검사자의 반응들을 복잡한 채점 도식을 사용하여 채점한다. 각각의 지각에 대해 채점되는 세 가지 주요 범주는 반응의 위치(잉크반점의 어디에서 그러한 표상이 보인 것인지), 결정인자(잉크반점의 그 어떤 것이 피검사자에게 그렇게 보이도록 했는지) 그리고 내용(지각된 것이 무엇인지)이다. 어떤 반응들은 부가적인 범주에서 채점되기도 한다. 그런 후 구조적인 요약본을 만들기 위해 모든 채점이 빈도, 비율, 백분위수, 편차에 대해 요약이 되고, 그것이 평가자에 의해 해석된다. 양적인 자료는 여러 개의 지표로 범주화된다(Exner, 1993). 이러한 자료들은 발견된 구조와 특수한 지표들에 대한 점수를 요약한 표준화된 양식 위에 표로 그려질 수 있다.

Rorschach 검사에 대한 연구 문헌은 꽤 광범위한 편이지만, 아직 기술적인 문제가 많이 있다(Dawes, 1994, 1999). 초기 연구들 중 많은 것이 연구의 설계와 실행이 좋지 않았고, 하나의 Rorschach 시스템을 사용한 것이 아니었다(Exner, 1974). 최근까지도 배경이 되는 변인들이 통제가 잘 안 되어 있고, 심지어는 그러한 변인들이 영향을 미칠 것이라는 고려조차 없는 연구가 많다. 그럼에도 불구하고 Rorschach 검사의 일반적인 지표에 대해서는 어느 정도 타당도가 지지되고 있다는 결론이 논리에 맞아 보인다. 그러나 개인의 수준에서는 특정 프로토콜이 반응의 수에 중요한 영향을 미친다. 반응의 수가 너무 작으면 프로파일을 쓸모없게 만들 수 있다. 채점의 범주는 그것이 유효한 대로 다양하며, 또한 여러 가지 집단을 구별하는 능력에 대해서는 그 결과가 좋은 자료도 나쁜 자료도 있다(Viglione, 1999). Rorschach 검사와 MMPI에 대한 두 개의 준거타당도 메타분석에서는 두 검사가 비교 가능하다는 결과가 나왔다(Atkinson, 1986; Parker, Hanson, & Hunsley, 1988). 그러나 이 연구는 일관성과는 거리가 멀었고, 비용 효율성의 이슈가 반드시 고려되어야 한다.

검사 배터리에서 Rorschach 검사를 사용하는 것이 잠재적인 이득이 있다면, 한 개인의 심리적 기능에 대해 매우 구체적인 그림을 제공할 수 있다는 가능성이 있다. 즉, 기저에 존재하는 정신병리를 확인하거나 부기능의 패턴을 추정하는 데 효과적일 수 있다. Rorschach 검사는 위장하기가 매우 어려운 검사이기 때문에, 피검사자가 자신이 평가자와 나누는 반응에 대해 매우 신경을 써서 걸러 낸다 할지라도 수집된 검사 자료는 피검사자에 대해 정확한 그림을 제공하는 경향이 있다. 그러나 특히 초보 평가자에게는 검사 실시가 매우 복잡하고, 채점 준거가 항상 쉽게 적용되는 것은 아니다.

확실히 Exner 종합체계가 Rorschach 검사의 타당도와 신뢰도를 향상한 면은 있지만, 이 검사에는 아직 제한점이 많다. 검사를 어렵게 만드는 복잡성과 적절히 사용하기 위해서 배워야 하는 시간이 길다는 점이 있고, 채점의 실수(특히 거의 쓰이지 않는 범주에 대해서)는 흔한 일이며, 프로토콜 해석의 문제점도 일어날 수 있다(Groth-Marnat, 1999). 종종 주어진 척도 혹은 비율에 대해 몇 가지 해석이 존재하기도 하는데, 이는 전체적인 프로파일의 맥락 안에서 고려되어야만 한다. 다양한 집단에 대해 준거가 수집되었으나, 미국 내 특정 문화적 집단과 인종 집단에 대한 데이터는 아직 충분하지 않다.

오랫동안 심리학자들과 연구자들은 이 검사에 대해 매우 비판적이었는데, 의문이 가는 심리측정적 특징들과 이 검사가 많은 임상가에 의해 매우 특이한 방식으로 쓰였다는 사실 때문에 그러했다(예: Dawes, 1994; Hunsley & Bailey, 1999). 결함이 자주 지적되었고, 그 종말이 예견되기도 하였다(예: Jensen, 1965; Meyer, 1999). 그럼에도 불구하고 임상훈련 프로그램(Durand, Blanchard, & Mindell, 1988)과 임상 실무자들(Watkins et al., 1995)에 대한 조사에서는 이 검사가 아직 널리 쓰이고 있음이 밝혀졌다. 연구 자료들이 계속적으로 수집되듯이, 예전의 비판들도 다루어져야 한다. 그러나 한 연구에서는 Rorschach 검사가 연구적 기초가 너무 없기 때문에 그것을 연구의 도구로 사용하는 것을 엄격히 제한해야 한다고 강하게 주장한 반면(Hunsley & Bailey, 1999), Viglione(1999)은 그와 반대되는 견해를 제시하였다.

Rorschach 검사는 재활과 관련된 상태와 환자 표집을 기술하고 분류하거나, 재활의 잠재력과 치료 성과 치료 후의 행동을 예측하는 데 쓰여 왔다(예: Cruz, Brier, & Reznikoff, 1997). Rorschach 검사에 대한 문헌에서 장애인 표집은 뇌손상, 정신지체, 약물남용 등이 논의되었다(예: Exner, Collogan, Boll, Stischer, & Hillman, 1996).

(2) 다른 투사적 측정법

정신병리를 측정하는 다른 투사적 검사들에는 주제통각검사(TAT; Giesler & Stein, 1999; Holt, 1999), 사람그림검사(Riethmiller & Handler, 1997), 문장완성검사(Lah, 1989), 손검사(Hilsenroth, Fowler, Sivec, & Waehler, 1994), Holtzman 잉크반점검사(Holtzman, 1988; Meyer, 2004) 등이 있다. 이 측정법들은 재활심리학의 문헌에서는 거의 인용되지 않고 있지만, 임상심리학자가 실무에서 사용하는 검사들에 대해 수행한 조사에서 밝혀진 것에 따르면, TAT, 문장완성검사, 투사적 그림검사가 가장 자주 쓰이는 심리학적 검사들 중 10위 안에 드는 검사들이었고, 손검사와 Holtzman 잉크반점검사는 타당도를 지지하는 연구들이 광범위하게 수행되어 그 투사성 면에서 심리측정적 특징들이 많이 향상된 것이지만 가장 흔히 쓰이는 검사로는 38위 안에도 들지 못했다(Meyer, 2004; Watkins et al., 1995). 명백한 점은 이러한 측정법들이 심리측정적 특징이나 검사의 연구적 기초와는 별 관련이 없다는 것이다.

4 결 론

이 장에서는 재활의 대상이 되는 사람들에게 사용할 수 있는 주요한 구조화된 면접법, 객관적 성격 측정법 그리고 투사적 성격 측정법에 대하여 논의하였다. 명백한 것은 정신병리에 대한 완벽한 측정법은 없다는 점이며, 사용할 검사를 선택하는 것은 큰 맥락에서의 세부적 진단 또는 감별 진단적 질문에 달려 있다는 것이다. 의학적 문제(예: 두부 손상이나 지적 결핍)를 가지고 있어서 재활의 대상이 되는 사람들을 평가하는 경우, 그 검사가 가지고 있는 의학적 상태 자체와는 별도로 심리학적 상태를 평가할 수 있는 능력이 고려되어야 하며, 선별검사에 어느 정도의 시간이 소요될 것인지가 검사의 타당도와 신뢰도와 더불어 균형을 이루어야 한다. 그러나 재활의 대상이 되는 표집에서는 특정 검사에 대해서가 아니라면 특수한 평가 과업에 대해 적어도 검사의 유형에 대해서는 일반적인 추천을 할 수도 있다.

재활의 대상이 되는 내담자가 심리적으로 고통을 받는지에 대한 염려가 진단적 질문이 되는 경우와 비용과 시간의 문제가 중요하게 생각되는 경우에는 간결한 선별검사인 SCL-90R과 같은 검사가 도움을 줄 수 있다. 그러한 고통이 존재하는지와 고통의 일반적인 본질을 빠르게 평가하는 데 도움을 줄 것이다. 만일 결과에서 내담자가 검사를 더 해 볼 필요가 있는 심리적 장애를 경험하고 있을 가능성이 보이면, 그 개인에 대해 더 깊이 있게 이해하고, 정신건강적 진단을 내려 치료계획을 제시하도록 더욱 광범위한 심리평가를 추천한다. 내담자가 과거나 현재의 정신질환에 대한 서류를 가지고 오면 선별검사는 생략될 수 있고, 임상가가 직접적으로 더욱 광범위한 검사를 진행할 수 있다. 어떤 상황에서는 인터뷰(SCID나 SADS와 같이 구조화된 인터뷰가 선호됨), MMPI-2, MCMI-III, PAI와 같은 객관적 성격검사, 또는 Rorschach와 같은 투사적 검사까지도 포함된 배터리가 적절하다. 그러한 검사 배터리가 그 개인에 대해 폭넓게 측정하고, 왜곡의 동기에 대한 전체적인 효과를 최소화하도록 도와주며, 재활 대상자가 가진 정신병리나 고통을 어떻게 다룰 것인지에 대해 유용한 정보를 제공할 수 있을 것이다. 또한 이러한 측정법들이 재활의 대상이 되는 표집에 자신 있게 적용될 수 있도록 보다 폭넓은 연구 문헌이 필요하다.

Chapter 08

직업평가도구

Nadya A. Fouad | Melissa K. Smothers | Neeta Kantamneni | Amy Guillen

주 및 연방 정부 프로그램, 민간 재활기관, 비영리 재활기관을 포함한 대부분의 재활 프로그램의 목표는 장애인의 고용이다. 장애인에게 직업은 생산적이며 만족스러운 삶을 달성하도록 도와주는 커다란 의미를 지니고 있다. 현재 재활 연구는 장애인의 역량강화, 학교와 직장에서의 장애인의 통합, 미국장애인법(ADA)과 장애인교육법(IDEA)의 영향, 장애에 관한 정의의 문화적 다양성의 효과, 직장 환경에서 기술 발달의 영향과 같이 여러 방면에서 이루어지고 있다(Fabian & Liesner, 2005; Kosciulek, 1998; Schaller, Parker, & Garcia, 1998). 또한 학교에서 직장으로의 전환도 중요한 연구 주제가 되고 있으며(Blustein, 1999; Blustein, Kenna, & Murphy, 2005; Lent & Worthington, 2000; Szymanski, 1997), 개인이 어떻게 전환 과정을 조정해 나가는가도 주요한 연구 주제로 자리 잡고 있다. 학교에서 직장으로의 전환 프로그램의 성공은 개인의 직업 선택을 최대로 보장해 주며, 환경적 장벽을 극복하게 해 주고, 사회적 기술을 익힐 수 있는 진로 조정 및 프로그램의 개발에 관한 관심을 높여 주고 있는 것이 사실이다(Fabian & Liesner, 2005). 이러한 연구는 장애인의 진로와 같은 연구 주제에 대하여 관심을 일으키고 있다(Feldman, 2004; Hagner, McGahie, & Cloutier, 2001; Menchetti & Garcia, 2003; Noonan, Gallor, & Hensler-McGinnis, 2004). 재활상담사는, 장애인이 적절한 직업 기회를 갖고 선택을 할 수 있도록 준비시키며, 이를 도와주는 중요한 역할을 한다. 직업을 통하여 장애인은 경제적인 안정과 독립감을 얻게 됨으로써 주류 사회에 더욱 충실히 자리 잡을 수 있게 된다.

1 직업 흥미 및 태도 검사의 사용

재활상담사는 장애인의 직업 배치와 진로 상담을 도울 수 있는 다양한 심리평가도구와 전산화된 진로개발 프로그램을 활용하고 있다. 직업 흥미 및 가치 평가도구는 재활상담사가 장애인에게 가장 적합한 직업 선택과 탐색을 도와주는 데 사용될 수 있다. 직업 세계의 복잡하고 급격한 변화, 다양한 직업, 중증 장애인도 직업적 적응이 가능하도록 도와주는 재활 기술과 공학의 발달은, 비록 최고의 전문 지식을 갖추고 있는 상담사에게도 장애인을 위한 적절한 직업 선택을 하게 하는 데 여러 가지 어려움을 안겨 주고 있는 현실이다.

직업 선택은 비교적 경험이 부족하며 직업 세계에 대한 충분한 체험을 하지 못한 장애인에게 어려움으로 다가올 수 있다. 직업 선택의 어려움은 유년기에 장애를 입은 장애인에게 복합적으로 나타날 수 있는데, 그 이유는 어린 나이의 장애가 그의 진로 발달에 영향을 미칠 수 있기 때문이다. 장애 아동은 흔히 교육을 적절하게 받지 못하고, 직업 탐색 발전을 도와주는 진로 역할 모델을 경험하지 못하는 경우가 많다(Fabian & Liesener, 2005). 만약 재활상담사가 이와 같이 제한된 직업 경험을 가지고 있는 장애인에게 직업 흥미에 관한 질문을 하게 된다면 그 대답 역시 제한된 정보일 수밖에 없다. 직업평가는 상담사와 장애인에게 심화된 직업 선택을 가능하게 해 주는 초기 진로 탐색을 위한 정보를 제공해 줄 수 있다. 높은 흥미만으로는 주어진 직업에서 성공하기 어렵지만, 흥미와 능력을 모두 갖춘 장애인의 경우는 특정 직업에서의 적응도와 만족도가 높을 수 있다(Dawis, 2005). 또한 장애인의 직업 탐색 자기효능감, 직업 선택 자기효능감, 직업 성숙은 장애인의 직업 행동을 예측하는 데 중요한 역할을 할 수 있다(Fabian & Liesener, 2005).

직업평가도구는 진로 계획과 배치에 일부분을 차지하고 있기 때문에, 재활상담사는 여러 변환된 평가 방법을 통해 얻어진 자료의 조합을 통해서만 직업평가도구의 정보를 종합적으로 이해할 수 있다. 이러한 변형된 평가는 비공식적인 면담, 평가 시의 관찰을 포함하고 있으며(Power, 2000), 이런 평가 방법은 가족 및 장애인을 잘 아는 사람의 참여를 통해 개인의 기술이나 흥미를 파악할 수 있도록 도와주게 된다(Fabian & Liesener, 2005).

예전에 직업평가는 손상 모델을 근거로 장애인의 무능과 부족함을 강조하였다. 하지만 시간이 지나면서 개인보다는 환경적인 장애를 중심으로 시각이 바뀌게 되었고, 활용 가능한 지원과 자원을 통해 장애인의 진로 및 고용 기회를 넓혀 가고 있다(Wehman, West, & Kregel, 1999).

1) 직업 선택 정보

장애인을 위한 직업평가의 첫 번째 목적은 그들에게 더 많은 직업적 선택권을 제공하는 것이다. 이러한 측면에서 장애인은 두 범주로 나눌 수 있다. ① 직업 경험 또는 직장 체험 경험이 아예 없거나 적은 장애 청소년, ② 장애로 인하여 더 이상 이전 직업으로 돌아갈 수 없는 장애 성인이다. 장애 청소년의 직업 선택을 위해, 상담사는 장애인의 흥미에 맞는 직업을 찾을 수 있게 하는 평가도구를 선택하여 사용할 수 있다. 장애 청소년의 진로 목표는 비장애 청소년과 상당히 다른 것으로 조사되어 왔다. Rojewski(1996, 1999)에 따르면, 장애 청소년은 비장애 청소년과 비교했을 때 낮은 직업적 목표를 가지고 있다. 더욱이 장애 청소년의 직업 목표를 현실화하기 위해서는 자신의 장애를 고려하여 조정해 나아갈 필요가 있다는 것을 제시하였다.

복잡한 직업 세계는 진로를 선택할 수 있는 기회가 제한적이던 장애 청소년에게 두려움을 느끼게 할 수 있는데, 직업평가는 이러한 청소년이 선택할 수 있는 직업의 범위를 넓혀 줄 수 있다. 평가 후, 장애인은 자신에게 맞는 직업 정보를 얻을 수 있으며, 현장 방문을 함으로써 다른 직원들이 어떻게 일하는지를 알 수 있고, 직업 표본검사와 평가기술을 숙지하게 됨으로써 선택된 직업을 위한 훈련을 받을 수 있다.

처음에 흥미평가는 내담자의 전문 직업에 대한 열망과 목표에 초점을 맞추어 개발되었다. 하지만 최근에는 비전문적인 직업을 포함하는 평가도구가 개발되고 있다(예: Strong 직업흥미검사). 또한 지능적으로 부족하거나 읽기능력이 없는 장애인이 일반적으로 사용할 수 있는 평가도구들 역시 출시되고 있다(예: 비언어성 직업흥미검사). 다양한 범위의 장애인의 욕구를 충족시키기 위해 고안된 직업평가도구는 이 장의 다음 절에서 논의될 것이다.

평가도구는 장애 청소년의 직업적 성숙도와 직업 적응의 수준을 이해할 수 있게 한다. 평가도구는 장애 청소년이 장애 때문에 영향을 받아 왔던 자신의 직업 선택 과정에 대한 지식과 직장인으로서의 태도에 대해 평가할 수 있게 도와준다. 장애 아동에 대한 부모의 지나친 보호는 장애 청소년의 직장 적응력과 직업 선택 과정 및 요소를 빈약하게 만드는 측면이 있다. 만약 직업과 진로 선택 과정이 건설적으로 발전되지 않은 상태에서 재활상담사가 장애인과 함께 특정 직업 선택에 관하여 논의하는 것은 실수를 초래할 수 있다. 이러한 상황에서는 먼저 장애인이 자신에 관한 더 나은 이해와 결정력을 높이는 것이 우선되어야 한다. 다행히도, 더 많은 장애 아동이 정규교육을 받게 되면서 더욱 '정상적인' 기회를 갖게 되고, 컴퓨터를 이용한 전산화된 방식의 편리한 진로 선택과 발달을 가져올 수 있을 것으로 보인다.

또한 진로 선택과 관련된 자기효능감과 결과 기대와 같은 사회적 인지 요소는 장애인의 직업 탐색에 영향을 끼칠 수 있다. Ochs와 Roessler(2004)는 자기효능감과 결과 기대 모두가 학습장애 청소년 또는 비장애인의 진로 탐색에 영향을 미치게 된다는 것을 발견했다. 직업평가도구(예: 진로결정 자기효능감 척도)는 이러한 요소를 보다 편리하게 평가할 수 있도록 사용되어야 한다.

재활상담사는 병이나 외상으로 인하여 더 이상 이전 직업을 갖지 못하는 노년 장애인의 평가를 위해 적절한 직업평가도구를 찾아야 할 경우가 있다. 예를 들어, 이전에 신체적인 활동을 많이 필요로 하는 직업(예: 재목 벌채, 트럭 운송)을 갖고 있던 사람이 안타깝게도 사고로 신체의 일부분을 잃어 어쩔 수 없이 새로운 직업을 선택하게 됨으로써 이전의 삶과는 전혀 다른 생활방식을 가져야 할 수도 있다.

오래된 연구로서, Kunce(1969)는 측정된 직업 흥미도와 재활 결과의 관계 분석을 통하여, 비록 신체장애로 인해 앉아서 생활하게 되는 것이 개인의 삶에 커다란 변화를 주게 됨으로써 신체적인 활동에 관심이 많았던 장애인에게 문제로 다가올 수도 있지만, 다른 장애인에게는 이러한 신체적 활동에 대한 관심이 오히려 이점이 될 수도 있다는 것을 지적하고 있다. 최근에 Rohe와 동료들(Rohe & Athelstan, 1982, 1985; Rohe & Krause, 1998, 1999)은 척추장애인의 직업 흥미에 관한 조사연구를 수행하였다. 연구자는 척추장애에 의한 신체적 한계에도 불구하고 장애인의 직업 흥미가 서로 일치하지 않는 측면을 발견하였는데, 이는 재활상담사가 근로 장애인을 위한 대안적인 직업을 발견하는 데 관심을 기울여야 함을 나타내는 것이다. 연구자들은 또한 척추장애인의 직업적 흥미가 비장애인의 직업적 흥미와 11년이 지난 후에도 마찬가지로 안정되어 있으며, 중년 장애인의 직업적 흥미 역시 젊은 비장애 동료와 마찬가지로 고유한 패턴을 가지고 있음을 발견하였다.

Dewitt(1994)은 직업흥미 평가가 장애 발생 이후 필요하게 되는 진로 변화에 대하여 현장평가, 작업장에서의 합리적인 편의 조정, 다른 대안적인 직업을 탐색하는 데 도움을 줄 수 있다고 결론지었다. 더 나아가 직업흥미 평가는 장애인의 부족한 부분보다는 강점을 확인하고, 잠재적인 진로 수단 및 선택을 가능하게 하는 과정을 파악하는 데 도움을 줄 수 있다고 지적하였다(Fabian & Liesener, 2004).

미국 인구가 노령화 시대로 접어듦에 따라, 직업평가는 퇴직을 준비하기 원하는 사람, 고령인구, 보호고용 혹은 경쟁고용에 진입할 수 없는 사람과 상담할 때 유용하게 사용될 수 있다. 여가 시간은 퇴직했거나 혹은 고용되지 못한 사람뿐만 아니라 모든 사람에게 공동적으로 증가하고 있다.

여가 시간의 건설적이고 유용한 사용은 개인의 필요를 만족시키고 안정적이고 통합된 사회의 유지를 위해서 중요하다. 장애인이 선택할 수 있는 취미 활동이 비장애인보다 적을지도 모르지만, 장애인을 의미 있는 삶으로 이끌기 위해서는 비장애인이 하는 것보다 더 많은 활동을 필요로 할 수 있다. 재활상담사는 장애인의 취미와 관심을 측정하는 평가도구에 관심을 가지고 있어야 한다. 특히 Overs(1970)는 여가상담사의 모델과 여가 활동을 분류하고 부호화하는 체계를 확립하기 위해 여가활동검사를 개발하였다. 더 최근에는 여가흥미검사가 계속적이고 종합적인 여가 흥미를 평가하기 위해 개발되었다(Hansen & Scullard, 2002). 대부분의 직업흥미검사는 취미와 여가 활동을 병행하여 평가할 수 있도록 고안되어 있다.

2) 상담 과정에서 장애인의 참여

직업평가는 장애인과의 의사소통과 상호작용을 촉진하기 위해 재활상담사에 의해 수행될 수 있다. 비록 많은 재활기관이 장애인의 심리검사를 위해 심리학자 또는 전문기관에 의뢰하는 것이 적절하다고 간주하고 있지만, 사실 재활상담사는 직업평가의 많은 부분을 수행할 수 있다. 즉, 평가도구와 평가 결과에 초점을 맞추어 이야기하는 것은 언어능력이 떨어지는 장애인과 의사소통하는 데 유용할 수 있다. 비언어성 직업흥미검사: 2(Becker, 2000)와 O*NET 흥미분석표(U.S. Department of Labor, 2000)와 같은 도구는 상담 과정에서 고객의 참여를 높일 수 있으며, 상담사에 의한 조심스러운 관찰은 장애인의 욕구와 인지 과정에 대한 이해를 증진시킬 수 있다. 종종 내성적이고 표현이 적은 장애인의 경우 동기가 없는 것처럼 보일 수 있고, 이에 따라 재활서비스를 받을 자격이 없다고 판단될 수 있다. 몇몇 장애인은 자신에게는 가능한 선택적 대안이 없다고 생각하기 때문에 동기가 없는 것처럼 보일 수 있다. 직업평가의 활용을 통한 진로 선택의 수많은 다양성에 관한 탐색은 재활 과정에서 내담자의 개입을 증가시킬 수 있다. 재활상담사가 장애인과 직업평가도구에 관하여 논의하면서, 직업 흥미가 반드시 주어진 직업에서의 성공을 예측하는 것이 아니며, 내담자의 장애에 의해 야기되는 한계를 인식하게 하고, 장애인의 필요, 가치, 흥미와 태도를 구분하는 것을 도와주어야 한다. 재활상담사는 현재 평가도구가 무엇을 측정하는지 반드시 이해해야 하며, 그러한 내용을 장애인에게 분명히 전달해야 한다.

3) 장애인을 위한 평가 과정 준비

직업평가는 재활상담사가 장애인을 위해 복잡한 평가도구를 사용할 수 있도록 하며, 전체적인 심리평가 과정을 이해할 수 있도록 돕는다. 특히 노인 장애인의 경우 (Sinick, 1976), 심리평가를 받은 경험이 적기 때문에 검사계획 또는 검사 자체에 대하여 이야기할 때 극도로 예민하게 반응할 수 있다. 일반적으로 직업평가는 적성 및 성격 검사보다 장애인에게 덜 위협적일 수 있고, 라포가 형성된 장애인의 검사 및 해석 과정에 사용될 수 있다.

4) 컴퓨터 응용

이 장에서 검토된 많은 직업평가와 이 책에서 언급된 여러 적성 및 다면적 검사는 다양한 컴퓨터 기술을 통해 응용될 수 있다. 미국 대학 검사 프로그램에 의해 개발된 DISCOVER 진로적성검사와 Valpar에 의해서 개발된 상호작용 지도 및 정보시스템(SIGI3)은 흥미, 가치, 직업, 교육 정보의 탐험을 가능하게 하는 컴퓨터 평가 시스템이다. Botterbusch(1983)는 재활 분야에서 사용되고 있는 미국 『직업백과사전(Dictionary of Occupational Titles)』 목록의 직업과 장애인의 성격을 비교하게 하는 전산화된 직업 매칭 시스템에 관한 평가를 하였다.

Sampson 등(1994)은 고등학교, 대학 고용 서비스, 직업-기술 학교, 도서관, 재활, 교도소, 군대에서 사용되고 있는 15개의 컴퓨터 응용 직업안내 시스템(CACG)에 대한 평가를 하였다. CACG는 자기평가를 용이하게 하기 위해 개발된 전산화된 평가 시스템으로서, 기존 방식과 차별화된 직업교육 평가로서 직업 · 교육 · 고용 정보의 사용을 용이하게 할 수 있다.

전산화된 평가 시스템은 일반적인 검사 방식에 비해 몇몇 장점이 있다(Sampson, Purgar, & Shy, 2003). 첫째, 컴퓨터 시스템을 통한 상호작용은 사용자가 직업지도 과정에 활동적으로 참여할 수 있게 한다. 둘째, 전산화된 평가 시스템은 사용자에게 동기 및 즉각적 피드백을 제공할 수 있다. 셋째, 컴퓨터 평가는 직업 탐색 과정에 있어 개별화를 가능하게 한다. 넷째, 컴퓨터 평가는 직업 탐색 과정을 체계적이고 덜 편향되도록 유도하여, 평가 과정에서 사용자에게 더 많은 유연성을 제공해 준다. 마지막으로, 이 방식은 가장 최근 버전의 도구를 포함한 여러 종류의 주제에 관한 최신 정보를 가지고 있는 데이터베이스에 연결될 수 있다. 하지만 컴퓨터 평가 시스템에도 단점은 있다. 몇몇 전문가는 고비용, 사용자의 기밀성 보장, 컴퓨터에 대한 과도한 의존, 그리고 일부 장애인이 컴퓨터를 사용할 수 없다는 것을 문제점으로 지적하고 있다(Sampson et al., 2003).

다양한 내용적 측면이 있지만, CACG는 다음과 같은 정보를 포함하고 있다. ① 직업, ② 군사서비스, ③ 중등 과정 이후 교육시설, ④ 기술적 특성화 학교, ⑤ 재정적 도움, ⑥ 흥미, 능력, 가치 평가도구, ⑦ 자기선택 기술, ⑧ 직업 찾기 전략 등이다. 향후 정보화 기술이 발전하는 것처럼, 진로 지도 및 상담에서의 컴퓨터의 이용도 점점 빈번해질 것으로 보인다. 이러한 측면에서 컴퓨터 정보의 질과 정보를 획득하게 하는 컴퓨터의 효과적인 이용이 하드웨어 및 소프트웨어 측면보다 더 중요할 수 있다. Whiston, Brecheisen과 Stephens(2003)는 컴퓨터를 통한 직업지도가 상담가와의 직접 대면을 통해 증진될 수 있다는 것을 발견하였는데, 이는 결국 컴퓨터 평가가 단독으로 사용되기보다는 상담의 일부분으로 사용되는 것이 중요하다는 것을 제시하고 있다.

5) 요약

직업평가는 일반적으로 장애인이 심리적 · 직업적 평가를 준비하도록 하며, 상담 및 직업 개발 과정에 장애인의 참여를 활성화해 주며, 넓고 적절한 진로 선택을 하도록 장애인에게 정보를 제공해 주는 역할을 한다. 비록 많은 재활상담사의 경우 여러 평가도구를 직접 사용하여 장애인을 평가하지는 않지만, 평가도구가 무엇을 측정하며 단점이 무엇인가를 파악하고, 이러한 한계를 극복하기 위해 심리평가사나 다른 평가기관에 의뢰함으로써 장애인의 심리평가를 효율적으로 수행할 수 있다.

2 직업평가도구 선택 기준

1) 일반 기준

심리검사 및 검사도구의 선택 및 사용 이전에 모든 검사도구 항목 및 매뉴얼에 대한 검토가 마무리되어야 한다. 대부분의 검사도구 개발 업체는 사용자의 도구 사용 여부를 결정하는 데 도움을 주기 위하여 저렴한 가격의 견본을 제공하고 있다. 검사도구의 검토와 선택을 용이하게 하기 위해 다음과 같은 기준이 확립되어 정의되고 있다. 직업평가도구 사용의 적절성을 평가하기 위해서는 검사 이전에 다음과 같은 일반적 기준—검사의 명확한 목적, 신뢰도, 타당도 및 장애 집단에 적합한 규준—을 고려해야 한다.

첫째, 검사 매뉴얼은 이 도구가 무엇을 측정하기 위해 설계되었는지를 명확하게 기술해야 한다. 만약 개발자가 검사도구의 개발 및 검사의 적절한 이용 목적을 기술하지 않았다면, 검사도구의 목적은 불분명할 수 있다. 즉, 검사도구가 사용자의 필요나 욕구를 충족하는 정보를 제공하는지 여부를 판단하는 것이 불가능할 수 있다. 오직 대안적 도구의 사용이 가능하지 않을 경우에만, 불가피하게 상담사는 명료한 목적이 제시되지 않은 도구를 사용할 수 있다. 이러한 상황에서 상담사는 평가도구가 실험적으로 사용될 수 있는지 고려해야 하고, 그런 특정 상황에서 도구의 유용성에 대해 끊임없이 평가하고 계획해야 한다.

둘째, 검사도구가 안정적인지를 나타내는 적당한 신뢰도를 가지고 있어야 한다. 검사도구에는 이미 몇몇 종류의 신뢰도 척도에 대하여 언급하고 있지만, 그중 검사-재검사 신뢰도가 가장 중요하다. 많은 직업평가는 직업적 만족을 예측하기 위해 사용되고 있지만, 장기간에 걸쳐서 도구의 안정성이 증명되어야만 한다. 대부분의 흥미와 가치 검사는 단기간에 걸친 검사-재검사 신뢰도 계수가 적어도 .80 이상이 되어야 한다(Walsh & Betz, 2001). 신뢰도가 낮은 검사도구의 사용은 결과에서 커다란 오류를 일으킬 수 있다는 가능성을 인지해야 한다. 이상적으로, 검사 결과는 문장 및 도표로 측정의 표준오차에 관한 몇몇 정보를 제시하는 것이 좋다.

셋째, 검사도구가 측정하고자 했던 것을 얼마나 잘 측정하는지가 제시되어야 한다(예: 검사도구의 타당도가 반드시 제시되어야 한다). 검사도구는 타당도에 관한 정보가 제공되어야 하는데, 그중 구성타당도는 측정도구가 측정하고자 하는 본질을 얼마나 정확히 측정하는지를 파악하는 데 사용된다. 따라서 개발자가 성취도를 측정하고자 고안된 평가도구를 개발한다면, 그 개발자는 그 평가도구가 이론적으로 성취도와 관련되어 있다는 것을 제시해야 할 뿐만 아니라, 다른 성취도 평가도구와의 관련성 역시 제시해야 한다. 구성타당도는 단일 지표나 측정도구에 의해 나타날 수 없다. 즉, 구성타당도는 구성 통합의 이론뿐만 아니라 측정된 구성(예: 성취도)을 평가하는 하나의 과정이다. 구성타당도는 구성 요소로서 하나의 검사가 얼마나 현재 또는 미래의 행동과 잘 연결되는지를 증명하게 되는데, 이를 준거타당도라고 한다.

예측타당도(하나의 검사가 미래 행동과 관련 있다는 것을 가리키는)가 특히 중요한데, 많은 직업평가가 각 개인의 미래 직업 행동에 관한 결정을 내리는 것을 돕는 데 사용되기 때문이다. 따라서 만약 하나의 평가도구가 직업적 성숙도를 측정하는 것이 목적이라면, 평가도구에서 좋은 직업 적응 점수를 받은 사람이 실제로도 그러한 직업에 잘 적응하고 있다는 것을 증명해야만 한다. 같은 방식으로, 만약 하나의 평가도구가 특정한 직업에 대한 흥미를 측정한다고 하였을 때, 그 집단의 직업 흥미 점수는 특정 직업과 부합하게 높은 점수를 보여야 하는 것이다. 구성타당도를 측정하는 다른 방식은 내부검사 방법(검사의 내적 구조를 분석하는), 상호검사 방법(검사 간의 상호관계를 조사하는), 검사점수에 영향을 끼칠 수 있는 변수의 실험적인 조작, 수렴타당도와 분리되어 있는 다중특성-다중방식 행렬(다른 방법에 의해 측정되는 같은 특성 간의 상호관계), 변별타당도(같은 방법에 의해 측정되는 다른 특성 간의 상호관계; Thorndike, 1997) 등이 있다.

최근 들어 크게 집중받기 시작한 타당도의 한 종류는 문화 간 타당도다(하나의 평가도구가 다른 문화에 걸쳐서 적용될 수 있는가; Fouad, 1999). 검사 개발자는 미국의 주요 문화 집단(백인)을 제외한 집단에 이러한 도구가 적용될 수 있는가에 대한 정보를 제공해야 한다. 문화 간 타당도는 ① 해석 타당성(만약 검사도구가 다른 언어로 번역된다면 언어적 등가성이 존재해야 한다), ② 문화 간 규준집단(특정 검사가 다른 문화 집단에 규준화되어 있어야 한다)의 형태를 취해야 한다.

넷째, 재활상담사에 의해 사용된 직업평가도구는 장애인을 위한 적절한 규준을 가지고 있어야 한다. 이것은 장애인만을 위한 특별한 규준이 있어야만 한다는 것이 아니라, 규준이 장애인의 적정한 연령대와 교육적 수준에 맞게 이용 가능해야 한다는 것이다. 예를 들어, 청소년에 기초한 규준은 그보다 나이가 많은 근로 장애인에게 적합하지 않다. 때때로 재활서비스를 필요로 하는 장애인을 대상으로 적당한 연령대, 교육 수준, 장애를 고려한 부분적인 규준을 개발할 수 있을 것이다. 하지만 특정 직업평가가 장애인의 직업 성공과 만족을 예측하기 위해 사용된다면, 재활상담사는 장애인 평가 결과가 넓은 범위의 고용 집단과 비교될 필요가 있다는 것을 명심해야 한다. 만약 재활 목표가 경쟁 고용이라면, 일반적으로 특정 직업의 노동자와 그 직업의 장애인 노동자를 비교하는 것이 유용할 수 있다. 만약 평가 결과가 효율적인 논의와 탐색을 위해 사용되기 위한 것이라면 특정 장애 인구에 기초한 규준이 유용할 수 있다. 재활상담사는 특히 성 편향 그리고 몇몇 흥미검사 과정의 불평등 가능성에 관하여 주의를 기울여야 한다. 이러한 이슈는 특히 Drummond(1996)에 의해 포괄적으로 언급되어 있다. 검사 매뉴얼은 규준이 남성, 여성 혹은 모두를 위해 적당한지 아닌지를 제시해야 한다.

2) 특별 기준

다음은 재활상담사가 고려해야 할 직업평가도구 선택을 위한 특별 기준이다.

첫째, 많은 장애인의 기본적 학습능력이 제한적일 수 있기 때문에 평가도구의 읽기 수준에 대한 충분한 고려가 이루어져야 한다. 이러한 제한은 장애와 관련된 치료가 원인일 수 있다. 따라서 재활상담사가 사용하는 직업평가는 도구 자체에 의해 제한받지 않도록 가능한 모든 범위를 고려할 수 있도록 고안되어야 한다. 의미 없는 자료에 기초하여 장애인이 단순히 읽을 수 없거나 이해할 수 없다는 평가 결과를 도출하는 오류에 대하여 주의를 기울여야 한다.

둘째, 재활상담사는 신체장애가 있는 장애인의 평가를 위해 적절한 직업평가도구를 사용하는 것이 중요하다. 일반적으로, 복잡한 기계적 기구를 사용하지 않고 시간 제한이 없는 평가도구가 재활을 필요로 하는 장애인에게 적절할 수 있다.

셋째, 장애인을 위한 평가는 낮은 능력 혹은 동기의 부족 때문에 자기 스스로 평가 문항에 대하여 적절하게 대답하는지 아닌지를 구별해 낼 수 있는 타당도 척도를 가지고 있어야 한다. 가능하다면, 평가도구는 반응의 일관성을 구별해 낼 수 있는 타당도 척도를 가지고 있어야 한다. 이러한 평가척도는 모든 직업평가도구에 바람직하지만, 다른 직업 경험 및 환경에서 근무하여 직업 세계에 관한 상대적 경험이 부족한 장애인에게 더욱 유용할 것으로 보인다.

3 직업평가도구

직업평가도구를 선택하고 사용하는 데에서 재활상담사의 이해를 증진시키기 위해, 다음과 같은 18개 직업평가도구를 검토하고자 한다. 다음에서는 직업재활을 준비하는 장애인을 위해 특별히 유용할 수 있는 6개의 직업평가도구를 세부적으로 소개한다.

① Strong 직업흥미검사(Strong Interest Inventory; Donnay, Morris, Schaubhut, & Thompson, 2005)
② Kuder 진로검색(Kuder Career Search with Person Match; Zytowski, 2006)
③ 미네소타 직업가치검사(Minnesota Importance Questionnaire; Gay, Weiss, Hendel, Dawis, & Lofquist, 1981)
④ 비언어성 직업흥미도검사: 2(Reading-Free Vocational Interest Inventory: 2; Becker, 2000)
⑤ Campbell 흥미적성검사(Campbell Interest and Skill Survey; Campbell, Hyne, & Nilsen, 1992)
⑥ 자기탐색검사(Self-Directed Search; Holland, Fritzsche, & Powell, 1994)

또한 다음 12개 도구에 관하여 간략한 소개를 하고자 한다.

① 진로신념검사(Career Beliefs Inventory; Krumboltz, 1991)
② 진로결정 시스템 개정판(Career Decision-Making System-Revised; Harrington & O'Shea, 2000)
③ 진로개발검사(Career Development Inventory; Thompson & Lindeman, 1984)
④ 직업선호도 시스템 흥미평가(Career Occupational Preference System Interest Inventory; Knapp & Knapp, 1983)
⑤ 진로계획조사(Career Planning Survey; American College Testing Program, 1998)
⑥ O*NET 흥미분석표(O*NET Interest Profiler; U.S. Department of Labor, 2000)
⑦ 직업선호도검사(Vocational Preference Inventory; Holland, 1978)
⑧ Super 직업가치검사 개정판(Super's Work Values Inventory-Revised; Zytowski,

2001)

⑨ 진로결정문제 조사지(Career Decision-Making Difficulties Questionnaire; Gati, Krausz, & Osipow, 1996)

⑩ 진로결정 자기효능감 척도(Career Decision Self-efficacy Scale; Taylor & Betz, 1983)

⑪ ACT 흥미도검사 남녀공용 개정판(Revised Unisex Edition of the ACT Interest Inventory; American College Testing Program, 1995)

⑫ 군 직업적 적성검사 배터리(Armed Services Vocational Aptitude Battery; U.S. Department of Defense, 2005)

1) Strong 직업흥미검사

평가 서식 T291

목적 이 도구의 목적은 직업적 결정을 내리는 데 도움을 주는 개인적 선호에 관한 정보를 제공하는 데 있다. 한편으로는 재활상담사와 같은 전문가가 타인의 직업적 결정에 도움을 주거나 연구조사에 적합하게 사용될 수 있다.

설명 Strong 직업흥미검사(SII)는 (개인별) 반응 패턴을 다른 직업과 종류의 사람과의 반응 패턴과 비교하기 위해 고안된 291문항을 가진 검사도구다(Donnay et al., 2005, p. 2). Strong 직업흥미검사 초판은 1927년에 개발되었고, SII는 E. K. Strong, Jr.에 의해 고안된 흥미검사도구의 가장 최신판이다. SII는 대부분의 흥미검사도구와 같이 직업 세계에 관한 정보를 제공하고, 직업 탐색을 증진하기 위해 고안되었다. SII에 있는 291문항은 '매우 싫어함' 부터 '매우 좋아함' 까지 5점 Likert 척도로 구성되어 있고, 전체 문항은 6개의 하위 범주로 나뉘어 있다. 즉, 직업(직업의 이름: 124문항), 학교 과목(교육적 상황: 50문항), 활동(넓고 다양한 활동: 119문항), 여가 활동(선호하는 여가 활동: 34문항), 개인 성격 유형(같이 일하고 싶은 동료의 유형: 20문항) 그리고 자신 성격(자신 성격을 '매우 싫어함' 부터 '매우 좋아함' 까지 5점 Likert 척도로 구성: 14문항)으로 구성되어 있다(Donnay et al., 2005).

SII는 네 가지 주요 부문으로 나뉘어 있고, 각각은 직업적 흥미를 탐색하도록 하는 독특한 체제로 구성되어 있다. Holland(1997)의 유형학에 기초를 둔 6가지 일반적 직업 유형, 30가지 기초 흥미 척도, 244가지 직업 척도 그리고 5가지 개인 유형 척도(직업 유형, 환경 학습, 위험 감수, 팀 적응 그리고 지도력 유형). 더 나아가 5가지 서로 다른 반응 범주에 대하여 백분위수, 전체 응답 문항 수를 나타내는 평가 지수와 일관성 없는 응답을 구별해 낼 수 있는 특정성 지수를 가지고 있다.

평균 검사 시간은 약 30분이고, 독해 수준은 대략 6학년 정도다. 이러한 흥미평가는 17세 이상의 청소년에게 실시되고 있는데, 일반적으로 나이가 너무 어린 피검사자의 경우 흥미 패턴이 일정하지 않을 수 있다.

검사의 채점은 너무 복잡해서 평가자에 의해 직접 시행되기 어렵고, 기관에 의뢰하여 채점을 받도록 하고 있다. 일반적 직업 유형과 관련된 기초 흥미 및 직업 척도가 일반적인 결과물이고, 비록 몇몇 점수서비스는 컴퓨터에 의해 개별적으로 해석된 결과를 제공하기도 한다.

규준 일반적 직업 유형과 기초 흥미 척도는 2005년 개정판에서 1,125명의 남성과 1,125명의 여성을 표본으로 하여 규준화되었다. 남성 및 여성 표본 모두 50의 평균 점수와 10의 표준편차를 가지고 있다. 일반적 직업 유형과 기초 흥미 척도에 성별의 차이가 존재하기 때문에, 분석표와 해석 결과는 개인이 같은 성별 규준 중에 어디에 위치하고 있는지를 나타내 준다.

직업 척도는 그 직업에 고용된 기준 집단을 통해 규준화된다. 기준 집단은 다음의 세 가지 기본적 규범, 즉 ① 경험(적어도 3년 동안 같은 직업에서), ② 직업에 대한 만족도, ③ 특정 직업 과제 수행을 충족시키는 사람을 척도로 하여 개발되었다.

대부분의 직업 집단은 200명 혹은 그 이상의 구성원으로 구성되었다. 집단의 규모 범위는 53명에서 1,187명까지로 다양하다. 각 집단의 평균은 50이고, 표준편차는 10이다.

개인 유형 척도 역시 일반 참조 표본과 함께 규준화되어 있고, 이 역시 평균은 50, 표준편차는 10이다. 많은 척도에서 남성과 여성의 점수가 다르게 매겨지기 때문에 일반적 직업 유형, 기초 흥미 척도, 개인 유형 척도는 같은 성의 구성원과 비교되어 제시될 수 있다.

신뢰도 각각의 척도에서 1~6개월에 걸친 검사-재검사 상관관계를 보이고 있다. 일반적 직업 유형에 관한 중앙값의 상관관계는 범위가 .82~.92이며, 기초 흥미 척도는 .74~.93을 보이고 있다. 4개의 각기 다른 연령 대 집단 표본에서 직업 척도의 범위는 .71～.93으로 나타났다. 일반적으로 집단의 연령이 높아질수록 시험점수가 더 안정적으로 나타났다.

타당도 일반적 직업 유형과 기초 홍미 척도는 항목 선택 과정의 내용타당도를 보이고 있다. 일반적 직업 유형은 Holland의 직업성격 홍미이론(1997)과 관련되어 있다. 척도의 각 유형은 동시타당도를 보이고 있다(예: 다른 사람과 비교하였을 때 특정 직업 유형의 점수가 높게 나오는 경우). 예측타당도는 이 검사의 매뉴얼에서 참조할 수 있다(Donnay et al., 2005). 연구 결과, 검사를 받은 개인의 약 50～75%가 검사 결과에 의해 예측된 직업을 선택했다고 조사되었다. 문화 간 타당도는 SII 국가 집단(Fouad & Dancer, 1992; Fouad & Hansen, 1987; Fouad, Hansen, & Arias-Galicia, 1986, 1989)과 미국 인종 및 민족 집단(Fouad, 2002; Fouad & Mohler, 2004)에 걸쳐 증명되었다. Fouad, Harmon과 Hansen(1994)은 1994년 개정판을 위한 규준집단의 일부분으로서 인종 및 민족 집단 사이의 차이를 분석했다. 항목 수준에서의 차이점은 거의 나타나지 않았고, 척도 또는 프로파일 수준에서도 차이점이 거의 나타나지 않았다. 하지만 아직 어떠한 연구에서도 문화 간 완전한 일반화를 이끌어 내는 결과는 제시되지 못하고 있다.

총평 SII의 2005년 개정판의 활용은 재활상담사에게 몇몇 주요한 이점을 준다. 첫째, 각 항목은 문화와 성별을 고려하여 언어적 민감성을 가지고 업그레이드되었고, 기술 중심의 직업이 몇 개 더 추가되었다. 직업 척도에는 24개의 새로운 직업—지압사, 재활상담사, 컴퓨터 과학자, 컴퓨터 시스템 분석가 그리고 네트워크 관리자—이 추가되었다. 직업 척도에는 생산직 노동자, 작업감독, 기술 지원자, 소방관 같은 비전문적 직업도 포함되어 있다. 일반 참조표본(2,500명)이 검사의 오차를 최소화할 것으로 보인다. 표본에는 인종 및 민족 집단이 포함되어 있다. 인종 및 민족 집단별로 직업적 홍미가 다소 다르게 나오는데, 이는 다양한 집단에 대한 평가 시 상담사에 의해 유용하게 사용될 수 있다. 다섯 개의 추가적인 기초 홍미 척도 및 집단 중심 개인 유형 척도의 추가를 통해 다양한 영역을 통한 개인의 홍미를 해석하는 데 도움을 줄 수 있을 것으로 보인다.

2) Kuder 진로검색

평가 서식 개인 맞춤형 진로검색

목적 이 도구는 개인의 선호를 측정하고, 직업의 다양성과 개인의 선호를 상호 비교하기 위해 개발되었다. 이 도구는 개인과 전문가 집단을 비교하기보다는 피검사자의 선호와 유사성을 가지고 있는 개인 집단을 비교집단으로 제시한다. 이 도구는 중·고등학교 중퇴생, 대학 1학년, 그리고 진로계획 또는 직업 배치 안내가 필요한 성인의 직업평가를 위해 고안되었다.

설명 개인 맞춤형 Kuder 진로검색(KCS)은 3개의 활동에 대하여 세 가지 선호로 나누어 대답할 수 있는 60개 문항을 가지고 있다. 각 문항에서 피검사자는 호감이 가는 순서로 첫째, 둘째, 셋째 선호 행동에 대해 순위를 매기게 된다. 응답은 직접 조사 양식에 기록한다. 점수는 그 자리에서 종이와 연필을 이용하여 본인이 채점하거나, 컴퓨터 소프트웨어 프로그램 혹은 인터넷 사이트를 이용하여 자동 채점될 수 있다. 정답지는 개발자에게 보내져 채점될 수도 있다. 대부분의 사람은 30분 안에 평가를 끝낼 수 있다. KCS는 이동에 어려움이 있는 사람의 경우, 타인이 읽어 줄 수 있고, 반응에 대한 체크 역시 다른 사람이 해 줄 수 있다. 각 문항의 독해 정도는 6학년 수준에 맞추어져 있다. KCS는 여섯 가지 직업군 점수와 열 가지 활동 선호 분야에 관한 점수를 낼 수 있다. 각각의 직업군은 Holland(1997)의 육각형 직업집단 모델과 일치되도록 고안되었다. 개인은 각 직업에서 집단으로 비교되기보다는 특정한 개인과 비교된다.

개인 진로 매칭에서는 자신과 흥미가 가장 유사한 두 개의 직업군에서 일하는 7명에 관한 개괄적인 정보를 얻게 됨으로써 그 직업군에 있는 총 14명의 직업에 관한 정보를 받게 된다. 개괄적인 직업 정보는 개인의 직업 특성, 좋아하는 것과 싫어하는 것, 그리고 어떻게 자신이 직무를 이행할 수 있는가에 대한 세부적인 정보를 제공해 준다.

규준 개인 진로 매칭 데이터베이스는 직업을 대표하는 각각의 직업군에 1,600명 이상의 표본으로 구성되어 있다. 이들은 모두 미국 『직종 관련 안내서(Occupational Outlook Handbook)』에 포함되어 있는 90% 이상의 직종에서 근무하고 있는 사람들이다. KCS의 규준집단은 8,791명으로 구성되어 있다. 각 규준 표본은 나이(중학생, 고등학생, 성인), 지리학적 지역과 성별로 균형 있게 나뉘어 제시되고 있다.

신뢰도 KCS의 활동선호 척도의 신뢰도는 내적 일관성에서 .64~.75의 범위를 보이고 있고, 3주의 검사-재검사 신뢰도는 .79~.92를 보이고 있다. 약 3년에 걸쳐 93개 대학의 엔지니어링학과 학생과 관련된 연구에서 .80의 중위 신뢰도 계수를 보이는 것으로 조사되었다. 이러한 종류의 비교는 척도보다는 개인 프로파일과 상호 관련되어 있다.

타당도 타당도는 집단 핵심 구성원의 점수 순위에서뿐만 아니라 고용된 주체의 분류 정확성을 동시에 고려하여 제시되었다. 또한 동시타당도는 척도에 맞게 산출되었다. Zytowski(1976)는 KCS와 Kuder 직업척도와 같은 문항을 포함하고 있는 Kuder 흥미검사의 연구를 위해 1,000명 이상의 남성과 여성을 추적 조사하였다. 12~19년간의 추적조사 결과, Kuder 직업흥미검사에서 추천된 직업에 종사한 경우가 전체의 51%에 이르는 것으로 파악되었다. 매뉴얼에서는 탐색적 타당도와 실제 타당도가 앞으로 조사되어야 할 필요가 있다고 언급하고 있음에도 예측타당도 정보가 적절하게 제시되고 있지 않은데, 그 이유는 KCS가 특정 개인 집단을 한 개인과 매칭시키고 있기 때문이다.

총평 KCS는 특히 재활상담사가 유용하게 사용할 수 있는데, 이는 장애인의 흥미 측정에 독특한 방법을 제시해 주고 있기 때문이다. 개인 매칭 데이터베이스에 있는 어느 개인이 장애를 가지고 있는지 아닌지 알 수 없지만, 만약 이러한 정보가 활용 가능했다면, 장애인을 위한 평가도구로서의 역할 모델화 및 적용성에 도움이 되었을 것이다. 행동 척도의 사용은 상담사가 장애인의 생활방식 및 흥미에 관한 평가를 가능하게 하고, 직업군의 포함은 Kuder 이전 버전에서는 불가능했던 Holland (1997)의 여섯 가지 직업적 범주를 장애인에게 적용하는 것을 가능하게 했다. 마지막으로, KCS는 장애인의 직업적 환경을 바꾸지 않은 상황에서 그들에게 맞는 직업적 정보를 제공해 줄 수 있게 한다. 이러한 정보가 장애인의 흥미를 탐색하고, 좋은 직업 결정을 하게 하는지를 검증하는 것이 중요할 것으로 판단된다.

3) 미네소타 직업가치검사

평가 서식 한 쌍 비교 및 순위 서식, 1981

목적 이 도구의 목적은 장애인의 직업적 필요와 가치를 평가하고, 다양한 직업에서 그들의 필요와 강화 패턴 사이의 일치를 평가하기 위한 것이다. 필요-강화의 일치는 장애인이 특정 직업에서의 만족 가능성을 높인다.

설명 미네소타 직업가치검사(MIQ)는 20개의 직업적으로 관련된 욕구를 평가하는 210문항을 가진 평가도구다. 장애인은 두 개가 한 쌍으로 되어 있는 질문 중 자신의 이상적 직업으로서 더 중요하다고 생각하는 것에 응답하게 된다. 20개의 직업적 욕구 항목은 쌍으로 되어 있고, 190쌍의 문항으로 이루어져 있다. 각 쌍은 오직 한 번만 제시된다. 마지막 20개 문항에서 장애인은 각각의 문항이 중요한지 아닌지를 질문받게 된다(예/아니요). 따라서 다음과 같이 세 가지 종류의 점수가 결과로서 제시될 수 있다. 20개의 직업적 필요, 6개의 가치(필요 뒤에 숨은 신념) 그리고 6개의 강화 군집(군집분석을 통해 개발된 강화의 패턴)이다. 또한 논리적으로 일관적인 삼자(logically consistent triad: LCT) 점수도 제시된다. LCT는 장애인이 문항에 응답하는 논리적 일관성의 표시다. MIQ는 스스로 평가가 가능한 검사도구로서 일반적으로 검사를 끝내기 위해서는 30~40분 정도가 소요되고, 6학년 정도의 독해 수준이 필요하다. 이전의 직업 경험이 이상적 직업에서 장애인에게 가장 중요한 욕구가 무엇인지를 평가해 내는 데 도움을 줄 수 있다. 스페인어와 프랑스어 버전의 이용이 가능하다.

규준 이 장에서 검토된 대부분의 평가도구와 달리, MIQ는 척도점수를 얻기 위해 개인의 점수를 규준점수와 비교하지 않는다. 즉, 점수 프로파일은 자기 측정(ipsative) 형식으로 되어 있다. MIQ 척도점수는 개인의 원점수를 자신의 평균점수에 기초한 척도점수로 전환한 다음, 개인적 평균과 관련된 모든 다른 척도점수를 조정하게 된다. 다시 말하면, 어떤 장애인이 특정한 능력을 활용해야 할 커다란 필요를 가지고 있지만 동시에 안전한 직업을 찾기 위한 필요성은 적을 수 있다. 이러한 직업적 필요가 참조집단이 없는 장애인에게 능력의 사용 또는 안전 추구가 규준으로서 중요하다고 해석될 수 있게 하는 것이다. 세 가지 다른 연령 집단(18~25세, 26~45세, 46~70세)의 남자와 여자에 따른 척도점수 표준은 활용 가능하다. 상담사는 특정 장애인의 욕구를 연령 집단과 비교 · 평가하기 위해 15~85%의 척도점수를 표준으로 사용할 수 있다. 특정 직업에서 장애인의 만족은 장애인의 욕구와 직업 강화의 패턴 사이의 상호 일치에 의해 평가될 수 있다. 90개의 기준 직업이 MIQ 보고서에 표준화되어 제시되어 있다. 장애인은 각각의 직업에 대하여 S(만족 예측됨), L(만족 가능할 것으로 보임) 또는 N(만족할 수 없을 것으로 보임)과 같은 피드백을 받게 된다. 90개의 직업은 비슷한 강화 패턴을 가지고 있는 6개의 집단(강화 군집)으로 범주될 수 있다. 장애인은 특정 직업뿐만 아니라 6개의 패턴 집단에 있어서도 S, L, N의 피드백을 받게 된다.

신뢰도 MIQ 검사의 검사-재검사 신뢰도 자료는 시간적으로 즉시(.89 중앙값 신뢰도)부터 10개월(.53 중앙값 신뢰도)까지로 나뉘어 제시되고 있다. 프로파일 안정성 자료는 시간적으로 즉시(.95 중앙값 신뢰도)부터 10개월(.87 중앙값 신뢰도)까지의 범위를 보이고 있다. 내적 일관성 신뢰도 계수는 .77~.81의 범위를 보인다.

타당도 MIQ 척도점수는 확산타당도 및 수렴타당도를 보이고 있다. 즉, MIQ 척도점수는 일반적성검사(Weiss, Dawis, Lofquist, & England, 1966)와는 .00의 중앙값 상관관계를 보이지만, Strong 직업흥미검사 점수와는 .78의 정규상관관계를 보인다(Thorndike, Weiss, & Dawis, 1968). 따라서 MIQ는 능력의 측정이 아닌 직업적 선호를 측정하는 도구로 볼 수 있다. MIQ를 위한 광범위한 구성타당도 연구 결과가 제시되고 있다. 예를 들어, 이 도구는 집단 간의 차이를 보였고(Gay et al., 1971), 인명 자료와는 높은 상관관계를 보였다(예: Meresman, 1975; Rounds, Dawis, & Lofquist, 1979). MIQ에서 대부분의 구성타당도는 필요-강화 일치로부터 만족을 예측하도록 초점을 맞추어 오고 있다(예: Betz, 1969; Elizur & Tziner, 1977; Lichter, 1980; Lofquist & Dawis, 1969; Rounds, 1981; Salazar, 1981). Doering, Rhodes와 Kaspin(1988)은 MIQ에 대하여 요인분석을 실시하였고, 자율-성취, 환경적 강화-증대, 안정성의 세 가지 요소를 추출하였다. 직업 가치에 대한 유전 및 환경적 영향의 최근 연구에서 직업 가치 측정에서의 유전적 요소는 40%의 편차를 설명해 주고 있고, 환경적 요소는 60%의 편차를 설명해 주는 것으로 조사되었다(Keller, Bouchard, Arvey & Segal, 1992). 더 나아가 Salazar(1981)에 의해 필리핀 대학교 진로안내 프로그램의 대학원 학생들의 표본을 기초로 하여 문화 간 타당도가 입증되었다.

총평 MIQ는 철저히 이론적 틀에 기초하여 광범위하게 조사되어 왔다. 따라서 상담사는 이 검사에서 제시된 결과를 신뢰할 수 있다. 이 도구의 단점은 질문 문항이 한 쌍의 비교 형식으로 제시되어 지루함을 유발하는 것인데, 가까운 미래에 2문항 형식에서 3문항 형식으로 변환될 수 있을 것으로 보인다. 업데이트된 기술 매뉴얼은 평가도구에 포함되어 있다[독립적 비평은 P. Benson in *Test Critiques*(Vol. 2; Keyser & Sweetland, 1984-1985), *The Eleventh Mental Measurements Yearbook* (Kramer & Conoley, 1992), Brook & Ciechalski, 1994 참조].

4) 비언어성 직업흥미검사: 2

평가 서식 개정판

목적 이 도구는 다양한 직업 직무와 관련된 그림을 통하여 정신지체와 학습장애를 가진 사람을 위한 직업적 선호에 관한 정보를 제공하기 위해 개발되었다. 이 평가도구는 장애인을 위해 개발되었으며, 미숙련 · 반숙련 · 숙련과 같은 넓은 범위의 직업 정보를 제공한다.

설명 비언어성 직업흥미도검사: 2(R-FVII: 2)는 강제 선택 검사의 형태로서, 독해능력이 제한적인 장애인(12~61세)의 직업적 선호를 평가하기 위한 검사다. 직무를 대표하는 165가지의 중립적이고 불특정한 흑백 그림이 있다.

R-FVII: 2는 세 개의 형태로 각각 55개 그림을 포함하고 있다. 각각의 그림은 미숙련 · 반숙련 · 숙련된 직업에서 특정 직무를 수행하고 있는 개인을 묘사하고 있다(예: 3개 1세트 그림에는 사과를 따고 있는 남자, 바닥을 걸레로 닦고 있는 남자, 자동차 문을 열고 있는 남자를 보여 준다). 여기서 장애인은 자신이 가장 하기 원하는 직무 중 하나를 선택한다. R-FVII: 2는 남성과 여성을 위한 열한 가지 흥미 영역의 점수를 제공한다. R-FVII: 2를 평가하기 위해 요구되는 평균 시간은 대략 20분이다. 장애인이 검사 책자에 있는 그림을 바로 선택할 수 있기 때문에 답안지에 옮길 때 겪는 혼란을 줄일 수 있다. 따라서 R-FVII: 2는 평가 후 바로 채점할 수 있다.

규준 모두 열한 가지 흥미 영역에서 다섯 가지 범주로 여성과 남성 그리고 청년과 성인을 위한 분리된 규준표가 있다(정신지체, 학습장애, 일반학급, 장애 성인, 성인

보호작업). 정신지체, 학습장애, 일반학급의 경우, 규준은 다른 두 연령대 집단(12세, 출생에서부터 15세, 11개월; 그리고 16세, 출생에서부터 21세, 11개월)에서 공립 및 사립 학교 그리고 남성과 여성으로 구분되어 제시되어 있다. 또한 규준은 보호작업장 성인 남성과 여성 그리고 장애 성인으로 구분하여 범주화되어 있다. 각 표본은 대략 1,000명의 장애인을 기초로 개발되었다. 표준 자료는 1만 5,564명의 전국적 표본으로부터 1997~1998년에 걸쳐 수집되었고, 표본 각각은 지리학적 지역과 사회경제적 위치의 수준을 대표하여 추출되었다.

신뢰도 2주 간격의 R-FVII: 2의 검사-재검사 신뢰도는 .8 이상으로 조사되었다. 검사-재검사 신뢰도 측정은 10개 기준 표본의 하위 표본에서 .70~.97로 조사되었다(표본 크기는 일반학급 여성 $N=41$부터 정신지체 여성 $N=76$까지 분포하고 있다). 2주 이상의 검사-재검사 신뢰도는 매뉴얼에 제시되어 있지 않다.

타당도 문항 선택 묘사에 기초를 둔 R-FVII: 2의 내용타당도가 제시되어 있다. 한 연구에서 지체장애와 학습장애를 가진 내담자가 현실적으로 적절한 직업을 그림으로 그린 후 자신에게 맞는 직업 직무의 중요도를 측정하였다. 동시타당도 자료는 비교적 적은 표본($N=51$~62 범위)을 대상으로 Geist 그림홍미검사와 R-FVII: 2를 비교 분석하였다. 대부분은 통계적으로 유의미한 상관관계를 보였다. 하지만 예측타당도 자료는 제시되지 않고 있다. 제한된 구성타당도 자료는 11개 직업 영역에서 정신지체 근로자 자신의 직무의 직업 홍미 영역에서 높은 점수를 보이고 있다는 것을 보여 주고 있다. 문화 간 타당도 자료는 제시되지 않았다.

총평 현재 R-FVII: 2는 다른 직업홍미 평가도구와의 비교를 통해 체계화할 필요가 있고, 이것은 특히 장애인을 위해 유용할 것으로 보인다. 상담도구로서 사용 가능한 검사 책자, 실용적 사진, 점수화하는 데 걸리는 짧은 시간은 R-FVII: 2를 아주 매력적인 도구로 자리매김하게 하고 있다. 게다가 상담사는 장애인 평가 결과를 대표성을 잘 갖추고 있는 대규모의 규준집단과 비교함으로써 평가의 신뢰성을 높일 수 있을 것으로 보인다. 하지만 목표 집단에서의 적절한 직업, 성별 공평성 그리고 문화적 다양성의 부족은 문제점으로 지적될 수 있다. 더욱이 도구와 관련된 세 가지 한계점, 즉 ① 아주 적은 양의 그림만이 직무기술을 묘사한 점, ② 평가에서 제시된 직업 활동 그림이 특정 성별과 장애인에게만 적절하다고 판단되는 활동으로서 고정관념화되어 사용된 점, ③ 모든 그림이 문화적으로 매우 협소하여 그림 속에는 비주류 문화에 대한 반영을 찾아볼 수 없다는 점이 지적될 수 있다.

따라서 상담사는 이 평가도구의 안정성과 타당도에 대하여 더 많은 연구가 진행되기 전까지는 이 검사를 직업 흥미를 탐색하는 도구 이상으로 사용하는 것에 주의를 기울여야 할 것이다[좀 더 자세한 사항은 *The Fifteenth Mental Measurements Yearbook* (Gratz & Pope, 2003)의 리뷰 참조].

5) Campbell 흥미적성검사

평가 서식 1992년판

목적 이 도구의 목적은 "개인의 흥미와 기술이 어떻게 개인을 특정 직업적 세계로 이끄는지를 이해하도록 하는 것"이다(Campbell, Hyne, & Nilsen, 1992, p. 1).

설명 Campbell 흥미적성검사(CISS)의 독해 수준은 6학년 정도다. 검사 문항은 200개의 흥미 문항과 120개의 기술 문항의 두 가지 부문으로 범주화되어 있다. 문항에 대한 응답으로서 '매우 좋아함'에서 '매우 싫어함'까지의 6단계의 척도에 체크하게 된다. 검사 결과는 일곱 가지 적응 척도(영향, 적응, 돕기, 창조, 분석, 생산, 모험)를 포함하여 각 영역에서 자신이 인식하는 기술과 흥미에 대한 점수를 얻게 된다. 일곱 가지 적응 척도는 현실 주제에 부합하는 모험 및 생산을 반영하는 Holland (1997)의 유형학을 잘 반영하고 있다. 흥미와 기술 점수를 가진 29개의 기초 척도와 58개의 직업적 척도(남성과 여성 규준)가 있다. 검사 보고서는 직업상 내향성/외향성, 학업적 집중, 흥미의 다양성을 측정하는 3개의 특별 척도를 포함하고, 6개 과정 체크는 검사 과정상의 문제점을 발견할 수 있도록 도와준다. CISS의 검사 시간은 약 30분으로, 개인적·집단적으로 평가될 수 있다. 또한 지필 및 검사지 형태, 컴퓨터, 인터넷으로도 평가할 수 있다. 프로파일 보고서는 그래픽으로 각 척도의 점수를 보여 주고, 해석적 정보를 제공한다.

규준 CISS의 적응 및 기초 척도는 직업 집단에서 추출된 1,790명의 여성과 3,435명의 남성 집단을 규준 척도화하여 개발되었지만, 규준집단에 민족 및 인종은 언급되지 않았다. 만족스럽게 근무하고 개인과 직업의 특정 직무를 수행하고 있는 사람이 규준에 포함되었다. 두 성별 집단의 원점수는 표준점수 변환을 위해 합산되었고, 평균 50과 표준편차 10을 가지고 있다.

신뢰도 적응 척도의 검사-재검사 신뢰도는 3개월 동안 .80이다. 내적 일관성 신뢰도는 흥미와 기술 모두 중위 α계수인 .76~.93의 범위다. 중위 기초 흥미 내적 일관성 계수는 .86이고, 중위 기초 기술 내적 일관성 계수는 .79다. 중위 검사-재검사 상관관계는 직업흥미 척도는 .87이고 직업기술 척도는 .79다.

타당도 CISS의 구성타당도는 각 흥미 및 기술 적응 척도 간의 내적 상관관계를 보여 줌으로써 제시되었는데, 그 범위는 .66~.76이다. 또한 구성타당도는 다른 적응 척도와 낮은 상관관계를 보이는 것으로 조사되었다. 예를 들어, 생산기술과 흥미는 .73의 상관관계를 보이지만, 생산기술과 흥미 영향은 오직 .12의 상관관계만을 나타내고 있다. 일반적으로, 내적 상관관계의 패턴은 CISS의 구성타당도를 뒷받침하고 있다. 적응 척도의 수렴타당도는 척도가 직업 집단과 일반 참조집단 사이의 점수 차가 얼마인가에 의해 제시되고 있다.

총평 CISS는 특정 직업 영역에 관해 흥미는 있지만 정작 그러한 영역의 기술에서 자신이 없는 장애인의 직업 재활 측정을 위해 유용하다. CISS는 좀 더 전문적인 직업에 관하여 제시하고 있고, 학업적 집중, 외향성, 흥미의 다양성과 같은 특별 척도를 제시한다. CISS 프로파일은 발전시켜야 할 영역(높은 흥미, 낮은 기술 자신감), 추구해야 할 영역(흥미와 기술이 모두 높음), 피해야 할 영역(둘 다 낮음), 탐색해야 할 영역(기술은 높고, 흥미는 낮음)을 구별하게 하는 흥미/기술 패턴 조사표를 제공한다. 매뉴얼에서는 대학 공부를 중도에 포기하게 하는 중대한 사고를 입은 대학생 사례를 제시하고 있다. CISS에 대한 평가는 일반적으로 긍정적이다(Pugh, 1998; Roszkowski, 1998). 비록 CISS가 전문적인 직종에 초점을 맞추고 있지만, 흥미와 기술 척도의 포함은 비전문적 직업에 흥미를 가진 개인을 측정하기 위해 가장 유용하고 잘 발달된 평가 중 하나로 판단된다.

6) 자기탐색검사

평가 서식 1994년판

Form R의 1994 개정판은 성인뿐만 아니라 고등학생과 대학생을 위해 사용하고자 개발되었다. Form E의 1990 버전은 중학생과 독해기술이 제한된 성인을 위해 개발되었다. Form CP 버전은 직업계획을 위해 개발되었고, 이 검사의 축약 버전이다. Form R의 문항 독해 수준은 7학년 혹은 8학년 정도이고, Form E의 경우는 대략 4학년 수준이다. 자기탐색검사(SDS)는 스페인어, 프랑스어와 베트남어 버전이 사용 가능하다.

목적 이 도구의 목적은 학생과 근로자가 자신의 흥미와 능력에 가장 적합한 직업을 찾는 것을 도와주며, 직업상담을 위한 유용한 정보를 제공하기 위함이다. 이 도구는 만족스러운 직업 결정을 내리고, 개인적 · 직업적 정보를 조직화하여 구조적 체제를 구축하기 위해 사용될 수 있다. 이 도구는 직업상담, 직업교육, 직업 배치, 분류, 훈련과 같은 다양한 용도로 사용될 수 있다. 더 나아가서 이 도구의 목적은 Holland(1997)의 유형학 이론의 정당성을 입증할 수 있는 심리측정 조사 틀을 연구자에게 제공해 줄 수 있다. 또한 Form E는 독해기술이 제한된 개인에게 완성된 직업평가를 제공한다.

설명 자기탐색검사(SDS)는 자기 스스로 평가를 하여 점수를 매기고 해석을 할 수 있게 하는 직업평가도구다. SDS는 평가 책자와 개인의 직업 성격에 맞는 작업 환경을 가진 1,300개 이상의 직업적 대안을 제시해 놓은 직업 파인더로 구성되어 있다. 평가 책자는 다섯 가지 부분으로 되어 있다. 즉, 직업적 공상(개인은 여덟 가지 자기와 맞는 직업을 채울 수 있다), 활동(여섯 가지 성격 유형으로 된 11항목), 경쟁력(각각 여섯 가지 성격 유형으로 된 11문항), 직업(각각 여섯 가지 성격 유형으로 된 14문항) 그리고 자기평가(여섯 가지 작업 환경으로 된 2문항)다. 직업적 공상을 제외한 모든 척도는 여섯 가지 성격 유형 각각의 총점을 산출하는 데 사용된다. 가장 높은 세 가지 요약 점수를 통해 세 자리의 성격 유형을 결정할 수 있다. 예를 들어, 높은 연구적(Investigative), 사회적(Social), 기업적(Enterprising) 흥미를 가지고 있는 학생은 각 단어의 첫 글자를 딴 ISE 코드를 부여받을 것이다.

SDS는 개인별로 구별 가능한 직업적 성격 종류와 직업적 환경이 있다는 것을 이론화한 직업적 흥미와 선택의 Holland 이론을 기초로 한다. 사람의 개인적 성격과 직업의 필요와 요구의 일치는 직업적 만족의 증가로 이어진다. Holland 이론의 여섯 가지 성격 유형은 실재형, 탐구형, 예술형, 사회형, 기업형 그리고 관습형으로 나뉜다. 직업적 코드의 광범위한 목록은 Gottfredson, Holland와 Ogawa(1996)의 『Holland 직업 코드 사전(Dictionary of Holland Occupational Codes)』에서 찾을 수 있다. SDS 평가 결과로 자신의 흥미와 가장 비슷한 세 자리의 성격 유형을 받게 되고, 이는 자신의 성격 유형과 일치하는 직업 유형과 맞추어 주게 된다. 이러한 요약 점수는 직업적 공상과 비교되며, 이후 직업 파인더(약 500개 직업을 포함하는)는 개인의 흥미와 부합되는 직업을 찾아주게 된다. 각각의 직업적 하위 유형은 미국 『직업백과사전(DOT)』(U.S. Department of Labor, 1991)에서와 같이 교육적 발달 수준에 따라 구분될 수 있다. SDS는 또한 DOT 코드를 병기하여 사용하고 있다. 1996년판에서는 평가점수 산출을 간결화하고, 직업 파인더에 50개의 직업을 추가하고, 예시된 독해를 개정하였으며, 성별 차이를 줄이기 위해 몇몇 문항을 개정하는 등의 변화가 있었다.

규준 SDS 척도와 코드의 표준은 매뉴얼에서 제공되고 있다. 매뉴얼에 있는 참조 부분에서는 도구 사용에 관한 광범위한 정보를 제공하고 있다. 1997년판 SDS Form R의 규준집단은 7~65세 범위의 1,600명의 여성과 1,002명의 남성을 포함한 2,602명의 학생과 성인으로 구성되어 있다. 규준집단은 25개 주에서 다양한 인종적 배경을 가진 개인을 표집하여 개발되었다.

신뢰도 내적 일관성 계수는 여러 척도에 걸쳐 0.72~0.92를 나타내고 있고, 요약척도에서는 0.90~0.94로 다양하게 나타나고 있다. 척도마다 두 개의 자기평가 간 상관관계는 0.37~0.84로 조사되었는데, 이는 두 평가 과정이 분산을 공유하고 있을 뿐만 아니라 각각 독특한 분산을 가지고 있음을 나타내고 있다. 작은 표본(N=73)에서 검사-재검사 신뢰도는 4~12주에 걸쳐 0.76~0.89로 조사되었다.

타당도 SDS의 각 척도는 Holland(1997)의 이론과 부합하는 높은 구성타당도를 보여 주고 있다. 몇몇 연구에서는 SDS 코드 유형과 맞는 직업을 갖게 될 성인이 대략 60%에 이르는 SDS 수렴타당도를 뒷받침해 주고 있다(Hansen, 2005). SDS의 수렴타당도는 46.7~76.0%다. SDS 점수의 예측타당도는 나이, 검사 사이의 시간 간격 그리고 교육적 수준에 따라 변화를 보이고 있다. 1~7세의 예측타당도는 39.6~79.3%를 보이고 있고, 이는 대학생과 성인이 40~80%에서 Holland의 육각형 모형의 코드와 일치하는 전공과 직업을 추구하고 있다는 것을 보여 주고 있다.

문화 간 타당도 평가에서 Gade, Fugua와 Hurlburt(1984)는 SDS가 미국 인디언을 위한 사용에는 적절하지 않은 도구라고 결론지었다. 하지만 다른 몇몇 연구는 다른 소수집단의 SDS 사용의 적절성을 뒷받침하였다(Henry, Bardo, & Bryson, 1988; Khan & Alvi, 1001; Miller, Springer, & Wells, 1988). 기술 매뉴얼에서 보고된 연구와 더불어, 많은 연구는 다양한 집단의 SDS의 정신측정 평가의 장점을 제시해 왔다[*The Thirteenth Mental Measurements Yearbook*(Impara & Plake, 1998) 참조].

총평 SDS는 재활상담을 포함한 다양한 환경에서 유용하게 쓰일 수 있는 확고한 이론적 배경에 기초한 직업흥미 평가도구다. SDS는 긴 역사를 가지고 있고, 상담사와 많은 시간 상담을 하지 않은 내담자들에게서 그 유용성이 증명되어 왔기 때문에 재활상담사에게 매력적이다. 단순한 직업평가를 넘어서, SDS는 내담자가 만족스러운 직업적 선택을 할 수 있도록 도와주며, 상담사와 내담자가 개인 및 직업적 자료를 통합하게 하는 진로교육 경험을 제공해 준다[*The Fourteenth Mental Measurements Yearbook*(Brown, 1998)에서 M. Brown의 리뷰 참조].

SDS 개정판은 많은 사람이 사용하기 쉽고, 비용이 저렴하며, 자기 스스로 평가 가능한 직업평가도구다. 점수를 매기는 과정은 이전 판 이후로 간단해져 왔다. 하지만 SDS는 검사 총점을 산출하는 데 원점수를 사용하는 것과 자기평가의 강조에 있어 커다란 비판을 받아 왔다. 이 도구를 스스로 평가하는 것이 몇몇 개인에게는 적절하지 않을 수 있다. 준거타당도와 예측타당도의 많은 정보가 유용하게 사용될 수 있다. 상담사는 자기평가를 위한 독해력과 기초적 수학능력이 없는 개인에게 이 평가도구를 사용할 때에는 주의를 기울여야 한다.

4 평가도구 기준별 척도

앞서 언급한 모든 도구는 적절한 기준 척도에 의해 검토되었다. 타당도 척도, 읽기 수준에 관한 정보, 타당도에 관한 내용들이 〈표 8-1〉에 제시되어 있다. 만약 각 도구의 평가 목적이 매뉴얼에서 분명하게 언급되었다면 (+)로 표시하고, 매뉴얼이 이 정보를 포함하지 않는다면 (−)로 표시를 하였다. 검사-재검사 신뢰도는 모든 평가도구에 적용되어 제시되었다. 그 기준은 검사-재검사 신뢰도 계수가 .69이거나 그 이상일 경우에는 (+), .69보다 낮거나 참조할 정보가 제시되지 않은 경우에는 (−)다.

〈표 8-1〉 직업평가도구의 기준별 검토 요약

도구	목적	검사-재검사 신뢰도	타당도			규준		읽기 수준	타당도 척도	문화 간 타당도
			구성	동시	예측	청소년	성인			
종합 검토된 도구										
Campbell 흥미적성검사	+	+	+	+	+		+	6학년	+	−
Kuder 진로검색	+	+	+	+	+	−	+	6학년	+	−
미네소타 직업가치검사	+	+	+	+	+	−	+	6학년	+	+
비언어성 직업흥미도검사: 2	+	+	+	+	−	+	+	비언어적	−	−
자기탐색검사	+	+	+	+	+	+	+	7학년	+	+
Strong 직업흥미검사	+	+	+	+	+	−	+	6학년	+	+
간략 검토된 도구										
진로신념검사	+	−	+	+	−	+	+	8학년	−	+
진로결정 시스템 개정판	+	+	+	+	+	+	+	8학년	−	+
진로개발검사	+	+	+	+	−	−	−	9학년	−	+
진로선호도 시스템 흥미평가	+	+	+	+	−	−	+	6학년	−	−
진로계획조사	+	+	+	+	+	+	−	6학년	−	|
O*NET 흥미분석표	+	+	+	+	−	+	+	8학년	−	−
직업선호도검사	+	+	+	+	+	−	+	NA	+	−
Super 직업가치검사 개정판	+	+	+	+	−	+	−	6학년	−	−
진로결정문제 조사지	+	+	+	+		+		6학년	−	+
진로결정 자기효능감 척도	+	+	+	+	−	−	+	NA	−	+
ACT 흥미도검사 남녀공용 개정판	+	+	+	+	+	+	+	NA	−	+
군 직업적 적성검사 배터리	+	+	+	+	+	+	+	6학년	−	+

주: NA=해당 사항 없음.

구성 · 동시 · 예측타당도는 도구별로 각각 검토되었다. 구성타당도의 경우, 요인분석 정보를 포함하고 견고한 이론적 배경하에 개발된 것은 (+), 구성타당도에 대한 언급은 있지만 정보가 제한적이거나 활용 가능하지 않을 경우에는 (−)다. 동시타당도의 경우, SII 및 Kuder와 같이 잘 개발된 평가도구로서 통계적으로 유의미한 상관관계가 존재할 경우에는 (+), 동시타당도에 대한 언급은 있지만 정보가 제한적이거나 활용 가능하지 않을 경우에는 (−)다. 그리고 예측타당도의 경우, 그에 관련된 적절한 정보에는 (+), 그에 대한 언급은 있지만 정보가 제한적이거나 활용 가능하지 않을 경우에는 (−)다.

청소년과 성인(18세 혹은 그 이상)에 대한 규준에 관한 척도 정보는 다음과 같다.

정보 이용 가능은 (+), 정보가 제한적이거나 활용 가능하지 않을 경우에는 (−), 읽기 수준의 경우, 권장되는 최소 읽기 학년 수준을 제공한 경우에는 (+), 정보가 활용 가능하지 않을 경우에는 (−)다. 타당도에 관한 정보의 경우, 정보가 매뉴얼에 언급되어 있는 경우에는 (+), 타당도 척도가 포함되어 있지 않은 경우에는 (−)다. 문화 간 타당도에 관한 정보의 경우, 정보 이용이 가능한 경우에는 (+), 정보가 제한적이거나 활용 가능하지 않을 경우에는 (−)다.

5 결 론

직업흥미 평가는 장애인의 직업 선택을 도와줌으로써 상담사에 의해 유용하게 활용될 수 있다. 하지만 상담사는 각 도구의 한계점 역시 명확히 인식해야 한다. 비록 다양한 장애 종류에 따라 각각의 평가도구를 적절하게 적용할 수 있지만, 특정 장애 집단 적용에서는 공통된 문제점이 있는 것으로 지적되고 있다.

표준화된 지시에 따라 피검사자가 지필검사를 스스로 받게 된다면, 손과 손가락의 기민성이 있어야 한다. 운동성 마비 혹은 심각한 기능장애를 가지고 있는 사람은 도움 없이 이 도구에 의한 평가를 수행하기 힘들 것이다. 중증 시각장애를 가지고 있는 사람 역시 지필검사를 도움 없이 수행하기 힘들다. 시각장애인에 대한 평가에 대해서는 제16장에서 언급하고자 한다.

대부분의 직업평가 역시 정신지체, 읽기 · 쓰기를 못하는 사람, 독해능력이 제한된 사람에게 부적절하다. 이러한 집단에서 효과성이 입증된다면, 그림으로 된 평가도구가 앞으로 많이 이용될 수 있을 것이다. 정신지체 장애인과 관련된 평가 정보는 제18장에서 다루고 있다.

마지막으로, 문화적 · 경험적 배경이 다른 사람에 대한 직업평가의 적용은 여전히 추가 연구가 진행되어야 하고, 이와 관련해서는 제20장에서 세부적으로 기술하고 있다. 문화적으로 경험적 배경이 다른 내담자를 위한 직업평가의 사용은 여전히 추가 연구가 필요하고, 제20장에서 전체적으로 설명되고 있다. 상담사는 백인을 위주로 개발된 평가도구의 적용에 많은 주의를 기울여야 한다.

/ Part /

3

재활평가 적용

Chapter

09 인터뷰 평가

Norman L. Berven

재활 현장에서 이루어지는 평가 활동은 다음과 같은 개념을 포함하는 프로그램 개발과 서비스 제공 계획을 수립하기 위한 기초적인 자료로 활용되기 위하여 시행된다.

- 내담자가 가지고 있는 문제와 장애 요소를 확인하고 정의하기
- 내담자의 진로뿐만 아니라 전 생애적인 목표를 반영할 수 있도록 서비스 및 개입과 관련한 목표를 수립하기
- 포괄적인 서비스를 개발하고 관련 처치계획을 수립하며 수립된 목표에 도달하기 위한 가장 효과적인 개입 방법을 확인하기(Berven, 2004)

평가는 실무 과정 초기에 특히 중요하지만, 재활서비스가 진행되는 모든 기간 동안 지속적으로 모니터되어야 하고 개정 및 수정 작업을 꾸준히 거쳐야 한다. 평가는 다양한 방식으로 정리된 정보를 바탕으로 이루어진다. 예를 들면, 과거 내담자의 기록, 인터뷰, 관찰, 의학적 진단 관련 기록, 심리사회적 평가 기록, 기타 다른 전문가에 의해 이루어진 진단 혹은 평가, 형식적 검사와 관련한 표준화된 평가 결과, 직업과 관련한 검사와 경력, 내담자의 흥미 등이 있다. 이러한 정보는 반드시 내담자와 협력적 방식으로 공유되어야 하는데, 그 이유는 서비스와 개입 방식의 진행 과정을

결정하기 위하여 필수적으로 내담자의 의사를 확인하고 협력적으로 판단할 수 있도록 하는 작업이 요구되기 때문이다. 임상적 판단은 습득된 정보를 해석하고 통합하는 데 있어서, 그리고 이러한 정보를 임상적 결정으로 전환하는 데 있어서 중요한 부분을 차지한다.

1 평가에서 사용되는 인터뷰의 유형

평가의 대표적인 도구라고 하면 일반적으로 심리학에서 혹은 직업검사에서 사용하는 객관화된 심리측정적 과정을 따르는 방식을 의미하는 것처럼 여겨진다. 그러나 재활 현장과 기타 의학 분야, 정신건강 분야 그리고 인간서비스 분야에서 인터뷰 방식의 평가는 지금까지 가장 빈번하게 활용되는 평가의 방식이다(Berven, 2004; Groth-Marnat, 2003). 예를 들면, 전형적인 표준화된 IQ검사는 점수와 같이 질문지로 구성되어 종종 지필검사 형태로 제공되며, 내담자로 하여금 질문에 응답할 수 있도록 유도하고, 내담자가 보인 응답은 일종의 규준에 따라 점수화된다. 또한 임상적인 우울증 척도는 특정 질환이나 장애를 진단하기 위해 활용되기도 한다. 때로는 컴퓨터 프로그램을 통해 성격검사를 해석 및 실시하여 이를 서술적으로 제시하기도 한다. 반면에 인터뷰 형태의 평가 방식은 실무자로 하여금 내담자로부터 주어진 정보, 즉 언어적 · 비언어적 양상 모두에 초점을 맞춘 정보를 통해 반응하고 평가할 수 있게 도와준다. 이와 같이 인터뷰를 통해 수집한 언어적 · 비언어적 정보를 종합적으로 해석 및 판단하게 된다. 다시 말해, 재활 전문가는 현장에서 내려야 할 임상적 판단의 근거를 수집된 정보를 통해 보다 잘 해석해 낼 수 있다. 관찰을 통해 수집된 정보와 인터뷰를 통한 평가는 기타 다른 심리 검사 혹은 평가 과정에서 내담자를 보다 잘 이해할 수 있는 맥락을 제공해 준다. 심지어 Groth-Marnat은 인터뷰 가운데 내담자의 맥락을 이해하지 못한 채 주어진 모든 정보는 무가치하고 무의미한 것이라고 하였다.

내담자와 관련한 다양한 정보는 종종 인터뷰를 통해 수집되는데, 그러한 정보는 가족이나 측근 혹은 과거의 의미 있는 활동에 함께 참여한 전문가를 통해 제공된다. 어떤 경우에는 인터뷰가 내담자의 치료와 서비스 제공에 활용되는 유일한 평가도구일 수도 있다. 이와 다르게, 또 다른 내담자의 경우에는 형식적 표준화검사와 관련한 평가도구가 활용될 수도 있다. 이럴 경우에 내담자를 평가하는 과정에서 표준화된 검사의 결과와 관찰 및 인터뷰를 통한 자료가 보다 통합적으로 내담자를 평가하는 데 활용될 수 있다. 비록 평가 과정이 하나의 임상적 인터뷰 과정 가운데 필수적 요소라고 하지만, 우리는 그것을 뛰어넘는 다양한 형태의 인터뷰 방식에 집중할 필요가 있다. 인터뷰의 형식들 중에는 특별히 평가에 초점을 맞춘 것도 있고, 초기 인터뷰에 초점을 맞춘 것도 있으며, 진단 및 선별에 초점을 맞춘 것도 있다.

1) 구조화, 반구조화 및 비구조화된 인터뷰 방식의 평가

인터뷰의 종류를 구별하는 방법은 인터뷰가 얼마나 구조화되었는지를 보는 것으로, 인터뷰는 심도 있게 구조화되거나 비구조화될 수 있다(Beutler, 1995; Groth-Marnat, 2003).

구조화된 인터뷰는 미리 정해진 질문으로 구성되어 정해진 질문 순서로 진행된다. 반구조화된 인터뷰는 주제와 질문을 구체화한다는 점에서 구조화된 인터뷰와 비슷하지만, 주제가 진행되면서 내담자의 답변이나 인터뷰 기술과 전략이 사용됨에 따라 질문의 차례가 유연하게 바뀔 수 있다. 마지막으로, 비구조화된 인터뷰는 거의 모든 상황에서 최대한의 유연성을 주며 개별 상담사의 판단에 따라 이루어지게 된다.

일반적으로 인터뷰에서 구조화가 더 많이 이루어질수록 인터뷰는 더욱 표준화되고, 구조화된 인터뷰를 이용하여 특정한 내담자에게 인터뷰 평가를 실시한다면 각기 다른 현장 실무자들이 비슷한 결론에 도달할 수 있다. 따라서 Beutler(1995)는 "상황이 허락하는 한 어느 정도 인터뷰의 표준화가 이루어지는 것이 중요하다."(p. 98)고 주장하였다. 그러나 구조화가 많이 이루어지지 않은 인터뷰는 인터뷰 진행 시, 내담자의 상황에 반응 시, 주제 선정 시, 내담자와의 의사소통을 조화롭게 할 때, 상담사의 판단에 많은 유연성을 제공한다. 세부적으로 구조화된 인터뷰는 행정적으로 보이고, 상담사와 내담자가 라포를 형성하는 데에는 크게 도움이 되지는 않는다. 그러나 언어적 · 비언어적 측면을 균형 있게 포함한 촉진적 인터뷰 행동을 만들어 내는 상담사의 방식과 기술은 인터뷰 구조화 정도보다 더 내담자와의 관계를 형성하는 데 큰 영향을 줄 수 있다.

2) 초기 인터뷰

재활 환경에서 현장 실무자는 초기 인터뷰를 실시한 다음 서비스나 치료를 시작한다. Parker와 Bolton(2005)은 접수 인터뷰와 초기 인터뷰를 구별하였다. 접수 인터뷰에서는 내담자의 신상 정보를 기록하고 프로그램과 가능한 서비스, 기관에 대한 정보를 알려 준다. 이와 대조적으로, 초기 인터뷰는 "관계를 형성하고, 내담자의 행동에 주의를 기울이고, 내담자의 문화적 맥락 · 상황 · 가치 · 필요 · 열망 · 목표 등에서 새로운 그림을 그리도록 한다"(p. 315). 접수 인터뷰는 Parker와 Bolton이 정의한 접수 인터뷰와 초기 인터뷰의 구성 요소를 활용하여 보조원이나 전문 현장 실무자가 시행할 수 있다. 초기 인터뷰에서는 일반적으로 세 가지의 목표를 추구하게 된다. 첫째, 기관과 프로그램, 가능한 서비스의 역할, 상담사와 내담자의 책임, 동의서와 관련한 내담자의 정보를 제공한다(내담자의 정보가 이용될 수 있는 방법과 비밀 준수 등). 둘째, 평가 과정을 시작한다. 셋째, 인터뷰를 시작하면서 실시하는 평가 과정뿐만 아니라 이후 제공될 치료와 서비스를 위하여 라포를 형성한다(Farley & Rubin, 2006; Koch & Rumrill, 2005; Power, 2006). 따라서 초기 인터뷰는 내담자가 재활상담 과정을 실시할 때 필요한 단계를 마련해 준다.

평가 과정을 시작하면서, 초기 인터뷰는 많은 정보를 제공해 줄 수 있다. 일반적으로 내담자는 현재 상황을 일으키게 만든 삶의 여러 가지 사건, 자신이 대면하고 있는 관심 · 문제 · 어려움 등과 관련하여 매우 중요한 정보를 제공한다. 또한 내담자는 그들의 강점과 한계, 선호, 필요, 삶의 중요한 인물에 대한 그들의 인식과 같은 자아 인식을 보여 줄 수 있다. 아울러 초기 인터뷰는 내담자의 신체 외양, 감정, 사고 과정, 대처 방법, 문제해결 기술, 주제에 대한 반응, 대인관계 기술과 스타일 등을 제공하는 기회가 될 수 있다.

초기 인터뷰에서 얻어진 평가 정보는 치료와 서비스 과정에서 필요한 여러 가지 결정 사항과 관련이 있다(Berven, 2004). 결정 사항은 각 환경마다 다를 수 있고, 특정한 문제나 장애, 경제적인 요구, 서비스를 제공하는 사람에게 비용을 지불할 수 있는 능력과 관련한 복잡하고 임상적인 평가 등의 기준을 기초로 하는 치료나 서비스를 선택하는 것이 있을 수 있다. 또 다른 결정 사항은 고용의 성공과 만족에 영향을 미치는 직업 개발과 진로 목표, 개인의 강점 · 약점, 요구 등과 관련한 목표를 결정하는 것을 포함한다. 마지막 결정 사항은 내담자가 서비스 목표를 달성하기 위해 필요한 내담자의 걱정, 문제, 장벽 등을 해결할 수 있는 치료 전략과 서비스를 구별해 내는 것을 필요로 한다. 이러한 결정을 위해 필요한 정보를 얻는 것은 모든 평가 절차, 초기 인터뷰를 시작하는 데 필요한 최종적 목표다.

초기 인터뷰는 구조화의 정도에 따라 매우 다양하다. 초기 인터뷰에서 얻어진 정보의 형식에 따라 기관과 프로그램이 매우 다르며, 이는 서비스나 치료, 비용과 경제적 사항, 제공되는 서비스 종류 등 다양한 다른 요소들에 영향을 받는다. 또한 기관과 프로그램이 초기에 인터뷰를 했을 때 기대했던 구조화의 정도도 심도 깊은 구조화부터 비구조화까지 다양하다. 게다가 기관과 프로그램은 초기 인터뷰를 실시하기 전 내담자에 대한 필요한 정보를 얻기 위해 서비스 지원서 등을 이용하기도 한다. 여기서 얻어진 문서화된 정보는 현장 실무자가 실제 인터뷰에서 주제를 선정하는 지침이 될 수 있다.

개별 기관, 프로그램, 현장 실무자에 의해 개발된 초기 인터뷰 가이드뿐만 아니라, 평가, 인터뷰, 상담과 관련한 많은 자료는 재활상담 환경에서 필요한 개인 이력 인터뷰를 실시할 때 필요한 주제의 항목을 제공하고 있다(예: Drummond & Jones, 2006; Groth-Marnat, 2003; Sommers-Flanagan & Sommers-Flanagan, 2003). 예를 들어, Farley와 Rubin(2006)은 초기 인터뷰에서 필요한 인터뷰 주제와 질문을 다음의 몇 가지 범주로 분류하였다. ① 장애와 관련한 요소를 포함한 신체적 요소, ② 적응, 대인관계 능력, 가족, 친구, 동료와의 사회적 연결망 등을 포함하는 심리사회적 요소, ③ 교육력과 직업 경력을 포함하는 교육적/직업적 요소, ④ 수입, 보조금의 출처, 빚, 보험료 등을 포함하는 경제적인 요소 등이다.

Power(2006)는 정보의 종류를 항목화하여 내담자의 기능 정도(외향과 행동, 분위기와 감정, 대처능력, 에너지, 강점, 흥미와 이력 등)와 훈련 혹은 고용과 관련한 각각의 기능을 포함한 인터뷰를 통해 얻어야 하는 정보를 조직하는 데 필요한 구조화된 접수 인터뷰 형식을 제공하였다. 이러한 인터뷰 가이드는 구조화된 인터뷰의 기초가 될 수 있고, 표준화된 방식에서 주제와 질문을 찾는 데 도움이 될 수 있다. 대안적으로 반구조화 초기 인터뷰에서 도움이 될 만한 주제의 형식을 선택하는 데 일반적인 방향을 제시해 줄 수 있으며, 현장 실무자가 인터뷰에서 주제를 발전시키는 데 필요한 방법 등에 대해 상당한 유연성을 제공해 줄 수 있다.

3) 진단 및 선별을 위한 인터뷰

기타 다른 형태의 평가 방식으로서 진단 및 선별을 목적으로 하는 인터뷰 방식은 세부적으로 평가하고자 하는 목적에 초점을 맞춘 것과는 다르게, 내담자가 가지고 있는 문제와 요구에 보다 초점을 두고 있다(Hersen & Turner, 2003; Rogers, 2001). 또한 대부분 일반적인 형태의 진단을 목적으로 하는 인터뷰 평가 방식은 미국 『정신장애의 진단 및 통계 편람(DSM-IV-TR)』(American Psychiatric Association, 2000)에 따라 정신장애를 판별해 내는 것을 목적으로 한다. Kaplan과 Saccuzzo(2005)가 지적하였듯이, 1952년 이후 DSM이 개정되면서 정신과적 장애를 진단하는 신뢰도가 향상되었다. 그러한 작업은 지난 과거에 이루어진 진단의 부정확성을 개선하여 보다 명확한 장애의 진단 기준과 장애 범주를 가능하게 해 주었다. 진단 인터뷰 평가의 한 가지 예는 DSM-IV 축 I 장애를 위한 구조화된 임상적 면접(SCID-I) 임상의 버전(First, Spitzer, Gibbon, & Williams, 1997)이다. SCID-I는 DSM-IV 규준에 따라 축 I 장애 영역을 진단하기 위한 인터뷰 질문으로 구성되어 있으며, 재활상담 실무자로 하여금 진단을 위해 이루어지는 특정 문항의 점수를 통해 보다 세부적인 영역의 정보를 얻을 수 있도록 한다.

또 다른 종류의 진단 인터뷰 평가 절차로는 정신상태(mental status)검사가 있다. Groth-Marnat(2003)이 논의한 것과 같이, 정신상태검사는 정신병리와 인지기능 모두에 초점을 맞추고 있기도 하고 인지기능에 보다 집중되어 있기도 하다. 보다 구체적으로 정신병리적 측면과 관련하여 살펴보면, 검사는 용모, 감정, 망상 그리고 환각과 같은 요소를 포함하고 있다. 반대로 인지적 기능의 세부적 측면을 살펴보면 지남력(시간과 장소, 상황이나 환경 따위를 올바로 인식하는 능력), 기억, 집중, 주의, 통찰 그리고 판단력을 포함하고 있다. 그런데 진단적 판단과 결정은 인터뷰를 비롯한 다양하고 종합적인 평가 기록 혹은 유용한 정보의 집합적인 과정을 통해 이루어져야 한다. 진단을 목적으로 한 인터뷰는 상당히 구조화된 방식도 있고, 반대로 구조화되지 않은 방식도 있을 정도로 다양하다. 일반적으로 많이 활용되는 진단적 목적의 인터뷰 예 중 하나는 간이정신상태검사(Mini Mental State Exam)인데, 이 검사는 11개의 문항으로 구성되어 있으며, 지남력, 기억등록(registration), 주의력, 계산력 그리고 언어력을 포함하고 있다(Folstein, Folstein, & McHugh, 1975).

다양한 형태의 구조화된 임상 인터뷰 항목들이 진단적 목적을 위해 재활 현장에서 유용하게 활용되고 있다(예: Groth-Marnat, 2003; Rogers, 2001; Sommers-Flanagan & Sommers-Flanagan, 2003; Vacc & Juhnke, 1997). 다소 다른 형태의 인터뷰 항목은 반드시 효과적으로 인터뷰를 활용하기 위해 상담사로 하여금 인터뷰 관련 훈련을 필수 과정으로 하는 경우도 있다. 예를 들면, Beutler(1995)는 SCID를 활용하기 위해서는 반드시 20시간 이상의 훈련 및 인터뷰의 진단적 결정과 관련한 신뢰성을 확보하기 위한 재교육이 필수적이라고 강조했다.

직업능력 수준과 잠재성을 파악하기 위한 진단 인터뷰 평가 역시 재활 현장에서 종종 이루어진다. 또한 장애를 가진 내담자에게 진로상담과 직업재활 서비스 제공을 보다 용이하게 하기 위한 측면에서 현장 재활 전문가는 다양한 형식의 공식적 법적 절차를 활용하여 내담자와 관련한 의견이나 전문가적 판단을 제시한다. 예를 들면, 산재, 의료사고, 교통사고 등과 같이 다양하게 내담자 개인에게 발생한 장애와 관련한 문제에서 직업재활 전문가는 내담자의 고용 문제에 대하여 자신의 판단이나 전문가적 관점을 제시할 수 있다(Choppa & Shafer, 1992; Lynch & Lynch, 1998).

Lynch가 논의하였듯이, 순전히 장애라는 요인에 의해 근로능력을 상실하였는가를 상담사가 판단하기 위해 장애 발생 전후의 각기 다른 직종에 종사하고 있을 가능성이 높은 내담자의 직업적 강점과 제한점에 대해 실질적 요구 중심으로 평가하는 것이 필요하다. 이와 같은 평가는 의학 관련 기록의 철저한 재검토, 의학적 검사에 의해 결과로 제시된 신체적 능력, 적성과 강점 그리고 제한점을 지원해 주기 위한 표준화된 검사 등이 포함될 수 있다. 또한 중요한 측면 중 하나로, 상담사는 내담자가 잠재적으로 희망하는 직종의 인구 대비 직업의 실질적 효용성과 소득 수준 등에서 보다 현실적인 희망 직업의 여러 유용성을 판단하기 위해 노동시장을 조사해야 한다. 직업적 진단 인터뷰는 앞서 언급한 평가 과정에서 주요한 역할을 담당하며, 종종 그러한 평가 과정의 첫 단계로 자리한다(Toppino & Boyd, 1996).

평가의 첫 단계로 볼 수 있는 인터뷰의 경우 다음과 같은 사항을 포함한다. 첫째, 장애 발생 시기, 장애 관련 치료 및 관련 문제, 그리고 장애가 내담자에게 어떠한 영향을 미치는지를 확인할 수 있어야 한다. 둘째, 내담자와 관련한 인적 사항과 기타 장애와 직접적으로 관련하지 않은 건강 문제 혹은 의학적 상태를 파악한다. 셋째, 내담자 스스로가 자신이 희망하는 잠재적 직업과 관련하여 어떠한 목표를 가지고 있으며 그와 관련하여 스스로의 장점과 제한점이 무엇이라고 생각하는가를 확인한다. 넷째, 직업 훈련 및 교육 경험을 보다 자세히 확인한다. 다음으로, 내담자의 이전 직업적 경력에 대해 보다 자세한 사항을 확인한다. 마지막으로, 미래 고용에 영향을 줄 가능성이 있는 내담자의 사회성과 관련한 사항을 강점과 단점으로 구분하여 확인한다(Cutler & Ramm, 1992).

인터뷰 항목의 내용과 절차는 자살 가능성, 알코올 및 다른 약물 사용 등과 같이 내담자들 사이에서 발생할 수 있지만 쉽게 인지되기 힘든 일반적인 문제 유형들을 선별하기 위해 개발될 수 있다(Hood & Johnson, 2002). 이와 같은 인터뷰 항목의 내용은 인터뷰 과정 중에 평가자가 확인해야 하는 관찰 영역과 질문 사항을 포함해야 한다. 가장 널리 알려진 인터뷰 항목 중 하나는 자살 위험군을 확인하기 위해 개발된 슬픈 사람 척도(SAD PERSONS Scale; Patterson, Dohn, & Bird, 1983)인데, 이 인터뷰 과정에는 성별과 나이, 알코올 문제, 사회적 지지, 과거 자살 시도 경험, 그리고 내담자의 미래 자살 시도 계획과 같은 위험 요인이 포함되어 있다. 또한 각각의 위험 요인은 점수화되어 적절한 서비스로의 연계와 같이 앞으로 이루어질 내담자에 대한 조치를 결정하는 데 중요한 정보를 제공한다. 또 다른 예로, 알코올남용을 확인하기 위한 Miller(1976)의 CAGE 설문지는 단지 네 가지 질문으로 구성되어 있는데, 알코올중독과 알코올중독이 아닌 내담자를 구분하기 위해 고안되었다. 그러나 CAGE 설문지의 네 가지 문항에 각각 긍정적 반응을 하는 것은 그 자체로 알코올중독이라 진단하는 것이 아니라 부가적 평가 절차가 요구된다는 것을 의미한다. 일반적으로 앞서 예를 든 것과 같이 특정 문제 영역에 대한 선별 인터뷰는 내담자를 보다 집중적으로 평가·사정하는 과정상 한 가지 방법으로 중요한 과정 중의 하나이며, 재활상담의 실무자들에게 내담자가 가지고 있는 잠재적 문제를 확인할 수 있게 해 줄 뿐만 아니라 내담자를 보다 전반적인 측면에서 평가할 수 있도록 도와준다.

2 평가도구로서 인터뷰의 심리측정적 특징

보다 통계적인 입장에 집중하는 전통적 표준화검사와 평가의 타당도에 대한 비판은 재활상담 영역에 다양한 비판적 논의를 가능하게 하였다. 이러한 상황에서 평가 목적에 합당한 다양한 상황 속에서 내담자의 행동을 관찰하여 인터뷰를 진행하는 평가 방식은 하나의 대안적 방식의 평가로 받아들여지게 되었다. 그러나 인터뷰가 하나의 평가 수단으로 활용될 때, 재활 전문가는 다른 어떠한 검사도구를 활용할 때와 마찬가지로 인터뷰의 신뢰도와 타당도 등의 여러 가지 측면에 대해 신중한 자세를 가지고 살펴야 한다(Groth-Marnat, 2003). 전통적 방식의 표준화 검사도구가 다양한 평가 목적에 맞는 통계적 신뢰도 혹은 타당도만을 확보한 상태로 내담자와 관련한 점수로 환산된 정보만을 제공하는 것은 사실이다. 이와는 달리, 인터뷰 방식의 평가는 상당히 의미 있는 임상적 정보를 제공할 수 있으나 통계적 신뢰도와 타당도 관련 정보 면에서 상당히 많은 제한점을 가지고 있다. 인터뷰 방식과 관련한 평가의 신뢰도와 타당도에 대한 연구를 철저히 살펴보는 일은 이 장의 주제에서 다소 벗어난 일이다. 대신에 여기에서는 기본적이고 이견의 여지가 없는 보다 원론적인 측면의 여러 문제에 대한 논의를 제시할 것이다. 이 장의 주제와 관련하여 Garb(1998, 2005)가 제시한 연구를 살펴보고자 한다. Garb는 정신병리적 성격적 심리검사, 심리 진단, 사례 개념화(case formulation), 행동 예측, 개입 결정(treatment decisions)과 신경심리 평가 등과 같은 영역의 임상적 판단과 관련한 신뢰도와 타당도를 기술하였다.

1) 신뢰도

신뢰도란 측정의 일관성을 의미하거나 혹은 대안적으로 측정오차에 대한 자유도를 의미한다. 전통적 표준화검사는 다양한 요소에 의한 오차에 상당히 민감했다. 그러한 대표적인 두 가지 요인은 다음과 같다. 첫째, 평가 과정을 통해 사정되는 내담자의 행동은 행동을 관찰하거나 검사가 실시되는 당시 내담자의 상태에 따라 다양하게 평가 결과에 영향을 미칠 가능성이 높다. 왜냐하면 같은 내담자라 하더라도 평가 과정에서 내담자가 처해 있는 다양한 요소는 상당히 다른데, 예를 들면 내담자가 그 순간에 느끼는 피곤한 정도, 기분 혹은 생각의 명확성 등은 검사 결과에 커다란 영향을 미친다. 둘째, 앞서 언급한 내담자의 개인적 요인뿐만 아니라 내담자가 속해 있는 상황적 맥락이 검사 혹은 내담자의 수행 행동에 상당히 많은 영향을 미친다. 평가 목적의 인터뷰는 앞서 언급한 이유와 마찬가지의 측면에서 측정오차와 관련한 문제가 상당히 가변적일 가능성이 높다. 그럼에도 불구하고 이처럼 같은 내담자를 인터뷰하더라도 상담사마다 각기 다른 인터뷰 결과를 보이는 것을 통해 인터뷰 과정 중 발생하는 다양한 내담자와 상담사 혹은 실무자들의 여러 행동적 혹은 기타 유의미한 자료를 통해 내담자의 여러 역동과 관련한 중요한 정보를 확인할 수 있도록 하는 것에 그 의의가 있다고 하겠다.

앞서 언급하였듯이, 반구조화 혹은 비구조화된 평가 목적의 인터뷰에서 내용적으로나 혹은 인터뷰의 주제가 인터뷰를 진행하는 실무자에 의해 상당히 다양한 방식으로 수행될 수 있다. 다시 말해, 평가 목적의 인터뷰에서 내담자의 반응에 영향을 줄 수 있는 각기 다른 종류의 주제와 질문을 상담사가 구성하여 시행할 수 있다. 또한 상담사는 그와 같은 각기 다른 방식으로 구성된 인터뷰를 통해 보다 풍부한 내담자 관련 정보를 수집할 수 있게 된다. 게다가 각기 다른 두 명의 상담사가 같은 형식과 내용의 구조화된 인터뷰 질문을 시행할 때조차 상담사가 같은 문항을 질문하는 다른 방식과 다양한 언어적 · 비언어적 행동 양식에 따라 내담자로 하여금 보다 개방적인 반응 양상을 보이도록 유도하거나 그렇지 않도록 할 가능성이 있으며, 결과적으로 평가 인터뷰의 결과로 발생하는 여러 관찰적 혹은 기타 내담자 관련 정보에 영향을 준다. 이와 같이 인터뷰 방식의 평가 과정에 상당히 주관적인 측면이 있다는 점에서, 필연적으로 동일한 내담자의 행동 및 기타 요소를 관찰했을 때 상담사의 임상적 판단 및 결정에 상담사마다 미묘한 차이가 있을 수 있다. 다시 말해, 다른 두 상담사가 같은 내담자를 인터뷰 평가한 결과가 다르게 제시된다는 것과 같은 예에서도 알 수 있는 것처럼, 다양한 요소에 의한 오차의 문제가 인터뷰 평가의 신뢰도를 제한할 수 있다는 것을 보여 준다.

인터뷰 과정을 실시하는 상담사와 관련한 측정오차 때문에 인터뷰 평가 과정의 신뢰도는 검사자 간(interrater) 혹은 평가자 간(interinterviewer) 합의 과정을 통해 최대로 적절히 예측 가능할 수 있다. 또한 내담자와 상황적 맥락 변인과 관련한 여러 측정오차를 통해 인터뷰의 신뢰도를 가늠해 볼 수 있는데, 검사자 간 그리고 검사-재검사 방법을 활용하여 확인할 수 있다. 예를 들면, 각기 다른 상담사가 같은 내담자를 한 번에 같은 인터뷰 과정에 참여시키는 것이다. 하지만 두 인터뷰 검사자는 각기 다른 영역의 인터뷰를 실시하는 방식으로, 인터뷰의 앞부분과 뒷부분에 두 검사자가 나란히 검사에 참여하는 것이다. 결과적으로 이러한 과정은 내담자와 상담사의 여러 관찰 요소와 결과의 일관도를 평가하고 이를 통해 인터뷰의 신뢰도와 관련한 여러 요소를 확인할 수 있도록 한다. 그럼에도 불구하고 아주 소수의 연구가 이와 같은 형태의 인터뷰 신뢰도 평가를 확인하고자 설계되었다. 이와는 반대로, 대부분의 일반적 연구는 측정오차의 잠재적 요소에만 초점을 맞추는 경향을 보인다. 예를 들면, 연구 대상으로 선정된 인터뷰 실무자들에게 해당 사례의 내담자와 관련한 자신들의 판단과 관련하여 답하도록 하는 것이다(예: 성격 특성 등급화하기, 가장 적절한 진단 범주로 판단하기, 내담자의 행동 양상을 가장 잘 설명해 주는 요인 확인하기, 내담자에게 필요하다고 고려되는 처치나 서비스 판단하기). 그러한 작업 이후에 인터뷰에 참여한 상담사로 하여금 서로의 판단 결과를 비교 · 대조하는 작업을 통해 절충점을 만들어 가는 것이다(Garb, 1998, 2005 참조). 이와 같은 방법은 단지 인터뷰에 참가한 상담사적 측면에서 발생할 수 있는 잠재적 주요 오차 영역에 대한 신뢰도를 살펴보는 작업이기 때문에 인터뷰의 신뢰도가 보다 높게 평가될 가능성이 높다. 그러나 실제로는 앞서 언급한 인터뷰 담당 상담사 혹은 실무자 범위의 문제와 함께 내담자의 임상적 판단을 하는 데 기타 다양한 오차 요소에 대한 고려가 필수적으로 필요하다(예: 인터뷰 상담사가 질문하는 구체적인 질문의 내용과 질문에 연결된 언어적 · 비언어적 행동을 구체적으로 제시한 지시 사항). 내담자와 관련한 상황적 맥락 문제나 인터뷰 자체의 상황적 요소와 같이 신뢰도를 낮게 만들 수 있는 여러 오차 요소 역시 앞서 언급한 것처럼 일반적으로 인터뷰의 신뢰도를 평가하는 과정에서 고려되지 않고 있다.

각기 다른 형식의 인터뷰 방식을 선호하거나 혹은 다른 인터뷰 능력을 가지고 있는 각기 다른 실무자에 의해 발생할 수 있는 인터뷰의 가변성은 인터뷰의 신뢰도 문제와 관련하여 보다 신뢰도를 감소시키는 요소로 작용할 가능성이 높다. 일반적으로 신뢰도는 불가피하게 가변적일 수밖에 없다는 사실을 기존의 연구를 통해 확인할 수 있으나, 보다 구조화된 인터뷰는 그나마 상대적으로 높은 신뢰도를 제공할 수 있다(Garb, 1998, 2005; Groth-Marnat, 2003 참조). Garb(1998)는 실무자들이 인터뷰 과정에서 각기 다른 형태의 평가를 진행할 때, 예를 들면 성격 특징을 평가하는 인터뷰, 또는 정신과적 증상이나 자살 가능성 혹은 범죄 행동에 대한 가능성에 대한 평가 목적일 경우, 상당히 다른 자세로 인터뷰에 임할 수 있으며 이러한 결과로 발생하는 인터뷰 평가의 결과 자체가 상당히 다양해질 수 있다고 결론 내렸다. 구조화 혹은 반구조화된 임상 인터뷰를 고찰해 보았을 때, Vacc과 Juhnke(1997)는 DSM-IV 진단 범주 기준에 가장 적절한 평가자 간 신뢰도를 발견하였다. Vacc과 Juhnke의 조사에 따르면, 반구조화 혹은 구조화된 임상적 진단 인터뷰 평가는 카파계수 .70 이상으로 보고되었고, 각각의 진단 범주에 걸쳐 유의미하게 걸쳐 있었다. Groth-Marnat은 구조화된 임상 인터뷰는 보다 포괄적이고 넓은 범위의 진단에 가장 높은 신뢰도를 보인다고 보고하였다(예: 정신병 혹은 정신병리적인 문제의 존재 유무). 그러나 구조화된 임상 인터뷰는 보다 구체적인 장애 영역에 대해서는 낮은 신뢰도를 보인다. 신뢰도 예측에 활용되는 전형적인 방법들은 필연적으로 측정 방법의 실제 일관도, 즉 실제 신뢰도보다 과다 예측될 가능성이 높다. 또한 인터뷰 과정을 통해 관찰되고 평가된 정보는 대부분 고전적인 표준화된 검사와 평가 과정에 비해 보다 낮은 신뢰도를 보인다.

2) 타당도

타당도는 평가를 통해 획득된 점수 혹은 기타 다른 정보를 바탕으로 예측될 수 있는 추론을 일컫는다. 예를 들어, 전문가는 현재 가능한 직업에 특정 내담자를 고용시키는 것을 고려하고 있고 특정 직업에 대한 내담자의 고용 가능성을 평가할 필요가 있다고 가정해 보자. 내담자의 고용 가능성과 관련한 인터뷰 평가의 신뢰도는 같은 내담자를 다른 상담사가 평가한 결과를 바탕으로 얼마나 일치하는지를 확인하여 예측할 수 있다. 그와는 다르게, 내담자의 고용 가능성 평가에 기여하는 인터뷰 타당도는 내담자가 수행한 상담사와의 고용 가능성 평가 과정의 인터뷰가 정말 내담자의 고용 가능성을 판단하는 정보와 기준으로 적절한지와 깊은 관련이 있다. 그러므로 내담자의 직업에 대한 취업 성공 가능성의 예측을 인터뷰 평가를 통해 얼마나 알 수 있는지의 문제가 바로 인터뷰 평가의 타당도 문제인 것이다.

Foster와 Cone(1995)은 임상적 평가 과정에서 두 가지 다른 타당도의 측면을 제시하였다. 먼저 점수 혹은 기타 다른 정보가 평가 과정에서 발생하는데, 이러한 것들이 평가 과정에서 보다 초점을 맞추어야 하는 구인(construct)으로 나타난다는 것이다. 즉, 고용 가능성이 하나의 예로 설명될 수 있다. 다시 말해, 인터뷰를 통해 얻어진 정보와 점수는 고용 가능성을 결정하는 것과 관련 있는 기타 다른 표준화된 검사도구 혹은 방법들로부터 나온 결과와 정적으로 상관이 높을 것이다. 이와 같은 현상이 인터뷰 평가의 타당도(즉, 수렴타당도)를 향상해 줄 수 있다. 반대로 기존의 검사도구 혹은 다른 정보들이 인터뷰를 통해 획득한 정보와 상관이 낮을 경우 타당도의 측면에서는 인터뷰가 실제 측정하고자 하는 것을 측정하지 못했을 가능성이 높다(즉, 확산타당도). Foster와 Cone은 앞서 언급한 형태의 타당도 정보를 설명적 혹은 정의적 타당도라고 명명했다. 그리고 이와 관련해서는 인터뷰를 통해 평가하고자 하는 개념에 대해 보다 전통적으로 어떠한 정의를 통해 관련된 구인이 연구되어 있으며 어떠한 방식으로 측정되었는지에 대한 정보가 중요하다. 두 번째 타당도의 국면은 검사도구 혹은 과정의 실재 유용성과 관련한 것이다. 다시 말해, 특정 검사 과정의 목적과 관련된 내담자의 행동 결과를 활용하는 검사 과정을 통해 얼마나 예측할 수 있는가의 문제다. 이와 같은 평가 과정에서 얻어진 예언적 정보는 상담 과정에서 상담사가 수행하는 개입의 수준을 어떻게 진행할지 판단할 수 있도록 도와주고, 내담자에게는 스스로의 행동 양상이 발생하게 될 결과를 예측하도록 도와줌으로써 내담자에게 행동의 변화를 가져올 수 있도록 돕는다. 다시 앞서 언급한 예를 상기시켜 설명하면, 고용 가능성과 관련한 인터뷰 평가의 결과와 실제 취업자의 고용 성공의 상관관계를 살펴보는 것을 통해 인터뷰 과정의 타당도를 확인할 수 있다. 다시 말해, 인터뷰 평가를 통해 획득한 내담자의 정보가 고용 가능성을 예측하였고 내담자가 고용된 상황에서 지속적으로 취업을 보장받는다면 앞서 시행한 인터뷰 평가는 타당한 과정을 거쳐 실시되었다고 할 수 있는 것이다. Foster와 Cone은 이러한 타당도를 보다 정교한(elaborative) 타당도라고 하였으며, 이러한 타당도의 정보는 전통적으로 정의된 규준 관련 증거가 무엇인지와 밀접한 관련이 있다고 주장하였다.

앞서 언급한 것과 같이, 인터뷰 평가를 통해 수집한 정보의 신뢰도를 평가하는 데

위협이 되는 다양한 종류의 임의 측정 오차적인 요소가 존재한다. 게다가 신뢰도 역시 하나의 중요한 타당도의 기본적 측면이기 때문에, 앞서 언급한 종류의 측정 오차적인 요소들이 역시 타당도에도 방해 요소로 자리함에 틀림이 없다. 게다가 역시 무작위적이기보다는 보다 구조적으로 상당히 많은 잠재적 오차 요소가 존재한다. 이와 같이 타당도에 영향을 미치는 오차 요소들은 인터뷰 평가 과정을 보다 편향되게 할 가능성이 높으며, 따라서 인터뷰 평가 전반의 타당도를 위협하는 요소로 자리할 가능성이 높다. 앞서 설명한 보다 구조적인 오차의 요소들은 어떤 경우 내담자의 행동으로부터 오는 결과일 가능성이 있다. 예를 들면, 내담자가 인터뷰 평가에서 보다 긍정적인 인상을 가지고 참여한다거나, 반대로 보다 부정적인 자세로 임하는 경우, 혹은 내담자 스스로가 인터뷰하는 상담사처럼 인터뷰에 부분적으로 임하는 경우가 있을 수 있다(Groth-Marnat, 2003). 이러한 경우 내담자는 인터뷰 평가 과정에서 전달된 정보를 의도적으로 왜곡할 가능성이 있으며, 그렇지 않다면 자신이 의도하는 상황을 만들어 내기 위해 그들의 행동을 변화시킬 가능성이 있다. 게다가 경력 청취(history taking)는 종종 평가 인터뷰의 주요한 구성 요소 중 하나인데, 내담자가 의도적으로 정보를 왜곡하려고 했건 그렇지 않건 간에 이러한 경우의 회기 보고는 거의 정확하지 않을 가능성이 높다. Henry, Moffitt, Caspi, Langley와 Silva(1994)는 연구를 통해 내담자의 여러 가지 보고가 종종 사건의 발생 날짜 혹은 발생 빈도 등과 같이 아주 사실적인 측면과 관련된 부분까지 잘못 기록되고 보고되었을 가능성이 높음을 발견하였다. 이러한 사실은 심리사회적 정보, 예를 들어 가족 갈등의 모습 혹은 감정적 스트레스 그리고 문제 등과 관련한 부분에서도 오류를 보인다고 보고하였다. 내담자 기록과 관련한 과정에서 중요한 점은 인터뷰 과정에서 상담사의 행동 역시 내담자의 활동에 상당히 영향을 미친다는 것을 지적해야 하는 것이다(예: 각각의 질문에 대하여 정보 제공과 관련한 개방성). 결과적으로 이러한 상담사의 영향력이 내담자로 하여금 스스로가 상담의 인터뷰 평가에 임하는 데에서 보다 부적절한 정보와 모호한 행동 양상을 보이도록 야기할 가능성이 있다는 것이다. 또한 내담자의 여러 가지 행동의 양상과 여러 측면이 인터뷰 관찰에 큰 영향을 줄 수 있다는 점 역시 간과해서는 안 된다.

인터뷰 평가 과정의 타당도에 대한 전문가의 임상적 판단과 관련한 또 다른 구조적 오류는 다음과 같다(Garb, 1998, 2005). 그것은 인지적 과정상의 세 가지 다른 범주의 오류다. 이러한 오류 양상은 실무자가 정보를 수집 · 해석 · 통합하고 기억한 정보를 가지고 나중에 판단을 내리는 과정에서 종종 발생할 수 있다. 인지적 오류는 간단히 실무자가 어떠한 방식으로 판단을 내리는가, 다시 말해 실무자가 인터뷰 평가 과정에서 어떠한 정보에 대표성을 부여하며 유용하다고 판단하는지, 혹은 자신의 판단 근거와 적용 논리를 적용하는 방식 등과 같이 보다 익숙하게 내리는 실무적 판단 방식을 살펴보면 쉽게 확인할 수 있다(Kahneman, Slovic, & Tversky, 1982). 예를 들면, 실무자는 지속적 교육을 통해 이미 약물중독에 대한 기본적인 최근 지식을 알고 있다. 이러한 지식의 틀은 인터뷰 과정에서 유용한 정보가 되면서도 반대로 실무자로 하여금 자신이 유용하다고 교육받거나 익숙한 방식의 내담자 행동에만 초점을 맞추어 내담자가 제공하는 정보 및 내담자의 행동을 알코올 또는 다른 약물 남용의 지표로 잘못 해석할 가능성이 있는 것이다. 인지적 편향에는 다시금 확인적 편향, 뒤늦은 판단의 편향, 여러 변수의 공존성에 대한 과소 혹은 과대 평가의 문제, 규준과 원점수에 대한 무시 등이 포함될 수 있다. 예를 들면, 확인적 편향(confirmatory bias)은 종종 인터뷰 실무자가 인터뷰 과정에서 너무 빨리 자신이 내린 내담자에 대한 가설을 공식화할 때 발생할 수 있다. 그러면서 자동적으로 실무자는 단지 스스로가 내린 결론에 부합하는 정보에 대해서만 예민해지고, 반면 기타 다른 유용한 정보에 대해서는 무시할 가능성이 높아진다(Haverkamp, 1993; Strohmer, Shivy, & Chiodo, 1990). 또한 실무자가 가지고 있는 지식의 틀 혹은 구조라는 것은 문제, 병리학 혹은 그와 관련한 행동에 대한 기본적인 이론과 지식을 실무자가 미리 염두에 두는 것이다. 이와 같은 사고의 정형화된 틀은 실무자로 하여금 고정관념, 원형 혹은 각본 등과 같은 방식을 통해 은연중에 머릿속에 남아서 실무자의 판단을 경직되게 만들 수 있다. 예를 들어, 실무자가 가지고 있는 인종적 고정관념은 정신병리적 진단에 영향을 미칠 가능성이 있으며(Lopez, 1989), 보다 교육적이고 직업적인 내담자의 잠재성을 과소평가할 여지가 있다(Rosenthal & Berven, 1999).

Garb는 이와 같이 실무자가 초래할 가능성이 있는 임상적 판단의 오류와 관련한 인지적 과정의 문제를 자세히 고찰하였다. 임상적 판단에 영향을 주는 구조적 오류의 다차원적 요소는 인터뷰 평가의 타당도를 제한할 수도 있다. 앞서 언급한 것과 같은 임상적 판단과 관련한 Garb(1998, 2005)의 연구를 살펴보면, 인터뷰 평가의 제한적인 타당도는 임상적 증후를 평가하는 데에서도 낮은 타당도를 나타내는 경향을 보이며, 병리학적 진단, 사례를 정형화하는 것, 해당 내담자의 행동 양상을 예측하는 것, 그리고 임상적 처치계획의 효과성 여부에 대해서도 역시 낮은 타당도를 보이는 경향이 있다. 일반적으로 보다 구조화된 인터뷰 평가는 상대적으로 구조화되지 않은 인터뷰 평가에 비하여 보다 높은 신뢰도를 보이고 역시 높은 인터뷰 평가의 타당도를 보인다. 특별히 비구조화된 인터뷰의 신뢰도와 타당도는 상담사 개인의 능력에 따라 많이 달라지는 경향이 있다. 그러나 인터뷰 평가의 일반적인 유용성의 측면에서, Beutler(1995)는 "전형적인 또는 비구조화된 임상 인터뷰가 낮은 신뢰도와 잠재적으로 낮은 타당도를 보인다 할지라도 역시 심리평가의 일환으로 잘 활용되어야 한다."(p. 94)고 기술했다.

3 인터뷰 전략 및 기법

인터뷰를 통해 얻은 평가 정보와 관찰 결과의 신뢰도와 타당도의 핵심으로서 두 가지 요소가 개념화될 수 있다. 하나는 평가의 목적과 관련한 포괄적이고 정확한 정보 및 행동의 관찰을 내담자로부터 도출해 내야만 한다는 점이다. 다른 하나는 참여 관찰자가 인터뷰 동안 관찰된 행동과 도출된 정보를 해석하고 통합하고 기억하는 데 있어서 타당성 있는 임상적 판단을 해야만 한다는 것이다. 임상적 판단은 인터뷰의 과정을 이끌어 가고, 수집된 정보에 영향을 미치는 데에서의 의사결정의 기초가 될 뿐 아니라, 획득한 정보와 관찰 결과를 처리하는 데에서도 기초가 된다. 구조화된 인터뷰는 표준화되어 있어서, 참여 관찰자는 표준화된 절차를 따라, 구체적인 질문을 적혀 있는 그대로, 정해진 순서에 따라 하면 된다. 구조화된 인터뷰는 인터뷰의 표준화에 따라 보다 높은 신뢰도와 타당도의 평가 정보를 산출해 내는 경향이 있다. 그러나 그 구조 자체가 다른 평가도구에 비해 상대적으로 장점 중 하나인 유연성을 제한한다. Morrison(1993)이 지적했다시피, 단순히 대답을 구하기 위한 질문만 던지고, 획득한 반응만 처리한다는 점에서 구조화된 인터뷰를 시행하는 데에서의 전문적인 참여 관찰자의 역할을 컴퓨터가 쉽게 대체할 수 있다. 이와는 대조적으로, 덜 구조화되고 보다 유연한 형식으로 인터뷰를 수행할 경우 숙련된 전문가는 "정보를 쥐고 있는 내담자에게 보다 유연하게 대화의 주도권을 줄 수 있고, 자유롭게 이야기하도록 유도할 수 있고, 침묵도 권장할 수 있으며, 적의적인 내담자를 달래 줄 수도 있다"(p. 2). 그러나 반구조화된 인터뷰 혹은 비구조화된 인터뷰에서의 신뢰도와 타당도는 참여 관찰자가 인터뷰의 방향을 이끌어 가고 정보와 행동 관찰을 도출해 내어 처리하는 개별 능력에 상당히 의존한다.

1) 정보의 도출

인터뷰 방법 또는 상담에 관한 많은 교재가 평가를 수행하는 데에서 인터뷰를 사용하는 것과 관련된 전략과 기법에 대한 내용을 소개하고 있다. 여기서는 단지 몇 가지 관점만이 간략하게 기술될 것이다. 보다 정교한 내용들은 다양한 자료를 통해 찾아볼 수 있을 것이다(예: Chan, Berven, & Thomas, 2004; Cormier & Nurius, 2003; Ivey & Ivey, 2007). Beutler(1995)는 평가에 사용하는 인터뷰의 세 가지 주요 요인을 개념화했다. 즉, ① 환경과 대인관계의 맥락을 포함하는 인터뷰가 진행되는 상황의 맥락, ② 인터뷰의 내용, ③ 인터뷰를 진행하는 동안 참여 관찰자가 사용하는 형식과 기법이다.

내담자가 인터뷰가 진행되는 환경을 전문적이고, 온화하고, 포용적이고, 매력적이고, 조용하고, 안전하다고 지각하면, 사무실 또는 다른 인터뷰 공간의 물리적 환경에 의해 제공되는 맥락이 내담자의 마음을 여는 과정을 촉진할 수 있다. 내담자의 지각에 영향을 미칠 수 있는 환경 요인의 물리적 측면에는 일반적인 장식, 가구, 좌석 배열, 색상, 조명, 벽에 걸려 있는 장식품, 책상 및 선반 등이 있다. 좌석 배치를 고려할 때, 어떤 내담자는 자신과 참여 관찰자 사이에 어떠한 장벽도 없는 구조에 더욱 편안함을 느낄 것이다. 반면에 다른 내담자는 둘 사이에 책상이 놓여 있을 때 더욱 편안함을 느낄 것이다. 그리고 내담자마다 가장 편안함을 느낄 수 있는 참여 관찰자와의 물리적 거리도 다양하다. 잘 조직화된 물리적 환경은 내담자가 자신이 적절하게 예우받고 있으며, 인터뷰에 대한 안정감과 책임감을 느끼게 할 수 있다. 그리고 이러한 것들에 대한 지각은 내담자에 대한 태도나 비밀이 보장되는 과정을 통해서도 느낄 수 있게 된다. 내담자가 최초로 방문했을 때의 참여 관찰자, 접수 상담사, 그 밖의 스태프의 복장이나 신체 외모도 내담자의 마음 상태에 영향을 미칠 수 있고, 참여 관찰자와 나머지 사람이 건네는 다정하고 따뜻한 인사가 실질적으로 내담자의 편안함과 개방성을 강화시킬 수 있다. 수많은 권위자가 내담자에 의해서 지각되는 물리적 환경, 대인관계의 환경적 측면과 그에 따른 인터뷰 행동의 영향력은 문화별로 실질적인 차이가 있다는 것을 강조해 왔다(예: Cormier & Nurius, 2003; Ivey & Ivey, 2007 참조).

참여 관찰자가 처음에 하는 진술은 내담자의 기분을 편안하게 해 줄 수 있으며, 구조적인 접근을 통해 불확실성을 줄여 줌으로써 개방성을 촉진시킬 수 있다. 내담자와 참여 관찰자의 역할에 대한 명확한 구분, 후속 절차에 대한 소개, 내담자가 제공해 주는 정보의 사용 가능성, 내담자의 기대 등과 더불어 참여 관찰자는 인터뷰의 목적을 설명해 줄 수 있다. 비밀 보장에 대한 한계를 포함한 비밀 보장에 대한 논의는 안도감과 참여 관찰자에 대한 신뢰를 강화하여 개방적인 대화를 촉진시킨다.

인터뷰의 목적과 관련 있는 내용이나 주제는 나중에 인터뷰를 이끌어 가는 과정에서 활용하기 위해 미리 확인될 수 있다. 취급되는 주제가 인터뷰의 목적과 관련이 있다는 점에서, 서로 다른 평가 목적을 위해 수집된 정보의 타당도는 촉진될 것이다. 가령 인터뷰의 목적이 채용능력을 측정하는 것이라면, 다뤄지는 인터뷰의 주제는 취업 성공에 공헌하는 요인에 관한 경험적 연구에 기초하게 될 것이다. 앞서 논의되었듯이, 인터뷰 지침이나 절차는 인터뷰에서 다뤄져야 할 주제를 확인하는 데 일부 지침을 제공해 줄 수 있다. 반구조화된 인터뷰에서는 다뤄야 할 일반적인 주제를 확인하는 과정이 구조화의 정도를 정하며, 평가의 포괄성 및 타당도를 촉진하게 된다. 그러나 참여 관찰자는 계속해서 주제가 전개되는 방식과 내담자의 반응에 따라 제공되어야 할 인터뷰의 심층적 정도에 대한 판단을 내려 유연성을 발휘할 수 있다. 게다가 다뤄지는 주제의 순서는 인터뷰의 부드러운 주제 전환과 전개를 촉진하기 위해 변경될 수 있다. 마지막으로, 일부 정보는 프로그램의 신청서나 질문지를 통해 사전에 수집될 수 있는데, 이를 참여 관찰자가 사전에 검토하며, 수집된 정보(예: 이력서)에 따라 인터뷰의 전개와 확장 시 효율적인 시간의 사용이 가능해진다.

인터뷰에서 사용되는 형식과 기법은 평가의 목적과 관련한 포괄적이고 정확한 정보를 이끌어 내기 위해 사전에 미리 정해진 전반적인 내용이나 내담자와 충분히, 폭넓게 그리고 심층적으로 논의하여 정해진 주제를 살펴보기 위해 설계될 것이다. 내담자와의 긍정적 관계 또는 라포의 확립은 이러한 탐색 활동의 개방성과 심층적인 깊이를 촉진하여 제공되는 정보의 타당도를 강화시킨다. 참여 관찰자가 내담자에 의해 존경할 만한 전문가이거나 혹은 인간적으로 매력적이라거나 믿을 만하다는 범위 안에서 참여 관찰자에 대한 신뢰와 개인적 영향력은 강화될 것이고, 보다 개방적인 소통이 이루어질 것이다(Goldstein & Higginbotham, 1991; Strong, 1968). 참여 관찰자에 대한 인식을 제고할 수 있는 행동들에는 눈 맞춤 혹은 몸짓을 통해 내담자에게 호감을 전하는 것, 통찰력 있고 되돌아보게 만드는 질문, 다정다감한 태도, 약속의 이행, 개방성, 정직함, 비방어적인 자세 등이 있다(Cormier & Nurius, 2003). 또한 공감(내담자의 관점에서 내담자를 이해하려는 노력), 존중(긍정적 수용), 진실성(일치성)을 불러일으킬 것 같은 상황에서의 의사소통도 강력한 관계 형성의 강화자로서 기능하며, 이는 내담자 입장에서의 개방성을 용이하게 한다(Rogers, Gendlin, Kiesler, &

Truax, 1967).

평가를 목적으로 인터뷰를 실시할 때, 참여 관찰자는 내담자의 입장에서 개방적 · 심층적 · 포괄적 그리고 예리한 의사소통을 촉진하거나, 또는 대안적으로 내담자가 자신의 이야기를 스스로 할 수 있도록 시도한다(Ivey & Ivey, 2007 참조). 상담사는 심층적 탐구를 위한 주제를 제시한 다음 이야기의 주도권을 상당 부분 내담자에게 넘겨 준다. 근본적으로는 내담자의 이야기를 촉진하고 이끌기 위함이지만, 이는 또한 제공되는 정보에 세심하게 귀를 기울이고 내담자의 비언어적 행동을 관찰하기 위함이다. 내담자의 대화를 촉진시키는 데 도움이 될 수 있는 기법들에는 개방형 질문하기, 격려하기, 다른 말로 바꾸어 표현하기, 감정의 반영, 요약 등이 있다. 인터뷰 전문가를 양성하기 위한 프로그램의 대부분은 이러한 기법을 사용하는 기술을 개발하는 데 초점을 맞추고 있다. Ivey와 Ivey에 따르면, 기본적으로 '듣는 자세'가 강조되는데, 먼저 참여 관찰자가 토의의 주제를 소개하고, 그다음 질문하기, 격려하기, 바꿔 말하기, 감정의 반영 등의 기법들이 내담자가 심층적으로 진술할 수 있도록 뒤따라야 한다. 주제에 대한 심층 조사가 마무리되면, 참여 관찰자는 주제를 요약할 수 있는 요약 반응(summarization response)을 사용할 수 있고 다른 개방형 질문을 통해 다른 주제로 전환할 수 있다.

내담자로부터 포괄적이고 정확한 정보를 끌어내는 데서의 가장 흔한 걸림돌은 내담자의 반응을 확장시키기 위한 후속(follow-up) 질문이 충분하지 못한 것이다. 예를 들면, 다음과 같은 상호작용이 발생할 수 있다.

참여 관찰자 그동안 어떻게 시간을 보내셨어요?

내담자 글쎄요. 직장을 구하려고 정말 노력했어요. 하지만 어떠한 직장도 구할 수 없었죠.

그러면 참여 관찰자는 내담자가 직장을 구하는 데 많은 시간을 보낸 것으로 결론을 내고 다른 주제로 옮겨 갈지 모른다. 하지만 참여 관찰자는 내담자의 마지막 반응에 대해 추가적인 질문을 할 수도 있었다.

참여 관찰자 일할 직장을 찾지 못해서 좌절하셨나요?

내담자 맞아요. 아무리 노력해도 저는 계속해서 벽에 머리만 부딪히는 심정이에요.

참여 관찰자 당신에게 직장을 구하기 위해 발로 뛰는 날은 어떤 모습인지 제게 설명해 줄 수 있나요? 당장 어제는 어떠셨나요?

내담자 글쎄요. 어제도 똑같은 일상의 날이었죠. 일어나서 신문 구직 광고를 살펴보았고, 언제나처럼 단 한 줄의 구직 광고도 찾을 수 없었죠. 그래서 친구들과 하루 종일 수영장에서 놀면서 보냈어요. 정말 절망적이에요.

추가적인 질문을 던진 결과, 참여 관찰자는 내담자가 직장을 구하기 위해 어떻게 접근하고 있는지, 또 내담자가 하루를 소일하는 방식에 대해 훨씬 더 철저하고 세심하게 살펴볼 수 있었다. 이 모든 것은 주제가 충분히 논의되지 않았더라면 놓치고 말았을 것들이다. 참여 관찰자가 내담자의 진술에 대해 적절하게 잘 따라가며 질문을 하는 방식을 취해 내담자로 하여금 관련 주제에 대해 보다 심층적 접근을 할 수 있도록 한다는 점에서 보다 타당한 평가 정보를 얻을 수 있다.

2) 임상적 판단

임상적 판단은 전체 인터뷰 평가 과정에서 가장 기초적이다. 각각의 참여 관찰자의 반응은 내담자의 이전의 반응에 대한 판단에 기초한다. 그리고 이러한 판단은 참여 관찰자의 다음 반응을 결정하는 데 사용된다. 그래서 임상적 결정은 인터뷰를 수단으로 하여 정보를 이끌어 내는 핵심이다. 내담자의 언어적 반응 이외에 비언어적 행동(예: 구체적인 언어적 반응에 수반되어 그 말의 의미를 해석하는 데 도움을 주는 신체 동작, 눈 맞춤, 말의 속도, 억양) 또한 의사소통의 중요한 요소로서 관찰된다. Berven (2004)은 다양한 임상적 결정을 촉진하는 데 인터뷰나 다른 자료로부터 수집된 평가 정보를 해석하고 통합하는 데에서의 임상적 판단을 사용할 수 있다고 보고하였다. 정보나 관찰 내용의 항목들은 일관성, 주제 및 일반화를 확인하기 위하여 지속적으로 검증되며, 확인된 주제(예: 동기, 좌절, 자기존중)를 기술하기 위해 가설적 구조에 관한 추론이 이루어진다. 수집된 수많은 정보를 정리하기 위하여, Berven은 내담자의 자산(능력), 한계 및 선호 등의 목록을 고려해 가면서 평가 목적과 관련된 모든 정보와 관찰 결과를 조직화하는 것이 도움이 될 것이라고 주장하였는데, 이는 개인에 관한 정보와 주변 환경의 맥락을 포함하며, 또한 임상적 결정을 하는 데에서의 기초 정보를 제공할 수 있다.

참여 관찰자가 내담자에 관한 분석의 틀을 형성하고, 그러한 분석의 틀을 임상적 결정을 촉진하기 위해 또는 사용하기 위하여 어떻게 정보를 통합할 것인지에 관한 방법에 관해서는 고전적인 모형(예: McArthur, 1954; Pepinsky & Pepinsky, 1954)이 제시되고 있다. 귀납적 추론은 수집한 정보의 일관성을 확인하기 위해 사용된다. 불일치가 나타나면 추론은 수정되고, 수집된 정보를 통합할 수 있도록 점점 더 정교해지는 분석의 틀(모형)을 형성해 간다. 연역적 추론 방법 또한 내담자의 특성이나 행동에 관한 분석의 틀로부터 가설을 형성하고 이러한 가설을 정보에 빗대어 판단하는 데 사용함으로써 새로운 정보를 설명하기 위한 분석의 틀을 수정하거나 다듬는 데 사용한다. 그런 다음 분석의 틀은 다양한 평가 목적을 수행하는 데 사용될 수 있다. 예를 들면, 분석의 틀은 취업 후 행동이나 결과를 예측하는 데 투사될 수 있다. 이는 취업의 가능성을 결정하고 경력과 직업적 목적을 확립하는 데 도움을 줄 수 있다. 분석의 틀은 치료나 중재 상황에도 투사될 수 있는데, 이를 통해 적용될 중재에 대한 그럴듯한 반응을 예측함으로써 중재나 서비스 계획 수립을 용이하게 할 수 있다.

앞서 논의하였듯이, 임상적 판단의 타당도를 위협하는 많은 요소가 있다. 이는 결과적으로 인터뷰를 통해 실시되는 평가의 타당도를 위협한다. Garb(1998, 2005)는 다음의 내용을 포함하는 임상적 결정을 위해 필요한 수많은 권고 사항을 제시하고 있다. ① 평가 정보를 해석하는 데에서 경험적 연구 결과에 주의하고, 임상적 경험에는 덜 의존하는 대신 경험적 결과에 더 많이 의존할 것, ② 내담자의 인종, 사회계층, 성별, 그 밖의 특성 때문에 야기될지 모르는 문화적 편견에 주의하고, 이러한 편견을 제거하기 위해 시도할 것, ③ 내담자의 강점을 기술하고, 문제나 병리 사항에 초점을 맞추지 말 것, ④ 판단에 신중을 기하고 전형적으로 임상적 판단과 연루된 빈약한 신뢰도와 타당도에 관한 증거를 고려할 것, ⑤ 인터뷰를 수행할 때에는 체계적이며 포괄적으로 할 것, ⑥ 판단의 신뢰도와 타당도를 향상하기 위해 심리검사나 행동평가 등을 이용할 것, ⑦ 정보를 해석하고 통합할 때 다차원적 대안적 설명이나 판단과 같은 편차가 없는 전략을 사용할 것 등이다.

표준화된 검사를 통해 내담자의 정보를 도출해 내는 데 사용되는 기술은 상대적으로 쉽게 획득할 수 있다. 그리고 해석을 할 때에도 다양한 도구가 이용 가능하다. 이와는 대조적으로, 인터뷰를 통해 내담자의 정보를 파악하는 것은 완벽하게 습득하기까지 상당한 훈련과 감독을 필요로 하는 복잡한 기술에 기초한다. 더군다나 내담자로부터 정보를 수집하고 임상적 결정을 내리는 데 필요한 기술 면에서도 참여 관찰자 사이에 천차만별의 기술적 차이가 있을 수 있다. 그러나 기술의 정도가 임상적 경험과 관련이 있는 것으로 보이지는 않는다. Grab(1998)는 자신의 연구에 기초하여 비록 대학원 과정 말기에 속한 숙련된 수련생(advanced graduate)과 대학원 초기 수

련생(beginning graduate) 사이에서는 기술 수준의 차이가 발견되지만, 임상 전문가와 대학원생 사이에는 임상적 판단에서 기술 수준의 차이가 없다는 사실이 발견되었다고 결론 내렸으며, 훈련은 임상적인 판단을 내리는 기술을 향상하는 데 효과적일 것이라고 제안하였다. 더욱이 기본적인 인터뷰 기술을 향상하는 데에서의 훈련의 효과에 관한 상당한 증거가 있다(Daniels, Rigazio-Digilio, & Ivey, 1997의 리뷰 참조).

4 컴퓨터 기반의 평가 인터뷰

앞서 Barak와 Buchanan(2004)에 의해 논의되었듯이, 상담 장면에서 이제는 면대면 방식의 평가에 대한 대안적인 방식으로 인터넷을 활용한 온라인 방식이 자리 잡았다. 이와 같은 온라인상의 내담자 인터뷰는 전자메일을 활용한 문자 의사소통 방식일 수도 있고, 마이크와 스피커를 활용한 소리 방식의 의사소통일 수도 있으며, 웹 캠(web-cam)을 활용한 비디오 방식일 수도 있다.

Barak과 Buchanan은 인터넷 기반의 평가 인터뷰가 가지는 여러 가지 장점, 예를 들면 원거리에 대한 편리성과 상대적 비용 절감의 측면 등을 강조하였다. 게다가 인터넷 기반의 평가 인터뷰는 평가자가 직접 평가를 실시한다는 이점뿐만 아니라, 평가에 피검사자로 지원한 내담자 자신이 스스로 컴퓨터 프로그램에서 구조화된 절차에 따라 평가를 받는 과정에서 보다 수월하게 정신장애나 자살 위험 혹은 알코올중독 문제 등의 진단 및 선별을 할 수 있도록 해 준다(Plutchik & Karasu, 1991). 예를 들어, SCID의 컴퓨터 채점 방식 버전인 SCID 환자선별 질문지 확장판은 30~45분 정도가 소요되는 컴퓨터를 이용한 인터뷰를 제공하는데, 이는 DSM-IV 축 I의 증상과 관련해 내담자를 선별한다(Spitzer, Williams, Gibbon, & First, 1996). 정신장애를 선별하기 위한 보다 새로운 컴퓨터 기반 수행 인터뷰는 전화를 활용하여 수행되기도 하는데, 자동화된 안내에 따라 내담자가 버튼을 조작하는 과정을 통해 이루어지기도 한다(Kobak et al., 1997).

이러한 컴퓨터 수행 방식의 초기 인터뷰는 재활상담 과정에서도 유용하게 활용되고 있으며, 보다 전통적인 방식의 면대면 인터뷰와 함께 활용되고 있다. 전통적 방식의 인터뷰에 보다 보완적인 수단으로 다양한 접근 형태의 인터뷰가 가능하다. 예를 들면, 컴퓨터 기반의 수행 인터뷰와 동시에 면대면 방식의 인터뷰를 보완적으로 활용하여 좀 더 구조화된 인터뷰 방식과 보다 구조화되지 않은 방식의 인터뷰의 장점을 상호 보완적으로 적용할 수 있다. 많은 연구자가 컴퓨터를 이용한 인터뷰의 잠재적인 장점에 대해 언급해 왔으며, 그러한 유효성을 평가하기 위한 연구의 결과를 재검토해 왔다(Emmelkamp, 2005; Erdman, Klein, & Greist, 1985; Kobak et al., 1997; Plutchik & Karasu, 1991). 컴퓨터는 언제 어디서나 필수적으로 요구되는 질문을 프로그램화할 수 있다. 게다가 상담사의 면대면 방식의 인터뷰와 상호 보완적으로 수행될 수 있으며, 상담사의 기억에 전적으로 의존하지 않고도 완벽하게 내담자의 반응을 기록하여 보관할 수 있다. 또한 컴퓨터를 통해서는 이전에 내담자가 반응한 양식에 따라 이어질 적절한 질문의 양식을 프로그램화할 수도 있다. 게다가 다양한 연구는 컴퓨터 수행 방식의 인터뷰가 상담사가 직접 수행하는 방식의 인터뷰와 비교하여 상대적으로 신뢰할 수 있는 인터뷰 결과를 낳는다고 보고하고 있다. 그리고 내담자는 종종 컴퓨터를 통해 수행되는 인터뷰 과정에서 보다 예민하고 민감한 개인적 문제들에 대해 더 편안하고 쉽게 노출하는 경향을 보이며, 이러한 근거로 인터뷰의 결과가 보다 더 타당하게 얻어진다는 것이다. 더욱이 내담자는 컴퓨터를 이용한 인터뷰에 만족감을 표현해 오고 있다. 앞서 살펴본 것처럼, 다양한 형태로 연결된 컴퓨터 관련 인터뷰 과정의 장점을 통해 앞으로의 상담 과정의 평가에 컴퓨터가 보다 다양한 방식으로 널리 활용될 것으로 예측할 수 있다.

5 결 론

재활 현장에서 인터뷰는 하나의 평가 방식으로 아주 널리 활용된다. 그러나 지금까지 종종 평가에 관한 교재 등에서 인터뷰 방식의 평가에 대해 보다 피상적인 접근으로 다루었으며, 각종 연구는 인터뷰 방식 평가의 신뢰도와 타당도를 다른 방식의 평가 방법과 평가도구와 비교하여 보다 제한적으로 보고하였다. 인터뷰 평가의 신뢰도와 타당도는 전통적인 표준화된 검사와 마찬가지로 임상적으로 검증되어 있다. 또한 인터뷰 평가와 평가에 의한 임상적 판단 역시 상당히 높은 신뢰도와 타당도를 보인다. 하지만 보다 전통적인 방식의 표준화된 검사와 도구에 비해서는 인터뷰 평가의 신뢰도와 타당도에 대한 검증이 통계적인 측면에서 상대적으로 부족하다. 다시 말해, 인터뷰 평가의 신뢰도와 타당도는 상담사의 임상적 능력에 좌우되는 경향이 크다. 이러한 상담사의 능력과 관련한 부분은 필연적으로 상담사마다 다양하게 나타날 수밖에 없다.

그러나 여러 가지 연구에서 상담사의 인터뷰 능력과 임상적 판단의 질은 훈련을 통해 향상될 수 있다고 보고한다. 대학원 수준의 훈련 프로그램이 전형적으로 구조화된 인터뷰 능력 강화 훈련이 이루어지는 데 큰 역할을 함에도 불구하고, 임상적 판단과 관련한 훈련은 상대적으로 보다 구조화되지 못했다고 보고되었으며 개선이 요구된다. 또한 재활상담의 전문가로 교육받는 하나의 과정에서 인터뷰 능력은 보다 융통성 있고 잠재적으로 가치 있는 측면으로 자리매김해야 함에 틀림없다. 그러므로 지속적으로 보다 다양하게 활용될 수 있는 인터뷰 평가와 관련한 다양한 연구와 동시에 상담사의 인터뷰 능력 강화 훈련 방법에 대한 관심이 요구된다.

Chapter 10

자립평가

Nancy M. Crewe | Darlene A. G. Groomes

이 장에서는 일상생활 및 직무 현장에서 개인의 신체적 기능과 자립 정도에 대한 평가를 살펴볼 것이다. 전통적으로 재활 현장에서는 내담자 개인이 단순하게 타인의 지원 없이 스스로의 힘으로 과제를 수행하는 측면에만 초점을 맞추어 왔다. 또한 내담자의 수행 결과 평가는 내담자가 보조기구의 도움 없이 일상생활 활동에서 얼마나 독립적으로 수행할 수 있는지를 평가하는 것이었다. 따라서 신체적 기능에 대한 관심은 중요한 의미를 가진다. 그러나 자립성이 특정한 맥락, 즉 개인이 속한 환경 속에서 평가되어야 한다는 개념적 틀 아래, 우리는 기능적 · 신체적 능력에 초점을 맞춘 자립성보다는 개인의 자율성(autonomy)이라는 자립성의 필수 요소에 보다 높은 관심을 가져야 할 것이다.

지난 수십 년에 걸쳐 신체적 기능과 그 밖의 여러 다른 자립의 관점에 대한 평가를 하기 위한 수백 가지 다른 종류의 검사도구와 방법이 개발되었다. 또한 다양한 측정 도구의 기본적 틀을 제공한 구조적 측면의 양상이 최근 들어 상당히 변화하였다. 가장 대표적인 예로, 세계보건기구(WHO)의 『손상, 장애, 핸디캡에 관한 국제분류체계(International Classification of Impairments, Disabilities, and Handicaps: ICIDH)』와 미국 노동부의 『직업백과사전(Dictionary of Occupational Titles: DOT)』의 참고 자료와 같은 범주가 미래 사회의 변화 양상에 맞게 큰 흐름으로 달라졌다. 직업평가는 이 책의 몇몇 장에서 충분히 논의된 바 있으며, 이 장에서는 보다 국제적 기준의 자립과 관련한 평가에 주요한 초점을 맞추어 논의하고자 한다.

1 ICIDH와 ICF

세계보건기구(WHO, 1980)는 『손상, 장애, 핸디캡에 관한 국제분류체계(ICIDH)』를 개발하였는데, 이는 전문 용어를 명확하게 하고 건강과 장애의 차원을 어떻게 평가하는지에 대한 개념적 틀을 제공하였다. 손상(impairments)은 일반적인 의학적 평가와 치료로 분류되는 해부학적 혹은 구조적 기형으로 정의된다. 장애(disabilities)는 손상으로 인해 영향을 받는 기술 혹은 행동들이다. 기능적 평가도구는 개인의 능력과 제한 그리고 적절한 중재 전략으로 이루어진 재활서비스를 제공한다. 핸디캡(handicap)은 개인의 손상과 개인이 일하고 있는 환경 사이의 상호작용에서 발생하는 문제를 의미한다. 핸디캡의 평가는 어려움의 범위를 포함하고, 적절한 중재는 교육과 사회 정책의 변화를 포함한다.

ICIDH는 행동능력의 목록(진단평가와는 반대로)을 포함하는 기능적 평가 전략의 발전을 촉진시켰다. 핸디캡의 측정은 신체적 그리고 다른 개인적 특성에 대한 자료와 환경적 요구의 통합을 필요로 하기 때문에 파악하기 어려운 것으로 증명되어 왔다.

ICIDH 체계와 전문 용어는 2001년 5월 『기능, 장애, 건강의 국제분류체계(International Classification of Functioning, Disabilities, and Health: ICF)』로 대체되었다. WHO 분류 체계의 최신판은 보건서비스 조항에서 사용되는 진단적 정보를 보완하는 기능의 보편적 분류의 사용을 촉진하기 위해 만들어졌다(Peterson & Rosenthal, 2005). 이것은 다양한 범주에 걸친 기능에 대한 정보를 조직한다. 즉, ① 신체기능, ② 신체 구조, ③ 개인이 수행하는 활동과 삶의 경험에 대한 참여, ④ 환경적 요인이다. 새로운 틀은 비록 다른 용어를 사용하고 있지만, 어떤 면에서 손상, 장애, 핸디캡에 관한 전통적 분류와 유사하다. 〈표 10-1〉은 4개의 범주가 평가와 중재 방법과 연결되어 있다는 것을 설명해 준다. 그것은 또한 시간에 걸쳐 나타난 직업과 자립 생활에서의 재활 강조로의 변화를 제안한다.

ICF는 "장애인 건강과 복지에 관한 통일된 세계적 담론을 증대시키는 전문 용어"(Peterson & Rosenthal, 2005, p. 92)를 제공하며, 장애의 의학적 · 정치적 견해를 종합하려고 시도한다. 자립의 측정은 신체, 개인, 참여의 수준에서 제공될 수 있으나, 그

〈표 10-1〉 직업재활에서 기능의 측정과 ICF 범주의 관련성

사정 및 개입	신체기능	신체 구조	활동 및 참여	환경적 요인
측정의 초점	활동, 정신 및 감각 기능, 음성 및 언어 능력	피부, 눈, 귀, 신경체계, 뼈	지역사회 통합을 위한 과제, 기술, 행동	서비스, 정책, 생산물, 자연적 혹은 인위적인 환경의 변화
평가의 요소	신체기능	신체 구조	개인 활동과 사회적 역할	태도, 지원, 관계
특별함의 단계	세부적	세부적	중재적	일반적
측정의 폭	표면적	표면적	다소 다차원적	다차원적
개입	의료적 치료 혹은 예방	의료적 치료 혹은 예방	재활서비스 및 교육	교육, 환경 및 정책 변화

주: Frey(1984); Peterson & Rosenthal(2005)에서 발췌.

런 정보는 방법에 따라 각각 다를 수 있다. 신체 구조와 기능에 관한 측정은 매우 세부적이고 오직 신체적 범위에만 집중하고 있지만, 활동의 신체적 특징은 떼어 놓고 생각할 수 없다. 사람은 스스로의 활동을 통합적으로 수행한다. 따라서 인지적 · 감정적 · 감각적 능력은 측정에서 신체적 능력과 섞이게 된다. 환경적 요소에 관한 측정은 여전히 일반적이고, 변함없이 내담자의 신체적 기능의 범위를 넘어서는 요소를 포함하고 있다.

2 자립평가의 목적

Frey(1984)는 1920년 이후 재활평가에 점증적인 변화가 있다고 주장하였다. 1920~1940년의 초기 동안에 평가는 노동자 임금의 기초를 제공해 주는 데 관련되었고, 이를 위해 신체적 장애에 대한 정확한 측정이 필요했다. 1940~1960년에 향상된 평가는 더 좋은 서비스를 제공하려는 의도였다. 직업재활 서비스 자체의 기본 구조와 기능이 변화되지는 않았다. 대신에 개인이 직업 활동을 보다 효과적으로 영위하는 데 도움을 주려는 목적이 있었고, 장애(혹은 기능적 활동)에 초점을 맞추는 것으로의 변화가 있었다. 그 이후로 앞서 언급한 것에 또 다른 동기가 더해졌는데, 사회적으로는 의무(책임)와 특정 지원 기금의 필요성이 제기되었다. '자립생활' 운동은 개인의 장애만을 치료하는 것은 불충분하다는 것을 명백하게 보여 주었으며, 사회적 · 환경

적 장애 역시 제거되어야 함을 보여 주었다. 결과적으로 환경과 관련한 기능을 평가하는 데 대한 관심이 증진되었다.

이와 같은 맥락에서 평가에 대한 세부적인 이유를 논하는 것은 불필요하다. 평가는 상담 과정의 첫 단계이며 모든 내담자 서비스의 기초라고 오랫동안 인식되어 왔다(Crewe, Athelstan, & Meadows, 1975). 최근에는 특히 의학적인 환경에서 일하는 상담사에게 구조화된 평가가 더 중요해지고 있다. 이것은 변화를 어떻게 측정하는지에 대한 기초선이 되어 준다. 다음은 기능을 평가하는 몇 개의 특수한 목적을 간단하게 보여 준다.

- 신체적 장애의 기록은 많은 직업재활 프로그램의 적격성을 결정하는 데 도움을 준다. 그러나 반드시 직업적 기능 상실을 포함해야 하는 것은 아니다.
- 적절한 직업 목표의 결정을 위해 신체, 인지 그리고 다른 개인적 특징의 평가가 직업 요구 조건과 비교될 수 있다.
- 과정은 문제를 선별하고 재활계획을 어렵게 할 수 있는 숨겨진 제한점 및 환경적 장애를 밝혀낼 수 있다.
- 의학적 재활서비스를 필요로 하는 문제가 판별될 수 있다.
- 재활 초기 기능에 대한 정보의 수집은 내담자의 변화를 평가하는 데 기초를 제공할 수 있고, 관련 서비스의 효과성에 대한 정보를 제공한다.
- 전반적 평가는 기관에서 정책 결정 및 자금 출처와 관련된 자료를 제공할 수 있다.

3 신체적 기능과 자립평가의 과정

다음은 상담사가 평가할 때 직면하는 몇 가지 쟁점이다.

1) 정보의 수준

앞에서 설명한 것처럼, 평가 정보는 신체기능, 신체 구조, 활동의 수행 및 인생의 역할에 대한 개인의 참여, 그리고 환경적 요인에서 얻을 수 있다. 척수 손상을 지닌 내담자의 경우가 그 구체적인 예가 될 것이다. 신체 기능과 구조에 관한 정보는 손상의 수준, 손상의 진행성 여부, 현재 내담자의 신체에 공존하는 기타 손상이나 이전에 존재하는 다른 문제를 확인하는 작업을 포함한다. 활동과 참여의 평가는 휠체어를 사용하거나, 걷거나, 이동하는 능력, 식사를 하거나 옷을 입는 것과 같은 일상생활의 활동에 필요한 개인의 능력의 기술을 포함한다. 환경적 수준에서 상담사는 내담자가 자신의 집, 계단, 좁은 출입구, 혹은 접근하는 데 제한을 주는 장애물로부터 효과적이고 전략적인 이동성의 능력을 가지고 있는지 알고 싶을 수 있다. 위의 예는 척수 손상 내담자와 관련하여 보다 제한적인 한계를 단순히 열거한 것이다. 다시 말해, 이 외에도 보다 다양한 종류의 한계가 존재할 가능성이 높다.

2) 자료의 출처

자립기능과 관련해서는 다양한 정보의 출처가 있다. 첫째, 의료 종사자나 의사로부터 나온 신체검사다. 둘째, 정신능력 측정검사나 직무평가 혹은 실제 직접 관찰이나 자기 치유 활동 등과 같은 과제 수행에 대한 행동 관찰을 포함한다. 면접 혹은 질문지는 정보의 세 번째 출처다. 마지막으로, 기능평가 절차에서는 일상에서의 실제 행동 수행에 관련한 정보를 기록하기 위해 서면 일지나 기계적인 계측기와 같은 장치를 활용한다.

때때로 상담사는 신체기능에 관한 평가를 직접 수행하지 않을 수 있지만, 의사, 물리치료사, 척추 지압사나 다른 의료 종사자의 보고를 필요로 할 수 있다. 그다음 상담사는 정보를 조직하고, 이러한 정보의 직업적인 관련성을 측정하며, 서비스와 목표 정보를 연결시킨다.

3) 평가의 범위

중대한 신체적 장애를 가진 내담자라고 할지라도, 상담사가 내담자의 신체기능에 대한 평가를 제한하는 것은 바람직하지 않다. 이 영역은 여기서 집중해서 다루지만, 신체, 활동, 참여의 세 가지 수준에서의 감각, 심리, 인지적 요소의 전체적인 그림은 직업계획의 적절한 기초가 된다. 게다가 자립의 핵심은 단순히 더 이상 보조인 없이 신체적으로 움직일 수 있는 능력만을 의미하지 않는다. 대신에 자립은 선택을 하고 자신의 삶의 방향을 통제하는 개인의 능력을 통해 결정된다.

4) 능력 대 일반적 행동

내담자의 행동을 포함한 기능과 관련하여 평가 과정이 최대한의 능력 혹은 일반적인 활동에 중점을 두어야 하는지의 문제는 매우 중요한 쟁점이다. 예를 들어, 일상생활 활동에 관해서 작업치료사는 개인을 임상 상황에서 볼 것이고, 최대한의 능력을 입증하려고 할 것이다. 그 후 상담사는 내담자가 30분 안에 어떠한 도움도 없이 옷을 입을 수 있을 것이라 보고할 것이다. 그러나 내담자는 집에서 같은 일을 하기 위해 부모의 도움이 필요할 수 있다. 양쪽의 정보 모두 상담사의 필요와 관계가 있지만, 그것들이 내포하는 의미는 다르다는 것을 인지해야 한다. ICF 체계에서 '활동'은 개인이 표준적인 공간에서 수행할 수 있는 과제를 의미하고, '참여'는 개인이 처해 있는 환경에서의 개인의 실제적 기능을 의미한다(Homa & Peterson, 2005).

5) 평가 체계의 선택

평가 체계를 선택하는 것은 상담사가 직면하는 중대한 도전일 수 있다. 재활의학에서 측정과 평가는 표준화의 결여, 다차원적 척도, 이론상의 불일치, 잘못 개념화된 결과 기준, 수행에 관한 혼란스러운 영향 때문에 비판받아 왔다(Keith, 1984). 많은 기관에서 기본적인 검사 구조의 기준을 무시하고, 기관 스스로 평가도구를 만들려는 경향은 특히 문제가 되었던 적이 있다. 그 검사들이 비록 검사가 사용되는 상황에서 만들어졌지만, 이런 식으로 만들어진 검사도구는 내담자 평가, 연구 및 프로그램 평가에서 타당도가 의심된다.

각각 다른 요소를 포함하고 다른 언어를 사용하는 여러 도구가 현장에서 적용되어 확산되고 있는 것도 중대한 문제다. Frey(1984)는 표준화되지 않은 검사의 수적 팽창이 의사소통에서의 어려움, 재활 목표와 결과에 대한 불일치, 실질적 연구의 비교 부족, 재활 전문가에 관한 지속적이고 유용한 집합적 자료 수집을 위한 정책 책임자들의 어려움을 야기한다고 주장하였다. Hahn과 Cella(2003)뿐만 아니라 Andersen(2002)은 다양한 내담자 집단, 특히 의학적 도움을 받지 못하거나 보다 취약한 집단을 평가하는 도구의 적절성을 평가하기 위한 적합한 이론이 필요함을 주장하였다.

자립을 측정하는 데 사용되는 많은 체계를 모두 확실히 아는 것은 불가능하다. 아마도 다 합친다면 수백 개는 될 것이다. 몇몇 출판사는 직업과 의료 재활과 관련한 평가도구를 제공하고 있다(Cushman & Schere, 1995; Scheer, 1990). 이 장의 남은 부분에서는 의학과 직업재활에서 널리 사용되고 비교적 표준화되어 있는 도구를 다루고자 한다. 어떤 도구들은 단계적으로 정보를 수집하도록 고안되었기 때문에, 각각의 도구가 다양한 수준에서 선정되어야 한다는 ICF 범주에 관한 결정은 어느 정도 임의적일 수 있다.

4 자립의 측정

1) 신체 기능과 구조의 측정

여러 면에서 신체 기능과 구조의 측정은 의학적 검사 안에서 행해진다. 한편 심리학자는 흔히 성격, 인지, 그 밖의 다른 신경심리학적 기능을 측정한다. 이런 검사의 검토는 현재의 범위를 넘어서는 것이다. 그럼에도 불구하고 신체적 능력과 장애에 대한 심리학적 적응에 대한 측정은 신체기능 영역과 활동의 측정 영역을 연결시키는 것으로 보일 수 있다.

(1) 기능적 능력검사

기능적 능력검사(Functional Capacity Testing: FCT)는 내담자의 상황과 요구에 따라 여러 가지 형식이 있다. 일반적으로 이 검사는 들기, 옮기기, 서기, 앉기, 걷기, 오르기, 굽히기, 닿기, 물건 다루기와 같은 특정한 과제를 수행하는 개인의 능력을 측정한다. 신체적 능력검사는 『직업백과사전』에 제시된 신체적 요구 사항의 분류에 따라 종종 구성되며, 검사 결과는 선택된 일의 요구와 비교될 수 있다. 물리치료사, 직업치료사 및 노동 평가사는 기능적 능력검사를 자주 사용하고, 정확한 결과를 내기 위해서는 특수한 기술과 지식이 필수적이다. Wickstrom(1990)은 FCT의 복잡성에 대해 사려 깊은 논의를 제공하였다.

(2) 장애수용척도

재활과 관련한 심리적 기능의 평가는 장애수용척도(Acceptance of Disability Scale: AD Scale; Linkowski, 1987)로 제시될 수 있다. 이 검사는 50개 문항의 질문으로 신체장애 적응에 대한 전반적인 구조를 측정하려고 고안되었다. 이 검사는 Dembo, Leviton과 Wright(1956)의 상실의 수용 이론을 바탕으로 하고 있으며, 장애를 긍정적으로 수용하기 위한 네 가지 가치 변화를 가정하고 있다. 즉, 가치 범위의 확장, 다른 가치에 비하여 신체적 가치를 하위에 두기, 장애의 영향력의 억제, 비교-지위 가치에서 자산 가치로의 변화 등이다. AD 척도는 신체적 장애에 관한 개인의 가치와 태도를 조사하는 검사이며 15~20분이 소요된다. 이 검사는 국내뿐만 아니라 국제적으로 널리 이용되고 있으나, 그 규준이 아직 발행되지 않았다(Bolton, 1994). 게다가 오랜 기간 재활심리학자를 통해 검사의 이론적인 틀은 받아들여져 왔지만, 네 가지 가치 변화의 조합으로서의 장애 수용에 관한 개념은 경험적으로 증명되지 않았다(Keany & Glueckauf, 1993). 이 책이 쓰이면서 AD 척도에 관한 경험적인 검사와 검토가 실시되었고, 개정된 척도의 타당도 검사가 진행 중에 있다.

5 활동과 참여의 측정

1) Barthel 및 PULSES

자기관리와 이동기술을 측정하는 Barthel 평가도구와 장애 정도를 측정하는 PULSES 평가도구는 1980년부터 재활의학에서 신체기능을 측정하는 데 가장 널리 이용되었던 도구다. 두 검사 모두 간편하고 상호 보완적이기 때문에 자주 함께 사용된다. Granger와 동료들(Granger, 1982; Granger, Albrecht, & Hamilton, 1979)은 두 검사를 광범위 평가체계(LRES)에 포함시켜 Escrow라는 사회 지원에 관한 새로운 측정도구로 만들었다.

Granger에 의해 수정되면서, Barthel 검사는 9개의 자기관리와 6개의 이동기술의 문항을 포함하고 있는데, 컵을 들고 마시기, 먹기, 상체 옷 입기, 버팀대나 인공 팔 부착하기, 머리 빗기, 씻고 목욕하기, 배뇨와 장 운동의 조절, 의자에서 앉기와 일어나기, 화장실 가고 나오기, 욕조에 들어가고 나오기, 평지에서 50야드(약 46m) 걷기, 계단을 오르기와 내리기(걷지 않는다면), 휠체어 움직이기 등이 해당된다. 내담자들은 이 과제들을 혼자 할 수 있는지, 누군가의 도움으로 할 수 있는지, 혹은 아예 할 수 없는지를 보여 주게 된다. 각각에 다른 점수가 부여되는데, 활동에서의 독립성, 관련된 물품을 옮기거나 억제하는 것은 가장 높은 점수를 받는다. 가능한 점수의 범위는 0~100이며, 가장 높은 점수는 자립심을 나타낸다. 60점은 심각한 제한을 갖는다는 것을 나타낸다(Granger, Albrecht, & Hamilton, 1979). PULSES 프로파일은 다음과 같이 장애의 여섯 가지 영역에서 4등급으로 구성되어 있다.

- P-신체적인 조건
- U-상완(팔)의 기능, 특히 자기관리
- L-하완(다리)의 기능, 특히 이동
- S-시각과 의사소통을 포함한 감각 구성 요소
- E-가족 · 사회적 · 경제적 · 심리적 요소를 포함한 지원 요소

점수의 범위는 장애가 없거나 혹은 경미함을 나타내는 6~24점의 범위에 있다. 12점은 비교적 심한 장애인을 판별하는 기준점으로 사용되고, 16점은 매우 심각한 장애를 지닌 사람이다(Granger, Albrecht, & Hamilton, 1979). Barthel 검사와 PULSES의 점수는 시간이 경과함에 따라 보이는 내담자 상태의 변화에 민감하고 신뢰할 만하다고 보고되었다. Gresham, Phillips와 Labi(1980)는 Barthel 검사와 다른 두 개의 자기관리 측정도구인 Katz 일상생활수행능력(ADL)지표와 Kenny 자기관리평가 간의 일치도가 높다고 보고하였다. 그들은 Barthel 검사가 변화에 민감하다는 것, 통계적으로 유의미한 점, 널리 사용된다는 것과 같은 그것의 완전성 때문에 다른 두 검사보다 선호하였다. Goldberg와 동료들(Goldberg, Bernad, & Granger, 1980; Goldberg, Hannon, & Granger, 1977)은 Barthel 검사 및 PULSES와 직업 재활 결과의 관계를 조사하였고, 그들 사이에 분명한 관계를 입증하였다.

(1) 기능적 자립 측정

기능적 자립 측정(Functional Independence Measure: FIM)은 입원 재활 환경을 배경으로 내담자의 기능적 수행에 관한 정보를 수집하는 표준화된 도구로 사용되며(Jette, Warren, & Wirtalla, 2005), 양로원과 각종 클리닉 등 다양한 환경에서 널리 사용된다(Crewe & Dijkers, 1995). FIM은 18개의 문항을 포함하고 있고, 각각의 문항은 7단계로 등급이 매겨진다. (18개의 문항을 더하여 얻은) 총점은 인지와 작동 능력의 두 개의 반복된 하위척도 점수에서 나온다(Granger, Hamilton, Linacre, Heinemann, & Wright, 1993; Heinemann, Linacre, Wright, Hamilton, & Granger, 1993; Jette, Warren, & Wirtalla, 2005).

Stineman, Shea, Jette, Warren과 Witralla(1997)는 이 척도가 네 가지 기능 영역, 즉 일상에서의 활동, 괄약근 조절, 운동 그리고 수행기능에서 파생된 요인분석을 기

초로 하는 다차원적 척도라고 볼 수 있다고 주장하였다. 비록 어떤 연구들에서는 FIM이 인지와 심리적 기능에서의 민감도가 떨어진다고 비판하였지만, 입원 내담자의 재활 환경에서 사용될 때 타당도와 신뢰도가 있다는 것을 많은 문헌에서 입증하고 있다. 이 척도는 또한 (경도보다는) 중도의 장애인에게 더 효과적이다. 이 척도의 한계점은 다른 평가척도가 그런 것처럼 주관성의 개입 정도와 간결성에 있다.

(2) 기능적 자율성 평정척도

기능적 자율성 평정척도(Functional Autonomy Rating Scale: FARS)는 재활 프로그램에서 변화되는 수행을 측정하기 위해 만들어진 비교적 새로운 측정도구다(Grebinger et al., 1997). 이 척도는 41개의 단일기술 문항(예: 식사하기, 휠체어 유동성, 읽기 이해, 비언어적 추론 등)이 0~7의 서열척도와 국제 기능적 자율성 점수로 기록된다. 평가는 재활의학 팀 구성원들이 한다. 국제 점수는 개인적 문항의 평균과 높게 연관되어 있고, 이를 통해 이 척도의 개념적 타당도가 높다는 것이 증명되었다. 이 척도는 특히 뇌졸중이나 뇌손상을 지닌 내담자들에게 효과적이며, 척추 손상 내담자에게는 효과적이지 않다. 이 척도가 급성기 후(post-acute) 재활 프로그램에서 신뢰성 있고 타당한 결과를 지닌 연구도구로 쓰일 수 있는지 결정하기 위해서는 후속 연구가 필요하다.

(3) 기능평가검사와 개인능력 질문지

기능평가검사(Functional Assessment Inventory: FAI; Crewe & Athelstan, 1984)는 미네소타 대학교에서 직업재활 상담사가 내담자의 능력에 대한 정보를 간결하지만 포괄적이게 조직하고 구별하기 위한 틀을 제공하기 위하여 만들어졌다. 이 검사는 기능 제한에 관한 30개의 4점 척도, 10개의 특수한 강점에 대한 체크리스트, 장애의 심각성 및 고용 가능성을 상담사가 진단하는 2개의 국제적인 문항으로 구성되어 있다. 척도들은 선택된 점수와 행동적으로 관련이 있다. 각각에서 첫 번째 단계는 중요한 손상을 의미하지는 않으며, 다른 것들은 경도, 중도, 중증도의 제한 범위를 나타낸다. 신체기능 측면은 FAI에 포함되어 있지만, 이러한 내용은 영역을 넘어 고용 가능성에 영향을 줄 수 있는 모든 변인을 다루고 있다. 이 척도는 상담사가 내담자의 적격성을 판별하고 내담자를 위한 서비스 계획을 세우기 위해 널리 사용되었는데, 특히 공적 재활 시스템에서 많이 사용되었다.

여러 연구가 이 검사도구의 신뢰도를 증명해 왔다(Crewe & Athelstan, 1981, 1984;

Crewe, Athelstan, & Meadows, 1975). 몇몇 다양한 표본에서 실시된 요인분석에서 검사의 기반을 이루는 기능적 차원에 대한 상당한 일관성을 찾을 수 있었다(Crewe, 1987). Neath, Bellini와 Bolton(1997)은 아칸소 재활서비스에서 5,741명의 지원자들을 대상으로 연구를 실시하였다. 그들은 전체 표본과 5개의 진단 부표본인 정형외과, 만성 질환, 정신질환, 정신지체와 학습장애에서 FAI의 요인을 연구하였다.

FAI는 상담사가 단순히 내담자에 대한 정보만을 포괄적으로 모으는 것이 아니라, 면접, 기록, 검사와 관찰을 통해 내담자에 대한 정보를 찾고 조직하는 것을 돕기 위한 이론이다. 이 과정이 끝나면, FAI 검사 자체는 완성에 10분의 시간이 소요된다.

개인능력 질문지(Personal Capacities Questionnaire: PCQ)는 FAI의 문항별 변형이며, 내담자가 직접 답하도록 설계되어 있다. 비록 이 검사가 FAI처럼 널리 연구되지는 않았지만, 신체와 다른 기능의 여러 양상에 대한 가치 있는 정보를 제공한다. 상담사는 내담자가 자신의 문제를 어떻게 의식하고 있는지에 대한 전체적인 견해를 습득할 수 있으며, 이전에 자각되지 못한 문제 영역에 대해 알 수 있다. FAI와 PCQ에서 보이는 상담사와 내담자의 시각에서의 주요한 차이는 상담에서 유익한 기초를 제공해 줄 수 있을 것이다.

(4) 재활지표

재활지표(Rehabilitation Indicators: RIs)는 재활서비스가 내담자에게 미치는 영향을 포괄적으로 측정하고 치료계획을 지원하기 위해 고안되었다(Diller et al., 1983). 이 척도는 중도부터 최고 수준까지 내담자의 기능을 묘사한 프로파일을 제공한다. 넓은 범위의 관찰 가능한 행동을 다루며, 문항 수준에서의 표준화와 기관에서 사용되는 특정 요인의 유연성 사이의 균형을 맞출 수 있게 한다. 문항들은 계층적인 구조로 조직화되었고, 이에 따라 이 척도는 일반적인 척도로 찾을 수 없는 특수한 영역까지 조사할 수 있다.

세 가지 종류의 도구가 개발되었다. 기술지표(SKIs)는 행동의 강점과 약점을 기록한다는 점에서 다른 기능평가도구와 가장 비슷하다. 이 도구는 열다섯 가지 기능 영역—자기보호, 이동성, 인지, 의사소통, 사회적 ADL, 가족 사업과 가정일, 육아, 정치적 · 공동체적 기술, 교육 프로그램의 선택, 학교 출석, 문제해결, 어휘력과 다른 기본 기술, 직업 탐색, 직업의 선택 및 발전, 직업기술—의 700여 개의 기술을 다룬다. 평가는 관찰과 면접을 기반으로 행해질 수 있다.

상태지표(SIs)는 직업, 교육, 소득, 자기관리, 가족 역할 그리고 교통수단 등 기능의 여섯 가지 영역에 대한 51가지 기술어로 구성되어 있다. 응답은 검사에 참여한 개인이 어떤 기술을 독립적으로 수행하는지, 도움을 받아 수행하는지, 혹은 아예 수행하지 못하는지에 대해서 나타내 준다. 통계 자료처럼, 이 자료는 현장에서의 개인의 위치를 판별하여 주지만, SIs는 장애와 재활서비스에 의해 영향을 받는 특징만을 포함한다.

활동 패턴 지표(APIs)는 활동에 대한 개인의 참여를 기록하기 위해 사용된다. 비록 정보가 특수한 활동의 형식으로 기록되지만, 그것들은 분류에 의해 일반적으로 분석된다. 예를 들어, 이동 정보는 이동 시간의 양, 집에서 떠나 있는 시간, 떠나 있는 동안 내담자가 참여한 활동의 다양성 등으로 분석된다. 15개의 활동 영역에 대한 점수 프로파일이 만들어질 수 있다. 자료 수집을 위한 다양한 접근은 활동 일기, 관찰, 면접 혹은 질문지를 포함할 수 있다. 도구를 실제 활용하는 데는 도구의 형태, 훈련 매뉴얼 그리고 여러 자원이 유용하다(Diller et al., 1983). 평가를 위해 필요한 시간은 RIs가 개인에게 필요한 정보에 따라 다양하다. APIs는 빈도, 기간, 장소, 사회적 접촉, 기능 지원 등을 작성할 수 있도록 일주일 동안의 활동의 구조화된 목록을 사용하여 기록될 수 있다. 빈번하지 않은 활동은 특별활동 용지를 이용하여 문서화될 수 있다. 기술지표를 완성하면 면접자는 개인과 관련된 기술과 영역을 판별하고, 개인이 그 기술을 수행할 수 있거나 없는지 기록하고, 만일 수행할 수 있다면 보조가 필요한지 필요 없는지를 고려한다.

1977년부터 1982년까지 재활지표 프로젝트의 실무자는 50번에 걸친 현장 실험을 실시하고 다양한 재활과 자립 생활 환경에서 RIs를 입증하였다(Brown, Gordon, & Diller, 1984). 이 실험은 도구의 신뢰도와 타당도에 관련한 정보의 기초가 될 수 있다. 연구자는 자료가 의미 있기는 하지만 아직 완성되지는 않았다고 설명하였다. 이런 포괄적인 체계에서는 사례 경영, 프로그램 관리와 평가, 정해진 인구 집단에게 필요한 서비스의 기록 등 각각에 따라 기대되는 목적이 다양하다.

(5) Craig 장애 평가 및 보고 기술

Craig 장애 평가 및 보고 기술(Craig Handicap Assessment and Reporting Technique: CHART)은 개인의 장애와 환경의 제약 간의 상호작용으로부터 발생되는 한계를 측정하는 최초의 도구로 평가된다(Whiteneck, Charlifue, Gerhart, Overholser, & Richardson, 1992). CHART는 신체적 장애를 갖고 있으면서 지역사회에 살고 있는 성인을 대상으로 설계되었는데, 이는 신체적 자립, 이동, 직업, 사회적 융화 및 경제적 자족을 포함한다. 신체적 자립은 일상생활에서의 보살핌과 지원에 대한 필요성을 가리킨다. 이동성은 하루 중 침대에서 벗어나 있는 시간, 일주일 중 집에서 벗어나 있는 날의 수 및 집과 교통수단의 접근 용이성을 나타낸다. 직업은 일, 학교 수업, 가사 활동, 살림살이, 자원봉사 및 활동적인 여가 활동이나 자기개발 활동에 참여하는 모든 생산적인 일에 사용하는 시간을 의미한다. 사회적 융화는 가사 분담 정도와 사교 모임에 참석하는 정도 및 사교 모임의 다양성으로 측정한다. 경제적 자족은 가족의 총수입으로부터 측정된다.

CHART는 비장애인의 사회적 활동의 표준점수와 비교한다는 것에서 그 의미를 찾을 수 있다. 척도는 대부분의 비장애인을 100으로 두었을 때의 점수를 나타낸다. 낮은 점수는 장애인과 독립된 성인의 전형적으로 기대되는 행동의 차이를 반영하고 있다. 연구 자료(Dijkers, 1991)에서는 높은 신뢰성을 보이고 있는 것으로 보고되었다. CHART는 개인평가, 서비스 계획 그리고 프로그램 평가를 위한 목적으로 사용이 가능하다.

(6) 개인의견 질문지

개인의견 질문지(Personal Opinions Questionnaire: POQ; Bolton & Brookings, 1998)는 개인의 내적인 역량강화(empowerment)를 측정하기 위해 개발되었다. 이는 권리가 박탈된 사람이 어떤 문제에서 이를 이해하고 적극적으로 참여하여 그들의 삶에 영향을 줄 수 있는가에 대한 능력으로 정의된다(Bolton & Brookings, 1998). Bolton과 Brookings는 해당 문헌을 검토하고 역량강화와 장애인의 특성을 20개로 세분하였다. 그들은 각각의 특성에 대해 25개의 문항을 만들었고, 이를 다시 각 특성별로 6개의 긍정적 문장과 6개의 부정적 문장으로 분류하여 총 240개로 분류하였다. 연구자는 전문가와 장애 학생 표본으로 선정해 POQ를 적용하였고, 요소를 분석하기 위해 자료를 통제했다. 그 결과에 따라 도구는 다음의 4개 하위검사로 구성된 64개의 문항으로 구성되었다.

- 개인의 권한: 도전적인 목표를 설정한 후 그들 스스로 책임감을 갖고 그것을 달성하도록 노력한다. 이때 목표는 잘 조직화되어 있고, 훈육적(disciplined)이며, 개개인 스스로 이해하고 의존하도록 설정한다.
- 집단 오리엔테이션: 다른 사람과 함께 업무를 수행하고, 자진해서 사회 활동에 참여하도록 하며, 타인의 문제에 대해 도움을 주도록 한다.

- **자기결정**: 개인의 권리를 세우고, 망설임 없이 의견을 표명하며, 결단력 있는 선택을 하고, 때에 따라서는 창조적인 해법을 선호한다.
- **긍정적인 정체성**: 현실적으로 장애를 받아들이고 장애가 삶을 지배한다고 믿지 않으며 장애를 변명거리로 삼지 않는다(Bolton & Brookings, 1998, pp. 136-137).

저자들은 이후 POQ의 하위검사와 16가지 성격요인 질문지(16PF) 간의 상관관계에 대해 분석했고, 이성적인 관계 및 더 나은 개인적 적응이 역량강화의 기본적 특성을 암시한다는 것을 찾아냈다. 자기결정은 외향성을 결정하는 16PF 척도와 관련되어 있었다. 개인의 권한은 안정성, 자신감, 비좌절의 16PF 척도와 명백한 상관관계를 가지고 있었다. 흥미로운 사실은 집단 의존성의 16PF 척도가 POQ의 하위척도 4개 중 3개와 관련되어 있다는 점이다. 이는 역량강화가 자립능력을 반영한다고 가정하기 때문이다. 규준 자료는 다수의 직업재활 내담자 표본을 통해서 완성되었다(Brookings & Bolton, 2000).

(7) 개인자립평가

Nosek과 Fuhrer(Nosek, Fuhrer, & Howland, 1992)는 "측정에서 독립과 독립생활 활동은 개인이 독립적으로 수행할 수 있는가와 관련한 능력에 초점을 맞추는 것인 반면, 자립생활 운동은 개인이 자신의 삶에 직접 연결되어 있는 여러 선택에 대한 판단과 관련 있는 자립의 본질을 좀 더 명확하게 확인하는 작업이다."라고 말했다. Nosek과 Fuhrer는 장애인과 관련한 자립에 대한 개념을 조작적으로 개념화하였다. 그들에 따르면, 자립은 자신의 삶을 조절하는 능력을 가지는 것이고, 물리적 혹은 인지적 자율성을 확보해야 함과 동시에, 개인을 둘러싸고 있는 심리적 자기 신뢰가 이루어지고, 사회적 · 물리적 환경의 성격을 이해하는 것이다. Maslow의 욕구 단계와 관련하여 Nosek과 Fuhrer는 자립생활의 차원은 기본적 생활, 물질적인 안녕(번영), 생산성 그리고 자아실현으로 구성된 연속적인 과정이라고 설명하였다. Nosek, Fuhrer와 Howland(1992)는 다양한 심리측정도구들에서 개인자립평가(Personal Independence Profile: PIP)를 만들었고, 최종적으로 4개의 자기보고식 척도를 개발하였다. 지각된 통제력(Perceived Control) 척도는 일, 건강, 여가 등의 영역에서의 자율성을 측정하는 10개의 문항으로 구성되어 있다. 심리학적 자기신뢰(Psychological Self-Reliance) 척도는 자기주장, 의사결정, 자존감 등과 연관된 34개의 문항으로 구성되어 있다. 신체기능(Physical Functioning, 25개의 문항)은 이동, 일상 활동, 사회적 역할, 신체 활동,

손 기능성 등에서의 자립을 측정한다. 환경 자원(Environmental Resources)은 주거, 고용, 교육, 이동 수입 등을 다룬다(Nosek, 1992). PIP는 CHART와 16PF 그리고 통제의 소재 척도 등과 함께 장애인 185명에게 실시되었다. PIP는 내적 일관성과 자립의 구성을 측정하는 데에서 허용할 만한 단계를 얻었다. 그럼에도 불구하고 연구자들은 자립이 개인적 · 환경적 특징 모두의 영향을 받는 복잡한 개념이라고 결론을 내렸다.

2) 환경 요인 측정

(1) Craig 병원 장애 환경요인검사

Craig 병원 장애 환경요인검사(Craig Hospital Inventory of Environmental Factors: CHIEF)는 장애인에게 영향을 줄 수 있는 5개의 환경적인 변인을 수량화하기 위해 고안된 새로운 도구다(Craig Hospital Research Department, 1999). 접근성은 건축상의 장애물을 포함한 신체적 접근을 포함하며, '당신이 원하는 곳에 갈 수 있는지'에 대해 묻는다. 편의 조정은 '당신이 하고 싶은 것을 할 수 있는지'에 대해 묻는 질문에 대한 서비스, 도구 및 과제와 관련되어 있다. '당신의 특수한 요구가 맞는지'에 대한 질문은 자원의 이용 가능성 문항에서 답해진다. 사회적 지지는 내담자를 완전히 지역사회에 통합하는 것을 촉진하거나 낙담시키는 다른 이들의 태도와 편향을 평가한다. 다섯 번째 주제는 평등인데, 이것은 '다른 이들과 같은 대우를 받는가'라는 간단한 질문이라고 할 수 있다.

CHIEF는 경험적으로 개발되고 검사되었다. 사회적 · 환경적 문제를 묘사하는 25개의 문항이 개발되었고, 참여자들은 그들이 얼마나 자주 장벽을 만나며, 얼마나 문제 상황에 처해 있는지 답하게 된다. 결과에 대한 요인분석을 통해 지역사회 장벽, 신체적 장벽, 일 장벽, 정책 장벽, 환경/컴퓨터/정보 장벽, 가정 장벽의 6개 요인이 제시되었다. 추수 연구에는 통계적 구성타당도뿐만 아니라 신뢰도 또한 만족스러운 것으로 나타났다(Whiteneck, Harrison-Felix, Mellick, Brooks, Charlifue, & Gerhart, 2004).

(2) 이동성 참여조사 및 환경적 장벽요인과 촉진요인 목록

David Gray는 사회적 이동성에 손상을 가진 이들에게 타당하며, 개인과 환경 요인에 민감하며, ICF와 효과적으로 운용될 수 있는 지역사회 참여를 측정하기 위한 평가도구를 개발하기 위해 연구를 진행하였다(Gray, 1999). 다양한 조건(예: 소아마비, 뇌성마비, 척추 손상 등)을 지닌 개인, 배우자, 그리고 전문가 포커스 집단이 두 가지의 새로운 검사도구를 위한 문제은행을 개발하기 위해 연구에 참여하였다. 이동성 참여조사(Mobility Participation Survey)는 자기관리, 돈 관리, 사회화, 지역사회 활동 등과 같은 25개의 삶의 영역에 대한 312가지의 질문을 포함하고 있다. 응답자들은 다음과 같은 일련의 질문에 답하도록 되어 있다.

- 얼마나 많이(빈도) 활동에 참여하는가?
- 참여가 어떤 방식으로든 제한이 있는가?
- 활동에 참여하는 데 얼마나 선택권이 있는가?
- 참여 수준에 대한 만족은 어떤가?
- 그들이 활동에 참여하는 것이 얼마나 중요한가?
- 활동을 준비하는 데 얼마나 많은 시간이 필요한가?
- 다른 사람을 활동에 참여하게 하는 데 도움이 필요한가? 필요하다면 누가 지원을 제공할 것인가?
- 활동에 참여하기 위해 얼마나 자주 편의 조정, 적응, 특수한 도구를 사용하는가?

환경적 장벽요인과 촉진요인 목록(Environmental Barriers and Facilitators List: EBFL)은 어떻게 개인의 참여가 건물에의 접근성, 가정 환경, 지역 환경, 직업/학교 환경, 사용되는 이동 장치, 접근성의 특징, 사회기관, 서비스, 다른 이들의 태도 등에 영향을 받는지 알기 위해 181개의 질문으로 구성되었다. MBS와 EBFL 모두에서 특수한 질문이 개인 응답자와 관련하여 제공되므로, 두 개의 도구를 끝내는 데 약 1시간 정도의 시간이 필요하다. 현재 완성된 연구들은 내적 일관성과 검사-재검사 신뢰도의 만족 수준을 보여 준다. 연구에서 사람들은 선택의 폭이 넓으면 그들의 참여에서 더 높은 만족감을 나타낸다는 것을 보여 주었다. 가장 중요하다고 여겨지는 영역은 일반적으로 덜 중요한 활동보다는 많은 선택과 만족을 보인다. 게다가 참여에서의 만족은 제한이 있는 사람보다 없는 사람이 더 높게 나타나는 것으로 보고되었다. 이 프로젝트에 대한 연구는 그것이 의학과 재활 중재에 따른 결과를 만족스럽게 측정할 수 있는지 결정하기 위해 지속되고 있다.

6 결 론

자립의 측정은 장애인의 사회 복귀 관점에서 몇 년간 주목받아 왔다. 많은 평가도구가 1970년대 이후 개발되어 왔고, 현재 지역사회 통합과 참여를 측정하기 위한 몇몇의 유용한 도구가 만들어졌다.

Chapter 11

신경심리평가

Ronald M. Ruff | James C. Schraa

1 신경심리평가 관련 Q & A

1) 신경인지 능력이란 무엇인가

환자가 신경학적 질병으로 인해 재활병원에 처음 입원할 때, 주의 집중의 수준을 먼저 평가하는 것이 필요하다. 신경심리학자의 역할은 작업치료, 물리치료, 언어치료와 같은 다양한 신경행동학적 및 임상적 개입 동안에 환자의 능력을 평가하는 것이다. 만약 환자가 충분히 주의 집중하고 순응한다면, 그다음에는 하루 중 언제 그리고 얼마간의 지속 시간 동안 치료에 참여할 수 있는지 알기 위해 지속적 주의에 대한 평가가 필요하다. 기억과 학습은 신경심리학자의 평가가 요구되는 2차 인지 영역이다. 물론 새로운 정보의 습득은 행동치료의 성공에 중요한 역할을 한다. 검사는 기억의 부호화, 저장 및 복구 그리고 학습의 장점 및 약점에 대해 서술할 수 있어야 한다. 신경심리학자가 평가해야 할 세 번째 영역은 문제해결 및 자기 검열을 통합하는 실행기능이다. 실행기능의 결함은 정보를 이해하고, 추상적인 사고를 통한 해결책을 산출하며, 문제해결을 위해 필요한 단계들을 정확한 순서대로 수행하는 환자의 능력에 영향을 줄 수 있다. 신경학적인 손상은 환자에게 새롭고 도전적인 문제를 야기하기 때문에, 실행기능에 대한 평가는 더욱더 중요하다. 그러므로 어떤 실행기능 요소가 손상되었고 어떤 부분이 보존되었는지를 결정하는 검사가 중요하다. 이 장에서는 신경심리학자가 평가하는 세 가지 주요 인지 영역, 즉 ① 주의 및 집중, ② 기억 및 학습, ③ 실행기능이 기술될 것이다. 또한 각 영역에서 검사 절차에 대한 이론적 배경 및 예들을 다룰 것이다.

신경인지평가는 언어 및 공간적 능력 평가를 포함한다. 재활병원 내에서 언어치료사는 일반적 언어능력을 평가하며, 작업치료사는 공간적 능력에 초점을 두어 평가한다. 감각운동 능력 역시 전형적인 신경심리평가의 일부다. 입원 환자의 재활 과정 중에 정신과 의사와 물리치료사가 신경심리학자와 함께 감각운동 능력을 평가한다.

병원 내에서는 다양한 학문 분야가 신경인지 능력을 평가하는 데 함께 관여한다. 재활 팀은 다양한 분야를 공유함으로써 여러 학문 분야의 공동 접근을 가능하게 해야 한다. 대체로 재활 팀 구성원들은 여러 분야에서 사용되는 다양한 평가 기법에 대해 알고 있으며, 팀의 보고 형식 또한 공동으로 작업한다. 이러한 공동 작업은 여러 신경인지 영역을 교차하는 검사의 통합, 즉 수평적 통합이라 일컬어진다. 물리치료 및 재활 의사는 환자의 기능적 능력에 초점을 둔 여러 학문 분야의 상호작용을 촉진시키도록 특별한 훈련을 받는다.

2) 검사 결과는 어떻게 이용되는가

재활에서 신경심리학적인 검사는 진단과 치료 모두에 대한 정보를 제공한다. 검사의 결과는 ① 환자, ② 내과의를 포함한 재활 팀, ③ 가족, ④ 보험회사에 전달된다. 신경학적 문제를 가진 대부분의 환자는 뇌손상을 가지고 있기 때문에, 다양한 신경인지 기능이 어느 정도로 저하되었는지에 대해 스스로를 이해하는 능력이 결여되어 있다. 신경인지검사의 결과는 환자가 자신의 장점 및 약점에 대해 적응하고 이해하기 쉬운 수준으로 전달되어야 한다. 이와 같이 신경학적인 문제로 인해 자신이 가진 결함(즉, 기질성 부인)을 이해할 수 없는 경우 이외에도, 환자는 다양한 인지적인 결함을 부정할 만한 심리학적 이유(즉, 심리학적 부인)를 가지고 있을 수 있다. 따라서 환자에게 자신의 인지 결함에 대한 점진적인 통찰 및 이해에 필요한 정서적인 지지를 충분히 제공하기 위해서 심리치료 관련 서비스가 포함되어야 한다. 또한 신경심리학자는 환자의 지속적인 성격 특성이 뇌손상에 대한 이해 및 대처 방법을 발달시키는 데 어떤 영향을 주는지에 관하여 팀 구성원에게 교육해야 한다. 뇌손상과 관련하여 겉으로 드러나는 신체적인 손상은 모두에게 쉽게 이해될 수 있다. 하지만 미세한 기억 및 집중에 대한 결함은 초기 단계에서 종종 무시되거나 부인된다. 회복의 여러 단계 동안에 개선점을 검토하고 환자에게 변화된 신경 상태에 대한 인지와 수용을 북돋는 피드백을 제공하기 위하여 다양한 검사가 행해져야 한다.

대부분의 재활병원에서 주간 팀 회의는 진단적 문제와 특정한 치료 목표를 다룬다. 신경심리학자는 수평적 통합 및 신경인지 기능의 여러 다른 측면 간의 상호작용에 대한 분석을 돕는 중요한 역할을 한다. 예를 들어, 주의 결함에 의해 주로 발생되는 단기기억 문제 또는 학습 과정을 구조화하는 환자의 능력에 영향을 미치는 실행기능이 포함된다. 가족 구성원들 역시 의사소통을 촉진하고 환자의 상태에 대한 기대를 조정하기 위해 환자의 신경인지적 강점 및 약점에 대해 교육받을 필요가 있다. 마지막으로, 신경심리검사 결과는 보험회사에 제출하기 위해 문서화되고 요약되어야 한다.

3) 신경심리평가를 통하여 환자는 어떤 이득을 얻을 수 있는가

검사는 결과 예측 기능을 한다. 최선의 결과를 얻는 것은 환자, 재활 팀 그리고 가족 구성원들의 목표다. 입원 기간 동안 '결과'는 주로 퇴원 후 환자가 어디에서 그리고 어떻게 살 것인가에 초점을 맞춘다. 따라서 상대적으로 짧은 입원 기간 동안에 재활 팀은 퇴원 후의 기능 수준을 예측할 필요가 있다. 예를 들어, 뇌졸중 환자의 입원 기간은 전형적으로 2~3주인 반면, 외상성 뇌손상 환자의 입원 기간은 며칠에서 몇 주까지 증상의 정도에 따라 다양하다. 특히 척추 손상 환자의 입원 기간은 환자가 호흡기에 의존하고 있다면 몇 달이 될 수도 있다. 퇴원 후의 상태를 예측하는 데에서 신경심리학자는 안전에 대해 고려(예: 환자가 의료 처방을 정확히 따를 수 있는지, 또는 응급 상황에서 119에 전화를 할 수 있는지)해야 한다. 이러한 평가에서는 신경인지 검사뿐만 아니라 이용 가능한 사회적 지원망과 환자의 정서적인 상태 또한 고려해야 한다.

4) 신경학적 장애 발병 이전에 환자의 특성은 어떤가

신경심리학자의 역할 중 하나는 환자의 발병 이전의 강점·약점들을 파악하는 것이다. 평가의 초점은 주로 신경인지 기능에 맞춰져 있지만, 이전의 심리적인 상태 또한 포함된다. 내과의는 주로 기존의 의학적 정보에 초점을 두고 평가를 한다(인지, 정서, 신체적 영역에 대한 평가의 전반적인 재검토는 Ruff, Mueller, & Jurica, 1996b 참조). 이 장의 마지막 부분에서는 특정한 문제 영역 중 하나인 장애 발병 전 존재했던 학습장애에 대해서 다룰 것이다. 신경심리검사의 결과를 기존의 학교 기록 및 직업 경험과 통합함으로써, 학습장애와 뇌손상 간의 상호작용을 주의 깊게 서술하는 것이 필요하다.

재활에서 신경심리학자의 역할은 복잡하며 다방면에 걸쳐 이루어진다. 검사는 신경인지적 평가에 초점이 맞추어져 행해지지만 정신장애적 진단검사 역시 포함된다. 신경심리학자는 여러 전문 분야에 걸쳐 수평적으로 통합된 팀의 구성원이 되는 것이 필요하다. 이러한 수평적 통합에 더하여, 시간이 지남에 따라 수직적 통합 및 향상이나 저하를 평가하는 것이 중요하다. 이상적으로, 검사는 입원 환자 및 외래 환자 모두에게 행해질 수 있다. 재활에서 신경심리학자의 역할의 복잡성을 고려하여, 이 장에서는 ① 주의 및 집중, ② 기억 및 학습, ③ 실행기능 영역과 관련된 신경인지평가에 대해서 살펴보고자 한다.

2 신경인지평가

1) 주의 및 집중

많은 연구자가 신경인지검사를 수행하는 동안 주의 결함에 대해 보고하였지만 주의 결함의 본질을 자세하게 이해하기 위한 시도는 상대적으로 많이 이루어지지 않았다(Gronwall & Sampson, 1974; Sohlberg & Mateer, 1989; Van Zomeren & Van den Burg, 1985). 주의 결함에 대해 다양한 유형의 잠재 기제가 있다는 것에 대한 동의가 있지만, 신경심리학적인 문헌에서 이를 완벽하게 설명하는 모델은 아직 나타나지 않고 있다. 인지, 신경심리학 및 신경생리학 문헌에서 Niemann, Ruff와 Kramer(1996)는 주의를 세 가지 세부 유형으로 나누어 제시하였는데, 이는 ① 각성과 경계, ② 선택적 주의, ③ 노력, 자원 배분 및 처리 속도다.

(1) 각성과 경계

각성과 경계는 모든 행동을 강화하는 동인(動因) 상태를 일컫는다. 예를 들어, 뇌중풍 또는 외상성 뇌손상 직후에 환자는 종종 자신의 환경에 대한 정보를 처리할 수 없을 수 있다. 환자가 혼수상태에서 벗어났을 때 재활심리학자의 역할은 환자가 외부 자극에 반응적인지를 확인하기 위해서 일상의 변화를 평가하는 것이다. 이 시기 동안 평가는 자신, 장소 그리고 시간에 대한 환자의 지남력[1]에 초점을 맞춘다. 또한 평가는 청력 감소, 부분적 시각 상실, 반측 무시[2]를 결정하기 위해 감각 입력에 대한 선호도를 포함한다. 이 단계에서 평가의 목표는 환자가 외부의 정보를 적절하게 받아들이고(input) 정보에 대해 적절하게 반응하는지(output)를 확인함으로써 회복 단계 동안 감각적 입력을 가장 효과적으로 환자에게 제공하는 것이다.

일단 환자가 의식이 있으면 일정 시간 동안 정보를 저장하는 능력을 평가하는 것이 중요하다. 시시각각 발생하는 기억의 흔적을 저장할 수 없는 것을 외상성 기억상실증(PTA)이라고 한다. Levin, O'Donnell과 Grossman(1979)은 Galveston 지남력 및 기억력 상실 검사(GOAT)를 개발했는데, 이는 특히 외상성 뇌손상을 가진 환자의 기억상실을 평가한다. GOAT는 1일 단위로 실행될 수 있으며 지남력과 회상능력과 관련된 표준화된 질문들로 구성되어 있고, 100점에서 시작하여 실수가 있을 때 감점이 이루어진다. 연구 결과, 부적절한 인지처리 능력 때문에 75점 이하의 점수를 받은 환자에게 심리측정검사는 적절하지 않다고 제시되고 있다. 비록 GOAT와 유사한 몇 가지 측정도구가 있지만, 외상성 기억상실로부터 벗어나는 과정에서 주의와 기억의 변화를 탐지하기 위하여 세부적이고 정교한 검사 체계들이 개발되어야 한다.

일단 외상성 뇌손상 환자가 기억상실에서 벗어났을 때, 뇌수종이나 출혈과 같은 이차적 신경학적 합병증이 일어나지 않는다면 대체로 외상 초기 기억상실 상태로 되돌아가지는 않는다. 하지만 종종 뇌졸중 환자들은 초기 회복 단계에서 매일 인식에 심각한 혼란이 나타난다. 이러한 현상을 일몰(sundowning)이라 하는데, 환자들은 낮 동안에는 합리적인 지남력을 가지고 있지만, 밤이 되어 피로가 생기게 되면 지남력 손실, 혼동 또는 흥분 상태가 발생한다. 재활심리학자는 이러한 상태를 관찰하고 치료를 위한 최상의 시간 및 지속 기간을 검증하는 데 도움을 줄 수 있다. 각성 수준이 낮은 환자들에게는 항우울제와 리탈린(Ritalin)[3]을 함께 복용하도록 하며, 재활심

1) 역자 주: 지남력(orientation)이란 현재 자신이 놓여 있는 상황을 올바르게 인식하는 능력을 말한다. 올바른 지남력을 갖기 위해서는 의식, 사고력, 판단력, 기억력, 주의력 등이 유지되어야 한다.

2) 역자 주: 반측 무시(semi-neglect)란 두정엽 손상으로 인한 공간적 기능 결손을 말한다. 말초운동 및 감각신경의 손상과 상관없이 손상된 대뇌반구의 반대편 공간과 신체의 지각이 감소된 상태로, 환자들은 마치 그 시야 세계가 존재하지 않는 듯 반응하게 된다.

3) 역자 주: 우울증 및 주의력결핍 과잉행동장애(ADHD) 치료제로, 도파민 분비를 촉진시켜 집중력을 강화시킨다.

리학자는 행동적 효과를 수치화할 수 있다.

각성은 ① 아주 빨리 발생하는, 수의적 통제하에서 이루어지는 단계적 변화, ② 전형적으로 느리게, 불수의적으로 발생하는 강직성 변화 등의 생리학적인 상태로 구분될 수 있다. 단계적 변화는 큰 소음이나 날카로운 고통에 대한 즉각적인 반응을 예로 들 수 있다. 각성 수준이 낮은 환자들은 이와 같은 외부 자극에 대한 반응이 결여되어 있다. 예를 들어, Glasgow 코마 척도를 통해 단계적 변화에 속하는 외상성 뇌손상 환자의 각성 상태를 결정할 수 있고, 뇌손상 정도에 대한 등급을 매기기 위해(3~8점은 심한 외상성 뇌손상, 9~12점은 중간 정도의 외상성 뇌손상, 13~15점은 가벼운 외상성 뇌손상을 가리킨다) 집중치료실에서 환자를 평가할 수 있다(Teasdale & Jennett, 1974).

경계에 대한 강직성 변화는 환자의 미세한 수준에 대한 능력에 영향을 미칠 수 있고, 신진대사의 변화는 다른 요소들과 함께 강직성 경계에 영향을 미칠 수 있다. 예를 들어, 과도한 피로, 현저한 우울, 높은 불안 수준은 각성의 감소를 가져온다. 마지막으로, 지속된 주의, 장시간 동안 외부 자극을 탐지하는 환자의 능력 또한 강직성 경계의 한 부분으로 고려될 수 있다. 지속적 주의 정도는 행동재활치료에 영향을 미친다.

(2) 선택적 주의

선택적 주의(selective attention)는 정보처리 과정에서 우선권을 두는 능력이다(Kornhuber, 1984). 신경학적으로 손상된 환자는 우선권을 정하는 능력이 결여되어 있고, 이는 부주의를 이끌 수 있다. 이와 같은 환자들은 열쇠가 딸랑거리거나 엘리베이터 문이 열리는 것과 같은 배경 소음에 방해를 받는다. 손상 이전에 환자는 선택적으로 이러한 배경 소음에 주의를 빼앗기지 않을 수 있다. 따라서 신경심리학자의 역할은 배경 자극보다 목표 자극에 주의를 기울이는 환자의 능력을 평가하는 것이다.

Shiffrin과 Schneider(1977, 1984)는 선택적 주의와 관련된 두 가지 처리 유형을 제안했다. 자동화된 처리 과정은 숙달된 선택 기제에 기초하여 작동하고 대부분의 사람에게서 현저한 방해 없이 발생한다. 통제된 처리 과정은 환자의 주의나 의식적 지각을 필요로 한다. 뇌손상은 이 두 처리 과정에 다르게 영향을 미칠 수 있다. 영어를 사용하는 환자가 다른 환자와 치료자가 영어로 대화하는 방에 같이 있을 때는 과도하게 방해를 받기 때문에 자신의 대화에 집중하는 데 어려움을 가질 수 있다. 이것은 그 환자가 통제된 처리 과정 중에 가지는 새로운 문제일 것이다. 만약 그 방에서 동시에 발생하는 대화가 그 환자가 이해하지 못하는 언어로 이루어진다면 방해는 감소될 수 있다. 하지만 방해가 유사한 강도로 일어난다면 자동화된 처리 과정에서의 문제를 일으킬 것이다.

숙달되거나 자동화된 처리 과정에 의해 야기되는 이러한 방해를 평가하는 전형적인 방법은 Stroop 색깔단어명명검사다(Lezak, Howieson, & Loring, 2004). 이 검사는 다양한 버전이 있지만, 전형적으로는 다음의 세 가지 유형 중 하나 이상을 포함한다. 첫째, X나 동그라미가 여러 다른 색으로 인쇄되어 있고, 환자는 색 이름을 말해야 한다. 둘째, 색 이름이 검은 잉크로 인쇄되어 있고, 환자는 그 단어를 말해야 한다. 셋째, 색 이름이 다른 색으로 인쇄되어 있고, 환자는 인쇄되어 있는 글자를 무시하고 인쇄된 색을 표현하도록 지시받는다(예: '초록' 이라는 단어가 파란색으로 인쇄되어 있고, 환자는 '파랑' 이라고 말해야 한다). 두 방해 자극 범주는 분리되어야 한다. 그러므로 Stroop 색깔단어명명검사는 선택적 주의와 반응 간섭을 평가한다(Kahneman & Treisman, 1984; Neumann, 1984).

Shiffrin과 Schneider 모델과 매우 밀접하게 연관되어 있는 검사는 Ruff 선택적 주의검사다(Ruff & Allen, 1996). 이 소거검사에서 환자는 줄지어 있는 방해 자극들 가운데서 목표 숫자인 2와 7을 식별하도록 요구된다. 자동적 탐지 상태에서는 이 방해 자극들이 알파벳 글자로 이루어져 있지만, 통제된 처리 과정 상태에서는 2와 7이 다른 숫자들 사이에 둘러싸여 있다. 다른 숫자 사이에서 2와 7을 식별하는 것은 일반적으로 글자 사이에서 2와 7을 식별하는 것보다 더 느리다. 이 검사는 5분이 소요되기 때문에, 이는 지속된 주의에 대한 평가를 가능하게 한다. 우뇌 손상 환자는 일반 환자 및 좌뇌 손상 환자보다 선택 및 지속된 주의 영역에 영향을 받는다(Ruff, Niemann, Allen, Farrow, & Wylie, 1992).

(3) 노력, 자원 배분 및 처리 속도

재활 과정에서 환자의 노력 결여는 행동 개입의 효과를 감소시킬 수 있다. 가용한 환자의 정신력은 매일 그리고 상대적으로 짧은 시간에 걸쳐 변화될 수 있다. Posner (1975)는 정신력의 구성 요소로서 자원, 능력 그리고 노력을 언급했다. 대부분의 신경학적 손상을 입은 사람은 지속적으로 피로와 싸우고 있다. 따라서 재활심리학자는 다양한 치료 방식과 관련해서 환자의 사용 가능한 에너지 수준을 평가할 필요가 있다. 몇몇 경우에 시간이 정해진 검사들은 환자의 자원능력에 대한 강력한 척도가 될 수 있다. 종종 Wechsler 기억검사 제3판(Wechsler Memory Scale-Third Edition: WMS-III)의 하위검사(예: 숫자 외우기, 바꿔 쓰기)가 사용될 수 있다(Wechsler, 1997). 특히 감각운동 결함이 없는 환자의 경우에 시간이 정해진 검사는 자원 배분 및 노력을 정확히 평가해 낼 수 있다.

선추적 AB검사(Trails A and B Test)는 가장 빈번하게 사용되는 도구 중 하나다(Lezak, Howieson, & Loring, 2004). 추적 A에서는 일정한 순서대로 배열하는 것을 평가하는데, 환자는 각 동그라미 안에 쓰인 숫자를 차례로 선을 그어 연결하도록 지시받는다(예: 환자는 1과 2, 2와 3을 연결한다). 동그라미는 종이 한 장에 임의로 배열되어 있다. 추적 B에서 환자는 숫자뿐만 아니라 알파벳 글자 또한 연결함으로써 일정한 순서대로 배열하고 교대하도록 지시받는다. 즉, 숫자 1이 적힌 동그라미를 알파벳 글자 A가 적힌 동그라미와 연결하고, 그 후 숫자 2가 적힌 동그라미와 연결하며, 그다음에 알파벳 글자 B가 적힌 동그라미와 연결한다.

인지검사(Cognistat)의 하위검사는 인지능력이 낮은 환자를 평가하는 데 도움이 된다(Keirnan, Mueller, Langston, & Van Dyke, 1987). 이 하위검사에서는 세 가지 다른 물체(예: 펜, 몇 장의 종이, 열쇠)가 환자의 앞에 놓인다. 환자는 그다음에 종이 집기, 바닥 가리키기, 평가자에게 열쇠 건네기 등의 간단한 지시를 수행하도록 요구되고, 다음으로 2, 3단계 지시가 이어진다. 만약 환자가 2단계 지시만 수행할 수 있다면, 재활 팀은 필연적으로 환자의 능력에 맞게 지시를 바꾸어야 한다(예: 3단계 이상의 지시를 피하기).

기존 문헌에서 '노력'이라는 용어는 결과에 대한 평가뿐만 아니라 피드백을 통합하는 모니터링 과정으로 기술할 수 있다. Norman과 Shallice(1986)는 이러한 단위를 '주의 감독 체계'라고 주장하였고, 이는 Baddeley(1986)의 '작업기억' 모델에 포함되어 있다. 작업기억은 모든 정보가 영구적으로 저장되지 않고, 동시 발생적으로 통합되고 처리될 수 있는 정보다. 예를 들어, 신경심리학자가 보고서를 쓰고 있고, 모든 원점수 자료와 의학적 기록이 그녀의 책상에 놓여 있다면, 그녀는 작업기억을 이용하고 있는 것이다. 만약 그녀가 다음 날 동료로부터 검사 결과에 대한 보고를 부탁받았고 그녀 앞에 이러한 자료가 없다면, 많은 세부적인 요소가 기억되지 못할 것이다. 그러므로 작업기억은 많은 양의 정보를 동시 발생적으로 우선 순위를 결정하여 처리하게 한다. 어떤 의미에서 노력과 자원 배분은 시간, 맥락 그리고 정보 처리의 복잡성에 의존한다. Norman과 Shallice는 일과를 비일상적인 방식과 구별하면서, 개인이 복잡한 과제를 통제할 때에는 주의 감독 체계(SAS)가 관련된다고 소개하였다. 과제가 좀 더 비일상적인 것이 되면 SAS에 대한 요구는 증가한다. SAS의 기능장애는 새로운 경험을 다루는 것에 대한 어려움을 초래할 수 있다(Shallice, 2002).

각성과 경계, 선택적 주의, 그리고 노력, 자원 배분 및 처리 속도에 대한 더 자세한 설명은 Niemann과 동료들(1996)의 연구를 참조할 수 있다.

2) 기억과 학습

기억과 학습은 신경학적 손상을 가진 환자에게 가장 빈번하게 영향을 미치는 인지 기능이다. 재활에 있어서 기억과 학습에 대한 평가는 신경행동학적 중재의 기초가 되기 때문에 중요하다. 그러므로 환자가 일상생활의 정보를 기억할 수 있는지를 평가하는 것은 적절한 치료 방식을 결정하기 위해 필수적이다. 기억의 다양한 구분 방법이 문헌에서 제안되고 있는데, 이는 단기기억 및 장기기억, 최신 기억 및 원기억, 그리고 서술적 기억 및 절차적 기억이다. 재활에서는 서술적 기억과 절차적 기억의 구별이 중요하지만, 최신 기억 및 원기억의 차이점을 먼저 다루도록 한다.

원기억은 신경학적 손상 이전으로부터의 정보다. 보통 오래된 정보는 좀 더 구체적이어서, 치매 초기 단계에 있는 환자일지라도 이 정보에 대한 접근이 용이하다. 최신 기억은 신경학적인 발병 이후에 저장된 정보이고, 종종 원기억보다 현저하게 손상을 받는다. 단기기억과 장기기억은 기억과 관련된 시간 변수를 확인하기 위하여 사용되는 다른 용어다. 단기기억은 개인이 최고 15분까지를 기억할 수 있는 정보인 반면, 장기기억은 15분 이상(최고 몇 년 동안) 보유될 수 있는 정보다.

재활에서 가장 유용한 구분법은 Squire(1987)에 의해 제안된 서술적 기억 및 절차적 기억이다. 서술적 기억은 환자에 의해 특별히 회상되거나 인식되는 데 필요한 정보다(치료자의 이름, 약 복용 시간). 반대로 절차적 기억은 운동이나 정신 능력의 습득을 지칭한다(예: 휠체어 사용법 배우기, 우세 손이 마비된 경우의 밥 먹기와 같은 다양한 과제를 위해 반대 손의 사용법을 습득하기). 서술적 기억은 해마를 포함한 중앙 측두부와 연관되어 있는 반면, 절차적 기억은 대뇌 피질의 어떤 특정 부위와도 연관되어 있지 않다. 따라서 전반적인 치매 환자라고 할지라도 절차적 기억은 상당히 보존되어 있다. 이러한 구별은 다양한 학문 분야에 의해 성취될 수 있는 '습득'에 명백히 영향을 미치는데, 작업치료사와 물리치료사는 절차적 기억능력에 의존하는 새로운 운동 순서의 습득을 장려하는 반면, 언어치료사는 서술적 기억을 요구하는 인지 관련 치료 기법을 소개하기 때문이다.

신경심리학자는 청각-언어적 그리고 시공간적 정보를 처리하는 환자의 능력을 평가한다. 좌뇌 손상을 입은 오른손잡이 환자들은 언어 정보의 습득 및 저장에 어려움을 겪는다. 반대로 우뇌는 시공간 정보의 습득 및 저장을 담당한다. 그러므로 전문가는 청각-언어 및 시공간 능력을 분리하여 평가하는 기억 및 학습 검사를 선택해야 한다.

기억과 학습 과제에는 차이점이 있다. 기억은 어느 순간에 일반적으로 존재하는 정보의 보유이며, 측두엽 손상에 부분적으로 취약하다. 하지만 다양한 시도를 통하여 습득되는 정보인 학습은 전형적으로 측두엽 및 전전두엽 구조 모두를 포함한다.

지금부터는 흔히 사용되는 언어 기억 및 학습 검사에 대해 검토할 것이다. WMS-III (Wechsler, 1997)를 포함한 많은 검사는 다양한 유형의 언어 기억을 평가한다. WMS-III는 언어 기억 측정에 흔히 사용된다. 질적인 분석은 ① 최신 대 잠재 효과, ② 보존된 이야기 대 의미론적 연관성 없이 회상되는 내용을 포함한다. 언어학습검사는 주로 환자에게 여러 번의 시도 후에 단어 목록을 학습하도록 한다. 주요 검사는 선택적 연상검사(Selective Reminding Test; Buschke & Fuld, 1974), 캘리포니아 언어학습검사(California Verbal Learning Test; Delis, Kramer, Kaplan, & Ober, 1987), 그리고 Rey 청각언어학습검사(Rey Auditory Verbal Learning Test; Lezak, Howieson, & Loring, 2004)다. 이 검사에서는 이야기 및 단어 목록 학습 모두에 대해 즉각적인 회상을 평가할 뿐 아니라 지연된 회상을 평가한다. 즉, 초기 회상 30분 후에 장기기억을 평가하기 위하여 환자는 그 이야기와 단어를 회상하도록 요구된다. 장기기억을 평가하기 위하여 짧은 이야기에 대한 지연된 회상을 단어의 회상과 구별하는 것이 중요하다. 즉, 환자는 여러 번의 기회 동안 단어 목록에 노출되어 있었기 때문에, 짧은 이야기에 대한 감퇴는 단어 목록에 대한 감퇴보다 더 현저하다. 여러 시도를 통하여 이 정보는 느리게 학습하는 몇몇 환자에게 결국 부호화되며, 회상은 보존될 수 있다. 그러므로 선택적 연상검사(10번의 시도로 구성되어 있음)에서 12개의 단어를 학습할 수 있는 환자는 여전히 30분 후에 10~12개의 단어를 자유롭게 회상할 수 있을 것이다. 이러한 단어검사의 대부분은 지연된 재인 구성 요소를 가지고 있고, 전기억상실증(global amnesia) 환자라고 하더라도 객관식 형태의 재인은 전형적으로 보존되기 때문에 대체로 영향을 받지 않는다. 즉, 환자가 지연 후에 많은 단어를 자유롭게 회상할 수 없다고 하더라도, 객관식으로 주어진다면 그 환자는 결국 정답을 선택한다. 기억과 학습 평가는 신경심리학자가 부호화 문제(주의에 의해 영향을 받을 수 있다)와 저장 및 복구 문제를 구분할 수 있게 한다.

Rey 복합도형검사(Rey Complex Figure Test)는 가장 흔하게 적용되는 시공간 기억 검사 중 하나다(Lezak, Howieson, & Loring, 2004). 환자는 기하학적인 도형을 묘사하도록 요구되고 3~30분 후에 같은 도형을 회상하도록 요구된다. 채점은 크기 및 비율에 관해서 형태의 배치를 보고, 특정 세부 사항이 보존된 정도를 평가한다. WMS-III 또한 시공간 기억 구성 요소를 포함한다. 그러나 구성 불능증(그리기를 방해할 수 있다)은 그리기에 영향을 줄 수 있다.

시공간 학습검사는 상대적으로 불충분할 수 있다. 그러나 Ruff 빛추적 학습검사(Ruff Light Trail Learning Test: RULIT; Ruff & Allen, 1999)는 시각적 통찰력이나 눈-손 협응에 의존하지 않는 방법으로 시공간 학습을 평가한다. 여러 선으로 연결된 임의 배열되어 있는 점 안에서 15단계의 추적이 학습되고 10번의 기회가 제공된다. 평가자는 15단계의 추적에 대해 환자에게 가르친다. 또한 학습 곡선이 형성된 후 장기기억을 평가하기 위해 지연된 회상 구성검사가 있다. RULIT는 우뇌의 전측두 영역 손상에 민감한 반면, 좌뇌의 손상은 이 검사 수행의 현저한 감소에 영향을 미치지 않는다(Ruff & Allen, 1999).

특별히 고령의 환자를 위해 고안된 Fuld 대상기억평가(Fuld Object Memery Evaluation; Fuld, 1980)는 다양한 양식에 따라 기억을 평가한다. 여러 물체(예: 공, 열쇠, 가위)가 큰 가방에 들어 있고 이는 만져 봄으로써 확인할 수 있는데, 그 후 가방에서 꺼내어 피드백을 제공한다. 간단한 간섭 지연 후에 4차례의 시도를 통하여 물체들이 회상되며, 물체들이 적절하게 회상되지 않은 경우에는 이를 상기시킨다. 이 검사는 촉각적인 부호화가 없는 단어 목록보다 쉬운 것으로 생각된다.

3) 실행기능

재활신경심리학의 주요 목표는 ① 독립적으로 기능하는 환자의 능력을 제한하는 결함을 확인하고, ② 재활의 가능성을 제한하는 결함을 확인하며, ③ 이용 가능한 보상기능을 확인하는 것이다. 평가자 및 치료자는 환자의 손상된 전두엽 기능이 어느 정도로 일상생활에 영향을 미치는지 자세히 분석 · 평가해야 한다. Stuss(1999)는 전두엽 기능장애가 행동에서 가변성의 증가를 초래한다는 것을 증명하였다. 유익한 신경심리평가는 신경행동 기능장애의 다른 요소들을 분류하는 여과기로서 기능한다. 재활신경심리학에서 평가는 색채 시각, 좌측 무시 또는 청각 이해 같은 능력에서의 손상이 특정한 검사 수행에 어떻게 영향을 미치는지를 고려한다. 재활심리학자가 신중하게 검사를 선택하고 실어증, 기억상실증, 운동 속도와 같은 상태가 검사에 미치는 영향을 충분히 고려할 때, 전두엽 기능의 상태를 추론하는 것이 가능하게 된다(Ruff, Evans, & Marshall, 1986). 검사를 받는 특정 환자와 이용 가능한 검사 규준을 적절히 결합하는 것은 전두엽 기능에 대해 추론하는 과정의 부분으로 고려되어야 한다.

재활신경심리학에서 주로 이용되는 검사는 안와 전두엽 병변으로 인한 행동적 발현에 민감한 것으로 보이지는 않는다(예: Stuss & Benson, 1984). 안와 전두엽은 흔히 행동의 탈억제 및 성격 변화와 관련되어 있다. 이러한 성격 변화는 개인이 가지고 있는 성격 구조와 겹쳐진다. 안와 전두엽 체계가 일상의 기능에 영향을 미치는 정도는 환자의 손상 이전 자기 통제 수준의 기능 및 다른 사람에게 미치는 환자 행동의 영향력에 대한 민감성과 관련이 있다. Stuss(1999)는 어떻게 전두엽과 변연계의 연결이 의사결정에 영향을 미치는 정서적 표시를 제공하는지 설명하였다.

환자의 행동을 관찰하고 오랜 시간 동안 가족들과 이야기를 나누는 재활신경심리학자는 어떻게 환자의 정서적 반응 패턴이 변화해 왔는지를 알아낼 수 있다. 환자가 전두엽 기능 손상의 결과로 인한 자신의 행동 변화에 대해 얼마나 잘 인지하고 있는지를 결정하는 것은 환자의 병력, 검사 결과 그리고 관찰의 통합을 필요로 한다. 전두엽 기능의 손상이 대인관계와 생활양식에 미치는 영향에 대한 상세한 체계화는 환자와의 여러 차례의 만남을 통해 이루어질 것이다.

(1) 개념 형성

신경심리학자는 개념 형성(concept formation)을 평가하기 위해 많은 검사를 사용한다. 그러나 이용될 수 있는 가장 기본적인 검사는 위스콘신 카드분류검사(Wisconsin Card Sorting Test)다. 위스콘신 카드분류검사를 자세히 설명하기 전에 몇몇 대안적인 측정도구를 먼저 확인하도록 한다. Reitan과 Wolfson(1993)은 Halsted-Reitan 검사의 부분인 범주검사를 개발했는데, 이 검사는 208개의 시각적으로 표현된 항목으로 구성되어 있다. 첫 번째 여섯 세트 검사 항목은 다양한 요소에 따라 구성되어 있고, 일곱 번째 세트에서는 환자가 이전 세트를 회상하는 것을 평가하도록 되어 있다. 범주검사는 추론이 필요한 일련의 규칙에 근거하여 개념을 형성하는 환자의 능력을 평가하는 것이다. 예를 들어, 다섯 번째 세트에서는 기하학적 모형이 실선 및 점선으로 구성되어 있는데, 실선으로 된 부분이 올바른 개념이다. 208개의 문항을 따라, 점수는 개념 형성과 관련하여 실수의 횟수를 통해 채점된다. 개념 형성을 평가하기 위해 사용될 수 있는 다른 검사는 Raven 누진항렬검사(Raven's Progressive Matrics; Raven, 1960)다. 이 검사는 문화적인 편견이 거의 없이 지적 기능을 평가하기 위해 고안된 다지선택형 지필검사로 잘 알려져 있다. 과제는 추론이 필요한 규칙 및 기하학적 도안에 기초를 둔 개념 형성에 의존한다.

위스콘신 카드분류검사는 전두엽 기능과 관련된 검사로 가장 잘 알려져 있다. 이 검사는 환자가 각각의 카드를 분류했을 때 평가자에 의해 제공되는 피드백으로부터 ('맞음' 또는 '틀림') 분류에 대한 원리를 추론하는 환자의 능력을 요구하는 카드 분류 검사다. 검사 진행 동안에 환자는 간단한 문제해결 전략에서 다른 전략으로 바꾸기 위하여 이 피드백을 사용한다. 위스콘신 카드분류검사는 다양한 점수를 산출한다. 이 검사를 통해 환자가 보이는 반복된 반응들은 전두엽과 관련된 경우와 그렇지 않은 경우를 구별하는 데 효과적이라고 생각된다(Pendleton & Heaton, 1982).

위스콘신 카드분류검사에 대한 수행이 전두엽의 기능과 관련이 있는지를 결정하기 전에 재활신경심리학자는 색맹, 피로, 좌측 무시, 청각 지각력의 손상을 포함한 다양한 변수가 환자의 검사 수행에 미치는 영향을 먼저 배제해야 한다. 재활 환경에서 신경심리학자는 위스콘신 카드분류검사에서 사용되는 전략의 유형에 민감한 인지치료 과제에 환자가 노출되어 있었는지를 고려하는 것이 필요하다. 이러한 노출은 위스콘신 카드분류검사 과제가 전두엽보다 더 뒤쪽의 뇌 영역과 관련 있도록 만들 것이다. 신경심리학자는 위스콘신 카드분류검사를 처음 실행했을 때 가장 효과적이라는 것을 기억해야 한다. 이 검사의 첫 번째 실행은 아마도 전두엽 기능을 가장 명확하게 나타낼 것이다. 위스콘신 카드분류검사를 재실시했을 때는 이를 어떻게 해석하는지에 대해 신중하게 고려해야 한다.

전두엽의 기능을 측정하는 방법으로 위스콘신 카드분류검사를 이용하는 것은 많은 논란의 주제가 되어 오고 있다. 그러나 Stuss(1999)는 전두엽 중앙 하위 부분에 병변을 가진 환자를 제외하였을 때, 전두엽 병변에 대한 위스콘신 카드분류검사의 표준화된 실행에 대한 민감성이 증명될 수 있다고 주장하였다. 위스콘신 카드분류검사의 첫 번째 실행이 전두엽 기능에 대한 특정한 정보를 제공한다는 것을 가정했을 때, 재활에서 환자의 회복 과정 동안 언제 이 검사가 실행되어야 할지를 고려해 볼 필요가 있다. 임상신경심리학자는 재활 환경에서 환자를 위해 무엇이 가장 중요한 질문인지 주의 깊게 고려할 필요가 있고, 그다음 이 특별한 질문에 초점을 맞추기 위해 위스콘신 카드분류검사가 실행되어야 할 가장 적절한 순간을 선택해야 한다.

위스콘신 카드분류검사를 수행하고 있는 환자에 대한 행동 관찰은 재활신경심리학자에 의해 제공되는 진단 체계화의 질적 정확성에 기여할 수 있다. 예를 들어, 위스콘신 카드분류검사 시 충동적인 반응으로 빠른 산출을 보이는 환자의 경우는 행동관찰을 통해 인지 과제를 수행하는 데 많은 시간을 가지도록 하는 유용한 권고 사항을 제공할 수 있다. 몇몇 환자는 정확하게 위스콘신 카드분류검사의 원리를 언어화할 수 있지만, 검사를 수행할 때 이러한 원리를 정확하게 적용하는 것에 실패하는 언어-행동 분리를 나타낼 수 있다. 이러한 어려움에 대한 관찰을 통해, 재활신경심리학자는 환자가 인지적 도식과 행동 산출을 연결하는 것을 돕기 위한 권고 사항을 제안할 수 있다.

위스콘신 카드분류검사에서 많은 행동 반응에 결함이 있는 환자는 일상생활에서 인지적인 융통성의 부족을 나타낸다. 따라서 위스콘신 카드분류검사의 결과는 가정에서 직면할 환자의 변화에 대해서 가족 구성원들을 교육하는 데 사용할 수 있다. 이 검사의 수행에 결함이 있는 환자는 종종 다른 사람의 관점으로부터 그 문제들을 지각하는 능력의 감소를 보인다. 위스콘신 카드분류검사의 수행은 심리치료 및 치료집단에서 일어나는 과제의 기초가 될 수 있다.

위스콘신 카드분류검사는 실행기능의 한 측정도구로서 범주검사와 함께 논의되기도 한다. 그러나 이 두 검사는 실제로 상당히 다른 측면을 가지고 있으며, 임상평가에서 다른 정보를 제공한다. 위스콘신 카드분류검사는 범주검사보다 중추적 전두엽 손상을 가진 환자를 식별하는 데 좀 더 정확한 정보를 제공한다(Pendleton & Heaton, 1982). 이것은 시공간적 자극에 대한 새로운 개념 형성 및 논리적인 분석을 포함하는 범주검사의 특성에 비추어 볼 때 놀라운 일이 아니다. 더욱이 범주검사의 하위검사들은 분명하게 구별되며, 범주검사는 반응 세트를 효과적으로 변경하는 능력을 요구하지 않는다. 위스콘신 카드분류검사는 재활에서 치료계획과 관련된 여러 점수를 산출한다. 예를 들어, 위스콘신 카드분류검사에서 세트를 유지하는 것에 대한 여러 번의 실패는 아마 실제 상황에서 의도된 과제를 착수하는 능력의 어려움을 나타낼 것이다. 이 검사는 신경심리학자가 적절한 치료를 알아내도록 돕는 데 유용하다.

(2) 관념적 유창성

언어적 · 비언어적 관념적 유창성(ideational fluency) 검사는 반복 없이 빠르게 반응을 유도하기 위하여 환자가 전략을 사용하는 것을 요구한다. 이러한 검사는 환자에게 다음과 같은 능력을 요구한다.

- 전략을 바꿀지를 결정하기 위해 생산의 효율성을 감독하는 능력
- 반복적이거나 방해가 되는 반응들의 생산을 억제하는 능력
- 과제 지속 기간 동안 주의를 회복하고 유지하는 능력

초기 재활 과정에서 환자는 유창성 검사 수행 시 주의를 유지하고 집중하는 데 어려움을 보이기도 한다. 하지만 일단 환자가 일관적으로 각성을 유지하고 주의를 집중할 수 있게 되면, 유창성 과제의 성공적인 수행을 위한 기본적인 원리는 전두엽의 통합기능을 통해 이루어지는 것으로 생각된다(Ruff et al., 1986).

언어 및 도안 유창성의 측정은 정상적인 통제집단과 중간 정도에서 심한 정도의 두부(頭部) 손상 환자를 신뢰성 있게 구별할 수 있다는 것이 증명되어 오고 있다(Ruff et al., 1986). 같은 연구에서 심한 두부 손상 환자는 유창성 검사에서 더 많은 정도의 손상을 보인다는 것이 증명되어 왔다. 유창성 과제는 집단의 차이점을 탐지하기 위해 이용될 수 있는 가장 민감한 검사라는 것이 밝혀졌다. 이것은 임상적인 경험과도 일치하는데, 유창성 검사는 전두엽 기능을 평가할 때 이용되는 민감하고 의존적인 측정 방법이라고 볼 수 있다. 많은 연구자는 언어적 · 비언어적 유창성 사이에 특정한 해리 상태가 있다는 것을 보여 주는 연구들에 공헌해 왔다(예: Stuss & Benson, 1984). 언어적 · 비언어적 유창성 사이의 그리고 좌측 전두엽 대 우측 전두엽 손상 사이의 이중 해리 상태는 편재화된 전두엽 손상을 감지하기 위하여 유창성 검사를 이용하는 것을 가능하게 한다(Ruff, Allen, Farrow, Niemann, & Wylie, 1994).

비언어적 유창성 과제는 신경심리학 실험에서 긴 역사를 가지고 있다. 1977년에 Jones-Gotman과 Milner는 우측 및 좌측 중앙 전두엽 손상 집단을 모두 연구하였다. 연구자들은 우측 중앙 전두엽 손상 환자가 단어 유창성에는 거의 결함이 없었지만 도안 유창성에 심한 결함을 가지고 있는 것을 증명했다. 좌측 손상 집단은 언어 유창성에 현저한 결함이 있었지만 도안 유창성에는 거의 결함이 없었다. 다른 도안 유창성 검사는 미네소타 대학 건강과학센터에 있는 Meier 박사의 신경심리학 실험실에서 개발되었다. Ruff 도안유창성검사(Ruff Figural Fluency Test)는 나이와 교육 수준 모두의 효과를 고려하도록 규준화되었다는 장점을 가지고 있다(Ruff, 1996). 이 검사는 총 5회로 이루어져 있고 각각 1분의 시간이 주어지는데, 환자는 각각의 시도에서 여러 도안이나 패턴을 산출한다. 한 장의 종이에 5×7 배열로 된 35개 점의 행렬을 이용하여 환자는 여러 도안을 산출하려고 시도할 것이다. 각각의 검사 시작 전에는 세 번의 연습 문항이 주어진다. 약간의 변화라도 환자가 이용하는 생산성 및

전략에 영향을 줄 수 있기 때문에, Ruff 도안유창성검사의 모든 지시 사항은 매뉴얼에 제시되어 있다. Ruff와 동료들(1986)은 심한 뇌손상을 가진 환자 집단이라고 할지라도, 운동 속도가 도안 유창성에서의 감소를 완전히 설명할 수는 없을 것이라는 것을 증명했다. 또한 그들은 기억 및 도안 유창성 사이의 현저한 상관관계를 찾는 것에 실패했다. 그러므로 운동 속도와 기억상실증은 유창성에 현저한 영향을 미치지 않는 것으로 나타났다. 초기의 연구 역시 Ruff 도안유창성검사가 비우측 전두엽 실험자로부터 우측 전두엽 실험자를 구분하는 데에서 85%의 정확도로 분류해 냄으로써 만족스러운 수준의 결과를 보였음을 증명하였다(Ruff et al., 1994). 연구자들은 우측 전두엽 병리를 가진 환자는 양측 전두엽, 좌측 또는 우측 후부 영역 손상을 가진 환자보다 훨씬 적은 도안을 산출해 낸다는 것 역시 증명했다. Ruff 도안유창성 검사는 우측(비우세한) 전전두엽 기능을 평가하기 위한 유용한 측정 방법이다. 이 검사는 환자가 전략을 변경할 수 있는지, 그리고 시공간적 형태에 대한 부적절한 반응을 억제할 수 있는지를 평가하는 데 유용하다. 아이디어 산출과 관련된 융통성의 결여가 관찰되었을 때, 이는 재활에서 치료 목표가 될 수 있다. 일단 우측 전두엽 기능이 손상된 것으로 확인이 되면 재활신경심리학자는 개인적인 의사결정, 적절한 유머, 시간이 감에 따라 건설적인 변화를 만들어 내기 위해 자신의 행동을 전망하는 능력과 같은 여러 문제를 처리하는 과정에서 융통성의 결여가 미치는 영향에 대하여 고려하여야 한다.

통제단어연상검사(Controlled Word Association Test: COWAT)는 특정 글자로 시작하는 단어를 빠르게 산출하는 환자의 능력을 요구한다. 이 검사는 c, f, l 문자를 사용하는 유형 그리고 p, r, w 문자를 사용하는 유형의 두 가지가 있다. 환자는 1분 동안 각각의 문자로 시작하는 단어를 산출해 낸다. COWAT의 두 유형은 동일한 가치가 있는 것이 증명되었다(Benton, Hamsher, & Sivan, 1994). 단어 유창성이라는 용어는 실어증에서 만들어진 유창성/비유창성과 혼동될 수 있기 때문에, 이 검사를 기술하기 위해 COWAT라는 명칭이 이용된다(Ruff, Light, & Parker, 1996a). 1996년에 COWAT는 360명의 일반 표본으로 재표준화되었다(Ruff et al., 1996a). 새로운 규준은 교육 수준과 성별의 수정을 포함한다. 실험 참가자는 6개월 후 재검사를 받았는데, 검사-재검사 신뢰도는 r=.74로 나타났으며, 첫 번째 검사에서 두 번째 검사까지 세 단어의 소규모 증가폭을 보였다. 반복 반응의 빈도와 관련된 규준화된 자료 또한 보고되었다. Ruff, Light, Parker와 Levin(1977)은 심리학적 단어 유창성 구조와 관련하여 같은 규준 자료를 분석하였고, ① 언어적 주의와 단어 지식의 결합에서 파생된 단어 유창성의 결여, ② 좌측 전두엽 손상으로 인한 단어 유창성의 손상과 같은 상태 간의 차이점을 제안하였다.

언어 유창성 검사에 관한 문헌들은 좌측 전두엽 기능장애의 민감성을 확증하는 자료들을 지속적으로 산출해 왔다. Ruff와 동료들(1986)은 폐쇄성 뇌손상을 가진 비실어증 환자들을 연구했고, COWAT 수행에서의 감소를 발견했다. 첫째, COWAT는 단순히 언어 방해로 간주할 수 없으며, 처리 과정에 있어서 융통성의 감소를 반영하는 것으로 보인다. 둘째, 기억과 유창성 수행 간에 상관관계가 없음을 발견했다. 마지막으로, COWAT의 수행은 전두엽의 온전함에 의존한다는 개념을 고안하는 데 일조하였다. 이 연구는 검사 수행 시 더 많은 손상을 보이는 것은 심한 상해와 연관이 있다는 것을 보여 줌으로써 COWAT가 폐쇄성 뇌손상 환자의 상해 정도에 민감하다는 것을 증명하였다. 공분산분석은 COWAT의 민감성이 단순히 전반적인 지적인 차이로 간주될 수 없다는 것을 증명하였다. 신경심리학자가 교육 수준, 나이, 언어 주의력의 완전함을 고려할 때, COWAT는 좌측 전두엽 기능에 대한 정확한 추론을 이끄는 데 사용될 수 있다.

여러 문헌은 일반적으로 언어 유창성과 비언어 유창성 사이에 특정한 분리 상태가 있다는 것을 제시한다(Stuss & Benson, 1984). 재활신경심리학자는 다른 검사 결과와 함께 COWAT와 Ruff 도안유창성 검사의 결과를 통합한다. 예를 들어, 양측 전두엽 손상 환자와 우측 전두엽 손상 환자는 토막 짜기(Block Design)에서 경계선 범위의 수행을 보이는 반면, 좌측 전두엽 손상 환자는 평균 범위의 수행을 보이는 것을 증명했다(Ruff et al., 1986). 검사 중에 보이는 행동의 통합된 분석을 통해, 재활신경심리학자는 시공간적인 형태와 관련하여 유창하고 융통적으로 사고하기와 같은 특정한 능력의 결함은 다양한 일상의 과제(예: 스테레오 연결하기, 책장 조립하기, 시공간을 통하여 큰 물체 옮기기)를 수행하는 기능에 손상을 줄 수 있다는 것을 인지할 수 있게 한다.

3 노력, 과장 및 꾀병에 대한 평가

재활 환경에서 신경심리학자의 중요한 역할은 환자의 증상과 검사 결과가 이치에 맞는지를 결정하는 것이다. 검사에서 환자의 결함, 행동의 출현, 그리고 환자가 보고한 병이 임상적 병력에 비해 부적절하게 심각한지에 대해서 고려하는 것이 중요하다. 몇몇 경우에 검사 및 치료 동안의 불충분한 수행은 이차적 습득에 의해 강화될 수 있다. 환자의 행동 반응은 결과에 관한 문헌 내용 및 유사한 상황에 관한 신경심리학적 자료와 관련하여 평가되어야 한다. 지난 수십 년 동안 최선의 노력을 다하여 검사 수행에 임하고 있는지 아닌지를 확인하기 위한 증상타당도 검사(SVT)에 관한 중요성이 강조되어 왔다. SVT는 전형적으로 두 가지 답 중 하나를 선택하는 질문들로 구성된 양자 택일 검사다. 양자 택일 문항으로 구성된 검사의 불충분한 수행은 검사 수행 중 최선의 노력을 하는지 그렇지 않은지를 통계적으로 분류하기 위해 사용된다. 비록 SVT가 유용한 검사도구라고 하더라도, 신경심리학자는 노력 수준이 유효한 검사 수행을 생산해 냈는지 그렇지 않은지에 대한 결과를 이끌어 내기 전에 임상 병력, 여러 시간에 걸쳐 환자에 의해 산출된 자료의 일치성, 환자의 대처 방식, 환자의 현재 정서적 상태를 고려해야 한다. 게다가 신경심리학자는 나이, 성별, 교육 수준 그리고 민족성과 관련된 변수가 환자의 특정 수행능력이 손상된 것을 판단하는 데 어떻게 영향을 미치는지에 대해 다른 치료 팀과 논의하는 중요한 역할을 한다.

국립신경심리학회(National Academy of Neuropsychology)는 증상타당도 검사의 의학적 필요성에 대한 성명서를 출판했다(Bush, Ruff, et al., 2005). 입원 환자에게 SVT의 실행은 오직 꾀병이 의심되는 환자를 위해서만 사용되도록 추천된다. 그러나 법정신경심리학평가의 측면에서 "적어도 하나의 SVT 또는 내적 증상 타당도 지표를 포함한 검사를 실행하지 못했을 때는 이를 뒷받침할 이유를 제시해야 할 필요가 있다."(p. 425) 불충분한 노력이 항상 꾀병의 신호는 아니라는 것을 주목해야 한다. 사실 노력은 일정한 것이 아니고 다른 날이나, 심지어는 검사하는 동안에도 그 정도가 다양할 수 있다. 그러므로 비협조적인 태도 및 노력의 부족이 자동적으로 꾀병을 가리키지는 않는다. 『정신장애의 진단 및 통계 편람』(American Psychiatric Association, 1994)에 따르면, 평가는 ① 타당하지 못하고, ② 확실히 의도적인 특성을 가지거나, ③ 동기가 존재할 때, 그리고 ④ 그 동기가 외부적인 요인일 때에만 꾀병으로 고려되어야 한다. 비록 앞의 세 가지 상태는 존재하지만 외부적인 동기가 확인되지 않는다면, 꾀병보다는 다른 원인을 찾아야 한다(예: 허구 질환).

4 검사 과정에서 생기는 치료적 이점

많은 환자에게 신경심리검사 과정은 재활치료의 첫 번째 단계 중 하나다. 만약 적절하게 이루어진다면 신경심리검사는 많은 임상적인 이점을 가지며, 치료 과정의 중요한 부분이 된다.

재활신경심리학자와의 면담은 환자에게 자신의 행동을 반영할 기회를 제공한다. 이러한 초기 상호작용의 일환으로 신경심리학자는 환자의 협조하는 자세를 촉진하고 기술적인 용어에 대한 의문점을 논의하도록 도울 수 있다. 이러한 상호작용은 환자의 문제가 이해할 수 있고 다룰 수 있는 것이라고 정의하는 데 도움을 준다. 즉, 초기 신경심리평가는 전반적인 재활 과정 및 결과에 긍정적인 기여를 하는 대처 지향적인 입장을 환자가 개발하는 데 도움을 줄 수 있다.

환자의 상태와 의뢰 문제가 허락한다면, 초기 신경심리검사는 인지기능에 대해 환자를 비공식적으로 교육시킬 기회를 제공한다. 그러므로 검사 과정은 중재에 관한 논리적인 토대와 회복 초기에 필요한 안전을 위한 지침을 제공하는 데 도움을 준다. 검사 과정 중에 일어나는 비공식적인 교육은 환자와 가족과의 피드백 논의 과정 동안에도 기꺼이 일어날 수 있다.

재활신경심리학자는 환자가 한 개인으로서 인정을 받았다고 느끼도록 돕는다. 바쁜 병원 환경에서 서두르는 전문가들과는 달리, 재활신경심리학자는 환자가 자신의 상태와 치료에 대한 어려움을 표현할 충분한 기회를 제공할 수 있다. 이러한 임상적 상호작용은 좌절감을 감소시키거나 재활 과정 중 발생할 수 있는 위기를 다루는 데 이용될 수 있는 라포를 형성한다. 의사가 환자의 신체 건강에 대해 진단하고 치료하는 데 책임이 있는 것처럼, 신경심리학자는 환자의 인지 및 정서적 건강에 책임을 져야 한다.

환자 가족과의 면담은 재활 팀이 가족의 경험과 어려움에 관심이 있다는 메시지를 전달함으로써 가족들이 스트레스를 경감하는 것을 도울 수 있다. 재활신경심리학자가 참신한 어떤 질문(예: 가족의 우세 손, 환자의 발병 전 대처 방식)을 하는 것은 치료 팀이 치료를 개별화하는 데 의욕적이라는 신뢰를 가족들에게 주지시킬 수 있다.

초기 신경심리검사 결과에 대한 피드백 회기는 환자와 가족이 신경심리학적 문제에 관한 건설적인 작업 모델을 만들어 내는 것을 돕는 기회를 제공한다. 재활신경심리학자가 환자의 의학적인 병력을 환자의 개인적인 발달사와 통합할 수 있다는 사실은 개별화된 치료계획이 개발되고 실행될 수 있다는 자신감을 증가시킨다. 환자의 행동에 대한 가족의 관찰을 가족력 및 검사 결과에 대한 논의와 통합하는 것은 치료 과정에 대한 가족의 참여를 높이는 데 공헌한다.

재활신경심리학자는 교육의 임상적인 효과를 증가시키기 위해 정보를 창의적으로 제공할 기회를 가지고 있다. 예를 들어, 현저한 좌뇌 손상 환자에게 재활신경심리학자는 시각적으로 처리된 정보를 검사 결과와 함께 통합하기 위하여 차트, 모델, 그리고 방사선 의사가 검사한 스캔을 이용할 것이다. 좀 더 분석적인 환자나 교육 수준이 높은 환자들에게 검사 결과에 대한 자세한 논의는 환자와 관련이 있는 문제를 정의하는 데 도움을 줄 수 있다. 초기 재활 과정에서 임상신경심리학자는 교육을 최적화하고 재활에서의 참여에 대한 동기를 강화하기 위하여 환자의 뇌기능과 관련된 지식을 이용할 수 있다.

정보의 통합자로서 재활신경심리학자는 문제를 쉬운 용어로 정의하는 것을 도울 수 있다. 환자의 가족들은 신경심리검사에 대한 초기 피드백 동안에 환자를 지지하기 위해 자신들이 가진 자원을 어떻게 효과적으로 이용할 수 있는지 도움을 받는다. 재활신경심리학자는 치료 팀이 가족이 가진 문제 특성과 이를 표현할 잠재적인 수단을 쉽게 이해하도록 도울 수 있다. 초기 신경심리검사의 이점은 재활신경심리학자가 검사 과정 동안에 환자가 나타내는 강점 및 약점에 대한 환자의 반응을 평가하는 것을 허용한다. 예를 들어, 위스콘신 카드분류검사에서의 수행에 장애가 있다는 것을 알고 이에 대해 불안함을 느끼는 환자는 이러한 문제를 도외시하는 환자보다 쉽게 의사결정과 관련된 충고를 받아들일 것이다. 환자가 자신이 가진 결함에 대해 어떻게 반응하는지에 대한 신경심리학자의 관찰은 가족의 보호하에 환자가 집으로 갈 준비가 되었는지를 결정하는 데 중요한 요소로 작용할 것이다.

5 권 고

병원 입원 초기에 발생하는 신경심리평가 결과는 주의, 기억 또는 실행기능의 문제와 연관된 결함에 대처하기 위한 권고 사항을 제공한다. 재활신경심리학자는 종종 혼란된 상태와 감소된 지각으로 인해 부차적으로 발생할 수 있는 불안을 통제하도록 돕기 위한 권고를 제공할 것이다. 이러한 권고의 첫 번째는 전형적으로 과도한 자극을 예방하기 위하여 한 번에 한두 명으로 방문자를 제한하는 것이다. 유사하게, 과도한 자극 때문에 다른 환자들과 입원실을 같이 쓰지 못하는 환자들의 경우는 그들이 급성 후 복합외상 병동(postacute multitrauma unit)이나 신경외상 병동에 있다면 좀 더 잘 기능할 것이다. 초기 신경심리학적 상담 결과는 환자가 높은 수준의 부주의, 주의를 지속하는 능력의 부족, 또는 충동 때문에 일대일 상황으로부터 이득을 얻을 것이라는 권고를 제공할 수도 있다. 전형적으로 간병인에게는 교육 및 지시가 필요할 것이다(예: 환자가 이미 불안한 상태를 보일 때 텔레비전을 보지 않도록 하거나 식사 시간 동안 자극의 양을 줄이는 것).

환자가 과도한 수준의 부주의로 인해 혼동된 상태에 있을 때, 재활신경심리학자는 외부 자극이 거의 없는 곳에 환자가 있을 수 있도록 추천하는 것이 필요하다. 상담을 통해 간호사들은 환자의 시각적인 영역의 제한을 고려하여 병실 침대를 배치하는 것에 대한 유용한 정보를 얻을 수 있다. 재활 과정의 초기 단계에서 신경심리학자는 환자가 특정한 때에 적절한 반응을 효과적으로 나타내기 위해 어떻게 언어적 · 비언어적인 신호를 고안할 것인지에 관한 유용한 권고를 제공할 것이다. 예를 들어, 좌뇌 손상 환자들은 때때로 호출 조명 장치를 이용하는 것을 기억하기 위해 그림을 이용함으로써 도움을 받을 수 있다. 전형적으로 신경학적인 문제가 있는 환자들은 일정표나 방향 지시기를 이용함으로써 도움을 받지만, 이러한 과정은 종종 바쁜 병원 환경에서 간과될 수 있다. 새로운 정보를 기억으로 통합하는 데 어려움을 겪는 환자나 단어 선택에 어려움을 겪는 환자(즉, 건망성 실어증)에게는 보통 그들의 담당 의사 목록을 문서로 준비하는 것이 적절하다. 환자를 위한 단서의 사용은 직원들이 환자에게 효과적으로 접근하는 것을 돕는다. 특정 활동을 위해 어떻게 환자를 배치할지를 결정하기 위해 병원 침대에 사진들을 붙여 놓음으로써 다른 직원과 가족을 지도할 수 있다. 심지어 초기 중환자실 치료 이후의 환경에서도 환자는 가능한 한 자신의 일상을 규칙적으로 만듦으로써 도움을 받을 수 있다. 재활신경심리학자는 적어도 한 가지의 기본적인 일과가 어떻게 성취될 수 있을지에 대해서 치료사와 간호사 사이의 대화를 촉진하는 데 도움을 준다.

재활 과정을 통하여 신경심리학자는 환자가 집으로 돌아갈 때 효과적인 처치를 위한 교육을 제공할 수 있다. 그러므로 자극을 줄이기 위해 방문자 수를 제한하도록 하는 것에 대한 초기의 논의는 가정에서 과도한 자극과 피로를 예방하는 것에 대한 논의로 이어질 수 있다. 가족은 어떻게 환자에게 최선의 자극을 제공할 것인지에 대한 지속적이고 지지적인 논의로부터 이득을 얻는다. 몇몇 난독증 환자와 가족은 음성 책 도서관을 이용하도록 하는 권고를 받기도 한다. 좌측 무시 환자들에게 시각적인 식별을 촉진하기 위하여 페이지 왼쪽에 리본을 놓아두는 것과 같은 단서를 이용하는 것 역시 치료적일 수 있다. 다양한 약을 복용하는 고령 환자의 간병인들은 가정에서 성공적으로 기능하기 위하여 환자의 신경심리학적인 결함을 고려한 알약 관리 방법에 대해 상담을 받을 수 있다. 간병인들은 연기 감지기나 일산화탄소 감지기가 작동하거나 집에서 발생할 수 있는 다른 응급 상황에서 환자가 적절하게 반응할 수 있도록 하는 단서를 제공하는 방법을 논의하는 것에 감사함을 표시한다.

경미한 폐쇄성 뇌손상 환자의 초기 개입은 신경심리학적 권고의 시의적절한 준비가 중요한 영역이다(Raskin & Mateer, 2000; Varney & Roberts, 1999). 국립 외상성 뇌손상 환자 재활건강협회가 후원한 최근의 회의(1998)에서 경미한 외상성 뇌손상은 진단을 놓치거나 초기 개입이 무시되는 경향이 많다는 결론을 내렸다. 따라서 경미한 폐쇄성 뇌손상 환자의 초기 신경심리검사가 주의/집중, 정보처리 속도, 기억, 실행기능에 초점을 두고 이러한 내용이 환자의 임상 병력과 통합되었을 때, 손상 전 활동으로의 점차적인 복귀를 위한 적절하고 잘 구성된 프로그램을 제공할 수 있다. Mittenberg, Tremont, Zielinski, Frchera와 Rayls(1996)는 신경심리학 원리에 근거한 권고가 이 진단 집단에서 과도한 질병률을 줄일 수 있다는 초기 자료를 제공하였다.

재활신경심리학자에 의해 산출된 풍부한 신경심리학적 자료는 작업치료 및 물리치료 효과를 높이기 위한 건설적인 권고를 형성하는 기초를 제공한다. 예를 들어, 즉시 자신의 일자리로 돌아가기를 원하는 좌측 무시를 가진 비통찰적인 건설 노동자를 위해 작업치료사는 바닥에 쏟아진 못들을 줍는 것과 같은 활동을 제공하라는 권고를 받을 수 있다. 문자 그대로 상당한 양의 못을 줍지 못함으로써, 이러한 활동은 지금 일자리로 돌아가는 것은 너무 이르다는 생각을 환자가 수용하게 할 수 있다. 물리치료사는 환자가 좌측 무시에 대한 즉각적인 환경적 피드백을 받기 위해 거친 지대나 저장 공간으로 빈 상자를 나르도록 하는 활동을 제공하라는 권고를 받을지도 모른다. 치료가 개인에게 의미 있는 것이 되기 위해, 그리고 통찰에 영향을 주기 위해, 인지기능에 대한 신경심리학적 자료는 병원 환경 내에서 일어날 수 있는 실제적인 개입으로 즉시 전환되어야 한다. 재활신경심리학자의 중요 역할은 신경심리학적인 자료에 근거를 둔 권고를 환자의 매일의 삶에 궁극적으로 적용할 개입으로 전환하기 위하여 환자 및 치료 팀과 함께 일하는 것이다. 예를 들어, 재활의 중반·종반 과정 동안 환자에게 이용되는 기억 보상 체계는 퇴원 후에 환자가 가장 쉽게 이용할 수 있는 방법이어야 한다(예: 일간 계획표).

재활 환경에서 신경심리평가는 각성 저하에 의한 지속적인 문제나 아주 짧은 기간 동안 주의를 지속하는 것에 대한 어려움과 관련된 문서를 산출할 수 있다. 어떤 자료는 환자가 뇌수종 평가를 받을 필요가 있다거나 활성화 약물치료로 치유될 수 있다는 권고에 기여할 것이다. 둔화된 정보처리 속도 문제를 보이거나 주의 문제를 가진 환자에게 활성화 특성을 가진 약물을 시도해 볼 필요가 있다고 권고하는 것은 합리적이다. 이와 같은 권고에 바탕을 둔 치료는 환자가 활동에 참여하는 능력이나 일하는 동안 집중하는 능력을 습득하는 데 도움을 줄 수 있을 것이다.

재활 환경에서 인지적인 강점은 보상 작용을 강화시키는 데 사용된다는 것을 명확히 하는 것이 중요하다. 예를 들어, 시각적 기억이 더 많이 보존되어 있는 환자들은 교과서의 삽화, 차트 및 도표를 재검토하는 것으로부터 더 많은 이득을 얻는 경향이 있을 것이다. 그들의 잘 보존된 시각 기억은 자료의 회상을 촉진시키는 데 이용 가능한 단서들을 제공할 수 있다. 시청각 정보의 처리 과정이 더 잘 보존되어 있다면, 그 학생을 위해 강의 노트보다는 교과서를 녹음하거나 녹음된 강의 내용을 재검토하라는 등의 권고를 할 수 있을 것이다.

신경심리검사 자료는 심리치료 회기를 효과적으로 만들기 위하여 특별한 권고 사항을 만들 때 주의 깊게 고려될 필요가 있다. 몇몇 환자는 치료 회기 동안 논의된 문제의 해결을 위하여 내용 및 전략의 개요를 문서화하는 회기를 가지는 것으로부터 이익을 얻을 것이다. 많은 환자는 치료의 후속 조치로 활동을 수행하기 위해 일일 계획표를 만드는 것으로부터 도움을 받을 수 있다. 또한 많은 환자는 대처 방법이나 자기통제와 관련된 전략에 대한 재검토가 필요할 때 이에 접근하기 위하여 일일 계획표에 전략적인 부분을 만들어 놓는 것으로부터 도움을 받을 수 있을 것이다.

6 학습장애와 관련된 신경심리학적 상담

학습장애의 신경심리평가에서 포괄적이고 신중히 과거 병력을 살펴보는 것은 아주 중요하다. 한 성인에게 이미 존재하는 학습장애의 가능성이 고려될 때 신경심리학자는 지적 수준, 그리고 시간이 감에 따라 환자의 동기 수준이 자신의 기능에 미치는 영향과 같은 변수들의 역할을 주의 깊게 고려하여야 한다. 또한 교육에서의 성공이 원가족에 의해 평가되고 지지된 것인지 고려할 필요가 있다. 환자의 병력을 조사하는 과정에서 재활신경심리학자는 여러 다른 유형의 학습장애에 대해, 그리고 발달 과정 동안 그것이 어떻게 발현되었는가에 대해 인식하고 있어야 한다. 면담을 하는 신경심리학자는 평균 또는 그 이상의 지능에서 학습장애는 아주 특별한 신경심리학적인 결함에 의해 생겨날 것이라는 사실에 주의할 필요가 있다. 학교 성적표를 습득하는 것은 존재하는 다른 자료와 관련해서 학업성취를 추적하는 시차적인 방법을 산출한다. 신경심리학자는 가족이 가진 자원이 학교와 사회에서 학습장애의 기능에서 비롯되는 불리한 영향을 경감시키도록 도움을 주었는지를 결정하기 위하여 가족의 경제적인 상태를 고려하는 것이 필요하다.

학습장애의 존재 가능성은 환자의 다른 여러 상태에 대한 효과를 평가할 때 항상 고려되어야 한다. 예를 들어, 경미한 실독증을 효과적으로 보상할 수 있는 환자를 더 이상 중증 폐쇄성 뇌손상을 가지지 않은 것으로 보는 것은 흔하다. 효과적으로 보상할 수 없는 학습장애를 가진 환자를 식별하는 것은 재활계획을 세우고 환자가 지속적으로 재활 과정에 참여하도록 하는 데 아주 중요할 것이다. 이미 존재하는 발달장애에 대해 치료 경험이 있는 환자는 재활 과정이 실패에 대한 즐겁지 못한 기억 및 계속 조사를 받는다는 느낌을 재활성화하기 때문에 재활치료에 많은 거부감을 나타낸다. 신경심리평가를 위해 의뢰된 환자를 평가할 때, 임상학자는 손상 이전 학습장애에 따른 문제와 관련된 이전 병력에 대해 민감해야 한다.

학습장애를 고려할 때, 신경심리학자는 태아기 동안 환자가 받았을지도 모르는 외상 내력에 대해서도 민감해야 한다(예: 태아알코올증후군, 어머니의 약물 사용). 환자가 발달적으로 학교에 갈 준비가 되었는지, 초기 학교생활에서의 어려움이 있는지, 그리고 다른 중요한 문제들이 있는지에 대해 논의하는 면담이 가능하다면 이루어져야 한다. 자신이 자라난 곳의 문화적 · 신체적 환경 안에서 환자가 어떻게 신체적으로 발달하였는지도 고려해야 한다. 또한 어린 시절 동안 환자에게 치료가 필요한 특정 질병이 있었는지, 그리고 지속적으로 복용했던 약물이 있었는지도 고려해야 한다.

잔존하는 주의력결핍장애를 가진 환자들의 신경심리검사 결과는 지속적으로 주의하고 집중하는 능력이 부족함을 보여 준다. 이것은 다른 능력을 측정하기 위한 검사에서 몇몇 가변성을 야기하지만, 그 능력들은 기본적으로 완전하게 남아 있을 것이다. 정보에 주의를 집중하고 처리하는 것의 실패는 학습에 영향을 미치지만, 한번 자료가 학습되면 이는 회복할 수 있는 경향이 있다(Orsini, Van Gorp, & Boone, 1988). 검사에서 나타난 지속적인 주의력의 부재는 면담 과정 동안 알아낸 환자의 발달사와 논리적으로 일치하는 경향이 있다. 이러한 환자는 학습기술 전략에 대한 지도, 인지행동심리치료 그리고 약물치료로 이득을 볼 수 있다.

성인의 학습장애 평가는 성취도 검사의 수행을 다른 능력과 관련된 검사의 수행과 비교하는 데에서 신경심리학적 전문 지식을 필요로 한다. 잔존하는 학습장애에 대한 평가에서 언어성 IQ 점수가 동작성 IQ 점수보다 항상 낮을 것이라는 과잉일반화에 의존하는 것은 적절하지 않다(Orsini et al., 1988). 비언어성 학습장애와 음소처리장애와 같이, 학습장애에는 특정한 하위 유형이 있다는 것을 고려해야 한다. Rourke(2005)는 비언어성 학습장애가 수학능력과 대비되는 잘 발달된 단일 단어 읽기와 철자 말하기로 특징지어진다고 기술하였다. 사회적으로 비언어성 학습장애는 비언어적 입력에 비해 훨씬 나은 언어적 처리 과정을 보여 준다. 음소처리장애는 수학에 비해 단일 단어 읽기와 철자 말하기에서 뒤떨어진다. Rourke(2005)는 이 집단이 사회적 맥락에서 언어 정보보다는 비언어적 정보의 사용을 훨씬 더 잘 만들어 낼 수 있음을 기술하였다.

7 결 론

이 장에서는 입원 환자의 신경심리평가에 초점을 맞추었다. 재활에서 신경심리학의 분야는 많은 도전에 직면해 있다. 첫째, 신경심리 측정검사의 타당도가 확립될 필요가 있다. 특히 주의와 실행 기능 영역에서 검사점수가 매일의 기능을 예측하는 것은 중요하다. 둘째, 재활신경심리학은 인지치료 교육을 강조할 필요가 있다. 앞으로의 연구에서는 결함의 패턴을 보상기술과 매치하는 것이 필요할 것이다. 또한 이러한 인지 재활 기법은 기능 지향적이어야 한다. 하지만 치료교육은 특정 과제와 함께 시작될 수 있는데, 이 특정 과제를 일상생활의 활동과 연결하기 위한 과제들 또한 개발될 수 있을 것이다. 셋째, 인지 · 정서 · 신체기능 간의 상호작용이 주의 깊게 확립되어야 한다. 예를 들어 신체적 · 정서적 구성 요소를 통합하는 여러 다른 종류의 통증 조절 치료가 뇌손상 환자를 위해 개발되어야 한다. 넷째, 재활심리학자는 환자의 가족이 적응하는 것을 돕기 위하여 서비스를 확장해야 한다.

Chapter 12

작업행동평가

Jeanne B. Patterson

작업 행동에 관한 연구는 일반적으로 사회와 조직 구조, 개인 특성 간의 상호 의존성에 대한 연구 분야로 정의되며(Landy, 1989, p. 4), 개인의 직업과 관련된 장단점(예: 작업을 수행할 수 있는 기술능력이나 건강 상태, 또는 작업 관련 지침을 이해할 지적 능력)을 파악하는 것은 재활 프로그램의 목적인 '고용'의 달성을 위해 반드시 필요한 요소로 여겨진다. 그래서 작업행동평가로부터 얻어진 결과는 개인이 특정 직업을 성공적으로 수행할 수 있도록 돕기 위한 재활서비스를 선정하는 데 결정적 역할을 한다.

이 장에서는 Landy(1998)에 의해 기술된 상호 의존성 관점에서 작업행동평가가 다루어질 것이다. 상호 의존적 관점에서 특정 심리검사의 결과는 기타 제반 여건을 고려해야만 개인 능력에 대한 충분한 이해를 얻을 수 있다고 볼 수 있다. 예를 들어, 작업행동평가의 결과가 개인이 특정 직업을 유지할 만한 개인적 능력을 보유하고 있다고 나올 수는 있으나, 작업도구나 기계의 디자인 차이 때문에 제한된 시간에 작업을 완료할 수 없는 경우를 가정해 보자. 이 경우에 작업행동평가를 통해 작업 완료에 필요한 기본 요건을 갖추고 있음을 알 수는 있으나, 직업 환경이나 직업과 관련된 제반 여건에 대한 정보는 파악할 수가 없으며, 이러한 점은 장애인(정신질환, 학습장애, 정신지체, 외상성 뇌손상과 같은)의 직업 성공 여부를 평가하는 데 아주 중요한 요인이 될 수 있다(Landy, 1989). 그래서 직업과 관련된 제반 여건에 대한 충분한 이해를 바탕으로 검사 결과가 사용될 때 비로소 그것은 장애인의 특정 직업에서의 성공 여부에 대한 올바른 예측을 가능하게 한다. Landy(1989)는 세 가지 또 다른 상황에 대해서도 논의하였다. 첫째, 특정 행동을 관찰하기 위해 필요한 시간의 부족으로 신뢰도가 하락하는 경우다. 둘째, 특정 작업의 변화하는 속성을 측정하지 못하는 경우다. 셋째, 직무 분석이 작업 수행도를 측정하기 위한 기본적인 틀을 만들어 주긴 하지만 작업 수행도를 측정하는 타당한 측정도구가 부족한 경우다. 이러한 문제점들은 직업평가 및 직업적응위원회(Commission on Vocational Evaluation and Work Adjustment, 2006)와 직업평가 및 측정위원회(Interdisciplinay Council on Vocational Evaluation and Assessment)의 제안에 의해 어느 정도 다루어질 수 있다(Smith et al., 1994; 〈표 12-1〉 참조).

이처럼 작업행동평가를 포함한 심리검사는 항상 제한점이 있는데, Landy(1989)에 의하면 작업 행동의 평가자는 다음과 같은 점을 항상 고려해야 한다. 즉, 평가자는 ① 다양한 행동 패턴을 관찰하기 위해 충분한 시간이 주어지기가 어려운 점, ② 다양하게 변화하는 직업 특성을 검사에 반영하기 어려운 점, ③ 검사에 필요한 타당하고 신뢰할 만한 검사도구가 부족한 점을 고려해야 한다.

1 기능, 행동 및 신체능력 검사

기능검사, 행동검사, 신체능력검사 그리고 기능능력검사라는 용어는 작업 행동을 측정하는 검사를 지칭하는 용어로 혼용되어 왔으나, 사실 검사도구를 주로 사용하는 전문가 집단이나 검사가 사용되는 목적에 따라 다소 차이가 존재하는 것이 사실이다. 기능행동검사(functional behavioral assessment)는 미국 장애인교육법(IDEA)과 관련하여 특수교육에서 행동개입 계획 수립에 필수적으로 채택되는 것이다(Scott & Caron, 2005). 기능능력검사(functional capacity assessment)는 주로 의학적인 관점에서 특정 작업 수행에 문제가 있는지를 검사하는 데 주로 사용된다(Geisser, Robinson, Miller, & Blade, 2003). 그리고 기능검사(functional assessment)는 목표로 하는 특정 행동이 주어진 환경에서 어떤 식으로 나타나는지를 검사할 때 주로 사용되며(Halpern & Fuhrer, 1984), 기능과 행동 관련 검사들은 일반적으로 내담자에 관한 더 포괄적인 이해를 돕기 위해 직업흥미검사나 지능검사와 함께 사용되어 왔다.

행동검사는 일반적이거나 특정한 목표 행동을 측정하기 위해 사용되며, 관찰자는

〈표 12-1〉 평가 지침

다음의 일곱 가지 원칙은 다양한 환경에서 최선의 검사를 수행하기 위해 추천할 수 있는 지침이다.

1. 직업 평가나 검사를 위해서는 다양한 방식의 검사도구나 접근법이 사용되어야 한다. 개인의 특성, 능력, 욕구에 대해 다양한 분야에서 검사를 진행하고, 개인의 특성을 흥미, 적성, 학습 방식 등과 같이 범주화한다.

2. 직업 평가나 검사를 통해 얻어진 정보는 다른 방식의 검사나 평가를 사용해 재평가할 수 있다. 이를 위해 사용될 수 있는 방법은 다음과 같다.
   ① 발생 가능한 여러 변수를 고려해 행동을 관찰한다. 예를 들면, 실제 작업장에서 작업 수행을 검사한다.
   ② 개인의 자기보고서를 사용한다.
   ③ 질문지나 검사지 또는 정형화된 인터뷰를 통해 재검사한다.

3. 직업평가에서 행동 관찰은 필수 요소다. 행동 관찰(예: 신체적 수행도, 사회적 특성, 인간관계, 다른 환경적 측면에 대한 고려)은 검사 과정 전반에서 일어나며, 관찰은 다음과 같이 이루어진다.
   ① 정형화 또는 비정형화된 방식으로 진행될 수 있다.
   ② 다양한 상황에서 진행될 수 있다.
   ③ 다양한 관찰자에 의해 이루어질 수 있다.
   ④ 객관적이고 편향되지 않은 방식으로 기록되어야 한다.

4. 직업 평가나 검사는 개인의 경력 개발이라는 지속적인 과정에서 이루어지는 것으로 생각할 수 있으나, 장애인의 경우 다양한 시점에서, 그리고 그 시점에서 장애인이 처한 상황에 따라 다양하게 이루어질 수 있다.

5. 직업 평가와 검사는 향후 계획을 세우고 앞으로 어떠한 서비스나 지원이 이루어져야 하는지에 대한 정보를 주는 것이기 때문에, 검사와 계획은 서비스가 제공되는 사회적 인프라와 잘 부합되어야 한다.

6. 직업평가는 다양한 사람으로부터 정보를 얻을 수 있고, 이러한 검사 결과를 어떻게 이용할지에 대해 충분한 고찰을 해야 한다. 다양한 분야의 전문가들과 동시에 의견을 교환하고 계획을 수립하는 방식 등은 검사 결과를 이용하는 데 다각적인 고려를 가능하게 한다.

7. 직업평가는 현 시점에서 타당하고 이유가 있어야 한다. 직업평가는 개인의 경력 전반, 특정 직업 또는 작업과 같은 관점에서 다양하게 다룰 수 있다.

내담자의 적응능력, 사회적 능력, 기능능력 등이 특정한 환경에서 적절히 사용되는지에 대해 관찰한다(Buros Institute on Mental Measurements, 2006, p. 1). 이 검사는 사용이 편리하고 검사 시간이 오래 걸리지 않는다는 장점이 있지만, 대부분의 행동 검사에서는 관찰자가 내담자와 어느 정도 친숙해져야 한다는 단점이 있다. 또한 특정 행동의 수준을 검사하는 도구는 일반적으로 특정 행동이 특정 상황이나 사회적 관계 속에서 어떻게 발현되는지를 측정하며, 이는 전환교육이나 지원고용 시 특히 중요하게 고려된다. 기능능력기술검사(Functional Capacity Skill Checklist)는 좋은 예로서, 학생의 능력을 이동성(대중교통 사용), 대화능력, 수용적인 문어체 사용, 인간관계 기술(지시 사항에 대한 수용성), 자기 지침(정해진 작업 공정을 따라 해 나갈 수 있는 능력), 자기관리(기본적인 일상생활 능력), 작업 인내력(특정 작업에 대한 신체적 인내력), 작업기술(정해진 작업을 수행 · 완료할 수 있는 기술과 능력)의 일곱 가지 관점에서 검사한다. 36개의 문항에 대해 '문제 없음'부터 '독립적 작업 수행 불가'의 수준까지 4점 Likert 척도를 사용하여 측정되며, 검사 결과에 따라 보조기구의 사용이 고려되기도 한다. 하지만 Power(2006)는 이러한 검사가 이미 표준화되어 광범위하게 사용되어 온 미네소타 만족도검사(Minnesota Satisfactoriness Scales: MSS), Becker 직업적응 프로파일(Becker Work Adjustment Profile: BWAP), 작업 관련 성격 프로파일 전문가 양식(Work Personality Profile-Professional Form: WPP-PF), 기능평가검사(Functional Assessment Inventory: FAI)와 같이 신뢰도나 평가자의 주관적인 관찰, 개인의 기능을 관찰할 수 있는 환경이나 상황에 제한점이 있음을 지적하고 있다.

1) 미네소타 만족도검사

미네소타 만족도검사(Minnesota Satisfactoriness Scales: MSS; Gibson, Weiss, Dawis, & Lofquist, 1970)는 1960년에 최초로 개발되었고, 1966년과 1970년에 수정된 검사로서 장애인의 직업 적응 수준을 알아보기 위해 사용된다. 28개 항목으로 구성되어 있고, 세 가지 수준(더 나음, 비슷함, 부족함)으로 평가된 고용주의 관찰평가와 장애인의 작업 동료에 의해 이루어진 관찰평가가 비교된다. MSS에는 수행도(작업 결과물의 양과 질), 순응도(작업 지침에 대한), 사적 적응도(개인의 사적인 문제가 작업 수행에 영향을 미치는 정도) 및 신뢰도(동기와 작업 습관)의 네 가지 영역의 검사에 대략 5분 정도의 시간이 소요된다. 신뢰도와 관련해서는 하위검사 간의 상관관계 지표, 내적 일관성 신뢰도 및 검사-재검사 신뢰도가 보고되었고, 검사의 마지막 항목에서는 개인의 작업 수행도를 4분위(상위 25~하위 25%)로 비교하는 방식으로 개인의 전반적인 작업 수행능력을 다루고 있다.

MSS는 가령 이 검사를 통해 개인의 약점을 미리 파악하고 어떤 면에서부터 어떻게 상담을 진행할지에 대한 아이디어를 얻을 수 있다는 점, 또는 작업자 개인의 자기평가를 동료 작업자나 고용주의 평가 결과와 비교할 수 있다는 점에서 직업 재활에서 탁월한 검사도구로 여겨져 왔다.

2) Becker 직업적응 프로파일

Becker 직업적응 프로파일(Becker Work Adjustment Profile: BWAP)은 Ralph Becker가 1989년에 개발한 검사로, 신체적 · 정신적 · 정서적 측면에서 약점이 될 수 있는 장애인의 작업행동을 발견하기 위한 63개의 항목으로 구성되어 있다(Bolton, 1991; Li & Tsang, 2002). 검사를 수행하는 데에는 20~25분 정도가 소요되며, 5점 Likert 척도를 사용한다. 또 작업습관, 작업태도, 인간관계, 인지기능 그리고 작업 수행기술 영역의 네 가지 하위검사로 구성되어 있는데, 하위검사 결과를 더해서 전체 점수를 파악할 수 있고, 검사점수는 표준화된 준거집단(정신지체, 신체장애, 정서장애, 학습장애)을 사용해 백분위수, 표준화된 *T*점수, Stanine으로 전환하여 비교할 수 있다. 신뢰도와 타당도는 전반적으로 양호한 편이다. 그러나 Bolton(1991)은 경쟁고용, 전환고용, 지원고용 등의 배치 수준에 대한 평가는 신뢰하지 못하는 수준이며, 32개 항목으로 이루어진 버전의 경우 제한적인 시간과 직업 경쟁력에 대한 항목이 대다수 생략된 이유로 사용되기에는 부적절하다고 지적하였다.

3) 작업 관련 성격 프로파일

작업 관련 성격 프로파일 전문가 양식(Work Personality Profile-Professional Form: WPP-PF; Neath & Bolton, 2008)은 직업을 유지해 나가기 위해 필요한 작업 관련 행동(예: 만약 작업에 대한 이해가 부족하다고 생각할 경우 다른 동료나 상관에게 지침/지도를 구하는가?)에 관한 58개의 항목으로 구성되어 있고, 1주일 또는 20시간 정도가 소요되는 상황평가다. 이 검사를 통해서 적절한 조치가 주어지지 않을 경우 직업을 구하거나 유지하는 데 문제가 될 수 있는 행동들을 파악할 수 있다. 이 검사에서는 5점 Likert 척도(4 = 명확한 장점, 3 = 적합한 행동, 2 = 일관적이지 못한 행동, 1 = 문제영역, × = 측정 불가)가 사용된다. 검사점수는 16개의 하위 영역 검사의 평균점수를 사용하며, 이 점수는 11개의 영역(예: 관리감독에 필요한 시간, 의사소통 기술)과 5개의 요인 영역(과제적응, 사회화 기술, 작업동기, 작업순응도, 자기표현)을 반영한다.

WPP-PF의 자기보고식 버전(WPP-SR)은 검사 시 전문가 버전과 동시에 사용될 수 있으며, 1992년에 내담자의 검사 참여도를 높이기 위해 처음 소개되었다. 자기보고식 버전은 58개의 항목으로 구성되어 있고, 전문가 버전의 검사 결과와의 비교평가를 통해 검사 결과와 특정 행동 영역에 대한 논의를 위한 좋은 도구로 사용될 수 있다.

그러나 최소한 중학교 수준의 읽기와 쓰기 능력이 있어야 한다(Neath & Bolton, 2008).

WPP-PF와 WPP-SR의 새로운 특징으로서 컴퓨터로 만들어지는 보고서(Neath & Bolton, 2008)는 16개 영역에 대한 전문가 평가와 자기평가의 점수를 제공하여 비교하도록 함은 물론, 고려 중인 직업에 대해 준거집단과 비교할 수 있도록 한다. 또한 개인의 행동과 관련해 18개의 초보적 수준의 직업 적합성에 대한 보고도 가능하게 하여, 만약 개인이 직업에 요구되는 행동 양식을 보이지 않을 경우 적절한 교육이나 지도가 가능하다. 준거집단으로는 세 곳의 재활센터에서 243명이 모집되었으며, 또 다른 재활센터에서 181명이 모집되었다. 매뉴얼을 통해 신뢰도와 타당도에 대한 정보가 제공되고 있으며, 인터넷 사이트(http://www.proedinc.com)를 통해 리뷰를 살펴볼 수 있다.

4) 기능평가검사

기능평가검사(Functional Assessment Inventory: FAI)는 재활계획을 수립하기에 앞서 장애인에 대한 포괄적인 정보를 얻고자 하는 목적으로 개발되었으며, 신체능력, 직업 경력, 작업 습관 등에 대한 4점 Likert 척도(4 = 심각한 문제 행동, 0 = 심각하지 않음)를 사용하는 30개의 항목으로 이루어져 있다. FAI는 질문 문항에 따라 점수에 대한 해석에 주의를 기울여야 하는 단점이 있다(예: 학습능력에서의 4점은 개인이 단순하고 반복적인 과제를 배울 능력이 있음을 나타내는 반면, 작업 지구력에서의 4점은 개인이 하루에 2시간 이상 일하기가 힘들다는 것을 나타냄; Crewe & Athelstan, 1984).

30개의 항목 이외에도, 개인의 잠재적 장점이 될 수 있는 능력에 대한 질문을 하는 10개 항목, 장애 정도와 고용 가능성에 대해 개략적인 질문을 하는 2개 항목이 추가되어 있다. 장애 정도에 관한 질문은 7점 Likert 척도(1 = 약간, 7 = 매우 심각한)를 사용하며, 고용 가능성에 대한 질문은 4점 사분위수 척도(1 = 0~25%)를 사용한다. 기능검사와 함께 사용되는 개인능력 질문지(Personal Capacities Questionnaire: PCQ)는 장애인 개인의 직접 평가도 가능하다.

FAI는 각각의 검사를 개별적으로 사용할 수도 있고, 또는 함께 사용하더라도 여러 가지 장점이 있는 검사다. ① 장애뿐만 아니라 그 이상의 개인 능력에 관한 정보를 얻을 수 있다는 점, ② 문항이 짝지어져 있기 때문에 장애인 개인과 평가자의 결과를 비교해 볼 수 있다는 점, ③ 신체능력뿐만 아니라 개인의 사회적 환경, 동기 여부, 동료나 관리감독관과의 관계 형성 측면 등 다양한 부분에 대한 정보를 얻을 수 있다는 점 등의 장점이 있다. 이 검사의 저자들은 "고용 가능성이란 단지 개인의 기본적 특성 이상의 정보를 요하는 것이기에 사회적 · 환경적 요인에 대한 검사 항목 또한 포함되어 있다."고 밝혔다(예: 개인의 일에 대한 욕구, 가족이나 친구로부터의 동기부여 등; Crewe & Athelstan, 1984, p. 6). FAI와 PCQ는 인터넷 사이트(http://www.svri.uwstout.edu or fryer@uwstout.edu)를 통해 리뷰를 확인할 수 있다.

5) 예비진단 질문지

예비진단 질문지(Preliminary Diagnostic Questionnaire: PDQ)는 신체적, 정신적, 정서적 상태, 태도와 동기, 사회경제적 · 개인적 상황의 5개 영역에 대한 심리검사를 포함하고 있다(Moriarity, 1981). PDQ는 고용과 관련된 개인의 신상 정보를 묻는 질문 외에 8개의 영역으로 나누어지고, 대략 1시간이 소요된다.

- 직업정보(Work Information): 직업에 대한 일반적 지식에 대한 검사(참/거짓으로 질문)
- 학습 관련 예측(Preliminary Estimate of Learning): 개인의 지적 능력에 대한 지표 제공
- 정신운동 기능(Psychomotor Skill): 대근육 및 소근육 운동기능
- 읽기능력(Reading Ability): 개인의 읽기능력에 대한 지표 제공, 구두로 검사됨
- 직업중요도(Work Importance): 직업에 대한 개인의 태도
- 독립성(Personal Independence): 일상생활 가능 여부, 자기보고식
- 내부성(Internality): 개인의 내적/외적 통제 소재에 대한 검사
- 정서기능(Emotional Functioning): 정신병리학적 지표

Bolton(1992)은 PDQ의 신뢰도와 타당도가 양호하며, 여러 특징 중 검사 방식과 해석, 임상검사와 심리검사가 가능한 점 등을 특히 추천할 만한 특징으로 언급하였다. 이 검사는 더 이상 출판되고 있지는 않지만, 인터넷 사이트(http://ncrtm.ed.usu.edu/)를 통해 참조할 수 있다.

6) 신체능력검사

신체능력은 일반적으로 자기보고나 행동 관찰로 검사가 진행되지만, 고용 전에 고용주가 검사를 의뢰할 경우에는 일반적으로 행동 관찰이 이루어진다. 물론 직업에 따라 차이가 있으나, 일반적으로 내담자는 특정한 직업과 관련해 필수적으로 요구되는 작업 과제를 수행하도록(예: 40파운드 무게의 물체 옮기기) 요구된다.

신체능력검사(Physical Capacities Assessment)는 다양한 방식으로 이루어질 수 있다. Ludlow(1990)는 직무 분석에 기초한 스무 가지의 신체능력(체력, 기어오르기, 균형 잡기, 구부리기, 무릎 꿇기, 웅크리기, 기어가기, 뻗치기, 손으로 조작하기, 손가락으로 조작하기, 촉각검사, 말하기, 듣기, 맛보기/냄새 맡기, 근접시력, 원근시력, 깊이 지각, 편의시설, 색채 시각, 시야)에 대한 신체능력검사를 기술하였다. 또한 Ludlow(1990)는 각각의 검사에 필요한 검사도구도 추천하였는데, 손으로 조작하기의 경우 Bennett 손작업 능력 검사(Bennett Hand-Tool Dexterity Test; Bennett, 1965), 손가락으로 조작하기의 경우는 Purdue 페그보드(Purdue Pegboard; Tiffin, 1968) 등을 추천하였다. 작업과 관련된 지구력을 검사하는 경우, Costello(1991)는 하루에 최소한 3회 이상 피로도에 대한 검사를 시행하고 문서화할 것을 제안했다. 또 이러한 검사의 결과는 작업 과제, 관심도, 작업이 수행되는 시간대, 서 있는 시간과 앉아 있는 시간 등의 다른 요인들과 연계해서 조심스럽게 해석되어야 함을 강조하였다. 신체능력검사 수행에서 가장 중요한 원칙은 다음과 같다. "만약 개인의 능력과 관련해 조금이라도 의심할 수준의 상황이 있다면, 해당 과제를 통해 이루어지는 검사는 중지되어야 한다." (Ludlow, 1990, p. 61) 또한 검사 시 발생할 수 있는 상해나 건강상의 악화 등도 고려해야 한다.

신체능력검사의 또 다른 예는 기능능력검사(Functional Capacity Checklist: FCC; Elliott & Fitzpatrick, 2006)다. FCC는 자기보고식 검사로, 『직업백과사전(Dictionary of Occupational Title)』과 『직업범주체계(Classification of Jobs)』에 기술된 신체능력에 부합하도록 설계된 165개의 검사 항목으로 구성되어 있다. FCC의 주요한 목적은 사고 전후에 개인 능력상의 변화를 6단계로 구분하여 측정함으로써 사회보장 혜택과 관련된 법적인 절차에 사용하는 데 있다. 수작업이나 컴퓨터로 채점을 할 수 있으며, ① 기능과 관련된 항목(예: 걷기), ② 난이도 수준(5=불가능, 1=변화 없음), ③ 개별 기능 내에서의 난이도(예: 병뚜껑을 돌려서 여는 능력과 전구를 돌려서 갈아 끼우는 능력 등)에 관한 검사 항목으로 구성되어 있다. FCC와 컴퓨터 소프트웨어에 관한 상세한 정보는 인터넷 사이트(http://www.elliottfitzpatrick.com/)를 통해 얻을 수 있다.

좀 다른 방식이지만, 신체능력검사의 또 다른 예는 1999년에 소개된 Joule 기능능력평가 시스템[Joule Functional Capacity Evaluation(FCE) System]이다(VALPAR, 2006d). 윈도우에 바탕을 둔 소프트웨어로서 Joule 시스템은 10개의 검사 프로토콜(들어 올리기, 한 손으로 운반하기, 양손으로 운반하기, 밀고 당기기, 쥐기, 웅크리기, 균형 잡기, 계단 오르기, 중간 지점 닿기, 높은 지점 닿기)과 11가지의 선택 프로토콜(들어 올리기, 앉기, 서기, 걷기, 사다리 오르기, 무릎으로 걷기, 기기, 몸 구부리기, 집고 쥐기, 반복적 발동작, 손동작)로 구성된다. Joule 시스템은 개인의 신장이나 눈높이에 맞출 수 있는 선반을 사용한다. FCE는 4시간에 걸쳐 하루에 검사할 수 있고, 개인에 따라 며칠에 걸쳐 검사가 진행될 수도 있다. 피검사자에 대한 검사 보고서는 다음의 범주로 구분될 수 있다.

- 의미 있음: 개인에 대한 진단, 활동력, 신체 기제에 관한 정보가 상세하고 시의 적절하다.
- 관련 있음: 의미 있는 정보이지만 다소 상세하지 못한 면 때문에 보조적으로 사용될 수 있다.
- 관계없음: 진단이나 개인의 활동력에 대한 정보가 상세하지 못해 사용하기 불가능하다. 보고서가 '관계없음'으로 구분될 때에는 개인의 기능에 대한 평가를 위해 사용해서는 안 될 것이다(VALPAR, 2006d).

Joule 시스템은 누가 검사를 통제하는지, 피로도와 안전 문제 등과 같은 영역에서 다른 능력검사도구들이 가진 제한점을 보충하기 위해 개발되었다. 소프트웨어는 '논리연산' 방법을 사용해 평가자가 특별한 직무에 대한 절차를 설계하고 자동으로 보고서를 작성할 수 있도록 도와주며, 평가자와 피검사자의 관찰 모두를 보고서 작성에 사용하는 장점이 있지만, 역시 앞으로 많은 연구를 통해 개선되어야 할 점들이 남아 있다(VALPAR, 2006d). 비용이나 다른 정보들은 인터넷 사이트(http://www.valparint.com)를 통해 확인이 가능하다.

2 전환기술검사/직업 매칭

전환기술이란 이전의 직업에서 사용되어 왔고 다른 직업에서도 사용될 수 있는 기술을 말한다. 일반적으로 전환기술검사는 직업 경력이 있는 사람에 대한 직업 매칭을 할 때 유용하게 사용될 수 있지만, 『직업백과사전(DOT)』이 O*NET으로 전환되고 직무 분석이 다소 일반화됨에 따라 사용 빈도가 감소되었다는 제한점이 있다. 하지만 사회보장 관련 장애보험 산정이나 실업보험 등에서는 좀 더 상세하고 유용한 정보를 얻기 위해 여전히 DOT 또는 『보강된 직업백과사전(Enhanced Dictionary of Occupational Handbook: eDOT)』을 사용하기도 한다(Economic Research Institute, 2006; Truthan & Karman, 2003).

전환기술검사는 관찰 가능하고 객관적인 직업 경력에 기초하기 때문에 문화적 차이나 혹은 평가와 관련된 불안감의 측면에서 다른 심리검사들보다 다소 신뢰하여 사용될 수 있는 장점이 있으나(Dunn, 2004, p. 49), 얻을 수 있는 정보의 질적 측면에서는 다소 미흡하거나 대안에 대한 정보를 얻기가 다소 어렵거나 직업 경력에 대해 잘못 해석할 수 있는 단점이 있다(Dunn, 2004). 다음에서는 빈번하게 사용되는 세 가지 전환기술검사(잔존고용능력진단검사, 직업접근시스템, 직업탐색 프로와 SkillTRAN 온라인 서비스)를 다룬다.

1) 잔존고용능력진단검사

잔존고용능력진단검사(Vocational Diagnosis and Assessment of Residual Employability: VDARE)는 잔존하고 있는 고용능력(예: 전환기술과 같은)에 대한 평가다. 기존의 목적은 장애보장보험 산정과 같은 법적 결정에 전문가의 견해를 구하기 위해 개발되었으나, 그 이후로 직업재활상담에서 유용하게 사용되고 있다(Havranek, Field, & Grimes, 2005). 이 검사는 다음의 단계를 포함하고 있다.

① 개인에게 적합한 관련 직업 목록
② 각 직업에 대한 DOT 코드 파악
③ 작업자의 기질적 요인에 대한 기록과 가능한 직업군에 대한 코드 파악
④ 직업력에 따라 달리 나타나는 상위 기능에 대한 파악을 통해 사전 직업 관련 프로파일의 작성(Havranek, Field, & Grimes, 2005, p. 5)
⑤ 장애와 함께 수반된 기능상의 변화를 고려한 잔존 기능능력에 대한 프로파일 작성
⑥ DOT의 기존 직업군 코드를 통하여, 개인의 잔존 기능에 부합할 수 있는 직업 파악

⑦ 지역 노동시장에서 잠재적 직업군에 고용이 가능한지에 대한 평가

VDARE가 직업재활 계획 수립의 단계에서 사용될 경우에는 개인의 관심도에 따라 이전에 취업을 했던 직종은 물론 가능한 대안이 될 수 있는 직종까지 파악하고 직업으로 복귀하기 위해 요구되는 재활서비스를 파악하는 것도 중요한 부분이 된다.

신뢰도와 타당도에 관해, VDARE는 데이터베이스의 정확도(Sax, 1979), 직업과 관련해서 개인이 제공하는 세부 정보, 장애에 따른 기능상의 변화를 결정하기 위한 상담사의 능력에 기초하고 있다. McCroskey와 동료들(1979)에 따르면, 숙달된 검사자의 경우 30~50분이 소요되며, VDARE에 사용되는 전환기술 검사지는 E & F Publishing, 1135 Cedar Shoals Drive, Athens, GA 30605(http://www.elliottfitzpatrick.com/)를 통해 얻을 수 있다.

2) 직업접근시스템

직업접근시스템(Occupational Access System: OASYS; Brown, McDaniel, & Couch, 1994)은 VDARE에서 설명되어 있는 것처럼 전환기술을 평가하기 위해 개발된 컴퓨터화된 검사이며, 검사에 필요한 모든 데이터베이스는 프로그램에 포함되어 있다. 개인이 고용 경력을 입력하는 것으로 검사가 시작되며(만약 고용 경력이 없다면 개인의 계정을 만들기 위해 테스터용 데이터가 사용된다), VDARE와는 달리 개인이 DOT의 직업 코드를 알 필요가 없다는 것이 장점이다. 검사가 끝나면 VDARE의 결과에서처럼 직업 관련 프로파일을 열람할 수 있고, 다음 단계에서는 상담사가 개인의 능력에 맞게 적절히 수정 작업을 할 수 있다. 시작 단계에서 상담사는 간략한 직업 코드와 그 직업에 대한 충분한 설명을 볼 수 있는데, 이는 전환기술교육을 받았으나 직업에 요구되는 체력이나 혹은 직업 준비, 교육 수준, 환경 요소, 작업 환경, 태도 등을 기술하는 코드에 대한 충분한 사전 지식이 없는 사람들에게 매우 유용하다.

다음 단계에서는 네 가지 다른 유형의 기술 전환에 기초해 직업 탐색을 하게 된다. 일차 기술전환에서는 DOT로부터 개인에게 이상적인 직종(Work Fields), 그리고 재료(Materials), 산물(Products), 직업군(Subject Matter), 서비스(Services)(MPSMS)에 관한 정보를 찾는다. 직종에 관련된 코드는 기계(Machines), 도구(Tools), 장비(Equipment) 또는 작업 보조기구(Work Aids)(MTEWA)나 혹은 해당 직업의 사회경제적 측면을 나타낸다.

이차 기술전환에서는 이전의 직업 탐색 결과에 기초해 유사 직업군에 관한 정보를

얻을 수 있으며, 마지막 단계인 확장된 개별적 특성에서는 DOT에 포함된 직업명에 대한 정보를 얻을 수 있다.

OASYS는 상세 검사기능으로 DOT 내의 직업군 검색을 가능하게 하며, 선택 항목인 고용주 데이터베이스를 통해 지역, 임금 수준, 산업 분류 코드 등에 대한 정보를 얻을 수 있다. 하지만 이 경우 데이터베이스의 관련 정보들, 즉 국가 또는 주 평균임금 수준, 고용 증가율, 교육 수준 등의 직무 분석 관련 정보들이 적어도 매년 업데이트되어야 한다. 2006년에는 세 가지의 웹 검색기능이 추가되었다. 개인이 직업명을 클릭하면 현재 고용계획이 있는 직업을 지역별로 검색 가능하고, '구직정보(search job)'를 열람할 수 있는 기능이 포함되었다(B. Chapman, 개인적 교신, 2007. 5. 9). OASYS의 가장 큰 장점은 그 포괄성과 다양한 검색기능이다(Brown, MDaniel, & Couch, 1994). OASYS에 대한 정보는 VERTEK, Inc., 12835 Bel-Red Road, Suite 212 Bellevue, WA 98005(http://www.vertekinc.com/VERTEKWEB/homepage2.html)에서 얻을 수 있다.

3) 직업탐색 프로와 SkillTRAN 온라인 서비스

직업탐색 프로(Job Browser Pro)는 전환기술에 대한 평가를 위해 DOT 데이터베이스를 사용하는 검사 중 거의 최초로 컴퓨터화된 검사들 중 하나다. 최초의 프로그램은 개인용 컴퓨터로 워싱턴의 스포케인에 위치한 메인 컴퓨터에 접근하는 방식이었으나(Brown et al., 1994), 현재에는 윈도우 기반의 프로그램으로 직업상담, 직업 탐색, 경공업 위주의 전환기술검사를 할 수 있다. 사회보장센터가 제공하는 전환기술의 정의에 부합하기 위해 MPSMS(Materials, Products, Subject Matter, Service)와 MTEWA (Machines, Tools, Equipment, Work Aids) 코드에 기반을 두고 있다. 직업탐색 프로는 매년 업데이트되며, 직종에 관해 DOT에 기술된 전체 설명, 직업 특성, 또 1998년까지 노동부에 의해 이루어진 DOT 내의 직무 분석 자료가 제공되며, O*NET 등과 같은 다른 종류의 데이터베이스와 상호 조회가 가능하다. 아울러 광범위한 일련의 노동시장 정보(예: 연간 임금, 지역별 임금 비교, 노동 시간 등) 및 Holland 코드나 노동시장정보(Labor Market Information: LMI)[1] 등의 다양한 정보를 쉽게 열람할 수 있고, 직

1) 역자 주: LMI는 고용시장과 관련해 직종 관련의 향후 성장도에 대한 분석, 임금, 고용 가능 일자리 수 등의 정보를 다루고 있다.

무 분석이나 직업 탐색에 관한 보고서 작성에 유용하다.

좀 더 강력한 프로그램인 SkillTRAN 온라인 서비스(SkillTRAN Online Services)는 최초에는 텍스트 버전으로 운용되었으나 현재에는 사용자의 편의를 고려한 웹 기반의 프로그램으로 PC와 매킨토시 모두에서 사용 가능하다. 직업에 대한 관심도와 산업을 기준으로 정보를 열람할 수 있다. 사전/사후분석(Pre-Injury/Post-Injury Analysis: PREPOST)은 일반적으로 여덟 가지 전환기술(장애가 고용 정도에 미치는 영향에 대한 법적 정도를 결정하는 데 주로 사용되는)을 바탕으로 고용 상실도를 측정할 수 있게 한다. 모든 SkillTRAN 보고서는 미국 노동부의 LMI와 연계해 훨씬 풍부한 정보를 얻을 수 있다. SkillTRAN 온라인 서비스는 55만 개의 직종에 대한 정보를 쉽게 열람할 수 있고, 하루 방문자 수가 17만 명 이상을 기록하고 있으며, 개인용 분석도구나 연간 사용 권한을 구입할 수 있다.

직업탐색 프로와 SkillTRAN 온라인 서비스에 대한 정보는 SkillTRAN LLC, 3910 S. Union Court, Spokane Valley, WA 99206(http://www.skilltran.com)에서 얻을 수 있다.

3 작업 표본

작업 표본에서는 개인이 실제 직업훈련과 직무 수행에 필요한 실제의 재료, 도구, 장비를 사용하여 검사를 진행하기 때문에 개인에 대한 좀 더 현실적인 정보를 얻을 수 있다(Corthell & Griswold, 1987, p. 58), Costello(1991)는 작업 표본을 다음의 네 가지 유형으로 구분하였다.

- **실제 작업용 작업 표본**(applied job sample): 실제와 동일한 기계 장비, 도구, 보조 기구, 재료 등을 사용하는 표본
- **모의실험형 작업 표본**(simulated work samples): 특정 직종에 맞추어졌다기보다는 일반적으로 그 직종과 관련 있는 도구들을 사용하는 표본
- **단일 특성 작업 표본**(single-trait work sample): 직종과 관련된 한 가지 특성이나 특징과 관련된 표본
- **특성군 작업 표본**(cluster-trait work samples): 일반 상업적 용도로 사용되는 경우가 많으며, 특정 직종이라기보다는 일련의 비슷한 직업군에 맞추어진 표본

Botterbusch(2005)에 따르면, 작업 표본은 실제 작업과 동일한 형태로 구성되기 때문에 검사에 임하는 동기 부여가 강하다는 점, 표준 수행 정도가 실제 작업에 요구되는 수준과 거의 동일하다는 점, 직업 관련 정보를 얻는 데 상대적으로 짧은 시간이 걸린다는 점, 행동과 성격을 관찰할 표준화된 도구가 있다는 점, 직무 수행능력에 관심을 둠으로써 문화적 또는 의사소통에서 오는 문제를 최소화할 수 있다는 점 등의 장점이 있다. 그러나 실제 작업장과 똑같은 환경(실제 작업장의 소음, 냄새, 조명, 발생 가능한 문제들, 항시 존재하는 관리자 등)을 검사 시에 제공할 수 없다는 단점이 있다. Botterbusch(2005)가 제시한 다른 단점으로는 검사에 임하는 당사자가 이러한 문제들을 어떻게 해결하고 또 어떤 식으로 도움을 구할지에 대한 검사를 진행할 수 없다는 점, 상업적 용도로 사용되는 작업 표본의 경우 이용 비용이 상대적으로 높다는 점이 있다. 이러한 단점들을 보완하기 위해 일부 검사자는 실제의 작업장 환경을 반영하는 작업 표본을 준비하기도 하나, 이런 경우 신뢰도와 타당도의 측면이 고려되어야 한다. 다음에서는 MECA(Microcomputer Evaluation of Career and Academics), VITAS(Vocational Interest, Temperament, and Aptitude System), TAP(Talent Assessment Program), McCarron-Dial 평가체계, VALPAR와 유대인 고용상담서비스(Jewish Employment and Vocational Service)에 의해 개발된 시스템 등의 작업 표본 관련 시스템에 대한 리뷰가 제공된다.

1) MECA

MECA 시스템(진로 및 학업에 관한 컴퓨터 평가; Microcomputer Evaluation of Careers and Academics; MECA, 2006)은 특히 전환검사에 유용하며, 여섯 가지 전체 검사로 구성되어 있고, 각각의 검사가 하나씩의 작업 표본을 가지고 있다. 이 작업 표본은 스무 가지의 직업군(예: 자동차 관련, 건물 유지 · 보수, 컴퓨터그래픽, 원예, 사무, 의료 관련)을 주로 다루고 있다. 각 작업 표본은 숙련도에 따라 세 가지 수준(초보에서 숙달까지)으로 나누어져 있다. 예를 들면, 의료 관련 작업 표본에서 초보 수준의 검사는 팔을 붕대로 감는 과제를 포함하고 있으나, 숙달된 수준의 검사에서는 혈압이나 맥박을 재는 기술을 포함하고 있다. 각각의 작업 표본을 수행하는 데에는 대략 30분 의 시간이 소요되며 매킨토시와 개인용 컴퓨터에서 사용 가능한 스페인어 버전과 영어 버전의 비디오가 제공된다. 2,000개 이상의 비디오클립을 담고 있는 이 CD에서, 읽기/듣기 능력이 부족한 내담자를 대상으로 오디오 및 문자 서비스를 포함하고 있고, 개인에게 작업 표본과 함께 적절한 도구가 주어진다.

작업 표본 이외에도, MECA 시스템은 학습능력 평가(간단한 수학, 의사소통, 문제해결 능력 등 평가), 진로 계획표, 개인이 준비해야 할 일(14개의 검사와 새로운 기술을 습득하기 위해 60시간 동안 해야 할 일 등), 성공 요건(리더십, 학습, 팀워크, 인간관계 등) 등에 대한 지표를 제공한다. MECA는 Conover Company, 2926 Hidden hollow Road, Oshkosh, WI 54904(http://www.conovercompany.com/Products/MECA/MECA.htm)에서 제공된다.

2) VITAS

VITAS(Vocational Interest, Temperament, and Aptitude System)는 직업 흥미(vocational interest), 기질(temperament), 적성(aptitude)에 관한 검사다. 검사를 위해서는 2.5일이 소요되며, 21개의 작업 표본(성냥첩을 조립하는 작업부터 실험 보조 작업까지)을 포함하고 있다. 일반적으로 대부분의 작업 표본이 읽기능력을 요구하지 않으며, 읽기가 포함된 어떤 경우라도 중학교 1학년 이상의 읽기능력을 요구하지 않는다. 검사는 주간 작업량 기준의 표본화된 작업을 불량률과 작업 완료까지의 시간을 기준으로 검사하기 때문에, 성인이나 청소년 집단과 비교해 작업 완료에 걸리는 시간과 작업의 질적 수준에 대한 정보를 얻을 수 있다.

만약 전체 검사도구가 필요하지 않다면, 필요한 부분만 검사하는 특정 검사군만 구입이 가능하다. 이 검사군은 기술부분(Technology Cluster), 사무직종(Clerical-Business Detail), 기계산업 I과 II(Mechanical Industrial I and II)로 구성되어 있다. 예를 들면, 기술부분 검사는 짝 맞추기, 못/나사 구분, 파이프 조립, 열쇠 조립, 기판검사, 용접, 선별작업, 실험보조 등의 작업 표본을 포함한다. 각 검사군의 검사를 완료하는 데에는 3~6시간 정도가 소요되나, 이는 검사군이나 개인의 능력에 따라 달라질 수가 있다. 신뢰도와 타당도 측면에서 VITAS는 아직 의문의 여지가 있다(Brown et al., 1994; Kauppi, 1988). VITAS는 Instructional Technology Inc., PO Box

〈표 12-2〉 VITAS 작업 표본의 예

- 너트, 볼트, 세탁기 조립
- 타일 골라내기, 무게 측정
- 표본 대조하기
- 직물 처리
- 은행원처럼 작업하기

2056, Easton, MD 21601(800-274-6832, http://www.intecine.net/prod_vri. htm)을 통해 구입 가능하다.

3) TAP

TAP(재능 평가 프로그램; Talent Assessment Program, 2006)은 10개의 검사를 포함하며, 검사를 위해 읽기능력이 요구되지 않고, 하루에 20명까지 검사를 받을 수 있다. TAP은 개인이 보여 주는 능력과 DOT, 미국 노동부 데이터 간의 상관관계에 대한 정보를 제공하고, TAP 윈도우 버전은 다른 검사에서의 결과를 TAP과 통합하는 선택 항목을 제공한다.

10개의 TAP 검사에는 ① 시각정보보존[공간지각(Test 1), 패턴 지각(Test 9), 세부형상기억(Test 10)], ② 식별기능[미세식별(Test 2), 색감식별(Test 3), 촉감각(Test 4)], ③ 손의 기민성[미세작업 능력(Test 5), 수작업 기능(Test 6), 소형 도구 사용능력(Test 7), 대형 도구 사용능력(Test 8)]이 포함된다. TAP은 3개의 휴대용 케이스를 포함하고 있으며, Talent Assessment Inc., PO Box 5087, Jacksonville, FL 32247-5087(http://www.talentassessment.com/programs_tap.php)를 통해 구입 가능하다.

4) McCarron-Dial 평가체계

MDS(McCarron-Dial Evaluation System, 2006)는 신경장애를 가진 사람을 대상으로 최초로 설계되었으나, 그 후 개인의 고용 가능성을 예측하기 위해 다양한 장애 집단에서 사용되었다. MDS는 다섯 가지 요인, 즉 언어-인지기능(언어 습득, 성취도), 감각기능(지각, 환경 체험), 운동기능(근력, 운동 속도 및 정확성, 균형 잡기), 정서기능(인간관계 및 환경과의 상호작용), 통합 적응력(적응 행동)을 평가하는 검사를 포함한다. 각각의 검사는 또한 상업적 용도로 사용 가능한 다양한 검사들, 즉 Peabody 그림어휘검사(Peabody Picture Vocabulary Test), Bender 시각운동형태검사(Bender Visual Motor Gestalt Test), 정서행동 체크리스트(Emotional Behavioral Checklist), 행동평정척도(Behavior Rating Scale), 정서관찰검사(Observational Emotional Inventory), Haptic 시각변별검사(Haptic Visual Discrimination Test), McCarron 신경근육발달평가(McCarron Assessment of Neuromuscular Development: MAND)를 포함하고 있다. 특히 MAND의 경우는 악력 및 손의 소근육/대근육의 움직임에 대한 검사를 포함한다. 그 밖에 MDS

에 포함되어 있지는 않지만 Wechsler 지능검사나 다른 성취도 또는 기억력 검사와 함께 사용될 수 있는 장점이 있다. 일반적으로 기본 검사를 수행하는 데에는 3시간 정도가 소요되지만, 보조검사와 10시간의 관찰을 포함하는 전체 검사를 시행하기 위해서는 5일까지 소요될 수도 있다.

이 검사는 훈련된 전문가만이 사용할 수 있고, MDS를 구성하는 대부분의 검사에 대해 준거집단에 대한 정보가 제공된다. Brown과 동료들(1994)에 따르면, 구성타당도, 동시타당도, 예측타당도의 측면에서 일반적으로 신뢰할 수 있게 받아들여지지만, MDS의 작업 표본은 실제 작업 과제가 아니라는 점에서 단점이 있다(Brown & Solly, 1994). MDS는 McCarron-Dial System, Inc., PO Box 45628, Dallas, TX 75245(http://www.mccarrondial.com)에서 구입 가능하다.

5) VALPAR

1973년 이후로 VALPAR는 다양한 작업 표본과 컴퓨터화된 평가도구를 개발해 왔다. VALPAR는 준거참조 접근법을 바탕으로 미국 노동부의 직업표준 시스템과 연계되어 있다. 또한 VALPAR의 동작시간 측정기준(MTM: 하루 8시간 작업을 기준으로 할 때, 숙련된 작업자가 반복적으로 작업을 수행하는 데 걸리는 시간)을 바탕으로 작업 표본을 분석하고 있으며(Christopherson, 1995), 이 기준으로 개인의 작업 공정률을 숙련된 기술자와 비교한다. Brown(1994)은 이러한 방식으로 얻어진 결과가 실제 작업 환경에서의 개인의 작업 수행능력에 대한 탁월한 지표로 사용될 수 있고, 실제 작업 과제를 충족시키기 위해 필요한 교육이나 훈련을 계획하는 데에도 훌륭한 지표가 될 수 있다고 보고하였다. 작업 공정률은 개인의 작업 수행 시간을 MTM에 제시된 기준 시간으로 나눔으로써 얻어진다. 예를 들면, 개인이 작업을 수행하는 데 걸리는 시간이 800초이고 MTM 기준이 600초일 때 개인의 공정률은 75%가 되며, 검사를 통과하기 위해서는 87.5%의 공정률이 요구된다. 87.5%는 개인의 점수가 숙련된 기술자와 비교되는 것이므로 향후 발전 가능성을 고려해 정해진 수치며, 이 수치는 1990년대 초에 학습커브식평가(성적을 인원에 비례해 상대적으로 평가하는 방법)를 통해 객관화되었다(Christopherson, 1996). 그러나 VALPAR는 평가자들에게 특정 작업에 요구되는 개인의 수행능력의 충족 여부를 결정하기 전에 실패한 작업 과제들을 상호 분석함으로써 평가 오류를 줄일 것을 권유하고 있다(VALPAR, 1999, p. 1). VALPAR에 관한 상세한 정보는 다음 주소 VALPAR International, PO Box 5767, Tucson, AZ

85703 또는 12690 W. North Avenue, Brookfield, WI 53005(http://www.valparint.com)에서 얻을 수 있다.

6) VALPAR 부분별 작업 표본

VALPAR은 '일반화된 작업 과제'라고 불리는 22개의 작업 표본으로 이루어져 있다(VALPAR, 2006g, p. 1). 검사의 소요 시간은 각 표본마다 차이가 있으며(예: 숫자 분류작업의 경우 30분 이내, 소도구(기계적) 과제의 경우 90분), 개별적으로 검사 및 해석이 가능하다(Brown et al., 1994, p. 49).

각 표본에 따른 편람이 제공되며, 각각의 매뉴얼에서는 검사 목적, 특징, 지침 등이 설명되어 있다. 각각의 매뉴얼에서는 각 표본의 요구 수준(예: GED,[2] 적성, 신체능력) 등에 대한 설명을 포함하고 있으며, 어떤 자세로(앉아서, 서서, 다양하게) 과제를 수행해야 할지에 대한 설명 또한 포함한다. 〈표 12-3〉은 VALPAR 부분별 작업 표본(VALPAR Component Work Sample)의 예를 제공하고 있다. 사전직업 준비도검사나 신체역동기능은 기술적으로 작업 표본으로 구분되기 어렵다(Botterbusch, 1987; Brown et al., 1994). Brown과 동료들의 보고에 따르면, VALPAR는 11개의 준거집단에 기초해 신뢰도와 타당도의 측면에서 타당화된 도구로 평가된다.

〈표 12-3〉 VALPAR 부분별 작업 표본의 예

- 소도구(Small Tool): 좁거나 충분히 넓지 않은 공간에서 작은 도구로 작업을 할 수 있는 능력과 정교한 작업을 하기 위한 손과 손가락 기능을 검사
- 숫자 정렬(Numerical Sorting): 정렬, 범주화, 또는 숫자에 맞춰 배열하는 정리 작업 등을 수행하기 위한 능력
- 상지운동 범위(Upper Extremity Range of Motion): 상체의 지구력이나 운동 범위를 측정
- 전신운동 범위(Whole Body Range of Motion): 몸통, 팔과 손, 다리와 관련해 신체 전체의 움직임, 기민성, 운동 지구력 등을 검사
- 눈-손-발 협응(Eye-Hand-Foot Coordination): 눈, 손, 발의 운동 조합력을 검사
- 신체역동기능(Dynamic Physical Capacities): 배달 및 수신 업무와 관련된 일을 위한 다양한 능력 검사
- 신체 기능 및 운동 선별(Physical Capacities & Mobility Screening): 작업과 관련된 신체능력을 신속하게 검사
- 기계적 추론 및 기계 관리(Mechanical Reasoning & Machine Tending): 작업 아이템의 기계적 장비(바느질 도구나 조립, 해체 도구 등)를 사용하기 위해 요구되는 능력을 검사

2) 역자 주: GED(General Educational Development)는 한국의 고등학교 검정고시와 같은 개념이다.

7) 프로 3000

프로 3000(Pro 3000)은 윈도우 2000에 기반을 둔 프로그램으로 17개의 모듈을 포함하고 있다. 각각의 모듈은 개별 구입이 가능하며 언제든지 기존의 모듈에 추가될 수 있다(VALPAR, 2006e). 다음은 몇 가지 모듈의 예다.

- 진로 플래너: 500개 이상의 표준화된 직업 분류 코드를 사용해 직업군에 대한 정보를 제공
- COMPASS: 컴퓨터화된 모듈로 GED(언어, 수학, 추론능력) 관련 능력과 11개의 적성검사
- COMPASS Lite: COMPASS에서 작업 표본을 제외하고 인지기능과 학업성취도만 측정하는 축약 버전
- 임금 및 고용 데이터베이스
- DOT 데이터베이스
- PET: 자기보고식으로 20개 신체능력, 13개 환경적 요인, 11개 기질적 특성을 평가
- 공간지각/비언어 모듈: 공간적성, 비언어적 추론능력 수준을 평가
- TECO: 일반적성검사(General Aptitude Test Battery) 등과 같은 기타 검사에서 얻어진 검사점수를 프로 3000 점수로 변환
- 고용 경력: 전환기술 프로파일 작성
- 그림-관심도 검사: 그림이나 짧은 묘사를 통해 관심도의 높고 낮음을 측정

COMPASS는 준거참조 선별검사로서 13개의 하위검사, 3개의 작업 표본[평면정렬/운전(Alignment and Driving), 기계관리(Machine Tending), 배선(Wiring)], 1개의 지필검사로 구성되어 있다(VALPAR, 2006b). Brown과 동료들(1994)은 프로 3000이 작업 표본과 컴퓨터화된 검사를 적절히 조합함으로써 개인의 검사에 대한 흥미 유지에 도움이 되는 측면이 있다고 밝히고 있다.

8) VALPAR 300 시리즈

VALPAR 300 시리즈는 손과 팔의 기능을 사용하는 다섯 가지의 검사 모듈, 즉 부품 조

립(Small Part Assembly), 비대칭 핀 배치(Asymmetric Pin Placement), 도구 조작(Tool Manipulation), 양손기능(Bi-Manual Coordination), 다각의 핀 배치(Angled Pin Placement)로 구성된다. VALPAR처럼 300 시리즈 역시 준거참조 선별검사이며, 미국 노동부 자료집과 연계해 사용이 가능하다. 검사지에는 표준화된 검사와 비표준화된 검사에 대해 기록을 할 수 있는 공간과 작업자에 대한 관찰평가를 5점 척도(1=낮음, 5=높음) 형식으로 기록할 수 있는 공간이 있다(VALPAR, 2006a).

9) Aviator 3

Aviator 3는 VALPAR(2006b)의 컴퓨터화된 적성 및 직업흥미 검사로서 영어 버전과 스페인어 버전으로 검사가 가능하다. 준거참조 검사로서 완성하는 데 60분이 소요되며, ① GED(추리력, 수학, 언어능력), ② 일곱 가지의 적성검사(일반적 학습능력, 언어, 수학적 능력, 공간지각, 형태지각, 사무지각, 색감구별), ③ 그림과 오디오 설명을 제공하는 그림흥미검사를 포함한다. Aviator 3에 의해 만들어진 보고서는 수학, 읽기, 어휘, 철자법에서 학업성취 수준에 대한 정보를 제공하며, 학업성취와 관련된 하위검사들은 4~13학년의 정보를 제공한다(읽기능력은 14학년까지 측정 가능). 또한 Aviator 3에 포함된 2개의 직업 관련 데이터베이스는 각각 1,000개 정도의 직업에 대한 성장률과 감퇴율과 같은 정보를 제공한다(VALPAR, 2006b).

10) 심리상담을 위한 휴대용 검사

심리상담을 위한 휴대용 검사(Therapists' Portable Assessment Lab: TPAL) 역시 VALPAR(2006f)에 의해 배포되었으며, 인지기능 및 정신운동 기능을 검사하는 12개의 모듈로 구성된다. 검사에는 대략 2시간이 소요되며, 기능능력검사와 함께 사용할 수 있다. TPAL 시스템은 DOT의 작업자 요건 프로파일, 동작시간 측정기준(MTM)에 의한 산업별 표준 수행능력과 연결되어 있다. 다양한 모듈(자 눈금 읽기, 블록 디자인, 색 배열, 파이프 조립, 알파벳순 배열 등) 외에도 이 시스템은 직업검사도구, 학습유형검사, 사람의 구두 지시에 어떻게 따르는지를 검사하기 위한 청각적 지시 수행검사를 포함하고 있다.

4 상황평가, 직업적성시험 및 현장평가

상황평가, 직업적성시험(job tryouts), 지역사회 기반 상황평가(community based situational assessment), 현장평가(on-the-job evaluation) 그리고 지원고용 평가(supported employment evaluation)는 일반적으로 혼용되어 왔으며, 기본적으로 작업 환경 내에서 개인의 작업 수행을 관찰하는 방식의 검사를 말한다. 일반적으로 작업 환경(병원 내의 워크스테이션과 같은)이 만들어졌을 때는 상황평가가 주로 사용되고, 검사가 실제 작업장에서 이루어지면 현장평가가 주로 사용된다. 또한 상황평가는 보호/통합 작업장 모두에서 사용되지만, 지역사회 기반 상황평가는 실제 지역사회 내에서만 이루어질 수 있다. 지역사회 기반 상황평가는 일종의 지원고용 평가로서 장애인이 지역사회 내에서 시도해 볼 수 있는 다양한 직업에서 고용 기회를 가진다는 측면과 장애인 개인이 선호하는 작업 환경에 성공적으로 취업하기 위해 직업 배치와 관련된 학습능력, 행동 등에 대해 평가를 진행한다는 목적이 있다. 상황평가는 정신장애, 정신지체, 학습장애 또는 외상성 뇌손상에 특히 유용하다(Bell, Lysaker, & Bryson, 2003). 상황평가나 현장평가는 다음의 측면에서 다양한 이점이 있다.

- 개인의 능력이 실제 직장 내에서 고용주의 만족도를 기준으로 평가되므로 검사의 신뢰도와 타당성의 문제가 크게 부각되지 않는다(Botterbusch, 1978).
- 검사를 통해 개인이 자신의 장단점을 파악할 수 있다(Fewell, 1988, p. 192).
- 실제 작업 환경에서 검사가 이루어지므로 장애인이 실제 고용 기회를 얻을 수 있다(Fewell, 1988).
- 장애인의 수행능력에 대해 평가자의 견해 외에도 관리감독관의 견해가 포함될 수 있다(Parker & Bolton, 2005).

이러한 장점이 있지만 평가에 장시간이 소요된다는 점(McDonald-Wilson, Rogers, & Anthony, 2001, p. 228), 대략 2주 동안 40시간의 평가가 이루어지는 것처럼(Abrams, DonAroma, Karan, & Pappanikou, 1994, p. 30) 실제 작업과는 여전히 괴리가 있다는 점과 같은 단점이 있으며, 평가 기간 동안의 임금이나 보험 처리 등도 고려 대상이 된다(Kell, 1988).

Power(2006)는 상황평가 동안 관찰되는 행동을 ① 위생, ② 출석률, ③ 관리감독관과의 관계, ④ 집중력, ⑤ 동료들과의 관계, ⑥ 일반적인 작업 습관의 여섯 가지 행동으로 분류했다. 그동안 다양한 종류의 상황평가도구들이 개발되었으나, McDonald-Wilson, Rogers와 Anthony(2001)에 따르면 아직 상대적으로 대다수의 전문가가 채택하여 사용하는 상황평가도구는 찾기가 어렵다. 그럼에도 직업성격 프로파일 전문가 양식(Work Personality Profile-Professioal Form), 작업행동평가(Work Behavior Inventory), 직업적응능력검사(Work Adjustment Skills Scale), 대인관계능력검사(Interpersonal Skills Sclae), 직장 내 멘토 관계검사(WorkPlace Mentor) 등이 상황평가에 주로 사용될 수 있다.

1) 직업적응기술검사와 대인관계능력검사

직업적응기술검사(WASS)와 대인관계능력검사(ISS)는 Rogers, Sciarappa와 Anthony(1991)에 의해 개발되었으며, 정신과적 장애가 있는 개인의 고용 가능성을 평가한다. WASS는 '부적절' 범주를 포함하는 24개의 항목으로 구성되어 있고, 4점 척도(1=해고 가능, 4=평균 이상)를 사용한다. ISS도 같은 평정척도를 사용하며, '실수를 인정하고 받아들임' '과제가 어려울 때는 도움을 청함'을 포함한 14개의 항목으로 구성되어 있다.

평가자는 10일 동안 매일 2시간씩 상황평가를 시행한다. 이 두 검사도구는 양호한 평가자 내 신뢰도를 보여 주지만, 1년 후에 실제로 고용되는 경우의 수는 드물기 때문에 예측타당도의 측면에서는 아직 기대 이하의 수준이다. 향후 이 분야에서의 연구가 더 이루어져야 할 필요가 있다.

2) 직장 내 멘토 관계검사

직장 내 멘토 관계검사(Workplace Mentor)는 컴퓨터화된 지원고용검사로서 상황평가를 포함하며, 처음 두 단계에서는 환경과 개인에 대한 검사(작업능력, 선호 및 흥미 요인, 잠재적 지원 또는 편의 조정 등)를 포함한다. 세 번째 단계에서는 이러한 검사 결과들이 상황평가에 가장 적절한 직무를 찾기 위해 비교된다. 네 번째 단계에서는 특정 직종에서 장애인에게 필요한 편의 조정을 파악하기 위해 8장으로 구성된 검사지를 통해 얻어진 데이터를 전산화한다(Vocational Rehabilitation Institute, 2005). 상황평가는 작업 수행과 작업 행동 모두에 초점을 두고 있으며, 네 가지 영역(학습 및 작업 수행, 자기관리, 중요한 작업 행동, 사회적 상호작용)에서 작업 환경 및 소비자 평가가 진행된다. 예를 들면, 학습 및 작업 수행 평가에서는 개인의 능력이 학습 과제(정해진 시간 동안 독립적인 작업 수행이 가능한가)와 수행 과제(도구 및 장비 사용)에 따라 평가되며, 5점 척도를 통해 기록된다. 다섯 번째 단계에서는 데이터 입력 및 결과를 다섯 가지 관점에서 요약하고, 여섯 번째 단계에서는 개인의 개별화된 계획 프로그램을 작성할 수 있다. 이 검사는 Vocational Research Institute, 1528, Suite 1502, Philadelphia, PA 19102(http://www.vri.org)를 통해 구입할 수 있다.

5 결 론

이 장에서는 작업 행동에 관한 평가를 ① 기능, 행동 및 신체능력 검사, ② 전환기술검사/직업 매칭, ③ 작업 표본, ④ 상황평가, 직업적성시험 및 현장평가의 네 가지 접근법으로 논의하였다. 이러한 접근법들은 개별적으로 또는 조합해서 사용할 수 있지만, 검사 비용이나 모든 검사에 훈련된 전문가가 부족한 점 등과 같은 제한점이 있다. 평가자와 상담사는 직업평가 및 측정위원회의 지침에 따라 긴밀하게 협조하고 검사도구의 신뢰도나 타당도, 준거집단에 대해서도 충분히 고려해 정확한 검사 결과를 도출하기 위해 노력하여야 한다.

Chapter 13

O*NET 직업정보체계

Mary Ann Hanson | Leonard N. Matheson | Walter C. Borman

미국 경제의 직업에 대한 전반적인 정보는 재활 전문가가 필수적으로 갖추어야 할 것이다. 장애인 내담자가 노동시장에서 성공적으로 취업하도록 돕기 위해서, 재활 전문가는 내담자의 능력, 기술 그리고 흥미를 직업과 매치하기 위해 직업 정보를 사용한다. 구체적으로 재활 전문가는 ① 내담자의 기능 제한을 그의 과거 직업과 관련된 업무와 비교함으로써, 그 직업에서 내담자의 업무 수행능력을 평가하기 위해, ② 내담자가 적절한 직업 관련 목표를 발달시키는 것을 돕기 위해, ③ 내담자의 직업 경험에 대한 정보를 통합하고 해석하기 위해, ④ 좋은 고용 전망을 가진 직업 및 직업군을 알아내기 위해, ⑤ 내담자가 개발할 필요가 있는 기술 및 지식과 적절한 훈련 프로그램을 찾는 것을 돕기 위해, ⑥ 내담자가 특정한 일을 시작하는 것을 준비할 때 일에 대한 구상, 편의, 그리고 안전하고 최상의 생산성을 위한 변화를 촉진시키기 위해 직업 정보를 사용한다.

수십 년 동안 재활 전문가들은 직업 정보에 대한 일차적인 자원으로서 『직업백과사전(DOT)』(U.S. Department of Labor, 1991)에 의존했는데, 이는 인쇄용 버전으로 시작하여 일괄 처리를 요구했던 메인프레임 컴퓨터용 버전으로 발달하였고, 후에 쌍방향으로 사용될 수 있는 소형 컴퓨터 버전으로 발전하였다. 하지만 DOT는 다음과 같은 몇 가지 한계를 가지고 있다(U.S. Department of Labor, 1993).

- DOT에서의 직업기술은 과제를 수행하는 개인보다는 수행될 과제에 초점이 맞추어져 있고, 이는 몇몇 한계점을 산출한다.
  - 근로자의 근무 요구 조건 및 특성에 대한 정보(예: 지식, 기술, 능력, 흥미)는 업무 관련 정보로부터 파생되며, 이는 극히 제한되어 있다.
  - 업무 수행의 특징 및 상태에 대한 정보 또한 제한되어 있다. DOT는 소음, 기온, 직업 스케줄과 같은 단순한 정보를 포함하지만, 업무 스트레스 수준, 위험의 노출 정도, 조직의 영향력 등과 같은 복잡한 유형의 정보는 포함하지 못하고 있다.
  - 다른 직업에서는 이러한 특정 과제가 다른 방법으로 기술되어 있으며, 다른 수준으로 일반화되어 있다. 이는 직업 간 비교에 어려움을 야기한다.
- 직업 기술 정보는 분석가에 의해 수집되며, 이는 시간 소모적이고 정보의 갱신에 많은 비용이 든다.
- DOT는 직업에 대한 서술적 설명을 포함한다. 이러한 추상적 질적 기술은 수행될 수 있는 직업 관련 분석 유형을 제한한다.

1990년대 초기에 미국 노동부(DOL)는 국가의 직업 정보에 대한 필요성을 고려하여 DOT를 재평가하고 직업 정보를 수집하여 유포하는 방법을 개정하기로 결정했다. 이에 대한 결과가 직업정보 네트워크(O*NET)인데, 이는 전반적인 직업정보체계로서 DOT를 대체하고 직업 정보에 대한 국가의 주요 자원으로서 기능할 목적으로 만들어졌다. O*NET(Occupational Information Network)에서의 직업 정보는 ① 기업이 사원을 모집하고 선택하는 것을 돕기 위해, ② 구직자가 직업 및 기관을 선택하는 것을 돕고 진로상담사 및 다른 노동인력 발달 전문가가 구직자에게 진로지도를 제공하는 것을 돕기 위해, ③ 훈련을 고안하고 실행하는 학교 및 다른 기관을 돕기 위해 고안되었다. O*NET 정보의 잠재적인 사용자는 구직자, 직업 및 재활상담사, 훈련 전문가, 현 근로자, 신입사원 모집 담당자, 주 및 연방 정부의 노동 및 인력 담당자, 그리고 공공 및 개인 분야의 고용인을 포함한다. 이 장에서는 O*NET의 내용 및 구조, 정보 수집 절차, 현재 데이터베이스 및 관련 도구의 상태, 재활에서 O*NET의 적용에 대한 몇 가지 예, 연구 및 개발과 잠재적 미래 적용에 대하여 논의할 것이다.

1 O*NET 내용 모델

O*NET의 기초는 업무를 기술하기 위한 틀을 제공하는 내용 모델을 포함한다. 내용 모델 개발의 목표는 의미 있는 방법으로 업무를 분류하는 데 사용될 수 있는 기술어(descriptors)를 확인하고 포함하는 것이다. 내용 모델은 여러 직업 사이에서 관찰된 유사점 및 차이점을 측정하기 위한 기초를 제공하는 기술어의 계층적 분류학을 토대로 만들어졌다. O*NET 내용 모델은 관련된 이론, 연구, 이전에 개발된 측정의 주의 깊은 재검토를 근거로 하고 있다. 내용 모델 계층의 가장 높은 수준은 [그림 13-1]에 나타나 있다. O*NET 내용 모델은 내용 범위에 대한 6개의 포괄적인 집단으로 나누어져 있다. 이러한 내용 범위 중 몇몇은 DOT에 포함된 것과 유사한 정보를 포함하고 있고, 다른 몇몇은 이전에 수집되지 않은 새로운 유형의 정보를 나타낸다. 각각의 범위는 이를 통해 세상의 직업을 볼 수 있는 특별한 '창문' 이라고 할 수 있다.

O*NET 기술어의 첫 번째 집단은 직업 선택, 업무 수행 또는 만족도에 영향을 미

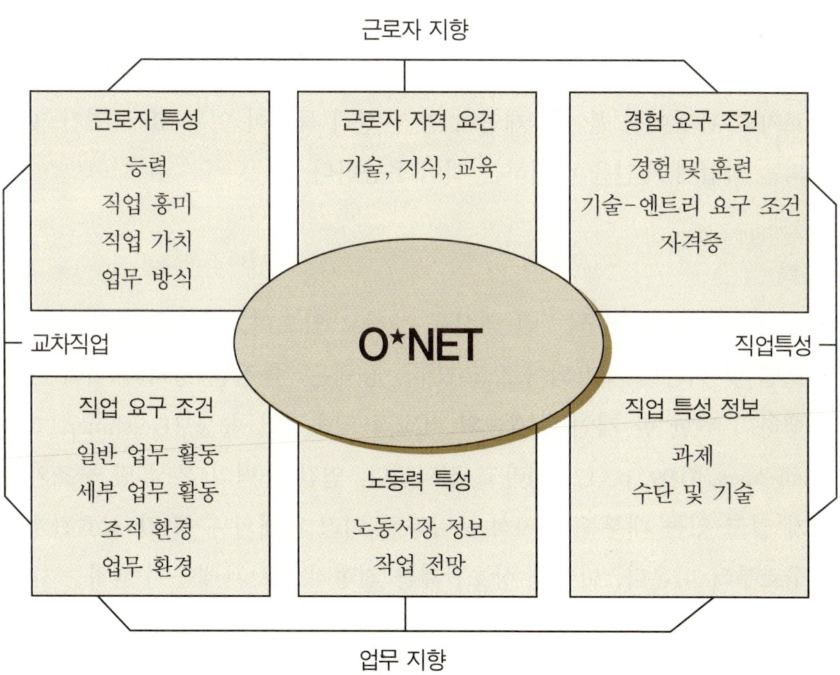

[그림 13-1] O*NET 내용 모델

주: O*NET 온라인 정보센터(www.onetcenter.org)에서 이용 가능.

치는 개인의 특징에 초점을 둔다. 이는 근로자 특성이라 불리며, 능력, 성격 특성, 흥미를 포함한다. 두 번째 영역 또한 근로자를 기술하지만, 오랜 시간에 걸쳐 개발된 특성에 초점을 둔다. 이 범주는 근로자 자격 요건으로 명명되며, 기술 및 지식을 포함한다. 경험 요구 조건 혹은 직업 준비로 명명되는 세 번째 집단은 요구되는 훈련, 경험, 자격증을 기술한다. 네 번째 집단은 포함된 활동에 의하여, 그리고 이러한 활동이 발생하는 상황에 의하여 직업을 기술하는 데 초점을 맞춘다. 이는 직업 요구 조건이라 명명된다. 각각의 O*NET 내용 범주 안에서 기술어는 계층적 분류로 체계화된다.

각각의 네 집단에 포함된 내용 범주와 기술어는 다음에서 자세히 기술된다. 여기서 기술되는 것들은 독자에게 O*NET의 범위와 깊이 및 각 기술어의 정당화에 대한 개요를 제공하기 위한 것이다. 각 내용 모델 영역의 완전한 기술, 200개 이상의 기술어에 대한 사용 가능한 정의, 이와 관련된 문헌의 고찰은 Peterson, Mumford, Borman, Jeanneret과 Fleishman(1995, 1999)에서 확인할 수 있다.

1) 근로자 특성

O*NET에 포함된 근로자 특성의 세 요인은 ① 능력, ② 직업 흥미와 가치, ③ 업무 방식(즉, 성격 특성)이다. 이 요인은 특히 직원 배치 결정에 유용하게 적용된다. 조직과 근로자의 관점에서 볼 때, 개인이 가진 성격 특성이 업무 요구 조건 및 보상과 잘 매치되는 직업에 개인을 배치하는 것이 유용하다.

(1) 능력

인간의 능력에 대한 연구는 긴 역사를 가지고 있으며, 인간 능력의 구조에 관한 다양한 모델 및 이론이 제안되어 오고 있다. 능력은 "특정한 영역의 여러 다른 과제들을 수행하기 위한 한 개인의 재능의 비교적 영속적인 속성"(Fleishman, Costanza, & Marshall-Mies, 1999, p. 175)이라고 정의된다. 인간 능력의 본성 및 구조와 관련하여 우리가 알고 있는 대부분의 지식은 다양한 여러 과제의 수행 간 상호관계를 조사하는 연구로부터 나온다. 이러한 상호관계는 전형적으로 과제를 수행하는 데 필요한 능력의 구조를 이해하기 위해 분석되는 요소다.

능력에 관한 연구는 일반적으로 업무와 관련된 능력 요구 조건을 평가하기보다는 개인의 능력을 측정하는 데 초점이 맞추어져 있다. 한 가지 주목할 만한 예외는 Fleishman 직무분석조사(Fleishman Job Analysis Survey: F-JAS; Fleishman, 1975a,

1992)다. 이 연구의 발달은 능력 요구 조건 분류의 검증과 함께 시작되었다. 이 분류는 이전의 능력 모델(예: French, 1951; Guilford, 1967; Thurstone, 1947)과 과제 수행 자료의 요인분석에 근거한다. 이 분류는 총 52개의 서로 다른 능력을 포함한다. 그다음에 다양한 업무 및 업무 과제를 수행하기 위해 요구되는 능력 수준을 평가하기 위해서 행동 요약 척도가 개발되었다(Fleishman, 1975b). 현재 F-JAS 능력 요구 조건 척도의 내적 타당도 및 외적 타당도 모두를 지지하는 많은 연구가 있다. 예를 들어, 이 체계의 능력 요구 조건에 근거하여 개발된 검사 및 평가들은 높은 준거타당도를 보여 준다(Fleishman, 1988 참조).

F-JAS 척도가 업무의 능력 요구 조건과 관련하여 유효하고 포괄적인 평가를 제공하므로 이 척도는 O*NET에 수정 포함되었다. 이 척도의 수정은 읽기 수준을 낮추고 읽기 양을 줄이는 것뿐 아니라 최종적인 척도가 개인을 다양한 문화 및 배경에 맞추도록 하는 데 초점을 두었다. O*NET은 추론 및 창의력부터 신체 근력 및 주변 시야에 이르는 총 52개의 능력 요구 조건 기술어를 포함한다(Fleishman et al., 1999 참조).

〈표 13-1〉 O*NET 능력 요구 조건 범주 및 기술어의 예

능력 요구 조건 범주	능력 기술어의 예
1. 인지능력	
언어	구술 이해; 성문 표현
아이디어 산출/추론	추론능력; 범주 융통성
수량화	수학적 추론; 수적 재능
기억	암기
지각	지각 속도; 폐쇄 융통성
공간	시각화
주의	선택적 주의
2. 정신운동 능력	
섬세한 손 조작	팔-손 안정성; 손가락 기민성
제어 동작	다중사지협응력
시간 및 속도 반응	손목-손가락 속도
3. 신체능력	
신체 근력	정적 강도; 순발력
지구력	체력
유연성, 균형, 협응	동적 유연성
4. 감각능력	
시각	근거리 시력; 야간 시력; 깊이 지각
청각 및 언어 능력	청각 예민성; 언어 유창성

이러한 능력 요구 조건은 계층적 분류로 조직화된다. 이전의 연구 및 이론과 유사하게, O*NET 능력은 네 가지 보편적인 영역, 즉 ① 인지, ② 정신운동, ③ 신체, ④ 감각-지각으로 나뉜다. 각 영역에서 능력은 또다시 중간 수준의 범주로 구성된다. 〈표 13-1〉에서는 능력 요구 조건의 범주를 제시하고 각 범주에서 능력의 예를 제시한다.

(2) 직업 흥미 및 가치

직업 흥미 및 가치는 생애 사건에 관한 감정적인 평가에 기초를 둔 비교적 안정된 개인의 특성으로 기술될 수 있다(Dawis, 1991). 흥미는 활동의 좋고 싫음을 일컫는 반면, 가치는 업무 환경에서 활동 및 여러 다른 특성의 중요성에 대한 평가를 가리킨다. O*NET에는 흥미 및 가치가 포함되어 있는데, 이는 흥미와 가치가 동기를 이해하는 데 중요하며, 업무 수행은 능력과 동기의 한 기능이기 때문이다. 또한 흥미는 직업적 자격을 예측하고, 가치는 직업 만족도를 예측하는 것으로 나타난다. 능력과 마찬가지로 흥미와 가치에 관한 정보는 업무에 포함된 흥미 및 가치를 평가하기보다는 사람의 특성을 측정한다(예: Kuder 직업흥미도검사와 Strong 직업흥미검사).

Holland의 6요인 유형 분류는 흥미와 관련된 직업을 기술하기 위해 O*NET에서 사용되었다. 많은 문헌이 이 분류를 지지하기 때문에 직업 및 진로 상담에서 광범위하게 사용되며, 여러 연구에서 이 분류가 의미 있게 직업 및 개인을 기술하는 데 사용된다는 것을 증명해 왔다. Holland '코드'는 직업에 적합한 세 가지 유형으로 특정 직업을 기술하는 데 사용될 수 있다. 특정 직업은 세 가지 관련된 유형의 머리글자로 구성되어 있으며(즉, R=실재형; I=탐구형; A=예술형; S=사회형; E=기업형; C=관습형), 중요도 순으로 그 코드가 기술된다.

직업 가치와 관련하여서는 미네소타 직무기술 질문지(MJDQ; Dawis & Lofquist, 1984)가 O*NET 가치 기술어의 기초로 사용되었다(Sager, 1999 참조). MJDQ는 근로자의 직업 가치에 상응하는 강화 인자를 제공하기 위한 직업의 잠재력을 평가한다. Dawis(1991)는 MJDQ가 전 범위에 걸친 직업 가치 영역을 합리적으로 다룬다는 것을 증명했다. 이와 관련된 도구인 미네소타 직업가치검사(MIQ; Dawis & Lofquist, 1984)는 근로자에게 이상적인 직업과 관련된 문항을 중요도에 따라 순위를 정하도록 요구하는데, 이 문항들은 MJDQ에서 포함된 것과 같은 문항들이다. 이는 잠재적인 직업평가를 강화하면서 MJDQ 가치와 상응하는 근로자 가치에 대한 평가를 제공하며, 개인은 자신의 가치와 맞는 직업을 찾을 수 있다. MJDQ는 평가 시간을 줄이기 위하여 O*NET에서 상당 부분 수정되었다. 〈표 13-2〉는 O*NET 내용 모델에 포함

〈표 13-2〉 O*NET 직업 가치 범주와 기술어의 예

상위 가치 범주	가치 기술어의 예
성취	능력의 이용; 성취
편안함	활동; 다양성; 안전
지위	승진; 인정
애타심	동료; 사회적 가치
안전	감독
자율성	창조성; 책임감

된 직업 가치 분류와 각 범주의 기술어의 예를 보여 준다.

(3) 업무 방식

업무 환경에서 성격 특성의 중요성 및 조직 성과 간의 관계는 더욱더 중요시되고 있다. 대인관계 및 업무 외 관련 특성이 중요한 것으로 부각되고 있기 때문에, 어떤 사람들은 성격이 업무 환경에서 중요하다고 주장하고 있다. O*NET에서 고려되는 성격 특성이 업무 관련 특성임을 강조하기 위해 O*NET에서는 근로자의 성격 특성을 '업무 방식' 이라고 부른다(Borman, Kubisiak, & Schneider, 1999 참조).

O*NET 업무 방식 분류는 성격과 관련된 문헌, 특히 산업/조직 심리학 및 직원 선발과 관련된 성격 분류학에 기초한다(예: Barrick & Mount, 1991; Guion, 1992; Hogan, 1982; Hough, 1997). O*NET 분류의 개발과 관련된 관점은 성격 구조를 포함하는 것인데, 성격 구조는 중요한 업무 행동과 연관되어 있고, O*NET에 포함된 업무 방식 기술어가 업무 환경에서 중요한 관련 규범과 연관되어 있음이 경험적으로 증명되었다. 업무 방식 기술어는 일련의 중간 수준의 범주로 조직화되어 있다. 〈표 13-3〉은 업무 방식 범주와 각 범주의 기술어의 예를 보여 준다.

〈표 13-3〉 O*NET 업무 방식 범주와 기술어의 예

상위 업무 방식 범주	업무 방식 기술어의 예
성취 지향	진취성; 지속성
사회적 영향	에너지; 리더십 지향
대인관계 지향	협동; 타인의 배려
적응	자기통제; 스트레스 내성
양심	신뢰; 세부 사항에 대한 주의
독립심	독립
실제적 지능	혁신; 분석적 사고

(4) 근로자 요구 조건

직무 분석은 전형적으로 행해지는 업무(예: 과제, 업무 활동) 또는 일을 하는 능력에 영향을 미치는 상대적으로 안정되고 지속적인 개인의 성격 특성(예: 능력, 흥미)에 초점을 맞춘다. 업무 환경은 진화하며 빠른 속도로 변화하기 때문에 업무 수행에 영향을 미치는 개인의 발달된 특성을 이해하는 것은 산업, 정부, 교육에 걸쳐서 중요하다. O*NET 근로자 요구 조건은 두 가지 다른 유형의 개발된 특성을 포함하는데, 이는 기술과 지식이다. 근로자 요구 조건 기술어는 교육자, 구직자, 직업상담사에게 흥미가 있을 것이다. 다양한 직업에서 중요한 기술 및 지식을 아는 것은 자신이 선택한 직업을 준비하는 것을 돕는다. 이러한 정보는 또한 근로자가 이미 가지고 있는 지식 및 기술을 이용하도록 도울 수 있다.

(5) 기초 기술과 교차기능 기술

기술(skills)의 본성에 대해 이용 가능한 여러 가지 정보는 인지심리학 및 숙련된 수행의 특성과 관련된 연구(예: Ericsson & Charness, 1994)로부터 나온다. 하지만 어떻게 기술을 정의하고 어떤 기술이 업무 환경에서 중요한지에 관한 동의는 다른 영역들에 비해 훨씬 부족하다. 어떤 사람은 과제 수행의 견지에서 기술을 설명하는 반면, 다른 사람은 기술을 교육적인 요구 조건에서 정의한다. O*NET에서는 기술을 정보를 습득하고 활용하기 위한 절차로 정의하고 있다(Mumford, Peterson, & Childs, 1999 참조).

O*NET 기술은 기초 기술과 교차기능 기술의 두 가지 범주로 나뉜다. 기초 기술

〈표 13-4〉 O*NET 기술 요구 조건 범주 및 기술어의 예

기술 요구 조건 범주	기술어의 예
1. 기초 기술	
내용기술	읽기 이해력; 말하기; 수학; 과학
절차기술	학습 전략; 모니터링
2. 교차기능 기술	
복합 문제해결 기술	문제 확인; 정보 수집; 아이디어 평가; 실행계획
사회기술	사회 지각; 설득력; 교수
과학기술	과학기술 고안; 설치; 작동 및 통제; 조정; 프로그램 편성
조직기술	조직의 지각; 주요 원인의 확인; 판단, 의사결정
자원관리 기술	시간 관리; 재정 자원 관리

은 어느 교육 체계에 의해서라도 제공되어야 하는 기초를 포함한다(예: 읽기, 쓰기, 수학, 과학). 이는 또한 학습을 촉진하는 일반적인 전략, 처리 과정, 절차와 관련된 기술을 포함한다(예: 다양한 전략의 사용, 지속적인 학습 진보 평가). 교차기능 기술은 여러 업무를 넘어서 광범위하게 적용되며 문제해결, 과학 및 자원관리 기술을 포함하는 여러 일반 수행 영역으로 나뉜다. 〈표 13-4〉는 O*NET의 기초 및 교차기능 기술의 위계적 구조 및 각 범주의 기술어의 예를 보여 준다.

(6) 지식

업무 환경에서 중요한 다른 능력은 지식이다. 지식은 특정 영역에서의 원리, 정보, 사실의 집합체라고 정의될 수 있다. 업무 관련 지식은 성공적인 업무 수행에 필요한 요인 및 구조로 구성되어 있다. O*NET에서의 33가지 지식 요구 조건 기술어는 사업 및 관리, 공학 및 과학기술, 공공 의료서비스 그리고 예술 및 인문학을 포함하는 11가지 범주로 분류되어 있다(Costanza, Fleishman, & Marshall-Mies, 1999 참조). 몇몇 특정 지식 기술어의 예는 식품 생산, 건축물 및 건설, 생물학, 공공 안전 및 치안, 대중교통 등이다.

(7) 직업 준비

직업에 중요한 개인의 개발된 능력을 기술하는 또 다른 방법은 지식 및 기술 개발에 영향을 미치는 훈련, 교육 및 업무 경험을 확인하는 것이다. 이 영역에서의 변수는 근로자의 특성을 기술하기보다 한 개인이 수행했던 과거 유사 업무나 습득된 교육 또는 요구되는 지식 및 기술과 관련된 훈련 경험을 가지고 있는지를 가리킨다. 이 영역에서의 기술어는 관련된 직업에서의 직업 유지 요구 조건 또는 도제 기간, 현장 훈련, 직장 연수와 같은 업무 상황에서의 훈련 경험을 포함한다. 이 영역은 교육, 자격증, 증명서의 종류 및 유형과 관련된 기술어를 포함한다(Anderson, 1999).

마지막으로, 각 직업에서 요구되는 준비 사항을 요약하기 위해 분석가는 각 직업을 다섯 가지 업무 영역 중의 하나에 배치한다(Oswald, Campbell, McCloy, Rivkin, & Lewis, 1999). 각각의 업무 영역에 속해 있는 직업들은 그 업무를 하기 위해 필요한 경험, 교육, 직장 연수의 양이 유사하다.

(8) 직업 요구 조건

O*NET 직업 요구 조건은 수행되는 업무 및 그 업무가 행해지는 상태를 기술한

다. 근로자에게 초점이 맞추어져 있는 영역들과는 반대로, 이 영역에서의 기술어는 일 자체에 초점을 둔다. 이는 근로자가 종사하고 있는 활동(즉, 일반 업무 활동과 특수한 직업 과제)과 그 활동이 수행되는 환경(즉각적인 업무 환경 및 광범위한 조직 환경)을 포함한다.

(9) 일반 업무 활동 및 과제

어떤 직업이든 그 직업에 대해서 설명할 때에는 행해지는 업무 및 사람들이 하는 과제를 고려해야 한다. 그러나 DOT에 사용되는 것과 같은 특정 업무 과제는 일련의 실용적인 업무 교차 기술어를 형성하는 데 필요한 일반화가 결여되어 있다. 수행되는 과제의 견지에서 직업을 기술하기 위한 한 가지 대안은 이러한 과제를 수행하는 근로자 행동의 견지에서 이를 기술하는 것이고, 이러한 접근은 O*NET에 채택되어 있다. 업무 행동 과제 및 기술은 특수한 것이 아니며, 이는 여러 다른 직업이나 업무가 일반적인 구조를 사용하여 연구되는 것을 허용한다. 분석기술은 여러 업무를 포함하여 적절한 유사성 및 차이점을 이해하는 데 사용된다. 이 접근은 종합타당도(즉, 타당도 자료가 수집될 수 없는 업무를 위한 예측타당도를 추정하는 것) 및 유사한 직업군을 검증하기 위한 직업의 군집화를 포함한 다양한 적용을 촉진시킨다(Cunningham, 1996). 많은 사람은 업무의 차원을 이해하는 것이 일반적 업무 행동 구조를 이해하기 위한 핵심이라는 것을 제안하였다.

O*NET에서 일반 업무 활동은 하나 혹은 그 이상의 주요 업무기능의 성취에 기초가 되는 유사한 직업 활동/행동의 집합으로 정의된다(Jeanneret, Borman, Kubisiak, & Hanson, 1999). O*NET의 일반 업무 활동은 업무 과제 분석 목록(예: Cunningham, 1988, McCormick, Jeanneret, & Mecham, 1972), 감독자 및 경영자의 업무 요인에 관련된 분류(예: Borman & Brush, 1993; Yukl, 1987), 그리고 이전에 검증된 업무와 관련된 전반적인 행동 영역에 대한 연구(예: Dowell & Wexley, 1978; Outerbridge, 1981)에 관한 요인분석을 검토함으로써 확인할 수 있다. O*NET은 상위 범주로 조직화된 42개의 일반 업무 활동 기술어를 포함한다. 〈표 13-5〉는 일반 업무 활동의 기술어 위계 및 각 범주의 기술어 예를 보여 준다. O*NET은 훈련의 특수화, 직책에 관련된 설명의 개발, 업무의 재고안에 유용할 수 있는 직업 특성 과제 역시 포함하고 있다.

(10) 업무 및 조직 환경

업무 환경 변수는 업무 활동이 수행되는 곳의 상황을 기술한다. 사회적 · 물리적 ·

〈표 13-5〉 O*NET 일반 업무 활동(GWA) 범주 및 기술어의 예

일반 업무 활동 범주	일반 업무 활동 기술어의 예
1. 정보 입력	
업무 관련 정보를 찾거나 습득함	정보 습득; 모니터링 과정
업무 관련 정보를 확인하고 평가함	목적의 확인; 장비 점검
2. 지적인 처리 과정	
정보/자료 처리	정보의 평가; 자료 분석
추론/의사결정	의사결정; 목표 개발; 작업계획
3. 업무 산출(출력)	
신체적 작업 활동 또는 수작업의 수행	신체적 업무 과제 수행; 물건 다루기; 기계 작동
복잡한 활동/기술 활동의 수행	컴퓨터 작동; 도구의 특수화; 수리(전기도구)
4. 다른 사람들과의 상호작용	
의사소통/상호작용	의사소통(내부적); 판매 또는 설득; 대중과의 작업
협동/개발/관리/타인을 충고하기	다른 사람들과의 협동; 교수; 자문 제공
경영	부서의 직원 채용; 자원의 모니터링

조직적 환경은 업무 및 활동의 핵심으로 작용할 수 있고, 이는 점차적으로 근로자, 업무 수행 그리고 작업 결과에 영향을 미친다. 또한 업무 환경은 근로자의 건강 및 만족도에 영향을 미칠 수 있다. 업무 과제가 수행되는 환경을 기술하는 것과 관련된 연구는 의학, 산업공학, 생리학, 조직이론, 조직 개발, 산업조직심리학, 사회심리학을 포함한 여러 다양한 분야에서 나온다. 업무 환경의 물리적 측면은 기온 및 소음을 포함한다. 〈표 13-6〉은 업무 환경 영역의 구조 및 각 범주의 기술어의 예를 보여준다(Strong, Jeanneret, McPhail, Blakley, & D'Egidio, 1999 참조).

조직 환경은 작업 환경과 상호작용하는 그리고 사람들이 어떻게 그들의 일을 하려고 애쓰는지에 영향을 미칠 수 있는 업무 환경의 조직적 수준의 측면을 지칭한다. 조직 환경 영역의 변수들은 조직 구조(예: 수평적 대 위계적), 산업 유형, 인적자원 체계 및 실행, 개인 및 조직의 목표, 그리고 갈등, 협상, 과부담 등을 포함하는 역할관계의 다양한 특성 등이 있다(Arad, Hanson, & Schneider, 1999 참조). 한 가지 주어진 직업에 있는 재직자는 다양한 다른 조직 및 산업 환경에서도 일할 수 있을 것이므로 O*NET은 한 직업이 발생할 수 있는 전형적인 조직 환경뿐 아니라 다양한 여러 조직 환경에 대해서도 기술한다.

〈표 13-6〉 O*NET 업무 환경 범주 및 기술어의 예

업무 환경 범주	업무 환경 기술어의 예
1. 대인관계	
의사소통	의사소통 방법; 업무 관련 사회적 상호작용의 빈도; 의사소통 형식
역할관계의 유형	관리자 역할; 근무 역할; 반대자 역할
다른 사람에 대한 책임	안전에 대한 책임; 업무 결과에 대한 책임
타인과의 대립된 관계	대인 간 갈등; 긴장된 대인관계
2. 물리적 업무 환경	
업무 세팅	업무 세팅 유형; 업무 공간의 개인 영역
환경 상태	극한 환경 상태에의 노출; 위험한 작업에 의한 상해 가능성
작업 요구	신체 배치; 작업에 알맞는 복장
3. 구조적 작업 특성	
지위의 중요성	실수의 결과; 결정의 영향; 책임/의무
일상적 업무 대 도전적 업무	자동화 정도; 과제의 명료화; 세부 항목에 대한 주의; 좌절적인 환경
속도 및 계획	업무 마감 시간 혹은 최종 기한의 빈도 및 엄격성; 기계 중심의 작업 속도

2 O*NET 직업 기술 정보의 수집

O*NET 내용 모델 기술어에 관한 정보는 다양한 다른 자원으로부터 그리고 여러 가지 다양한 절차를 사용함으로써 수집될 수 있다. 평가(rating)는 직업 특성에 대한 서술을 얻기 위한 가장 흔한 방법이다. 직업의 요구 조건에 대한 정확하고 의미 있는 평가를 제공하기 위해 전문가로부터 업무 기술(記述) 정보를 얻는 것은 중요하다. 몇몇 연구는 재직자(즉, 직장에서 일하고 있는 사람), 관리자, 직업 분석가가 유사한 직업 기술 정보를 제공한다는 것을 보여 준다(예: Peterson, Owens-Kurtz, Hoffman, Arabian, & Whetzel, 1990). 재직자는 모든 영역에 관한 정보, 특히 업무 방식이나 조직 환경 변수들과 같은 관찰하기에 복잡하거나 어려운 직업 특성에 대한 정보를 제공할 수 있다. 마지막으로, 재직자는 분석의 가장 작은 단위인 개별 근로자의 지위를 평가의 근거로 둔다. 따라서 재직자 평가는 O*NET 직업 기술 자료의 가장 일차적인 출처로 선택된다(Peterson, Mumford, Levin, Green, & Waksberg, 1999 참조).

O*NET 내용 모델은 직업 기술 설문지의 원형을 개발하는 데 사용되었다. 각 기술어에 대한 정보는 하나 혹은 그 이상의 수치화된 평정척도들을 이용하여 수집되었고, 채점자에게는 기술어 변수에 대한 기능적인 정의가 제공되었다. 대부분의 영역에서, 다양한 유형의 평가가 각각의 변수를 위해 이루어졌다. 예를 들어, 각각의 일반 업무 활동 기술어는 요구되는 수행의 수준, 중요성 그리고 수행되는 빈도의 견지에서 평가되었다. 현장 적용 이후에 빈도척도는 제외되었고, 현재 일반 업무 활동은 중요성 및 수준에 관해서만 기술된다. [그림 13-2]는 일반 업무 활동 기술어의 직무분석 정보를 수집하는 데 사용된 평정척도인데, 이는 모니터링 과정, 자료 또는 환경이다. 이 평정척도에는 수준척도(level scale)에서 다양한 점수에 의해 대표되는 행동 및 활동을 정의하는 것을 돕는 행동 장치(behavioral anchor)가 있다는 것에 주목할 필요가 있다. 여기에는 어떻게 이 척도를 사용하는지의 견지에서 채점자 간의 차이점을 최소화하고 직업 기술 정보 결과의 해석을 강화하는 것이 포함되어 있다.

정보 분석가는 O*NET의 두 영역인 직업 흥미와 가치를 분석하기 위해 O*NET 데이터베이스에 포함되어 있는 평가들을 제공하였다. 흥미와 관련하여 분석가는 각

3. 모니터링 과정, 자료 또는 환경	문제를 감지하고 평가하기 위해 실시하는 자료, 사건, 환경으로부터의 정보에 대한 모니터링 및 재검토

A. 당신의 현재 직무 수행에서 모니터링 과정, 자료 또는 환경이 얼마나 중요한가?

중요하지 않음*	다소 중요함	중요함	아주 중요함	대단히 중요함
①	②	③	④	⑤

* '중요하지 않음'에 체크한 경우 아래 문항을 건너뛰고 다음으로 가시오.

B. 어느 정도로 모니터링 과정, 자료 또는 환경이 당신의 현재 직무 수행에서 요구되는가?

①	②	③	④	⑤	⑥	⑦
	빵이 다 구워졌는지 알아본다 ↓		전기 회로를 검사한다 ↓		중환자실 환자의 상태를 점검한다 ↓	최고 수준

[그림 13-2] O*NET 평정척도의 예

주: O*NET 온라인 정보센터(www.onetcenter.org)에서 이용 가능.

직업에서 Holland의 여섯 유형에 대한 평가를 제공하였다(Rounds, Smith, Hubert, Lewis, & Rivkin, 1999). 이 평가는 각 직업에 대한 수치 분석표를 산출하거나 혹은 자신에게 가장 잘 맞는 Holland 유형을 선택하는 데 사용될 수 있다. 직업 가치와 관련하여, 주요 직업들이 미네소타 직무기술 질문지(Dawis & Lofquist, 1984)에 더해지고, 이러한 척도는 각각의 직업 가치에 상응하는 강화 인자를 제공하면서 각 직업에서의 잠재력을 평가하는 데 사용된다(McCloy, Waugh, Medsker, Wall, Rivkin, & Lewis, 1999).

〈표 13-7〉은 O*NET 내용 모델에 있는 200개 이상의 기술어의 개요를 제공하고 있다. 이 표는 내용 영역, 각 영역에 포함된 기술어의 수, 그리고 각 기술어에 해당하는 직업 정보를 수집하는 데 사용된 평정척도의 유형을 나열한다. 수준평가(예: 능력, 기술, 지식 수준 평가)는 채점자가 척도를 적절하게 사용하였는지 돕기 위한 행동 장치를 포함한다.

〈표 13-7〉 O*NET 직업 기술어의 개요

내용 영역	모형에서 기술어의 수	기술어의 현재 수[1]	현재 평정척도[1]
능력	52	52	수준, 중요성
흥미	NA[2]	NA[3]	NA
직업 가치	21	NA[3]	NA
업무 방식	17	16	중요성
기초 및 다기능 기술	46	35	수준, 중요성
지식	33	33	수준, 중요성, 업무 특수 요구 조건
교육, 훈련, 자격증/증명서, 경험	7	6	다양함(예: 예/아니요, 객관식, 주관식)
일반 업무 활동	42	41	수준, 중요성
업무 환경	97	57	다양함(예: 중요성, 빈도, 노출, 상해 정도 등)
조직 환경[4]	33	0	다양함(예: 중요성, 수, 현저함 등)
조직 특성	NA	NA	다른 데이터베이스와 연결함으로써 O*NET에 명시됨

주: NA=적용할 수 없음.

[1] 현장 적용, 재검토, 재수정으로 몇몇 항목 및 평정척도가 제외됨(Hubbard et al., 2000).

[2] 『Holland 직업 코드 사전(DHOC)』(Gottfredson & Holland, 1996)에서 파생됨.

[3] 직업 흥미와 가치에 관한 자료는 분석가에 의해 제공됨.

[4] 조직 환경 자료의 대부분은 전화 인터뷰를 통하여 각 회사에서 조직 대표로부터 수집됨. 이 표에 나타난 33개의 질문들은 재직자 설문지의 일부분임.

3 O*NET 원형 자료 수집 절차의 평가

1) O*NET 현장 적용

현장 적용은 O*NET 도구의 원형을 평가하기 위한 초기 연구다. 현장 적용 절차와 결과에 대한 설명은 Peterson, Mumford, Borman, Jeanneret과 Fleishman (1996, 1999)에서 확인할 수 있다. 여기서는 O*NET 자료의 신뢰도 및 타당도에 대한 정보의 개요를 독자에게 제공하기 위해 결과에 대한 간단한 개요 및 몇몇 중요 부분을 다룰 것이다. 초기 목표는 완전한 80개 직업에 대한 O*NET 자료를 수집하고, 적어도 각 직업에서 30개의 재직자 반응을 습득하는 것이었다. 80개의 직업은 이 직업들이 적절하며 대표성을 띠는지 확실히 하기 위해 주의 깊게 표본화되었다. 현장 적용 자료의 대부분은 목표 직업을 가진 재직자에 의해 제공되었다. 현장 적용에 참가한 각각의 재직자는 O*NET 기술어의 일부분에 한해 자신의 직업을 평가했고, 이 자료 수집의 초기 목표는 7,000명 이상의 재직자였다. 하지만 반응률은 예상보다 훨씬 낮았고, 현장 적용 표본은 궁극적으로 30개의 직업(총 2,000여 명의 재직자)과 한 직업당 예상보다 적은 재직자가 포함되었다. 직업은 적어도 4명의 응답자가 초기 선별된 자료를 제공한 경우에 한해 현장 적용 분석에 포함되었다.

재직자 평가에서 같은 직업에 대해 얼마나 잘 동의하는지를 평가하기 위해, 각 기술어의 평정척도에서 평가자 간 신뢰도들이 산정되었다[표준급내 계수(standard intraclass coefficients)의 사용; Shrout & Fleiss, 1979]. 일단 각 직업에서 30명의 평가자가 구성되었을 때 완전히 개발된 시스템의 신뢰도를 예측하기 위해서 이 30명의 평가자에 대한 신뢰도는 어떠한지(Spearman-Brown 수정 공식 사용)를 추정하기 위한 기초로서 평가자 간 신뢰도들이 사용되었다. 개별적인 기술어를 위한 대부분의 30명 평가자 간 신뢰도 추정은 1990년대에 있어 왔고, 이는 O*NET 질문지가 신뢰할 만한 결과를 산출한다는 것을 암시한다. 몇몇 직업 가치와 조직 환경 기술어 그리고 업무 방식 기술어에 대한 신뢰도는 상대적으로 낮았다. 평가자 간 동의가 일반적으로 높았다는 사실은 직업의 기술어 점수 분석표가 어떤 점에서 직업의 요구 조건을 안정적으로 대표한다는 의미를 가진다는 것을 뜻한다. 예를 들어, 하나 혹은 그 이상의 특정 기술에 대하여 높은 수준을 요구하는 직업에 대한 한 연구가 개시되었을 때, 그 대답은 신뢰할 만하고 반복 가능하다는 것이 될 것이다.

개별 O*NET 기술어는 아마도 몇몇 적용에서는 지나치게 세부적일 수 있다. 예를 들어, 구직자는 좀 더 세부적인 검토에 들어가기 전에 일반적인 기술 용어를 살펴보고 몇몇 직업을 그 검토 과정에서 제외하는 작업을 먼저 시작하고 싶어 할 것이다. 앞서 언급했듯이, 각 내용 영역은 위계적으로 배열되어 있으므로, 직업에 대한 좀 더 전반적인 설명을 제공하기 위해서 최하위 위계에 있는 기술어에 내려진 평가를 종합해 볼 수 있다. O*NET의 초기 위계 구조에 근거하여 산출된 종합 점수의 평가자 간 신뢰도는 개별 기술어의 신뢰도와 거의 같은 수준인데, 이는 이러한 종합적인 기술어의 사용을 지지한다. 각 영역의 기술어에 수행된 요인분석 및 상관관계분석은 선험적인 분류학과 일치한다. 기술어의 구성타당도를 평가하기 위한 다른 방법은 영역 간 기술어의 관계가 이론적인 그리고 추론적인 예측과 일치하는지를 결정하는 것이다. 여러 다른 분석적 접근들이 교차 영역 분석에서 사용되었는데, 각각은 다양한 O*NET 내용 영역의 기술어 간 관계에 대해 다소 다른 관점을 제공하였다(Hanson, Borman, Kubisiak, & Sager, 1999). 여러 다른 영역의 개별 기술어 간 예측된 상관관계에 관하여 일련의 선험적 가설이 산출·평가되었다. 이러한 선험적 교차 영역 가설의 검사는 O*NET 기술어 간에 강한 상관관계가 예측될 때 실제로 강한 상관관계가 있다는 것을 보여 주었다. 이러한 O*NET 교차 영역의 관계를 요약하면, 요인분석 결과에 근거하여 각 영역 내에서 여러 기술어 간의 결합이 이루어졌고, 그런 다음 영역들을 가로지른 상호 상관관계가 입증되었다. 이 결과 역시 상당히 일리가 있었다. 예를 들어, 정보를 포함한 업무 활동(즉, 일반 업무 활동)은 많은 인지능력 및 기술 요건과 강한 상관관계를 가졌다. 성취(업무 방식 기술어)와 다른 인지 지향적 업무 방식은 또한 인지능력 및 기술 요건뿐 아니라 정보 관련 활동과 강하게 연관되어 있다. 이러한 분석들은 개념적으로 관련되어 있지 않은 O*NET 구조는 일반적으로 상관관계가 없음을 보여 주었다. 예를 들어, 물리적 및 정신운동 능력 요구 조건은 정보 및 사람 관련 업무 활동과 상관관계가 없었다.

O*NET 원형의 현장 적용 분석 결과는 O*NET 기술어 및 평정척도의 사용에 수집된 자료가 전반적으로 신뢰할 만하고, 각 내용 영역 안에서 의미 있는 기본적 구조를 가지고 있음을 보여 주며, 내용 영역 간의 상호작용 패턴은 상당 수준 해석 가능한 것으로 나타났다. 이러한 분석은 또한 O*NET 기술어가 민감하게 직업 간 차이를 구별해 낸다는 예비 증거를 제공하였다.

2) 직업 분석가로부터의 O*NET 평가

O*NET 원형 평가는 재직자로부터 얻은 직업에 대한 서술이 직업 분석가로부터 얻은 서술과 유사한지를 결정하는 연구를 포함한다(Peterson, Mumford, Levin, Green, & Waksberg, 1999). 이 연구의 분석은 전문 직업 분석가와 산업/조직 심리학 대학원생들이 담당하였다. 분석가들은 1,122개의 직업 단위(OUs)에 대한 평가를 제공하였다. 직업 단위는 일반적인 직업고용통계(OES) 분류학과 전문적인 DOT 분류학 사이의 전문성 수준에 속하며 직업의 일반적인 분류학을 제공하기 위해 고안되었다. 각각의 직업은 O*NET 기술어의 일부분인 기초 및 다기능 기술, 일반 업무 활동, 능력, 지식, 몇몇 업무 환경 기술어를 사용하면서 적어도 다섯 명의 분석가에 의해 독립적으로 평가되었다. 이러한 자료의 분석은 분석 자료가 이전에 기술된 재직자 자료의 몇몇 특성과 공유한다는 것을 보여 주었다. 더욱이 재직자 자료에서도 이용 가능한 약 30개의 직업에서 재직자와 분석가의 자료에는 공통점이 있다.

O*NET 시스템의 장점 중의 하나는 그것이 특정한 계획이나 사용자의 요구에 따라 다양한 종류의 직업 기술어에 근거하여 직업을 분류하는 데 사용될 수 있다는 점이다. 예를 들어, 진로상담을 목적으로 유사한 능력 요구 조건을 가진 직업 집단을 확인하고자 한다면, 직업은 능력 요구 조건 기술어의 점수에 근거하여 분류될 수 있다. O*NET 분석가 자료는 직업을 군집화하고 습득된 군집 결과를 다른 종류의 기술어와 비교하는 여러 방법론적인 접근을 조사하기 위한 초기 연구를 수행할 기회를 제공한다(Baughman, Norris, Cooke, Peterson, & Mumford, 1999). 이러한 연구들은 여러 다른 접근을 통한 직업의 군집화의 효과와 관련된 통찰을 제공하고, O*NET은 여러 다른 수준의 전문성에 대해 해석 가능한 직업 군집을 산출할 수 있다는 것을 증명한다.

4 O*NET 데이터베이스 배포 및 개정

이미 언급했듯이, O*NET의 현장 적용 버전은 원형이며, 이 초기 O*NET 도구는 개정 및 개선으로부터 이득을 얻을 것으로 예측된다. 초기 개정은 이미 완성되었다(Hubbard et al., 2000). 개정의 대부분은 좀 더 이해 가능하고 사용하기 쉽도록 만들기 위해서, 그리고 요구되는 읽기 수준을 낮추기 위해서 지시 사항, 기술어 정의 및 척도의 변경을 포함한다. 질문지 형식 또한 개정되었다. 여러 영역에서 하나 이상의 평정척도가 제거되었다. 예를 들어, 빈도척도는 일반 업무 활동 영역에서 없어졌고, 입직(job entry) 요구 조건 척도는 기술 영역에서 제외되었으며, 수준척도는 업무 방식 영역에서 제외되었다. 몇몇의 경우에는 기술어가 제외되거나 없어졌다. 하나의 기술어가 업무 방식 영역에서 없어졌고, 일반 업무 활동에서도 1개가 없어졌다. 기술 영역에서 여러 기술어가 반복을 줄이기 위해 결합되었다. 마지막으로, 많은 업무 환경 기술어가 결합되거나 제외되었다. 〈표 13-7〉의 세 번째 열은 각 내용 영역 기술어의 현재 수를 나타낸다. Hubbard 등(2000)은 개정의 실시 및 그 이유와 관련한 세부적인 정보를 제공하였다. 개정된 도구는 관리 및 예산 승인 부서(OMB)에 제출되었고, 현재 모든 직업의 재직자로부터 업무 기술 정보를 수집하는 데 사용된다. 이러한 질문지는 지속적으로 데이터베이스를 업데이트하고 최근의 직업 정보를 모으는 데 사용될 것이다.

앞서 언급하였듯이, O*NET 분석가 업무 기술 평가는 1,122개의 직업 단위를 위해 수집되었다. 그 이후로 정부는 새로운 유형의 표준직업코드(SOC 2000)를 발표하였고, O*NET 분석가 자료는 SOC 2000의 직업 구조를 반영하기 위하여 재조직화되어 O*NET 3.0이 발표되었다. 이 자료는 이후에 O*NET 기술어 및 질문지의 개정을 반영하기 위해 재조직화되었고, O*NET 4.0이 발표되었다. 미국 노동부는 현재 주기적인 자료 수집 및 자료 업데이트를 실시한다. 업데이트는 2년마다 발표되며, 각각은 100개의 추가적인 직업에 대한 최신의 자료를 포함한다. 〈표 13-8〉은 현재까지의 다양한 데이터베이스 배포를 보여 준다.

가장 최근 발표된 O*NET 11.0은 좀 더 최근의 개정을 반영하기 위해 O*NET-SOC 구조(O*NET-SOC 2006)로부터 재구조화되었다. 이 개정은 O*NET 프로그램의 지속적인 개선에 대한 노력의 부분이며, 주된 목표는 미래 O*NET 자료가 적절한 수준의 전문성을 가지고 수집되고 직업 세계에서 발생하는 변화(예: 새로운 기술, 혁신적 사업 수행, 직업 구조)를 반영하도록 하려는 것이다. 일반적인 SOC 구조는 O*NET 자료를 직업 전망, 임금 정보, 특정한 일자리 정보와 같은 직업 정보의 다른 이용 가능한 자원과 연결하는 것을 현저히 촉진할 것이다. SOC 코드를 DOT, 군사업무분류(MOC), 교육 프로그램 분류(CIP), 등록도제정보체계(RAIS) 등과 같은 다른 코드와 연결하는 것 또한 가능하다. O*NET이 전자 데이터베이스라는 사실은 그것이 계속적으로 직업 정보를 업데이트하고 개정하는 것을 훨씬 쉽게 만들며, 또한 이는 O*NET이 오랜 시간에 걸쳐 변화하고 진화하는 것을 가능하게 만든다.

〈표 13-8〉 O*NET 데이터베이스 배포의 예

배포	날짜	주요 평가 출처	직업의 수	직업 구조	기술어 구조
O*NET 98	1998년 10월	분석가	1,122	OUs	원형
O*NET 3.0	2000년 8월	분석가	900 이상	SOC 2000	원형
O*NET 4.0	2002년 6월	분석가	900 이상	SOC 2000	OMB 승인
O*NET 5.1	2003년 11월	재직자	54	SOC 2000	OMB 승인
O*NET 6.0	2004년 7월	재직자[1]	180[2]	SOC 2000	OMB 승인
O*NET 7.0	2004년 12월	재직자[1]	280[2]	SOC 2000	OMB 승인
O*NET 8.0	2005년 6월	재직자[1]	380[2]	SOC 2000	OMB 승인
O*NET 9.0	2005년 12월	재직자[1]	480[2]	SOC 2000	OMB 승인
O*NET 10.0	2006년 6월	재직자[1]	580[2]	SOC 2006	OMB 승인
O*NET 11.0	2006년 12월	재직자[1]	680		

[1] 재직자가 최근 자료 수집의 주요 원천이지만, 분석가 또한 몇몇 평가를 제공한다(예: 능력 요구 조건).
[2] 포괄적으로 업데이트된 자료의 직업 수. 원본 분석가 자료는 남아 있는 직업에서 이용 가능하다.

부가적인 노동 인구 변화를 적절하게 통합하는 것을 돕고 사용자 요구에 계속 반응하기 위해 국립 O*NET 개발센터(National Center for O*NET Development, 2006b)는 새롭고 부상하는 직업을 O*NET과 통합하고 확인하는 절차를 개발해 왔다. 간단히 말해, 어떤 직업이 다른 직업의 재직자에 의해 수행된 것과 현저히 다른 일을 포함한다면, 그리고 그 직업이 존재하는 O*NET-SOC 구조에 의해 적절하게 반영되지 않는다면, 그것은 O*NET에 새로이 추가될 것이다.

5 O*NET의 현황 및 새로워진 특징

국립 O*NET 개발센터는 O*NET 사용자에게 기술적인 지지 및 고객 서비스를 제공하는 것뿐만 아니라 O*NET 데이터베이스와 미국 노동부 산하 고용 및 훈련 본부(ETA)와 관련된 제품의 지속적인 개발 및 업데이트에 책임이 있다. 이미 언급했듯이 O*NET의 가장 최신 버전은 11.0인데, 이는 주로 직업 분석가에 의해 이루어졌으며, 680개의 직업 및 이전에 포함된 직업의 세부적이고 최신의 정보를 포함한다.

국립 O*NET 개발센터는 O*NET 상태와 최신 제품의 출시와 관련된 최신 정보를 제공하기 위해 인터넷 웹사이트(http://www.onetcenter.org)를 구축하고 있다. 또한 이 웹사이트는 노동부에 의해 개발된 다양한 도구 및 보조 자료에 대해 접근할 수 있도록 되어 있다. 이는 이용자가 자신의 흥미, 직업 관련 가치 및 능력을 스스로 평가할 수 있도록 하고 구직을 위해 O*NET 데이터베이스를 탐색할 때 이러한 정보를 사용할 수 있도록 한다. 또한 사용자에 의해 입력된 타이틀, 구문 또는 단어를 사용하여 O*NET의 직업 타이틀, 대체 직업명(lay titles), 업무 기술 등을 탐색함으로써 노동인력 담당자가 O*NET 직업 코드를 확인하는 것을 돕기 위한 '코드 연결자(code connector)'가 고안되어 있다. 이는 구직자나 직업 순위를 분류하는 데에서 적절한 직업 코드를 사용자가 쉽게 결정하도록 만든다. 앞서 언급한 다양한 O*NET 버전에 더하여 O*NET 4.0의 스페인어 버전 또한 출시되어 있다.

O*NET 센터는 다양한 보조 자료를 개발해 왔는데, 이는 웹사이트에서 접근 가능하다. 이런 자료 중 하나인 세부적 업무 활동은 일반 업무 활동과 특수 직업 과제 사이의 간격을 채우기 위해 개발되었다. 일반 업무 활동은 교차 직업 비교를 허용하는 반면, 과제는 직업 간 미묘한 차이를 구별하는 데 유용하다. 세부 업무 활동은 직업 간 차이점을 보존하면서 교차 직업 비교 및 조화를 허용하는 중간 수준의 전문성을 가진다. 이것은 업무를 비교하기 위한 일반 언어를 제공하며, 또한 여러 직업에 영향을 미치기 때문에 이동 가능한 기술 및 기술 간 차이점을 확인하고 업무 설명을 고안하며 이력서를 작성하는 데 특히 유용할 수 있다. 다른 보조 자료로는 신생 과제(O*NET 자료 수집 도구에 대한 자유 응답으로부터 나옴), 대체 직업명(O*NET-SOC 분류 체계와 연계된 대안적 직업 명칭), 그리고 도구 및 기술(최첨단 기술 및 신생의 업무 환경에 중점을 둔, 근로자가 사용하는 기계, 장비, 도구, 소프트웨어에 관한 정보)이 있다. 보조 자료와 관련된 세부 사항은 홈페이지에서 확인할 수 있다.

노동부는 웹 기반 인터페이스를 갖춘 O*NET의 온라인 버전(http://online.onetcenter.org)을 개설하였다. 이 웹 기반 적용은 O*NET 직업 정보에 대한 사용자 중심의 접근을 제공한다. 이는 사용자가 특정 목적에 맞게 사용하기 위해 부가적이고 특수한 인터페이스를 개발하도록 의도되었고, 노동부는 이러한 적용을 촉진시키기 위해 다운로드 가능한 자료 및 자료 사전을 제공한다. 국립 O*NET 개발센터는 O*NET 사용자를 위한 다른 유형의 지원을 제공하기 위해 두 가지 부가적인 웹사이트를 개설했다. 첫째, O*NET 사용 및 훈련에 대한 정보를 제공하고 사용자들이 정보를 동료들과 공유하고 O*NET 사용자의 온라인 커뮤니티에 참여하도록 허용하는 사이트(http://www.onetknowledgesite.com)다. 둘째, 자신의 진도에 맞는 과정 선택 및 개별 지도와 실시간 '웹 세미나'를 포함한 온라인 O*NET 훈련을 제공하는 사이트(http://www.

onetacademy.com)다.

6 재활 전문가를 위한 O*NET 적용 및 시사점

O*NET 기술어는 미국 경제에서 각 직업에 대한 전반적이고 세부적인 그림을 제공한다. 게다가 이러한 정보의 대부분이 표준화된 기술어를 사용하면서 수집되었기 때문에, O*NET은 직업을 포괄하여 체계적인 비교가 가능하며 근로자를 적절한 직업과 매치하는 데 이상적이다. O*NET 직업 기술 정보는 DOT 정보보다 내담자에게 더 이용 가능할 것이다. 행동 장치(behavioral anchor)가 모든 기술어 수준 평정척도에 포함되어 있다는 것을 생각해 보면 직무 분석을 제공하는 재직자가 이러한 척도를 지속적으로 사용하는 것을 도울 뿐 아니라, 또한 이러한 척도는 O*NET 데이터베이스에 있는 수량화 평가의 해석을 강화하기 위해 O*NET 사용자에게 제공될 수 있다. SOC 분류 체계를 통하여 O*NET의 직업 기술은 임금, 직업에 관한 비디오 클립, 직업 전망, 재직자의 교육 수준, 구직 정보 등과 같은 다른 이용 가능한 직업 정보와 연결된다.

O*NET은 직업 정보를 수집하기 위해 노동부가 이용했던 접근에 대한 주요 변화를 대표하고 직업 정보에 대한 국가의 주요 자원으로서 DOT를 대신하기 위해 고안되었다. 재활 집단을 포함한 DOT 사용자들이 새로운 체계를 받아들이고 그것의 이점을 이용하는 데에는 시간이 걸릴 것이다. O*NET이 이미 다양한 재활 관련 환경에서 그리고 다양한 목적에 유용한 것으로 발견되기 시작했지만, 그 적용은 여전히 제한되어 있고 많은 재활 전문가는 여전히 DOT 기반의 직업 정보에 의존한다. 여기에서는 O*NET 데이터베이스 및 도구의 최근 사용, O*NET과 관련된 지속적인 연구 및 개발, 그리고 미래를 위한 몇 가지 가능한 적용에 대해 기술한다.

직업 재활에서 O*NET의 최근 및 미래 적용은 필연적으로 전문성을 발달시키는 것과 관련하여 일어난다. 새로운 서비스 전달 모델이 출현하고 있는데, 이는 많은 직업재활 전문가, 산업재활 전문가 그리고 물리치료사에 의해 수행되었던 전통적인 직업 재활로부터의 미세하지만 중요한 변화를 대표한다. 철학적으로 이러한 변화는 단순히 직업 재활(vocational rehabilitation)에서 작업 재활(occupational rehabilitation)로의 변화만을 의미하지 않는다. 이는 내담자의 직업에 독점적으로 초점을 두기보다는 내담자가 참여하는 모든 의미 있는 직업 역할을 포함한 광범위한 관점이다. 내담자의 업무 그 자체가 주요 직업 역할로 중요한 부분을 차지하지만, 업무 환경 밖의 다른 역할 또한 중요하다. 직업재활 전문가는 직업 요구보다는 내담자의 능력을 바탕으로 내담자의 참여를 고려하는데, 이는 정확히 DOT로부터 O*NET으로 그 중요성이 바뀌었다는 것이다. 그러므로 O*NET의 직업에 대한 광범위한 관점은 직장에서의 업무에 초점이 맞추어지도록 의도되었다고 하더라도 직업에 대한 진화되고 광범위한 재활의 관점과 일치한다.

1) 재활에서 O*NET의 사례 연구

미주리 주 세인트루이스의 재활연구소(Rehabilitation Institute)에 있는 작업수행센터(Occupational Performance Center: OPC)와 미주리 주 세인트찰스의 고용잠재력향상공단(Employment Potential Improvement Corporation: EPIC)은 다양한 목적을 수행하기 위해 O*NET을 사용한다. 재활 전문가 집단이 O*NET의 유용성을 발견했던 점을 강조하고 잠재적인 사용자에게 O*NET 적용에 대한 다양한 아이디어를 제공하기 위해서 여러 가지 적용 방법을 간단하게 기술하고자 한다. 다른 영역에서뿐 아니라 재활에서 O*NET의 다른 적용에 대한 부가적인 정보는 국립 O*NET 개발센터 웹사이트(http://www.onetcenter.org)에서 확인할 수 있다.

(1) 진로 탐색

O*NET의 주요 목표 중 하나는 진로 탐색의 정보 원천으로서의 역할을 하는 것이다. 몇 년 동안, DOT의 정보가 가장 컴퓨터화된 진로 정보 전달 체계였지만, O*NET 정보는 대부분의 이러한 체계에서 DOT를 대신할 것이다. 게다가 'O*NET OnLine'의 인터넷 적용—이는 O*NET 직업 정보에 대한 사용자 중심 접근을 제공하기 위해 노동부가 개발하였다—은 재활 전문가와 내담자에 의해 진로 탐색 도구로써 사용될 수 있다. 국립 O*NET 개발센터는 O*NET 온라인을 강화시키기 위해 지속적으로 작업하고 있고, 최근의 특징은 많은 성장을 하고 수요가 많은 직업에 초점을 두는 능력 또는 특정 기술어에 기초하여 직업을 찾는 능력(예: 높은 수준을 가진 하나 이상의 특정 능력을 요구하는 모든 직업을 찾는 것)을 포함한다.

작업수행센터에서 작업치료사는 내담자가 컴퓨터를 사용한 온라인 O*NET에 익숙해지도록 하고 재활센터 및 가정에서 스스로 O*NET 정보를 탐색할 수 있도록 장려한다. 증가된 인터넷 사용 및 도서관 같은 공공시설에서의 온라인 컴퓨터의 이용 가능성은 작업재활 클리닉의 한계를 넘어 작업재활 서비스를 제공하는 치료사의 유효성을 증대시킨다. 작업수행센터에서는 대다수의 장애인이, 비록 많은 작업수행센터의 내담자와 같이 인지적인 문제를 가진 사람들일지라도 이 시스템을 통하여 독립적으로 직업 정보를 탐색할 수 있도록 하기 위하여 온라인 O*NET이 충분히 사용자 중심이라는 점을 경험해 오고 있다. 국내의 다양한 지역에서 소득 및 직업 가능성과 관련된 자료뿐만 아니라 다양한 직업에 대한 비디오 클립 또한 유용하다는 것이 증명되었다.

진로가 아직 발달되지 않은 어린 내담자나 원래 진로로 되돌아가는 것이 불가능한 것으로 보이는 기능적인 제한이 있는 성인 내담자에게 작업수행센터의 직업 탐색은 전형적으로 진로평가검사(CAI; Johansson, 1986)의 맥락에 있는 Holland 체계를 적용한다. CAI의 진로 및 직업 버전을 모두 사용하여, 작업치료사는 대안적인 직업 목표를 확인하기 위해 내담자와 함께 작업한다. O*NET이 직업 흥미를 조직하는 데 Holland 방법을 사용한다는 사실(Holland, 1966, 1973)은 이러한 직업 탐색을 촉진한다.

(2) 전환기술의 확인

O*NET은 심지어 근로자에 의해 수행된 실제 과제가 다르더라도 유사한 기술, 능력 그리고 다른 근로자 요구 조건을 필요로 하는 직업군을 효과적이고 정확하게 확인하는 것을 가능하게 한다. 이러한 교차 직업 비교를 촉진하기 위하여 동일한 O*NET 기술어가 모든 직업을 기술하는 데 사용되었다. 근로자는 전형적으로 특정 직업에 필요한 업무를 위해 다양한 직업 관련 기술 및 지식을 개발한다. O*NET은 그들이 새로운 직업을 찾을 때 이미 개발해 왔던 기술 및 지식을 어떻게 이용하는지를 도울 수 있다.

직업실행센터에서 O*NET 기술어는 근로자가 자신의 고용 경험을 이해하는 데 도움이 된다는 것을 발견했다. 성인 내담자는 전형적으로 외상, 뇌졸중, 척추 손상 등을 통한 후천적 뇌손상을 입은 지 몇 주 후에 작업수행센터에 의뢰된다. 후천적 뇌손상을 가진 많은 내담자는 이전 업무 역할에 대한 정보 제공의 어려움 등과 같은 인지 문제를 가지고 있다. 게다가 많은 수의 내담자는 적절한 목표 설정 및 계획을 방해하는 실행기능 문제를 가지고 있다. 내담자가 필요한 기술 및 능력뿐만 아니라 이전의 업무 과제에 대한 좋은 정보를 제공할 수 있도록 작업치료사와 의사소통하는 것을 돕기 위해 작업수행센터에서는 O*NET을 사용한다. 각 내담자의 이전 직업 명칭에 근거하여 질문지가 산출되는데, 이는 관련된 O*NET 직업 과제 요인들과 함께 이루어져 있으며, 직업 경험 정보를 수집하는 것을 촉진시키기 위해서 치료자에 의해 사용된다.

(3) 능력평가 및 장애 결정

고용잠재력향상공단(EPIC)에서 O*NET은 업무능력 평가 및 직업장애 결정에 사용된다. 업무능력 평가를 위한 도구로서 O*NET은 내담자의 현재 직업에서 가장 중요한 능력 구조를 확인하는 데 사용된다. O*NET은 내담자의 잠재능력을 직업과 매치하기 위해 직업 평가자에 의해 사용되는 정보의 발단이다. 인지적 · 대인관계적 영역에 근거한 매치는 DOT의 적성, 성격, 흥미, 교육 발달 척도보다 O*NET에서 훨씬 뛰어나다(신체능력과 관련된 문제는 뒤에서 논의된다). EPIC에서 각 내담자의 이전 직업에 대한 O*NET 기술어의 재검토는 업무능력 평가에서 다루어진 구조에 먼저 초점을 두도록 하는 데 사용된다.

예를 들어, 복직을 시도하고 있는 외상성 뇌손상을 가진 간호사는 그 직업과 관련된 과제를 잘 반영하는 평가도구를 사용하여 평가되는 것이 필요할 것이다. O*NET의 정보는 모든 업무 과제를 수행하는 내담자의 능력에 대한 완전하고 전반적인 평가를 실시하려 하기보다는 업무에 적절하고 내담자가 가진 현저히 제한된 몇몇 능력에 초점을 맞추는 데 사용된다. 핵심 과제의 재검토 및 검증 후에 직업 평가자가 O*NET의 능력 영역과 관련한 질문을 하는데, 이는 가장 중요한 능력을 확인하고 내담자가 그 업무의 핵심 과제를 수행하는 데 어려움을 보이는지를 확인하기 위해서다. 내담자는 종종 능력 구조의 정의를 이해하는 데 어려움을 가지고 있으므로 직업 평가자는 내담자와 협력하여 이를 진행한다. 능력 구조의 더 나은 이해를 제공하기 위해서, 행동뿐 아니라 다양한 능력 구조의 비교 및 대조에 대한 정보를 제공하는 Fleishman 직무분석조사(FJAS; Fleishman & Reilly, 1992)가 사용된다.

특정 내담자에게 가장 적절한 과제 및 능력 구조가 확인된 후, 직업 평가자는 내담자의 상태를 평가하기 위해 표준화된 심리 및 직업 검사를 선택한다. 비록 O*NET 과제 또는 능력과 대부분의 표준화된 검사 간의 단순한 상호 참조는 불가능하다고 하더라도, 숙련된 직업 평가자는 검사 선택에 방해가 되지 않기 위해 과제 및 능력 구조에 대해 잘 알고 있어야 한다. 검사 실시 후에 직업 평가자는 검사 결과를 해석하고 이러한 결과를 각각의 적절한 구조와 관련해서, 그리고 어떻게 내담자의 점수가 그의 직업과 관련되어 있는지의 견지에서 설명해야 한다. 많은 검사에서 내담자의 직업군에 대한 규준검사 점수와의 직접적인 비교는 쉽게 가능하지가 않다. 많은 표준화된 검사에서 규준 자료는 Wonderlic 적성검사(Wonderlic Personnel Test, Inc., 1998)를 제외하고는 몇 개의 직업에 대해서만 수집되고 발표되었다. 비록 규준화된 해석은 직업군과 가장 가깝게 매치되었을 때 최적으로 이루어지지만, 적절한 해석은 수집된 규준화된 자료와 관련된 직업에서 내담자의 목표 직업으로의 O*NET 내 교차 이동을 통해 수행될 수 있다.

장애 결정과 관련하여 EPIC는 기능평가구성(Functional Assessment Constructs: FAC) 분류학(Gaudino, Matheson, & Mael, 2001; Matheson, Kaskutas, McCowan, Shaw, & Webb, 2001)을 O*NET 능력 구조와 교차 이동이 가능하게 하였다. FAC 분류학은 의학적 기록, 내담자 자기보고, 수행검사 그리고 부수적인 자료로부터 오는 정보와 함께 내담자의 기능의 한계에 대한 정보를 조직화하는 데 사용된다. 이러한 다양한 자원으로부터 얻어진 정보는 FAC 분류학에 있는 기능 제한에 대한 평가를 습득하기 위해 수집되고 통합된다. 이 평가는 4점 척도로 '약간 제한됨' 부터 '불가능'까지 분류된다. 일반적이고 통상적인 직업의 견지에서 내담자의 장애에 대한 결정은 O*NET의 사용을 통하여 확인된 과제 요구와 핵심 능력을 기능 제한과 비교함으로써 완성된다.

(4) 직업 관련 목표의 개발

O*NET의 또 다른 적용은 목표 개발 및 직업계획에 있다. 직업실행센터(OPC)는 목표 지향적 업무복귀 프로그램이며, O*NET은 캐나다 직업수행측정(Law et al., 1998)에 기초한 중재 목표 설정 절차를 촉진하는 데 사용된다. OPC의 전문가들은 O*NET의 사용을 통하여 확인된 필수 기술 및 능력에 초점을 맞춘 업무수행 질문지(Kaskutas, 2006)를 개발해 왔다. 작업치료사는 의미 있는 목표를 선택하고 그 후에 중재를 돕는 수행 대상을 설정하기 위하여 내담자와 작업할 때 이 질문지를 사용한다. 이러한 초기 중점은 이후의 업무 복귀를 촉진하는데, 중재는 내담자의 기술 및 능력의 발달에 맞는 직업 수행을 개발하도록 고안되어 있기 때문이다. 각 기술 및 능력을 위한 목표를 정하고 이러한 목표를 향한 진보를 측정하기 위해 이 절차를 사용함으로써, 내담자의 권한을 촉진하는 내담자 중심 접근이 유지된다. 이 접근은 내담자가 프로그램에 참여하는 것과 같은 동기 문제나 개인적으로 수용 가능한 정도로 진보하는 것에 대한 어려움 또는 장애를 느끼는 것과 같은 좌절감을 다루는 데 특히 도움이 될 것으로 보인다.

(5) 실제적인 업무 모의 적용의 개발

OPC의 철학적 동향은 근로자와 환경 사이의 상호작용을 인식하면서 전반적인 직업 수행의 중요성을 강조한다. 이런 이유로 업무 모의 적용은 내담자를 평가하고 내담자의 작업 기술 및 능력 개발의 기회를 제공하는 중요한 방법이다. O*NET은 작업수행센터에서 개발된 구조화된 업무 모의 적용의 한 유형인 구조화된 업무활동 집단(SWAGs)의 개발에 주요한 참고문헌이 되어 오고 있다. SWAG 접근은 단계적인 요구 업무 모의 적용을 위한 배경으로 낮은 정확도의 가상 현실을 사용한다. 이는 위스콘신 스타우트 대학교의 자료개발센터(Materials Development Center: MDC)에 의해 개발된 직업을 구성하는 작업 표본과 캘리포니아 고용 및 재활 연구소(Employment and Rehabilitation Institute of California: ERIC)에 의해 개발된 구조화된 업무 모의 적용과 유사하다. SWAG 접근에서 '가상의 고용자'는 다양한 직업을 위한 하나의 배경인데, 이 직업들은 작업수행센터 내담자들의 손상된 기술 및 능력들을 필요로 한다. 내담자의 현재 능력에서 시작해서 경쟁적인 고용 기준으로까지 확대 분류되어 있는 직업 과제에 내담자들은 참여하게 되고, 그들의 기술 및 능력은 그 요구 수준이 점진적으로 증가함에 따라 도전을 받게 된다.

예를 들어, SWAG 1은 콜로라도의 덴버 교외에 있는 성 프란시스 국제도서관이 가상 고용주다. 직업 과제는 전화를 받고 정확하게 메시지 남기기, 지역사회 기관을 위해 두 도서관 회의실의 스케줄을 정하기, 기한이 지난 책과 비디오의 기록, 책과 비디오의 교체를 위한 구입계획, 회원 데이터베이스 및 우송용 회원 명부의 유지 그리고 우편물 발송 과제를 포함한다. 두 가지 방법을 사용함으로써, O*NET은 SWAG와 SWAG 모의 적용의 개발을 위한 두 가지 주요 문헌 중 하나로 사용되었다. 첫 번째는 단일 고용주 안에서 발견될 수 있는 한 직업군과 관련된 과제 내용 기술어를 개발하는 것이다. 자료개발센터(MDC)나 고용잠재력향상공단(EPIC)의 접근법처럼 한 가지 직업에 대한 초점과는 달리 한 고용주 환경 내에서 자연적으로 발생하는 다양한 직업 과제가 확인될 수 있다.

이것은 초기 모델보다 더 최신 접근인데, 내담자가 다른 근로자와의 협력을 통하여 엄격한 직업 경계를 넘어 일하는 것을 요구하기보다는 내담자의 업무 과제는 배타적으로 유사하게 구조화될 것이라는 가정과 함께 한 가지 특정 직업에만 초점을 맞추었다. SWAG 개발에서 O*NET의 두 번째 사용은 직업의 발생 빈도와 유망한 직업 성장을 연구하는 것이다. 비록 SWAG 개발은 작업수행센터(OPC) 내담자에게 제공하기 위해 개발되어야 한다는 관점으로부터 발달되었지만, 여기에는 또한 SWAG

활동이 미래 고용 특성을 예측한다는 고려 사항이 있었다.

(6) 미래 적용을 지원하기 위한 부가적인 연구 및 개발

향후 O*NET 사용자들은 부가적인 연구와 개발 그리고 사용자들의 요구에 맞춘 O*NET 자료의 새로운(또는 개선된) 적용으로부터 이득을 얻을 것이다. O*NET의 고유의 장점을 이용한 새로운 적용은 또한 재활 분야에서의 수용을 촉진할 수 있다. 여러 영역에 이르는 일관된 구도 때문에, O*NET은 경험이 풍부한 전문가들에 의한 새로운 적용이 기꺼이 이루어질 수 있다.

(7) 신체능력의 평가

O*NET은 아홉 가지 신체능력 기술어(예: 정적 강도, 스테미너), 열 가지 지각능력 기술어(예: 야간 시력, 청각 민감성), 열 가지 정신능력 기술어(예: 맨손 기민성, 반응 시간)를 포함한다. 이러한 능력 분야에서 많은 수의 O*NET 기술어는 장애인을 적절한 직업과 매치하는 것을 돕기 위한 잠재력을 가지고 있으며, DOT 정보보다 더 많은 특수성을 제공한다. O*NET은 각 기술어의 중요성에 대한 평가 및 각 직업에 요구된 능력 수준의 평가를 포함하고 있다.

O*NET 신체능력 기술어와 재활에서 사용된 신체기능 평가를 연결하는 것은 재활 전문가에게 중요할 것이다. 대부분의 현재 이용 가능한 기능능력 평가를 위한 표준화검사 배터리는 DOT 요소들과 매치하여 정보를 제공하기 위해 고안되었고(Dusik, Menard, Cooke, Fairburn, & Beach, 1993; Fishbain et al., 1994; Hart, Isernhagen, & Matheson, 1993; Isernhagen, Hart, & Matheson, 1999), O*NET 요소로부터 DOT 요소로의 단순한 교차 이동은 가능하지 않다. 이는 DOT의 신체적 요구 영역에서 특히 문제가 있다. O*NET에서의 신체능력 요소는 개인 능력의 견지에서 개념화되어 있고, DOT는 직업 요구에 초점을 둔다. 예를 들어, DOT 모델을 사용한 직업 분석의 한 핵심 요소는 그 직업의 들어 올리기 요구를 검사하는 것이다. 이러한 검사의 수행 목표는 직업 분석가에 의해 관찰된 직업 요구에 근거하는데, 전형적으로 짐의 무게, 빈도 그리고 들어 올리는 수직 범위의 견지에서 측정된다. 작업재활 전문가는 피검사자가 들어 올리기를 수행하는 동안 그 기능능력을 평가하기 위해 이 정보를 사용한다(Gross, Battie, & Cassidy, 2004; Kuijer et al., 2006; Matheson, 1986; Matheson, Isernhagen, & Hart, 2002). O*NET 모델에서는 이런 단순한 방식이 이용 가능하지 않다.

이러한 문제를 표현하기 위한 시작으로, Johnson, Carter와 Dorsey(2002)는 O*NET의 기술어 변수들과 검사점수의 직접적인 결합이 직업 강도 요구를 정확하게 예측할 수 있는지를 결정하기 위하여 분석을 수행하였다. 그들은 43개의 O*NET 변수/기술어들과 O*NET에서 DOT로 연결 가능한 387개의 직업을 사용하여 이 분석을 수행했다. 판별분석을 사용하여 네 가지 DOT 강도 범주(앉아서 일하는, 가벼운, 중간의, 무거운/아주 무거운) 내에서 O*NET의 직업을 가장 잘 분류했던 변수들이 선택되었다. 판별분석에서 가장 잘 공헌한 O*NET 변수는 정적 강도, 서기 그리고 기계 및 제조법 통제다. 이러한 O*NET 변수들을 사용하여 약 84%의 직업들을 정확하게 분류할 수 있다. 연구자들은 DOT의 강도 범주 견지에서 O*NET의 직업을 직접적으로 분류하기 위해 이러한 등식을 사용하는 것이 유용하며 바람직하다고 제안하였다. 이러한 방식은 아마 작업재활 전문가들이 O*NET에 대한 전망을 유지하는 데 도움이 될 것이다.

(8) 인지능력의 평가

재활 전문가들을 도울 잠재력을 가진 또 다른 연구는 표준화된 적성검사 배터리의 적성 척도에서 O*NET 능력 요인으로의 변환이다. 사람-직업 적합도를 촉진하기 위해 Ball 적성 배터리(BAB; Ball Foundation, 1995)를 O*NET의 직업능력 영역과 연결했던 프로젝트는 그것이 합리적인 개발 영역이라는 것을 보여 준다. BAB 척도와 O*NET 능력 요인 사이의 합리적이고 경험적인 연결을 확립하기 위해 전문 평가자의 판단과 이전의 연구 결과를 사용함으로써, 연구자들은 이론적인 틀을 제공하고 적성검사에서 O*NET 능력 요구 평가로 교차 이동하는 방법을 개발하기 위한 여과 장치를 제공하기 위하여 인지능력의 위계적 모델을 사용하였다. 이 모델을 바탕으로 사람의 적성 및 직업의 능력 요구 조건에 근거한 프로파일 수준 및 모양의 비교를 허용하는 일련의 채점 알고리즘이 개발되었다.

O*NET을 확립된 체계로 교차 이동하기 위한 초기의 이러한 성공적인 노력은 작업재활 전문가들이 내담자의 수행을 평가하기 위한 적절한 도구를 가지도록 하기 위하여 검사 개발자 및 제공자들이 유사한 프로젝트에 착수하도록 격려할 것이다. 이것이 발생하는 정도에 따라, O*NET은 직업 재활 분야에서 더욱더 가치 있게 될 것이다. 이러한 유형의 변환 연구에 대한 이점은 직업 재활의 실행을 위해 중요할 것이며, 따라서 좀 더 광범위하게 이루어져야 할 것이다.

(9) 업무 환경의 이해

작업재활 전문가들을 위해 O*NET이 제공하는 또 다른 전도 유망한 잠재 영역은 업무 환경의 더 나은 이해와 관련된 가능성이다. O*NET에 대한 탐색적 요인분석이 수행되었고(Hadden, Kravets, & Muntaner, 2004), O*NET의 데이터베이스에서 네 가지 환경적 요소를 확인하였는데, 이는 실질적인 복잡성, 사람 대 물건, 물리적 요구 조건 그리고 관료 제도다. 연구자들은 O*NET 변수들이 '업무 환경의 비교적 객관적이며 최신의 평가'를 제공하는 데 사용될 수 있다고 제안한다. 작업재활 전문가들이 내담자 직업의 환경적 요구를 평가 및 중재와 통합할 때, O*NET 변수들을 사용하는 능력은 좀 더 바르게 평가될 것이며, 실무에서 O*NET의 적용은 좀 더 광범위하게 발생할 것이다.

7 결 론

O*NET은 각 O*NET 내용 영역에 대한 최신의 연구에 근거하여 직업을 기술하기 위해 주의 깊게 개발된 틀을 제공한다. 이는 사용자가 다양한 관점으로부터 직업을 보는 것을 허용하는 전반적인 기술적 체계를 제공한다. 각 내용 영역은 직업이 보이는 '창문'이라고 간주될 수 있다. 이러한 다양한 창문은 직업의 본성 및 그 일을 행하는 사람들과 관련된 여러 통찰을 제공한다.

O*NET 내용 모델은 200가지 이상의 공통된 교차 직업 기술어를 포함한다. 이 모든 기술어를 위해 완전히 개정된 정보는 최근 약 580여 직업과 관련해서 이용 가능하며, 이 정보는 표준직업코드(SOC) 분류 체계에 있는 모든 직업과 관련하여 2007년 말부터 이용 가능할 것이다. 그동안 분석가에 의해 수집된 자료는 기존의 직업 및 O*NET 기술어의 일부분에 한해서 이용 가능하다. 일단 재직자 자료가 모든 직업과 관련해 이용 가능하게 되면, 이 데이터베이스는 분석가 데이터베이스를 대신하고 모든 직업에 관한 완전한 O*NET 기술어 정보를 포함할 것이다. 현재까지의 분석은 O*NET 기술어와 자료 수집 절차가 양질의 자료를 제공한다는 것을 가리킨다. 분석가와 재직자의 평가는 모두 내용 영역에서 높은 신뢰도 및 의미 있는 상관성을 보여 주었다.

온라인 O*NET은 많은 재활 전문가에 의해 사용되었다. 이것은 경력 탐색을 위한 훌륭한 정보 자원이며, 한번 이 체계를 소개하면 많은 내담자는 독립적으로 탐색할 수 있다. Holland 코드의 사용은 이용 가능한 많은 흥미 측정도구와의 신속한 연결을 제공한다. O*NET은 또한 내담자의 이전 직업에 포함된 능력 요건 및 과제에 대한 정보를 획득하는 데 사용될 수 있고, 그들의 현재 한계점에 대한 정보와 함께 작업능력 평가를 위한 훌륭한 시작점을 제공할 수 있다. 또한 O*NET 직업 정보는 내담자가 자신의 직업 목표와 직접적으로 관련된 기술 및 능력에 초점을 둔 수행 목표를 세우는 것을 돕는 데 사용될 수 있고, 이는 내담자에게 권한을 부여하고 그들이 계속 동기화되는 것을 도울 수 있다. O*NET 데이터베이스의 또 다른 사용은 업무 모의 적용의 개발에 있는데, 이는 현실적이거나 혹은 빈번히 발생하며 성장할 가능성이 있는 직업 모두에 초점을 둔다.

O*NET은 재활 전문가를 돕기 위한 막대한 잠재력을 가지고 있고, 이 장에서 기술된 적용은 단지 시작일 뿐이다. 재활 전문가를 위해 O*NET이 완전한 잠재력을 실현하기 전에, 부가적인 연구 및 개발이 먼저 요구된다. 이 장에서 기술된 O*NET의 신체능력을 DOT 강도 요인과 연결하는 작업(그리고 그 연장으로서 신체기능에 대한 많은 이용 가능한 평가와의 연결; Johnson et al., 2002), 그리고 O*NET 능력 수준 요구 조건과 최근의 이용 가능한 표준화된 적성검사 사이의 연결을 개발하는 작업(Converse et al., 2002)과 같은 연구는 좋은 출발점을 제공한다. 이러한 연결이 개발된 이후에, 근로자가 실시한 검사의 결과를 O*NET 기술어에서의 요구 조건 수준과 연결시키는 좀 더 적절한 방법을 찾기 위해 신중한 주의가 또한 내려질 필요가 있다. 그리고 Oswald와 동료들(1999)은 사람 및 직업 능력 프로파일의 수준 및 형태 모두를 고려하는 사람-직업 매치의 예를 제공하였다. O*NET은 직업 정보의 전반적이고 유연한 자원을 제공하기 위해 고안되었다. 이 장은 재활 전문가를 위한 O*NET의 여러 가능한 적용을 강조하였지만, 더 다양한 적용이 부가적인 연구 및 개발을 통해 가능해질 것이다.

Chapter 14

재활 성과 측정

Richard T. Walls

성과는 효과다. 또한 성과는 원인을 파악할 수 있게 해 준다. 재활에서 성과는 최종적으로 얻어지는 경우의 수로, 바람직하거나 혹은 바람직하지 않은 경우로 나뉜다. 이는 복잡한 상호작용의 산물로 드러나는 원인과 결과의 관계에 대한 순서로 드러나기도 한다. 성과는 개입(intervention) 또는 입력(input)의 결과로 간주되기도 하지만, 동시에 필연적 성과일 수도 있다. 재활에서 원인 및 결과는 단순히 1차원적인 것이 아니며 기능적 능력(functional ability), 고용 및 독립생활 변인들의 혼합물이다. 또한 성과에 이르는 입력-개입 과정상에서 질적 및 양적으로 다양하고도 무수한 사람-장소-사건의 영향을 포함한다.

2007년 관리제정법(governing legislation)은 1998년 재활법 개정안(Rehabilitation Act Amendments of 1998) 중 Title IV을 포함한 1998년 인력투자법(Workforce Investment Act of 1998)이었다. 인력투자법의 Title IV는 특히 직업재활 서비스 정책을 정의하였으며, 이는 ① 서비스 혜택 기준, ② 개별화된 고용계획, ③ 직업 재활을 촉진시킬 수 있는 서비스들, ④ 내담자, 욕구, 개입 그리고 성과에 관한 조작적 정의들을 포함하였다. 장애인 중 특히 중증장애를 겪고 있는 사람들이 소득 있는 고용 활동에 참여할 수 있어야 하며 개별화된 직업재활 서비스의 혜택은 장애인의 고용을 촉진 및 향상할 수 있어야 한다(Workforce Investment Act of 1998, p. 182)는 점을 강조하였다. 이 법의 목적은 다음과 같다.

> ① 장애인에게 자율권을 줌으로써 고용, 경제적인 자기 효용성, 독립성, 사회 내의 통합 및 포함을 극대화하는 것, ② 연방정부가 주정부를 도와 리더로서 장애인의 고용을 향상하는 데 역할을 명확히 하여, 의미 있고 소득이 있는 고용 및 독립생활을 위해 장애인들의 영감을 채울 수 있도록 서비스를 제공하는 것(Workforce Investment Act of 1998, p. 161).

이 제정법은 연방 및 주 정부의 직업재활 프로그램의 초석이 되고 있다.

1 입력-개입-산출 모델

재활은 입력-개입-산출 연관 모델이라는 패러다임으로 개념화될 수 있다. 재활기관이나 에이전트에 상관없이 입력은 초기 단계에서 이루어지는 것이며, 개입은 과정 단계에서, 산출은 성과 단계에서 발생할 수 있다. 주 재활기관이나 재활병원, 재활회사, 사설 재활상담사 또한 입력-개입-출력 패러다임을 사용한다. 장애인의 경우 자기효능감이 증가하고 고용 정도가 향상되기를 기대한다면, 재활서비스 전문가는 입력 단계에서 출력 단계까지 유익한 개입을 제공함으로써 적절하게 전환할 수 있도록 돕는 것이 중요하다.

1) 초기 단계(입력)

초기 단계에서 직업재활 또는 독립생활 서비스 대상자 결정을 위한 사정은 기존의 정보를 리뷰하고, 결정을 위해 필요한 추가 정보들을 얻는 데에 적합한 평가를 제공하게 된다. 주 재활 프로그램은 인력투자법에 의해 시행되며, 고용과 관련하여 지속적 장애가 있거나 고용으로 인한 장애로 여겨지는 신체적 및 정신적 장애가 있는 사람들에게 제공되어 직업재활 서비스로 혜택을 받을 수 있도록 돕는다. 또한 주에서 제공하는 재활 프로그램은 ① 신체적 또는 정신적 장애로 하나 이상의 생활 활동에 상당한 제약이 있는 사람들에게 제공되며, ② 독립생활에 관련된 서비스로 혜택을 받을 수 있는 사람에게 제공된다.

초기 단계에서 입력되는 것들로는 기능적 역량(capacities), 흥미, 대인관계 기술, 지능, 교육적인 성취도, 적응, 성격, 직업적성, 직장 경력 등을 포함하며, 동시에 고용 및 재활에 영향을 미치는 적절한 직업, 교육, 의료, 정신과적, 심리적, 문화적, 사회적, 여가 및 환경적인 요인을 포함한다. 필수 입력(required input) 정보들로는 재활서비스를 신청할 당시의 나이, 성별, 인종, 교육, 장애의 종류, 장애의 심각도, 일의 유무 및 수입 등이 포함된다. 초기 단계에서 이러한 사정들은 서비스 수혜 자격 결정을 가능하게 하고, 서비스를 받는 자격이 있을 경우는 직업적 기술의 획득 또는 업무 태도의 진전, 업무 습관, 업무 수용성(tolerance), 그리고 성공적인 직업 수행을 위한 사회 및 행동 패턴 형성에 필요한 직업재활 서비스의 추정(projection)을 가능하게 한다(Workforce Investment Act of 1998, p. 164).

재활서비스국(2005) 주 직업재활기관의 훈련(policy directive)은 초기에 인력투자법에서 언급된 '중증 장애(significant disability)'를 세 부분에 걸쳐 정의했다. 중증 장애를 가진 사람이란 평가를 통해 ① 심각한 신체적 · 정신적 손상을 가지며, 이러한 손상들이 이동성, 의사소통, 자기관리, 자기 지시, 대인관계 기술, 업무 수용성, 업무기술 등과 같은 기능적 역량에 심각한 제약을 미치는 경우, ② 상당히 긴 시간에 걸쳐 다양한 직업재활 서비스가 요구되는 경우, ③ 절단, 관절염, 자폐, 시각장애, 화상, 암, 뇌성마비, 낭포성 섬유증, 청각장애, 심장질환, 편측마비, 혈우병, 호흡기 질환, 지적장애, 정신장애, 다발성 경화증, 근육장애, 근골격계 질환, 신경계장애(뇌졸중 및 간질 포함), 양측 하지마비, 사지마비, 그리고 다른 척추계통 질환, 겸상적혈구 빈혈, 학습장애, 말기 신질환, 또는 다른 장애 및 중복장애를 가진 경우로, 특히 이는 직업재활의 필요성 및 자격 기준을 결정하는 데 기초가 되기도 한다(Workforce Investment Act of 1998, p. 171).

사정은 독립생활 서비스 및 지원고용에 대한 필요성을 추정할 수 있게 한다. 지원고용은 법적으로 통합된 업무 환경에서 심각한 장애를 가진 사람의 장점, 우선순위, 자원, 염려, 능력, 흥미, 그리고 개인의 충분한 정보에 근거한 선택(informed choice)과 일치된 경쟁적인 업무를 하기 위한 고용으로 정의된다(Workforce Investment Act of 1998, p. 74).

직업재활 및 독립생활 서비스가 정해진 주 기관에 의해 시행되건 혹은 다른 재활 서비스 제공자에 의해 실행되건 간에, 〈표 14-1〉에 제시된 초기 단계의 변인들은 ① 서비스 수혜 자격, ② 재활 과정을 이끌어 가기 위해 필요한 것들을 결정하는 데 유용하게 사용된다. 다양한 조직 및 단체, 프로그램은 많은 장애인의 재활에 매우 중요하다. 다만 가장 광범위한 시스템은 연방정부 및 주정부의 직업재활 프로그램으로서 재활서비스국 산하에 있다. 최근 2007년에 들어 직업재활 내담자들은 재활 절차 내

〈표 14-1〉 재활에서 초기(입력) · 과정(개입) · 성과(출력) 변인

초기 단계(입력)	손상의 영역(종류) 장애의 중증도 기능성 역량 나이, 성별, 인종 교육적 배경 의료적 배경 환경적 요인 흥미 대인관계 기술 적응 성격 지적 적성 직업적 적성 실습(trial work) 업무 경험의 결과 업무 경험 현재 직업 상태
과정 단계(개입)	상담 및 지도 교정 수술(corrective surgery) 물리 및 작업 치료 언어 · 청력치료 의지, 보조기 안경 및 시각적 서비스 특수서비스(예: 투석) 정신장애를 위한 치료 기분장애를 위한 치료 유지 이동 수단 통역사 · 읽기 서비스 재활 지도 · 교육 직업 및 기타 훈련 자격증, 도구, 기기 및 장비 자가고용을 위한 기술적 보조 재활공학 전환서비스 가족서비스 다른 기관 의뢰 자원고용 서비스 직업 탐색 및 배치 직장 내 훈련 고용 추후 조치

성과 단계(출력)	• 직업 및 경제적 성과 경제적 독립(재정적 의존성, 자급자족, 주요 자원 원천) 사례 종결 시점에서 근무 상태(추후 조치, 재활됨, 재활 안 됨) 업무 태도(직업 중요성) 직업 정보(면접기술, 직업에 대한 지식) 직업(직업 수준) 고용 관련 장애들(장애물 감소 및 제거) 배치의 속도(직업 찾기 어려움) 임금(임금률, 돈 관리) 주당 근무 시간 고용 혜택(건강보험, 연금) 승진(활용할 수 있는 훈련) • 직업적 및 경제적 성과 업무 적응(문제들, 자기통제, 사회기술, 협동심, 의사소통) 업무 동기(의존능력, 솔선수범, 시간 엄수, 자기 지시) 업무 수행(지식, 기술, 지시에 따르기, 양, 질, 안전) 업무 수용력(업무 역량, 물리적 요구, 참을성) 업무 역할상의 제약(수정 및 협의, 감소, 안전) 업무 교통수단(사설/공공) 업무 지원(지역사회 워크숍, 지원고용) 고용 유지(1년, 2년) 만족감(피고용인, 고용인, 가족, 친구들, 프로그램 서비스, 삶) 공공 현금 지원 혹은 현물 지원 혜택(중단, 감소) 상해보험금 절약 사업을 위한 세금 혜택 재활서비스 비용 서비스를 위한 시간 초기 단계로부터의 변화(득과 실) • 의료, 독립생활, 심리사회적 성과 신체적 기능(이동, 정신운동, 근력, 협응, 균형, 평행봉 걷기, 통증, 보조기구 사용, 에너지 보존, 물건 조작, 개인적 독립성, 운전) 정서적 기능(정서적 에피소드, 자존감, 파괴 성향, 행동 문제, 눈 맞춤, 장애 자각, 우울증, 내적-외적 오리엔테이션, 심리적 상태, 불안, 대처, 삶의 만족감) 인지적 기능(문제해결, 언어, 읽기, 기능적 학업기술, 자기 지시, 경계/주의, 의사소통, 교육 정도) 일상생활 기능(음식 획득 및 준비, 섭취, 용변, 집 관리, 집 안전, 자기관리, 생활 규칙) 역할 및 사회적 기능(대인관계 기술, 사회적 연결, 역할기능, 가족 역할, 육아, 활동들에 소요된 시간, 시간 관리, 지역사회 통합) 전체적 건강기능(건강 상태, 건강에 대한 만족감, 요양소로 퇴원, 지역사회로 퇴원, 서비스 비용, 서비스 시간, 지역사회에서의 기간, 재발/재범, 약물 및 알코올 사용, 병적 상태, 사망률) 초기 단계에서부터의 변화(득과 실)

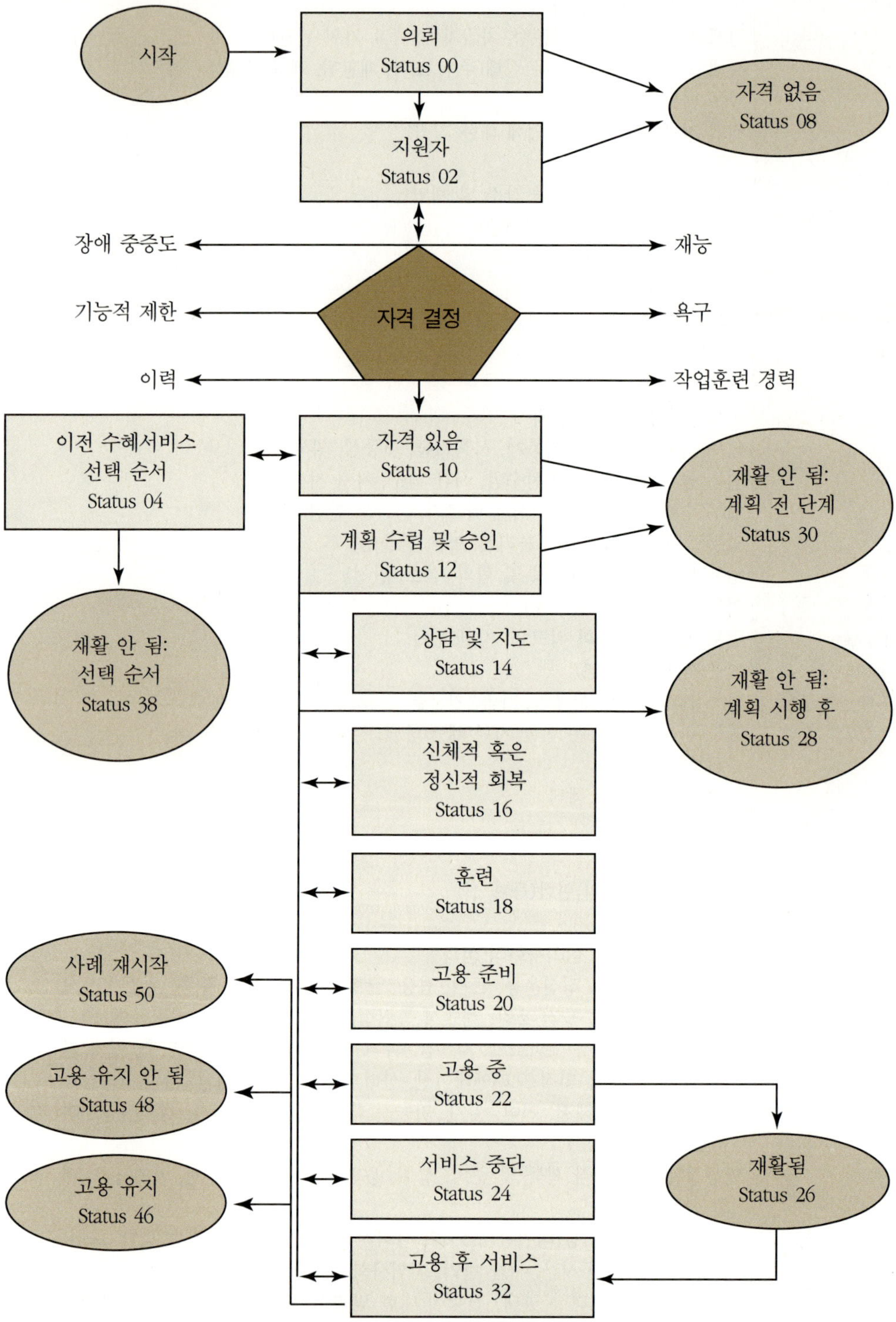

[그림 14-1] 직업재활 서비스 과정도

에 여러 가지 단계들을 거치게 되었다. 사례 관리 및 진행은 [그림 14-1]에 명시되어 있다.

직업재활 프로그램의 초기 단계에서 의뢰(Status 00)는 개인이 서비스에 의뢰된 시점을 말한다. 의뢰는 의사, 병원, 대인서비스 프로그램, 가족, 친구, 장애인 혹은 다른 여러 곳을 통해서 이루어질 수 있다. 지원/지원자(Status 02) 단계는 잠재적 내담자가 서비스를 신청하고, 재활상담사를 만나고, 진단을 위한 인터뷰 시 입력 정보를 제공하는 시점이다. 지원자가 처한 상황에 따라 직업재활 서비스의 수혜 자격 여부가 결정된다. 지원자에 대한 기록은 다양한 곳에서 얻어진다. 장애 정도 및 상태, 경험, 강점, 능력 등에 대한 평가는 수혜 자격 여부를 결정하는 데 부가적 역할을 한다. 또한 논의 및 검사 성과, 과거의 기록들에 덧붙여 통합된 환경에서 지역사회 재활 종사자들의 지도감독하에 이루어진 견습 경험 등이 자격 여부 결정에 부분적으로 도움이 될 수 있다(Workforce Investment Act of 1998). 여러 번의 견습 경험은 지원자의 일에 대한 태도, 업무 수용성, 기술, 흥미, 욕구 등을 평가하는 데 도움이 되기 때문이다. 한정된 자원으로 인해 주 재활기관은 수혜 대상자로 결정된 이에게 서비스를 제공할 수 없을 경우가 발생하기도 한다. 만약 수혜 자격은 되지만 주 정부의 선택 우선순위 기준에 맞지 않는다는 이유로 서비스를 즉시 받을 수 없는 경우에는 대기자 명단에 오르게 되며, 이를 이전 수혜서비스(Pre-service Listing, Status 04) 단계라 부른다.

초기 단계에서 얻어진 입력은 절차 단계에서 개입을 위한 기본 맥락을 제공한다. 재활서비스국 산하의 주 기관만이 아닌 모든 재활 프로그램에서 개인이 좋아하는 것, 능력, 원하는 것에 대한 정보를 서비스 수혜 자격 결정에 필요한 정보의 집합체(Corpus)로 형성하고 효과적인 개입을 위한 계획을 짜게 된다. 따라서 사례 초기 단계는 심도 깊은 사고와 실행을 요한다.

2) 과정 단계(개입)

서비스 수혜 자격이 결정되면 개인이 서비스 대상자가 된다. 절차 단계에서는 개별화된 서비스 계획이 내담자와 상담사에 의해 세워지게 된다. 이 계획은 직업재활 서비스 혹은 독립생활 서비스를 위한 계획이 될 수 있다. 이는 모두 기대하는 성과 혹은 성과가 무엇인지에 달려 있다. 1998 인력투자법에서는 다음과 같이 명시하고 있다.

> 고용을 위한 개별화된 계획이 서비스 수혜 자격을 갖춘 개인에 한해서 세워지고 시간에 맞추어 실행될 것이다. ……주 정부 계획은 이러한 서비스들이 개별화된 고용 계획의 제공과 동시에 제공될 것이라는 확인을 포함하게 된다(p. 191).

주 재활기관들은 내담자와 상담사 간의 동의서를 지칭할 때 보통 개별화된 고용 계획(IPE)과 독립생활 계획(ILP)이라는 용어를 사용한다.

내담자가 수혜 자격이 있다(Status 10)고 결정된 이후에야 재활계획이 문서로 작성되기 시작한다. 〈표 14-1〉은 주어지는 서비스들을 포함하고, [그림 14-1]는 절차 단계에서 개입을 위해 사례 상황 배치들을 설명한다. 연방-주 정부 직업재활 시스템에서 계획의 승인(Status 12) 단계는 문서화된 계획이 내담자와 상담사에 의해 공동으로 개발·승인되며, 실행화를 위한 준비 단계에 있음을 가리킨다. 상담 및 지도 한정(Status 14) 단계는 주요 서비스로 재활 과정에서 모든 내담자에게 주어지는 지속적인 상담 및 지도가 좀 더 심층적이고 오랜 기간 유지되는 것을 의미한다. 효과적인 사례 업무를 위해 필요한 개별화가 절차 단계에서 각 단계들의 일정한 순서를 따라야 할 필요는 없다. 예를 들어, 내담자는 심화된 상담 및 지도(Status 14) 단계를 거쳐 재활훈련(Status 18) 단계로 들어갈 수도 있고, 또 고용 준비(Status 20) 단계로 갈 수도 있고, 상담 및 지도(Status 14) 단계로 다시 돌아갈 수도 있다. 신체적 혹은 정신적 회복(Status 16) 단계는 수술이나 정신과적 치료 또는 인공적인 보조장치들의 맞춤 등이 요구되기도 한다.

만약 재활훈련이 가장 효과적이라면 내담자의 개별화 계획은 학문 및 사업, 직업, 개인적인 적응 혹은 대학, 전문대, 사업, 재활시설, 개인지도, 원거리 교육 및 실제 작업 환경 등을 포함한 어떤 형태의 훈련을 요구할 수 있다. 사례가 고용 준비(Status 20) 단계로 이동하는 것은 내담자가 문서화된 재활계획들에 언급된 서비스를 종결하고 취업이 준비된 상태이지만 아직 일을 시작하지 않은 상태일 경우에 가능하다. 서비스가 모두 완결되고 내담자가 직업을 가지고 일을 하고 있을 때, 그 사례는 고용 중(Status 22)이라는 절차로 구분하게 된다. 최소 90일 동안 고용 상태를 유지하는 것이 필요하다. 만약 서비스가 중단되면 사례는 서비스 중단(Status 24) 단계가 된다. 마지막 절차 단계는 내담자가 직업적 참여를 유지하기 위해 지원고용과 같은 부가적인 서비스를 받을 수 있는 고용 후 서비스(Status 32) 단계가 된다.

직업 재활 및 독립생활 재활의 강도는 내담자가 받는 총 서비스 횟수, 기간, 비용 등에 의해 조정되어 왔다. Bellini, Bolton과 Neath(1998)는 서비스 과정이 기능적 제한에 대한 적절한 측정 및 장애의 중증 정도를 완전하게 묘사할 수 있다고 제안했다. 따라서 연방법에서 장애의 중증도는 ① 입력 변인으로 주요한 생활 영역에서 기능적 제한점(예: 이동성, 의사소통, 자기관리, 자기 지시, 대인관계 기술, 업무 수용성, 업무 기술), ② 개입 변인으로서 연장된 시간에서 여러 가지 서비스 필요성의 병합으로 정의되기도 한다(Neath, Bellini, & Bolton, 1997).

신체적 · 정신적 · 환경적인 조건은 기능적 제약을 파생시키거나 본래 가지고 있던 제약들을 악화시킬 수 있다. 환경적 요인의 예로 현금 수급 및 현물 혜택(in-kind benefit)에 대한 불이익(disincentives)이 있다. 즉, 고용됨에 따라 수급 혜택이 중단되거나 감소된다는 점이 내담자의 직업 재활에 대한 동기 부여에 막대한 걸림돌이 될 수 있다는 것이다(예: Walls, 1982; Walls, Dowler, & Fullmer, 1990). Walls와 Dowler (1987)는 기준점 효과(anchoring effect)를 언급하며, 내담자가 받고 있는 공적인 수혜는 내담자가 생산적 고용에 참여함으로써 중단될 위기에 처할 수 있게 되며, 이러한 혜택을 포기하면서까지 고용 활동에 참여하도록 하기 위해서는 그에 합당한 수입 정도를 측정하는 것이 중요하다고 언급했다. 또한 고용으로 빚어지는 불이익을 감소시키기 위한 법률적 시도, 최선의 방법을 고안할 수 있도록 상담사와 내담자를 돕기 위한 교육 프로그램, 그리고 관련 연구 결과들은 고용 성과와의 상관관계보다 고용에 의한 불이익에 관련된 변인들을 살피는 것이 더 중요하다고 강조하고 있다(Ernst & Day, 1998; Moore & Powell, 1990).

앞서 언급했듯이, 직업재활 상담사는 쉬운 사례보다는 심각한 장애를 가지고 있는 내담자와 일하는 것을 우선으로 해야 한다. 대부분 서비스는 신체 · 정신장애의 회복(예: 적절한 수술, 보조기구, 작업치료, 정서장애 치료, 재활공학, 시각 · 청각적 서비스), 훈련(예: 대학, 직업기술, 직업 현장훈련 및 자립기술), 직업 검색 및 배치, 지원고용 및 고용 후 서비스 등을 포함한다. 초기 및 개입 단계는 재활 과정에서 얻어지는 성취도 및 산물들을 측정하기 위한 단계를 확립하는 데 필요한 전제조건이라 할 수 있다.

3) 성과 단계(출력)

우리는 어떤 식으로 재활 사례를 종결하기를 원하는가? 성과 단계에서 재활사와 내담자의 강렬한 희망은 상담, 회복 및 훈련을 거치는 지속적인 과정을 통해 자립과 경제적 자기효능감을 극대화하는 것이다. [그림 14-1]은 협력 요원과 내담자 사이의 상호관계 및 재활서비스들이 의학적 회복 및 개선, 독립생활을 위한 향상된 기술,

경쟁력 있는 고용 등의 성과들에 대해 다루고 있다(Majumder, Walls, & Fullmer, 1999). 안타깝게도 [그림 14-1]에서 보는 것처럼 재활되지 않음도 일어날 수 있다.

[그림 14-1]은 내담자가 성과 단계에서 거치는 절차들을 보여 주고 있다. 자격 없음(Status 08) 단계는 개인이 직업재활 및 독립생활 서비스에 자격이 없으며, 따라서 서비스를 받을 수 없음이 결정되었음을 의미한다. 재활 안 됨: 계획 전(Status 30) 단계는 개인이 서비스 수혜 자격이 있다고 결정되었으나, 사망이나 포기 또는 특정 이유로 서비스가 실제로 시작되는 시점을 거치지 않았음을 의미한다. 재활 안 됨: 계획 시행 후(Status 28) 단계는 고용이나 독립생활에 관한 개별화된 계획이 세부화되어 적어도 하나의 서비스가 시작되었음을 의미한다. 다만 내담자가 사망, 포기 혹은 또 다른 이유로 재활 절차를 지속하지 않았을 경우가 이에 해당된다. 재활됨(Status 26) 단계는 바람직한 성과물이다. 재활 성과의 경우 장애인이 ① 서비스 자격을 부여받고, ② 적절한 평가를 거쳐, ③ 직업 재활이나 독립생활 서비스에 관한 계획을 수립하고, ④ 상담을 포함한 서비스 프로그램을 종결하고, ⑤ 직업 재활의 경우 최소 90일 동안 고용되어 일을 하거나, 독립생활 사례의 경우 60일 동안 적어도 독립생활 계획 목표를 성취하는 경우가 해당된다.

고용 후 서비스가 필요하지 않은 내담자의 경우 재활됨(Status 26) 단계는 성공의 마지막 종착 지점이 된다. 하지만 사례가 연장된 지원을 받기 위해 고용 후 서비스(Status 32) 단계로 넘어가는 경우, 고용 유지(Status 46), 고용 유지 안 됨(Status, 48), 사례 재시작(Status 50) 등으로 넘어갈 수 있다. 다른 유일한 출구 조건(exit condition)은 재활 안 됨: 선택 순서(Status 38) 단계이며, 이는 재활기관이 대기자에게 서비스를 제공할 수 있는 효율적인 자원이 주어지지 않았음을 의미한다.

독립생활 서비스의 바람직한 성과는 향상된 신체적 기능, 적응된 인지 및 사회 기능 등이라 할 수 있다. 고용 성과에 대한 기대와 관련해 인력투자법에서는 개인이 경쟁적 고용이 통합된 노동시장 안에서 정규직 또는 시간제 일을 갖거나 유지하는 것이 적절하게 이루어진 경우 지원고용의 직업적 성과를 만족시키고, 자기 고용, 재택근무 혹은 자영업 등을 시작하는 것(p. 166)을 언급하고 있다. 주정부 재활 프로그램은 프로그램에 참여하여 종결한 사람, 재활서비스 후 고용 성과를 달성한 사람, 고용이 된 후 6~12개월 동안 지속적으로 일한 사람, 최소임금을 번 사람, 고용위원이 정한 다른 임금 수준을 벌 수 있는 사람, 그러한 고용주로부터 고용 혜택을 받고 있는 사람 등의 수를 보고하도록 되어 있다(Workforce Investment Act of 1998, p. 192). 주에서는 또한 개별적 고용 성과의 달성 없이 프로그램 참여를 종결할 경우 그 이유에 대한 보고를 요청한다. 2005년에는 20만 6,695명의 내담자가 재활되었고, 41만 184명의 내담자는 재활되지 않았다(RSA Data Archive, 2005). 재활서비스국 정책실에서는 성공적이지 못한 종결 사례의 이유들을 구체적으로 다음과 같이 언급하였다.

- 내담자와 연락이 되지 않거나 배치할 수 없는 경우
- 장애 정도가 너무 심각하여 재활서비스에서 혜택을 받기 힘든 경우
- 서비스를 거절한 경우
- 사망
- 시설에 있게 된 경우
- 다른 기관으로 옮겨 간 경우
- 협력에 실패한 경우
- 장애 증상이 없는 경우
- 고용에서 특별한 어려움이 없는 경우
- 교통수단이 없거나 이용하기 어려운 경우
- 직업재활 서비스를 요하지 않은 경우
- 연장된 서비스가 가능하지 않은 경우
- 그 외 다른 이유들

2005년 재활서비스국의 모든 직업재활 사례 데이터를 분석한 성과에 따르면 다음 세 요인이 실패한 사례들의 주요한 이유였다.

- 내담자가 서비스를 거절한 경우, n=105,302명
- 내담자와의 연락이 두절된 경우, n=96,436명
- 내담자가 협조를 거부한 경우, n=85,863명

인력개발수행측정(U.S. Department of Labor, 1998)은 1998년 인력투자법에 의해 등재된 활동의 효과를 측정하기 위해 개발되었다. 이 측정은 〈표 14-2〉에 정리되어 있다. 성공에 대한 9개의 주요 지표와 9개의 다른 측정 그리고 6개의 발달적 측정이 이에 속한다. 이 측정은 원스톱 서비스 센터, 직업재활 및 다른 프로그램에 적용이 가능할 것으로 보이지만 정확하게 문서화하는 데 어려움이 있었다. 따라서 주정부 내의 고용인력개발위원회는 일부 경우에 한해 고용인력 개발 프로그램에 사용될 수

있는 좀 더 간단하고 적절한 기본 측정들(Common Measures)을 허용하는 면책을 요구해 왔다. 예를 들어, 어떤 주에서 2006년에 사용한 기본 측정의 기준은 ① 임금 증가, ② 고용 실적, ③ 고용 유지였다. 다른 주에서는 이들 기준과 함께 서비스 이용자 수에 비례한 지출을 네 번째 기준으로 포함시켰다. 이러한 측정 기준은 〈표 14-2〉에 제시되어 있는 인력개발수행측정의 전체 기준에 비해서는 지극히 평범한 측에 속한다. 하지만 그것은 프로그램 평가에서 훌륭한 지침으로 고려되고 있다.

〈표 14-2〉 인력개발수행측정

- 성공에 대한 주요 지표
  - 입력된 고용률: 인력개발 서비스를 받고 난 후 1/4분기 후 혹은 분기 동안 고용된 사람의 비율. 이때 직업이 없어서 훈련 중이거나 교육서비스를 받고 있는 사람과 고용을 유지하고 있는 사람은 제외
  - 연간 임금/소득: 인력개발 서비스를 받은 성과로 고용된 사람의 12개월치 수입에서 서비스 전 12개월 동안 벌어들인 수입을 뺀 나머지
  - 고용 유지: 서비스 후 고용이 되어 1년간 고용 상태를 유지한 사람의 비율
  - 고용 후 자급자족 비율: 서비스 후 고용된 사람의 12개월치 소득을 같은 지역에 사는 3인의 평균 연간 생활비와 비교한 수치
  - 기본 기술 습득: 인력개발 서비스 성과로 고등학교를 졸업하거나 검정고시를 통과하는 등 기본 기술 훈련을 완수한 12세 이상 사람의 비율
  - 직업기술 습득: 서비스 성과로 학사학위를 취득하거나 직업 혹은 고도의 직업 기술 훈련을 완수하거나 혹은 견습 프로그램에 들어간 16세 이상 사람의 비율
  - 성공 전환율: 서비스 참여 성과로 기본 혹은 직업 기술 훈련을 완수하고 고용되거나 다음 단계의 교육 및 훈련 등으로 넘어간 사람의 비율
  - 채용공고를 채운 비율: 인력개발 시스템 채용공고에서 인력개발 시스템 응시자에 의해 채워진 자리의 비율
  - 고객 만족도: 인력개발 시스템에서 제공한 서비스에 만족하는 정도

- 성공에 대한 다른 측정
  - 고용률: 분기 중에 어떤 인력개발 서비스를 받고 고용되거나 직업을 유지한 사람의 비율
  - 고용 초기 단계에서의 초기 임금: 인력개발 서비스를 받고 있는 동안 혹은 후에 직업을 찾고, 새 직업 혹은 더 좋은 직업을 찾아 고용된 사람의 초기 평균 시간당 임금
  - TANF 지원금의 감소 및 종결: 인력개발 시스템의 보조를 받아 고용된 후 복지 기금을 줄이거나 복지 혜택을 종결한 사람의 비율
  - 혜택 지속의 감소: 실업보험 혜택을 받는 사람과 비교해 인력개발 서비스를 받고 지속적으로 실업보험 혜택을 받는 사람의 평균 혜택 기간
  - 참여 형평률: 인력개발 서비스를 받는 사람 중 무직, 복지 혜택을 받는 사람, 흑인 · 히스패닉계, 고령 근무자, 실직보험 수혜자, 장애인 등의 각각의 비율
  - 직업의 다양화: 채용공고 목록, 그리고 지역 인력개발 시스템에서의 구직자들의 직업이 지역 노동시장의 전체적인 직무 및 직업 범주를 반영하는 정도

- 지역사회와 비교한 정보 및 서비스 접촉 기회: 지역사회에서 가능한 노동력 개발 서비스와 비교해 지역 원스톱 센터를 통해 가능한 노동력 개발 서비스의 유형 및 서비스의 수
- 직업 탐색자 및 서비스 이용자에 의해 접촉되거나 획득된 서비스 및 정보: 다음의 방법에 의해 직업을 찾을 목적으로 정보 및 서비스를 접속한 사람의 수. 즉, ① 컴퓨터 사용, ② 다른 직원의 도움 없이 원스톱 센터 사용, ③ 직원의 도움으로 개인적으로 도움을 받거나 집단으로 프로그램에 접한 경우
- 첫 서비스 주기: 처음으로 노동력 개발 직원에게 서비스에 대한 욕구를 밝힌 날부터 서비스를 받기까지 걸린 시간

• 발달적 측정
  - 연방정부의 정해진 목록과 비교한 정보/서비스 접근: 주요 연방 인력개발 프로그램과 서비스 목록과 비교해 원스톱 센터에서 가능한 프로그램과 서비스의 수
  - 인력개발 서비스를 사용한 고용인: 적어도 한 번은 인력개발 서비스를 사용한 고용인의 비율과 한 번 이상 서비스를 이용한 비율
  - 기관들 사이에 공유된 행정적 데이터: 컴퓨터상으로 각기 다른 프로그램 데이터에 접근할 수 있는 각 주의 인력개발 시스템 내의 프로그램 및 각 기관의 비율
  - 투자의 환원: 수입의 연간 증가량 그리고 인력개발 서비스를 받는 사람의 복지 혜택 감소량을 프로그램 총비용으로 나눈 수
  - 서비스군에 의한 긍정적 성과의 시간: 서비스를 마치거나 혹은 떠난 시간에서 고용되거나, 자급자족을 성취하거나, 기본적 또는 진보된 기술을 습득하거나, 다음 단계의 기술훈련을 시작하기까지 걸린 시간의 양
  - 시스템 개입 비율: 특정한 인력개발 서비스가 필요한 사람 중 실제 서비스를 받은 사람들의 비율

주: 미국 노동부가 1998년에 소개한 노동력 개발 수행 측정(http://nortec.org/cb/onestop/wdpm_menu.html)에서 발췌.

2 성과 측정

재활의 성과는 단일 차원으로 측정되는 것이 아니다. 독립생활센터(Centers for Independent Living)는 내담자의 통제, 자조, 역량강화, 생산력 그리고 활발한 사회참여를 증진하는 데 목적을 둔다(O'Day, Wilson, Killeen, & Ficke, 2004). 수백 가지의 자립기술이 독립적으로 살기 위한 능력을 향상 혹은 유지하기 위해 습득되거나 교육될 수 있다. 독립생활행동 점검표(Independent Living Behavior Checklist; Walls, Zane, & Thvedt, 1979)에 언급된 자립기술 능력의 여섯 가지 예는 다음과 같다.

• 집기

조건: 바늘, 핀, 또는 6인치 길이의 실, 단추, 연필 또는 용기들이 주어진 경우

행동: 내담자가 각각의 물건들을 집어 들어 용기에 집어 넣는다.

기준: 행동이 30초 내에 이루어져야 한다. 모든 물건을 엄지와 검지를 사용해 집어 들어서 용기에 옮겨야 한다.

• 건조기

조건: 건조해야 할 깨끗한 젖은 옷감, 건조기가 있는 경우

행동: 내담자는 옷감을 건조기에 넣고 기계를 작동할 수 있어야 한다.

기준: 10분 내에 완수되어야 한다. 옷감은 추가되어야 하고, 기계가 세탁실 또는 기계 매뉴얼의 지시문에 따라 작동되어야 한다. 옷감을 꺼냈을 때 완전히 마른 상태이어야 한다.

• 온도 유지

조건: 히터나 에어컨을 작동시켜야 하는 경우

행동: 내담자는 모든 창문과 문을 닫거나 닫은 상태를 유지해야 한다.

기준: 10분 내에 이루어져야 한다. 히터나 에어컨이 돌아가는 상황에서 모든 창문이나 문이 닫혀 있어야 한다.

• 쇼핑

조건: 최소 10개의 다른 음식 목록, 카트, 식료품점이 주어진 경우

행동: 내담자는 목록에 적힌 음식을 찾아서 카트에 옮겨 담는다.

기준: 1시간 내에 완수되어야 한다. 모든 음식을 찾아야 하고(품절된 경우는 제외), 음식에 문제(예: 계란이 깨지거나 빵이 눌리는 것)가 없어야 한다.

• 전화번호 검색

조건: 전화번호부, 전화, 전화 걸 사람의 이름이나 회사명이 주어진 경우

행동: 내담자는 전화번호를 찾아야 한다.

기준: 5분 내에 완수되어야 한다. 지정된 전화번호가 검색되어야 한다.

• 수표 사용

조건: 사야 할 물품이 계산대 앞에 놓여 있고, 개인수표책, 신분증이 제시된 경우

행동: 내담자는 물품을 사기 위해 수표를 써야 한다.

기준: 10분 내에 완수되어야 한다. 신분증 제시를 요구받을 경우 제시하여야 하며, 잔고 부족으로 수표에 문제가 생기지 않아야 한다. 수표 번호, 날짜, 금액, 받는 사람이 수표책에 적혀야 하며, 새로운 잔액이 계산되어야 한다.

주-연방 직업재활 프로그램은 내담자가 독립생활을 목표로 할 경우, 직접적인 서비스 또는 독립생활센터와의 계약을 통해 성취할 수 있도록 돕는다. 독립생활 운동은 전통적으로 옹호(advocacy)서비스, 정보, 의뢰서비스, 동료상담, 독립생활 기술 훈련을 제공하도록 하였으나, 최근에는 고용과 관련된 협력 및 훈련 서비스들이 조직적인 목표가 되었다. 주-연방 직업재활 프로그램에서 1920년 이래 성공적인 성과들 중 하나는 가사도우미가 되는 것이었다. 직업재활 프로그램의 시각장애 내담자에 관한 한 연구에서 경쟁적인 고용 과정을 거쳐 고용된 경우는 대부분 젊은 사람이었고, 가사도우미로 고용된 경우는 평균 연령 62세로 상대적으로 높은 편이었다 (Warren, Cavenaugh, & Gilesen, 2004).

고용 성과는 통합 환경에서 지원이 있는 경우와 없는 경우로 나뉠 수 있다. 많은 지역사회의 재활 프로그램은 보호작업장의 고립된 작업 환경에서 통합 환경으로의 지원고용을 강조하는 것으로 변환되었다(Brooks-Lane, Hutcheson, & Revell, 2005). 주-연방 직업재활 프로그램에서 지원고용은 전일제나 시간제, 또는 최소임금이나 그 이상의 임금을 받는 일에 모두 가능하다(Rehabilitation Services Administration, 2005). Wehman, Revell과 Brooke(2003)는 지원고용 프로그램의 고려 요건으로 ① 비장애인과 동급의 임금과 혜택, ② 서비스 프로그램, 질적/양적 업무, 지역사회 통합에 대한 내담자의 만족도, ③ 업무 이력, 장애 프로파일, 기능적 역량, 취직, 그리고 주 30시간 업무를 유지하는 데에서의 방해 요소들을 꼽았다.

Bryson, Greig와 Bell(2003)의 연구에서는 정신분열증 환자들이 직업재활 프로그램에 참여했고, 직업행동검사의 5점 척도로 기록하도록 요구받았다. 6개월간 대부분의 참가자가 적어도 ① 협동심, ② 업무의 질, ③ 업무 습관, ④ 개인발표(presentation), ⑤ 사회적 기술 중 적어도 한 영역에서 향상을 보였다. 신체장애가 있는 사람의 직업 재활에 관한 연구에서 유일한 성과 변인은 내담자의 경쟁적인 고용이었다(Chan,

Cheing, Chan, Rosenthal, & Chronister, 2006).

Fuhrer(1987)에 의해 정의된 재활 성과는 서비스 수혜자의 삶과 환경에 재활서비스로 생긴 변화를 말한다. 그는 개입과 변화 간의 인과관계는 문서화하기 힘들다고 주장하였다. 예로, 손상(impairment), 장애 또는 핸디캡에 대한 측정치에서 향상이라 함은 제공된 재활서비스보다는 사회적 자극과 관심, 혹은 감춰진 장애 증상의 차도에서 비롯되기 때문이다. 한편 노인 및 아동 내담자의 경우 나이의 영향을 문서화하는 것은 입력-과정-성과라는 해석 과정에 혼란을 가져올 수 있다(Wagner, 1987). 성과 분석은 효과 또는 효율성을 다루는 것이라는 주장이 있다. 재활은 입력된 후 그 과정에서 장기적/단기적으로 긍정적인 성과를 산출하였을 때 효과적이라 볼 수 있다. 또한 장기/단기 성과의 정도는 입력과 과정에서 투자의 범위를 정당화할 수 있을 때 효율적이라 할 수 있다. 측정도구의 문제는 주어진 정보와 과정에서 경쟁적인 고용, 수입의 개선, 공적 기금과 현물 혜택의 수혜 감소, 가족 지원 감소 등이 이뤄진 사례에서와 같이 성과를 측정하기에 너무나 다양한 변인이 섞여 있다는 데 있다. 두 번째 문제는 지속되는 효과를 합당하게 평가하기 위해서는 개입이 진행되고 충분한 시간이 지난 후 효과를 측정해야 하는데, 시간이 흐르는 동안 또 다른 추론들이나 다른 변인들의 개입을 허용하게 되면서 어려움이 발생한다는 것이다(Wagner, 1987). 세 번째 문제는 적절한 규준의 부족으로 어느 수준의 점수가 높고 또 어떤 점이 긍정적인지에 대한 판단이 어렵다는 것이다. 개개인의 성과물이 재활에서 가장 중요한 사안이지만, 많은 다양한 수혜자에게 적용 가능한 개입의 확립, 프로그램의 효과 및 효능이 인도주의적 과학의 궁극적 목표다. 입력에서의 설명 부족, 과정에서의 부적당한 측정, 그리고 부적절한 성과 데이터 수집은 결국 개인과 과학을 위한 적절한 입력-과정-성과 평가 전반에 위협이 되고 있다.

직업적 · 경제적 · 심리사회적 특성에 대한 사정에는 다양한 측정이 관여된다. 이러한 측정은 ① 상태를 평가하기 위해 한 시점에서 사용되거나, ② 변화를 평가하기 위해 두 시점 이상에서 사용될 수 있다. 측정의 목표는 재활 조치, 특히 치료적 상담, 의료적 회복, 직업기술 훈련 등과 같은 개입이 이루어졌을 때 이러한 개입이 산출해 낸 긍정적인 변화를 감지하는 데 있다. 하나의 시점에서 다음 시점으로의 변화 측정은 지극히 과학적인 접근이라 할 수 있다. 득과 실은 적어도 두 번 이상의 시점에 걸쳐 같은 현상에 대해 정확한 측정을 했을 때만 알 수 있다. 내담자의 적응은 시간과 함께 계속되고 변화하겠지만, 첫 번째 시점과 두 번째 시점 사이에 관찰된 변화는 〈표 14-3〉에 제시된 변화를 포함할 수 있다.

〈표 14-3〉 직업 재활에서 잠재적인 긍정적 변화의 예

- 실업 상태에서 고용 상태로의 변화
- 실업 상태/취업을 청하지 않는 상태에서 실업 상태/취업을 청하는 상태로의 변화
- 취업을 원하지 않는 상태에서 취업을 원하는 상태로의 변화
- 시간제 고용에서 전일제 고용으로의 변화
- 근무 시간의 증가(적은 근무 시간에서 많은 근무 시간으로의 변화)
- 시간당 낮은 임금에서 높은 임금으로의 변화
- 한 유형의 직업(예: 판매직원)에서 다른 유형의 직업(예: 의료비서)으로의 변화
- 의료보험 혜택이 없는 고용에서 보험 혜택이 있는 고용으로의 변화
- 퇴직수당이 없는 곳에서 있는 곳으로의 변화
- 업무 활동에 대한 낮은 만족도(심리사회적 적응)에서 높은 만족도로의 변화
- 피고용인의 수행에 대한 만족도에 있어 낮은 평가에서 높은 평가로의 변화
- 특정한 직업기술이 없는 상태(예: 튀김기의 기름을 바꿀 수 없다)에서 기술을 갖춘 상태로의 변화
- 채용에 있어서 많은 기능적 제약이 있는 상태에서 제약이 감소된 상태로의 변화
- 공적 기금 지원 혹은 현물 지원에 의존하는 상태에서 의존도가 감소한 상태로의 변화

주: 변화는 또한 나열된 변화와 반대되게 부정적인 방향으로 흐를 수도 있다.

내담자의 직업적 · 경제적 · 심리사회적 상태에 대해 재활 과정 초기에 측정한 것과 재활 조치 후에 변화 여부를 결정하기 위해 반복 측정 및 평가하는 것이 과학적이라는 장점을 갖기는 하지만, 이러한 사전-사후 검사 방법은 보통 사례 관리의 규준이 되지는 않는다. 오히려 초기 평가는 대개 서비스 수혜 자격을 결정하기 위해, 또한 서비스에 대한 개별화된 계획이 적절한지를 결정하기 위해 단계를 설정하는 데 사용되는 것이 보통이다. 만일 내담자가 이러한 재활계획을 완수하고 고용을 이루어낸다면, 동일한 도구로 이루어진 재평가에서는 작업 시간, 임금 및 자기효능감과 같은 것들, 즉 초기에는 고려되지 못했던 변인들을 측정하지 못하게 되는 경우가 발생할 수 있다. 따라서 내담자가 고용보다는 독립생활 목표를 추구하는 경우, 같은 도구를 가지고 사전-사후 검사를 하는 것으로 변화를 측정하는 평가보다는 좀 더 광범위한 성과 측정을 해야 할 것이다.

1) 직업적 · 경제적 · 심리사회적 기능

재활 지원 노력이 존재하는 이유는 직업적 성취 때문이다. 직업적 성과의 측정은 공적 기금을 정당화하고 평가 연구들을 유용하게 한다. 시민과 그들의 법적 대변인

들은 시민의 돈(세금)이 제대로 쓰이고 있는지 알기를 원한다. 직업재활 서비스에서 좋은 투자의 가장 명확한 기준은 일을 얻을 수 있는가, 그리고 얻은 일을 제대로 해내고 있는가 하는 것이다. 또한 재활서비스 성과의 타당한 기준은 서비스에 대한 이해 증진 및 서비스의 진정한 가치 판단을 돕는 것을 포함한다.

직업재활 서비스를 받는 모든 장애인이 모두 다 생산적인 고용을 창출하고 유지한다고 기대하는 것은 너무 순진한 기대다. 초기(입력), 과정(개입) 및 성과(출력) 사이의 관계에 대한 이해가 증진되고 있으나, 왕성한 연구를 통해서도 여전히 다소 설명하기 힘든 관계가 있다. 고용 및 진로와 관련된 성과에 대한 예측은 진로 탐색 의도나 장애 여부를 떠나 학생의 진로 결정과 그와 관련된 자기효능감에서 정적인 상관관계를 보여 왔다(Ochs & Roessler, 2004). 다만 높은 자기효능감과 고용에서 성과 기대치를 가지는 것은 개인이 만성 질환이나 장애에 시달리고 있다면 더 힘들 수 있다. 이러한 경우에서는 적절한 치료 및 재활서비스가 복잡한 문제를 다루고, 이해하기 힘들 정도의 장애와 관련된 혼란 및 어려움에 대처하는 데 도움을 주고, 사람들의 대처기술 향상, 적응력 향상을 다룰 때 서비스의 성과를 고려할 수 있다(Livneh & Parker, 2005).

기능적 수용력 측정은 재활 관련 10대 기관(Tenth Institute on Rehabilitation Issues)에 의해 점검되었으며, Walls와 Tseng(1987)에 의해 기술되었다. 이러한 측정에 의해 평가되는 기능적 수용력과 상황 지표들은 정서적 기능, 인지적 · 교육적 기능, 사회적 기능, 자기관리 및 이동 기능, 직업적 기능 등으로 나뉠 수 있다. 정서적 기능 영역에서 기능적 평가와 관련된 주제는 심리적 배경, 현재 심리적 상태, 외적-내적 지향 등을 포함한다. 인지적 · 교육적 기능과 연관된 주제에는 교육적 배경, 현재 교육적 상태, 교육의 선택, 인지, 학습능력, 언어, 읽기, 기본 기술들, 기능적 학업 기술, 문제해결력, 시간 관리 등이 속한다. 사회적 기능과 연관된 주제는 사회적 배경, 사회적 접촉, 사회적 활동, 사회적 및 의사소통 기술, 대인적/사회적 관계, 정치적 · 지역사회적 활동 등을 포함한다. 자기관리 및 이동 기능은 자기관리 배경, 일상 활동, 집 관리 및 안전 기술, 음식 관련 기술, 집 안팎에서의 활동, 가족 역할, 다양한 활동에 소요되는 시간, 개인적인 독립, 정신운동 능력, 이동력, 대상 조작, 에너지 보존, 보조기구의 활용 등을 포함한다. 직업적 기능과 연관된 주제에는 직업 배경, 직업적 기술, 직업 탐색 기술, 면접기술, 면접 관련 기술, 업무 수행 기술, 작업장에서의 사회성, 노동조합-재정-안전 기술, 자기 지시, 신체적 요구, 작업능력, 임금, 고용 형태, 승진, 지원고용, 지역사회 워크숍 활동, 교통수단 등이 속한다.

이러한 주제들은 완전히 독립된 것으로도 혹은 완전히 통합된 것으로도 보기 힘들다. 사회적 접촉 및 대인적/사회적 활동을 예로 들면, 이들은 동일한 기능이라고도 볼 수 있고, 11개의 기능적 평가 측정도구에 포함된 각기 다른 구성 및 기술들과 다른 추가 측정도구들에서 상이하게 측정될 수도 있으며, 동시에 각각의 영역을 모두 포함함으로써 통합적 목록을 산출해 낼 수도 있다. 어떤 검사도구는 측정 방법에서 내담자 외에 가족, 상담사, 고용인 또는 기타 사람들의 평가를 사용하기도 한다. 또 어떤 검사도구는 내담자가 특정 행동, 예를 들면 지시문 읽기, 면접에서 고용인의 질문에 정확하게 대답하기 등을 할 수 있는지 없는지를 확인하기 위해 직접적인 관찰법을 사용하기도 한다. 직업행동 체크리스트에 언급된 직업적 기능에 관한 일곱 가지 예를 소개하면 다음과 같다(Walls, Zane, & Werner, 1978).

• 유리컵 포장

조건: 종이상자, 신문 그리고 10개의 물컵이 주어진 경우

행동: 내담자는 물컵을 신문지로 싸서 상자에 넣은 후 신문지를 채워 포장한다.

기준: 15분 내에 4개 활동 중 3개를 완수해야 한다. 즉, ① 각 물컵은 반드시 신문지에 싸여 있어야 하고, ② 신문지들을 뭉쳐서 ③ 상자를 채우고 ④ 물컵들이 움직이지 않게 고정해야 한다.

• 정보 검색

조건: 언어 지시가 주어진다. "채용 정보를 알 수 있는 곳 7개를 말하세요."

행동: 내담자는 채용 정보를 제공하는 곳 7개를 말할 수 있어야 한다.

기준: 5분 내에 4개 중 3개를 완수해야 한다. 언급된 출처는 반드시 고용인, 친척, 친구, 신문, 라디오, 텔레비전, 인력개발국(또는 고용기관)의 7곳이다.

• 내담자 흥미

조건: 가상의 직업 면접이 주어진 경우

행동: 내담자는 도구, 옷, 장비, 필요한 기술 및 작업장의 위치와 관련된 업무에 대한 최소 3개의 질문을 할 수 있어야 한다.

기준: 면접 동안의 연이은 네 가지 행동이 관찰된다. 모든 질문에 대한 대답은 내담자에 의해 명확하게 전달되어야 하고, 면접을 하는 사람에 의해 주어진 질문과 일치되어야 한다.

- 출입구 사용

조건: 정확한 출구와 입구가 작업장 내에 주어진 경우

행동: 내담자는 정확한 출구와 입구를 사용할 수 있어야 한다.

기준: 행동은 20일 동안의 근무일에 관찰된다. 내담자가 특정한 출구와 입구를 사용해야 한다.

- 순서대로 과제 수행하기

조건: 두 개의 다른 업무 관련 과제가 주어진 경우

행동: 내담자는 2개의 과제를 순서에 맞게 수행해야 한다.

기준: 새로운 지시가 있거나 업무가 완수될 때까지 행동해야 한다. 업무 및 작업은 정확하게 수행되어야 하고, 주어진 순서에 맞게 이루어져야 한다. 슈퍼바이저가 규정한 것에 따라 과제에 대한 평점이 받아들여질 수 있는 정도이어야 한다.

- 대화하기

조건: 최소 다른 한 명의 종사자가 관여된 업무가 주어진 경우

행동: 내담자는 다른 사원과 언어로 상호작용해야 하며, 이는 업무를 방해하거나 해치지 않는 선이어야 한다.

기준: 행동은 20일 정도의 근무일 내내 관찰된다. 내담자의 언어적 상호작용의 빈도는 20일 이후에 동료 사원을 대상으로 한 면접에서 적절한 정도라고 판단되어야 한다.

- 직책 말하기

조건: 내담자에게 공식적인 직책과 업무 시간이 부여된 경우

행동: 내담자는 직책과 업무 시간을 말할 수 있어야 한다.

기준: 4개의 경우에서 1분 내에 말할 수 있어야 하며, 직책과 업무 시간을 정확하게 이야기해야 한다.

경제적 · 직업적 · 심리사회적 상태에 대한 측정 또는 성과는 Bolton(2004)에 의해 언급되었다. Bolton이 언급한 측정은 얼마나 통합적이고 엄격하고 현실적인가를 기준으로 선별되었다. Bolton(2004)은 재활 성과 측정에서 유용하게 쓰이는 22개의 검

사도구를 다음과 같이 소개했다.

① 장애수용척도(Acceptance of Disability Scale: ADS; Linkowski, 1987)
② Becker 직업적응 프로파일(Becker Work Adjustment Profile: BWAP; Becker, 1989)
③ 캘리포니아 심리검사(California Psychological Inventory: CPI; Gough, 1987)
④ 장애요인척도 일반용(Disability Factor Scale-General: DFS-G; Siller, 1970)
⑤ 고용가능성숙도면접 컴퓨터 보고서(Employability Maturity Interview Computer Report: EMICR; Neath & Bolton, 1997)
⑥ 기능평가검사(Functional Assessment Inventory: FAI; Crewe & Athelstan, 1984)
⑦ 핸디캡 문제검사(Handicap Problems Inventory: HPI; Wright & Remmers, 1960)
⑧ 독립생활행동 점검표(Independent Living Behavior Checklists: ILBC; Walls, Zane, & Thvedt, 1979)
⑨ 미네소타 만족도 질문지(Minnesota Satisfaction Questionnaire: MSQ; Weiss, Dawis, England, & Lofquist, 1967)
⑩ 미네소타 만족도검사(Minnesota Satisfactoriness Scales: MSS; Gibson, Weiss, Dawis, & Lofquist, 1970)
⑪ 미네소타 고용경험조사(Minnesota Survey of Employment Experiences: MSEE; Tinsley, Warnken, Weiss, Dawis, & Lofquist, 1969)
⑫ 개인 독립성 검사(Personal Independence Profile: PIP; Nosek, Fuhrer, & Howland, 1992)
⑬ 예비진단 질문지(Preliminary Diagnostic Questionnaire: PDQ; Moriarty, 1981)
⑭ 개인의견 질문지(Personal Opinions Questionnaire: POQ; Bolton & Brookings, 1998)
⑮ 정신진단면접 개정판(Psychiatric Diagnositc Interview-Revised: PDI-R; Othmer, Penick, Powell, Read, & Othmer, 1989)
⑯ 재활습득척도(Rehabilitation Gain Scale: RGS; Reagles, Wright, & Butler, 1970)
⑰ 재활지표(Rehabilitation Indicators: RIs; Brown, Diller, Fordyce, Jacobs, & Gordon, 1980)
⑱ 서비스 결과 측정양식(Service Outcome Measurement Form: SOMF; Westerheide, Lenhart, & Miller, 1975)

⑲ 16가지 성격요인 질문지 Form E(16 Personality Factor Questionnaire-Form E: 16PF-E; Institute for Personality and Ability Testing, 1985)
⑳ 직업행동 체크리스트(Vocational Behavior Checklist: VBC; Walls, Zane, & Werner, 1978)
㉑ 업무적응도검사(Work Adjustment Rating Form: WARF; Bitter & Bolanovich, 1970)
㉒ 업무성격 프로파일(Work Personality Profile: WPP; Bolton & Roessler, 1986)

22개의 검사도구 중에 12개는 자기보고식 검사다. 3개는 상담사, 1개는 고용인의 평정을 기준으로 한다. 6개는 내담자에 대한 행동 관찰로 실행된다. 관찰되는 행동이나 평정되는 검사 문항의 수는 8~854개이며 평균 문항 수는 141개다.

2) 신뢰도와 타당도

22개의 검사도구 중에 몇몇은 다음에 제시된 측정에서의 신뢰도 및 타당도를 가지고 있다고 보고되어 왔다.

- 내적 일관성 신뢰도: 높은 내적 일관성은 검사도구의 검사 문항이 서로 높은 상관관계를 가지고 있다는 것을 의미한다. 이 경우 한 문항에서 낮은 점수를 받았다면 다른 문항에서도 낮은 점수를 받을 가능성이 있다.
- 안정성 신뢰도: 높은 안정성은 한 개인에 대한 첫 시행에서의 점수와 다음 번 시행에서의 점수가 높게 상관되어 있는 것을 말한다. 검사도구의 2회 시행은 약 2주 간격으로 진행되어야 하며, 그 사이에는 점수에 영향을 줄 수 있는 어떤 개입도 주어지지 않아야 한다.
- 관찰자 간 동의 신뢰도: 관찰자 간의 높은 동의는 둘 또는 다수의 독립적 점수가 ① 내담자가 특별한 행동을 보였다거나, ② 한 행동이 반복해서 보였다거나, ③ 그 행동이 얼마나 잘(정확하게 또는 효과적으로) 수행되었는가 등을 기록하는 데에서 높은 동의 가능성을 가진다는 것을 의미한다.
- 준거타당도: 높은 준거타당도는 검사에서 내담자의 수행이 실제 생활의 성과와 높은 상관관계를 보이는 것이다. 예로, 독립적인 지역 여행에 대한 기준이 같은 주에 실시된 검사 1에서의 수행과 서로 관련되어 있을 수 있다. 두 번째 예는

경쟁적인 고용을 성취하기 위한 조건이 직업재활 서비스를 시작하기 1년 전에 주어진 검사 2에서의 수행과 관련되어 있을 수 있다는 것이다.

- **구성타당도**: 높은 구성타당도는 내담자의 수행이 같지 않지만 연관된 검사에서의 수행과 관련되어 있음을 가리킨다. 다른 검사들과의 정적 또는 부적 상관관계의 수준을 이해하는 것은 그 검사도구가 측정하려는 이론적 구성체(construct)의 본질을 구체화하도록 돕는다.
- **내용타당도**: 22개의 검사도구는 모두 높은 내용타당도를 보였다고 보고된다. 내용타당도는 상관관계 계수에 의해서 증명되지 않는다. 대신 알고 싶은 문제의 영역이 타당하게 표집되고 검사도구의 문항에 제대로 반영되고 있다는 것이 증명이 된다.

3 연구 성과

입력 변인과 과정 변인에 따라 측정된 성과는 달라질 수 있다. 개입의 시점과 단위 정도에 따라서도 성과는 달라진다. 또한 서비스 기관의 요구 및 서비스 제공자의 의도에 따라서도 측정된 성과는 달라진다.

1) 직업 재활

1998년 인력투자법은 직업재활 서비스 지원자에 대한 장기적 연구를 시도했다. 직업재활 서비스 및 경제적 · 비경제적 성과 간의 연관성을 평가하기 위해 서비스 지원자의 전국 표본에 대한 장기적 연구를 지속할 것을 공고했다.

이 연구는 제공된 서비스 성과에 영향을 주는 프로그램의 내적 · 외적 요인을 거치면서 프로그램이 완성되거나 사용되는 것과 연관된 요인을 진술할 것이다. 서비스를 수혜한 사람과 수혜받지 못한 비슷한 사람 간의 경험을 대조하기 위해 적절한 비교가 이루어질 것이다. 연구는 서비스를 위한 장애인의 지원서에서의 시작 시점, 수혜 자격 결정 시점, 서비스 제공 시점, 그리고 서비스 종결 후 2년 내에 이르는 시점까지를 포함하여 수행될 것이다. 고용위원은 직업 재활과 관련된 대표적인 실례에 관한 정보를 밝히고 정보를 나눌 것이라고 했다(Workforce Investment Act of 1998,

p. 177).

1992년에 시작된 직업재활 프로그램에 대한 종단연구는 재활서비스국에 의해 이루어졌고, 1992 재활법 개정안에서 국회에 의해 의무화되었다. 1994년에 전국의 8,500건의 사례를 대상으로 데이터가 수집되었고, 1998년 인력투자법하에서 연구가 계속되었다. 성과 보고에서 트라이앵글연구소(Research Triangle Institute, 1998)는 2/3의 참여자가 서비스를 마쳤고, 1/3의 참여자가 여전히 서비스를 받고 있는 중이라고 밝혔다. 이 보고서는 고용 성과(경쟁적 고용 또는 가사도우미, 가족일 돕기, 자가고용, 보호작업 고용과 같은 비경쟁적 고용)를 이룬 사례만을 데이터에 포함하였다. 공공 직업재활 서비스 프로그램의 수혜자로 경쟁적 고용을 성취한 사람은 대부분 경증장애를 가지고 있거나 정형외과적 장애 혹은 청각장애를 가지고 있는 남자였고, 연령층이 낮았고, 읽기와 수학 성취도에서 높은 점수를 받았으며, 재활서비스 신청 당시 고용 경력이 있었고, 경쟁고용의 경험이 있었으며, 높은 임금을 받는 업무 경험, 상담 · 교육 · 훈련 · 배치 서비스를 받은 경험이 있었다. 그들은 주당 평균 35시간을 일했고, 시간당 7.35달러를 벌었던 것으로 나타났으나, 그중 60% 이상이 7달러 이하를 받았고 의료 혜택이 없는 직업들이었다. 이런 직업에 종사하는 사람들은 나머지 참여자들에 비해 교육 수준이 낮거나 읽기나 수학 능력이 낮았던 것으로 드러났다(Research Triangle Institute, 1998).

다른 연구에서는 공공 직업재활 프로그램의 성과를 종속변인으로 사용해 왔다. 예로, Bellini, Neath와 Bolton(1995a)은 내담자의 불이익에 대한 측정을 예측변인 혹은 독립변인(의뢰 시점에서의 고용 상태, 교육 수준, 재정적인 보조, 가족 수입, 결혼 상태, 나이, 장애 정도, 주 장애나 부적 장애)으로 사용하였다. 경쟁적 고용 성취 여부가 종속변인이 되었다. 경쟁적 고용을 예측하는 가장 큰 요소는 ① 의뢰 시점에서의 고용 상태, ② 의뢰 시점에서의 보조 및 지원 여부, ③ 장애의 유형 및 정도, ④ 교육 수준이었다. 사회적 불이익 척도(Scale of Social Disadvantage)에 대한 타당화 연구도 비슷한 결과를 산출하였다(Bellini, Neath, & Bolton, 1995b). 직업재활 프로그램에서 성과를 종속변인으로 한 또 다른 연구에서는 14만 8,188개의 직업재활 사례들을 분석하였다(Majumder, Walls, Fullmer, & Misra, 1997). 연구자들은 19개의 장애 조건(예: 정신장애, 청각장애)에 대해 15개의 기여 요인(예: 장애 정도, 교육, 사회보장장애보험)을 거쳐 285개의 하위 세트를 만들어 내기 위해 연구하였다. 경쟁적 고용에 대한 가능성은 대체로 매우 낮은 점수부터(예: 0.31-당뇨병 환자로 부가적 연금을 받고 있는 사람)

거의 1.0에 가까운 높은 점수까지(예: 0.99-약물남용 환자로 고등학교를 졸업한 사람) 분포되었다. 재활한 사례와 그렇지 않은 사례에 대해 Walls, Misra와 Majumder (2002)는 직업재활 내담자의 초기 변인, 과정 변인 및 성과 변인에 대해 20년에 걸친 변화를 조사하였다.

직업재활 내담자의 성과와 재활상담사의 다문화 상담에 대한 효과성 연구에서, Matrone과 Leahy(2005)는 사례의 성공적인 종결과 성공적이지 못한 종결에 대한 성과를 가지고 비교 측정하였다. 성공적 대 비성공적 고용 성과를 기준변인으로 본 연구에서는 상담사 훈련이 고용 성과의 강력한 초점이 되어야 한다고 제안했다(Fraser, Vandergoot, Thomas, & Wagner, 2004).

간질 환자에 대한 직업재활 서비스에 대한 연구에서는 ① 성공적인 고용의 성취, ② 증가된 개인 수입, ③ 정부 보조에 대한 의존도 감소 등이 상담의 효과와 관련이 있다는 결과를 발표했다(Mount, Johnstone, White, & Sherman, 2005). 정신장애 내담자를 위한 직업재활 연구에 따르면, 가장 좋은 임상서비스는 단순히 경쟁적 직업시장에서의 고용이 아니라 내담자 자신이 직업적 목표를 가지게 하는 것이다(Akabas, Oran-Sabia, & Gates, 2006).

비슷한 정신장애 집단을 대상으로 한 연구에서는 정신장애 직업 재활의 특별 프로그램은 ① 정신과적 증상의 감소, ② 삶의 질 향상, ③ 자존감 향상, ④ 임금 증가, ⑤ 경쟁적 또는 지원 업무에서 수행평가 향상을 성과로 두고 비교했을 때 주-연방 직업재활 프로그램과 별 차이가 없었다(Rogers, Anthony, Lyass, & Penk, 2006). 캐나다 직업수행측정(Canadian Occupational Performance Measures)에서는 자기관리, 여가 및 고용에서 생산력에 관련된 직업적인 수행에서 가장 중요한 문제로 자기 지각을 평가한다(Dedding, Cardol, Eyssen, Dekker, & Beelen, 2004). 사회보장국의 '티켓 투 워크(Ticket to Work)'나 자기효능감 프로그램의 주요 목표 성과는 특히 보조적인 사회보장연금 및 사회보장장애보험 수혜자와 중증장애를 가진 사람들의 경우 경쟁적 고용이었다(Wehman & Revell, 2005).

6개의 장애 집단(척추장애, 뇌손상, 절단, 만성 통증, 심근경색증 혹은 관상동맥우회술, 심각한 정신장애)에서 예측변인을 연구한 문헌들에 대한 리뷰에서는 ① 고용 상태, ② 장기적 고용 성적이 주요한 성과로 보고되었다(Crisp, 2005).

내담자 선택 데모 프로젝트의 평가에서 Stoddard, Hanson과 Temkin(1999)은 유용한 치료에 대해 리뷰를 했다. 진술된 성과는 재활치료 기간 동안의 내담자 판단, 의사결정 및 선택과 관련이 있었다. 그 성과는 다음과 같다.

- 성공적 재활 참가자 대 그렇지 못한 참가자의 수
- 서비스 비용
- 사례 기간
- 임금
- 고용 형태
- 전일제 대 시간제 고용
- 내담자의 스태프, 서비스, 의사소통, 접근에 대한 만족도

더 많은 직업 참여가 재활 과정 초기에 이루어질수록 더 바람직한 성과를 산출하였다(Lougheed, 1998; Shrey & Mital, 1994). 다양한 연구 보고서는 다음의 관계를 주장하고 있다.

- 직업 성과와 협력적인 문제해결(Morton, Gibs, & Ragland, 1997)
- 기능적 제한점 · 직업 수행과 작업장의 편의 조정(Michael & Risucci, 1993)
- 고용 기회와 보조공학(Sowers, 1991)
- 사업을 위한 고용 및 세금 혜택과 기업의 고용계획(Zivolich & Weiner-Zivolich, 1997)
- 성공적인 학교에서 직장으로의 전환과 고용인과의 쌍방적 혜택 모델(Donovan & Tilson, 1998)
- 지원고용과 업무 매칭 및 개발(Callahan, 1991)
- 산재보험금의 절감과 재취업을 위한 산재 대상자의 신속한 의뢰(Gardner, 1991)
- 참가자와 사회를 위한 혜택과 재활 프로그램의 비용(Zivolich, Shueman, & Weiner, 1997)
- 직업 재활 성과와 사용되는 사례서비스 비용(Taheri-Araghi & Hendren, 1994)
- 고용 성과와 포괄적 직업평가(Peters, Scalia, & Fried, 1993)
- 작업 수행과 훈련 시 직업교사의 평정(Bolton & Brookings, 1993)

직업적 성과는 정신지체, 뇌성마비, 간질, 정신질환, 약물남용, 뇌손상, 관절염, 청각장애, 시각장애, 암, 척추장애, 관상동맥 심장질환, 이분척추, 다발성 경화증, 학습장애, 자폐증을 가진 내담자들을 대상으로 연구되었다(Allaire, Anderson, & Meenan, 1997; Ashley, Persel, Clark, & Krych, 1997; Blankertz & Robinson, 1996; Burt, Fuller, &

Lewis, 1991; Butterworth, Gilmore, & Shalock, 1998; Cook & Rosenberg, 1994; Depoy, 1992; Deren & Randell, 1990; Fabiano & Crewe, 1995; Kirchner, Johnson, & Harkins, 1997; Lehman, 1995; Michaels & Risucci, 1993; Schriner, Roessler, & Johnson, 1993; Rumrill, Roessler, & Cook, 1998; Shrey & Mital, 1994; West, Revell, & Wehman, 1992). 예를 들어, 약물남용 사례의 경우 고용과 더불어 불법(illicit) 약물과 범죄 개입에서 멀어지는 것이 중요 성과 기준으로 제시되었다. 다른 예로, Kilmer(1999)는 1,047명의 신경근육 장애인을 대상으로 설문조사를 했는데 그중 225명이 하반신에 교정기를 사용했다. 교정기를 사용하는 사람 중 76%는 교정기가 하고 싶었던 것들을 가능하게 해 주었다고 보고했고, 66%는 이 장치로 인해 보다 자립적으로 생활할 수 있었다고 보고했다.

정신장애를 가진 내담자의 직업 재활은 Cook과 Pickett(1994)에 의해 리뷰되었고, 그 결과는 다음을 포함한다.

- 상황평가가 고용 성과 및 시간당 수입에서 작업 표본을 사용한 평가보다 좀 더 많은 것을 보여 줄 수 있다.
- 분열증 및 정신병적 장애로 진단받거나 입원한 경험이 있는 경우 직업적 성과가 대부분 좋지 않았다.
- 높은 수준의 위축이나 성냄 등의 증상이 빈약한 직업기술의 예측 요인이었다.
- 자존감, 삶에 대한 만족도, 대처기술의 습득은 고용에서의 긍정적인 변화, 즉 고용되거나 더 좋은 직장으로 옮기는 것을 경험한 사람들에게서 더 높게 나타났다.
- 만족도는 빨리 채용된 내담자에 한해 더 높았다.

Farkas와 Anthony(1987)는 장애 정도와 재활 프로그램에 관련해 정신과적 재활의 성과 연구들이 재활의 정의를 다양하고 복잡하게 만들었다고 밝혔다. 또한 무엇이 적합한 성과인가에 대해 견해 차이가 있다고 말했다. 지금까지 연구들은 ① 성공을 위한 기술을 가르치는 기술훈련 개입, ② 증상과 재발을 방지하는 약물치료 개입, ③ 지역사회에서의 기능을 향상하는 지역사회 지원 개입 등에 초점을 두었다. 따라서 측정된 성과들은 주로 ① 고용 상태(경쟁적, 전통적, 시간제, 전일제, 임금, 일에 대한 만족도, 생산력, 공적 지원)에 대한 의존도의 감소, ② 생활 상태(지역사회에서 보내는 일수, 사회적 적응, 친구와 활동 수, 독립생활 정도, 지역사회 적응에 대한 만족도, 사회기술, 역할기능)였다. 행동의 빈도, 행동에 대한 평정, 질문지, 심리측정적으로 개발된 척도들은 불안, 눈 맞춤, 행동 문제들, 도구 사용, 지시 이해, 작업 시도, 대중교통 이용, 돈 관리, 옷 입기, 서비스에 대한 만족도, 재범(recidivism)과 같은 구성 및 행동들을 측정하기 위해 사용되었다.

다른 연구자들은 직업적 · 경제적 성과로 직업의 형태, 임금에 대한 만족도, 재정적 상태, 직장에서 제공되는 혜택, 혜택에 대한 만족도, 훈련 기회 및 진로 개발에 대한 잠재력, 직업 배치 후 개인적 삶에 대한 만족도, 장애물의 감소 및 제거, 작업 수행의 질과 양, 직장에서의 문제, 직장 유지, 출근, 업무 태도, 의존도, 자기 통제, 지시 수행, 안정성 실습, 공적 기금 및 현물 혜택의 양, 지원 업무 환경에 대한 적응, 직업 배치의 어려움, 구직에 대한 낙관성, 면접기술, 가족 및 친구의 지지, 상담사의 인과적 수행(causal performance) 등을 꼽았다. 이러한 성과들은 다양한 연구들에서도 보고되었다(Bolton, 1987, 1990; Bolton & Akridge, 1995; Dedding et al., 2004; Dijkers, 1997; Dowler & Walls, 1996; Evans & Ruff, 1992; Gilbride, Thomas, & Stensrud, 1998; Martin, 1999; Roessler & Rumrill, 1995; Sales & McAllen, 1999; Szymanski & Danek, 1992; Walls, 1982; Walls & Batiste, 1996; Walls & Dowler, 1987; Walls, Dowler, & Fullmer, 1990; Walls, Dowler, & Fullmer, 1989; Walls & Fullmer, 1996, 1997; Walls, Fullmer, & Dowler, 1996; Wilgosh, Mueller, & Rowat, 1994; Wood-Dauphinee, 1998). 따라서 이러한 많은 직업적 · 경제적 성과는 재활 초기 및 과정의 영향을 이해하는 데 많은 도움이 되었다. 〈표 14-1〉에는 요약이 제시되어 있다.

실제 또는 가상의 업무 활동들은 내담자가 특정 직업에서 어떤 요인들이 개입되는지에 대한 정확한 정황을 파악할 수 있는 도구가 될 수 있다. 입력 및 과정 변인들의 복잡한 상호작용은 경쟁적 고용이라는 주요한 성과에 추가적인 설명을 제공한다. 그렇다면 재활에서 어떤 직업들이 경쟁적 고용의 직업적 스펙트럼을 차지하고 있을까? 『직업백과사전(DOT)』의 상위 두 자리 수의 범주는 경쟁적 고용을 나타내며, 〈표 14-4〉에 사례가 종결된 2005년도 직업재활 내담자들에 대한 DOT 상위 두 자리 수의 범주가 나열되어 있다. 이 두 자리 수 코드는 세 자리 수 코드보다는 덜 명확하지만 한 자리 수 코드보다는 더 정확하다. 〈표 14-4〉는 2005년 20만 6,733명의 경쟁적 고용 사례를 대상으로 상위 20개의 직업 범주를 보여 주고 있다.

〈표 14-4〉 2005년 주-연방 직업재활 내담자(경쟁고용 재활)를 대상으로 한 상위 20개의 직업 범주

직업 범주	성공 사례 수
1. 음식 및 음료 준비 및 서비스	19,609
2. 판매	11,654
3. 건축 및 관련 서비스	10,622
4. 개인적 서비스	10,497
5. 속기, 타자, 서류 정리 및 관련 서비스	9,523
6. 계산 및 회계 기록	8,677
7. 포장 및 물품 관리	8,051
8. 약학 및 건강	7,239
9. 교통수단*	6,595
10. 교육	6,457
11. 가공(공정)*	6,450
12. 관리 및 사무직	5,752
13. 건설*	5,562
14. 행정 특수직	4,742
15. 전문, 기술 및 관리직	4,369
16. 화물 운송	4,110
17. 정보 및 메시지 배급(distribution)	4,047
18. 생산 및 자재 관리 사무직	3,784
19. 숙박 및 관련 서비스	3,445
20. 이발, 미용 및 관련 서비스	3,154

* 다른 곳에서는 분류되지 않음.

2) 의료 재활과 독립생활

의료 재활은 심각하고 장기적인 손상 및 장애를 다루며, 독립생활 및 삶의 질을 향상하기 위해 고안된 다양한 개입을 포함한다(Johnston, Stineman, & Velozo, 1997). 성과들은 재활 전략 및 치료의 결과에 따른 변화 및 지속적인 영향일 수 있다. 연구는 성과를 치료 과정 및 생물학적 요인과 연결시키려고 시도했다. 비록 치료 거부가 개입되는 임의추출 연구는 비윤리적이기는 하지만, 다른 지역, 프로그램 혹은 보험 체계에 따른 재활 실제에서의 상당한 변화와 가능한 개입의 효과를 비교할 수 있게 해 준다. 저자들은 규모가 큰 데이터베이스는 흔히 질병 및 손상의 정도, 의료적·치료적 개입, 그리고 변화나 다른 성과 간의 중대한 관계를 이해하는 데 필요한 측정의

깊이를 담고 있지 못한다고 주장했다. 심지어 척추장애, 외상성 뇌손상을 대상으로 한 대규모의 종단적 데이터베이스는 초기 사례의 심각도, 치료 및 비용 대비 효과를 성과와 연결시키려 했으나 큰 성과를 거두지 못했다. 대부분의 경우, 임상적 이론과 접근 방법은 자연 치유의 효과로부터 의료 재활의 별도 효과 및 지속적인 개선을 결정하게 하는 요인을 엄밀하게 구분하여 제시하지 못하고 있다. 다만 몇몇 임상적인 실험은 특정 환자 집단에 대한 개입이 ① 환자의 기능적 제한점, ② 수명(mortality), ③ 장기적 비용 또는 비용 성과, ④ 일상생활 활동, ⑤ 장기요양시설로 보내지는 빈도, ⑥ 1년 후 기능적 수용성(능력)의 손실 또는 습득, ⑦ 환자의 만족도와 어떻게 관계되어 있는지를 보여 주었다(Johnston, Stineman, & Velozo, 1997).

초기 단계에서의 긴급한(acute) 의료적 개입의 영향은 중간 단계에서의 치료와 훈련의 효과 그리고 더불어 마지막 단계에서의 추후 서비스 효과보다 그 영향력이 크지 않다. 따라서 의료 재활 및 독립생활의 영역에 걸친 전환은 그 시점에서의 질병이나 외상후 스트레스 증후의 측정, 또 다른 시점에서의 평행봉 걷기와 같은 근력 회복의 과정, 직업 참여, 지역사회에서의 기능, 일상생활 활동에서의 핸디캡 감소 측정을 필요로 할 수 있다(Wagner, 1987).

Jette와 Jette(1997)는 일반 의학에서 건강 상태 평가 및 재활기능 평가를 독립적으로 발전시키고 분리시키려는 경향을 비판했다. 그들에 따르면, 의학에서 치료와 요양의 효과를 평가하기 위한 성과 지표는 사망자 수와 병적 상태(morbidity)의 전체적인 측정 대신 좀 더 세밀하게 정제된 분석을 사용하고 있다. 건강 상태는 생물학적 · 신체적 · 심리학적 · 사회적 요소로 나눌 수 있고, 의료 재활, 독립생활, 직업 재활에서의 성과의 원인이 될 수 있다.

Jette와 Jette(1997)에 의해 논의된 건강 상태 측정도구는 신체적 기능(예: 운동성), 사회적 기능(예: 부모 역할), 정서적 기능(예: 자존감), 정신적 기능(예: 기민함), 도구적 기능(예: 일), 일상생활 기능(예: 음식 준비), 전체적인 건강 기능(예: 건강 만족도)과 같은 내용 영역을 포함한다. 8개의 건강 상태 측정도구는 9~136개의 검사 문항을 가지고 있고, 평균 검사 문항 수는 54개였다. 10~30분 정도의 검사 시간이 소요되며, 평균 검사 시간은 15분이었다. 그리고 모든 검사가 자기보고식 측정을 하고 있었다. 검사점수는 각 검사 문항에 대한 반응을 반영하기도 하고, 또는 몇 문항으로 구성된 하위척도에 대한 점수 혹은 복합점수(composite)를 내기도 한다. 검사도구들은 다양한 환자 집단(예: 엉덩이관절 성형, 후천적 소아마비, 천식, 관상동맥회로 우회술, 위궤양, 척추 손상, 자궁 손상)에 사용되어 왔다. 한 단계에서 다른 단계로의 변화는 득이나 실로 나타날 수 있다(예: 입원, 퇴원, 정기적인 외래 검진, 활동 재개, 지역사회 재통합 등). 한 시점에서의 한 번의 측정보다 일정 기간에서의 건강 상태 종합 프로파일이 보다 나은 이론 및 실제를 위해 가장 가치 있는 발견이라 할 수 있다. 건강 상태의 반복적인 평가에서 심리측정적으로 적절한 검사도구를 사용하고 초기, 과정 및 성과 사이의 관계를 객관적으로 밝힐 수 있을 때, 그 피드백이 차후 사례들에서 적절한 개입(예: 특별한 서비스를 위한 가정 건강 보조기구)을 촉진시킬 수 있다.

독립생활 재활의 목적은 특정 훈련, 의료 및 상담 서비스가 직업적 소득보다 심리사회적 소득을 가져오는 데 중점을 둔다. 중증장애를 가진 사람들은 자기 결정력을 높이고 남에게 불필요하게 의존하는 것을 줄여야 한다. 서비스는 보통 가사 보조, 간병인 치료(attendent care), 읽기 또는 통역사, 동료상담, 재정 및 법률 변호, 지역사회 인식 개선, 장벽 제거, 장비 정비, 오락, 독립생활 기술훈련 등을 포함한다. 훈련은 간병인 관리, 재정 관리, 내담자 일들, 이동, 교육적 · 직업적 기회, 의료적 요구, 생활방식, 사회기술, 시간 관리, 성생활 및 일상생활 활동과 같은 것들을 다룬다. Nosek(1987)에 따르면, 개인적 성과는 일반적 프로그램 성과보다 우선되어야 한다. 더욱이 측정도구가 유익하게 사용되기 위해서는 자세하고 정확하게 사용되어야 한다(예: 요리를 할 수 있느냐 없느냐에 있다/없다로 단순하게 대답하는 것보다는 자세한 응답을 요구해야 한다). 다만 너무 난해하고 어려워서 상대적으로 직접적인 요구들(예: 접근하기 쉽고 살 만한 집)을 혼란시키지는 않아야 할 것이다.

지적인 손상이 있는 내담자의 경우, 교육 프로그램들은 종종 학습, 독립생활, 사회적 · 직업적 성과의 영역을 목표로 한다. Halpern(1987)은 ① 성과에 대한 여러 수준의 정의, ② 성과에 대한 다양한 측면에서의 정의, ③ 사회 대 내담자의 측면에서 특징지어진 문제들에 대해 진술하였다. 첫 번째 이슈와 관련해서, 중증장애인의 경우는 성공적인 성과가 준독립생활 및 지속적인 지원이 제공되는 고용인 반면, 경증장애인의 경우는 자립 또는 경쟁적 고용을 달성할 때만 성공적인 성과로 고려되는 것이다. 두 번째 이슈와 관련해서는 잠재적으로 과도한 성과 측정이 유도될 수 있는데, 그에는 기능적 측면, 자립, 지역사회 통합, 고용 등이 관여된다. 이들을 모두 한꺼번에 측정할 수단이 존재하지 않는다면 어떤 것이 가장 우선시되어야 하는가(Bolton, 1987)? 가치들은 Halpern(1987)이 언급한 세 번째 이슈에 부정적인 영향을 미칠 수 있다. 내담자 측면 혹은 기관/사회 측면이 바람직한 성과에 대한 조작적인 정의에 차이가 있다면 어떨까(Bolton, 1987)? 예로, 흥미롭고 개인을 충족시킬 수 있는 일과 더 좋은 임금을 받을 수 있는 일은 내담자와 사회보장국 간의 차이에 의해 각각 다른 가치를 지닐 수 있다.

성과 측정은 매우 상세한 것(예: 손 · 발의 강도, 움직일 수 있는 범위)부터 광범위한 것(예: 생활방식 혹은 신체적 자립)까지 있을 수 있다. 상세한 성과 측정은 특정 장애 조건에는 적합하지만 다른 장애 조건에는 적합하지 않을 수 있다. 예로, ① 뇌손상 재활은 양육, 운전, 재정 관리에 의해 명백해질 수 있으며, ② 배변 문제는 자기관리에서 자립 또는 자제가 목표일 수 있겠으며, ③ 근골격계의 손상은 협응, 평형성, 지구력에 관련된 성과를 추구할 수 있으며, ④ 정서적 증후군의 재활치료는 에피소드의 빈도나 불안에 대한 평정 등으로 효율성을 보여 줄 수 있다.

의료, 독립생활 및 심리사회적 성과에 대한 요약은 〈표 14-1〉에 제시되어 있다. Jette와 Jette(1997)가 언급했듯이, 다수의 도구가 병리학, 손상, 장애, 기능적 제한, 주관적 행복에 대한 개념들에 기초한 건강 상태를 측정하기 위해 개발되었다. Johnston 등(1997)은 잘 개발된 심리측정도구들이 상당히 다양하다고 언급했다. 또한 그들은 비논리적인 결론을 끌어낼 수 있는 상관관계 모델보다는 통제된 원인 연구 방법을 택해야 한다고 주장했다. 그들은 규율 관련 이론들(예: 생리학 또는 약리학을 실험하기 위한)과 체계 관련 이론들(예: 재활 팀에 의해 지휘되는 생물학적 · 사회적 개입들)이 도입될 필요가 있다고 주장했다. 치료 프로토콜은 민간 부문에서 사용되며, 종종 비용 절감 및 빠른 재활 과정 등을 지향하게 된다. 따라서 그것은 재활이론이나 장기적 소득에 기여하는 데 상당한 제한이 있다. 그럼에도 불구하고 개입에서 단계적이고 지속적인 소득에 이르는 정당한 연결 고리를 찾는 것은 의미 있는 일이다. 이 모두가 귀납적인 이론의 구축과 추론적인 이론의 점검에 기여하기 때문이다. 이러한 과정은 내담자에게 민감한 입력, 과정 및 성과를 통합적으로 이해하는 데 기여하기도 한다.

4 결 론

이 장에서는 다수의 다양한 성과와 성과 측정에 대해 다루었으며, 전문 용어 명명법 및 재활 성과에 관한 향후 논의가 매우 복잡하다는 것을 보여 주었다. 재활서비스 제공자, 정부기관 그리고 장애인들은 성취도에 대한 공정하고 정확하며 완전한 측정을 원한다. 성과들은 입력 및 개입 단계와 독립된 변인으로 간주되어서는 안 된다. 재활에서 내담자의 성과는 입력과 과정 변인들과 끊임없이 상호작용하고, 또한 입력 과정 및 성과들은 의료 재활, 독립생활 재활, 직업 재활의 법칙들에 걸쳐 다를 수 있다. 성과 측정은 재활서비스 프로그램에서 설계되며, 또한 장애인을 대상으로 궁극적인 치료를 촉진하고, 프로그램을 평가하며, 비용을 정당화하고, 법적인 정의들을 모방하려는 독립적인 연구자들에 의해 설계되기도 한다. 적절한 신뢰도와 타당도는 검증된 경우도 있고 그렇지 않은 경우도 있다. 가치 있는 성과 측정은 자기보고식 질문지부터 신뢰성 있는 행동 관찰까지를 포함한다. 직업재활 프로그램에서는 성공적인 직업 성과라고 공언하기까지 고용 이후 90일을 기준으로 삼고 있다. 독립생활 프로그램은 의존도의 감소 및 지역사회 통합을 위한 변화 등을 확실한 성과라고 간주한다. 의료 프로그램은 질병에 대해 엄격한 측정을 하는 대신 내담자의 만족도 측정을 소홀히 하기도 한다. 하지만 이 모든 것이 재활을 위해 정의된 질문에 대한 해답을 찾고 있다. ① 어떤 내담자, 소비자 혹은 환자가, ② 어떤 장애 조건, 능력 또는 환경적 요건을 가지고, ③ 어떤 재활상담, 회복, 훈련 또는 기타 서비스를 받으며, ④ 어떤 결과 내지는 성과를 얻어 내는가다. 만약 이 질문에 대답하기 위한 하나의 통합된 측정 체계의 구축이 간단한 일이었다면 누군가 혹은 어떤 기관이 이미 그것을 만들었을 것이 분명하다. 하지만 욕구와 흥미는 너무나 광범위해서 일원화된 측정 체계를 구축하기 힘들다. 아마도 이는 당연한 것인지도 모른다. 사람들은 제각기 다르고, 따라서 재활에서의 성공도 개별적으로 평가되어야 할 것이다. 하지만 우리가 우리 스스로와 타인을 속이지 않는다면, 입력 변수와 재활 과정과 관련된 성과의 적절하고 신뢰할 수 있는 측정은 필요한 것이다.

Chapter

15 진로 발달 및 성숙도 평가

Terry L. Blackwell | Stephen J. Leierer | Douglas C. Strohmer

변화하는 직업의 특성, 고용 가능성 그리고 계속되는 직업 및 학습 변화에 따른 현대 근로자의 욕구를 전제로 할 때, 일생을 통한 진로서비스의 필요성은 명백하다(McMahon, Patton, & Tatham, 2003). 또한 노동 인구의 변화는 진로 발달을 일생에 걸친 개인 직업생활의 과정으로 생각하게 하고 있으며, 직업 선택, 효능감, 행동에 영향을 미치는 것으로 보고되고 있다(Ginzberg, 1984; Gottfredson, 2002; Super, Savickas, & Super, 1996; Vondracek, Lerner, & Schulenberg, 1986). 이러한 과정은 비장애인보다 제한된 진로 발달을 보이는 장애인을 위한 서비스를 제공하는 재활 전문가에게 특별한 의미를 지닐 수 있다(Shahnasarian, 2001; Szymanski & Vancollins, 2003).

미국 노동부의 노동통계국(http://www.bls.gov)에 따르면, 처음으로 직업시장에 들어온 사람은 30대 중반의 나이까지 적어도 9개 이상의 직업 경험을 하리라 기대되고 있다. 노동 인구에 포함된 많은 사람은 '늦거나 지연된 또는 손상된' 진로 발달을 경험한다(LoCascio, 1964, 1974). Manuele(1984)은 이러한 개인을 다음과 같이 기술하였다.

> 그들은 교육적으로 불리한 배경 출신이며 실업의 경험이 있는 하위 계층, 낮은 수준의 임금을 받는 사람들이다. ……그들의 진로 발달 유형은 꿈과 목표를 향한 노력의 부족, 교육 실패에 관한 과거 경험, 자원의 제한된 사용, 경력 선택과 계획 부족

그리고 의사결정 참여의 부족을 드러낸다(p. 101).

이 집단에 포함된 사람은 장애인으로, 인구의 19% 이상을 차지하고 미국 인구에서 가장 빠르게 성장하는 집단 중의 하나로 평가되며, 그럼에도 흔히 실업 상태에 있다(미국 인구통계국). 장애인의 진로 발달에 영향을 미치는 문제점으로, Szymanski와 Vancollins(2003)는 노동 인구 중 장애인에게 더 불리하게 작용할 것으로 보이는 다섯 가지 영역을 제시하였다.

- 회사 합병 및 인력 축소로 변화하는 노동시장에서 직업의 불안정이 증가하고 있으며, 임시 근로자의 증가는 근로자의 동기를 제한할 것이다.
- 현재의 노동 인구는 기술에 의존하고 있고, 불행하게도 기술의 접근 용이성 및 구입 가능성은 장애 근로자가 다른 근로자와 보조를 맞추는 능력을 제한한다. 이러한 점에서 장애 근로자는 고립되고 동료보다 뒤처질 것이다.
- 인지장애를 가진 사람은 특별한 문제에 직면할 것이다. 급속하게 변하며 지식 의존적인 직장의 경우, 인지장애인에게 어려움을 줄 수 있다(Falvey, Bishop, & Gage, 1993). 이러한 내담자를 위한 훈련 프로그램은 유동적이며 역동적인 근로 환경의 특성에 초점이 맞추어진 지원 및 전략을 필요로 할 것이다.
- 장애인과 같이 높은 실업률을 경험하는 집단 간의 직업 경쟁의 증가로 인해 장애인 관련 정책이 변화하고 있다. 또한 장애인의 독립 및 선택 목표는 장애와 간병 산업의 필요성을 증가시키고 있다(Szymanski, Johnston-Rodriguez, Millington, Rodriguez, & Lagergren, 1995).
- 업무 환경에서의 스트레스는 장애인에게 커다란 영향을 미치는 것으로 인식되고 있다(Fougeyrollas & Beauregard, 2001; Hahn, 1989). Szymanski(1989)는 업무 환경에서의 증가된 스트레스가 장애 관련 스트레스를 증대시킬 것이라고 언급했다.

이 장에서는 사람들의 진로 발달 및 의사결정을 돕기 위해 평가 과정에서 포함될 수 있는 검사도구의 선택 표본 추출에 초점을 둘 것이다. 또한 다양한 배경 및 장애를 가진 사람의 직업에 대한 특별한 강조를 할 것이다. 비록 재검토된 도구들이 스스로 평가할 수 있도록 개발되었지만, 일반적으로 진로 의사결정 과정에서 검사의 적용은 전문적인 지원과 함께 사용되었을 때 가장 효과적일 것이다(Patterson & Watkins,

1982). 내담자 중심 평가에서 내담자는 질문 개발, 검사 선택, 결과의 해석에 참여한다. 평가 과정에서 '내담자 참여' 전략을 택함으로써, 내담자는 자신의 평가 과정에 전념하고 평가 결과에 반응할 것이다.

1 진로 성숙과 의사결정

Brown과 Brooks(1996)는 진로 발달을 우리 사회에서 이용 가능한 많은 직업으로부터 계속적으로 선택을 해 나가는 일생의 준비 과정으로 정의하였다. 이러한 발달적 접근의 중심에는 진로 성숙의 개념이 있다. 이를 광범위하게 정의하면, 현실적이고 오랜 시간에 걸쳐 변함 없는 개인의 특성 및 연령대에 적절한 진로 결정을 하기 위한 내담자의 준비 상태를 일컫는다(Crites, 1976; Levinson, Ohler, Caswell, & Kiewra, 1988; Savickas. 1984; Super, Crites, Hummel, Moser, Overstreet, & Warnath, 1957). 개인의 진로성숙 평가는 발달 모델의 중요한 부분이다. 이 평가에는 전형적으로 개인의 진로 성숙 수준을 탐색하기 위한 능력, 흥미 그리고 가치를 측정하는 검사들이 포함된다(Knapp-Lee, 1996; Sharf, 2006). 몇몇 저자는 평가 과정이 문화 정체성의 측정을 포함한다고 기술하였다(Blustein & Ellis, 2000; Hartung et al., 1998).

개인의 진로 성숙 수준을 평가할 때, 그가 중요한 진로 결정을 내리는 것을 돕기 위해서 신뢰도와 타당도가 높은 검사도구를 사용하는 것이 필요하다(Bobek & Gore, 2004). Crites(1971)에 의해 제안된 진로 성숙 모델은 "정서적이고 인지적인 영역들로 구성되어 있다. 인지 영역은 의사결정 기술들로 구성되어 있으며, 정서 영역은 진로 의사결정 과정에 대한 태도를 포함한다." (Patton & Creed, 2001, p. 336) 다양한 배경을 가진 개인과 일할 때, 재활 전문가는 "사회-구조적인 사실 및 지각을 형성하는 경제적 · 교육적 · 사회적 · 정치적 기회의 역할을 고려해야 한다. 이는 성별, 나이, 인종, 민족성, 종교, 성적 지향성, 장애, 언어 그리고 사회경제적 위치에 있어서 하나의 다양성을 대표하는 장애인뿐만 아니라 여성 그리고 소수민족 집단의 진로 의사결정 과정에도 영향을 미칠 수 있다." (Luzzo & MacGrogor, 2001)

2 평가 문제

재활 전문가는 진로 발달 및 의사결정 활동 중에 있는 개인과 일할 때 다양한 자원으로부터 평가 자료를 얻는다. 이러한 자료는 표준화된 검사 및 관련 도구로부터 획득된 양적 점수와 인터뷰 및 관찰을 통하여 얻어진 질적 자료들을 모두 포함한다(Berven, 1984; Blackwell & Guglielmo, 2001; Reid, 1997; Sink, Gannaway, & Cottone, 1987).

윤리적으로, 검사와 다른 평가 정보를 책임감 있게 사용하기 위해서는 적절한 수준의 능력 및 정확한 전문적 판단이 요구된다. 평가자는 검사 및 평가의 영역 개발에 대한 최신 정보를 유지하며, 장애인의 평가와 관련한 자신의 윤리적 기준 및 지침과 연방 및 주 정부의 법에 충실해야 한다. 또한 평가자는 특정 검사 수행에 관련하여 특정 장애가 미치는 영향에 대한 연구들에 대해 잘 알고 있을 필요가 있다.

평가 과정에서 사용할 도구를 선택할 때, 재활 전문가는 검사가 어떤 유형의 사람들에게 표준화되었는지, 그리고 그 검사가 내담자에게 사용하기 적절한지를 알 필요가 있다. 규준집단에 포함되지 않는 내담자의 점수를 해석할 때에는 주의를 기울여야 한다. 다음으로, 평가자는 검사의 기술적 특성에 대해 잘 알고 있어야 하며, 그 도구가 얼마나 신뢰할 만하고 타당한지에 대해 잘 알고 있어야 한다(Blackwell & Guglielmo, 2001). 검사 매뉴얼 및 검사의 독립적인 재검토는 신뢰도와 타당도에 대한 정보를 제공한다.

피검사자에 대한 신뢰할 수 있고, 반복적이고, 지속적인 정보를 산출해 낼 수 있는 도구가 신뢰도 높은 도구다. 검사의 신뢰도 계수를 해석하는 일반적인 지침은 다음과 같다. .90 이상=훌륭함; .80~.89=좋음; .70~.79=적당함; .70 이하=적절하지 않음(U.S. Department of Labor, 2000a).

타당도는 검사점수에 대해 어떤 의미가 주어지는가, 그리고 그 검사가 얼마나 유용한가를 나타낸다. 검사의 타당도는 특정 집단에 관하여 수립되며, 평가자들은 그 도구가 검사를 받을 특정 유형의 사람에게 적절하게 사용될 수 있는지를 결정하는 데 책임이 있다. 윤리적으로, 한 검사를 사용함으로써 도달하는 결론을 위해 타당도 증거가 존재하는지를 확증하기 위한 궁극적인 책임은 평가자에게 있다(U.S. Department of Labor, 2000a).

재활 전문가는 평가를 통하여 직업 세계와 관련된 환경적 · 생태학적 요소가 장애인의 가치, 흥미, 사고 및 지각에 어떻게 영향을 미치는지를 이해하기 위해 노력해야 한다. 또한 그들은 개인이 살고 있는 경제 및 고용 환경, 장애의 영향, 그리고 개인의 특정 장애에 관한 전반적인 문화적 · 사회적 관점을 이해해야 한다(Szymanski & Vancollins, 2003).

검사의 선택 및 사용에서, 재활 전문가는 평가 과정에서 적절한 행동을 촉진하는 데 필요한 다음과 같은 체크리스트를 사용할 수 있을 것이다.

- 검사 실시, 채점 그리고 해석의 자격이 있는 검사나 평가 기술만을 사용하는가?
- 관련된 연구, 적절한 기술 그리고 과제의 타당도에 근거하여 평가 활동을 하는가?
- 가장 최신판 평가도구를 사용하는가?
- 내담자는 사용하고자 하는 검사 및 다른 평가도구의 사용 및 적용, 표준화, 제한점, 신뢰도 및 타당도에 대해 알고 있는가?
- 평가나 예측을 위해 사용하는 검사나 도구의 제한점을 알고 있는가?
- 검사 실시 및 평가 결과 해석에 대하여 변화를 요구하는 여러 요인(예: 성별, 나이, 인종, 민족성, 종교, 성적 지향성, 장애, 언어, 사회경제적 지위)을 확인하였는가?(Blackwell & Guglielmo, 2001)

3 선택된 평가도구의 검토

Osborn과 Zunker(2006)는 다음과 같이 주장하였다.

> 진로평가 분야에서 가장 크게 성장한 분야는 진로발달검사 영역일 것이다. 이러한 검사들은 개인의 진로 성숙에 방해가 되는 진로 발달의 여러 측면들을 평가하기 위해 고안되었다. 현재 진로발달검사에 의해 측정되는 여러 개념은 진로 성숙, 사고기능 장애, 불안, 자아존중감/자기효능감, 인지적 명료성을 포함한다. 게다가 이러한 검사들은 진로 의사결정에 초점을 맞추게 된다(p. 190).

다음은 개인의 진로 준비, 진로 탐색, 진로 선택 그리고 진로 수행과 관련된 특성들의 영향을 살펴보는 데 유용할 수 있는 몇 가지 도구의 대표적인 예다. 진로 계획 및 발달에서 평가의 사용은 적성, 가치, 요구, 흥미, 성격, 그리고 개인의 진로 발달과 관련된 다른 특성들을 포함한 여러 가지 변수를 주시하는 것이 필요하다는 것을 염두에 두어야 한다.

진로 태도 및 전략 검사(CASI)

John L. Holland & Gary D. Gottfredson

- 목적: 진로 태도 및 행동 평가
- 발행 연도: 1994년
- 대상: 성인
- 검사 운영: 자가 실시, 개인 및 집단
- 시간: 35분
- 읽기 수준: 명시되지 않음
- 언어: 영어
- 규준: 성인 근로자
- 하위검사, 척도, 점수: CASI 척도의 보고 점수: 직업 만족, 직장 관여, 기술 발달, 지배 유형, 진로 문제, 대인관계 문제, 가족의 헌신, 위험 감수 방식, 지리적 장애. 원점수가 *T*점수로 변환됨
- 검사자 자격: 특별한 자격 요건이 요구되지 않음
- 출처: Psychological Assessment Resources, Inc. (800-331-8378) 또는 www.parinc.com
- 기술: CASI는 성인의 진로에 영향을 미치는 '몇 가지 공통적인 태도, 감정, 경험 그리고 장애물'을 측정하기 위해 고안된 130문항의 자가 채점, 자기 해석 검사다(Holland & Gottfredson, 1994, p. 1). CASI는 아홉 가지 척도의 해석을 제공한다. 즉, 직업 만족, 직장 관여, 기술 발달, 지배 유형, 진로 문제, 대인관계 문제, 가족의 헌신, 위험 감수 방식 그리고 지리적 장애다. CASI가 자가 채점 및 자기 해석 검사로 고안된 것에 대해, Kinnier (1998)는 "비록 각 척도의 해석이 간단한 것처럼 보이지만, 한 사람의 진로 발달 및 선택에서 점수의 함축적 의미는 좀 더 복잡하며 상담 과정에서 가장 잘 표현될 수 있다."(p. 184)고 제시하였다. 사용 설명서에는 전문적 참고를 위한 여러 가지 간략한 사례 프로파일에 대한 설명 및 '능력 있는 사용자'가 되기 위한 지침이 제공되어 있다(p. 23).

  CASI 제3판의 규준은 17~77세의 성인 747명으로 구성되어 있다. 인종 구성은 백인(79%)과 여성(64%)이 지배적이었고, 표본의 97%는 고졸 이상의 교육 수준을 가지고 있었다. 저자는 직업 배분이 노동직부터 행정직까지 광범위하였음을 보고하였다(p. 33).

  CASI 제3판의 신뢰도 계수는 .76~.92였다. 성인 노동자의 소형 표본에 대한 평균 13일

간격의 검사-재검사 신뢰도는 .66~.94였다. 타당도에 대한 검증은 일차적으로 상관분석에 근거하였다. 전반적으로, Kinnier(1998)는 검사 타당도(주로 수렴 및 변별 상관관계)가 대체로 유망한 것으로 나타났음을 밝혔다(p. 185).

- **상담을 위한 고려 사항:** CASI는 진로 발달의 경험적 측면에서 개인의 진로 태도 및 행동을 평가하기 위한 유용한 도구일 수 있다. 그러나 규준에 포함되지 않은 특별한 요구를 지닌 개인에게 이 도구를 사용할 때에는 주의를 기울여야 한다. Brown(1998)은 "CASI가 면담 전 조사나 토론을 산출하기 위한 도구, 또는 진로 탐색에 도움이 되는 잠재적이고 의문의 여지가 있는 영역을 확인하기 위한 도구로 적절하게 사용될 것"(p. 183)이라고 결론을 내렸다.

진로신념검사(CBI)

John D. Krumboltz

- **목적:** 진로목표에 방해가 되는 신념 확인
- **발행 연도:** 1991년
- **대상:** 13세 이상
- **검사 운영:** 자가 실시, 개인 및 집단
- **시간:** 20~30분
- **읽기 수준:** 8학년(중학교)
- **언어:** 영어
- **규준:** 중학생, 고등학생, 성인 학생; 성인 근로자 및 실업자
- **하위검사, 척도, 점수:** 26개 척도, 다음의 다섯 가지 범주로 나뉜다. 즉, 나의 현재 진로 상태, 나의 행복을 위해 무엇이 필요한가, 나의 결정에 영향을 미치는 요인, 내가 만들어 내고 싶은 변화, 내가 하고 싶은 노력이다. 척도점수는 가중치며, 10~50점이다.
- **검사자 자격:** 제한 없음. 하지만 진로 안내 및 평가에 관한 훈련을 받은 상담사에 의해 시행되는 것이 가장 좋음
- **출처:** Consulting Psychologists Press (800-624-1765) 또는 www.cpp.com
- **기술:** CBI는 직업 선택 및 진로 실행과 관련된 신념을 확인하는 데 사용될 수 있는 상담도구로서 고안되었다. 검사는 8학년 이상의 학생부터 성인까지를 대상으로 집단이나 개인으로 실시될 수 있다. CBI는 8학년 읽기 수준으로 쓰인 96문항의 자기 채점식 지필검사다. 문항은 5개의 표제로 조직화된 26개 척도로 구성되며, 문항은 5점 척도를 사용하여 채점된다. 채점은 다음의 척도들로 보고된다. 경영 지표, 고용 지위, 진로계획, 불확실성의 수용, 관대함, 성취, 대학교육, 내부 만족도, 또래 평등, 구조화된 작업 환경, 통제, 책임감, 타인

에 대한 인정, 자기-타인 비교, 직업/대학 변화, 진로 유동성, 훈련 후 이동, 직업 실험, 재배치, 자기 향상, 불확실에도 불구하고 적응하기, 위험 감수, 직업기술의 학습, 협상/탐색, 장애물 극복, 열심히 일하기 등이다. 10장 분량의 CBI 자기 채점용 소책자는 내담자가 26개 척도에 대한 자신의 점수를 이해하는 것을 돕기 위해 4장 분량의 해석 정보를 포함하고 있다. 게다가 『진로신념 탐색』이라는 워크북이 첨부되어 있는데, 이는 진로 신념에 대한 조사 및 Strong 직업흥미검사나 MBTI 검사 결과의 해석을 증진하기 위한 활동을 제공하는 데 사용될 수 있다(Osborn & Zunker, 2006).

CBI의 규준은 미국 및 호주의 7,500명 이상의 사람들에 대한 표본을 기초로 한다. 자료는 성별, 고용 지위, 성숙도 수준(성인, 대학생, 중 · 고등학생)으로 나누어진 8개의 상이한 집단을 위해 제공되는데, 각 집단은 다른 수의 사람들로 이루어져 있다. 소수민족 배경이나 장애를 가진 사람들을 대표하는 자료는 제시되어 있지 않다(Bolton, 1995; Guion, 1995; Wall, 1994). 평가자는 "이 도구가 선택이나 분류를 위한 것이 아닌 진로상담에서 사용되는 진로 신념에 대한 정보를 제공하기 위해 개발되었다." (Osborn & Zunker, 2006, p. 195)는 것을 염두에 두어야 한다.

- **상담을 위한 고려 사항:** CBI는 개인이 자신의 진로 목표를 성취하는 데 방해가 될지 모르는 진로 신념을 확인하는 것을 돕기 위한 상담도구로서 개발되었다. 따라서 이 도구는 상담과정 초기에 사용되었을 때 가장 유용할 것이다. 검사 결과는 상담사가 먼저 검토될 필요가 있는 신념 및 가정에 대해 빠르게 목표를 설정하는 것을 도울 수 있다. 게다가 CBI는 진로상담을 완전하게 만든다. 이것은 중요한 태도 및 추측에 대한 탐색을 가능하게 한다(Krumboltz, 1992). 포함된 모든 내용 영역이 장애인에게 이용 가능한 반면, 특정 장애를 목표로 하는 영역은 없다. 이런 점에서 상담사는 개인의 장애 상태에 대한 특별한 문제들을 상담에 포함시킬 필요가 있을 것이다.

진로결정 시스템 개정판(CDM-R)

Thomas F. Harrington & Arthur J. O'Shea

- **목적:** 능력, 흥미, 직업 가치 평가
- **발행 연도:** 2000년
- **대상:** 성인으로의 과도기에 있는 중학생
- **검사 운영:** 자가 실시, 개인 또는 집단
- **시간:** 20분(수준 1), 30~40분(수준 2)
- **읽기 수준:** 4학년(수준 1: 중학생 및 제한된 읽기능력을 가진 개인), 7학년(수준 2: 고등학

생, 대학생, 성인)

- 언어: 영어, 스페인어
- 규준: 중학생, 고등학생, 특수교육 학생; 대학생; 스페인어 사용 학생; 성인 근로자
- 하위검사, 척도, 점수: 6개 흥미 영역의 보고 점수: 수작업, 과학, 예술, 사교성, 사업, 사무직. 흥미 척도 원점수는 0(낮음)~40(높음)의 범위
- 검사자 자격: 제한은 없으나 진로 지도에 관해 훈련받은 상담사에 의해 사용되는 것이 좋음
- 출처: Pearson Assessments (800-627-7271) 또는 http://ags.personassessments.com
- 기술: CDM-R은 진로 결정 과정을 통한 단계별 지도를 제공하기 위해 고안된 평가 및 정보 패키지다(Kelly, 2005). CDM-R은 두 가지 형태로 이용 가능하다. 수준 1은 96개 항목으로 된 흥미검사이며, 어린 학생 및 제한된 읽기능력을 가진 모든 연령대의 사람들을 위해 고안되었다(p. 7). 수준 2는 120개 항목으로 구성되어 있으며, 고등학생 및 대학생과 유능한 읽기기술을 가진 성인을 위해 고안되었다(p. 7). 수준 1과 수준 2는 영어 및 스페인어로 이용 가능하다. 두 수준 모두 Holland의 RAISEC 모델과 유사한 다음의 6개 흥미 척도 점수를 산출한다. 즉, 수작업(실재형), 과학(탐구형), 예술(예술형), 사교성(사회형), 사업(기업형), 사무직(관습형) 등이다(Kelly, 2005). 흥미검사로부터 얻은 정보는 진로 선택, 학교 과목, 직업 가치, 능력, 미래 계획에 대한 목록들과 결합된다. 이 정보는 진로 의사결정 모델과 통합된다(Harrington & O'Shea, 2000). 설명서는 매우 유익하며, CDM-R의 실시·채점·해석에 대한 명확하고 실제적인 안내를 제공한다. 부가적으로, 해석 과정을 설명하기 위한 많은 수의 사례 연구가 제공되어 있다.

  6개 흥미 척도의 내적 일관성 신뢰도는 수준 1이 .88~.93이며, 수준 2가 .92~.95다. 스페인어 버전의 중앙값 알파 계수는 .87이었다. 실업 중인 성인과 고등학생 및 대학생을 대상으로 한 1개월 간격 중앙값 검사-재검사 신뢰도는 .79~.91이었다. 고등학생 및 대학생의 5개월 간격 중앙값 재검사 신뢰도는 .75(여자 대학생)~.82(남자 대학생)였다. 스페인어 버전에서 재검사 신뢰도는 보고되지 않았다. 10학년 학생 표본을 대상으로 한 동형검사 신뢰도는 .81~.94였다. 타당도 검증은 관련 평가, 직업 및 학습 집단 비교, 사후 평가와의 상관관계에 기초하였으며, 교차 문화 연구 또한 제공되었다. 전반적으로, Kelly(2005)는 CDM-R이 좋은 예측타당도를 가지고 있음을 제시하였다.
- 상담을 위한 고려 사항: CDM-R은 흥미검사와 진로 탐색 간의 편리한 연결을 제공하는 것으로 기술되고 있다(Kelly, 2005). 이 검사는 진로계획을 촉진하고 대학 전공을 선택하며 훈련 및 훈련 프로그램을 선택하고 고용시장 입문을 준비하는 데 사용하도록 고안되었다(p. 7). CDM-R은 규준인 방식으로 해석되지 않기 때문에, 다양한 문화적 배경 및 장애를 가진 개인을 위한 진로 평가 및 조사 과정에서 매력적으로 사용될 수 있다.

진로결정척도(CDS)

Samuel H. Osipow, Clarke G. Carney, Jane Winer, Barbara Yanico, & Maryanne Koschier

- 목적: 진로를 결정하지 못한 정도를 측정함
- 발행 연도: 1987년
- 대상: 고등학생 및 대학생, 성인
- 검사 운영: 자가 실시, 개인 또는 집단
- 시간: 10~15분
- 읽기 수준: 명시되지 않음
- 언어: 영어
- 규준: 규준: 청소년 및 성인
- 하위검사, 척도, 점수: 자기 보고의 합계에 기초한 비결정 점수의 제공
- 검사자 자격: 심리학, 상담, 언어병리 또는 관련 분야의 학사학위에 더하여 검사 해석, 심리측정학 및 측정 이론, 교육 통계 또는 관련된 분야에 대한 과목을 이수하였거나 윤리적이고 유능한 심리검사 사용에 대한 적절한 훈련 및 경험을 요구하는 기관/단체로부터의 자격증 또는 증명서를 가진 사람
- 출처: Psychological Assessment Resources, Inc. (800-331-8378) 또는 www.parinc.com
- 기술: CDS는 진로의 확실성 및 결정을 내리지 못하는 정도를 측정하기 위해 사용된다. 이 척도는 19개 항목을 포함하며, 진로 결정을 하지 못하는 정도를 측정하기 위한 CDS 비결정 척도와 진로 결정에 대한 반응자의 확실성 정도를 나타내는 CDS 확실성 척도로 구성되어 있다. CDS 비결정 척도는 16개 항목, CDS 확실성 척도는 2개 항목으로 되어 있다. 이에 더하여 자유 해답형 주관식 문제 1개는 반응자가 자신만의 언어로 어려움을 표현하는 것을 허용한다. 비결정 및 확실성 하위척도에 대한 반응이 이 연구에서 보고되고 있다. 참가자들은 항목에 대해 '전혀 그렇지 않다' 에서 '항상 그렇다' 까지 4점 척도에 대해 응답한다. CDS 비결정 척도에서의 높은 점수는 결정을 내리지 못함을 나타내고, CDS 확실성 척도의 높은 점수는 아주 확실함을 나타낸다. 내적 일관성 계수는 지속적으로 .80의 범위로 보고되었다(Hartman, Fuqua, & Hartman, 1983). 검사-재검사 신뢰도는 .61~.90으로 보고되었다(Hartman, Utz, & Farnum, 1979). 이 연구에서 내적 신뢰도 계수는 CDS 비결정 척도가 .89이며, CDS 확실성 척도가 .73이었다. 동시타당도(Hartman & Hartman, 1982), 구성타당도(Hartman et al., 1983), 예측타당도(Hartman, Fuqua, Blum, & Hartman, 1985)는 모두 적절하게 증명되었다(Patton & Creed, 2001).
- 상담을 위한 고려 사항: Harmon(1994)은 만약 평가자가 "상담이나 평가에서 진로 결정을 내리지 못하는 정도에 대해 측정을 원한다면, 이보다 더 좋은 검사도구는 없을 것"(p. 261)

이라고 언급하였다. 이 검사의 정보는 초기 진로 상담 및 계획 단계에서 특별한 중재 및 평가 전략을 개발하기 위해 장애인과 일할 때 특히 유용할 것이다.

진로사고검사(CTI)

James P. Sampson, Jr., Gary W. Peterson, Janet G. Lenz, Robert C. Reardon, & Denise E. Saunders

- **목적**: 진로 문제해결 및 의사결정 평가
- **발행 연도**: 1996년
- **대상**: 고등학생, 대학생, 성인
- **검사 운영**: 자가 실시, 개인 또는 집단
- **시간**: 7~15분
- **읽기 수준**: 6.4학년(CTI), 7.7학년(워크북)
- **언어**: 영어
- **규준**: 고등학생, 대학생, 성인
- **하위검사, 척도, 점수**: 전체 점수와 세 가지 구성 점수, 즉 의사결정 혼란, 신념 불안, 외적 갈등. 원점수가 *T*점수 및 백분위수로 변환
- **검사자 자격**: 심리학, 상담, 언어병리 또는 관련 분야의 학사 학위에 더하여 검사 해석, 심리측정학 및 측정 이론, 교육 통계 또는 관련된 분야에 대한 과목을 이수하였거나 윤리적이고 유능한 심리검사 사용에 대한 적절한 훈련 및 경험을 요구하는 기관/단체로부터의 자격증 또는 증명서를 가진 사람(PAR, 2006)
- **출처**: Psychological Assessment Resources, Inc. (800-331-8378) 또는 www.parinc.com
- **기술**: CTI는 48개 항목으로 된 자가 실시 진로평가도구이며, 개인이 상담이 필요한지를 확인하고, 개인의 진로 문제의 특성을 확인하며, 효과적인 진로 의사결정을 방해하는 부정적인 진로 사고를 확인하고 이에 도전하며 변화시키는 것을 돕기 위해 고안되었다(PAR, 2006). CTI에 수반된 워크북(Sampson, Peterson, Lenz, Reardon, & Saunders, 1996b)은 내담자가 진로서비스를 효과적으로 사용하도록 하기 위해서 얼마만큼의 도움이 필요한지에 대한 이해뿐 아니라 그들의 부정적인 사고의 특성에 대한 이해를 돕는다.

CTI는 4점 평정척도('전혀 일치하지 않음' ~ '완전히 일치함')를 사용하며, 정답, 채점 그리고 프로파일 용지가 결합된 형태의 검사지로 고안되었다(Fontaine, 2001).

CTI는 세 가지 구성 척도의 점수뿐만 아니라 전체 점수(진로 문제해결 및 의사결정에 대한 부정적인 사고의 단순 전체 지표)도 산출한다. 세 가지 구성 척도가 사고기능 장애의 특정 영역들을 확인하기 위해 사용된다(Fontaine, 2001). 즉, 의사결정 혼란(정서 손상의 결

과로 의사결정 과정을 개시하거나 유지하는 능력의 부재나 의사결정 과정에 대한 이해의 결여를 반영하는 14개 항목), 신념 불안(특정 진로 선택에 대한 무능력을 측정하는 10개 항목으로, 의사결정 과정에서 지속적으로 진로를 결정하지 못함으로 인해 발생하는 일반적인 불안에 의해 수반됨) 그리고 외적 갈등(의사결정에 대한 책임을 회피하는 것에 대한 것으로, 주변 사람들로부터의 조언의 중요성과 자기 지각의 중요성 간에 균형을 조절함에 있어서의 무능력을 평가하는 5개 항목)이다(Sampson, Peterson, Lenz, Reardon, & Saunders, 1996a).

Sampson 등(1996a)은 고등학생, 대학생, 성인 그리고 진로서비스를 원하는 내담자의 내적 일관성 계수를 보고하였고, 전체 점수가 .93~.97, 의사결정 혼란 척도가 .90~.94, 신념 불안 척도가 .79~.91 그리고 외부 갈등 척도가 .74~.81로 보고되었다. 네 가지 척도의 4주 간격 검사-재검사 신뢰도는 .52(외적 갈등)~.86(전체 척도)이었다. 설명서에는 구성타당도, 내용타당도, 수렴타당도 그리고 준거타당도가 제시되어 있다.

- **상담을 위한 고려 사항**: CTI는 잘 고안된 이론 중심의 신뢰할 만하고 타당한 진로 사고기능장애 측정도구다(Fontaine, 2001). CTI는 실시 및 해석이 간편하게 구성되어 있기 때문에 평가 과정에서 해석의 필요성을 없앰으로써 진로상담 과정을 촉진한다. 워크북에는 내담자와 상담가가 검사의 필요성에서 중재로의 이동을 돕는 내용이 첨가되어 있어서 이를 통해 상담 과정이 더 강화될 수 있다. 장애인과 함께 일하는 재활 전문가들에게 CTI는 장애인이 진로 문제를 해결하며, 효과적인 진로 결정을 내리는 능력에 장애가 될지도 모르는 부적응적인 사고를 확인하고 변경하는 것을 돕는 유용한 도구가 될 수 있다.

직업상황척도(MVS)

John L. Holland, Denise Daiger, & Paul G. Power

- **목적**: 직업 의사결정의 어려움 평가
- **발행 연도**: 1980년
- **대상**: 고등학생, 대학생, 성인
- **검사 운영**: 자가 실시, 개인 또는 집단
- **시간**: 5~10분
- **읽기 수준**: 8학년
- **언어**: 영어
- **규준**: 고등학생, 대학생, 성인
- **하위검사, 척도, 점수**: 세 가지 측정점수의 보고: 직업 주체성, 직업 정보, 장애물. 점수는 규

준집단의 평균 및 표준편차와 관련하여 원점수로 표현된다.

- 검사자 자격: 특별한 자격 요건이 요구되지 않음
- 출처: Psychological Assessment Resources, Inc. (800-331-8378) 또는 www.parinc.com
- 기술: MVS는 직업 주체성의 결여로 인해 집중적인 진로상담이 필요한 고등학교, 대학교, 성인 프로그램에 있는 사람들을 배치하기 위한 선별도구로서 고안되었다(Lunneborg, 1985, p. 1026). MVS는 직업 주체성, 직업 정보 그리고 외부 장애에 대한 측정을 제공한다. 직업 주체성은 개인의 목표, 흥미, 성격 그리고 재능에 대한 명확하고 안정된 심상을 가지는 것으로 정의된다(Holland, Daiger, & Power, 1980, p. 1). 직업 주체성 척도는 18개의 참/거짓 항목으로 구성되어 있다. 점수는 거짓 반응의 합계를 채점한다. 저자는 종종 무시되거나 인식되지 못하는 특별한 요구 및 문제를 확인하는 데 도움이 되는 유용한 체크리스트로서, 직업 정보와 장애물 척도를 기술하였다(p. 7). 직업 정보 척도는 진로 정보에 대한 개인의 필요를 나타내는 4개의 예/아니요 항목으로 구성되어 있다. 장애물 척도는 선택된 직업 목표에 대해 네 가지의 인지된 외부 방해물을 확인하기 위한 4개의 예/아니요 문항으로 구성되어 있다(p. 1). 직업 정보와 장애물 척도의 채점은 아니요 반응에 대한 합계다. 세 척도에서의 높은 점수는 훌륭한 방향성을 가지고 있음을 가리킨다.

  MVS를 위한 심리측정적 지원은 결여되어 있다. 고등학생, 대학생, 근로자의 신뢰도 추정은 직업 주체성 척도가 .86~.89로, 직업 정보 척도가 .39~.79로, 장애물 척도가 .23~.66으로 보고되었다. MVS의 타당도 검증은 구성 상관관계에 기초하여 '강하지 않음'으로 나타났다(Lunneborg, 1985, p. 1027).
- 상담을 위한 고려 사항: 비록 MVS가 내담자의 직업적 지원에 대한 필요성을 평가하는 데에서 상담사를 돕기 위한 자기 탐색 도구로서 고안되었지만, Westbrook(1985)은 이 도구가 "개인에 대한 결정을 내리는 데 사용되기 전에 더 많은 연구가 필요하다."(p. 1029)고 주장하였다. MVS는 요구 수준에 따라 내담자를 선별하는 데 유용할 수 있다(Osborn & Zunker, 2006). MVS의 사용을 통해, 상담사는 중재계획의 발달을 돕는 데에서의 직업 주체성, 직업 및 훈련에 관한 정보의 결여, 그리고 장애인이 경험할지 모르는 개인적·환경적 장애물과 관련된 몇 가지 문제점을 파악할 수 있다.

O*NET 업무 중요도 탐색 3.0(WIL)

미국 노동부 고용훈련국

- **목적**: 업무 가치 평가
- **발행 연도**: 1998년
- **대상**: 청소년 및 성인
- **검사 운영**: 자가 실시, 개인 또는 집단
- **시간**: 15~45분
- **읽기 수준**: 8학년
- **언어**: 영어
- **규준**: 직업학교 및 대학생, 해고된 근로자, 성인 근로자 및 실업자
- **하위검사, 척도, 점수**: 여섯 가지 업무 가치 점수 보고: 성취, 독립, 재인, 관계, 지원 그리고 업무 상태. 가장 높은 두 업무 가치에 초점을 둔 점수 요약
- **검사자 자격**: 보고되지 않음
- **출처**: 인쇄 버전 및 관련 자료는 미국 정부인쇄소(GPO, 202-512-1800)로부터의 구입을 통해 이용 가능. 온라인 버전은 http://www.onetcenter.org/WIL.html에서 이용 가능
- **기술**: O*NET WIL은 미국 노동부의 세 가지 O*NET 진로탐색도구 중의 하나다. 단독으로 혹은 O*NET 흥미 프로파일 및 O*NET 능력 프로파일과 함께 사용함으로써, WIL은 특정 직업이나 경력을 가진 사람들에게 중요한 업무 특성 및 상태를 평가하기 위해 고안되었다. WIL은 개인이 자신의 직업 가치에 대한 깨달음을 얻고 이러한 발견을 구인구직 사이트의 직업 정보뿐만 아니라 온라인 O*NET 데이터베이스 안에 있는 직업을 통하여 세상의 직업과 연결할 수 있도록 돕는 데 사용된다.

WIL은 Rounds, Henly, Dawis, Lofquist와 Weiss(1981)의 초기 작업과 미네소타 직업 가치검사(MIQ)에 기초를 둔다. 내담자는 20개의 카드를 단순한 분류 형식을 사용하여 카드에 중요 등급을 매기게 되는데, 이 카드들은 일반적인 6개의 업무 가치 중의 한 특성을 기술하고 있다. 이 6개의 업무 가치는 Dawis와 Lofquist(1984)의 직업적응 이론에 의해 정의된 업무 가치의 최신 버전이며, 이는 성취, 독립, 재인, 관계, 지원 그리고 업무 상태다. 채점 및 해석은 『업무가치 카드 분류용지』와 『O*NET 업무중요도 설정점수 보고서』를 사용한다(*Work Important Locator User's Guide*, 2000b).

『O*NET 업무중요도 탐색: 사용자 안내서』(2000b)는 WIL이 검사 실시와 결과 해석에 대해 얼마나 자세한 지침을 개발하였는지에 대한 논의를 제공한다. 비록 WIL의 신뢰도와 타당도에 관해 몇몇 정보가 제공되었지만, 이러한 정보는 빈약하다. 직업/기술학교 및 전문대학 학생의 표본을 사용한 2개월 간격 검사-재검사 신뢰도는 .35~.58이다. 같은 학생 표

본을 사용하여, WIL의 대안 형식 및 WIP(컴퓨터 버전)의 사용으로부터 얻어진 신뢰도 추정 분석은 6개 업무 가치 점수의 상관관계가 .70~.80에 있음을 보여 주었다. 고용서비스를 받고 있는 내담자 및 전문대 학생의 표본을 사용한 WIL의 내적 신뢰도는 .20의 중간 계수 알파를 보여 주었는데, 이는 문항 간 낮은 내적 일관성을 나타낸다. 구성타당도의 검증은 WIL 점수와 MIQ 점수를 조사한 단일 연구로부터 보고되었다. 두 도구의 업무 가치 점수 간 상관관계는 .30~.49로 상당히 낮음을 보여 주었다. 저자들은 더 많은 타당도 검증이 몇 년 안에 일어나야 한다고 주장하는 반면(p. 44), Kelley(2005)는 MIL의 심리측정적 지원은 이 시점에서 중요하지 않다고 주장하였다.

- 상담을 위한 고려 사항: WIL은 진로 탐색 과정에서 중요한 시작점으로 공헌할 수 있다. 그러나 이 도구를 사용할 때 염두에 두어야 할 몇 가지 주의 사항이 있다. Michael(2005)이 지적하였듯이, WIL은 적절한 이론적 원리에 맞게 개발되었고, 심리측정적인 측면에서 적절한 것으로 보이는 측정도구와 유사한 항목으로 구성되어 있지만, 검사점수의 신뢰도 추정은 사용되는 방법에 따라 낮음에서 중간 정도의 수준이다. 또한 Michael은 제공된 타당도 검증이 미미하다고 보고하였다. 더욱이 규준에서 장애인의 포함을 지원하거나 이것이 점수 해석에 어떻게 영향을 미칠지에 대한 언급이 전혀 없다. WIL은 개인의 경험, 교육 그리고 동기뿐 아니라 능력 및 흥미를 평가하는 다른 O*NET 진로상담도구로부터 얻어진 정보와 함께 사용되었을 때 가장 효과적일 것이다. 저자는 이 검사의 결과가 고용 결정이나 직업 및 훈련 프로그램의 지원자 선발도구로 사용되지 말아야 한다고 강조한다.

Super 직무가치검사 개성판(SWVI-r)

Donald E. Super & Donald G. Zytowski

- 목적: 직업의 선택된 특성에 대한 상대적인 중요성 평가
- 발행 연도: 2001년
- 대상: 중학생, 고등학생, 대학생, 성인
- 검사 운영: 자가 실시, 개인 또는 집단
- 시간: 15분
- 읽기 수준: 6학년
- 언어: 영어
- 규준: 청소년 및 성인
- 하위검사, 척도, 점수: 열두 가지 직무 가치 점수: 수입, 창의력, 정신 과제, 명성, 다양성, 성취, 독립, 동료, 업무 환경, 감독, 안전 그리고 생활방식. 원점수는 백분위로 전환되

고, 중요도 순위가 주어진다.

- 검사자 자격: 보고되지 않음
- 출처: National Career Assessment Services (800-314-8972) 또는 www.ncasi.com 또는 www.kuder.com
- 기술: SWVI-r은 진로 선택 및 개발에 중요한 열두 가지 업무 가치의 상대적인 중요성을 측정하기 위해 고안된 72개 항목의 자기보고식 검사다(Zytowski, 2006). SWVI-r은 Kuder 진로계획체계(KCPS)의 세 가지 평가도구 중 하나이며, http://www.kuder.com 에서 독점적으로 이용 가능하고, 컴퓨터 실시 및 동시 채점과 보고가 가능하다(p. 3). SWVI-r은 인터넷 진로 포트폴리오와 이력서 작성, 교육 및 직업 탐색을 위한 자원, 행정적 데이터베이스 관리 체계와 함께 홍미, 기술 그리고 업무 가치 평가를 산출하기 위하여 인터넷 중심의 KCPS에서 Kuder 진로검색(KCS) 및 Kuder 기술평가(KSA)와 결합될 수 있다.

  SWVI-r은 5단계 반응 형식(1=전혀 중요하지 않음, 5=아주 중요함)을 사용하고, 결과는 2장의 도표를 이용한 보고서가 스크린상에 제공된다. 보고서에 포함된 내용은 가치의 정의, 교육적 · 직업적인 정보의 자원, 개인의 진로 포트폴리오 그리고 다양한 직업에 영향을 미치는 직무 가치를 설명하는, 사람과 매치되는 직업의 묘사와 연결되어 있다(pp. 3-4). 또한 설명서는 SWVI-r에서 평가된 업무 가치를 O*NET 데이터베이스 내의 '직업 단위'에 대한 업무 필요성과 연결해 준다. SWVI-r의 적절한 평가를 수행하기 위한 심리측정 자료는 온라인 설명서에서 빠져 있다.
- 상담을 위한 고려 사항: SWVI-r은 개인이 직업에서 중요한 가치를 향상하는 것을 도울 뿐 아니라, 그들의 교육적 · 직업적 탐색 및 계획을 안내하는 데 사용될 수 있는 유용한 진로발달 평가도구다(p. 6). 이 도구는 다양한 배경 및 장애를 가진 개인과 작업할 때 몇 가지 실제적인 적용이 가능하다. SWVI-r은 KCPS에 있는 평가와 결합될 때 지속적인 진로 상담 및 계획 개발 활동을 위한 훌륭한 시작점을 제공한다.

직업 의사결정 면담 개정판(VDMI-R)

Thomas Czerlinsky & Shirley K. Chandler

- 목적: 직업 의사결정 기술 및 장애인의 잠재적 의사결정 문제에 대한 평가
- 발행 연도: 1993년
- 대상: 중학생에서 성인
- 검사 운영: 구조화된 면접, 언어적으로 시행됨

• 시간: 20~40분
• 읽기 수준: 4학년 수준, 글을 읽지 못하는 사람
• 언어: 영어
• 규준: 장애인
• 하위검사, 척도, 점수: 세 가지 척도점수: 의사결정 준비, 취업 준비, 자기평가. 원점수는 *T*점수 및 백분위수로 전환됨
• 검사자 자격: 훈련을 받거나 면담기술에 경험이 있고 직업, 진로 개발 과정, 그리고 다양한 장애를 가진 개인의 직업 준비 및 필요성에 대한 지식이 있는 전문가(p. 18)
• 출처: JIST Publishing (800-648-5478) 또는 www.jist.com
• 기술: VDMI-R은 54개 문항으로 된, 개별적으로 시행되는 구조화된 면담이며, 장애인에게 중요한 직업 의사결정과 관련된 특성들을 평가하기 위해 고안되었다(Czerlinsky & Chandler, 1999, p. 3). VDMI-R은 Strohmer(1979)에 의해 개발된 의사결정 면담(DMI)에 기초하며, 의사결정 준비, 취업 준비 그리고 자기평가의 세 가지 척도로 구성되어 있다. 17개 문항의 의사결정 준비 척도는 기회 및 요구조건, 과제 및 의무, 보상 및 처벌, 정보의 습득 그리고 선택기술과 관련되어 있다. 취업 준비 척도는 11개 문항을 포함하며, 강제, 강화의 결여, 경제, 이동성이 이에 속한다. 23개 문항의 자기평가 척도는 요구, 신념 및 흥미, 능력, 성격, 이전의 성공, 책임감/통제력 그리고 불안을 포함한다.

  규준적 비교는 VDMI-R 전체 점수뿐만 아니라 세 가지 척도점수를 포함하는데, 이는 VDMI-R 채점 프로파일에 기록되어 있다. 원점수는 *T*점수와 백분위수로 전환된다. VDMI-R의 규준은 592~690명의 (척도에 따라) 정신지체, 학습장애, 신체 또는 감각 장애, 외상성 뇌손상 그리고 만성 정신질환을 가진 장애인을 포함한다(Czerlinsky & Chandler, 1999). 설명서에 보고된 신뢰도 연구는 세 가지 척도의 만족스러운 내적 일관성을 보여 준다. 직업재활 서비스를 받는 내담자를 표본으로 한 일주일 간격 검사-재검사 신뢰도는 .62~.80이었다. 다양한 특수교육 환경에 있는 학생들의 표본을 사용한 2주 간격 검사-재검사 신뢰도는 .55~.87이었다. 비록 변별, 내용 그리고 예측 타당도를 입증하기 위한 여러 연구가 설명서에 제공되어 있지만, 제시된 증거는 일반적인 특성과 관련되어 있다.

• 상담을 위한 고려 사항: VDMI-R은 전통적인 진로평가도구에 응답하기 어려운 장애인 인구의 요구를 평가하는 데 유용한 도구다(Tiffany, 2001). 이것은 프로그램 계획뿐만 아니라 개인의 의사결정을 돕는 데에서 읽기능력의 결여, 학습장애, 시각장애, 정신지체, 만성 정신질환, 뇌손상, 감각장애를 포함한 여러 다양한 장애를 가진 학생 및 성인에게 적용 가능하다(Czerlinsky & Chandler, 1999). VDMI-R이 여러 장애인의 사용을 위해 고안되었지만, 면담 과정의 참여에 필요한 인지능력이 결여된 개인에게 사용하는 것은 적절하지 않다.

4 결 론

효과적인 진로 의사결정은 직업 세계와 관련되어 있는 자기 자신, 흥미, 가치 그리고 선호도에 대한 지식을 요구하는 발달적인 과정이다. 이 발달적인 과정의 중심에는 진로 성숙의 개념이 있고, 이를 일반적으로 정의하면 현실적이고 오랜 시간에 걸쳐 변함 없는 개인의 특성(인성) 및 나이에 적절한 진로 결정을 이루어 내기 위한 내담자의 준비 상태를 일컫는다(Crites, 1976; Levinson, Ohler, Caswell, & Kiewra, 1988; Savickas, 1984; Super, Crites, Hummel, Moser, Overstreet, & Warnath, 1957). 개인의 진로 성숙에 대한 평가는 이러한 발달적 모델의 중요한 부분이며, 특히 장애인과 관련되어 있을 것인데, 그 이유는 직업적 · 교육적 결정을 내리는 데에서 그들의 경험뿐만 아니라 그들의 삶 및 직업 경험이 빈번하게 제한되어 있기 때문이다.

이 장에서는 개인의 진로 개발 및 의사결정 과정을 돕기 위한 평가에 포함될 수 있는 각종 검사도구에 대해 설명하였다. 여기서 설명된 많은 도구는 전문적인 지원에 의한 자기평가를 위해 개발되었기 때문에 다양한 배경 및 장애를 가진 사람들이 사용할 때에는 특정한 생애 사건이나 특성들에 대해 충분히 민감한 도구가 선택되어야 한다. 전문적인 해석은 이러한 검사 결과의 유용함에 영향을 줄 수 있는 환경적 배경 및 장애에 대한 이해를 요구할 것이다. 평가자로서 재활 전문가는 계속적으로 성장하는 평가 영역의 개발에서 검사도구의 선택 및 사용에 대한 윤리적인 책임을 가져야 한다.

Chapter 16

시각장애인 평가

John T. Gallagher | William R. Wiener

미국 내 중증 시각장애인의 수는 430만 명에 이르는 것으로 추정되고 있다(Nelson & Dimitrova, 1993). 이 시각장애인들의 82%는 55세 이상이다. 중증 시각장애인의 출현율은 인구가 고령화됨에 따라 극적으로 증가하고 있다. 0~17세의 중증 시각장애인의 출현율은 전체 인구 1,000명당 1.5명이다. 55~64세의 연령에 이르면 출현율은 인구 1,000명당 28.4명으로 증가하고, 85세 이상의 고령 집단에서는 인구 1,000명당 210.6명인 것으로 밝혀지고 있다. 시각장애인의 수는 노인 인구가 증가함에 따라 함께 증가할 것으로 예상된다. 또한 외상, 종양 및 조산을 치료하는 데에서의 의학적·외과적 기술의 진보에 따라 시각장애인의 수는 증가할 것으로 보인다. 이러한 기술의 진보는 아마도 맹(盲)의 대표적 원인 중 하나인 당뇨 치료의 의학적 처치와 같은 또 다른 영역에서의 상당한 발전 효과(시각장애 발생 감소)로 상쇄될 수 있을 것이다. 바로 이러한 시점에서 임상심리사와 재활상담사가 시각장애가 있는 사람을 평가할 상황에 직면하게 되는 일이 더욱더 많아질 것이라고 예상할 수 있다.

시각장애인에 대한 평가를 전공한 임상심리사와 재활상담사는 거의 없다. 그러나 장애를 갖고 있는 사람을 평가할 때는 독특하고 혁신적인 접근을 필요로 하는 수많은 평가상의 어려움이 따른다. 따라서 대개는 평가 전문가에게 의뢰하는 것이 바람직하다. 그러나 종종 전문가에 의뢰한다는 것은 여의치 않을 수 있다. 그러므로 이 장은 일반 임상심리사와 재활 전문가에게 시각장애인에 대한 평가를 소개하고, 평가상의 어려움을 해결할 수 있는 지식과 도구를 갖추게 하고자 한다. 이 장의 초점은 임상심리사가 일상적으로 직면하는 평가 관련 쟁점에 초점을 맞추는 것이며, 시각장애인을 상대하는 전문 영역과 관련된 평가의 쟁점은 제외한다. 예를 들면, 시력, 시야 및 시각 효율성과 같은 영역은 다루지 않는다. 이와 마찬가지로, 이동능력, 독립생활 기술, 그 밖의 다른 적응기술 역시 특별히 다루지는 않을 것이다. 그러나 임상심리사나 재활 전문가에 의해 전형적으로 수행되는 다양한 능력의 검사에는 이러한 기술들이 포함될 것이다. 그리고 아직 진단받지 않은 시각 문제에 대해 주의를 기울이는 것 역시 평가자의 의무 사항이다.

1 시각장애인을 위한 검사도구의 사용

표준화검사는 인간 수행능력의 특정 영역을 측정하기 위해 고안된 것이며, 비슷한 집단의 점수와 비교할 수 있는 점수를 제시해 준다. 본래 비시각장애인을 대상으로 고안되고 표준화된 검사도구로 평가를 하거나, 시각장애인을 대상으로 검사도구를 사용하려고 할 때는 주의가 필요하다. 삶의 경험이나 검사 방법에서의 차이가 비교의 타당성을 떨어뜨릴 수 있다. 시각장애인용 검사는 보통 문항의 제시 방법과 (또는) 응답 방법을 변경하여 검사를 조정한다. 예를 들면, 검사지의 인쇄 문항을 확대하거나 점역하거나 또는 평가받는 사람에게 낭독해 준다. 이와 비슷한 방식으로, 사물을 직접 다뤄야 하는 검사인 경우에는 검사 과제에 대해 보다 완벽하게 안내해 주고, 촉각을 활용할 수 있도록 변경해 주거나 검사 방법을 변경해 주는 등의 조정이 필요하다. 하지만 이렇게 검사 조정을 하면 규준집단의 결과와 비교하는 것이 어렵게 될지 모른다. 그러므로 검사를 받게 되는 집단에게 규준이 반영된 검사를 사용하는 것이 가장 좋다. 하지만 이러한 규준을 얻기란 쉽지 않아서, 평가자는 해당 집단에게 규준이 반영되지 않은 검사를 사용해야 하는 경우에는 해당 집단에 맞도록 조정한 검사를 사용해야 한다. 이러한 상황에서 평가자는 측정학적 특성을 염두에 두고 그 결과를 해석해야 한다. 전형적인 검사 조정에는 글자 확대, 고대비, 확대도구, CCTV 시스템, 수기 안내, 점필 및 점판, Perkins 점자, 전자 점자 노트, 음성 지원 컴퓨터, 화면 확대 컴퓨터, 테이프 리코더, 그리고 시각적 자극을 청각적 · 촉각적 자극으로 대체하는 것 등이 있다.

형식적 심리검사의 초창기 이후로, 시각장애인에게 적합한 심리검사도구를 개발하기 위한 노력이 있어 왔다. Irwin과 Goddard(1914, 1976), Hayes(1929)는 시각장애인을 위해 현존하는 검사를 조정하려는 노력을 초기에 시도했던 저명한 연구자들이다. 특별히 시각장애인만을 위한 검사도구를 개발하기 위한 시도도 있어 왔다. 또한 비시각장애인을 대상으로 개발되어 검사 조정은 안 되었지만 시각장애인을 대상으로 표준화된 검사가 있었으며, 검사 조정도 안 되고 규준도 반영되지 않은 일부 검사가 시각장애인에게 적합하거나 아주 근소하게나마 적합하다고 간주되는 경우도 있었다.

2 시각장애인용 검사도구 개발에서의 과제

시각장애인 집단에게 사용할 형식적(표준화) 심리검사를 개발한다는 것은 어려운 과제다. 수년 동안 시각장애인 집단에게 사용할 목적으로, 잠재적으로는 의미 있는 검사와 검사 문항이 개발되어 왔지만(Scholl & Schnur, 1976), 그중 일부는 이용할 수 없거나 소리 소문 없이 사라졌다(예: Taylor & Ward, 1990 참조). 이러한 현상은 부분적으로는 다른 집단을 대상으로 하는 것보다 시각장애인에 대한 검사 수요가 적은 때문이기도 하지만, 검사 개발 자체에 내재된 문제 때문이기도 하다. 시각장애인 집단은 여러 가지 차원에서 매우 다양하다. 이러한 다양성은 특히 시각장애 자체에서 특별히 더 현저하게 나타난다. 어떤 시각장애인은 시력은 정상이지만 시야가 제한되어 있는 반면, 다른 시각장애인은 암점으로 인해 벌집 모양과 같이 제한된 시야를 갖기도 한다. 일부 시각장애인은 특정 시간 때에 특정 조건에서만 잘 볼 수 있다. 그리고 또 다른 시각장애인은 Balint 증후군에서처럼(Rafal, 1997) 하나의 사물은 볼 수 있지만 나머지 다른 사물은 보지 못하는 경우도 있다. 심지어 시력에서 약간의 차이를 갖고 있는 비슷한 장애의 약시 시각장애인조차 그 시각적 기능에서는 큰 차이가 있을 수 있다. 청각장애, 신경장애, 지적장애 등과 같은 다른 (중복)장애 역시 시각장애가 없는 사람보다는 시각장애인들 사이에 상당한 정도로 발견된다.

이러한 다양성을 고려할 때, 시각장애인을 위한 검사에 사용할 표준적 데이터를 확립한다는 것은 복잡할 수 있다(Hull & Mason, 1993). 서로 다른 시력에 따라 각각의 규준이 있어야 하는 것일까? 이러한 시력의 수준을 어떻게 정의하고, 어떻게 구분해야 하는가? 한 가지 해결 방법은 검사를 할 때 부분적인 시력이 있는 모든 사람에게 눈가리개를 씌워 잔존 시력을 사용하지 못하게 하여 시력이 없는 사람과 조건을 동등하게 하는 것이다. 개인 간에 서로 비교를 한다는 관점에서는 이치에 맞을 수도 있는 반면, 이러한 접근 방법은 개인의 진정한 능력을 보여 주지 못한다. 이러한 시각장애 집단과의 비교를 위하여 비시각장애인(정안인) 집단에 대해서도 검사가 규준을 갖춰야 하는가? 즉, 비시각장애인의 눈을 가리든 그렇지 않든 간에?

실제적인 문제로서, 표준화된 규준의 검사를 개발하기 위해 충분한 수의 시각장애 아동 또는 성인의 사례를 모은다는 것은 어렵다. 성인에 대해서는 성인 재활 센터를 통해서 시각장애인 사례에 대한 표준적인 자료를 수집하고, 이러한 자료에 지역 소비자 단체에서 온 지원자를 활용하여 보충할 수 있다. 이러한 방법을 사용하면 사례 선택 과정에서 발생하는 편향이 강하다는 사실이 보일 것이다. 게다가 이런 식으로 선택된 성인의 변인과 다른 중복장애에 의한 시각장애인 사이의 비교가 어렵게 된다. 시각장애인은 단순히 연령에 따른 구분 말고 시각장애의 지속 기간이나 신경학적 문제의 유무 등과 같은 요인에 의해서도 구분되어야 한다는 것 또한 논의될지 모른다. 시각장애의 원인이 대뇌피질과 관련 있는 사람은 그 원인이 눈의 병리학적 특성에서 비롯된 사람과는 매우 다른 집단이다. 구체적인 예는 Farah(1990), Weiskrantz(1986), Groenveld, Jan과 Leader(1990)를 참조할 수 있다. 촉각적 기능을 방해하는 말초신경장애를 갖고 있는 특정 하위 집단도 있다. 이러한 사람들의 (검사에 대한) 요구는 커서 검사하는 데 전문적인 접근이 필요할 것이며, 어떤 영역을 다른 시각장애인의 그것과 쉽게 비교할 수 없을 것이다. 농 · 맹 · 중복장애인을 평가하는 데에서의 고려사항을 알기 위해서는 Wolf-Schein(1998)을 참조하길 바란다.

시각장애인을 위해 고안되고 표준화된 검사는 종종 강력한 타당성 연구에 의해서라기보다는 이론적이고 논리적인 기초에 의해 지지받는다. 만약 검사가 비시각장애인을 위한 검사를 조정한 것이라면, 여기에는 비시각장애인을 대상으로 한 검사에 대한 타당성 연구가 시각장애인을 위한 (조정된) 검사에도 적용할 수 있으리라는 사실이 함축되어 있다. 물론, 이것은 거의 답변할 수 없는 경험적인 의문이다.

이러한 어려움 때문에 과거보다 오늘날 시각장애인을 위한 검사도구가 거의 개발되고 있지 않는 것으로 보인다. 그러나 헌신적인 연구자는 여전히 시각장애 집단을 위한 검사를 개발하고 타당화하는 데 도전하고 있다. 이 장은 임상심리사와 재활상담사가 수행하는 데에서 직면하는 다양한 평가 목적을 위해 현재 사용 가능한 검사도구의 선택을 제시하고자 시도할 것이다.

3 시각장애인 검사에서의 고려 사항

우선 시각장애 아동이나 성인에 대한 평가를 의뢰받은 평가자가 시각장애가 무엇인지에 관한 개인적 경험을 다소나마 이해하고, 시각장애를 초래한 조건에 대해 이해하는 것이 중요하다. 시력 상실에 맞서야 했거나 시력 없이 성장한 개인에 관한 개인적 설명이나 전문적 설명은 쉽게 얻을 수 있다(Kuusisto, 1988; Ringgold, 1991; Sacks, 1997). 또한 평가자가 '맹'의 정의에 대해 이해하고, 시각장애의 보다 보편적인 원인에 대해 기초적인 이해를 갖는 것이 중요하다.

맹의 법적 정의는 경제적 어려움에 직면할 정도의 장애를 갖고 있는 사람을 명시하기 위한 목적에서 1935년 사회보장법의 일환으로 전개되었다. 시각장애와 맹의 정의는 시력 그리고/또는 시야의 제한으로 정의된다. 시력은 최대한 교정한 좋은 눈의 시력이 20/200 이하이면 법적 맹으로 분류된다. 각 거리가 20도 미만인 시야도 역시 법적 맹으로 분류된다(Koestler, 1976). 시력이나 시야에 장애가 있는 개인도 종종 상당한 잔존 시력을 갖고 있을지 모르나, 책을 읽거나 다른 과제를 수행하는 데에는 많은 어려움이 있다. 유용한 정보원으로 시각을 사용하기에 충분한 시력 또는 시야를 갖고 있는 경우는 저시력(low vision)으로 분류된다. 저시력 장애인의 경우 기능적 과제를 수행하기 위해 광학 보조도구를 사용할지 모른다. 가령 근시용 확대경, 안경 또는 CCTV 시스템이 인쇄 매체를 읽는 데 사용될 수 있다. 또한 간판(표지)이나 주소 등을 읽기 위해서는 단안용 망원경이 유용할지 모른다. 이런 광학도구나 전자 장치로부터 효과를 기대하기 어려운 시각장애인은 점자와 음성 도서 방법을 통해 책을 읽을 수 있다. 이러한 시각장애인이 혼자서 돌아다니려면 전방의 장애물, 주변의 변화, 급경사 등을 살펴보기 위해 긴 지팡이 또는 안내견이 필요하다.

녹내장, 백내장, 당뇨에 의한 망막증, 시력 감퇴 등의 시각적 병리 현상(Newell, 1996)은 대부분 법적 맹이나 저시력의 원인이 된다. 녹내장은 시야를 축소시킨다. 이러한 현상은 수양액이라고 불리는 물질의 부적절한 방출에 의해 안압이 상승하기 때문이다. 상승한 압력은 망막에 혈액을 공급하는 정맥을 누른다. 안압을 사전에 점검하지 않으면, (상승한) 압력이 신경 세포에 손상을 입힐 수 있다(Vaughan, Asbury, & Riordan-Eva, 1995). 치료 방법에는 약물로 안압을 낮추거나 외과 수술을 통해 수양액(눈물) 방출 기제를 확장하는 방법이 있다. 눈의 수정체가 흐려지는 현상은 백내장으로 알려져 있다. 이 과정은 천천히 이루어지며 수년에 걸쳐서 진행되기도 한다. 이는 수정체 단백질의 변화에 따라 수정체가 탁해지기 때문에 생긴다. 수정체를 제거하는 수술로 시력을 회복할 수 있다. 수정체는 인공수정체 또는 외부에 장착하는 다른 렌즈로 대체된다(Vaughan et al., 1995). 시각장애의 또 다른 빈번한 원인은 당뇨에 의한 망막증이다. 당뇨가 있는 사람은 종종 망막의 혈관이 새는 것을 경험하는데, 이에 따라 시야가 왜곡되고, 궁극적으로는 신생혈관 증식(neovascularization)으로 이어져 망막이 앞쪽으로 당겨져서 더욱더 시력이 감퇴된다(Vaughan et al., 1995). 광선응고법과 손상된 유리체를 제거하여 유용한 시력을 확장시킬 수 있다. 시력 감퇴는 망막황반의 세포가 파괴되는 병리적 현상으로서, 망막황반은 추상체가 가장 밀집되어 있으며 가장 예리한 시각을 책임지고 있는 망막 내 한 부분이다(Vaughan et al., 1995). 이러한 병리적 현상으로 인해 중심 시력은 잃지만 주변부 시력은 잔존하게 된다. 시력 감퇴는 40대 이후의 연령에서 가장 흔한 시각장애의 원인이다.

시력에 영향을 미치는 다른 병리로는 색소성 망막염, 시신경 위축, 미숙아 망막증, 망막 박리 등이 있다. 이러한 병리에 대해서는 기초적인 설명이 되어 있는 문헌을 참조하면 된다(American Foundation for the Blind, 1975, 1987; Jose, 1993; National Federation of the Blind, 1989; Van Son, 1989). 안구 질환과 이용 가능한 치료적 절차에 대한 보다 상세한 설명은 Vaughan과 동료들(1995)의 저서에서 찾아볼 수 있다.

평가자가 다양한 병리가 시각장애인의 개별 기능 그리고 평가 절차에 어떻게 영향을 미치는지에 주의를 기울이는 것은 매우 중요하다. 예를 들면, 중심 시력은 좋으나 주변 시력이 나쁜 경우, 검사를 받는 사람은 (눈이 좋은 것으로 보여서) 평가자로 하여금 사물을 지각하는 능력에서 규준집단과 얼마나 많이 다를 수 있는지에 대해 고려하지 않고, 시각적 주의와 관련된 검사를 사용하도록 잘못 이끌 수 있다. 이와 마찬가지로, 어떠한 시각적 검사든지 제한된 시력을 평가에 고려해야 한다.

일반적으로 시각장애인을 평가하는 평가자는 개인의 환경적 요구에 대해 각별한 주의를 기울여야 한다. 약간의 시력이 있는 많은 사람은 특히 빛이나 섬광에 매우 예민하다. 피검사자는 유리창이나 조명기구를 통해서 봐서는 안 된다. 실내의 조명도 피검사자에게 가장 적합할 때까지 조정되어야 한다. 이처럼 섬광과 대비는 시각적 특성을 갖고 있는 검사도구를 사용할 때 고려되어야 한다(Collins-Moore & Osborn, 1984).

청각적 환경에 주의를 기울이는 것도 중요하다. 배경 소음과 그 밖에 주의를 흩뜨리는 것은 최소화되어야 한다. 청각장애가 있는 사람에게는 제시한 지시 사항을 청각장애인이 이해하는지 확신할 수 있도록 별도의 고려가 필요하다. 이를 위한 조치에는 피검사자의 요구를 충족시킬 수 있도록 음색이나 음량을 조정하는 것을 포함할 수도 있다. 피검사자에게 지시 사항을 되풀이하게 하는 것도 유용한 방법이다. 만약 피검사자가 수화를 필요로 하는데 평가자가 수화에 능숙하지 못하다면, 검사 과정에 수화통역을 포함시키는 것이 필요하다. 지팡이로는 감지할 수 없는 환경적 위험 요소가 평가받는 사람을 위험에 처하게 하지 않는다고 확신하기 위해 환경적 요소도 살펴봐야 한다. 시각장애인을 상대로 활동하는 모든 사람은 공인된 보행지도 전문가로부터 시각장애인 안내 방법을 배울 기회를 가져야 한다. 전형적으로, 이러한 방법에는 시각장애인의 반 보 앞에서 안내자의 팔꿈치 바로 위 부분을 잡게 하고 걷는 방법이 포함된다. 이런 식으로 시각장애인은 팔을 통해 신체 움직임을 느낄 수 있고 그에 따라 적절하게 반응할 수 있다. 피검사자와의 라포를 형성하는 과정에서는 평가 장소의 방향 정위를 파악할 수 있도록 여분의 시간을 고려해야 하며, 적절한 때에 검사도구들에 대해서도 오리엔테이션을 해야 한다. 평가 절차와 피검사자가 무엇을 기대할 수 있는지에 대해 설명하기 위해서 여분의 시간을 제공해야 한다. 피검사자에게 '보이다'와 '보다'와 같은 시각 지향적 단어를 사용하는 것에 대해 걱정할 필요는 없다. 그러한 단어는 우리의 문화에서 보편적인 용어로서 시각장애인 역시 사용한다.

종종 시각장애인 내담자의 평가는 평가자가 심리적 검사(testing)보다는 심리적 평가(assessment)의 관점에서 생각할 것을 요구한다. 즉, 평가자는 일련의 표준화된 검사를 써서 엄격하고 기계적인 방식으로 점수를 매기고 결과를 해석하는 방식으로 평가에 접근해서는 안 되며, 그보다는 유연한 접근 방식으로 검사를 받는 특정 개인의 입장에서 그 결과를 고려해야 한다. 이것은 의뢰 문제에 대해 어떻게 대답해야 하는가에 관한 신중한 고려뿐만 아니라, 피검사자에 대한 특별한 이해, 피검사자의 장애에 대한 이해, 그리고 그러한 장애가 결과 및 해석과 어떻게 상호작용하는지에 관한 이해를 필요로 한다. 예를 들면, 시각장애가 진행 중인지 혹은 안정적인지를 아는 것은 평가 결과가 미래의 행동을 얼마나 예측할 수 있는가에 영향을 미치기 때문에 중요하다. 점점 나빠지고 있는 저시력 상태이지만 공간적 능력에 관한 시각적 평가를 받기에 충분한 시력을 갖고 있는 사람이 있다고 가정해 보자. 촉각적-공간적 능력을 눈을 가리고 평가하는 것은 시각적-공간적 검사(방법)보다 미래의 공간적 적응력을 훨씬 더 예측할 수 있게 해 준다. 재활기관이나 학교 관계자에게 심리평가를 보고할 때에는 종종 단순히 규준에 따른 비교보다는 피검사자의 구체적인 기능의 실제 사례를 포함하는 것이 유용하다(Groenveld, 1990).

환경적 고려 사항에 대한 요구뿐만 아니라 사용되는 교구에 대한 관점에서도 피검사자의 요구를 이해하는 것이 중요하다. 예를 들면, 어떤 사람은 확대 인쇄된 교구가 필요할지 모른다. 많은 시각장애인을 살펴보는 평가자는 다양한 크기로 인쇄된 교구를 갖고 피검사자에게 가장 편안한 글씨 크기가 어느 정도인지 물어보는 것이 편리하다는 것을 발견하게 될 것이다. 평가자는 다양한 크기의 확대기를 갖고 있는 것이 좋다. 경험상 시각장애인은 종종 확대기를 갖고 있지 않는 경우가 많기 때문이다. 어떤 유형의 검사는 부분적인 시력이 남아 있는 사람에게서 특정 과제를 위해 시각을 차단하도록 한다. 피검사자가 눈가리개 하는 것을 불편해하지 않는다면, 눈가리개를 사용하는 것이 대개는 바람직하다. 평가자는 일회용 눈가리개나 사용 후 살균될 수 있는 눈가리개를 사용해야 한다. 불결한 눈가리개를 통해 눈병이 전염될 수 있으므로 평가자는 질병이 옮지 않도록 확실히 해야 한다. 어떤 사람은 눈가리개를 하는 것보다 일종의 스크린(천)을 통해 교구를 보지 못하게 하는 방식을 선호할지 모른다. 일부 평가도구 제조사는 이러한 스크린을 도구로 제공하지만(예: Comprehensive Vocational Evaluation System for the Blind; Dial et al., 1991b), 대부분은 그렇지 않다. 스크린은 커튼 모양으로 주름이 접혀 있는 검은 천이어서 피검사자가 스크린 아래로 손을 넣을 수 있다. 또한 평가자는 창문을 가릴 수 있는 무엇인가를 갖고 있어야 한다. 다양한 명도의 종이와 교구와 사인펜(굵은 표시를 하기 위하여) 또한 사용할 수 있어야 한다. 또한 평가자는 점자를 묵자(script letter)로 번역해 주는 유용한 방법을 찾아내어, 피검사자가 자신이 사용하는 점자 교재에 대한 오리엔테이션을 최소화하고, 점자를 읽는 사람이 적절한 출발점을 찾는 것을 도와줘야 한다. 다수의 시각장애인이 평가받는 상황에서는 교재(교구)의 확대가 가능한 CCTV나 음성 지원을 위해 JAWS(http://www.freedomscientific.com) 또는 Freedom Box(http://www.freedombox. info)와 같은 프로그램이 있는 컴퓨터를 갖추는 것이 실용적이다.

4 시각장애인을 위한 검사 조정

비시각장애인에게 문자로 제공되는 검사를 시각장애인을 위해 조정하는 방법에는 몇 가지가 있다. 형식적으로 교구에 대해서는 조정을 하지 않고, 평가자가 피검사자에게 문항을 읽어 줄 수 있다. 이것은 별문제 없어 보일지 모르나, 항상 그런 것은 아니다. 예를 들면, 문어체 형식으로 제시하면 전혀 혼동할 것 같지 않을 문항을 부정적인 진술로 제시할 경우 혼동할 수 있다. 예컨대, '나는 지난 6개월 동안 두통이 없었다.'는 문항에 대해 '거짓' '아니요' '동의 안 함' 등으로 대답하는 것은 지난 6개월 동안 두통이 있었다는 것을 의미한다. 사람들은 그러한 문항을 쉽게 혼동한다. 따라서 평가자가 문항을 보다 긍정적인 방식으로 바꾸어 읽어 주거나 또는 문항에 대한 반응의 선택 사항에 보다 공을 들여야 할 의무가 있다. 즉, 평가자는 "나는 지난 6개월 동안 두통이 있어 왔다." 또는 "나는 지난 6개월 동안 단 한 번도 두통이 없었다."로 말해야만 한다. 이 문항에 대해 '그렇다'라는 대답은 두통이 없었다는 말이고, '아니다'라는 대답은 두통이 있었다는 말이다. 평가자는 이렇게 (문항을) 바꿔 진술하는 것이 검사의 본질에서 벗어나는지에 대한 임상적 판단을 해야만 할 것이다. 이는 음성 기록이나 컴퓨터가 읽어 주는 형식의 다른 검사에서도 마찬가지다.

확대 인쇄 매체로 검사를 치르는 것은 평가 교구를 조정하는 가장 간단한 방법으로 보인다. 확대 인쇄된 검사 교재를 필요로 하는 사람에게는 마찬가지로 확대 인쇄된 답안지가 필요하다. 컴퓨터나 채점 기준(scoring key)에 의해 채점되는 확대된 답안지에 기록한 답안은 채점을 하기 전에 원래의 답지에 옮겨 적어야 한다. 시각장애가 있지만 확대된 글자는 읽을 수 있는 사람 다수는 오랜 시간 동안 읽기 활동에 전념할 수 없다. 그러므로 확대 인쇄 자료를 읽을 수 있는 사람에게 항상 선호하는 평가 방법에 대해 물어봐야 한다.

점자로 된 검사는 전형적으로 Grade II 점자 형식으로 사용 가능하다. 만약 점자를 읽을 줄 안다면, Grade I 점자와 대조적인 보다 진보된 형식의 Grade II 점자도 읽을 수 있는지 확인해야 한다. 마찬가지로, 점자를 읽는 사람이면 누구나 점자 수학 교재에 필요한 Nemeth 코드(수학용 점자 코드)에 친숙해지는 것은 아니다. 평가자는 검사도구를 점자로 변환해 주는 업체가 문항에 대한 응답을 기록하는 방법을 제공하지 않을 수 있다는 점에 주의해야 한다. 우리는 피검사자에게 각 문항에 대한 번호를 매겨 가면서 그 문항 반응을 테이프 리코더에 기록하게 하거나, 점자지에 기록하게 함으로써 이러한 문제를 해결해 왔다.

본래 비시각장애인을 위해 의도된 검사를 시각장애인에게 시행할 때에는 어떤 문항은 시각의 사용을 내포하는 내용을 갖고 있을지도 모른다는 사실을 기억하는 것이 중요하다. 예를 들면, Wechsler 지능검사의 몇몇 이해 문제는 시력의 사용을 내포하고 있다. 이러한 문항들을 사용할 때에는 평가자가 '당신(너)'이라는 단어를 '나'로 대체해 주는 것이 적절하다. "당신이 길거리에서 낯선 사람을 만나면 당신은 어떻게 하시겠습니까?"라는 질문은 "내가 길거리에서 낯선 사람을 만나면 나는 어떻게 해야 할까?"라는 형식의 질문으로 변경될 수 있다. 문항을 이런 방식으로 바꿔 진술해 주는 것은 아마도 평가를 더욱 공정하게 만들어 줄 것이다. 다른 (형식의) 변화 또한 적절할 수 있다. 평가자는 자신이 사용하는 교구에 대해 고려해야 하고, 시각장애인에게 어떻게 해야 공평할지에 대해서도 고려해야 한다. 예를 들면, 평가자가 불러 준 단어의 정의를 내리는 어휘력검사에서 그 단어를 문자의 형태로 보게 할 수 있다면, 평가자는 이러한 단어 목록을 적절하게 확대 인쇄하거나 점역하여 제공할 수 있으며, 단어를 말한 다음 단어의 철자를 구두로 제시해 줄 수 있다.

평가 조정에 관한 최종 진술도 이루어져야 한다. 평가도구의 출판사가 비시각장애인을 위해 개발하고 표준화되었지만 시각장애인을 위해 조정된 검사의 이용 가능한 버전이 무엇인지 공표해야 하는 상황에서, 이것은 전형적으로 확대 인쇄, 오디오 기록 또는 점자 형태가 가능하다는 것을 의미한다. 그것은 문항의 내용이 시각장애인의 요구를 충족하기 위해 수정되었다거나 시각장애인을 위한 규준이 따로 있다는 것을 의미하지는 않는다. 출판사로부터 그러한 검사도구를 입수하면, 평가자는 정확하게 어떤 것이 이용 가능한지를 분명하게 하기 위해 문의를 해야 한다.

5 시각장애인을 위한 검사도구

이 장의 후반부는 현재 사용 가능한 시각장애인을 위한 검사에 대해 기술하는 데 할애한다. 물론 검사 결과는 인터뷰 및 배경 정보와 통합된다는 사실을 이해해야 한다. 어떤 상황에서는 평가척도를 통해 공식적으로 이루어졌든 또는 비공식적으로 이루어졌든 간에 관찰 자료가 유용할 것이다. 의학 보고서, 재활 보고서, 교육 보고서 및 시각적 기능에 관한 검사에 주목하는 것이 중요하다. 임상 상황에서는 DSM-IV 축 I 장애 임상용 버전(First, Gibbon, Spitzer, & Williams, 1997)에서의 구조화된 임상 인터뷰와 같이 정신의학적 진단을 위해 고안된 형식적 인터뷰 양식을 사용하는 것이 정신병리학을 위한 검사도구를 사용하는 것보다 바람직할 수 있다. 이는 시각장애인 내담자의 일부 경험은 정신병리학을 위한 규준검사에 사용된 비시각장애인 집단의 경험과는 상당히 다르기 때문이다. 일반적으로 검사 결과를 인터뷰 내용과 배경 정보 등과 통합하는 일은 피검사자의 특성과 적용된 표준화된 절차로부터의 이탈 정도, 규준집단과 어떤 식으로 다른지 등에 관해 고려해야 하기 때문에 평가자의 기술과 판단을 요구한다. 시각장애인을 평가하는 일은 검사 결과를 직접적이고 기계적으로 해석하는 것과는 대조적으로 신중을 기해야 한다.

1) 종합적 직업평가체계

시각장애인 청년 또는 성인에게 중요한 다양한 차원의 특성을 포괄적으로 평가할 수 있는 종합검사를 갖는다는 것은 이상적일 수 있다. 그러한 종합검사는 시각장애의 정도, 시각장애의 발병 시기 그리고 다른 중복장애에 대한 정보와 함께 (다양한) 시각장애인을 대표할 수 있는 대표 집단을 규준으로 해야 한다. 그러한 포괄적 종합검사 도구로부터 얻은 정보는 교육, 직업, 재활, 정신건강 및 신경심리학 분야에서 유용할 수 있다. 하지만 포괄적이면서도 이상적인 종합검사도구는 시간이 많이 걸리고 복잡해서 잘 사용되지 않을 수 있다. 현재 이러한 이상적 조건에 가장 부합하는 종합검사도구가 하나 있다. Jack Dial과 동료들이 개발한 '종합적 직업평가체계(Comprehensive Vocational Evaluation System: CVES)'가 바로 그것이다(Chan et al., 1993; Dial et al., 1991a, 1991b). 이 종합검사도구는 시각장애인을 지원하는 기관에 의해 점점 더 많이 사용되고 있다.

CVES는 언어-인지, 감각, 운동, 정서 기능 및 적응 행동의 5개의 요인으로 구성되어 있다. 종합검사의 구성은 시각장애인용 인지검사, 촉감각변별검사, McCarron 신경근육발달평가, 감정관찰도구 개정판, 정서행동 체크리스트 그리고 기능적 적응 행동조사표를 포함한다. McCarron과 Dial이 개발한 이러한 종합검사에 대한 보충은 광범위 성취도검사 개정판(Wide Range Achievement Test-Revised) 또는 제3판을 사용하면서 시각장애인을 위한 전문화된 검사 수행 절차와 규준을 적용하는 것이다. CVES의 규준집단은 421명인데, 이 중 55%는 남자이며 평균 연령은 26세다. 그들은 다른 중복장애가 없다고 평가받은 1,100명의 대상자에서 선발하였다. 대부분은 텍사스 주 시각장애 서비스 기관의 내담자였다. 시각장애인용 인지검사(Cognitive Test for the Blind)는 CVES의 핵심을 형성하는 지능검사다. 이 검사로부터 언어성 지능, 동작성 지능 및 통합적인 지능을 구할 수 있다. 이 검사의 언어성 검사에는 5개의 하위검사가 있다.

- 청각적 분석은 길이가 점점 늘어나는 무의미 단어를 반복하게 하여 음성적 분석을 찾아낸다.
- 즉각적인 숫자 외우기는 일상적인 기억 용량의 숫자 과제에서처럼 일련의 숫자

를 앞으로 또는 거꾸로 반복하게 하고, 다소 낮은 속도로 제시한 숫자는 제외한다.

- 언어 이해 및 기억은 수용언어 능력과 언어적 기억을 필요로 한다.
- 언어적 기억은 숫자-언어(number-letter) 학습과 관련이 있지만, 이 검사는 여러 차례에 걸친 순차적 능력과 학습을 강조한다.
- 어휘검사는 평가자가 제시하는 단어의 정의를 내리는 것으로서 단어 지식과 구두 표현을 측정한다.

시각장애인용 인지검사의 동작성 검사 하위검사는 피검사자가 물건을 조작하거나 촉각적으로 지각하는 것을 요구한다.

- **촉각적 목록 학습검사**(Haptic Category Learning Test): 개념 형성을 잘 평가할 수 있는 검사도구인 Halstead 목록검사(Halstead's Category Test)를 촉각적으로 수정한 검사다.
- **촉각적 목록 기억검사**(Haptic Category Memory Test): 재인 형식으로 촉각적 목록 학습검사로부터의 우연적인 기억을 평가한다.
- **촉각적 기억 재인**(Haptic Memory Recognition): 재인 형식으로 촉각적으로 인지된 항목을 기억하는 것을 요구한다.
- **공간적 패턴 기억**(Spatial Pattern Recall): 기억을 요구하지만 가령 여러 모양의 블록으로 시각적 검사를 하는 경우처럼 공간적인 패턴에 대한 이해에 상당한 비중을 둔다.
- **공간 분석**(Spatial Analysis): 기억력에 대한 평가 항목 없이 공간적 분석과 공간적 구성을 요구한다.

이와 같은 내용에서도 분명해지듯이, 기억은 시각장애인용 인지검사의 언어성 능력, 동작성 능력을 평가하는 데 중요한 역할을 한다. CVES의 또 다른 구성 요소인 촉감각변별검사(Haptic Sensory Discrimination)는 몇 초 동안의 작업기억만을 요구한다. 이 검사는 모양, 크기, 질감 및 외형에 대한 촉각적 변별력을 평가한다. 균형 잡힌 구성을 통하여 양손을 각각 따로 평가한다.

McCarron 신경근육발달평가(McCarron Assessment of Neuromuscular Development: MAND-IV)는 소근육 운동과 대근육 운동을 평가하는 검사다. 악력, 손가락 두드리는

속도(finger-tapping speed), 회전, 느리지만 꾸준한 움직임 그리고 구슬을 막대에 끼우는 것과 같은 소근육 과제에 대한 측정치가 포함된다. 균형 감각과 손가락-코 검사(눈을 뜨거나 감은 상태에서 양쪽 손가락을 코끝에 대어 보는 것) 동작도 포함된다. 시각장애 성인뿐만 아니라 비시각장애 아동이나 성인에 대한 규준도 마련되어 있다. 바로 이러한 특징이 이 검사가 광범위하게 적용될 수 있게 해 준다.

감정관찰도구 개정판(Observational-Emotional Inventory-Revised)과 정서행동 체크리스트(Emotional Behavior Checklist)는 관찰된 행동과 이력에 관한 정보에 대해 평가하는 검사도구다. 이 도구들은 자기 개념, 사회화, 우울, 분노 그리고 충동성과 같은 정서적 요인을 측정하기 위해 고안된 검사다. 기능적 적응행동조사(Survey of Functional Adaptive Behaviors)는 화폐의 사용, 교통수단 이용 등과 같은 기초적인 적응기술의 다양한 측면을 다룸으로써 독립적 기능을 평가할 수 있다.

CVES가 시각장애인에게 중요한 기능의 수많은 영역을 측정하려고 시도한다는 점은 분명하다. 시각장애인을 위해 봉사하는 수많은 기관이 이 검사를 사용한다. 그러나 검사도구 구성 전체를 구입할 때의 비용이 2007년 기준 4,500달러 이상 소요되기 때문에, 개인 평가자는 검사가 너무 비싸서 이러한 유형의 검사에 전문화되기가 어려울 것 같다. 검사도구의 각 구성 요소는 낱개로 구매 가능하다. 그러나 (전체 검사에서 특정 영역만을) 분리하여 평가하거나 개별적인 하위 영역만을 평가할 때는 이 검사도구의 저자들이 생각하는 전반적인 요인에 대한 분석은 가능하지 않다.

비록 CVES가 시각장애 성인을 위한 평가로서 이용할 수 있는 가장 전도유망한 검사도구이긴 하지만, 이 역시 단점이 있다. 가장 큰 단점은 규준집단이 나이에 따라 층화되어 있지 않다는 점이다. 규준집단의 평균 연령이 26세로, 우리는 50세 이상의 연령을 대상으로 이 검사도구를 사용하는 데 주의할 것을 권고한다. 규준집단이 한 나라의 특정 지역에 국한되어 있으므로, 이 검사도구를 사용하는 사람은 종종 지역 규준을 개발하고 싶어 할지 모른다. 종합검사도구는 시간이 너무 소요된다. 저자들은 전체 검사를 하는 데 대략 6시간이 걸릴 것이라고 예상하고 있다. 긍정적인 면으로서, CVES는 예측타당도뿐만 아니라 서로 다른 하위 집단을 검증하는 연구가 현재 진행 중이다(Dial et al., 1991a; Joyce et al., 2000; Joyce et al., 2004; McGee Hall, 1994; Nelson et al., 2001; Nelson et al., 2002a, 2002b; O'Brien, 1992; Rabeck, 1994). Miller와 Skillman(2003)은 시각장애인을 상대하는 평가 전문가에 대한 조사에서 시각장애인용 인지검사를 사용하는 사람이 검사도구에 상당히 만족해하고 있음을 발견했다.

2) Wechsler 성인용 지능검사 제3판

대부분의 평가자는 언어성 지능을 평가하기 위하여 Wechsler 성인용 지능검사 제3판(Wechsler Adult Intelligence Scale-Third Edition: WAIS-III; Wechsler, 1998)의 언어성 부분을 사용할 것이다. 물론 이것은 제대로 된 성인용 지능검사의 가장 최신판이다. 언어성 지능검사를 포함하고 있는 다른 검사에 비해, Wechsler 검사는 언어성 평가 부분에서 그림으로 된 자극을 사용하지 않는다는 장점이 있다. CVES는 시각장애인용 인지검사의 동작성 부분과 더불어 WAIS-III의 언어성 부분을 사용하기 원하는 사람들을 고려한다. WAIS-III의 언어성검사의 하위검사는 어휘(단어 지식 및 표현 측정), 공통성(언어의 추상적 분류능력 측정), 산수(수학적 추론과 연산능력 측정), 숫자 외우기(주의와 작동기억 측정), 상식(보편적 문화적 지식 측정), 이해(사회적 이해 및 추론 측정) 그리고 보충검사로서 문자-숫자 배열(작동기억 측정) 검사를 포함한다. 검사는 16~89세의 연령에 적합하며, 전국적인 표집으로 표준화되었다. 우리는 하위검사인 이해문제검사가 특히 시각장애 내담자의 사회적 판단을 평가하는 데 유용하다는 것을 발견했다(사회적 판단은 종종 선천적인 시각장애인 성인에게 곤란한 문제다). WAIS-III의 동작성검사의 하위검사는 잔존 시력이 없는 개인에게는 적절하지 못하다. 특히 이 하위 영역의 검사는 피검사자가 약시 시각장애인일 경우 적절하지 못하다. 그러나 어떤 경우에는 조심스럽게 사용될 수 있다. 이러한 사례에서의 결과를 바로 동작성 지능지수를 결정하는 데 사용할 수는 없지만, 대신 특정 시각 과제 상황에서의 기능에 관한 대략적인 아이디어를 제공하는 데는 활용할 수 있다.

3) 시각장애 성인을 위한 촉각지능검사

시각장애 성인을 위한 촉각지능검사(Haptic Intelligence Scale for Adult Blind; Shurrager & Shurrager, 1964)는 WAIS의 언어성 검사(Wechsler, 1955)와 함께 사용하기 위한 동작성 지능검사로 고안되었다. 촉각적 동작성 검사는 Wechsler의 동작성 검사의 하위검사를 효과적으로 조정한 하위검사를 사용한다. 이 하위검사에는 바꿔 쓰기(처리 속도 및 새로운 학습을 측정), 토막 짜기(공간 분석과 공간 구성을 측정), 모양 맞추기(부분 대 전체의 구성을 측정) 그리고 빠진 곳 찾기(촉각적 변별과 사물의 빠진 부분을 감지할 수 있는 능력 요구)가 있다. 추가적으로 WAIS에는 없는 두 개의 하위검사가 있는데, 패턴보드(Pattern Board)와 주산(Bead Arithmetic)이다. 패턴보드는 페그보드(pegboard)

의 나무못(peg)의 패턴을 기억해서 재배치하는 것과 관련 있으며, 주산은 개조된 주판을 사용한다. 하위검사의 목적이 이러한 도구를 얼마나 잘 사용할 수 있는지를 평가하기 위해 고안되었기 때문에, 주판을 사용한 경험이 있는 사람에게 마지막 하위검사를 사용하는 것은 적절하지 않다.

시각장애 성인을 위한 촉각지능검사(Shurrager & Shurrager, 1964)는 대부분의 하위검사를 대략 1시간 이내에 시행할 수 있으며, 피검사자가 별 어려움 없이 쉽게 이해할 수 있다. 잔존 시력이 있는 사람은 보통 검사를 하는 동안 안대를 착용한다. 규준은 16~64세를 6개의 집단으로 나눠 설정하였다. 규준표는 미국 내 각 지역에서 추출한 대표 700건의 사례에 기초하고 있다. 분명히, 이 검사도구는 시각장애인을 위한 가장 세밀하게 표준화된 검사도구 중 하나다. 하지만 불행하게도 이 검사는 (규준) 자료가 전혀 수정되지 않아 규준집단이 40년 이상 지났으며, 따라서 결과점수가 WAIS의 최신판의 점수와 상응하지 못한다. 즉, WAIS의 각 버전의 규준보다 이 검사의 규준집단이 상위에 있는 것으로 나타나는 경향 때문에 오늘날의 촉각지능검사의 규준은 그에 상응하는 Wechsler의 동작성 지능지수를 과대평가하는 경향이 있다(Flynn, 1984).

촉각검사의 동작성 하위검사는 시각장애인용 인지검사의 동작성 하위검사보다 훨씬 다루기 쉽지만, 그 차이는 크지 않다. 평가자는 연령이 높은 성인에게는 촉각검사가 더 바람직하고, 연령이 낮은 성인에게는 업데이트가 잘된 시각장애인용 인지검사가 더 바람직하다고 생각할지 모른다. 물론 시각장애인용 인지검사가 연령에 따라 층화된 새로운 규준으로 다시 나온다면 이러한 권고는 변할 수 있다.

4) 간이지능검사

언어성 지능의 간편 측정에 대한 요구가 있어 왔고, 그중 광범위 지능검사(Wide Range Intelligence Test: WRIT)가 때때로 사용되어 왔다(Glutting et al., 2000). 우리는 간이검사인 Wechsler 단축지능검사(Wechsler Abbreviated Scale of Intelligence: WAIS; The Psychological Corporation, 1999)를 사용할 수 있다. 이 검사는 어휘와 공통성의 두 가지 언어성 하위검사로 구성되어 있으며, WAIS-III의 언어성 지능을 잘 예측해준다. WRIT와 WASI 모두 WAIS-III의 언어성 지능과 상관관계가 매우 높다. Slosson 지능검사 개정판(SIT-R3; Slosson, 2002)은 시각장애인을 위한 보충적 매뉴얼에 있어서 시각장애인을 대상으로 평가 조정이 가능하다(Larson, 2002). 이러한 간이검사도구는 유용하지만, 지적 기능에 대한 세밀한 조사가 필요할 경우에는 이들 검사가 더 완벽한 검사(Wechsler 성인용 지능검사 제3판, 시각장애인용 인지검사)를 대체해서는 안 된다.

5) 광범위 성취도검사 개정판과 Wechsler 개별성취도검사

읽기, 철자, 쓰기, 연산의 성취도 검사는 일반적으로 시각장애인 집단에 대해 표준화할 필요는 없다. 왜냐하면 보통은 학년에 상당하는 점수가 바람직한 결과이기 때문이다. 문제는 성취도 검사를 피검사자가 사용하기 쉽도록 점자나 확대 문자로 전환하는 데 있다.

시각장애 성인을 대상으로 표준화된 유일한 개별성취도검사는 광범위 성취도검사 개정판(Wide Range Achievement Test-Revised: WRAT-R; Jastak & Wilkinson, 1984)다. 규준집단은 CVES에서 사용된 집단과 같다. CVES(Dial et al., 1991b)에는 피검사자에게 적절한 점자, 확대 문자를 사용하거나 구두로 지시하는 것이 반영되어 있다. WRAT-R의 점역이나 확대본은 일반적으로는 구하기 어려워서 평가자가 직접 만들어야 한다. 이 검사의 후속판인 WRAT-3(Wilkinson, 1993)는 아직 시각장애인을 대상으로 표준화되어 있지는 않지만, 검사 자료는 이미 적절하게 확대 인쇄되어 있다. WRAT-R은 읽기, 철자 그리고 연산의 3개 하위검사가 있다. 읽기는 단순히 개별 단어에 대한 재인일 뿐 교재 읽기와 읽기 이해는 포함되지 않는다. 철자는 불러 주는 단어를 받아쓰는 것을 의미하며, 연산은 지필 연산을 푸는 것을 의미한다.

WRAT-R의 장점은 성인을 대상으로 표준화했다는 것 외에 최고 12학년에 이르는 폭넓은 능력치를 사례로 수집했다는 데 있다. 단점은 이용 가능한 조정된 자료가 부족하다는 점과 평가받는 기술의 성취도가 제한되어 있다는 점이다. 우리는 Wechsler 개별성취도검사(Wechsler Individual Achievement Test: WIAT)와 WIAT-II(Psychological Corporation, 1992, 2002)의 듣기 이해와 쓰기 표현을 사용하는 것이 최근에 시력을 상실해서 읽거나 쓸 능력이 없는 사람에 대해서도 유용한 성취 정보를 제공할 수 있다는 사실을 발견했다.

6) Wechsler 기억검사 제3판

Wechsler 기억검사 제3판(Wechsler Memory Scale-Third Edition: WMS-III)은 WAIS-III

에 사용된 규준집단과 같은 규준집단을 대상으로 표준화 작업을 했다(Wechsler, 1997). WMS-III는 시각장애는 있지만 청각은 정상인 사람(피검사자)에게 쉽게 전달할 수 있도록 구두로 암기할 항목을 제시한다. 시각장애인에게 나타나는 신경학적 장애의 높은 발생 비율을 고려할 때, 기억기능의 측면을 평가하는 것은 중요하다. WMS-III의 하위검사는 개별적으로 분석될 수 있으며, 종합 점수와 지수의 합으로도 분석될 수 있다. 예를 들면, 즉각적인 기억, 작업기억, 학습 추이, 시간의 경과 등에 따른 파지능력과 관련된 점수가 있다. 구두 기억에 관한 하위검사는 문단에 관한 사례 기억, 짝 연상 단어, 단어 목록 학습의 검사를 포함한다. 여기에 추가적으로 정신적 조절능력과 정보 판단능력을 평가하는 검사가 있다.

WMS-III의 장점으로는 최근에 개발된 것이고, 다양한 연령을 대상으로 표준화되었으며, WAIS-III와 직접적으로 비교가 가능하다는 점을 들 수 있다. 시각장애인을 대상으로 한 규준은 없지만, 이론적으로는 시각장애인도 구두 기억검사에서 딱히 불이익을 당하지는 않는다. 단점은 시각장애인에게 WMS-III의 비언어적 기억 문항을 제공해 줄 방법이 없다는 것이다.

7) 규칙적인 음성연산검사 및 구두간섭시행검사

마음에서 무엇인가를 생각하면서 정보를 빠르게 처리하고 동시에 다른 정신적 과정에 참여하는 능력은 여러 상황에서 중요하다. 규칙적인 음성연산검사(Paced Auditory Serial Addition Test)는 신경심리학적 적용을 위하여 개발되었다(Gronwall & Sampson, 1974; Spreen & Strauss, 1998). 이 검사는 오디오테이프를 사용하면서 시행되는데, 평가자가 피검사자의 언어적 반응을 녹음하는 형태로 진행된다. 이 검사에서 성공적인 수행을 하려면 집중력, 수학적 연산, 작동기억 그리고 연속적인 정보 처리가 필요하다. 이 검사는 검사 속도가 빠르기 때문에 피검사자가 좌절을 느낄 수 있다(Tombaugh, 2006). 그래서 평가자는 개인의 정보처리 능력뿐만 아니라 좌절감을 일으키는 과제에 대한 반응능력도 판단해야 한다.

평가자가 정보처리 속도와 동시적 정보처리 능력에 대한 간편한 평가를 원한다면, 간섭시행검사의 구두 버전인 구두간섭시행검사(Oral Trailmaking; Abraham, Alexrod, & Ricker, 1996; Ricker & Alexrod, 1994)를 사용할 수 있다. 이 검사는 실행기능에 대한 검사로서 매우 높은 생태학적 타당도가 있는 것으로 나타났다(Chaytor et al., 2006). 이 검사를 시각장애인에게 사용하는 것에 대해서는 아직 연구된 것이 없다. 연령 수준에 따른 구두간섭시행검사와 간섭시행 B검사의 수행 간에는 일정한 비율이 있는 것으로 나타났는데, 구두간섭시행은 1:2.44의 비율로 더 빠른 것으로 나타났다. 즉, 간섭시행검사를 위한 규준에 대한 비교가 가능해지는 것이다(Spreen & Strauss, 1998; Strauss, Sherman, & Spreen, 2006). 하지만 점자를 읽는 사람은 숫자와 글자의 상응관계 때문에 이 검사에서 유리하다. 더욱이 Delis-Kaplan 실행기능체계(Delis-Kaplan Executive Function System; Delis, Kaplan, & Kramer, 2001)의 한 부분인 범주전환검사(Category Switching Test)와 같은 동시적 정보처리검사를 교대로 사용할 수 있다.

8) Benton 소리재인

서로 다른 주변 소리를 정확하게 지각하고 변별하는 것은 Benton 청각변별검사(Benton Auditory Discrimination; Spreen & Strauss, 1998)로 측정할 수 있다. 이 검사에 사용되는 소리의 변별은 대부분의 사람에게 다소 간단하지만 심각한 장애가 있는 사람에게서는 결함이 나타난다. 이 검사는 소리의 원천을 측정하는 것이 아니라 단지 소리의 특성에 대한 변별능력만 측정한다. 소리가 나는 방향에 대한 평가는 비형식적으로 또는 Valpar의 CUBE를 사용하여 할 수 있다(추후 논의됨).

9) 시각적 물체 및 공간 지각검사 및 시지각발달검사

다소의 시력은 있지만 시지각에 문제가 있는 것으로 보이는 성인은 시각적 물체 및 공간 지각검사(Visual Object and Space Perception Battery; Warrington & James, 1991)를 사용하여 평가할 수 있다. 이 검사는 특별히 대뇌피질 이상으로 시각장애가 생긴, 시각적 지각과 통합에 어려움이 있는 시각장애인에게 유용하다. 이 검사는 영국에서 표준화되었는데, 미국의 민간 언어치료 회사인 Northern Speech Services 사의 버전이 사용 가능하다. 미국인에게 보다 친밀한 형식이지만 상당한 시력을 요하는 검사는 청소년 및 성인용 시지각발달검사(Developmental Test of Visual Perception, Adolescent and Adult: DTVP-A; Reynolds et al., 2002)다. 만약 피검사자가 이 검사를 받는 데 충분한 시력을 갖고 있다면 6개의 하위검사가 유용하다.

10) Valpar 부분별 작업표본과 시각장애 개념이해검사

Valpar를 통해 사용 가능한 종합검사를 Valpar 부분별 작업 표본(Valpar Component Work Sample; Valpar, 1980b)이라고 한다. 이 종합검사는 비시각장애인의 다양한 정신적 · 심리적 과제를 수행하는 능력을 평가한다. 하지만 지능의 측정은 포함되어 있지 않다. 출판사에서는 시각장애인을 평가할 수 있도록 B키트에 일부 작업 표본을 촉각적 · 음성적으로 조정한 수정판을 제공한다. 구성 요소는 소도구, 크기 변별, 상지 운동 범위, 모의 조립, 전신 운동 범위 그리고 측정이다. 시각장애 개념이해검사(Conceptual Understanding through Blind Evaluation: CUBE; Valpar, 1980a)는 시력의 상실과 관련된 다양한 기술과 능력을 평가하는 다목적 평가검사다. CUBE 종합검사는 다섯 부분으로 구성되는데, 촉각적 지각, 운동/변별 기술, 공간 방향 정위 및 기억, 집합 및 포장 그리고 청각적 지각이 있다.

Valpar 종합검사의 장점은 작업(과제) 행동에 관한 신체적 관점에서 상당히 포괄적이라는 점이다. 그러나 검사 비용이 비싸고 검사 시간이 길다는 단점이 있다(CUBE 검사만 4,000달러 이상의 비용이 든다). 이러한 검사는 개별 임상심리사보다는 재활기관이나 작업훈련 상황에서 더 많이 사용될 것으로 보인다.

11) Purdue 페그보드 검사와 미네소타 속도조절검사

Purdue 페그보드 검사(Purdue Pegboard Test; Triffin, 1968)는 비시각장애인을 위해 개발되었으며, 눈과 손의 협응력과 더불어 운동 속도 및 운동 조절 능력과 관련된 검사다. 결과는 양손 각각의 속도와 양손 모두의 속도 그리고 모으기 과제의 속도를 검사하여 얻을 수 있다. 또한 시각장애인을 위한 규준(Vander Kolk, 1980)이 있다. 이러한 규준은 맹뿐만 아니라 약시 시각장애 성인을 포함한다. Vander Kolk는 사용과 해석에서의 상세한 가이드를 제시한다. 따라서 이 검사를 받는 사람은 비시각장애인을 위한 규준뿐만 아니라 시각장애인을 위한 규준에 비교될 수 있다.

미네소타 속도조절검사(Minnesota Rate of Manipulation Test)는 Roberts와 Bauman (1944)이 연구하였다. 그들은 시각장애인을 위해서 특별한 조작적 및 훈련 절차와 함께 배치 및 전환의 하위검사를 사용하였다. 그 결과가 비시각장애인을 대상으로 한 검사 결과와 매우 근접하게 상응하기 때문에 별도의 규준이 필요 없다는 것이 발견되었다. Needham과 Eldrige(1990)는 최근 연구에서 시각장애인의 수행이 현저하게 다르다는 것을 알아냈기 때문에 이러한 접근 방식에 회의를 가진다. 이러한 차이가 해소될 때까지 우리는 이 검사를 규준참조 방식으로 사용하기보다는 Purdue 페그보드 검사를 사용할 것을 권유한다.

12) 좌우방향정위검사

공간에 대한 방향 정위가 시각장애인에게 중요하다는 사실은 쉽게 알 수 있다. 좌우방향정위검사(Right-Left Orientation Test; Benton et al., 1994)는 피검사자의 관점과 다른 사람의 관점에서 좌우와 관련된 명령에 반응하는 개별 능력을 직접적으로 검사한다. 평가자는 비형식적으로 이 검사에 방향을 도는 것과 관련된 문항을 포함시킬 수 있다. 예를 들어, "당신이 만약 남쪽을 향하고 있다고 하면 당신의 오른쪽은 어떤 방향일까요?" 하는 질문은 공간의 방향 정위에 관한 개인의 이해 정도를 알아내는 데 유용할 수 있다.

13) 자기탐색검사

우리는 시각장애인에 대한 규준이 있는 직업흥미검사에 대해서 알지 못한다. 자기탐색검사 Form E(Self-Directed Search-Form E)는 오디오테이프 형식으로 이용 가능하며, Form R은 인터넷에서 이용 가능하다(Holland, 1994). 검사는 시각장애인을 위한 규준은 없지만, Holland의 유형을 사용하는 직업흥미 평가에 관심 있는 평가자라면 이 검사 사용을 원할지 모른다. Holland의 흥미와 직업 유형은 실재형, 연구형, 예술형, 사회형, 기업형, 관습형이다(Holland, 1992).

14) 독립행동척도 개정판

Riverside 출판사는 특별히 시각장애인을 위해 고안된 독립행동척도 개정판(Scale of Independent Behavior-Revised; Knowlton et al., 1996)의 40문항으로 된 요약판을 제공한다. 이 척도는 폭넓은 독립점수와 일반적인 부적응 척도를 제공한다. 평가되는 구체적인 기능 영역은 운동기술, 사회적 상호작용, 의사소통, 일상생활 기술 그리고 지역사회 생활기술을 포함한다.

15) 16가지 성격요인 질문지

개인에 맞는 직업을 찾아주는 것은 성격검사를 통해 할 수 있다. 성격 패턴은 서로 다른 직업 환경에 있는 개인의 성격과 비교될 수 있다. 예를 들면, 사회적으로 외향적인 사람은 사회적으로 내향적인 사람보다 영업직이 쉬울 수 있다. 우리는 이러한 목적에서 16가지 성격요인 질문지(Sixteen Personality Factor Questionnaire: 16PF)를 사용한다(Cattell, 1968; Cattell, Cattell, & Cattell, 1993). 임상분석 질문지(Clinical Analysis Questionnaire; Cattell & Krug, 1975)에서 찾을 수 있는 16PF의 버전은 내담자에게 읽어 줄 만한 문항이 많지 않지만 여러 문항으로 구성된 검사와 마찬가지로 검사의 완전성을 유지할 수 있다. 16개의 성격 요인은 16개의 1차 성격 요인과 5개의 이차 성격 요인의 점수를 제시하는 검사에서 분석적으로 파생된 요인이다. 리더십, 창의성, 사고로부터의 안정성 등과 같은 영역에 관한 특별한 점수도 산정할 수 있다. 이 도구는 장애인에 맞게 검사 조정이 되어 왔으며(Cattell et al., 1993), 컴퓨터를 이용하여 검사를 수행할 수 있다. 우리는 이 검사의 예전 버전(Cattell, 1968)을 선호하는데, 앞서 언급하였듯이 보다 단축된 검사가 가능하기 때문이다. 직업을 강조하는 (검사 결과) 해석은 매뉴얼을 사용해야 한다(Cattell, Eber, & Tatsuoka, 1970; Krug, 1981). 그러나 성격 유형에 대한 해석은 상당히 간단하고, 경험이 없는 평가자라도 결과를 해석할 수 있다. 이 검사는 독립성, 사리 추구, 양심, 자기 확신, 모험심, 분노 등과 같은 개념의 관점에서 개인을 어떻게 이해하는 것이 시각장애인과 일하는 데 유용할 수 있는지를 보여 준다.

16) Millon 임상다축평가 제3판

정신병리검사를 희망하는 임상심리사는 약식 MMPI(Vincent et al., 1984) 또는 내담자에게 읽어 줄 수 있는 성격평가검사(Morey, 1989)뿐만 아니라 MMPI-2(Hathaway & McKinley, 1989)의 컴퓨터 버전과 오디오 버전을 사용할 수 있다. 우리는 Millon 임상다축평가 제3판(Millon Clinical Mutiaxial Inventory-III: MCMI-III; Millon, 1994)을 추천하는데, 검사의 전체 형식이 간단하고 컴퓨터나 오디오로 이용 가능하기 때문이다. MCMI-III는 참, 거짓을 고르는 175개의 문항으로 되어 있고, 정신병리학과 인격장애 관련의 다양한 척도의 채점을 컴퓨터가 알아서 해 준다. 반응의 편향을 위해 몇몇 안전장치가 있다. 각각의 척도는 정신병리학적 문제가 있는 다양한 집단의 개별 점수와 개인 점수를 비교한다. 여기서 시각장애인을 대상으로 한 규준은 없으며, 집단 간 차이 때문에 컴퓨터에 의해 해석된 결과를 받아들이고 사용하는 데는 주의가 필요하다.

17) Zung 우울척도 및 노인성 우울척도

평가자는 종종 시각장애인을 상대할 때 우울 증후에 대한 빠른 평가를 원한다. Beck 우울척도(Corcoran & Fischer, 1987)는 구두 형태로 제시될 때 어려움이 있다. 이에 비해 Zung 우울척도(Zung Depression Scale; Corcoran & Fischer, 1987)는 언어적으로 쉽게 제시될 수 있다. 결과점수로는 개인을 입원 혹은 외래 상황에서 우울증이 있거나 없는 환자와 비교할 수 있다. 하지만 시각장애인과의 비교점수는 없다. 주의할 것은 결과점수가 최근에 시력을 상실한 사람을 실제보다 더 우울하게 평가하는 경향이 있는데, 특히 그들의 건강이 좋지 않을 때 그러하다. 따라서 문항의 내용에 관한 세심한 고려가 중요하다. 건강 문제가 중요한 이슈이거나 피검사자의 나이가 많을 때에는 노인성 우울척도(Geriatric Depression Scale; Corcoran & Fischer, 1987; Strauss, Sherman, & Spreen, 2006)를 추천한다. 이 척도는 단순히 예/아니요로 반응하면 되고, 신체적 기능장애와 관련된 문항을 많이 포함하고 있지 않다. 노인성 우울척도는 검사 자체가 구두로 시행되고, 단순히 증후만 확인할 수 있는 도구다.

18) Loevinger 문장완성검사

문장완성검사는 종종 시각장애인을 대상으로 사용된다. 이러한 검사는 구두로 제시되거나 확대 문자의 형태로 제시될 수 있다. Loevinger 문장완성검사(Loevinger Sentence Completion Test; Loevinger, 1970)를 추천할 수 있는데, 이 검사가 자아 성숙도의 중요한 측면을 평가하기 때문이다. 재활에서 개인 사고의 성숙은 적응과 참여의 핵심이 된다. 이 검사는 시각장애인을 위해 개발된 것은 아니지만, 매우 쉽게 조정될 수 있다. 이 검사도구의 가장 큰 난점은 개인의 자아 발달 수준의 점수를 매기기 위해 상당한 기술과 시간이 필요하다는 것이다. 또한 임상가가 결과를 해석하는 데에서 고려해야 할 반응에 대한 투사적 가치가 있을지 모른다. 여느 문장완성검사에서처럼 개인의 기능과 관련한 독특한 반응을 끌어내기 위해 문항을 추가할 수 있다. '내가 시력을 잃은 것은……' 또는 '미래에 대한 나의 희망은……'과 같은 문항은 추가하기에 유용할 수 있다.

6 결 론

이 장에서는 기본적으로 쉽게 접할 수 있는 검사를 살펴보고 추천했다. 비록 선택의 어려움은 있지만, 미래에 대한 희망을 가져 본다. 예를 들어, CVES의 연령별로 층화된 규준을 곧 볼 수 있기를 희망한다. 또한 우리는 시각장애인을 위한 촉각검사와 같이 어떤 검사가 최신화되는 것을 희망해 본다. 미래에는 Mangiameli와 Peters(1999) 또는 우리가 알지 못하는 누군가에 의한 연구 결과를 통해 새로운 검사가 출판될 것이다.

시각장애인 집단의 다양성과 독특성을 고려할 때, 시각장애인을 대상으로 심리적 평가를 수행하는 사람이면 누구나 주의와 판단이 요구된다. 이러한 조언은 검사도구를 적용하는 데에서뿐만 아니라, 그 결과를 해석하는 데에서도 마찬가지다. 이 장이 이러한 어려움에 직면해 있는 평가자나 시각장애인에게도 도움이 될 수 있길 바란다.

Chapter 17

청각장애인 평가

Shawn P. Saladin

미국에서 청각장애인의 수는 자료 수집 절차에 따라 다르게 추정되지만, 전반적인 수가 늘어나고 있다는 것은 명백하다(Kochkin, 2005; Lucas, Schiller, & Benson, 2004; Pleis & Coles, 2002). 1994년 전국건강면담조사(National Health Interview Survey)에서는 거의 2,200만 명의 사람들이 경도 난청에서 완전한 청력 상실 범위의 청각장애를 가지고 있음이 조사되었다(National Center for Health Statistics, 1996). 2001년에는 2,840만 명 이상의 사람들이 청각장애를 가지고 있음이 추정되었는데, 이는 미국 인구의 약 3.4%가 현저한 또는 완전한 청력 상실을 가진 것으로 볼 수 있다(Lucas et al., 2004). Kochkin(2005)은 2050년까지 청각장애를 가진 사람들이 5,200만 명 정도로 빠르게 증가할 것이라고 예측하였다. 그러나 많은 재활 전문가는 청각장애의 의사소통 관련, 교육적, 직업적, 행동적 결과 및 평가와 관련된 영향에 대한 경험이 부족하다.

평가는 재활 과정 및 재활서비스 준비 단계에서 중요한 부분이 될 수 있다. 평가가 적절히 수행될 때, 그리고 평가 결과가 적절히 적용될 때, 이는 진로 및 개인 상담, 직업훈련, 보조공학의 준비, 직업 배치, 그리고 의학 및 심리 치료에 대한 안내를 도울 수 있다(Parker & Bolton, 2005). 청각장애인을 위한 지능검사, 심리검사, 직업검사 등을 제공하거나 구입할 때, 재활 전문가는 이 인구에 효과적으로 사용될 수 있는 도구와 기술에 대한 정보가 필요하다(Barden, 1994; Vernon & Andrews, 1990). 정보의 결여는 부적절한 도구와 절차의 선택 및 사용을 초래할 것이며, 이는 서비스 준비 및 직업 적응에 부정적인 영향을 줄 것이다. 이 장의 목표는 다음과 같다. 독자에게 청각장애인의 평가와 관련된 정의 및 전문 용어를 알리며, 청각장애인의 표준화된 평가에 영향을 주는 몇 가지 주요 문제점에 대해 논의한다. 청각장애인의 평가 및 편의 제공에 관한 간략한 내용을 포함하여, 평가도구의 선택 및 관련된 편의 제공에 대해 검토한다.

1 청각장애의 정의

청각장애에 대한 안정된 정의를 발달시키는 것은 도전적인 영역인데, 이는 나이나 인종뿐만 아니라 발생 원인, 발생 시기, 교육 배경 그리고 성격 특성에 의해 그 분포가 아주 다양하기 때문이다. 몇몇 청각장애에 대한 정의는 수치로 표현되는 청력측정검사의 결과에 의존하는 반면, 다른 정의는 기능적인 보고에 의존한다. 따라서 청각장애의 정의에는 다양성이 존재하며 주관적이다.

1) 의학적 · 기능적 정의

순음 청력 측정은 청각 손실을 수량화하는 잘 확립된 표준화된 방법이다(American National Standards Institute, 1996, 1997, 2003). 이 기술은 청각 민감성 한계점을 정하기 위해 헤르츠(Hz)로 조정된 다양한 주파수에 대해 사람이 들을 수 있는 가장 낮은 소리를 데시벨(dB)로 측정하는 것이다(Wilber, 1999). 일반적으로 순음 청력 측정은 개인이 증폭기 없이 각각의 귀로부터 얼마나 잘 들을 수 있는지를 제공하면서, 세 가지 특정 주파수에 대한 평균치를 통해 구해진다. 0~25dB의 한계점에서 개인은 청력의 손실이 없음으로 확인된다. 경도의 청력 손실을 가진 개인은 26~40dB의 한계 수준을 가지고 있고, 중등도 청력 손실을 가진 개인은 41~55dB의 한계를 가진다. 중도 청력 손상을 가진 개인은 56~70dB의 한계를 가지며, 최중도 청력 손상을 가진 개인의 한계는 71~90dB에 있다. 90dB 이상의 한계점을 가진 개인은 완전한 청력 손실을 가진 것으로 보인다(Tye-Murry, 2004).

기능적으로 경도의 청력 손상을 가진 사람은 배경 소음이 존재한다면 약간의 언어 인지 감소를 경험할 것이다. 중등도 손상일 경우, 개인이 적어도 대화의 절반을 이해하기 위해서는 직접 대면한 의사소통이 필요할 것이며, 집단 상황에서는 대화

이해의 어려움을 경험할 것이다. 중도 손상을 가졌을 경우 집단 상황 및 직접 대면한 언어적 대화 상황에서 현저한 어려움을 경험할 것이다. 최중도 손상을 가진 개인은 목소리나 환경적 소음을 인지하지 못할 것이며, 완전한 청력 손실을 가진 사람은 의사소통에서 주로 시각적인 방법에 의존하고 진동을 통해서만 소리를 감지할 것이다. 이러한 관점에서 경도, 경중도 그리고 중등도 범주에 있는 사람들은 일반적으로 난청으로 고려되며, 중도-최중도 청력 손실 범주에 있는 사람들은 농으로 분류된다(Flexor, 1999; Moores, 1996; Tye-Murry, 2004).

2) 문화적 정의와 적절한 전문 용어

대문자화된 농(Deaf or Deafness)이라는 용어는 사회언어적 및 문화적 청각장애 집단의 일부분으로 청각장애인을 지칭하기 위해 사용된다(Land, Hoffmeister, & Bahan, 1996; Padden & Humphries, 2005). 그러므로 여기에서 농 또는 난청이라는 표현은 완전히 포괄적이며 문화적으로 민감하게 사용된다. 일반적으로 농 문화에서는 사람 우선 언어(person-first language)나 농인(Deaf person)과 같은 표현 사이에 구별을 두지 않고 두 표현이 동등하게 수용 가능하다는 점이 흥미롭다(Baker-Shenk & Cokely, 1980).

청력 측정 및 기능적 정의는 청력 손상의 수준 및 정도에 초점을 맞춘다. 하지만 청력의 상태에 초점을 맞추지 않은 문화적 정의 또한 존재한다. 지난 20년 동안, 청각장애인 특유의 관습, 신념, 언어에 의해 증명된 특정한 삶의 관점을 대표하는 청각장애에 대한 정의가 있다. 자신을 문화적인 농이라 표현하는 것은 청력에 대한 특정 의학적 상태를 의미하지 않는다. 사실 청력의 상태는 집단 구성원들을 서술하기 위해 사용되는 가장 중요하지 않은 기준 중의 하나다. 청각장애의 가치의 수용, 청각장애를 손상으로 보는 것에 대한 거부, 그리고 수화의 사용이 높게 평가된다(Padden & Humphries, 2005). 농 문화에서 청력 손상이라는 용어는 청력의 상태에서의 차이점을 병리화하고 청각장애의 문화적 구성 요소를 부인하는 부정적인 의학적 사고를 나타낸다(Baker-Shenk & Cokely, 1980). 이에 따라 농 문화 사회는 이러한 용어를 거부해 왔다.

2 평가의 일반적인 쟁점

모든 수준에 대한 교육 및 재활 환경은 선별, 자격 및 배치 서비스를 위해 표준화된 평가를 포함할 것을 요구한다. 게다가 많은 고용 환경에서 증명서 및 자격증 시험의 형식으로 또는 고용 후 승진을 위하여 표준화된 검사를 요구한다(Johnson, 2005). 그러나 청각장애인들은 대체로 이러한 환경에서 사용되는 표준화된 검사를 적절히 수행하지 못한다(Loew, Cahalan-Laitusis, Cook, & Harris, 2005; Martin & McCrone, 1990). 심지어 예외적으로 똑똑하고 높은 교육 수준의 청각장애인조차도 현저한 어려움을 경험한다(Mounty & Martin, 2005). 평가에 대한 어려움은 영어의 읽고 쓰는 능력의 결함과 아주 어린 나이에 시작될 수 있는 언어적 · 사회적 고립 경험에 따른 실제 세계 및 사회적 지식의 제한으로 발생한다(Holt, Traxler, & Allen, 1997; Lane, 1992; Lane et al., 1996; Schein, 1989; Smart, 2001). 부가적으로 편의 제공으로서 수화의 부적절한 사용은 청각장애인의 평가에 부정적인 영향을 줄 것이다(Allen, 1994a; Ladd, 2003; Rogers, 2005).

1) 읽고 쓰는 능력 및 관련 학업기술

읽고 쓰는 능력 및 언어에 대한 접근의 부족은 청각장애인이 표준화된 검사에서 직면하는 많은 문제의 원인이 된다(Loew et al., 2005). 많은 청각장애인은 영어 학습에 어려움을 느낀다. 비장애인은 듣기 및 언어적 상호작용을 통하여 일차적으로 언어를 잘 습득하는 반면, 청각장애를 가진 학습자에게 언어를 듣는 능력은 불가능하거나 현저히 제한되어 있다. 언어 습득 이전에 청각장애를 가진 개인에게 영어는 사실상 외국어다. 일반학교에서 읽기를 가르칠 때에는 음운론적인 접근이 사용되는데, 이는 청각장애 학생에게 현저한 어려움을 야기한다. 영어의 읽고 쓰는 능력을 발달시키는 다른 전형적인 방법 또한 청각장애 학생에게는 적절하지 않은 것으로 밝혀졌다(Lipton & Goldstein, 1997). 그 결과, 많은 청각장애인은 3학년이나 그 이하 수준의 영어 읽기능력을 가지고 있다(Elliot, 1987; Holt et al., 1997). 영어를 읽고 쓰는 능력의 한계 및 다른 교과기술의 부족을 야기하는 청각장애인의 언어적 · 교육적 고립에 대해 이해하는 것은 평가 과정에서 직면하는 어려움을 이해하는 데 중요하다(Gallaudet Research Institute: GRI, 2003a; Holt et al., 1997). 이 모든 문제는 상호 연관되어 있으며 이에 대한 우려가 생겨나고 있다.

2) 언어적 고립

언어적인 면에서 청각장애인은 영어를 말하고 읽을 수 있어서 표준 설문지가 사용 가능한 사람과 그렇지 못한 사람으로 나뉠 것이다. 청각장애인이 선천적인 혹은 언어 발생 이전에 청력이 손실된 경우, 그들의 언어 발달은 가장 크게 영향을 받으며 언어적 고립이 종종 발생한다(Allen, 1994b; Hindley, 2000; Lipton & Goldstein, 1997). 게다가 Vess와 Douglas(1995)는 언어 발생 이전 혹은 초기에 청력이 손상된 사람들의 학습 방식은 주로 경험적인 상황과 관련되어 있을 것이라고 지적하였다. 그 결과로, 개념적 지식 및 추상적인 사고의 제약이 발생한다. 그러나 언어적 고립은 청각장애인을 더 큰 사회로부터 분리되게 하는 한 가지 방법일 뿐이다.

3) 사회적 고립

사회적 고립은 청각장애인에게 심각한 문제이며, 이는 아주 어린 시기에 시작될 수 있다(Smart, 2001). 청각장애 아동을 가진 약 90%의 부모 및 약 79%의 형제들은 수화 또는 다른 방법의 의사소통을 배우지 못하며, 따라서 청각장애 아동과 온전한 관계를 맺지 못할 수 있다(GRI, 2003a). 청각장애인 기숙학교는 오랫동안 존재해 왔지만, 최근 연구에서는 약 75%의 청각장애 학생이 종종 청각장애인이 자기 혼자만인 공립학교 시설이나 개별 특수학급에서 대부분의 시간을 보내는 것으로 나타났다(GRI, 2003a; Osgood, 2005). 이러한 상황 때문에 청각장애 학생들은 학교 및 지역사회 환경에 완전히 참여하는 기회를 잃고, 사회 학습을 위한 많은 풍부한 기회를 잃게 된다. 청각장애 학생을 비장애 학생들과 통합하려는 시도가 만들어지고 있지만, 수화 통역자는 오직 교실에서만 이용 가능하며, 운동장, 학교 식당 그리고 다른 사회적 상황에서는 거의 이용이 가능하지 않다(Osgood, 2005). 사회적 학습, 사회적 상호작용 그리고 사회적 행동의 어려움은 환경적 자극을 인지하고 반응하는 능력의 부재 및 이해 능력의 현저한 장애를 야기한다(Holt et al., 1997; Smart, 2001).

4) 검사 구조

영어를 읽고 쓰는 능력의 문제 및 실제 세계와 사회적 지식에 대한 결여에 따라 경험되는 어려움은 표준화된 검사에서 사용되는 전형적인 구조 및 언어에 의해 더 악화되는데, 이것은 아마도 청각장애인의 평가에서 가장 기본적인 문제일 것이다(Mounty & Martin, 2005; Weinstock & Mounty, 2005). 예를 들어, 많은 유형의 검사들은 불완전한 어간이라 불리는, 그 문장을 완성하기 위하여 다양한 선택 사항이 뒤따르는 불완전한 문장으로 구성된 질문들을 포함한다. 하지만 불완전한 어간은 청각장애인에게 아주 어려울 수 있다. 영어가 모국어가 아니거나 영어 습득에 어려움을 가지고 있는 사람들은 다양한 선택 사항 중 하나를 사용하여 완성되는 불완전한 문장으로 구성된 질문보다는 완전한 문장으로 된 질문을 더 잘 이해한다(Massad, 2005). 부정적으로 표현된 질문이나 문항, 다양한 종속절로 만들어진 질문, 수식어들로 이루어진 질문, 그리고 과도하게 복잡하고 애매모호하며 관념적인 검사 항목들은 특히 청각장애를 가진 피검사자들에게 어려울 것으로 보이지만, 이러한 검사 형식은 많은 표준화된 평가에서 흔하게 발견된다(Mounty & Martin, 2005; Weinstock & Mounty, 2005).

검사 구성의 형식과 관련된 문제뿐만 아니라 문항 역시 언어의 구문 때문에 미세하게 편중될 수 있다. 모국어 유창성은 복잡하며, 문법의 숙지 이상을 요구한다. 즉, 음성, 억양의 미묘한 차이, 공식적 · 비공식적 사용 모두 모국어 유창성의 한 부분이다. 이것은 비록 한 문장이 기술적으로 정확하게 구성되어 있다고 하더라도 그 문장은 올바르지 않다고 결론 내릴 수 있는 언어의 이러한 특성 때문이다. 이러한 질문의 유형들은 일반적으로 음성 중심적이라 분류될 수 있으며, 특히 언어 발생 이전의 청각장애인들에게 도전적이다(Weinstock & Mounty, 2005, p. 29). 만약 가능하다면 재활 전문가는 청각장애 피검사자에게 어려움을 불러일으키는 것으로 알려진 검사 형식, 문법적 구조, 소리 중심의 어휘에 대해 철저하게 재검토해야 한다(Ragosta, 2005). 내담자에게 연습하고 공부할 기회를 제공함으로써 표준화된 평가에 사용되는 유형의 구조 및 언어를 준비시키는 것 또한 도움이 될 것이다(Weinstock & Mounty, 2005). 만약 문제가 있는 구조를 포함한 평가도구의 사용이 불가피하다면, 언어 관련 그리고 다른 편의 제공이 필요할 것이다.

5) 편의 제공으로서의 수화

문서로 된 검사를 수화로 통역하는 것을 시역이라고 하는데(Rogers, 2005, p. 111), 이는 읽고 쓰는 능력의 장애로 평가 상황에서 어려움을 가지는 사람들을 위한 합리적인 편의 제공이라 할 수 있다. 그러나 수화를 통한 평가의 편의 제공은 단순히 검사에 수화 통역자를 배치하는 것보다 훨씬 복잡하다(Johnson, Kimball, & Brown, 2001; Rogers, 2005). 첫째, 모든 청각장애인이 수화의 사용에 유창하지 않다는 것을 깨닫는 것이 중요하다. 둘째, 수화의 다양성은 표현할 때의 정확성 및 받아들일 때의 내용 이해 모두에 영향을 미칠 것이다. 부가적으로 동시 통역은 언어기술, 능력, 검사 절차에의 친숙함, 검사 내용, 내담자가 선호하는 의사소통 방식에 따른 차이점 때문에 통역자마다 다양할 수 있다(Blennerhassett, 2000; Rogers, 2005).

6) 수화 유창성

다양한 유형의 손으로 하는 의사소통이 미국에서 사용되지만, 가장 흔한 것이 미국 수화(ASL)와 수화 영어다. 하지만 많은 청각장애인은 형식적인 평가 상황에서 ASL이나 수화 영어를 사용하는 데 유창하지 않다(Rogers, 2005). 약 10%의 고도 난청 및 완전한 청력 상실 학생들은 언어를 사용하는 학교에 다니고 있으며, 구술이나 수화를 사용한 이해나 의사소통을 배우지 못하는 것으로 추정된다(Allen, 1994b; Ladd, 2003). 그러므로 피검사자는 자신의 능력을 완전히 수행하기 위해 필요한 적절한 지시나 정보를 받지 못할 것이다(Blennerhassett, 2000; Schick, Williams, & Kupermintz, 2006).

7) 통역 문제

다른 모든 구어와 마찬가지로 수화는 변화가 가능하며, 지역적 · 민족적 방언 그리고 개인적 선호도를 가지고 있다. 자신, 가족 그리고 학교에서 만든 수화의 광범위한 사용뿐만 아니라 ASL의 구문 및 어휘의 지역적 다양성은 의미 있는 해석에 영향을 미칠 수 있다(Braden, 1994; Lipton & Goldstein, 1997). 비록 수화 영어가 구술 영어 문장과 특정 ASL 단어의 표준화된 결합을 포함하지만, 지역적인 차이점 및 비장애 사용자에 의한 신호의 생략 때문에 비표준화된 변화가 일어나기 쉽다(Braden,

1994; Lipton & Goldstein, 1997). 언어에서 언어로든 또는 언어에서 수화로든, 모든 통역은 구문을 변화시킬 수 있다(Gierl, 2000; Loew et al., 2005). 통역 과정은 평가자와 피검사자 사이의 상호작용의 감소를 초래할 것이며, 통역 및 해석을 위해 필요한 착석 배정은 검사 재료에 방해가 되고, 검사도구의 표준화된 제공을 변경시키거나 검사 상황을 방해할 것이다(Blennerhassett, 2000).

8) 통역자 기술 및 편향

수화 통역자의 지식, 기술 그리고 능력은 표준화된 평가 상황에서 수화의 사용을 의미 있는 편의 제공으로 만드는 데 중요한 요소다(Gierl, 2000; Loew et al., 2005). 그러나 자격 요건을 잘 갖춘 통역자라 하더라도 내용에 대한 완전한 접근 및 이해가 불가능할 경우도 있다(Schick et al., 2006). 적절한 통역은 단어 자체보다는 의미에 초점을 둔다. 만약 평가를 실시하는 전문가가 수화를 할 수 없기 때문에 통역자의 사용이 필요하다면, 통역자는 이상적으로 수화뿐만 아니라 심리학 및 검사에 유창해야 한다. 그렇지 않으면 검사 결과는 높은 타당도를 충족시키지 못할 것이다(Raifman & Vernon, 1996).

또한 통역자의 사용은 검사 상황을 편향되게 하거나, 검사 결과들이 비표준화된 절차하에서 획득되었기 때문에 검사 결과를 무용지물로 만들 수 있다(Johnson et al., 2001; Loew et al., 2005). 예를 들어, 한 검사에서 평가되어야 할 구성 요소가 언어 영역이라면, 통역은 직접적이든 간접적이든 적절하지 않을 것이다. 그리고 통역 과정에서 검사 항목에 대해 정확하게 대답하도록 요구되는 정보가 무심코 생략될지도 모르며(Johnson et al., 2001), 통역자에 의해 사용된 손의 모양이나 기호 모양의 방향이 검사 질문에 대한 대답을 드러내는 정보를 제공할지도 모른다(Blennerhassett, 2000). 사실 Rogers(2005)는 평가 동안에 검사자가 통역자를 의심하게 되거나 통역을 중단하고 심지어 통역서비스를 철회하는 경우가 흔하다고 지적했다.

3 재활 환경에서의 평가

청각장애인의 표준화된 검사 사용에 대한 일반적인 문제점들에도 불구하고, 재활 환경에서는 이러한 검사가 필요할 경우가 있을 것이다. 검사 선택은 내담자의 특성과 검사의 특성 모두 전반적인 요인에 의존할 것이다. 병인론적 특성, 장애 발생 시기, 다른 장애의 존재 유무, 선호되는 의사소통 방법 그리고 다른 사회적·교육적 경험은 공식적인 평가에 더욱더 영향을 미칠 것이다(Zieziula, 1986). 의뢰 사유 및 내담자의 나이에 따라 완전한 심리평가 배터리는 지능검사, 정신병리검사 및 뇌손상 선별도구, 교육성취도 검사, 적성 및 흥미 검사를 포함하며, 재활 전문가는 사례사 자료와 함께 이를 종합할 것이다.

1) 지적 기능의 평가

Braden(2001)은 청각장애인의 인지능력을 평가할 때의 주요 어려움이 언어 결함, 인지 결함, 그리고 인지 결함에 의해 발생된 언어 결함 간의 차이를 구별하는 것이라고 언급하였다. 진단의는 이상적으로 다양한 형태의 평가 사용을 통하여 이러한 문제를 다룬다(Braden, 2001). 청각장애인이 예외적으로 언어능력을 지니고 있을 때, 언어성 검사의 사용은 적절할 것이다. 하지만 이와 같은 경우가 아니라면, 이는 부정확한 심리평가가 될 것이다(Vernon, 1996). 언어 발생 이전에 청각장애를 가진 대부분의 내담자에게 적절한 지능검사로는 비언어성 검사가 추천된다(Braden, 1994).

청각장애인을 위해 특별히 개발된 많은 수의 지능검사는 더 이상 출판되지 않고 있으며, 임상의학자가 그것을 이용하는 것은 불가능하다. 비록 몇몇 절판된 도구가 복사나 다른 사본을 통하여 여전히 쓰이고 있지만, 최근의 규준, 심리측정적 최신화 및 개선, 그리고 이 검사들의 개념적·내용적 최신화를 위한 개정은 이루어지지 않고 있다. 따라서 이와 같은 도구들의 사용은 추천되지 않는다. 이 범주에 있는 검사들의 예는 청각장애인을 위한 일반적성검사(U.S. Department of Labor, 1982), 청력측정검사(Noble & Atherley, 1970) 그리고 Hiskey-Nebraska 학습적성검사(Hiskey, 1966)를 포함한다. Spragins(1997)의 지적에 따르면, Hiskey-Nebraska 검사는 1966년에 검사 규준이 개발된 이후 더 이상 개정되지 않았으며, 현재와의 연관성이 거의 없음을 저자가 경고하였음에도 불구하고 PRO-ED 출판사는 Hiskey-Nebraska 기록 용지를 계속하여 비축하고 있다. 비록 이러한 검사들의 이용은 불가능하지만, 재활 관련 평가에서 유용한 여러 다른 검사도구는 이용 가능하다. 다음에서는 여러 이용 가능한 검사도구에 대한 간단한 검토를 하고자 한다.

2) Wechsler 성인용 지능검사 제3판

WAIS-Ⅲ(Wechsler, 1997)은 가장 흔하게 사용되는 성인 지능검사이며, 검사의 일부는 청각장애인들에게 사용되고 있다(Collins & Hunter, 2001; Flanagan, McGrew, & Ortiz, 2000; Gregory, 1999; Kaufman & Lichtenberger, 1999). WAIS-Ⅲ의 동작성 검사는 청각장애인의 평가에 가장 흔하게 사용된다. 동작성 검사는 16~89세의 사람들에게 가장 적절하다. 비록 청각장애인에게 사용하기 위한 기준이나 특별한 지침은 없지만, 시범 설명 또는 청각장애인의 필요성에 의한 편의 제공으로서의 수화 사용이 가능하다. 하지만 수용언어에 제한을 가진 내담자는 여전히 과제를 이해하는 데 어려움을 경험할 것이다(Blennerhassett, 2000). WAIS-Ⅲ 동작성 검사는 학생의 최고 기량의 수행에 대한 측정인지를 확인하기 위하여 다요인 평가의 한 부분으로 사용되는 것이 가장 바람직하다. 검사 결과가 전체 IQ 검사의 신뢰도와 타당도에 접근하기 위해서는 적어도 두 가지 이상의 동작성 검사를 실시하는 것이 필요할 것이다(Braden, 1994).

3) Leiter-R

Leiter-R(Riod & Miller, 1997)은 특별한 문제를 가진 개인에게 주로 시행되는 검사다. 이 검사의 형식이 언어적 지시나 반응을 요구하지 않기 때문에, Leiter-R은 2~20세에서 벗어난 사람들을 포함한 청각장애인에게 성공적으로 사용된다(Tsatsanis, Dartnall, Cicchetti, Sparrow, Klin, & Volkmar, 2003). 검사 설명서는 청각장애인의 사용을 위한 어떤 특별한 편의 제공이나 지침을 제안하고 있지는 않지만, 요구되는 대부분의 과제는 자명하며, 다른 과제들은 시연될 수 있다(Roid & Miller, 1997). 비록 검사의 비언어적 형식 때문에 이 도구는 청각장애인을 평가하기 위한 훌륭한 선택이라고 보이지만, 몇몇 문제점도 존재한다. 특히 청각장애인을 위해 이용 가능한 규준이 없으며, 청각장애인에게 시행되는 경우 검사 시행 시간이 길어지고 검사 비용이 많이 든다(Spragins, 1997).

4) 비언어적 지능검사 제3판

비언어적 지능검사 제3판(Test of Nonverbal Intelligence-Third Edition: TONI-3;

Brown, Sherbenou, & Johnsen, 1997)은 간단한 언어를 요구하지 않는 6~89세의 사람들에게 적절한 검사도구다. TONI-3을 시행할 때, 검사자는 피검사자에게 지시 사항을 전달하기 위해 몸짓이나 수화를 사용할 것이며, 피검사자는 검사 항목에 대한 답을 손가락으로 지목할 수 있다(Spragins, Blennerhassett, & Mullen, 1993). 이 검사는 청각장애인을 위한 규준은 제공되어 있지 않다. 흥미롭게도, 검사 개발자는 지역적인 또는 특별화된 규준에 대한 개발을 제안하였으며, 따라서 여러 기관에서 이를 시행하는 것이 가능하다. TONI-3의 가치 있는 특성은 이야기나 그림 활동이 아닌 기하학적인 모형의 사용이며, 따라서 이 검사는 청각장애인에게 존재할지 모르는 실제 세상이나 사회적 지식의 결여에 의한 영향을 다른 측정도구보다 적게 받는다. 이 도구는 다른 형식적 또는 비형식적 평가도구와 함께 사용되었을 때 가장 효과가 크다(Spragins, 1997).

5) Raven 누진항렬검사

Raven 누진항렬검사(Raven's Progressive Matrices; Raven, 1948; Raven, Court, & Raven, 1977)는 항렬 모형의 완성에 기초한 세 가지 형식의 비언어성 추론능력 측정 검사다. 표준 누진항렬검사는 6~80세의 사람들에게 적절하며, 고등 누진항렬검사는 고기능 아동 및 성인에게 적절한데, 이 검사는 재활 환경과 잘 관련되어 있으며 청각장애인에게 성공적으로 사용되어 왔다(Blennerhassett, Strohmeier, & Hibbett, 1994; Naglieri & Welch, 1991). 많은 다른 검사도구와 마찬가지로 청각장애인의 규준 자료 및 표준화된 절차는 개발되어 있지 않다. 과제 요구 조건이 보통 자명한 것으로 보고되고 있지만, 이는 시범, 몸짓, 손으로 지시하기 등의 방법으로 비언어적으로 전달될 수 있다. 청각장애인의 거주치료 센터에서 시행된 연구에서 이 검사는 다른 지능검사와 현저하게 상관관계가 있음을 보여 주었다(Blennerhassett et al., 1994). 이 검사는 다른 지능검사의 보조적인 측정도구로 사용하는 것을 추천하며, 충동적인 사람에게 사용하는 것은 추천되지 않는다(Spragins, 1997).

6) 비언어적 종합지능검사

비언어적 종합지능검사(Comprehensive Test of Nonverbal Intelligence: CTONI; Hammill, Pearson, & Wiederholt, 1997)는 추론능력에 대한 비언어적 측정검사이며

손짓이나 다른 수화를 사용하여 시행될 수 있다(Drossman, Maller, & McDermott, 2001). CTONI가 일련의 추론 과제를 포함하기 때문에 인과나 연속적 배열에 어려움을 가지는 것으로 알려진 청각장애인들에게는 이 검사가 편향적일 수 있을 것이다(Spragins, 1997). 저자는 이 도구가 언어적 차이를 가진 개인을 평가할 때 적절하게 사용된다고 언급하였다. 검사 설명서에는 청각장애 학생들의 성공적인 사용에 대한 보고뿐만 아니라 다른 지능검사와의 하위검사 상관관계가 중간에서 높은 정도의 범위에 있음이 보고되어 있다(Hammill et al., 1997). Spragins(1997)에 따르면, CTONI는 비록 검사 결과 해석에 주의해야 함에도 불구하고 청각장애인을 위한 적절한 도구인 것으로 보인다.

비록 청소년 및 성인의 IQ 점수가 청각장애 아동의 점수보다 좀 더 신뢰할 만한 것으로 나타났지만, 특히 낮은 점수는 다른 지지적 증거가 없을 때에는 의심할 만한 것으로 고려되어야 한다. 개인이 자신의 능력 이하로 수행할지 모르는 많은 이유가 있을 수 있기 때문에, 낮은 IQ 점수가 정확하지 않을 가능성이 있다. 그러나 자신의 능력 이상으로 수행할 수 있는 상황은 거의 없기 때문에 높은 IQ 점수는 정확한 것으로 여겨진다(Vernon & Hammer, 1996). Braden(2001)은 청각장애인에게 낮은 점수를 산출하는 검사는 모두 선천적인 편견을 가지고 있을 것이라는 가정에 대해 경고했다. 사실 사람들은 검사 상황에서 단순히 잘 수행하지 못하거나 실제로 그 영역에 결함을 가지고 있다. 수화의 사용이 표준화를 변경시키고 결과에 영향을 줄 수 있기 때문에 검사자는 어떤 유형의 의사소통이 사용되고 있으며 어떤 변경이 이루어지는지 유의해야 한다(Spragins, 1997).

결론적으로, 지능의 타당한 평가는 재활의 전반적인 평가에서 중요한 한 부분일 것이며, 이는 청각장애인에게 역시 중요하다. 불행하게도, 청각장애인이 지적장애를 가지고 있다고 잘못 검증된 몇몇 사례들이 있다. 다른 경우, 청각장애인을 위한 적절한 직업 재활이 이루어지지 않았는데, 이는 부적절한 검사들이 사용되었기 때문이다(Vernon & Andrews, 1990). 수행중심 검사의 선택 또는 비언어적 검사도구의 선택은 언어적 편견을 감소시키거나 제거하기 위한 유용한 적응적 전략이 될 수 있다. 하지만 이는 주의 깊게 실행되어야 한다. 가장 중요한 것은 수행중심 척도가 비언어적 검사를 사용하는 것과 동일시된다고 가정해서는 안 되는데, 이는 많은 수행척도가 실제로는 긴 영어 지시를 요구하기 때문이다(Gibbins, 1989).

4 정신병리 평가와 뇌손상 선별

심각한 정신장애가 청각장애인에게 발생할 수 있다. 사실 청각장애인의 절반이 몇몇 정신 건강의 이상을 경험해 왔을 것이다(Allen, 1994a; Hindley, Kitson, & Leach, 2000). 청각장애인에게 정신장애의 출현, 특히 정신병의 출현은 청각장애를 가지지 않은 사람들이 경험하는 것과는 아주 다를 수 있다. 특히 감각 및 언어 기능의 방해는 정신장애의 주요한 증상이다. 청각장애를 가지지 않은 인구에서 개인은 모국어에 유창하며, 따라서 유창성의 방해는 신경학적 또는 정신과적 문제의 증거일 것이라는 가정이 주로 유효하다. 불행하게도, 청각장애인에게는 이것이 사실이 아니다. 청각장애인들은 청각에 문제가 없는 사람들과는 다른 감각 및 언어 경험을 가질 것이며, 이는 전형성을 결정하기 어렵게 만든다(Elliott, 1987; Evans & Elliott, 1981).

다양한 검사 수행에 대한 어려움과 사회적 · 행동적 차이, 그리고 심각한 청력 손실에 의한 지각의 차이 때문에 정신장애에 대한 잘못된 진단은 청각장애인에게서 흔하게 일어난다(Blennerhassett, 2000; Brauer, 1993; Briccetti, 1994; Kitson & Thacker, 2000; Moores, 1978; Rosen, 1967; Vernon & Andrews, 1990). Dickert(1988)의 지적에 따르면, 서비스 제공자는 청각장애를 가지지 않은 내담자보다 청각장애인 내담자가 훨씬 적은 정신병을 가진 것으로 평가했음에도 불구하고 청각장애 내담자를 더 많은 감독 및 약물치료가 필요한 것으로 평가하였으며, 서비스 제공자는 청각장애인 내담자의 요구를 완전히 파악하지 못하였다.

앞서 언급하였듯이, 청각장애인이 구술이든 수화든 최소한의 언어능력을 가진 것은 흔하다. 하지만 정신기능을 평가하기 위한 많은 검사도구가 과도한 언어 및 지필검사에 의존하며, 또한 검사자와 피검사자 사이에 이루어지는 관계 형성에 의존하고 있다. 따라서 몇몇 청각장애 아동 및 성인에게 넓게 적용되는 정신병리검사는 거의 없다. 하지만 몇몇 검사는 그 유용성을 보여 주고 있으며 흔하게 사용되고 있다. 몇몇 도구는 특히 심리학적 평가에 의뢰된 청각장애인에게 가장 빈번하게 나타날 수 있는 뇌손상을 선별하기 위해서 신경학적 · 청각적 진단기술과 함께 사용되고 있다(Braden, 1994; Morgan & Vernon, 1994).

1) Rorschach 잉크반점검사

Rorschach 잉크반점검사(Rorschach Ink Blot; Rorschach, 1942)는 잘 알려진 검사도구이며, 피검사자에게 추상적인 잉크반점으로 된 10장의 카드에 대해 반응하도록 요구한다. 검사 시행, 채점 그리고 해석 절차의 전반적인 개요가 이용 가능하지만, 이 검사도구의 효과성은 검사자의 기술에 완전히 의존한다(Exner, 2001; Spragins, 1997). 청각장애인을 위한 Rorschach 검사의 사용은 훌륭한 영어기술을 가졌거나 최근에 장애를 가진 사람들로 제한되어 있을 것이다. 훌륭한 의사소통 기술을 가지지 못한 개인은 적절한 반응을 제공하는 능력이 제한되어 있거나 그들의 반응을 확장하는 데 어려움을 가지고 있을 것이다. Schwartz, Mebane과 Malony(1990)는 Rorschach 검사가 만약 농 문화와 청각장애 피검사자에 대해 지식이 있는 심리학자를 통해서 실시된다면, 대학교육을 받았거나 영어에 유창하며 비장애 사회와 상호작용할 수 있는 청각장애인에게는 그것을 적절하게 사용할 수 있음을 발견하였다.

2) 미네소타 다면적 인성검사

미네소타 다면적 인성검사(Minnesota Multiphasic Personality Inventory: MMPI; Butcher, Dahlstrom, Graham, & Tellegen, 1989)는 대중적이고 잘 만들어진 성격평가 도구이며, Brauer Gallaudet MMPI-168(Brauer, 1992)이라는 수화 버전이 개발되어 있다. MMPI의 수화 버전은 영어 버전과 같은 구조로 신뢰성이 높은 것으로 보인다. 그러나 이 두 버전은 피검사자의 과동일시를 '정신 이상'이라고 보는 것과 같은 한계가 있다(Riley-Glassman, 1989). 연구는 또한 수화 버전의 길이가 아주 길며(LaVigne & Vernon, 2003), 개념적 · 문화적으로 의미 있는 번역이 필요함을 지적하였다(Brauer, 1992). 게다가 MMPI 수화 버전은 성격의 지각에 대한 차이, 그리고 수화 사용자 효과라고 알려진 피검사자에게 민감한 항목에 대한 수화 통역자의 수화 방식의 차이점에 취약하다(Brauer, 1992, p. 380).

3) Bender 시각운동형태검사

Bender 시각운동형태검사(Bender Visual Motor Gestalt Test: Bender-Gestalt)는 Lauretta Bender에 의해 1938년에 개발되었으며, 초기 규준 자료는 뇌손상을 포함

한 다양한 장애를 가진 개인을 포함하였다. 다양한 버전의 Bender-Gestalt 검사가 존재하지만, 재활 환경과 가장 관련 있는 검사는 Bender 시각운동형태검사 제2판(Bender-Gestalt-II; Brannigan & Decker, 2003)이다. 비록 초기 연구들이 청각장애인에게 유용하지 않다고 제안하였지만(Bolton, 1972; Bolton, Donoghue, & Langbauer, 1973), 이 검사는 청각장애인의 신경학적 문제를 선별하고 확인하기 위해 빈번하게 사용된다(Spragins, 1997; Vernon & Andrews, 1990). Bender-Gestalt-II의 장점은 객관적인 채점 체계로 이루어져 있다는 점이다. 이전에 논의했던 검사도구들과 같이 청각장애인을 위한 규준이 결여되었다는 것이 한 가지 단점이다. 이 검사가 청각장애인에게 광범위하게 사용되고 있지만, 청각장애 피검사자가 검사 지시를 완전하게 이해하고 있다는 점을 나타내는 연구는 거의 존재하지 않는다(Spragins, 1997). 이 검사는 독립적인 평가보다는 다른 검사 및 배경 정보와 함께 사용될 때 더 가치 있는 검사가 될 것이다(Bender, 1938; Koppitz, 1963).

4) 도안기억검사

도안기억검사(Memory-for-Designs Test: MFD; Graham & Kendall, 1960)는 청각장애인을 평가하기 위한 훌륭한 도구다. 이 도구는 15개의 도안으로 된 자극 카드로 구성되어 있으며, 이 자극 카드들을 5초 동안 피검사자에게 보여 준다. 그러고 나서 피검사자들에게 그 도안을 모사하도록 하는데, 많은 오차점수는 낮은 수행을 가리킨다. 이 검사는 나이, 지능 및 어휘적 수준에 따른 다양성을 통제하는 간결한 채점기술을 가지고 있다. 하지만 이 검사는 불확실한 연구 기록을 가지고 있으며, 청각장애인을 위한 특별한 기준이 없다(Mandes & Gessner, 1989). 긍정적인 측면에서 MFD는 뇌손상과 관련된 인지적 결함과 손상 사이의 차이점을 증명할 뿐만 아니라, 나이와 관련된 두뇌의 미세한 변화에 민감한 것으로 밝혀졌다. 하지만 몇몇 연구는 MFD가 많은 오진 결과를 보고하고 있음을 보여 주었다. 그러므로 이 검사는 다른 자료와 함께 사용되어야 한다(Mandes & Gessner, 1989).

5) 투사 그림 기법

청각장애인을 위한 투사 기법의 사용에 대한 연구 지원은 거의 없으며, 이를 위한 계획은 잘 수립되어 있지 않다. 청각장애인은 시각-운동 기능에서 비장애인들과 차이점이 있을 것이며, 이는 투사 그림 및 해석 결과에 영향을 미칠 것이다(Schwartz et al., 1990). 사실 청각장애를 가진 청소년에 의해 완성된 그림은 비장애 청소년의 그림과 차이가 있다고 알려져 있다(Briccetti, 1994; Spragins, 1997). 인물그림검사: 정서장애를 위한 선별절차(Draw-A-Person: Screening Procedure for Emotional Disturbance: DAP: SPED; Machover, 1949)를 포함한 몇몇 투사 기법은 청각장애인의 정서기능을 잘못 분류하고 있는 것으로 보이며, 이 기법은 주의 깊게 사용되어야 한다(Briccetti, 1994). 이러한 제한점에도 불구하고 투사 기법은 청각장애인에게 사용되고 있다(Schwartz et al., 1990). Spragins(1997)는 그림이 평가를 시작할 때 비위협적인 방법으로 제공될 수 있으며, 그림에 대한 토론을 통하여 검사자와 피검사자 사이의 의사소통을 촉진시킴으로써 관계 형성의 발달을 도울 것이라고 제안했다. 집-나무-사람 그림검사(HTP; Buck, 1948)는 3세 이상의 개인에게 적절한 평가 기법이며, 청각장애인에게 빈번하게 사용된다(Spragins, 1997). HTP는 피검사자가 3장의 그림을 그리고 그것을 검사자에게 설명하도록 하는 방법을 사용한다. 검사 책자에는 다양한 그림에 대한 질적인 분석을 포함한 표준 자료가 제공되어 있으며 객관적인 채점 기준은 제공되지 않았다(Buck, 1992; Burns, 1987).

요약하면, 청각장애인의 정신병리 평가는 지능검사보다 훨씬 복잡할 것이다. 검사 결과를 해석할 때에는 청각장애의 영향, 개인의 경험 그리고 병력 자료에 대한 깊이 있는 이해와 함께 그 결과를 해석하는 것이 필요하다. 몇몇 연구는 청각장애인의 정서적 기능을 효과적으로 평가하기 위해 검사자가 수화에 유창해야 한다고 제안한다(Brauer, 1993). 최소한 Levine(1981)과 Blennerhassett(2000)은 청각장애인과 작업하는 정신건강 전문가는 그 집단에 적용되는 대표성을 더 잘 이해하기 위해 농 문화 및 청각장애의 발달적 영향에 대한 이해가 필요하다고 제안했다(*Gallaudet University School Psychology Handbook*, 1994, p. 46; Kitson & Thacker, 2000). 일반적으로 재활 전문가는 청각장애인에게 익숙하지 않은 검사자에 의해 보고된 결과에 대해서는 회의적인 태도를 가져야 할 것이다.

성격평가와 관련하여 부족한 언어능력을 가진 청각장애인의 쓰기에서 나타나는 혼동 및 명백한 분리는 단지 언어 결함의 결과이며, 변화된 사고 체계를 가리키지 않는다는 것을 주의하는 것이 중요하다(Brauer, 1993). 지필 성격검사는 표현 및 수용 언어능력이 잘 발달된 청각장애인에게 적절할 것이다. 하지만 검사 시행 및 해석의 문제점은 검사 결과를 의심할 여지가 있도록 만들 것이다(Heller, 1987; Vernon & Andrews, 1990). 마지막으로, 비장애인의 성격 구조에 대한 규준이 청각장애인 내담자에게 적절한지에 대한 의문점이 남아 있다(Heller, 1987). 청력 손실은 청각장애인이 지각하는 환경을 변화시킬 수 있는데, 이는 비장애인과는 본질적으로 다른 성격의 구조화를 초래하며, 비장애인의 일반화와는 다른 청각장애인 고유의 성격의 일반화를 만들어 낸다. 이 점은 청각장애 분야에서 학자들에 의해 깊게 논의되었으며(Vernon & Andrews, 1990) 심각한 청각장애를 가진 사람의 성격평가를 논의할 때 고려되어야 한다. 그럼에도 불구하고 만약 선별도구가 긍정적인 결과를 산출한다면, 신경심리학적 평가는 시행되어야 할 것이다.

5 성취도 검사

때때로 청각장애인과 작업하는 전문가는 개인의 교육성취도 수준에 대해 측정하는 것이 필요할 것이다. 재활 및 관련 환경에서 개인의 학문적 지식, 기술 및 능력을 수량화하는 것은 적절한 재활계획, 요구되는 훈련 및 교육 그리고 의미 있는 직업 배치의 개발에 도움이 될 것이다(Spragins, 1997). 그러나 특히 적절한 도구의 선택 및 배열, 검사 지시 및 내용의 전달 그리고 검사의 적응과 관련하여 청각장애인에게 표준화된 성취도 검사를 사용할 때에는 여러 한계점이 있다(Allen, White, & Karchmer, 1983). 청각장애인을 위한 성취도 검사의 신뢰도와 타당도를 향상하려는 노력으로 Peabody 개인성취도검사(Spragins, 1997)의 사용이 장려되었으며, 스탠퍼드 성취도검사(GRI, 2003b)의 여러 판에 대한 광범위한 규준 및 시행 연구가 이루어졌다.

1) Peabody 개인성취도검사 개정판/규준 최신화

Peabody 개인성취도검사 개정판/규준 최신화(Peabody Individual Achievement Test-Revised/Normative Update: PIAT-R/NU; Markwardt, 1997)는 흔히 사용되는 성취도 선별도구다. 이 검사는 시간 제한이 없는 다지선다형 도구다. 그 형식은 손으로 가리켜 응답하는 것이 가능하며, 청력 손실 및 다른 의사소통 장애를 가진 사람에게 적절할 것이다(Markwardt, 1997; Spragins, 1997). 규준 최신화(Markwardt, 1997)는 5~22세의 인구를 대상으로 표준화되었고, 따라서 이 검사는 과도기 단계에 있는 청소년과 작업하는 재활 전문가들에게 가치가 있다. 청각장애인은 규준 표본에 포함되어 있지 않다(Markwardt, 1997). 그럼에도 불구하고 검사 항목은 미국 공립학교를 대표하는 대부분의 과목 내용을 반영하며, 검사의 내용은 일반학급에 참여하고 있는 청각장애인과 관계가 있다. 이 검사의 내용은 기숙학교나 다른 특수학급 환경—비록 이러한 프로그램들이 공립학교의 지침서를 따르고 있지만—에서 교육을 받고 있는 개인에게는 적절하지 못할 것이다(Spragins, 1997).

2) 스탠퍼드 성취도검사

청각장애용 스탠퍼드 성취도검사(Stanford Achievement Test for Hearing Impaired: SAT-HI; Harcourt, Brace, & Jovanovich, 1973)는 청각장애인의 학문적 성취도를 측정하려는 목적으로 스탠퍼드 성취도검사 제6판(SAT-6; Harcourt, Brace, & Jovanovich, 1972)으로부터 개발되었다(French, 1987; Kelly & Braden, 1990; Trybus & Jensema, 1976). 이 검사는 청각장애인을 위한 가장 광범위한 표준화를 포함한다(Blennerhassett, 2000; Harcourt, Brace, & Jovanovich, 1973; Spragins et al., 1993). SAT-HI는 SAT-6과 같은 항목을 가지고 있지만, 단일 검사지에는 상위 수준의 수학 관련 하위검사가 더 낮은 수준의 읽기 관련 하위검사와 결합되어 있다(Trybus & Jensema, 1976; Trybus & Karchmer, 1977; Wolk & Zieziula, 1985). 도구의 개발 이후로 GRI(Gallaudet Research Institute)는 스탠퍼드 검사의 개정판에 규준을 개발함으로써 청각장애인 규준의 필요성을 계속 표현해 왔다. 새로운 개정판은 청각장애인에게 사용하기 위한 인기 있는 평가도구다(Allen, 1984; Kelly & Braden, 1990; Spragins, 1997).

(1) 스탠퍼드 성취도검사 제8판

스탠퍼드 성취도검사 제8판(SAT-8; The Psychological Corporation, 1992)은 초기 발매 후 약 1년 뒤에 청각장애 학생을 대상으로 규준화되었다(Spragins, 1996). 연구는 비통합학교에 참석하는 학생이 기숙 프로그램에 참여하고 있는 학생들보다 낮은 점수를 가졌음을 보여 주었다. 흥미롭게도 통합된 지역 교육 프로그램에 참여하는 학생들이 최고의 수행을 보여 주었다. 그러나 연구자들은 학생들이 통합된 환경 때문에 더 잘 수행하였는지 혹은 이미 더 높은 기능을 가졌기 때문에 통합된 환경에 배치되었는지 명확하지 않다고 경고하였다(Holt, 1993; Spragins, 1996).

(2) 스탠퍼드 성취도검사 제9판

청각장애인에게 사용되는 스탠퍼드 성취도검사 제9판(SAT-9; Harcourt Assessment,

1996a)은 비장애인을 평가하는 데 사용되는 것과 동일하다(GRI, 1996a). SAT-9는 여덟 가지 난이도가 이용 가능하다(Harcourt Assessment, 1996b). 피검사자에게 적절한 수준의 배터리를 선택하는 것이 필수적이기 때문에 청각장애인에게 적절한 수준의 하위검사를 선택하는 것을 돕기 위하여 다양한 기술적 설명서가 이용 가능하며, 이것은 결과 해석에 대한 안내를 포함한다(Allen, 1996; GRI, 1996b, 1996d, 1996e; Holt, 1994; Holt et al., 1997; Traxler, 1996). 게다가 이 검사는 청각장애 학생을 위한 특별한 규준이 제공되어 있으며, 그들을 위해 이 검사도구를 선택하도록 한다(Center for Assessment and Demographic Studies, 1989, 1991; GRI, 1996c). 이 검사가 많은 장점을 가지고 있지만, 한계점 또한 존재한다. SAT-9의 수학 하위검사는 이전 판보다 언어적 정보에 더 많이 의존하기 때문에 청각장애인에게는 어려울 것이다. 게다가 이 검사도구는 고등한 실력의 피검사자보다 평균 수준의 피검사자에게 유용하기 때문에, 높은 기능을 수행하는 피검사자의 실제 성취도 수준을 평가하는 것을 어렵게 한다(Spragins, 1997).

(3) 스탠퍼드 성취도검사 제10판

이전 판과는 다르게, 스탠퍼드 성취도검사 제10판(SAT-10; Harcourt Assessment, 2002)은 편의 조절로서 검사 시간을 기록하지 않는 검사다. 출판사는 ① 전국에 걸쳐 학교에서 시간을 재지 않는 평가가 널리 사용되며, ② 정답에 대한 평가보다는 능력을 평가하는 것이 더 중요하고, 학생의 수행은 검사를 마치는 데 드는 시간과 관계가 없다는 것을 나타내는 연구가 증가하고 있으며, ③ 장애인을 위한 검사의 편의 조절이 수행 변화에 미치는 영향에 대한 관심을 보고하였다(Case, 2004). Gallaudet 연구협회(Gallaudet Research Institute: GRI)는 SAT-10의 사용을 위하여 읽기 및 수학 선별검사를 제공하였으며, 그 결과는 적어도 한 가지 수준 이상의 SAT-10 하위검사를 개인에게 실시할 필요성을 나타내었다(GRI, 2003b).

요약하면, 청각장애인의 성취도 검사의 결과를 해석할 때 청각장애 기숙학교를 졸업한 학생의 약 2%만이 10학년 수준의 교육성취도 수준을 가지고 있으며, 약 41%의 학생들은 7~8학년 수준, 27%는 5~6학년 수준, 그리고 약 30%의 학생은 3학년 이하의 수준이거나 읽고 쓰는 능력이 결여되어 있음을 이해하는 것이 중요하다(GRI, 2003a). 연구들은 경도, 중등도 청력 손상을 가진 개인이 표준화된 성취도 검사에서 중도, 최중도 청력 손상을 가진 개인보다 현저히 높은 점수를 받는 것을 증명하였다. 부가적인 장애의 유무는 수행에 영향을 미칠 수 있다. 청각장애에 더해 부가적인 장애를 가지고 있거나 복합장애를 가지고 있는 개인은 청각장애만을 가진 개인보다 훨씬 더 낮은 수행을 보였다(Holt, 1993; Spragins, 1996).

6 적성 및 흥미 검사

공공 재활에서 청각장애인은 다른 장애를 가진 집단보다 많은 수가 보상을 받지 못하는 직업에 배치되어 있다(Capella, 2003). 재활서비스의 목표가 경쟁적인 직업이나 유급 및 정규직 직업에의 취업을 목적으로 하고 있으므로, 청각장애인에게 의미 있는 직업 관련 평가가 필요할 것이다. 적성 및 흥미 검사는 특히 직업 탐색 및 선택 과정에 있는 청소년 및 성인에게 심리평가의 일부분으로 제공되어야 한다. 비록 많은 적성 및 흥미 검사가 내담자가 가지고 있을 특정 능력을 발견하도록 돕는 것이 가능하지만, 대부분은 언어 위주이며 청각장애인에게 이용 가능한 검사는 드물다. 많은 경우에 일반 적성은 지능 및 성취도 검사와 함께 사용됨으로써 적절히 그리고 철저하게 평가될 것이다(Spragins, 1996; Spragins et al., 1993). 흥미검사 역시 언어 위주이며, 선천적이거나 완전한 청력 상실을 가진 사람들에게는 그 이용이 제한되어 있다. 비언어성 직업흥미검사: 2(Becker, 2000)나 Geist 그림흥미검사 개정판(Geist, 1988)과 같이 일차적으로 언어 및 읽고 쓰는 능력에 의존하지 않는 청각장애인을 위한 도구를 선택하는 것이 중요하다.

1) 비언어성 직업흥미검사: 2

비언어성 직업흥미검사: 2(Reading-Free Vocational Interest Inventory: 2: RFVII: 2; Becker, 2000)는 그림 형식으로 되어 있고, 읽고 쓰는 능력을 요구하지 않으며 13세 이상에게 적절한 흥미검사다. RFVII는 청각장애인에게 성공적으로 사용되고 있으며 그림 항목은 검사자 또는 필요에 따라 수화를 사용하는 통역자에 의해 기술될 것이다(Spragins et al., 1993). RFVII에서 개인은 다양한 범위의 직업에 노출되는데, 미숙련된, 반숙련된, 숙련된 수준의 직무를 묘사하는 3장의 그림 중 하나를 선택함으로써 자신의 직업에 대한 선호도를 표현한다. 이 검사는 학습장애 또는 지적장애를 가진 사람을 대상으로 고안되었기 때문에 숙련된 직업보다는 미숙련된 또는 반숙련된 직업 선호도에 초점이 맞추어져 있으며, 청각장애인을 위한 평가로서 일정 정도 한계가 있다. 숙련된 일을 습득하는 것은 경제적 이익 및 안정성을 제공하는 반면, 육체 노동 및 매매 관련 직업 중심의 훈련 프로그램으로 구성된 직업교육은 이를 제한하는 것으로 보인다(Leakey, 1993).

2) Geist 그림흥미검사 개정판

Geist 그림흥미검사 개정판(Geist Picture Interest Inventory-Revised: GPII-R; Geist, 1988)은 폭넓게 사용되는 직업 및 여가 흥미검사다. 이 검사는 중학교 후반 및 성인기에 속하는 집단에게 적절하며, 학교에서 사회로의 전환을 위한 계획을 세울 때 유용할 것이다. 또한 이 검사는 읽기능력을 거의 요구하지 않으며, 자가 실시가 가능하다. GPII-R은 남성용 및 여성용 일반 흥미 영역이 분리되어 있다(Geist, 1988). Geist 그림흥미검사: 청각장애인: 남성용(GPII: D: M; Geist, 1962)은 이 검사의 초판으로부터 개발되었고, 남성 청각장애인을 대상으로 하는 도구다. 많은 수의 규준 표본이 갤러뎃 대학교 및 20개 기숙학교 학생, 그리고 청각장애를 가진 남성 근로자로부터 얻어졌다. 비록 이 도구가 청각장애인의 규준을 제공하는 소수의 검사 중 하나이지만, GPII: D: M의 이용성은 이 검사의 성별 특수성에 의해 제한되어 있다(Zieziula, 1986).

역사적으로 청각장애인의 학교 교육은 학문적 또는 대학 진학 중심이라기보다는 직업훈련 프로그램에 중점을 두며(Leakey, 1993), 그들의 재활 경험은 고등교육보다는 기초적인 복원 및 해석 서비스에 초점이 맞추어져 있다(Capella, 2003). 몇몇 청각장애인은 지각된 장애물, 그리고 이용 가능한 선택 및 편의 제공에 대한 제한된 인식 때문에 성급하게 특정 직업에 대한 선택을 거부하거나 멀리할 것이다(Punch, Creed, & Hyde, 2006). 종종 청각장애인의 직업 흥미 및 고용 경향은 전형적인 학교 및 서비스 제공 경험을 반영한다. 여러 연구에서 청각장애인이 비장애인보다 훨씬 적게 사무직에 고용되어 있으며, 현저히 낮은 수준의 가족 수입을 가지고 있는 경향이 있음을 보여 주었다(Allen, 1994a; Brodwin, Parker, & DeLaGarza, 1996; Lucas et al., 2004). 그러나 직업 및 경력 관련 경험이 있는 개인은 자신의 직업 적성 및 흥미에 대해 잘 알고 있으며, 이러한 프로그램에 참여하지 않은 개인보다 다양하게 경력 선택 사항에 대해 고려할 것이다. 적성 및 흥미 검사를 포함하는 진로 탐색 및 개발 활동에 대한 초기의 참여는 경력 의사결정 기술에 긍정적인 영향을 미치는 것으로 보인다(Schroedel, 1991).

7 의사소통 기술 사정

청력 손실과 관련된 주요한 문제점이 의사소통 영역에 있기 때문에, 전반적인 평가에서 의사소통 기술 평가를 포함하는 것은 중요하다. 의사소통 기술의 사정에는 현재의 청력기능을 평가하기 위하여 청각검사가 포함될 것이다. 청각 상태의 변화는 평가도구의 선택을 결정할 것이다. 개인은 문화적 요인, 성별, 나이, 형식적/비형식적인 환경, 교육 배경 그리고 사회적 지위 때문에 여러 상황에서 다르게 의사소통하는 경향이 있으므로, 평가는 예상되는 개인의 의사소통 기술의 목적 및 배경에 민감해야 한다(Hoemann, 1986). 의사소통 기술의 사정에는 개인의 쓰기, 말하기 및 수화 능력에 대한 평가가 모두 잠재적으로 포함될 것이다.

1) 문자 및 구술 언어평가

문자 및 구술 언어능력은 개인에게 이용 가능한 직업의 유형 및 수준에 중요한 역할을 할 것이므로, 읽고 쓰는 능력의 평가는 중요할 것이다. 다른 성취도 및 학문적 능력 평가와 함께, SAT-10의 철자, 언어, 읽기능력 그리고 단어 읽기 하위검사는 모두 한 사람의 언어 관련 능력 및 성취도와 관련된 좋은 정보를 제공할 것이다(Mounty et al., 2005). 게다가 말하기 및 독화법은 수량화되어야 한다. 말하기 및 독화법은 잘 훈련된 언어 전문가에 의해 가장 잘 평가될 것이며, 그들은 언어음 생성 · 유창성, 그리고 말하기 · 언어 · 듣기의 다른 요소들을 평가할 것이다. 개인의 독화법 기술에 대한 평가가 가치가 있을 수 있다고 하더라도, 재활 전문가는 청각장애를 가진 많은 성인 및 아동이 말을 잘 하지 못하거나 독화술로 이해하지 못한다는 것에 대해 주의해야 한다. 독화술은 하나의 자산이지만, 대부분의 숙련된 독화술 가능자도 이것이 중요한 정보를 습득하는 데 적절하지 않은 방법이라는 것을 발견할 것이다(Vernon, 1996).

2) 수화기술 평가

수화기술은 다양한 환경에서 유용하며, 그것이 적절할 때 수화 통역자를 사용할지에 대한 선택을 위해 평가되어야 한다. 일반적으로 수화능력을 평가하는 직간접적인 방법이 있다(Mounty et al., 2005). 직접적인 방법은 특별한 반응을 측정하기 위해 형식적이고 특별한 언어 활동이나 과제의 사용을 포함한다. 일반적인 언어능력 면접과 더불어 수화발달 체크리스트(Signed Language Development Checklist: SLDC; Mounty, 1994)나 갤러뎃 대학교 미국수화능력면접(Gallaudet University American Sign Language Proficiency Interview: GU-ASLPI; Center for American Sign Language Literacy, 2000)은 모두 직접 측정의 예다. 이러한 도구들은 모두 참가자가 목표 언어를 얼마나 잘 사용하는지 평가하기 위해 문답 형식을 이용한다. 비록 체크리스트와 능력 면접이 일반적으로 사용되지만 그 방법에는 비판이 따른다(Mounty et al., 2005). Johnson(2001)은 문답 형식이 현실의 대화 상황을 재창조하지 못하며 실제적인 대화를 포함하지 않기 때문에 개인은 자신의 언어기술을 완전히 증명할 기회를 가지지 못할 것이라고 언급했다.

간접적인 의사소통 평가는 자연스러운 상황이나 환경에서의 언어 표본 수집을 포함한다. 간접적이며 자연스러운 방법의 사용은 집, 교실 및 직장과 같이 개인에게 일상적인 환경에서 언어를 관찰하고 기록한 다음, 유창성 프로파일의 개발을 위해 그 결과를 평가하고 부호화하는 것을 포함한다(Mounty et al., 2005; Reeves & Newell, 2000). 자연적인 평가는 형식적인 접근보다 폭넓고 깊이 있는 평가를 초래하지만, 평가자의 철학 및 전문 지식과 관련된 자료 수집과 분석의 변화에 취약하다. 그러나 직간접적 의사소통 평가 방법을 결합하고 그 결과를 다른 정보와 함께 검토함으로써 개인의 능력에 대한 전체적인 고찰이 이루어질 수 있을 것이다(Mounty et al., 2005).

요약하면, 어떤 의사소통 기술 평가에서든 재활 전문가는 지능의 결여에 따른 의사소통의 어려움을 다른 것과 혼동하지 않는 것이 중요하다. 선천적인 청각장애인은 높은 지능을 가지고 있지만, 문법적으로 정확하지 않거나 몇몇 경우에 이해하지 못하는 문자 언어를 가지고 있을 수 있다. 청각장애를 가진 성인 및 아동과 작업하는 전문가들은 청각장애인을 위한 더 공정하고 의미 있는 평가를 촉진하기 위해 이러한 요인들을 이해할 필요가 있으며, 평가자는 언어검사에 전문적으로 준비되어 있는 것이 중요하다.

8 개인 이력 정보 자료

최고의 정신병리 및 심리학적 평가는 배경 정보에 크게 바탕을 둔다(Vernon & Andrews, 1990). 전반적인 재활서비스 계획 및 준비에 사용되는 다양한 형식적 · 비형식적 평가에 더하여, 교육적 · 의학적 · 사회적 서비스 기록을 포함한 사례 연구 자료의 재검토는 가치 있는 정보 자원이다. 사례 연구 자료는 청각장애인을 위해 일할 때 중요한데, 이는 그들이 일반적인 심리학적 평가 절차로만은 정확하게 평가될 수 없을 것이기 때문이다. 과거에 대한 사례 연구 자료는 미래의 요구에 대한 좋은 예측을 제공한다. 청소년을 대상으로 그들의 학교, 특히 기숙학교 또는 주간 프로그램과의 연락을 통해 좋은 정보를 얻는 것이 가능하다. 통합교육 프로그램(즉, 청각장애 학생과 비장애 학생 모두를 위한 시설) 또한 그 학교에 청각장애 학생들과 일하기 위한 자격을 갖춘 교사나 상담사가 있다면 가치 있는 자료를 제공할 것이다. 성인의 사례 연구는 과거 업무 수행, 특정 문제점이나 자산, 개인이 성공을 이루어 냈던 상황, 그리고 과거에 습득한 특정 교육적 · 직업적 기술에 대한 정보를 포함할 것이다.

9 시청각장애인의 평가

시청각장애인의 대부분은 한 가지 또는 두 가지 장애를 모두 후천적으로 획득하지만, 선천적인 청력 상실이나 색소성 망막염으로 진행성 시력 상실을 야기하는 Usher 증후군(Kimberling & Möller, 1995)을 포함하여 시청각장애를 야기하는 유전적인 장애 또한 분명히 존재한다(Rönnberg, Samuelson, & Borg, 2002). 시청각장애는 이미 청각장애 또는 시각장애를 가지고 있는 사람들에게 영향을 미치는 노화 과정, 뇌손상 또는 전염성 질환을 통하여 획득될 것이다. 시청각장애의 법적 정의는 청각장애와 시각장애 각각의 정의를 고수한다. 소수의 인구만이 시각장애와 청각장애를 모두 가지고 있다. 따라서 시청각장애인 평가의 필요성과 관련된 연구는 조사를 위해 이용 가능한 표본의 크기가 작기 때문에 제약이 있다(Loew et al., 2005). 게다가 시청각장애 인구는 청각장애 인구만큼이나 그 병인론이 다양하다. 시청각장애인은 평가 및 진단과 관련하여 현저한 어려움이 있다. 시청각장애인을 위한 평가도구가 거의 존재하지 않지만, Callier-Azusa 척도(Stillman, 1978)와 기능적 기술선별검사

(Becker, Schur, Paoletti-Schelp, & Hammer, 1984)가 주목할 만하다.

1) Callier-Azusa 척도

Callier-Azusa 척도(Stillman, 1978a)는 청각장애와 시각장애를 모두 가지고 있는 개인을 위해 고안되었다. 이 도구는 원래 9세 이상의, 그리고 낮은 기능을 가진 사람을 위한 검사다(Vernon, Blair, & Lotz, 1979). 개발자는 이 도구가 철저히 현장 검증되었음을 언급하였다. 시각, 청각 및 촉각 발달을 평가하기 위해 직접적인 관찰을 사용하며, G판은 운동 발달, 지각능력, 일상생활 기술, 언어 발달 및 사회기술을 평가한다(Stillman, 1978b). H판은 상징적 기술, 반응 및 표현 능력 및 의사소통 상호성을 포함하는 의사소통 능력을 평가한다(Stillman & Battle, 1985).

2) 기능적 기술선별검사

기능적 기술선별검사(Functional Skills Screening Inventory: FSSI; Becker et al., 1984)는 특별히 청각장애나 시각장애 또는 둘 모두를 가진 개인을 위한 검사가 아닌, 중등도-중도 장애를 가진 개인을 대상으로 개발되었다. 그러나 이 검사는 시청각장애인에게 성공적으로 사용되고 있다(Hammer & Carlson, 1996). FSSI는 기본 기능 기술과 개념, 의사소통, 개인 관리, 행동에 도전하기 등을 평가하며, 개인의 기능이 시간에 걸쳐 추적되는 것을 허용한다. 이 검사는 결함에 초점을 두기보다 개인의 자산을 강조한다(Becker et al., 1984; Hammer & Carlson, 1996).

Callier-Azusa 척도와 기능적 기술선별검사는 모두 관찰자 평가 및 정보 제공자 자료에 의존하므로 높은 정도의 주관성을 가지고 있다. 시청각장애를 가진 성인에게 포괄적인 사례 연구는 오진에 대한 위험이 여전히 존재한다고 하더라도 훌륭한 대안적인 평가일 것이다. 만약 가능하다면 내담자는 뉴욕 주 샌즈 포인트에 있는 헬렌 켈러 국립시청각장애청소년 및 성인센터(Helen Keller National Center for Deaf-Blind Youths and Adults)와 같은 시설에서 집중적인 평가를 받아야 한다(Vernon & Green, 1980). 이러한 집중적인 평가가 실제적이지 않을 때는 의미 있는 평가 관련 편의 제공을 위해 모든 노력이 이루어져야 한다.

3) 시청각장애인을 위한 편의 제공

시청각장애인에게 적절한 편의 제공은 다양하고, 결합된 형태로 제공되므로, 어떤 전략 또는 변경이 가장 유용한지 결정하는 것은 어렵다(Loew et al., 2005). 촉감의 사용을 촉진하는 것이 가장 명백한 편의 제공으로 여겨지는 반면, 어떤 연구는 많은 시청각장애인이 잔존 시력의 사용을 선호한다는 것을 보여 주었다. 잔존 시력의 선호도는 잔존하는 청각, 기류의 지각 그리고 후각에 앞선다(Rönnberg et al., 2002). 시청각장애인에 의해 사용되는 편의 제공을 선택하는 데에서는 개인의 선호도가 특히 중요하다. 철저한 준비 및 사전에 편의 제공을 수행하고 사용하는 연습을 하는 기회를 가지는 것은 성공적인 편의 제공의 중요한 측면이다(Weinstock & Mounty, 2005; Zieziula, 1986). Braden(2001)은 평가를 위한 적절한 편의 제공은 임상적 경험 및 직감에 의해 이루어질 것이라고 언급하였다. 가장 중요한 것은 편의 제공이 피검사자, 검사자, 청력학자, 통역자 그리고 간병인 같은 다른 관련 서비스 제공자 간의 협력으로부터 비롯되어야 한다는 것이다.

10 결 론

재활 목적을 위한 완전한 평가 배터리는 지능검사, 성격검사와 뇌손상 선별검사, 교육성취도 검사, 적성 및 흥미 검사, 의사소통 기술 평가 그리고 사례 연구 자료의 재검토를 포함할 것이다. 몇몇 경우에 이 정보 모두가 요구되지는 않을 것이며, 만약 요구된다면 자료는 기록이나 다른 정보로부터 어느 정도 획득될 것이다. 검사 선택은 내담자의 필요성 및 선호도와 검사도구의 특성에 의해 영향을 받을 것이다. 병인론적 요인, 발병 시기, 다른 장애의 존재 여부, 선호되는 의사소통 유형 그리고 다른 사회적 · 교육적 경험은 한층 더 형식적인 검사에 영향을 미칠 것이다(Zieziula, 1986). 이 장을 통하여 네 가지 일반적인 원리가 청각장애인을 위한 모든 형태의 평가에 중심이 되어 왔다. 청각장애인 평가의 미래 동향과 관련된 여러 중요한 주제들 또한 주목할 만하다.

1) 일반적인 평가 원리

특정 검사와 관련된 특수한 고려 사항을 대신하여, 네 가지 기본적인 개념이 청각장애인의 효과적인 평가를 위해 포함된다. 이러한 일반적인 추천 사항은 검사 선별 및 실시 모두에 적용 가능하다.

① 검사 실시나 수행평가와 관련하여 말에 의존하는 평가도구로부터 얻어진 정보는 이러한 도구가 주로 지능, 성격, 능력, 성취도 또는 개인의 다른 특성을 측정하기보다는 청각장애에 의한 개인의 언어적인 제한을 측정하기 때문에 일반적으로 적절하지 않다(Mounty & Martin, 2005; Weinstock & Mounty, 2005).

② 선천적인 난청을 가진 내담자는 그들의 기능적인 발화능력이나 소리에 대한 반응이 보여 주는 것보다 진단적으로 선천적인 농인과 유사할 것이다. 그러므로 가장 타당한 검사 결과를 얻기 위해서는 비장애인을 대상으로 하는 검사에 더하여 고도 난청을 가진 사람에게 잘 맞는 것으로 밝혀진 검사를 사용하여 청각장애인을 평가하는 것이 적절할 것이다. 주로 기술을 선별하는 검사도구를 사용할 때에는 신중한 주의가 내려져야 한다. 상세하지 않은 검사 절차 및 결과는 그에 상응하게 해석되고 적용되어야 한다.

③ 표준화된 평가도구의 사용은 청각장애인을 평가하는 포괄적인 접근의 한 부분이어야 하며, 이 포괄적인 접근은 사례 연구 자료와 철저한 기록의 재검토를 포함한다. 청각장애를 가진 내담자에 대한 완전한 배경 정보를 얻는 것은 아주 중요한데, 이는 내담자가 일반적인 심리학적 절차에 의해서 올바르게 평가되지 않을 수도 있기 때문이다. 가장 적합한 정신병리 및 심리 평가는 배경 정보의 75%에 기초한다(Vernon & Andrews, 1990).

④ 청각장애를 가진 내담자에 대한 경험이 없는 전문가에 의해 시행된 검사는 청각장애인의 특별한 요구에 아주 익숙한 전문가에 의해 시행된 검사보다 훨씬 오류가 많은 경향이 있다. 청각장애인에게서 예측될 수 있는 반응의 유형을 증명하는 연구의 부족 때문에, 검사자는 농 문화 및 청각장애와 관련된 다른 교육적 · 사회적 문제점들에 대해 친숙해야 하며 이를 이해할 필요가 있다. 어떤 검사도구든 간에, 검사자는 편의 제공이나 피검사자의 평가에 대한 이해 정도에 대하여 주목하는 것이 중요하다(Spragins, 1997; Spragins et al., 1993).

2) 미래 동향

청각장애인을 위한 평가의 미래 동향은 다양성의 증가 추세, 청각장애의 의학적 치료 및 관리를 향한 추세 그리고 고비용 문제와 관련된 추세에 영향을 받을 것이다. Allen(1994a)은 청각장애 인구의 다양성의 증가는 재활 및 관련 전문가들에게 서비스 계획 및 선택 사항의 적절한 다양화를 요구할 것이라고 하였다. 게다가 인공와우 이식 및 다른 부가적인 감각 보조기 및 보청기는 정교하게 되었으며, 몇몇 청각장애인이 이전보다 좀 더 소리에 접근하는 것을 허용하면서 농 문화 내에서의 수용을 포함해 지역사회 내에서 많은 수용이 이루어지도록 하였다(Christiansen & Leigh, 2002; National Center for Health Statistics, 2002). 재활 전문가들은 이용 가능한 기술 및 최신의 검사 선택에 대한 비용, 장단점에 대해 친숙해질 필요가 있다. 마지막으로, 고비용 검사의 사용은 중등교육, 고등교육 그리고 고용 환경에서 증가할 것이다(Johnson, 2005). 준비 및 연구 자료에 대한 전문적인 지도, 그리고 적절한 편의 제공의 개발에 대한 전문적인 지도는 청각장애인의 고비용 평가의 성공과 연결되어 있다(Johnson, 2005; Weinstock & Mounty, 2005; Zieziula, 1986). 의사소통, 경험 및 지식은 재활 전문가와 청각장애인 모두에게 최상의 결과를 촉진한다.

Chapter 18

지적장애 성인 평가

Sandra E. Hansmann | Irla Lee Zimmermann

이 장에서는 지적장애 및 정신지체의 개념에 관하여 설명하고, 세계보건기구(WHO), 미국정신의학회(American Psychiatric Association: APA), 미국정신지체협회(American Association on Mental Retardation: AAMR)에서 제시한 정의를 바탕으로 이러한 용어의 최신 동향과 적절한 정의를 내려 보고자 한다. 이 장은 재활 현장에서 지적장애인의 평가를 위해 사용 가능한 다양한 평가도구에 관하여 비판적으로 고찰해 보고, 종합적인 내용에 관한 간략한 결론, 그리고 지적장애인 평가의 미래 방향에 관하여 제시해 보고자 한다.

1 지적장애의 개념

의학의 아버지 히포크라테스는 기원전 400년경에 지적장애를 두개골 기형과 연관지어 설명하였다. 이후 기원 2세기경에 그리스의 의사 Galen은 정신적인 능력의 서로 다른 차원에 관하여 논의하였다(Miller, O'Callaghan, Keogh, & Whitman, 1994). 수세기 동안, 지적장애인의 치료는 주어진 시대의 문화적 · 지역적 특성에서 기인한 관습과 밀접히 관련되어 광범위하게 이루어져 왔다(Biasini, Grupe, Huffman, & Bray, 1999). 예를 들어, 중세시대에 지적장애인은 박해를 받거나, 왕실의 광대로 생활하거나, 또는 거룩한 사람으로 호의를 받기도 하였다(Biasini, Grupe, Huffman, & Bray, 1999; Miller, O'Callaghan, Keogh, & Whitman, 1994). 19세기 이전까지 이러한 상황은 크게 개선되지 않았으나, 이후 학교 및 협회가 지적장애인의 욕구를 해소시키기 위해 노력하기 시작하였으며, 지적장애와 정신장애를 구분하기 위한 다양한 시도가 이루어지게 된다(Scheerenberger, 1987).

20세기 초, 지능검사가 도입됨으로써 최초로 현대적인 의미에서의 지적장애에 관한 정의 및 수준을 제시할 수 있게 되었다. 새로운 진단 범주가 도입됨으로써 지능발달에 관한 유전과 환경 효과 사이의 차이를 구별할 수 있게 하는 여러 시도가 있어 왔다. 하지만 불행하게도 이러한 지능검사는 종종 개인 및 기관이 공동으로 서명을 해야만 사용이 가능하여 여러 제약을 초래하였다(Stevens & Martin, 1999).

최근 지적장애인에 대한 사회적 태도 면에서 근본적 변화가 일고 있다(McDermott, Martin, & Butkus, 1999). 즉, 지적장애인의 약점보다는 장점을 강조하는 방향으로 변화가 일어나고 있고(Polloway, 1997) 이러한 변화는 지적장애와 관련된 전문 용어의 사용, 지적장애인을 위한 평가도구, 지적장애에 관한 정의에 반영되고 있다. 대부분의 변화는 지적장애와 관련된 편견을 바꾸기 위하여 이루어지고 있다(Baroff, 1999; Sandieson, 1998). 현재 이러한 경향은 개인적인 특성과 욕구에 부홍하는 방향으로 지적장애를 정의해 나아가고 있다(Smith, 1997).

1) 용어

역사 속에서 지적장애라는 개념을 생각해 봤을 때, 언어의 사용이 지적장애인을 더욱 주목하게 만드는 효과가 있어 왔다. 이전에 천치(idiot)와 저능아(moron)라는 용어가 특정한 기능적 의미를 가지고 의료적 용어로 사용되어 왔지만, 현재 이러한 용어들은 온전히 받아들일 수 없는 것으로 자리 잡고 있다. 현재는 덜 차별적인 새로운 용어가 선호되고 있다. 사용처에 따라 발달장애, 인지장애, 정신적으로 문제가 있는(mentally challenged) 등의 용어가 널리 사용되고 있다(Biasini et al., 1999). 비인격적인 문구인 정신지체(the mentally retarded)와 같은 용어는 사람을 우선으로 하는 용어인 정신지체인(individual with mental retardation)이라는 용어로 대체되어 오고 있다. 장애인 옹호자, 가족 및 조직은 지체라는 용어가 차별적이며 받아들이는 입장에서 여러 고통스러운 측면이 있기 때문에, 지체라는 용어가 포함되는 모든 형태의 문구를 바꾸는 것에 대하여 동의하고 있다(Bellini, 2003; Iacono, 2002; Leicester &

Cooke, 2002). 예를 들어, 지체자협회(Association for Retarded Citizens)는 아크자(The Arc)라는 용어로 협회의 이름을 변경하였고, 정신지체가 들어간 대부분의 문구를 지적장애라는 문구로 바꾸고 있다. 마찬가지로, 현재 재활 분야의 새로운 변화와 발맞추어 장애인, 가족, 미국 그리고 국제 사회가 선호하도록 협회 이름을 '미국정신지체협회'에서 '미국지적장애협회'로 변경할 것을 고려하고 있다. 일부에서는 이러한 변화가 정확한 용어 사용이라는 측면에 있어 신중하지 못하다는 우려를 표명하고 있지만(Greenspan, 1997; MacMillan, Gresham, & Siperstein, 1993), 지지자들은 이러한 용어 변경이 시설 중심의 패러다임에서 장애인 욕구 중심의 패러다임으로 변화하는 것으로 간주하고 있다(AAMR, 2002). 따라서 이 장에서는 이와 같은 시대적 요구에 부흥하여 지적장애라는 용어를 사용하고자 한다.

2) 지적장애의 정의

지적장애의 현대적 정의의 주 요소는 ① 유년기 발생, ② 인지적 주요 한계, ③ 적응 행동에서의 어려움으로 압축하여 표현할 수 있는데, 이러한 정의는 20세기 초 이래로 지속적으로 유지되어 왔다(Bellini, 2003; Scheerenberger, 1987). 비록 지적장애에 대한 정의가 지능을 표준화한 양적 측정도구인 지능지수(IQ)에 기반을 두고 있지만, 지적장애의 현대적 개념은 지적장애인의 기능에 초점을 맞추어 일반 대중의 긍정적 태도 변화를 이끌어 내고 있다. 비록 지적장애에 관한 통일된 정의가 아직 존재하고 있지 않지만, 정신지체에 대한 WHO의 국제적인 질병 분류(WHO, 1996), DSM-IV-TR(APA, 2000), 그리고 AAMR(2002)에서 제시되고 있는 정의가 현재 널리 사용되고 있다.

(1) 세계보건기구(WHO)의 정의

WHO는 전 세계적으로 건강 조건의 표준화된 진단 분류 체계로서 『국제질병분류체계』(ICD; WHO, 1996)를 개발하였다. ICD 제10판(ICD-10)은 정신지체에 관한 가이드를 포함하고 있다(WHO, 1996). 가이드에서는 이전 판에서 사용되어 왔던 정신지체라는 용어를 그대로 사용하고 있지만, 알파벳 문자와 숫자를 조합한 새로운 코드를 사용하고 있다. 정신장애는 알파벳 'F'로 대표되고, 세부적인 하위 범주는 숫자 00~99로 표시된다. 정신지체는 F70~F79에서 범주화되고 있다(WHO, 1996). ICD-10에서는 정신지체에 대해서 다음과 같이 언급하고 있다.

> 정신지체는 인지, 언어, 운동신경, 사회적 활동과 같은 지능의 모든 수준에서 발달 기간 동안 보이는 기술의 손상으로 특성화될 수 있고, 정신의 불완전한 또는 억제된 조건으로 정의될 수 있다.
>
> 적응 행동이 항상 충분히 기능을 하지는 못하지만, 경증의 지적장애인이 지원을 받을 수 있는 보호된 사회적 환경 속에서는 적응 행동의 손상이 크게 문제가 되지 않을 수 있다(p. 1).

이러한 진단 지침에서는 지적 기능의 평가에 대하여 특정한 권고를 하고 있는데, 개인을 위한 문화적으로 표준화된 검사는 반드시 진단적 목적으로만 사용하도록 하고 있다. WHO는 평가 시 언어 문제, 신체 및 감각 장애와 같은 조건을 고려해야 한다고 권고하고 있다(WHO, 1996). F70~F73은 각각 경도, 중등도, 중도, 최중도 지적장애를 나타내고 있다. 특히 중도 코드에서 기능적 어려움을 줄 수 있는 추가적인 장애를 보일 경우의 분류 체계는 기타 정신지체(F78)로 나타낼 수 있고, 지적장애가 있지만 양적으로 측정이 불가능할 경우에는 불특정한 정신지체(F79)로 분류된다(Biasine et al., 1999; WHO, 1996).

(2) 미국정신의학회(APA)의 정의

ICD-10의 정의와 마찬가지로(WHO, 1995), DSM-IV-TR에 의해 제시된 지적장애에 관한 정의는 일반적 지적 기능(준거 A)과 적응기술의 한계(준거 B)를 모두 고려해야 한다고 기술하고 있다. DSM-IV-TR에 따르면 다음과 같다.

> 정신지체의 핵심적인 특성은 지적 기능에 있어 상당한 표준 미달로서(준거 A), 의사소통, 자기관리, 가정생활, 사회 및 관계 기술, 지역사회 자원 활용, 기능적 학업기술, 직업, 여가 활동, 안전의 영역에서 적어도 두 가지 이상의 적응기능의 한계를 동반하는 것으로 정의될 수 있다(준거 B). 또한 이러한 증상은 18세 이전에 시작되어야 한다(준거 C)(p. 41).

또한 경도, 중등도, 중도, 최중도와 같이 네 가지 정도로서 손상에 관해 범주화하고 있다. 10개의 적응기술에서 적어도 두 가지 영역에서의 지체가 나타날 경우 진단이 필요하고, 이러한 지체는 검사도구에 의하여 양적으로 제시되어야 한다(APA, 2000; Biasini et al., 1999).

(3) 미국정신지체협회(AAMR)의 정의

앞서 설명한 것과 같이, AAMR의 정의는 지적장애와 관련된 용어와 개념적인 틀을 발전시키는 데 유용하게 사용되어 왔다. AAMR의 최신 정의는 정신지체(mental retardation: MR)라는 용어를 포함하고 있는데, 주요 이유로는 비록 AAMR에서 발간된 출판물에서는 그러한 용어를 사용하고 있지 않으나, 너무나 많은 정부의 규제와 법률에서 아직 이러한 용어를 사용하고 있기 때문이다(Bellini, 2003). 이러한 정의는 다음과 같다.

> 정신지체는 인지적 · 사회적 · 실제적인 적응기술로서 표현되는 적응 행동 및 지적 기능 영역 모두에서 중대한 한계로서 정의될 수 있다. 이러한 장애는 18세 이전에 나타나게 된다(p. 8).

정신지체의 정의에서 주요한 몇몇 가정은 다음과 같다. 첫째, 일상생활에 있어서 행동의 실행과 학습의 기능적 장애는 나이, 환경, 동료, 문화와 관련한 상황 속에서 고려되어야 한다. 둘째, 감각, 운동신경, 행동적 요인과 함께 문화적 · 언어적 다양성 및 의사소통의 차이를 고려하여 평가의 과정에 이러한 요소를 포함시켜야 한다. 정신지체의 정의는 한계와 함께 장점을 고려해야 하며, 한계를 언급하는 목적은 부족한 것을 나열하는 것이 아니라 필요한 것을 지원하기 위한 전반적인 상황을 묘사하기 위한 것이어야 한다. 마지막으로, 일생에 거친 개별화된 지원은 의미 있는 것으로서 지적장애인의 개인적 기능을 증진시킬 수 있다(AAMR, 2002; Bellini, 2003).

이상과 같은 다양한 정의가 독특한 구성 요소를 가지고 있지만, DSM-IV-TR, AAMR과 ICD-10에서 제시된 공통된 요소는 지적 기능의 손상이다(대표적인 지적 기능의 표준 미달 또는 그 이하). 또한 이러한 정의는 성인이 되기 전에 증상이 발생해야 하며, DSM-IV-TR, AAMR에서 나이는 18세로, 그리고 ICD-10에서는 발달 기간이라고 세분화하고 있다. 현재의 정의 역시 정신지체로 진단되기 위해서는 나이, 사회문화적 배경, 지역사회 환경을 고려하여 적응 행동에서 열세를 동반해야 하며, 낮은 인지적 능력과 사회적 요구에 부응할 수 있는 적응능력의 제한을 함께 가지고 있어야 한다(AAMR, 2002; APA, 2000; WHO, 1996).

2 지적장애 평가

AAMR의 지적장애에 대한 정의에서 암묵적으로 가정하고 있는 것은 어떠한 평가도구가 사용되든지 개개인의 욕구에 맞게 적절한 편의 조정이 이루어져야 한다는 것이다(AAMR, 2002; WHO, 1996). 평가도구의 사용에서 정형화된 적용은 지적장애인에 대한 지역사회 및 직업 적응에 유용한 단서를 제공해 주지 못할 수 있다(Anastasi & Urbina, 1997; Nezu, Nezu, & Gill-Weiss, 1992). 따라서 평가도구의 정확한 사용은 개인의 능력을 평가하는 데 매우 중요하며, 최종 직업재활 프로그램을 위한 개인적 강점과 약점을 정확하게 파악하게 할 수 있다(Brolin, 1976; Decola, 1997).

많은 재활서비스 및 지원 자격 결정은 다양한 표준 평가점수를 기반으로 제공되기 때문에, 지적장애 또는 발달장애를 측정해 내기 위해서 평가 과정을 엄밀히 확립하는 것이 아주 중요하다(Biasini et al., 1999). 다음에서는 일반적으로 사용되는 검사도구 및 인지기능과 관련된 일반적인 평가도구에 관한 간략한 요약과 논의를 제공하고자 한다. 다음으로는 적응행동, 성격 및 성취도 검사에 대하여 논의하고, 마지막으로는 직업 및 사회 평가를 위한 흥미 평가도구 및 검사에 대하여 언급해 보고자 한다.

1) 인지기능의 측정

여기에서는 성인 지적장애인의 인지기능을 평가하기 위해 사용될 수 있는 몇몇 평가도구에 대하여 설명하고자 한다. 세부적인 정신 측정에 관한 검토 및 평가를 제공하는 것이 이 장의 범위를 넘는 것이지만, 선택된 평가도구에 관한 간략한 설명과 함께 기본적인 도구 특성, 장점, 지적장애인의 평가와 관련한 잠재적 제한점 등을 설명하고자 한다.

여러 이유 때문에 일반적 인지기능을 평가해 낼 수 있는 도구의 사용이 중요하다. 종종 평가의 목적이나 초점이 주로 직업평가에서와 같이 오직 지적 기능에 관한 포괄적인 추정을 위해서 필요한 경우가 있다(Kaufman, 1990). 이미 검사를 받은 사람은 현재의 지적인 상태에 대한 간략한 검사가 오히려 더 유익할 수 있다(Anastasi & Urbina, 1997; Zimmerman, Covin, & Woo-Sam, 1986). 관리의료상에서 평가도구의 사용은 주로 시간 및 비용 효율성을 강조하기 때문에 측정 시간이 짧은 평가도구에 많은 관심이 치우쳐 있고(Piotrowski, 1999), 객관적인 검사도구를 통해 심층적 평가의 필요성을 제기할 수 있다. 하지만 간략한 평가도구를 사용할 때에는 결과의 적용과 해석에 신중을 기해야 한다(Frauenhoffer, Ross, Searight, & Piotrowski, 1998; Parker, 1993).

(1) Wechsler 단축지능검사

지적 기능을 측정하기 위한 다양한 Wechsler의 평가도구들이 수년 동안 사용되어 왔다. 여러 분야에 걸쳐 평가자들이 자신의 분야와 맞는 평가를 수행하기 위해 Wechsler 도구 중 일부분만을 발췌하여 사용해 왔으나, 이러한 방식이 정확하게 정신 측정을 할 수 있는가에 대한 의문이 있을 수 있다(Stano, 2004). Wechsler 단축지능검사(Wechsler Abbreviated Scale of Intelligence: WASI; Psychological Corporation, 1999a)는 자기평가를 할 수 있다는 것과 유명한 Wechsler 평가도구를 기반으로 하였다는 장점이 있다.

비록 지적장애인이 규준에 포함되지는 않았지만, WASI는 6~89세 연령의 미국 전역에 사는 2,245명의 사람들을 표본으로 하여 개발되었다(Psychological Corporation, 1999a). WASI는 어휘, 공통성, 토막 짜기, 행렬 추론의 네 가지 하위검사로 구성되어 있다. 이러한 하위검사를 통해 언어 및 행동 측정을 하게 되고, 이것이 언어 및 행동 IQ 점수를 산출하게 한다(Psychological Corporation, 1999a). 비록 간략한 평가를 위해 2개의 하위검사를 사용해서 추정 IQ 점수를 산출하는 데 약 15분 정도가 소요되지만, 4개의 하위검사 모두를 마치기 위해서는 약 30분 정도의 시간이 소요된다(Stano, 2004).

몇몇 WASI 하위검사는 도구의 범위를 확장하여, 지적장애를 가진 사람에게도 사용할 수 있도록 하기 위해 매우 기본적인 그림을 포함하고 있다(Psychological Corporation, 1999a). Stano(2004)에 따르면, WASI는 지적장애를 가지고 있는 몇몇 작은 임상 집단에서 사용되어 왔고, 2개의 하위검사보다는 4개의 하위검사를 모두 사용하여 장애인의 재활서비스를 받을 수 있게 하는 데 유용한 정보를 제공해 주고 있다.

(2) Peabody 그림어휘검사 제3판

Peabody 그림어휘검사 제3판(Peabody Picture Vocabulary Test-Third Edition: PPVT-III; Dunn & Dunn, 1997)은 PPVT(Dunn & Dunn, 1981)를 개정한 것으로, 지적장애인의

언어능력을 측정하는 데 일반적으로 사용되고 있다. PPVT-III은 2~90세 이상에 이르는 2,725명의 아동과 성인의 영어 수용 이해력을 평가하기 위해 고안된 비언어적인 선다형 검사다. 이 검사를 위해서 지적장애인은 규준에 포함되지 않았다(Dunn & Dunn, 1997).

PPVT-III은 검사 시간이 단지 11~12분에 불과해 집중력이 떨어지는 사람과 특정 환경에서 유리하게 사용될 수 있다. 하지만 이 도구는 지적장애인 검사에 어려움이 있을 수 있다. 이 도구에 대한 주요 비판은 언어 이해력의 측정을 오직 수용 언어에만 의지한다는 것이다. 더 나아가 구성 방식의 측면에서 4장의 그림 중에 한 가지를 선택하도록 개발되어 있는데, 이는 추측할 수 있는 능력이 있을 경우 가능하다고 할 수 있다. 즉, 지적장애를 가진 참가자의 경우 말 없는 동의의 형태로 선택을 하는 경우가 있는데, 이러한 경우 평가 결과에 왜곡된 영향을 미칠 수도 있다(Kilsby, Bennert, & Beyer, 2002).

(3) Kaufman 간이지능검사 제2판

Kaufman 간이지능검사 제2판(Kaufman Brief Intelligence Test-Second Edition: KBIT-2; Kaufman & Kaufman, 2004)은 4~90세의 언어 · 비언어 지능검사에 유용한 표준화검사다. KBIT-2의 검사 시간은 약 20분이다. 이 평가도구는 단어와 그 의미에 대한 지식을 평가하는 어휘 부분과 단어 없이 추상적 디자인과 그림을 사용하는 매트릭스로 구성되어 있다. KBIT-2가 비록 개발 과정에서 지적장애인의 표본을 사용하지는 않았지만, 인지 결함을 가지고 있는 사람이 확대된 인지기능의 측정을 받을 필요가 있는가를 판단하는 데 유용하게 사용될 수 있다. 표준화는 최근 미국 인구조사 표본을 대상으로 매칭 기법을 통하여 이루어졌고, 인지기능을 측정하는 다른 평가도구와 함께 규준을 공유하여 공동으로 개발되었다(Kaufman & Kaufman, 2004).

이전 버전인 KBIT(Kaufman & Kaufman, 1990)는 적절한 신뢰도와 타당도를 보였고(Parker, 1993), 인지능력을 측정하고 인지 결함을 가지고 있는 개인이 확대된 인지기능의 측정을 받을 필요가 있는지를 판단하는 데 유용하게 사용되어 왔다(Walters & Weaver, 2003). KBIT-2는 KBIT와 비교하였을 때 최신화된 검사도구로서, 글을 읽고 쓸 줄 아는 능력이 필요 없는 수용 및 표현 어휘 항목을 포함하고 있기 때문에 지적장애인을 평가하는 데 유용하게 사용될 수 있다. 더 나아가 KBIT-2는 인지적으로 미성숙하고 참여를 꺼리는 지적장애인의 참여를 유도할 수 있도록 화려한 색깔을 가진 항목을 추가하였다(Kaufman & Kaufman, 2004). KBIT-2는 임상 전문가로 하여금 언어·비언어적 지능을 독립적으로 평가하게 해 주며, 언어 손상과 인지 손상의 차이를 평가할 수 있도록 도와준다.

(4) Slosson 지능검사 2002 개정판

Slosson 지능검사 2002 개정판(Slosson Intelligence Test-Revised 2002 Edition: SIT-R3; Slosson, Nicholson, & Hibpshman, 2002)은 일반적인 언어 인지능력을 빠르게 평가하기 위해 개발되었다. 개발자들은 이 평가도구가 장애인의 배치를 직접적으로 결정하기 위해 사용되기보다, 심층평가가 필요한지의 여부를 측정하는 데 사용되는 것이 바람직하다고 언급하였다(Slosson, Nicholson, & Hibpshman, 2002). 또한 SIT-R3은 종합검사의 한 부분으로서 다른 평가 결과를 보완하는 데 사용될 수 있다.

SIT-R3은 4~65세의 사람들 1,854명을 대상으로 표준화되었다(Slosson, Nicholson, & Hibpshman, 2002). 하위 평가도구는 일반적 정보, 유사점과 차이점, 어휘, 이해력, 숫자 외우기, 대수, 시각-운동신경·문장 듣고 외우기의 인지 영역으로 구분된다. SIT-R3은 시간 제한 없이 개별적으로 평가할 수 있기 때문에 지적장애의 평가에 유용하게 사용될 수 있다. 이 평가도구는 주로 학생을 위해 개발되었지만, 개발자들은 이 도구가 지적장애나 정신장애의 평가에도 유용하게 사용될 수 있다고 언급하였다. 이 도구는 IQ 점수를 36보다 낮은 것을 허용하고, 경도나 중도의 지적장애가 있는 사람에게 적절하게 사용된다. 심리학자와 분석가, 상담사, 특수교사, 사회복지사, 재활 전문가가 적절하게 이 평가도구를 사용할 수 있다.

(5) 비언어적 지능검사 제3판

비언어적 지능검사 제3판(Test of Nonverbal Intelligence-Third Edition: TONI-3; Brown, Sherbenou, & Johnsen, 1997)은 지능, 적성, 문제해결 및 추상적 추리 측정을 위한 간단한 비언어적 평가도구다. 이 도구는 50개의 항목으로 점차적으로 복잡성과 난이도를 증가시켜 문제를 해결하도록 구성되어 있다. TONI-3은 6~89세의 3,000명을 대상으로 표준화하여 개발되었다(Plake & Impara, 2001). 이 평가도구는 동시에 자폐 및 지적장애로 진단된 사람을 대상으로 사용되어 왔고, 다양한 유형의 장애인을 규준에 참여시켜 개발되었다. TONI-3은 다른 유사한 도구들과도 호환성을 가지고 있다(Brown, Sherbeonu, & Jonhsen, 1997; Edelson, 2005).

TONI-3은 특히 시간 제한이 없고 읽기·쓰기·말하기·듣기 능력을 요구하지 않기 때문에 성인 지적장애의 평가에 유용하게 사용될 수 있다. TONI-3은 완전히 비언어적이고, 거의 운동신경을 이용하지 않아도 되는 도구이기 때문에 영어를 말하거나 읽지 못하는 사람에게 적용할 수 있다. 또한 TONI-3은 기하학적 패턴의 매칭과 패턴 삭제를 사용하므로 피검사자가 실제 세계와 사회적 지식의 부족으로 인해 제한되는 경우가 없고, 따라서 지적장애와 자폐를 가지고 있는 개인을 평가하는 데 유용하게 사용될 수 있다.

2) 종합지능검사

검사 시간이 짧은 평가도구 및 선별을 위한 검사가 여러 현장에서 유용하게 사용될 수 있지만, 장애인의 교육 또는 재활 계획을 세우거나 진단하는 데 전적으로 이러한 도구에만 의존할 수는 없다. 대부분의 지적장애 정의는 종합지능검사에 의해 측정된 양적 IQ 점수 개념을 포함하고 있다. 종합지능검사는 19세기 중반 최초로 지능검사를 개념화하면서 개발되었다. 현대적인 지능검사는 19세기 이후 개발되었으며, 계속적으로 개선 · 개정되어 왔다(Wasserman & Tulsky, 2005).

지속적인 개선에도 불구하고, 개별적인 IQ 검사가 여러 한계를 가지고 있는 것이 사실이다. 몇몇 한계는 넓은 범위에 걸쳐 있다. Mather와 Wendling(2005)은 IQ 점수만을 가지고 개인을 평가하는 것은 개인의 실제 능력과 기술을 평가하는 데 한계가 있기 때문에 해로울 수 있다고 지적하였다. 대부분의 종합검사는 개인적 평가를 위해 제공되는 순간과 선택된 규준집단과의 비교를 통해서만 의미를 가질 수 있다(Mather & Wendling, 2005). 재활 전문가는 종합검사를 통해 얻어진 검사 결과를 신중히 적용하고, 그러한 평가 결과를 장애인 및 가족에게 주의 깊게 전달해야 한다(Parker & Bolton, 2005).

(1) Stanford-Binet 지능검사 제5판

Stanford-Binet 지능검사(Stanford-Binet Intelligence Scales)는 처음 개발된 이래로 현재의 SB-5까지 여러 번 개정되었다. Stanford-Binet 지능검사는 광범위하게 사용되어 왔고, 특히 최신화된 SB-5는 가장 인기 있는 지능검사도구로 자리 잡고 있다(Roid & Barram, 2004). SB-5는 지적장애인을 포함하여 검사의 구성, 과정, 규준을 개선했기 때문에 장애인을 위한 의미 있는 평가도구의 역할을 수행할 수 있을 것으로 기대된다.

SB-5는 의사소통이 어려워서 평가가 어려운 개인을 위해 언어적 · 비언어적 방법으로 다섯 가지 지능 하위 영역(유동적 지능, 지식, 양적 추리, 시각-공간 처리, 작업기억)을 통하여 언어, 실행 및 전체 IQ 점수를 산출하게 된다. 검사 매뉴얼에 따르면, 이 다섯 가지 지능 하위 영역의 측정에서의 개선을 통하여 지적장애인을 포함한 장애인을 위한 유용한 평가도구로 사용될 수 있다(Roid, 2003).

SB-5의 검사 절차는 피검사자의 기능 수준에 맞게 조정될 수 있도록 고안되었다. 이런 조정을 통하여 SB-5는 낮은 하위 기능을 측정할 수 있게 확장될 수 있기 때문에 낮은 기능을 가진 개인을 평가하는 데 유용하게 사용될 수 있다(Roid & Barram, 2004).

SB-5는 2000년 미국의 인구통계조사를 바탕으로 2~85세 이상의 4,800명이 규준에 포함되었지만, 지적장애인은 포함되지 않았다. 여러 연구에서 이전 판이 지적장애인을 위한 신뢰도와 타당도를 보여 주고 있다고 조사되었지만(Bower & Hayes, 1995; Dacy, Nelson, & Stoeckel, 1999), Stanford-Binet 지능검사는 일반적으로 경도에서 중등도의 지적장애인에게 적용될 수 있다고 보고되고 있다(Biasini et al., 1999). 아직까지 SB-5에 대해서는 이러한 연구 결과가 없는 현실이지만, 성인 지적장애인을 위한 SB-5 표준화의 적절성에 관한 언급(Kaufman, 1990)이 이루어지고 있다(Spies & Plake, 2005). 따라서 평가도구의 적용에서 Stanford-Binet 지능검사가 중도 또는 최중도의 지적장애인의 평가에 적절하지 않다는 것을 충분히 고려해야 할 필요가 있다(Biasini et al., 1999).

(2) Wechsler 성인용 지능검사 제3판

WAIS-III(Wechsler Adult Intelligence Scale-Third Edition; Wechsler, 1997)은 이전 버전인 WAIS-R(Wechsler, 1981)을 대체하여, 경도에서 중등도의 지적장애를 가진 성인을 위한 지능검사로 사용될 것으로 보인다(Kaufman & Lichtenberger, 1999). Wechsler 검사도구는 Wechsler 이전 판의 표준화 노력과 광범위한 연구 결과로 지적장애인의 평가에 적절하다고 보고되어 왔다(Devinney, Kamneatz, Chan, & Hattori, 1998). WAIS-III에 포함되어 있는 언어성 및 동작성 하위검사의 조합을 통하여 최소한의 정규교육과 제한된 언어능력을 가진 지적장애인의 평가에 유용하게 사용될 수 있다. 개정된 WAIS-III은 다양한 하위검사에 낮은 수준의 항목을 추가하여, 낮은 IQ 점수를 지나치게 과대평가하는 이전 개정판의 한계를 해결하였다(Kaufman & Lichtenberger, 1999; Zimmerman, Covin, & Woo-Sam, 1986).

이러한 개선에도 불구하고 몇몇 한계는 여전히 과제로 남아 있다. 비록 중등도 지적장애인을 평가할 수 있도록 기준점수를 낮추기는 하였지만, WAIS-Ⅲ은 여전히 IQ 점수가 50이 넘는 사람을 평가하는 데 주로 사용되고 있다. 맨 처음 하위검사 항목을 완료할 수 없는 개인의 경우 자동적으로 최소 1의 점수에 할당되거나, 나이에 따라 최대 47~50의 점수에 할당된다. 따라서 낮은 기능을 가진 사람에게 있어, IQ 점수는 매우 부정확할 수 있고, 언어-행동 분석은 일치되지 않을 가능성이 있다(Kaufman & Lichtenberger, 1999). 따라서 검사점수를 일괄적으로 적용하기 전에 피검사자의 6개 하위검사(언어성 하위검사 3개와 동작성 하위검사 3개)의 원점수를 신중하게 살펴볼 필요가 있다(Biasini et al., 1990).

(3) Kaufman 청소년 및 성인용 지능검사

Kaufman 청소년 및 성인용 지능검사(Kaufman Adolescent and Adult Intelligence Test: KAIT; Kaufman & Kaufman, 1993)는 지능을 너무 협소하게 정의하는 것에 대한 비판으로 개발되었다(Flanagan, Alfonso, & Flanagan, 1994). KAIT는 개별화된 검사를 통해 피검사자의 일반적 지능을 측정할 수 있으며, 11~85세 이상을 규준으로 하여 표준화되었지만 장애인은 규준에 포함되지 않았다(Conoley & Impara, 1995).

KAIT는 필수검사, 그리고 Kaufman과 Kaufman(1993)이 임상, 신경심리, 심리적·교육적 상황에 적절하다고 지적한 확장검사의 두 가지 형태가 있다. 피검사자는 KAIT 평가를 받는 동안 스스로 검사 과제를 습득할 수 있는 특징을 가지고 있기 때문에 가능한 범위에서 각각의 과제를 이해할 수 있다. 더 나아가 KAIT는 방향과 주의력을 측정할 수 있도록 일반 및 개인 정보, 대수, 읽기 등으로 이루어진 10개의 간단한 질문을 통하여 중증장애인의 정신 상태를 평가할 수 있게 한다(Kaufman & Kaufman, 1993).

Flanagan, Genshaft와 Boyce(1999)는 "KAIT는 종합적으로 잘 구성된 혁신적이고 고무적인 검사도구"(p. 62)라고 격찬하였다. 검사 속도 및 운동능력에 중점을 두지 않는 KAIT의 측면은 지적장애인을 평가하는 데 안성맞춤으로서, 검사 속도와 운동 요인을 모두 제거함으로써 장애인을 위한 편의 조정을 증진시킬 수 있다고 지적하였다(Kaufman & Kaufman, 1993). 하지만 KAIT 하위검사는 언어적 음성 반응을 요구하기 때문에(Flanagan, Alfonso, & Flanagan, 1994), 의사소통에 어려움을 가진 사람과 지적장애인에게는 적절하지 않을 수 있다.

(4) 비언어적 종합지능검사

비언어적 종합지능검사(Comprehensive Test of Nonverbal Intelligence: CTONI; Hammill, Pearson, & Wiederholt, 1997)는 비언어적 추론을 평가하기 위하여 구술 또는 몸짓을 통해 개별적 검사를 수행한다. CTONI는 6~90세의 미국, 캐나다, 파나마에 거주하고 있는 2,500명을 표본으로 개발되었고, 검사 시간은 60분이다. 비언어 지능지수(NIQ)는 공간적 추론과 비언어적 상징 추론을 위한 비언어적 능력을 평가하는 일반적 척도(Drossman, Maller, & McDermott, 2001, p. 588)로 정의될 수 있다.

기하학 디자인 및 장난감, 동물, 사람과 같은 일반적 개체 사진에 응답하는 것인데, 피검사자는 그림을 가리킴으로써 답을 나타낼 수 있다. 구술 및 서면 답변은 전혀 없으며, 개체 조작 역시 필요하지 않다. CTONI는 이전 여러 도구로서 측정 불가능하다고 판단되는 지적장애 · 언어장애 · 지체장애를 포함하는 몇몇 장애 유형에 맞추어 적절하게 사용될 수 있다(Hammill, Pearson, & Wiederholt, 1997).

컴퓨터 버전으로 개발된 CTONI 컴퓨터 버전(CTONI-CA)이 출시되었으며, 탁상용 컴퓨터에서 모든 평가를 진행할 수 있다. CTONI-CA의 주요 장점은 피검사자 자신이 직접 검사 오류를 정정할 수 있으며, 검사 후 결과를 즉시 인쇄하여 볼 수 있다는 것이다(Hammill, Pearson, & Wiederholt, 1997). 하지만 컴퓨터에 대한 이해 부족 및 낮은 사용의 문제, 그리고 평가자 및 피검사자 간 상호작용 부족은 이 검사를 사용하는 지적장애인 또는 기타 장애인에게 문제점으로 지적될 수 있다.

(5) Woodcock-Johnson III 인지능력검사

Woodcock-Johnson III(WJ III; Woodcock, McGrew, & Mather, 2001a)는 인지능력과 성취도 검사에 걸쳐 여러 지능의 종류를 평가하기 위해 광범위한 인지능력과 관련된 31개의 하위검사로 구성된 일반 인지능력 평가도구다(Schrank, 2005; Woodcock, McGrew, & Mather, 2001a). Woodcock-Johnson III 인지능력검사(Woodcock-Johnson III Tests of Cognitive Ability: WJ III COG; Woodcock, McGrew, & Mather, 2001c)는 WJ III의 일부분으로서 2~90세의 8,818명을 표본으로 하는 규준집단을 공유하고 있다. 이 도구는 평가자가 각 하위검사의 상한과 하한을 실제로 설정할 수 있기 때문에(Schrank, 2005) 다른 검사보다는 지적장애인의 요구에 더 적합하게 사용될 수 있도록 설계되었다고 볼 수 있다. 이 검사도구는 성공적으로 학습장애 및 지적장애 성인을 평가하기 위하여 사용되어 왔다(Hawkins, Eckland, James, & Foose, 2003; Mather & Woodcock, 2001). 하지만 WJ III COG의 표준을 정하기 위한 규준집단이 오직 영어 사용자로만 구성되었기 때문에 다양한 문화적 배경이나 다른 언어를 사용하는 사람에게는 적합하지 않을 수 있다. 더욱이 WJ III COG의 수행을 위해서는 평가자가 하위검사에 대한 준비와 훈련을 많이 필요로 하기 때문에, 결과의 정확성은 평가자의 기술 수준과 경험에 밀접한 관련이 있다(Ortiz & Dynda, 2005).

(6) Leiter 국제수행척도 개정판

Leiter 국제수행척도 개정판(Leiter International Performance Scale-Revised: Leiter-R; Roid & Miller, 1997)은 Leiter 국제수행척도(Leiter, 1948)의 최근 개정판으로, Wechsler와 같은 도구로 평가하기 힘든 장애인 등을 대상으로 사용될 수 있는 오래된 비언어적인 지능검사도구다. 검사 형식에서 구두 지시, 반응과 신체적인 활동을 필요로 하지 않기 때문에, Leiter의 이전 판은 자폐, 지적장애 또는 청력이 손상된 사람이나 영어 이외의 언어를 쓰는 사람에게 사용되어 왔지만(Tsatanis, Dartnall, Cicchetti, Sparrow, Klin, & Volkmar, 2003), 규준은 부적절한 것으로 간주되었다(Kamphaus, 1993).

하지만 최근 개정판은 지능에 대한 현재의 이론적인 모델에 기초해 변경된 내용과 구성을 포함하고 있다(Tsatanis et al., 2003). 개정판에는 시각화 · 추론 · 주의 · 기억 항목 각각에 10개 하위검사를 포함하고 있고, 평균 100, 표준편차 15인 표준점수를 가지고 있으며, 다른 종합검사와 일관성을 가지고 있다(Roid & Miller, 1997). 개정판 개발을 위해 저자는 2~20세의 사람들을 대상으로 층화표본추출 방법을 사용했고, 학습장애와 지적장애를 가진 특수집단을 포함시켰다. 최신 버전은 20개의 하위검사로 구성되어 있고, 검사 소요 시간은 60분이며, 결과는 유동적 추론(모든 나이에 적합), 원형 구상(2~5세 아동에 적합), 공간 구상(11~20세에 적합) 점수를 합산하여 얻는다(Roid & Miller, 1997).

3) 적응행동검사

앞서 언급하였듯이, 지적장애의 최근 정의에는 인지기능을 위한 기준과 함께 적응행동에서의 차이를 포함하고 있다. IQ 점수에도 불구하고, 개인이 환경에 성공적으로 적응하고 있을 경우 지적장애로 정의하기는 어려울 수 있다(AAMR, 2002; APA, 2000: WHO, 1996). 따라서 지적장애인의 평가를 위해서 적응기능에 대한 측정이 포함될 필요가 있다(Biasini et al., 1999). 하지만 적응능력을 정의하고 측정하는 데는 어려움이 존재하는데, 이는 다른 환경에서 다른 기술과 능력이 요구되는 현실 상황에 영향을 받기 때문이다(Sparrow, Balla, & Cicchetti, 1984). 더욱이 적응 행동의 적절성은 사회나 직장에서의 수용과 용인에 의해 크게 좌우되는 측면이 있다(Polloway, 1997).

적응행동검사는 수년에 걸쳐 급증하고 있다. 실제로 200개 이상의 적응평가도구가 사용되고 있다(Biasini et al., 1999). 점차적으로 이런 도구들은 심리 측정의 기준을 충족하고 있으며 규준참조와 표준을 모두 겸비하고 있다. 많은 검사도구는 직접 관찰로서 얻어지는 추가적인 정보와 함께 부모, 교사 그리고 정보 제공자의 협력에 의하여 이루어진다. 검사를 받는 지적장애인 중 일부는 스스로 정보 제공자로서의 역할을 하면서 용기를 가지게 될 수도 있다(Bruininks, Woodcok, Weatherman, & Hill, 1996). 다양한 평가도구가 존재하지만, DSM-IV(APA, 1994)는 지적장애인의 적응평가에 적합한 도구로서 Vineland 적응행동척도(VABS; Sparrow et al., 1984)와 적응행동검사(Nihira, Leland, & Lambert, 1993)를 제시하고 있다.

(1) Vineland 적응행동척도

Vineland 적응행동척도(Vineland Adaptive Behavior Scales: VABS; Sparrow et al., 1984)는 비록 척도 개발을 위한 규준이 유아에서 18세까지의 연령 범위로 한정되어 있지만, 지적장애인을 위해 가장 널리 사용되고 있는 적응 척도 중 하나다. VABS는 인지장애인과 낮은 기능을 가진 성인을 규준에 포함하여 개발하였다(Anastasi & Urbina, 1997; Biasini et al., 1999). 적응 행동의 규준참조 평가를 제공함으로써 지역사회, 일상생활 기술, 사회화, 운동신경 기술 영역을 평가할 수 있게 한다.

반구조화된 면접과 질문 사항으로 구성되어 있는 VABS는 일상에서 사용되는 개인 및 사회 기술을 측정하는 항목으로 이루어져 있다. VABS는 4개 영역 점수를 가지고 종합점수를 산출하며, 적응 행동 혼합점수는 표준점수, 백분위수 순위 그리고 나이가 비슷한 연령대로 나타낼 수 있다. 선택 사항으로 비적응성 행동 영역은 문제행동을 측정할 수 있게 한다. 비록 VABS는 열 가지 DSM-IV 적응 행동 기술을 세부적으로 다루고 있지 않지만, 지역사회에서 지적장애인을 위해 사용되는 것이 적합하다는 것이 증명되었다(Sparrow et al., 1984). DSM-IV-TR과 AAMR은 장애인의 발달, 의료, 교육력 그리고 교사의 평가와 함께 VABS를 사용하도록 추천하고 있다(AAMR, 2002; APA, 2000).

(2) Vineland 적응행동척도 제2판

Vineland 적응행동척도 제2판(Vineland II; Sparrow, Cicchetti, & Balla, 2005)은 VABS의 가장 최근 개정판이다. 이 검사는 지적장애, 자폐 그리고 다른 발달장애를 진단하기 위한 적응 정보를 제공하도록 고안되었다. Vineland II는 이전 버전인 VABS와 몇 가지 중요한 차이가 있으며, 재활 전문가를 위한 유용한 기능을 제공한다. Vineland II는 표준화 규준과 연령 범위를 확장함으로써 성인을 위한 평가 유용성을 높였다. 세 가지 형태—조사 인터뷰, 확장 인터뷰, 부모/간병인 평가 양식—는 출생에서 90세까지의 사람을 평가하기 위해 적합하다. 교사평가 양식은 3~21세의 아동과 청소년을 위한 학교 환경에 적합하다(Sparrow et al., 2005).

Vineland II는 AAMR에서 언급하고 있는 적응기능 범위와 관련된 세 가지 구조 영역을 가지고 있다. 즉, 의사소통, 일상생활 기술, 사회화 영역을 포함하고 있는데, 이는 AAMR(2002)이 지침에서 제시한 개념, 실행, 사회 영역에 해당하는 것이다. 개발자는 변화된 내용을 통합하고 현실과 부합하도록 일상적인 직무와 기술 항목을 만들었고, 이에 따라 중등도에서 최중도까지의 지적장애인의 범주화를 가능하게 하였다(Sparrow et al., 2005). 더 나아가 연령 확장을 통하여 오랜 기간에 걸친 성인의 변화에 대한 평가를 가능하게 하였다.

(3) 적응행동척도 제2판 주거지와 지역사회 버전

적응행동척도 제2판(Adaptive Behavior Scale-II: ABS: 2; Lambert, Nihira, & Leland, 1993)은 광범위하게 사용될 수 있는 척도로서 학교용(ABS-S: 2; Lambert et al., 1993), 주거 및 지역사회용(ABS-RC: 2; Nihira, Leland, & Lambert, 1993)의 2개 버전을 가지고 있다. ABS-RC: 2는 검사 시간이 15~30분으로 비교적 짧은 평가도구다. 이 척도는 18~80세의 지적장애인을 위해 개발되었고, 재활상담과 그 밖의 성인 재활 분야에서 활용될 수 있다. 검사지 항목은 장애인 또는 장애인에 대해서 잘 아는 사람에 의해 평가될 수 있다. ABS-RC: 2는 주거지 또는 지역사회에서 살고 있는 미국 43개 주의 4,000명 이상의 발달장애인을 대상으로 표준화되었다(Nihira et al., 1993).

ABS-RC: 2가 광범위하게 사용되고 있지만, 이 도구 역시 약간의 결점을 가지고 있다. 부적응 행동에 관한 항목은 일어난 일이나 심한 정도에 대해서 평가하기보다는 단순히 얼마나 자주 일어나는가에 대해서만 평가하게 하고 있다. 따라서 약한 정도의 문제 행동이 빈번하게 일어나는 장애인의 경우가 심한 정도의 행동이 가끔 일어나는 경우보다 더욱 큰 문제로 부각될 수 있다. 더 나아가 ABS-RC: 2에는 다수의 부정적이고 자극적인 용어가 포함되어 있다(Hill, 2001). 비록 ABS-RC: 2의 평가 결과가 지적장애인의 손상에 대한 임상 또는 기준참조 평가 결과로 가치 있게 사용될 수 있지만, 진단용으로는 적절하지 않을 수 있다(Anastasi & Urbina, 1997).

4) 성취도 검사

종합지능검사는 일반적으로 지적장애인의 교육적 성취를 예측하는 데 좋은 도구다(Biasini et al., 1999). 비록 지능검사가 성취도 검사보다 포괄적인 측면이 있지만, 성취도 검사도구는 지적장애인의 평가에 유용하게 사용될 수 있다. IQ 결과와 성취도 결과의 비교는 장애인의 미래 잠재력을 통해 충분히 기능을 할 수 있는가를 판단하는 데 유용한 방법일 뿐만 아니라, 지원이나 치료를 필요로 하는 목표 영역에 도움이 될 수 있다. 성취도 검사는 일반적으로 실제 정보를 통해 개인의 이해를 높이는데, 이는 이전 교육 경험에 크게 좌우된다. 더욱이 학업성취를 정량화하는 것은 지적장애인의 직업과 독립생활 계획 수립을 위해 중요할 수 있다(Biasini et al., 1999).

(1) 광범위 성취도검사 제4판

광범위 성취도검사(Wide Range Achievement Test)는 제4판(WRAT 4; Wilkinson & Robertson, 2006)까지 개발되었으며, 성인의 성취도를 평가하는 데 광범위하게 사용되고 있다(Kaufman, 1990; Wilkinson, 1993). WRAT 4는 새로운 읽기 성취도 평가로서 독해, 철자법, 대수, 문장 이해를 신속하게 평가할 수 있게 한다. 이 평가도구는 미국 전역에 걸친 5~94세의 3,000명을 층화 표집하여 개발되었다. WRAT 4은 나이와 학력을 규준으로 하였기 때문에 지적장애인 평가에 적절한 것으로 판단된다.

WRAT 4는 지적 기능 평가를 위한 공식적인 진단도구이기보다는 교육 또는 직업 환경에서 필요되는 최소한의 기술을 평가하기 위해 직업 또는 교육 평가를 위한 초기 정보를 수집할 수 있도록 고안되었다(Wilkinson & Robertson, 2006). WRAT 4는 단어 낭독, 문장 이해, 철자법, 수학 계산의 순서로 평가되고, 4개의 하위검사로 이루어져 있다.

지적장애인을 대상으로 사용될 때, 평가 시간은 나이, 기술 및 행동의 여러 변수에 의해 달라질 수 있다. WRAT 4는 파랑과 녹색의 두 가지 버전으로 구성되어 있는데, 한 가지 버전으로 연습을 하고 바로 다음 버전으로 실제 평가를 하더라도 연습 효과를 상쇄해 줄 수 있기 때문에 효과적으로 활용될 수 있다. 두 가지 버전은 하나로 통합하여 사용될 수 있다. 독특하게, 통합 버전의 경우 양적 평가를 위한 수행 관찰을 포함하고 있기 때문에 장애인에 대한 종합적 이해를 증진시킬 수 있다.

(2) Peabody 개인성취도검사 개정판/규준 최신화

Peabody 개인성취도검사 개정판(Peabody Individual Achievement Test-Revised: PIAT-R; Markwardt, 1987)은 새로운 Peabody 개인성취도검사 개정판/규준 최신화(PIAT-R/NU; Markwardt, 1997)로 개정되어 사용되고 있고, 특히 지적장애인의 성취도 평가를 위해 사용된다. PIAT-R/NU는 5~22세의 사람들을 표본으로 하여 표준화되었고, 아동 또는 청소년의 전환기 과정을 위해 일하는 재활 전문가에 의해 유용하게 사용될 수 있다(Markwardt, 1997). 개발자는 특수교육을 받고 있는 학생이 분포 비율에 따라 나이와 학년에 맞게 규준집단에 포함되어 있다고 명시하고 있다.

다른 성취도 검사와 달리 쓰기능력이 요구되지 않으며, 이에 지적장애인의 평가에 유용할 수 있다. PIAT-R/NU는 독해력 검사와 읽기 재인 검사로 나누어 유용하게 사용될 수 있다. 점수는 나이 또는 학년에 대응하여 제시될 수 있고, 점수 체계(평균=100, 표준편차=15)는 최소를 65점으로 표준화되어 있다. 피검사자가 응답 항목을 가리키는 형식으로 구성되어 있으며, 따라서 신체 · 언어 · 지적장애 학생을 위해 유용하게 사용될 수 있다. 매뉴얼에는 장애 학생을 위한 추가적 편의 조정 방법에 대한 상세한 설명이 포함되어 있다(Markwardt, 1997).

(3) Kaufman 기능적 학습능력평가

Kaufman 기능적 학습능력평가(Kaufman Functional Academic Skills Test: K-FAST; Kaufman & Kaufman, 1994)는 전환기 청소년과 성인을 위해 고안된 것으로 이전 성취도 검사들과 명백한 차이가 있다. 이 검사는 15~85세 이상의 표본 집단 1,424명에 의해 표준화되었고, 검사 시간은 15~25분이 소요된다. K-FAST는 언어적 반응과 운동 반응 형태로 측정될 수 있고, 대수 및 읽기에서 종합점수뿐만 아니라 연령에 기초한 표준점수를 제공한다.

매뉴얼에 따르면, K-FAST는 다른 인지 또는 적응 평가도구를 보충하여 사용하는 것이 이상적이며, 전문가 및 준전문가에 의해 평가될 수 있지만, 평가 해석은 오직 자격 있는 평가자에 의해서만 이루어져야 한다(Kaufman & Kaufman, 1994). K-FAST는 생활비 사용 및 쇼핑 시 상표 읽는 법과 같은 성인의 독립생활에 필요한 내용에 초점을 맞추었기 때문에 지적장애인의 직업평가에 유용하게 사용될 수 있다.

(4) Woodcock-Johnson III 성취도검사

앞서 논의하였듯이, WJ III(Woodcock, McGrew, & Mather, 2001a)은 전반적인 지적 능력을 개별적으로 검사하는 종합검사다(Schrank, 2005; Woodcock, McGrew, & Mather, 2001c). WJ III 성취도검사(WJ III ACH; Woodcock, McGrew, & Mather, 2001b)는 WJ III의 일부 검사로 같은 규준집단을 공유한다.

WJ III ACH는 연습 효과를 상쇄하여 주는 두 개의 유사한 유형 A와 B로 나누어져 있다. 전체적으로 22개의 검사는 교과과정과 관련되어 읽기, 수학, 문자 언어, 구어, 학업 지식으로 구성되어 있다. 표준검사는 12개의 검사를 포함하여 단어 식별, 맞춤법, 쓰기 유창성, 수학 유창성, 문제 응용을 측정할 수 있게 한다. 확장검사는 구술 이해, 학업 지식, 발음에 맞는 단어 쓰기, 소리 인식을 포함하는 10개의 추가적인 검사를 포함하고 있다. 시간 제한이 있는 항목과 없는 항목을 혼합하여, 표준화된 검사 시행 시간은 60~70분 정도다.

WJ III 인지능력검사(WJ III COG)와 WJ III ACH가 같이 사용될 경우, 공동 규준을 가지고 있는 측정도구로서 지능과 성취도를 동시에 평가할 수 있다(Blackwell, 2002; McGrew & Woodcock, 2001). WJ III ACH는 개인의 능력 수준에 따라 평가자로 하여금 검사 과정을 임의로 조정할 수 있도록 필요로 하는 하위검사와 항목만을 평가에 사용할 수 있기 때문에 인지장애인을 위한 유용성은 증가하고 검사 시간은 줄이는 이점이 있다(Blackwell, 2001; Woodcock, McGrew, & Mather, 2001c). 또한 WJ III ACH 매뉴얼은 장애인을 위한 적절한 편의 조정 방법을 제시하고 있다.

(5) 미니성취도평가

미니성취도평가(Mini-Battery of Achievement: MBA; Woodcock, McGrew, & Werder, 1994)는 여러 재활 관련 기관에서 사용할 수 있는 기초 기술 및 지식 검사도구다. MBA는 4~90세의 사람들을 평가하기에 적합하고, 검사 시간은 25~30분이 소요된다. MBA 매뉴얼은 규준 정보를 위해 Woodcock-Johnson 심리-교육검사-개정판(WJ-R; Woodcock & Johnson, 1989)의 기술 매뉴얼을 참조하는데, 이는 두 검사도구가 공동의 표본을 갖고 있기 때문이다. 사실 MBA는 WJ-R 검사 문항의 혼합된 형태를 가지고 있다. WJ-R의 A형식 검사 문항 중 101문항(38%)과 B형식 검사 문항 중 119문항(44%)으로 구성되어 있다(Woodcock, McGrew, & Werder, 1994).

MBA 매뉴얼은 여러 종류의 학교에서 성취 수준에 대한 기초평가를 제공한다. 평가 진행 시 각 항목에서 적정한 시간이 지나면 피검사자에게 다음 항목으로 이동할 것을 권고할 수 있지만, MBA는 본래 검사 시간이 제한되어 있지는 않다(Woodcock, McGrew, & Werder, 1994). 대부분의 MBA 문항은 개방-종결형 질문 또는 개방-반응형 문장이며, 따라서 피검사자의 추측 또는 묵인의 우려를 줄일 수 있다. 광범위한 적용 범위와 신속한 검사 시간에 의해 MBA는 성인 지적장애인을 위한 실질적인 평가도구로 사용될 수 있다. 하지만 이 평가도구는 중증 지적장애를 가진 장애인에게 적용하기에는 어려움이 있다고 지적되어 왔다. 비록 MBA가 전문가와 준전문가에 의해 시행될 수 있지만, 평가에 관한 기본적인 배경지식이 없는 사람이 이용하기에는 어려움이 있다. 이러한 우려 때문에 MBA는 경험이 있는 평가자에 의해서 시행되도록 권장되고 있다(Michael, 1998).

5) 정신장애 평가

지적장애는 정신장애를 동반하여 다른 조건과 동시에 나타날 수 있다(Miller et al., 1994; WHO, 1996). 사실 지적장애를 가진 사람은 일반인보다 약 3~4배 더 많은 비율로 성격 · 정신장애 및 기타 정신장애를 가지고 있을 확률이 높다(Masi, 1998). 정신장애와 지적장애를 동시에 가진 개인의 평가에 대한 관심이 증가하고 있는데, 이는 정신병리를 평가하기 위한 여러 어려움과 다양한 접근 방법을 보여 주고 있다(Reiss, 1993; Wagner, 1991).

불행하게도, 전통적인 정신 관련 평가도구는 경증 지적장애인의 능력을 넘는 읽기 및 이해 수준을 요구한다(Butcher, 1999). 그럼에도 불구하고 연구자들은 필요하다면 검사 항목을 크게 읽어 주거나 항목에 대한 단순화된 설명을 제공하는 것과 같은 수정을 통해, 원래는 지적장애인에 맞추어 설계되지 않은 도구로부터 유용한 정보를 얻을 수 있다고 언급하고 있다(McDaniel & Harris, 1999). 지적장애인은 개방-종결형 또는 덜 구조화된 질문에 친숙하게 응답하는 경향이 있다(Kilsby, Bennert, & Beyer, 2002; Ollendick, Oswald, & Ollendick, 1993). 일정한 척도를 사용함으로써 좀 더 생산적으로 참여자의 언어적 한계로부터 오는 차이를 극복할 수 있고(McLean, 1993), 이를 통해 지적장애인을 위한 특수한 평가도구들이 개발되어 오고 있다.

(1) 성인 정신지체인을 위한 정신병리도구

성인 정신지체인을 위한 정신병리도구(Psychopathological Instrument for Mentally Retarded Adults: PIMRA; Matson, Kazdin, & Senatore, 1984)는 경도 및 중등도 지적장

애인을 위해 고안된 최초의 이중 진단 평가도구다. 명칭은 아직 사람 중심 장애 용어로 바뀌지 않았다. PIMRA은 DSM-IV를 바탕으로 한 간단한 평가도구다. 이 도구는 16세 이상을 위해 유용하게 사용될 수 있고 여덟 가지 정신장애 범주—정신분열증, 정서장애, 성심리, 적응, 불안, 신체형 장애, 성격 그리고 부적응장애—를 포함하고 있다. 20년 전에 개발되었음에도 불구하고, 이 평가도구는 미국, 영국 그리고 몇몇 나라에서 유용하게 사용되고 있다(Balboni, Battagliese, & Pedrabissi, 2000). 최근 연구에서는 PIMRA의 신뢰도와 타당도가 양호한 것으로 조사되었다(Balboni, Battagliese, & Pedrabissi, 2000; Gustafsson & Sonnander, 2005). 이 도구는 텍사스, 펜실베이니아 및 일리노이 주에 거주하고 있는 600명의 지적장애인을 표본으로 하여 규준이 확립되었다. PIMRA는 두 개의 구조화된 면접도구로서, 하나는 다른 사람이 평가를 하고 다른 하나는 자기 보고의 형식으로 구성되어 있다. 각각의 형식은 7개 또는 8개 항목이 장애인, 정보제공자, 부모, 다른 가족, 교사, 상담사, 그 외 장애인을 잘 아는 사람에 의해 평가될 수 있다. 피검사자의 기능이 낮을 경우는 자기 보고 형식보다는 다른 사람이 평가하는 형식이 유용할 수 있다(Sovner & Pary, 1993; Swiezy, Matson, Kirkpatrick-Sanchez, & Williams, 1995). 자기 보고 형식은 언어를 사용하지 못하거나 질문에 대답할 수 없는 경우 사용될 수 없다(Matson, 1988).

(2) Reiss 부적응행동선별검사

Reiss 부적응행동선별검사(Reiss Screen for Maladaptive Behavior; Reiss, 1988)는 정신병리학의 존재 유무를 평가하기 위해 널리 이용되는 잘 알려진 검사도구다(Walsh & Shenouda, 1999). 평가도구는 서로 다르지만 연관되도록 세 가지 형태로 조합하여 사용할 수 있는 36개 항목으로 구성되어 있다. 첫째, 이 평가도구는 문제 행동의 심각성과 관련된 평가척도를 사용한다. 둘째, 특정 진단에 대해 평가 결과를 연계시킨다. 마지막으로는 자살 행동처럼 흔하지는 않지만 위험한 증상을 가려낸다. 총점을 통해 부적응 행동의 심각성 정도를 알 수 있다. 경증 및 중증 지적장애인을 범주로 규준이 개발되었으며, 이를 통해 각 집단에 대한 타당도가 확립되어 있고, 장애인의 부적응 행동을 검사하는 데 높은 신뢰도를 보이고 있다. 평가도구의 각 항목은 관찰 가능한 특정 행동을 가리키기보다는 정신과적 증상이나 행동의 범주를 가리키고, 공격 행동, 정신병, 편집증, 우울증(행위적 증상), 우울증(육체적 증상), 의존성 성격장애 그리고 회피장애가 포함된다(Reiss, 1988, 1997). Reiss 부적응행동선별검사는 개정된 적이 없지만, 이 평가도구에 대해 연구가 잘 이루어져 왔으며 지적장애인에게 적합하다는 평가를 받고 있다(Reiss, 1997; Sturmey, Burcham, & Shaw, 1996; Walsh & Shenouda, 1999).

6) 직업평가

중요한 재활 목표 중 하나는 장애인을 작업 환경에 배치하는 것인데(Muklewicz & Bender, 1988), 최근에 더 많은 사람이 직업 재활을 통해 고용이 이루어지고 있다(Muklewicz & Bender, 1988). 청소년과 성인 지적장애인과 함께 일하는 재활 전문가와 특수교사에 의해 수행되는 광범위한 진로 개발 활동에 있어서 직업평가는 중요한 역할을 할 수 있다. 이러한 평가는 성인 지적장애인의 고용 관심 분야, 경력 목표, 직업기술을 확인하는 데 도움을 줄 수 있으며, 궁극적으로는 장애인의 직업 만족도를 높일 수 있다(Wadsworth, Milsom, & Cocco, 2004).

직업 환경에서 성인 지적장애인을 평가하는 전형적인 방법은 일련의 질문에 대답하게 하는 것으로, 검사 · 관찰 · 면접과 같은 주요 배경 정보를 사용하고 관련 자료를 참고함으로써 평가할 수 있다. Amble과 Peterson(1979)이 제안한 고용 가능성, 흥미, 사회적 및 직업 전 기능에 관한 고려는 오늘날에도 사용할 수 있는 유용하고 적절한 방법이다. Rumrill과 Roessler(1999)는 직업평가가 직종 선택에 중점을 두는 경향이 있음에 주목하였다. 하지만 대부분의 사람에게 직종 선택은 고정된 것이 아니며, 얼마나 많은 인생 경험을 하느냐에 따라서 개인별로 달라질 수 있다(Szymanski & Hanley-Maxwell, 1996; Wadsworth, Milsom, & Cocco, 2004). 직업 선택의 지속적 평가 과정으로서 흥미검사도구가 자주 사용되며, 흥미검사는 널리 사용되는 평가 방법이다. 여기서는 지적장애인을 위해 적합한 두 가지 직업흥미검사를 살펴보고, 이후 적합한 사회적, 직업 전 및 직업 기술 평가도구에 관해 논의하고자 한다.

(1) 비언어성 직업흥미검사: 2

비언어성 직업흥미검사: 2(Reading Free Vocational Interest Inventory: 2: RFVII: 2; Becker, 2000)는 지적장애 또는 학습장애를 가진 사람을 위해 그림 형식과 비언어적인 관심 목록으로 특별히 제작되어 직업 또는 기술학교, 직업훈련 프로그램 또는 보호작업장에서 사용되도록 개발되었다(Becker, 2000). 이 검사는 주로 미숙련 또는 반숙련 수준에서의 직업 선호도를 중점적으로 평가한다. 미숙련 · 반숙련 · 숙련을 요하는 각각의 직무를 그림 카드로 제시함으로써 다양한 직업에 대한 평가를 가능하게 한다. 읽기나 쓰기 능력은 필요하지 않으며, 장애인에게 그림으로 나타낸 항목에 대한 추가적인 설명이 필요할 경우 평가자가 그에 대하여 설명해 줄 수 있다.

이 검사는 각각 지적장애, 학습장애, 보호작업장, 유사한 재활기관에 근무하고 있는 사람에 맞는 규준을 갖추고 있다. 검사 매뉴얼은 자동차 직종, 건축 직종, 사무직, 동물 관리 직종, 음식 서비스 산업 직종, 의료 직종을 포함한 다양한 분야에 대한 결과를 *T*점수, 백분위수, 순위로 나타낼 수 있게 한다. 직업 직종에는 원예, 가정부, 개인서비스, 세탁서비스, 도구 취급 직종 등이 포함되어 있다. 이 검사는 지적장애인 평가에 신뢰성을 보여 왔고, 13세 이상을 측정하기에 타당하다.

RFVII: 2는 개별 또는 집단을 대상으로 간단히 측정될 수 있고, 검사 시간은 약 20분 정도가 소요된다. RFVII: 2의 이전 판은 직업 유지를 예측하는 것으로 보고되었지만(Becker, Schull, & Cambell, 1981), 최근 판에서는 직업 유지 예측 연구의 결과가 아직 보고된 바 없다. 하지만 이 검사도구에서 보이는 형식과 규준 표본은 지적장애인의 직업적 홍미를 평가하는 측정도구로 유용하게 쓰일 수 있다.

(2) Geist 그림흥미검사 개정판

Geist 그림홍미검사 개정판(Geist Picture Interest Inventory-Revised: GPII-R; Geist, 1988)은 지적장애인의 직업과 여가 활동에 대하여 측정하는 데 널리 사용되어 왔다. 직업 및 개인의 여가 홍미를 확인하기 위해 취미 또는 직업과 관련된 장면을 묘사한 3개의 그림 중에서 피검사자가 좋아하는 한 그림을 고른다. 동기 조사는 직업 선택 이면에 있는 개인의 동기를 파악할 수 있게 하는 것으로, 별도로 평가될 수 있다. GPII-R은 남성과 여성의 홍미 영역을 구분하여 개발되었다. 개발자는 작업과 여가 활동에서 성별 구별이 필요하며, 각각의 성 특수성이 직업 선택에 영향을 미칠 수 있다고 지적하였다(Geist, 1988).

이 검사는 개인 또는 집단 평가에서 몇 분만에 점수를 낼 수 있어, 재활 현장에서 시간과 예산을 효율적으로 사용하게 한다. GPII-R은 중학생부터 성인기에 이르는 기간 동안 전환계획을 확립하는 데 유용하게 사용될 수 있다. 이 검사는 재활 전문가가 성별에 따른 개인 홍미의 차이를 구별하고 전통적인 역할 외의 직업을 탐색할 수 있도록 도와준다(Danker-Brown, Sigelman, & Flexer, 1978).

(3) 독립행동척도 개정판

전적으로 직업 관련 평가도구는 아니지만, 독립행동척도 개정판(Scales of Independent

Behavior-Revised: SIB-R; Bruininks, Woodcock, Weatherman, & Hill, 1996)은 지적장애인의 직업평가를 위해 적합한 것으로 증명되어 왔다. SIB-R은 유아부터 80세까지 다양한 연령의 2,182명을 규준으로 하여 표준화되었다. SIB-R은 이동기술, 사회적 상호작용과 의사소통 기술, 개인생활 기술, 지역생활 기술의 네 가지 적응 행동 분야를 측정할 수 있게 도와준다. 지역생활 기술 분야는 성공적 고용을 위한 적응 행동을 측정할 수 있게 한다. SIB-R은 내적 적응, 외적 적응, 부적응 행동 양상 등 문제 행동에 대한 세부적인 평가를 가능하게 한다. 검사 결과는 백분위수, 등급, 연령점수 등의 표준점수로 나타낼 수 있다. 또한 문제 행동의 발생과 심각도도 자세히 나타낼 수 있다(Bruininks, Woodcock, Weatherman, & Hill, 1996).

SIB-R은 지원점수라는 것이 있는데, 이는 개인적 요구에 대한 지원, 감독 및 자원이 필요한가를 결정하기 위한 부적응 행동과 적응 행동에 대한 가중치 점수다. 이를 통해 개인 요구 지원에 대한 여섯 가지 범주(충분하게, 광범위, 빈번히, 한계적, 간헐적, 드문, 도움 필요 없음)에 따른 각각의 판단이 가능하게 된다. SIB-R은 이전에 논의되었던 평가 방법들과 달리, 지원 요구에 대해 비장애 성인을 기준으로 한 자료를 반영하여 직업 적응 평가 수준을 향상했다. 이 검사는 AAMR의 정의에 따른 지적장애의 개념에 따라 지원 단계에 대한 평가의 객관화를 가능하게 하였다(Bruininks, Woodcock, Weatherman, & Hill, 1996).

(4) 작업 표본

직업평가에서 작업 표본을 함께 사용하는 것이 바람직한 전략이었지만(Menchetti, Rusch & Owens, 1983), 그 사용에서 몇 가지의 한계가 제기되어 왔다(Singer, 1977). 무엇보다 작업 표본은 재활상담에 쉽게 사용될 수 없다. 요구되는 자료가 종종 고액이기 때문에 직업훈련 프로그램 수행기관에서 더 많이 사용하게 된다. 또한 실제 작업 표본을 각각 적용·평가하기 위해서는 수일 또는 수주의 시간이 필요하기 때문에 이러한 시간적 제약이 작업 표본 사용에 영향을 미칠 수 있다(Jewish Employment and Vocational Services, 1976; Singer, 1977).

비판적 견지에서 볼 때, 작업 표본은 경증의 지적장애인의 평가에서조차 타당도나 예측성이 떨어지는 것으로 조사되어 왔다(Irvin, Gersten, Taylor, Close, & Bellamy, 1981). 작업 표본은 이전 학습 성과에 대한 측정과 작업 자체를 통해서 이루어지는 진전에 관한 평가를 할 수 없다는 단점이 지적되고 있다. 또한 그것은 특정 직업 분야에서 작업 표본의 특징이 똑같이 반복될 수 없다는 측면, 그리고 직업 유지와 관련 있는 사회적 영향을 무시하고 넘어가는 측면이 있을 수 있다(Black & Rojewski, 1998). 업체의 직원 채용 과정에서 작업 표본은 규격화된 검사도구를 개발하기 위한 기준 또는 고용의 기준을 제공해 왔고, 특정 또는 넓은 범위의 능력과 기술을 측정하고 훈련 또는 직업 준비도를 평가하기 위해 직업 수행을 예측하는 데 사용되어 왔다(Jackson, Harris, Ashton, McCarthy & Tremblay, 2000). 하지만 보호고용 및 지원고용 프로그램에서 작업 표본의 사용은 장애인의 직업 및 훈련을 동시에 평가하도록 도와줄 수 있다(West, Johnson, Cone, Hernandez, & Revell, 1998).

3 결 론

지적장애의 개념은 고대부터 전해 내려오고 있고 수세기 동안 지적장애에 대한 개념 및 장애인에 대한 비장애인의 사회적 태도 역시 바뀌어 오고 있다(Biasini et al., 1999; Miller et al., 1994). 더 이상 지적장애인은 징벌받거나 영구적으로 시설에서 생활하지 않는다. 여러 어려움에도 불구하고 지적장애인은 사회에 잠재적인 이익을 줄 수 있는 개인으로 인정받고 있다. 비록 지적장애에 대한 현대적 정의가 거의 바뀌지 않았지만, 기능을 분류하고 개인을 특성화하기 위해 사용되는 용어상에는 커다란 변화가 있어 왔다(Bellini, 2003; Iacono, 2002; Leicester & Cooke, 2002; McDermott, Martin, & Butkus, 1999).

어떤 면에서 지적장애인에 대한 평가는 현재의 결점을 발견하여 미래의 장점으로 승화시킬 수 있도록 하며, 개인을 독특하고 인지적 · 사회적 적응기술을 가진 전체적인 완성체로서 바라보게 한다. 상대 평가나 관찰, 더 많은 비공식적 검사와 같은 평가 방법을 더불어 사용함으로써 재활 전문가는 좀 더 확고한 평가를 내릴 수 있다(Biasini et al., 1999; Sattler, 1992). 다행히도 지적장애인을 평가하기 위한 새롭고 잘 확립된 평가 방법들이 있다. 하지만 어떠한 방법도 아무런 의문 없이 무비판적으로 채택될 수는 없다(Kamphaus, Petoskey, & Morgan, 1997: American Psychiatric Association, 2000). 표준화된 검사도구의 한계점이 반드시 사전에 인지되어야 하고, 배경 자료와 임상 소견과 같은 표준화된 방법으로부터 찾은 것을 통합하여 평가 결과를 제시해야 한다.

성인 지적장애인에 대한 평가는 미래에 아마도 세 가지의 주요 방향으로 나아갈 것으로 판단된다. 첫째, 덜 차별적인 용어, 사람을 우선으로 생각하는 언어를 사용하는 추세는 계속될 것으로 보인다. 이것은 장애인을 편의에 따라 시설에 배치하는 것을 지양하고, 장애인이나 옹호자 요구를 지지하는 인간 중심의 철학적 방향으로 이동하게 될 것으로 보인다(AAMR, 2002; Biasini et al., 1999). 둘째, 지적장애가 아직 심하지는 않지만 점점 복잡해지는 사회에 적응을 하지 못하는 개인의 재활 욕구를 해결하는 방향으로 나아갈 것으로 판단된다. 지적장애에 대해 AAMR에서 내린 새로운 정의는 이러한 개인에 대해 역점을 두고 있다. 셋째, 장애인의 고용과 관련해 증가하는 긍정적 증거로서, 일하는 것이 건강 유지에 도움을 주고 스스로에게 정당성을 부여한다는 것과 지적장애를 가진 성인 또는 중증장애인에게도 노동시장에 참여하고 생산적인 시민이 될 수 있는 기회를 주어야 한다는 것을 포함한다. 이러한 동향은 법률 제정과 지원고용 프로그램 발전에 따라 기획된 프로그램에서 지속적으로 표출되고 있다(Wehman, West, & Kregel, 1999). 이러한 모든 경향에서 볼 때, 앞으로 재활의 역할은 더욱 중요할 것으로 판단된다.

Chapter 19

정신장애 재활평가

Kim L. MacDonald-Wilson | Patricia B. Nemec

정신장애 재활에서 이루어지는 평가를 정신의학적 진단과 혼동해서는 안 된다. 재활에서의 평가와 전통적인 정신의학적 진단은 매우 다른 것이다. 목적도 다르고 과정도 다르고 검사 또한 다르다. 쓸모 있고 의미 있는 정보를 제공하는 것에서, 평가를 실시하는 데 필요한 훈련 과정에서, 그리고 포괄적인 처치와 재활적 개입에서 정신장애 재활에서의 평가와 정신의학적 진단은 각각이 다른 역할을 수행한다. 전통적인 정신의학적 진단은 의학적인 손상, 즉 병리적 상태와 시간 경과에 따른 증상의 진행에 초점을 맞추고 있지만, 재활에서의 평가는 재활의 종합적인 목적을 달성하기 위해 필요한 기술과 자원에 초점을 맞추고 있다. 거주지, 학습, 작업의 환경과 그에 따른 특정적 역할이 무엇인지를 확인하는 것이 재활의 종합적인 목적이다. 재활적 평가는 특수한 진단적 범주를 규명하기보다, 목표 환경에서의 성공 경험과 개인적 만족감을 위해서 요구되는 중요한 기술과 자원의 목록을 만들고 그것을 기술하는 것이다. 전통적인 정신의학적 진단의 절차가 가지는 목적은 병리적 상태를 기술하는 진단적 명칭(label)을 붙이기 위한 것이며, 그러한 명칭은 그 사람의 과거력, 징후 및 증상들에 대한 관찰과 묘사에 근거하여 선택된 것이다. 그와는 달리 재활적 평가는 이미 가지고 있거나 요구되는 기술과 자원들이 무엇인지를 확인하는 것이다. 이는 목표 달성에 미치는 영향력, 목표를 세운 사람의 관점(만일 적절하다면 그의 주변에 있는 가까운 관계의 사람들이 가지는 견해도 함께 고려된다), 기술의 실행력, 자원의 가용성에 대한 객관적인 평가를 바탕으로 선택된다.

두 접근이 가지는 목적이 너무나 다르기 때문에 진단적 절차가 다를 것임은 명백하다. 정신의학적 진단을 내리기 위해서 임상가에게 정신의학적 지식과 특수한 진단적 기술이 요구되는 것처럼, 정신장애 재활에서 평가를 하기 위해서는 실무자들이 특별한 지식과 기술을 가지고 있어야 한다.

1 정신장애 재활평가의 실증적 토대

이 장에서 다루고 있는 정신장애 재활평가의 발달사는 학제 간 연구를 다양하게 진행해 왔던 많은 연구자가 지난 수십 년 동안 이루어 온 실증적 연구에 기반을 두고 있다. 이 연구 문헌들에 대한 일련의 논평에서 William Anthony와 동료들은 정신장애인들의 재활적 성과는 그들이 가진 기술의 기능과 지역사회 안에서의 지지적 자원에 달렸다고 결론지었다.

이 연구 문헌의 논평 서두에서 Anthony와 Margules(1974)는 만성 정신장애인이 증상과 관계없이 다양한 기술을 배울 수 있으며 그러한 기술들이 지역사회 내에서 활용될 수 있도록 지지하는 종합적 재활 프로그램에 적절하게 통합될 때 재활의 성과에 중요한 영향력을 가질 수 있다고 결론지었다. 1974년의 문헌에 대한 논평과 여타 다른 논평과 연구에서도 재활의 성과란 기술의 기능과 지역사회 내의 지지적 자원이라는 결론을 내렸다(Anthony, 1979, 1994; Anthony & Jansen, 1984; Anthony & Liberman, 1986; Arns & Linney, 1995; Cohen & Anthony, 1984; Cook & Razzano, 2000; Dino & Anthony, 1987; Tsang, Lam, Ng, & Leung, 2000).

재활의 성과가 기술의 기능과 자원에 있음을 고려할 때, 정신장애인을 위한 재활적 개입의 초점이 기술과 자원을 향상하는 것에 있다는 점은 당연하다. 만일 재활적 개입이 그 사람의 기술과 지지 자원을 향상하도록 계획된다면, 재활을 위한 평가는 그 사람이 이미 가지고 있거나 또는 그 사람에게 필요한 기술과 지지 자원을 평가하는 것이 합당하다.

전통적인 정신의학적 진단 절차는 재활적 개입의 처방과 관련된 정보를 그다지 많이 제공하지는 않는다. 정신의학적 진단명 또는 증상 유형에 대해 보고한 내용과 재활의 결과 간에 경미하거나 또는 유의미하지 않은 관계가 있었음이 수많은 연구와 연구 문헌에 대한 논평에서 보고되었다(Anthony, 1994; Anthony, Rogers, Cohen,

& Davis, 1995; Arns & Linney, 1995; Ikebuci, Iwasaki, Sugimoto, Miyauchi, & Liberman, 1999). 보다 최근의 연구들에서 부정적 증상과 직업적 성과 간에 약간의 관계가 있음이 발견되었지만, 즉시적 성과에서만 관계가 있었을 뿐 향후의 직업적 성과는 고려되지 않았다(Bell & Lysaker, 1995; Hoffmann, Kupper, Zbinden, & Hirsbrunner, 2003; Rogers, Anthony, Cohen, & Davies, 1997). 진단과 인구사회학적 변인들의 관계를 연구한 2004년의 메타분석 연구가 정신분열병의 진단이 직업적 성과와 관계가 있다는 결론을 지지하기는 하였지만, 효과 크기와 분석에 포함된 연구물의 수가 너무 적었다(Wewiorski & Fabian, 2004). 부정적 증상들 또는 진단과 직업적 성과가 다소 관계가 있기는 하다. 그러나 문헌에 대한 최근의 논평에서는 가장 강력한 예측변인이 사회적 기술, 직업 경력, 발병 이전의 기능이라는 결론을 내리고 있으며(Cook & Razzano, 2000; Tsang et al., 2000), 재활의 성과에는 기술과 기능에 대한 재활적 평가가 증상이나 진단에 대한 전통적인 평가보다 더 적절한 정보를 제공한다는 점을 시사하였다.

요약하면, 실증적 문헌들이 제시하는 것은 다음의 두 가지다. 첫째, 최근의 정신의학적 진단 체계는 진단적 정보를 모으고 조직화하는 것인데, 이는 재활적 성과에 대해서는 기술적이지도 처방적이지도 예언적이지도 않다. 따라서 정신장애 재활에는 특별한 평가 절차가 필요하다. 둘째, 정신장애 재활에서의 평가는 전체적인 재활 목표와의 관련성 안에서 그 사람의 기술과 환경적 지지 자원을 묘사하는 데 초점이 있다.

2 정신장애인을 위한 재활평가의 구성 요소

정신장애인을 위한 재활평가는 그 사람이 원하는 거주지, 학습 환경, 업무 환경, 사회생활의 환경적 맥락 안에서 그가 가지고 있는 기술과 지지 자원을 평가하는 것이다. 이러한 평가에는 전체적 재활의 목표, 기능의 평가 그리고 자원의 평가라는 세 가지 구성 요소가 있다. 전체적 재활의 목표는 향후 6~18개월 동안 생활, 학습, 일, 사회화에서 해당 피검사자가 선택한 특정 환경, 즉 목표 환경을 지정하는 것에서 시작한다. 목표 환경은 그 사람이 현재 지내는 곳일 수도 있고, 머물기를 원하는 곳일 수도 있고, 어쩌면 1년 후 또는 2년 후 옮겨 가고 싶은 곳일 수도 있다. 목표 환경이 결정되면 평가적 검사들을 통해 인터뷰 과정을 완성할 수 있다. 인터뷰를 통해 자신이 선택한 목표 환경 안에서 성공과 만족을 극대화하기 위해 필요한 기술과 지지 자원이 무엇인지를 규명하도록 도와줄 수 있다.

전체적인 재활의 목표는 전형적으로 피검사자가 현재의 환경에 대해 얼마나 만족 또는 불만족하는지를 묻거나 또는 그들이 선택한 미래의 환경을 찾아 나가는 인터뷰 과정 중에 수립된다. 전체적인 재활의 목표는 평가에서 매우 중요한데, 이는 성취에 대한 희망이 그 사람을 평가에 몰입하도록 동기화하기 때문이다. 게다가 전체적인 재활의 목표는 그러한 특정 환경에서 성공 경험을 할 수 있도록 그와 관련된 기술과 지원에 대해 실무자와 피검사자가 함께 목표를 설정하는 데 초점을 맞춘다. 또한 전체적인 재활의 목표는 목표 환경에서의 만족과 성공에 관련된 것으로 평가된 기술과 지원을 제한함으로써 후속적 평가에 초점을 두는 것이기도 하다. 다음은 전체적인 재활의 목표에 대한 예시다.

- 2008년 11월까지 여자친구와 Mulberry House(요양시설)에서 사는 것
- 2008년 6월까지 전환고용 상태로 일하는 것
- 2009년 가을까지 우스터 주립대학의 학습지원 프로그램에서 공부하는 것

정신장애 재활 과정의 초기에 전체적인 재활의 목표를 수립하는 것은 정신장애 재활의 철학과 원칙에 부합할 뿐 아니라(Anthony, Cohen, Farkas, & Gagne, 2000; Hughes & Weinstein, 2000; Pratt, Gill, Barrett, & Roberts, 2006), 양질의 정신건강 실무(New Freedom Commission, 2003; Rapp & Goscha, 2005)와 고품격 건강관리 서비스 전달 체계의 철학과 원칙에도 부합된다(Institute of Medicine, 2001). 개인적으로 의미 있는 목표 수립이 포함된 자기결정권은 미국 약물남용 및 정신건강서비스국(U.S. Substance Abuse and Mental Health Services Administration)의 새로운 비전에 초석이 되고 있다(SAMHSA, 2006).

목표를 설정하는 것은 장애인이든 비장애인이든지 간에 수행에 영향을 미친다. 초기의 수많은 실험적 연구에서 목표 수립의 긍정적 효과가 검증되었다(Locke, Shaw, Saari, & Latham, 1981). 개인화된 목표는 특정 결과를 표적화하고, 그 결과를 성취하기 위해 노력과 전략들을 동원하며, 인내력을 증가시킴으로써 수행에 영향을 미친다(Locke et al., 1981). 목표를 어떻게 달성할 수 있을지를 세분화하고 계획을 자세하게 세우는 것은 그 목표에 가까워질 가능성을 높인다(Gollwitzer, 1996).

전체적인 재활의 목표를 수립하기 위해 함께 시간을 들여 작업하는 것 역시 중요

하다. 왜냐하면 만일 그런 과정이 무시된다면 실무자와 피검사자 모두 잘 알지도 못한 채로 엉뚱한 목표를 추구할 가능성이 매우 높다. 연구에서 밝혀진 바로는 실무자가 평가한 것과 피검사자 자신이 평가한 것이 다양한 사항에 대해서 많은 부분 일치하지 않았는데, 회복에 대한 잠재력(Blackman, 1982), 원하는 결과(Berzins, Bednar, & Severy, 1975), 재활의 이슈들(Leviton, 1973), 요구에 대한 지각(Phelan et al., 1995; Slade, Phelan, & Thornicroft, 1998)에 대해 그러하였다. 예를 들어, Dimsdale, Klerman과 Shershow(1979)는 정신과 병동에서 한 집단의 사람들에 대해 연구하였는데, 그곳의 실무자들은 심리적 통찰을 주된 목표로 보고 있었던 반면, 환자들은 자기들의 목표 목록의 맨 아래에 심리적 통찰을 꼽았다. 다른 연구에서는 피검사자와 실무자의 목표가 서로 조화되지 않을 때 피검사자들이 치료에서 별다른 이득을 얻지 못하였으며, 실무자의 전문적 도움에 실망하고 종종 치료적 활동에 따르지 않는 것으로 나타났다(Lazare, Eisenthal, & Wasserman, 1975; Noble, Douglas, & Newman, 2001; Tryon & Winograd, 2002). 이러한 결과는 정신건강 또는 정신과적 재활서비스에만 해당되는 것이 아니다(Cruz & Pincus, 2002; Vermeire, Hearnshaw, Van Royen, & Denekens, 2001).

목표 설정에서 정신장애인을 배제하는 이유는 때때로 그들이 의사결정이나 선택을 할 능력이 없다는 잘못된 신념으로부터 나온다. 어떤 연구자들은 정신장애인이 겪는 의사결정의 어려움이 증상이나 손상 자체보다도 치료 환경이나 의사소통과 더 관련이 있다는 사실을 제시하였다(Estroff, Patrick, Zimmer, & Lachiotte, 1997; Goffman, 1961; Ryan, 1976; Schmieding, 1968). 그러나 다른 연구자들은 손상된 의사결정 능력이나 열악한 목표 수립이 정신질환, 특히 정신증에 내재하는 요소라는 견해를 가지고 있다. 예를 들어, 정신분열병과 관련된 주요한 문제 중의 하나인 부정적 증상들은 사회적 철회, 목표 지향적 행동의 부족, 낮은 동기 등을 포함한다. 정신분열병을 가진 사람이 어떤 결정을 내리거나 의사결정 과정에서 어려움을 겪을 수도 있긴 하지만(Ernst & Paulus, 2005; Shumway, Sentell, Chouljian, Tellier, Rozewicz, & Okun, 2003), 그들은 자신이 받게 될 치료를 결정하는 것에는 참여하고 싶어 하며(Hamann, Cohen, Leucht, Busch, & Kissling, 2005), 정보를 적절하게 알려 주었을 때에는 의사결정을 할 수 있는 능력을 보이기도 한다(Grisso & Appelbaum, 1995; Stiles, Poythress, Hall, Falkenbach, & Williams, 2001). 또한 정신장애 재활에서의 개입은 의사결정 기술을 향상하고 정보가 제공된 의사결정에 필요한 지식을 축적하기 위해 사용될 수 있다(Rapp & Goscha, 2005).

정신장애를 가진 사람들이 스스로 선택을 하거나 자신의 요구를 말할 수 있는가라는 질문과는 별개로, 대부분의 정신건강과 재활 분야의 실무자들은 치료 시 목표를 수립하는 것이 중요하다는 점에 동의한다. 불행하게도, 수년 동안 정신건강 전문가들은 자신들이 하는 일의 정규적인 한 부분으로서 목표 수립을 하는 것에 반대했는데(Holroyd & Goldenberg, 1978), 특히 바람직한 재활의 결과에 대해 소비자들의 견해가 반영된 목표 수립에 대해 반대하였다(Farkas, Cohen, & Nemec, 1988).

직업 프로그램과 프로그램 참여 선호도에 대해 논의한 몇몇의 논문에서는 참여 선택과 재활 성과 간의 관계가 보고되었다(Becker, Drake, Farabaugh, & Bond, 1996; Bell & Lysaker, 1996). Becker와 동료들(1996)은 지원고용 프로그램에 참여하여 직장을 얻은 사람들 중 자신이 선택한 직업 분야에서 직업을 얻은 사람들이 원치 않는 직업 분야에서 일하게 된 사람들보다 2배 정도 더 오래 그 직장생활을 유지했으며 직업 만족도도 높았음을 발견하였다. Bell과 Lysaker(1996)는 참전군인들을 대상으로 세 가지 조건의 직업 프로그램에 무작위로 배치하였다. 세 가지 조건은 ① 주당 적어도 20시간 일하는 조건, ② 주당 적어도 10시간 이상 일하지만 자신이 원하거나 또는 가능할 때 20시간까지도 일하는 조건, ③ 주당 최대 20시간까지 원하는 대로 적게 일할 수도 많이 일할 수도 있도록 선택하는 조건으로 구성되었다. 얼마만큼 일할지를 스스로 선택할 수 있었던 참가자들은 다른 조건에 있었던 참가자들보다 실질적으로 주당 더 많은 시간을 일했고, 주당 적어도 10시간을 일하도록 한 조건의 참가자들보다 더 많이 증상이 감소되었다고 보고하였다. 요약하면, 이 연구는 평가의 첫 번째 단계에서 전체적인 재활의 목표를 스스로 선택하도록 돕는 것이 얼마나 중요한지를 단적으로 보여 준다.

정신장애 재활의 평가에서는 반드시 전체적인 재활의 목표가 수립된 후에 보다 공식적인 평가검사가 사용되며, 선택된 목표 환경의 요구와 관련된 기술 및 지지 자원을 평가하기 위해 그러한 검사들을 사용하게 된다.

3 정신장애 재활을 위한 평가 인터뷰

정신장애 재활의 평가에는 전형적으로 평가자가 피검사자와 일련의 인터뷰를 진행하는 과정이 포함되어 있다. 이러한 평가적 인터뷰에는 두 가지 지침이 있다. 첫째, 평가자는 인터뷰 과정에 피검사자를 최대한 참여시켜야 한다. 둘째, 인터뷰 중에 수집된 정보들은 피검사자가 평가 결과에 대해 이해한 것과 그 소유권을 극대화하는 방식으로 기록해야 한다.

평가적 인터뷰에 피검사자를 참여시키면 재활평가 시 각각의 부분이 되는 과제를 완결시킬 때 피검사자의 활발한 참여를 촉진시킬 수 있다. 평가 과정의 중요한 구성요소 중 하나는 평가자의 대인관계 기술이다(Anthony, Pierce, & Cohen, 1980). 평가에 피검사자를 참여시키게끔 하는 실무기술이 몇 가지 있다. 그러한 기술들이란 인터뷰를 통해 방향을 정하고, 지시 사항을 주고, 정보를 구하고, 합의를 보여 주는 것 등을 말한다.

방향을 정한다는 것은 해당 과제와 그것이 가지고 있는 목적, 그리고 실무자와 피검사자 모두의 역할에 대해 실무자가 설명해 주는 것을 말한다. 이 오리엔테이션은 어떤 일이 일어날 것인지에 대해서, 또한 피검사자가 얼마나 참여할 것으로 기대되는지에 대해서 명백한 그림을 제시해 준다. 이러한 종류의 준비 또는 '역할 유도'는 상담적 관계에 긍정적인 성과를 가져올 수 있으며(Orlinsky, Grawe, & Parks, 1994), 상담적 의사소통에서 기대되는 경험이나 지식이 부족한 피검사자에게는 특히 가치 있을 수 있다(Nobel et al., 2001; Sue, Zane, & Young, 1994; Walitzer, Dermen, & Connors, 1999). 실무자가 피검사자에게 오리엔테이션을 하는 방식은 중요하다. 실무자는 피검사자가 이해할 만한 언어를 사용하여야 하며, 피검사자로 하여금 주의집중과 흥미를 유지하도록 오리엔테이션의 속도를 조절하여야 하고, 실무자가 방금 전 한 말에 대해서 어떻게 이해하고 있는지를 자주 점검하여야 한다. 기능평가의 초반에 이루어지는 오리엔테이션에서 실무자는 다음과 같이 말할 수 있다.

> 기능평가에서의 첫 번째 과제는 중요한 행동들을 나열해 보는 것입니다. 이 일의 목적은 당신이 가족들과 집에서 살고 싶다는 목표를 성공적으로 달성하기 위해서 필요한 모든 기술을 써 보기 위함입니다. 첫 번째로 당신과 제가 당신의 가족이 당신에게 기대하는 행동들이 뭔지 알아볼 것입니다. 두 번째로는 당신이 할 수 있었으면 하고 바라는 일들에 대해 저에게 이야기해 주실 것입니다. 저는 당신이 말씀하신 것을 잘 알아들었는지를 확인하기 위해 당신에게 질문을 할 수도 있고 요점을 정리할 수도 있습니다. 저는 당신의 생각과 느낌을 솔직하게 나누고 싶어요. 또한 당신이 뭔가 불확실할 때 언제든지 질문을 해 주세요. 확실하게 이해가 되었는지, 다음에 어떤 일이 있을 것인지를 소신 있게 저에게 이야기해 주시기 바랍니다.

지시 사항을 주는 것은 방향을 제공한다는 점에서 오리엔테이션과 비슷하다. 그러나 지시 사항을 주는 것은 특정 행동 또는 일련의 행동을 하도록 피검사자에게 세부적으로 지시하는 것이다. 지시 사항은 피검사자에게 정확히 밟아 나가야 할 단계에 대해 말해 준다. 예를 들어, 다음과 같이 기능평가를 하는 중에 실무자가 지시 사항을 줄 수 있다.

> 정신건강 서비스의 종류에 대한 이 목록을 읽고 지난달에 당신이 이용하였던 것에 동그라미 하세요.

지시 사항을 주는 것은 인터뷰를 구조화하기 위해 필요한 방향을 재설정하는 것과도 결합시킬 수 있다. 예를 들어, 피검사자가 평가에 집중하도록 하기 위해 실무자가 다음과 같이 말할 수 있다.

> 우리가 여기서 이런 일을 하는 이유는 당신이 어떤 작업기술을 가지고 있는지 알아보려는 것임을 항상 기억하세요. 지금 제가 여쭤 보는 것은 룸메이트에 대한 것이 아니라 당신이 지난날 가졌던 직업에 대해 당신이 느낀 것과 경험한 것에 대한 것입니다. 그것을 말씀해 주셨으면 좋겠습니다.

정보를 구하는 것은 피검사자에게 어떻게 행동할지를 직접적으로 말해 주기보다는 참여를 북돋우는 것이다. 정보를 구하는 것은 사실, 의견, 느낌 등에 대해 물어보는 것을 말한다. 정보를 구하는 것은 특정 주제에 대해 누군가로 하여금 말하도록 격려하는 것이다. 개방형 질문은 특히 대화를 촉진하는 데 유용하다. 예를 들어, "루밍 하우스(rooming house)[1]에서 살 때 당신이 가장 좋아했던 것은 무엇이었죠?" 와 같은 비교적 좁은 의미의 개방적 질문은 "당신은 1층에 살았나요?" 와 같은 직접적이고 폐쇄적인 질문이나 "요새 집에서 지내는 것은 어때요?" 와 같은 너무 넓은 질문보다는 사람으로 하여금 대화에 참여하도록 만든다. 간접적인 유도(Gerber, 1986)는 다음과 같이 대화로 이끄는 또 다른 방법이다. "선생님께 도와 달라고 말했을 때 어땠지 말씀해 보시죠?" 라거나 "당신의 여동생이 당신을 귀찮게 하는 것에 대해서 예를 들어 보시겠어요?" 라는 식으로 말이다.

1) 역자 주: 루밍 하우스는 음식이 제공되지 않는 것을 제외하면 하숙집과 유사하다.

이해를 보여 준다는 것은 피검사자가 느끼고 생각하는 것을 말로 포착하는 것이다. 이해를 보여 주는 것은 또한 적극적인 경청(예: Egan, 2007 참조), 정서의 재진술 또는 반영(예: Carkhuff, 2000 참조)으로 알려져 있다. 이는 실무자가 잘 듣고 있으며 피검사자가 자신의 견해를 명확하게 하도록 도와주려고 한다는 것을 피검사자에게 말해 주는 것이다. 다음의 대화 사례에서 귀찮게 구는 여동생에 대해 간접적인 유도를 했을 때 나올 수 있는 반응들을 볼 수 있다. 여기서 실무자는 피검사자의 감정과 상황에 대한 지각을 이해하고 있다는 것을 보여 주고 있다.

피검사자 뭐가 나를 괴롭히냐고요? 여동생이 나를 함부로 대합니다. 사람 말을 전혀 들어주지를 않아요.

실무자 동생이 상처를 줘서 화가 나신 모양이에요.

피검사자 네, 동생이 나를 함부로 대한다고 계속해서 얘기하는데도 듣지를 않아요. 아무 상관이 없나 보죠.

실무자 동생이 당신에게 그렇게 대해서 화가 났는데도, 동생은 그에 대해서 아무 상관을 안 한다고 생각하시는군요.

실무자의 대인관계 기술은 평가를 하는 데 피검사자의 참여를 촉진하며 적극적인 협력을 만들어 가는 데 핵심적이다(Danley, MacDonald-Wilson, & Hutchinson, 1998; Mosher & Burti, 1992; Rapp & Goscha, 2005). 그러나 중증 정신장애를 가진 사람들 중 많은 이가 적극적인 참여가 기대되는 인터뷰에 임하는 것을 어려워한다. 그들은 아마도 증상, 부적응적인 행동들, 손상이 일어나게 된 그럴듯한 이유들에 초점을 둔 정신의학적 인터뷰에 익숙해져 있는지도 모른다(Kramer & Gagne, 1997). 수년간 정신건강 서비스를 받아 온 사람들은 직접적인 질문을 기다리고 단지 요구된 정보만을 제공하는 것에 '훈련되어' 있을 수도 있다. 부정적 경험, 신뢰의 결핍, 주의집중의 곤란과 같은 것들이 타인과 교류할 수 있는 능력을 간섭할 수도 있다. 피검사자가 보조인 없이는 인터뷰에 참여하려고 하지 않을 때, 실무자는 교감을 하기 위해 노력을 기울여야 하고 앞서 기술하였던 실무자들의 기술을 사용함으로써 도움을 얻을 수 있다. 참여를 촉진하는 것은 중요하며 시간이 걸릴 수도 있다. 어느 누구도 '준비가 안 됐다' 혹은 '참여할 수 없다'는 이유로 너무 빨리 가 버리게 해서는 안 된다. 그보다는 만일 피검사자의 참여가 부족하다면 실무자가 자신의 접근 방식을 바꿀 필요가 있다고 생각해야 한다.

구조화된 평가검사는 재활평가의 인터뷰에 보조적으로 사용될 수 있다. 이상적으로 검사란 직접적 관찰이나 인터뷰를 통해 얻을 수 있는 동일한 정보를 제공하는 데 시간과 돈과 노력을 절약하기 위해 쓰는 것이다. 정신장애 재활의 평가에서 검사를 사용하는 또 다른 장점은 신뢰성 있고 타당한 '좋은' 검사가 적절한 기준을 제공한다는 것이다. 만일 평가의 목적이 어떤 프로그램의 참가자들을 특정 기준에 맞추어 서로 비교하거나 특정 시간대별로 비교하기 위한 것이라면 이는 중요한 장점이 된다. 이러한 방식으로 단지 인터뷰를 통해서만 추정될 수 있는 평가적 정보를 검사도 제공할 수 있는 것이다(예: IQ 적성검사, 흥미 프로파일 등).

만일 탐색의 초기 단계에서 사용된다면 대개의 구조화된 검사는 체계를 만들고 정보를 수집하는 '지름길' 역할을 하기 때문에 유익하다. 게다가 검사를 사용하면 체계가 필요하거나 언어적 표현이 제한된 피검사자에게는 특히 더 효과적이다. 초보적인 수준의 면접자뿐만 아니라 어느 면접자에게도 검사를 사용하는 것은 체계화된 서식을 제공한다는 점에서 유익할 수 있다. 구조화되거나 규준화된 절차를 쓰지 않는 면접자의 경우 어떤 중요한 부분의 평가를 빠뜨릴 수도 있기 때문이다.

임상적 평가의 상황에서 평가의 과정 자체는 반드시 피검사자와 함께 시작하고 끝내야 한다. 어떤 검사든 사용하기에 앞서, 실무자는 피검사자의 기술과 필요한 자원, 강점, 결손된 점 등에 대한 피검사자의 견해를 얻어 내도록 해야 한다. 평가는 그런 다음 행해지며, 가까운 관계의 사람들, 검사, 자극이 주어지는 환경에서의 관찰 등을 통해 정보를 얻어 내기 위한 목적으로 진행된다. 실무자는 그처럼 규준화된 검사들을 통해 수집된 정보를 사용할 때 반드시 엄격한 방식으로 해야 한다. 그 정보는 단지 하나의 자료 출처일 뿐이며, 타당한 평가의 기초는 평가검사보다는 평가 과정이 무엇에 초점을 맞추고 어떻게 행해지는지에 있다. Frey(1984)는 평가검사들의 한계점에 대해 다음과 같이 지적하였다. "한 가지 측정을 통해서 재활의 과정에 중요한 모든 것을 반영한다는 식으로 어떤 사람의 상태를 포착하려는 시도는 줄잡아 말해도 모두 과시적인 것이다." (p. 35)

이러한 곤경에 대한 한 가지 답은 실무자에게 일반적인 평가기술과 특정 검사 또는 평가 배터리의 사용법을 가르치는 것이다. 정신장애 재활에서 평가기술이란 실무자가 지극히 개인적이고도 포괄적인 평가를 하도록 만드는 것이다. 숙련된 실무자가 없다면 평가라는 것은 다만 기능을 죽 나열해 놓은 단순한 체크리스트일 뿐이며, 이는 피검사자의 최우선적 목표와 그들이 원하는 환경에서 필요로 하는 것과는 거의 관계가 없는 것이다.

사용 가능한 많은 검사 중에서 실무자는 특정 평가 상황에 가장 적절한 검사를 선택할 수 있어야 한다. 그러나 사실 평가검사가 지니고 있는 어떤 핵심적인 특징들 때문에 적절하고 쓸모 있는 검사로 선택되곤 한다. 이러한 핵심적 특징들은 평가 정보를 기록할 때 중요한 특징들과도 비슷하다. 유용한 검사는 명백하고 간결하고 환경 특수성이 있어야 하고, 기술 또는 자원에서 방향성이 있어야 한다.

명백성 앞서 언급하였듯이, 실무자는 평가 인터뷰 내내 피검사자를 참여시킨다. 피검사자 또한 어떤 평가검사라도 그 과정에 동참하여야 한다. 검사 자체, 실시 과정 그리고 그 결과 모두 피검사자에게 이해될 수 있는 것이어야 한다. 검사가 사용하는 언어는 간단하고 구체적이어야 한다. '총체적 공간 및 지각에 대한 방향 상실' 보다는 '길을 잃다' 또는 '벽으로 달려가다' 와 같은 언어가 더 낫다. 비슷하게, '정시 도착' 이라는 말보다는 '시간에 맞추어 도착하는' 이라는 말이 더 낫다. 검사를 사용하려면 피검사자의 상황에 비추어 명백하고 적절해야 한다. 특정 검사를 사용하는 실무자는 왜 그 검사를 선택했는지에 대해 항상 의식을 하고 있어야 하며, 그 이유들에 대해 피검사자와 의사소통을 할 필요가 있다. 그 과정에 대한 오리엔테이션과 검사를 사용하는 목적을 양질의 지시 사항과 함께 알려 주어야 한다.

간결성 실시법이 간결하고 단순한 검사는 인터뷰를 할 때 자주 사용될 것이다. 간결한 검사는 평가에 쉽게 통합될 수 있고, 개인적인 탐색을 목적으로 하는 인터뷰를 암기나 기계적인 측정으로 바꾸어 버릴 가능성을 적게 만들 것이다. 게다가 간결한 검사는 실무자와 피검사자 모두에게 인내력을 요구하는 장황한 검사보다는 일관성 있게 완결될 가능성이 더 높다.

환경 특수성 피검사자가 잘 기능한다고 여겨지는 환경을 지정하는 것은 피검사자의 기능 수준을 의미 있게 평가하는 데 필수적이다. 그래서 이상적으로 평가검사는 특정 환경 내에서 수행 정도를 결정하는 것이어야 한다. 그러나 표준화된 검사들은 그것이 광범위하게 쓰이도록 설계되었다면 특수성을 충분히 제공할 수가 없다. 이러한 검사들은 특수한 유형의 환경, 즉 루밍 하우스나 전환고용 프로그램 등에서 쓰이도록 개발되는 것도 있으나, 특정 루밍 하우스 또는 지원고용의 취업 알선에서 요구되는 사항을 평가하기에는 한계가 있을 수 있다. 그러한 환경의 요구에 맞춤으로써 그 환경을 위한 검사가 개발될 수도 있다. 치료계획을 위해서는 그러한 평가

검사를 그 프로그램에 입원 또는 퇴원하는 기준을 마련하는 근거로 사용할 수도 있다. 기술 지향적 평가에는 그 프로그램에 들어오기 위해서 보여 주어야 하는 기술들과 '성공적인 졸업'으로 그곳을 떠나기 전에 갖추어야 하는 기술들을 나열할 수 있다. 그러한 검사는 관심을 조금만 기울이면 신뢰도와 타당도를 갖출 수 있으며, 프로그램을 평가하는 자료 수집과 임상적 평가에 좋은 기회를 제공할 수 있다.

기술/자원 집약성 정신장애 재활평가의 기능평가 부분에 사용되기 위해서는 검사가 기술 지향적일 필요가 있고, 이상적으로는 기술 강점과 약점을 둘 다 평가할 수 있어야 한다. 기술 지향적인 검사에는 행동적이며 관찰 가능하고 측정 가능한 항목들이 들어 있어야 한다. 기술 지향적 항목들에는 관찰될 수 있고 보여 줄 수 있는 행동이나 행위를 명시해야 한다. 더욱이 그러한 검사들은 복잡한 기술이 숙달될 필요가 있는 행위들(예: '언어적 의사소통' '의존능력' '개인적 위생 유지하기')보다는 실제적 기술들(예: '자기소개하기' '샴푸로 머리 감기')을 세분화하는 데 필요하다. 자원과 지원에 초점을 둔 개별적인 검사가 필요할 수도 있다. 이는 피검사자에게 접근 가능한 자원(예: 저렴한 교통편)을 지정하는 데 필요하거나 사용 가능한 검사들이다.

평가 결과를 서류화하는 것은 피검사자와 실무자 간의 협력을 강화하는 또 다른 잠재력 있는 분야다. 일단 모든 자료를 수집하면 마무리된 평가 정보를 피검사자가 이해하는 방식으로 정리하고 기록해야 하는데, 이는 협력을 기르기 위해 피검사자에게 평가 결과에 접근하고 검토할 기회를 주어야 하기 때문이다. 물론 정신장애 재활평가에서 수집된 정보들은 해당 기관이나 자금 제공자의 기록 유지 조건에 일관되는 방식으로 기록될 필요가 있다.

4 정신장애 재활평가검사

정신장애 재활서비스에서 성과평가에 초점을 두는 추세는 비교적 새로운 분야인 근거중심(evidence-based) 임상과 더불어 꾸준히 증가하고 있다(Drake, Merrens, & Lynde, 2005). 성과에 대한 평가는 개인, 프로그램 및 시스템의 차원에서 각각 발생할 수 있고(Blankertz & Cook, 1998), 또는 ICF(International Classification of Functioning, Disability, and Health)에서 기술하는 것처럼, 신체, 개인 그리고 사회의 차원에서 각각 발생할 수 있다(World Health Organization, 2001). 개인의 차원에서는 임상적 결과, 만족도, 서비스 활용도 등을 심의해 볼 수 있다(Sederer, Dickey, & Hermann, 1996). 임상적 결과의 분야에서는 수백 개의 평가검사가 있는데, 중점을 두는 초점에 따라 매우 다양하게 정신장애를 가진 사람에 대해 사용할 수 있다. 어떤 것은 정신의학적 진단과 증상에 초점을 두고 있고, 어떤 것은 인지와 신경심리학적 기능에 초점을 두고 있으며, 또 어떤 것은 행동과 기술에, 어떤 것은 기능과 상태에, 어떤 것은 자원과 요구(정신장애인이 필요로 하고 또 가용한 요구들)에 초점을 두고 있다. 정신장애인에 대한 평가를 다룬 문헌에서 우세한 분야는 정신의학적 증상과 진단, 신경심리학적 또는 인지적 기능의 분야다. 독자는 Glynn(1998)을 참조하거나 부가적 세부 사항을 위해 이 책에서 정신병리학의 평가와 신경심리학적 평가에 대한 장을 참조하면 된다.

특히 기능을 측정한다고 하는 많은 검사가 다양한 분야로부터 나온 항목들을 가지고 있다(Derogatis, 1994; Eisen, Dill, & Grob, 1994; Ware, Snow, Kosinski, & Gandek, 1993). 수많은 문헌 고찰에서 현재 존재하는 다양한 검사가 정신장애 재활의 평가와 성과평가에 쓸모가 있다는 조사 결과가 있었다. Sederer와 Dickey(1996)는 임상 실제에서의 결과, 즉 전체적인 안녕감, 기능, 증상, 만족도, 서비스 이용 등에 대한 평가에 많은 검사가 유용하였다는 논평을 하였다. Dickerson(1997), Scott과 Lehman (1998), Wykes(1998)는 정신장애를 가진 사람의 사회적 적응과 사회적 기능을 평가하는 검사들에 대해 논평을 하였다. 최근 사회적 기능의 인지적인 요소를 고찰하는 검사들에 대한 논평이 초점의 대상이 되고 있다(Corrigan & Penn, 2001). Phelan, Wykes와 Goldman(1994), Goldman, Skodol과 Lave(1992)는 종합척도들에 대해서 나름의 강점과 문제들에 대해 논의하였다. Wallace(1986), Vaccaro, Pitts와 Wallace (1992)는 중증 정신장애를 가진 사람의 기능을 평가하는 평가검사들에 대해 논평을 제공하였다.

1) 기능평가

기능이라는 것은 행위 또는 수행력을 의미하는데, "사람이나 사무실, 사물 또는 조직 등에 잘 어울리는 자연스럽고 적절한 행위"(Webster's, 1990, p. 677)로 볼 수 있다. 기능평가는 종합적인 기능 또는 기술과 행동에 대한 세부적인 평가에 초점을 둘 수 있다. 종합적인 측정은 기능으로 나타낼 수 있는 특정 역할에서의 수행력(예: 배우자, 노동자), 특정 범위에서의 수행력(사회적 · 정서적 · 심리적), 상태(고용, 교육, 거주지) 등을 강조할 수 있다. 때로는 종합적 기능의 측정검사들이 증상의 측정을 포함하기도 한다. 종합적 측정은 기능의 결과(예: 전일제 고용, 결혼, 친구가 생기는 것)에 초점을 맞춘 것이지만, 기술의 평가는 행동의 세부적인 단위(예: 대화를 시작하는 것, 정서를 표현하는 것, 재산을 관리하는 것)에 초점을 맞춘 것이다. 정신장애 재활에서 기능평가를 하는 것은 후자를 말하는 것이다. 그러나 종합적 기능의 측정은 성과평가적 접근에서 자주 쓰이며, 기술의 평가에서는 때때로 종합적 기능 측정이 잘못 쓰일 때가 있다. 정신장애를 가진 사람을 위해서 자주 쓰이는 기능의 측정법들에는 다음과 같은 것들이 있다. 즉, 정신사회적 기능-증상 평가척도(BASIS-32; Eisen et al., 1994), 전반적 기능평가척도(GAF; APA, 2000; Goldman, Skodol, & Lave, 1992), 역할기능척도(RFS; Goodman, Sewall, Cooley, & Leavitt, 1993), 지역사회적응척도(MCAS; Barker, Barron, McFarland, & Bigelow, 1994), 생활기술 프로파일(Rosen, Hadzi-Pavlovic, & Parker, 1989) 등이다. 이러한 검사들이 다양한 유형의 기능에서 향상을 보였는지를 결정하는 데 유용하기는 하지만, 몇몇은 세부적인 기술을 측정하는 문항을 가지고 있다. 대개의 검사에는 다양한 기술이 숙달되어야 하는 큰 단위의 행위들(일상생활의 행위, 사회적 능숙함, 증상 관리)을 측정하는 문항들이 포함되어 있다.

성과를 평가하거나 서비스 프로그램의 효과성을 평가할 때, 기술과 자원들, 강점, 그리고 피검사자의 요구와 그에 대한 개입계획에 임상적으로 적절한 자료들을 공급하기 위해서는 신뢰성 있고 타당한 측정이 필요하다. 전형적으로 기술과 자원에 대한 평가는 성과의 측정이 아닌 과정의 측정이다. 궁극적으로 정신장애 재활적 개입의 효과성이라는 것은 역할이나 지위에서 어떤 변화가 있었는지를 보여 주는 데 있고, 이는 기술과 자원에서 향상이 있었다는 결과인 것이다. 그러나 이 장에서는 단지 정신장애 재활의 과정에서 기능과 자원의 평가 시 사용될 수 있는 평가검사를 검토하는 데 초점을 맞추고 있다.

2) 기술 지향적 검사

기술을 측정하는 수많은 검사가 정신장애를 가진 사람을 위해 개발되었다. 〈표 19-1〉에는 기술을 측정하는 검사도구들이 요약되어 있고, 〈표 19-2〉에는 자원을 평가하는 검사도구들이 요약되어 있다. 다음에서는 특정 환경과 관계되어 있는 기술들, 즉 주거, 학습, 직업, 사회적 환경 등을 평가하는 검사들에 대한 설명을 제시한다.

〈표 19-1〉 기술평가를 위한 검사도구

기술: 주거-지역사회 환경

도구 이름		**Atascadero 기술검사**(Vess, 2001)	**간이기능검사**(Sullivan, Dumenci, Burnam, & Koegel, 2001)	**기술, 흥미, 목표 검사**(CASIG) **평가자 관찰과 내담자 정보**(SOCI 또는 CASIG-I; Wallace, Lecomte, Wilde, & Liberman, 2001)
평가 방법		팀 평정의 일치도	자기보고식	피검사자와 정보 제공자의 구조화된 인터뷰
문항 개수		34	6	~100 후속 프롬프트 포함
평정척도		5점 척도 0=해당 기술이 일관적으로 없거나 완전히 부적절함 4=해당 기술이 일관적으로 존재하고 적절함	3점 척도 혼자서 할 수 있다, 도움이 필요하다, 혼자 할 수 있을지 모르겠다	항목별로 다양함 예, 아니요, 해당 없음으로 평정되는 기술들
척도/예시 문항		10개 영역: 행동, 약물 복용, 약물남용, 공격, 폭행, 자살, 자기 돌봄, 독립생활, 성적 일탈, 대인관계, 여가	약물 복용, 복지기금 신청서 작성, 재무 관리, 시내버스 이용, 전화로 채용면접 약속하기, 변호사 선임	8개 영역: 목표, 사회적·독립적 생활기술, 약물 복용, 삶의 질, 치료의 질, 증상, 부적절한 지역사회 내 행동, 세부적인 목표
명료성		중간 정도	○	○
간결성		우수함(10분)	○	×(45~90분)
기술	포함 여부	중간 정도	중간 정도	○
	+	○	○	○
	−	○	○	○
환경적 특수성		○	×	○

(계속)

도구 이름		**독립생활기술조사**(ILSS-I, ILSS-SR; Wallace, Liberman, Tauber, & Wallace, 2000)	**세인트루이스 지역사회생활기술검사**(Evenson & Boyd, 1993)	**UCSD 수행중심기술평가**(UPSA; Patterson et al., 2001)
평가 방법		정보 제공자의 보고 / 자기보고식 인터뷰	관찰된 행동에 대한 임상가의 평정	5개 과업 영역의 수행 평정
문항 개수		ILSS-I, 103 / ILSS-SR, 61+9(면접자용)	15	5
평정척도		ILSS-I: 5점 척도(항상 그렇지 않다, 기회가 없었다) / ILSS-SR: 3점 척도(그렇다, 아니다, 해당 사항 없음)	7점 척도: 1=해당 기술 없음 7=해당 기술 매우 적절함, 스스로 할 수 있음	하위 과업의 수행에 대해 각각의 영역당 점수를 주는 방식
척도/예시 문항		ILSS-I 12개 영역: 외모와 의복, 개인위생, 개인사물을 챙기는 것, 음식 준비와 보관, 건강 유지, 돈 관리, 교통, 여가와 이웃관계, 구직, 직업생활의 유지, 섭식, 사회적 관계	예시 문항: 개인위생, 의사소통, 돈 관리, 성생활, 문제해결, 건강 관리	5개 과업 영역: 집안일, 의사소통, 재정, 이동수단, 여가활동의 계획
명료성		○	중간 정도	○
간결성		중간 정도(20~30분)	○(3분)	중간 정도(30분)
기술	포함 여부	○	중간 정도	중간 정도
	+	○	중간 정도	×
	−	○	중간 정도	×
환경적 특수성		○	○	○

(계속)

기술: 학습-교육적 환경

도구 이름		**대학에 대한 관점 질문지**(Stein, 2005)
평가 방법		자기보고식
문항 개수		20
평정척도		5점 척도, 진술문에 대한 동의 정도
척도/예시 문항		제시된 영역: 포부 혹은 계획, 사회적 지지와 수용에 대한 지각, 대학에 다닐 수 있는 지적 · 정서적 능력에 대한 지각
명료성		중간 정도
간결성		○
기술	포함 여부	×
	+	×
	−	×
환경적 특수성		중간 정도

(계속)

기술: 직업 환경

도구 이름	**상황평가: 작업적응(WA)과 대인관계기술(IS) 평가척도**(Rogers, Hursh, kielhofner, & Spaniol, 1990)	**표준화된 작업행동평가**(Griffiths, 1973)	**직업적 인지능력평정척도**(VCRS; Greig, Hursh, Kielhofner, & Spaniol, 2004)
평가 방법	작업장에서 관찰된 행동에 대한 평정	작업장에서 관찰된 행동에 대한 평정	관찰된 행동에 대한 평정과 지도감독자와의 간단한 인터뷰
문항 개수	WA, 21 IS, 14	25	16
평정척도	4점 척도: 1=해고될 정도, 4=받아들여질 정도 이상; 각각의 문항에 대한 평정에 행동기술	각각의 문항은 강함(작업을 완수하였음)에서 부족(단순한 작업만 할 수 있음)까지 5점 척도로 평정	5점 척도: 일관적으로 열악한 수행부터 일관적으로 우수한 수행까지
척도/예시 문항	2개 척도: 직업적응 기술(WA) 대인관계 기술(IS)	5개 척도: 과업 숙련도, 관리에 대한 반응, 동료와의 관계, 작업 동기, 자신감의 촉발	예시 문항: 지시 사항을 기억하거나 다시 알려 주지 않아도 일을 시작할 수 있는가? 재촉하지 않아도 일을 시작할 수 있는가?
명료성	○	중간 정도	○
간결성	중간 정도	○	○
기술 포함 여부	○	중간 정도	○
기술 +	○	○	○
기술 −	○	○	○
환경적 특수성	○	○	○

(계속)

도구 이름		**작업행동검사**(WBI; Lysaker, Bell, Bryson, & Zito, 1993)	**직무관련 자아효능감척도**(WRSES; Waghorn, Chant, & King, 2005)	**작업관련 사회기술측정**(Tsang & Pearson, 2000)
평가 방법		관찰된 행동에 대한 평정과 지도감독자와의 간단한 인터뷰	자기보고식	자기보고식(SR)과 역할놀이(RP) 수행에 대한 관찰
문항 개수		36	37	SR, 10 RP, 2
평정척도		5점 척도: 1=일관성 있게 잘 못한다, 5=일관성 있게 잘한다	11점 척도: 0~100까지 10점 간격	SR: 6점 척도(1=항상 어렵다, 6=전혀 어렵지 않다) RP: 5점 척도(0=열악한 수행, 4=정상적 수행)
척도/예시 문항		5개 척도: 작업습관, 작업의 질, 개인적 표현, 협력, 사회성 기술	4개 척도: 진로계획 기술, 직업유지 기술, 직업관련 사회적 기술, 일반적 작업기술	SR 예제 문항: 취업면접 일정 잡기, 동료와 갈등 해결하기, RP 상황, 취업면접 참여, 조퇴 요청하기
명료성		중간 정도	○	○
간결성		○	○	○
기술	포함 여부	중간 정도	○	중간 정도
	+	○	×	×
	−	○	×	○
환경적 특수성		○	중간 정도	○

(계속)

기술: 사회적 기술

도구 이름		**대인관계 문제해결기술측정**(AIPSS; Donahoe et al., 1990)	**의사소통기술 질문지**(CSQ; Takahashi, Tanaka, & Miyaoka, 2006)	**사회적 상호작용검사**(SSIT; Curran, 1982)
평가 방법		비디오 삽화를 통한 역할놀이에 대한 반응을 면접자가 평정함	자기보고식, 가족의 평정, 임상가의 평정	역할놀이 수행 평정
문항 개수		13 삽화	29	8개의 역할놀이
평정척도		상황 인식에 대한 정확성, 역할놀이수행에 대한 질	5점 척도: 1=열악함, 5=항상 좋음 / 3점 척도: 0=열악함, 2=거의 항상 좋음	사회적 기술의 11점 척도
척도/예시 문항		문제에 대한 규명, 대안에 대한 생각, 대안의 선택, 역할놀이를 통해 해결 수행	일반적 의사소통 기술 / 대인 간 의사소통 기술-협동적 및 주장적 의사소통 기술	전반적인 사회적 기술
명료성		중간 정도	○	중간 정도
간결성		×	○	×
기술	포함 여부	○	중간 정도	×
	+	○	○	×
	−	○	○	×
환경적 특수성		×	×	×

(계속)

도구 이름		**사회적 문제해결평가 배터리**(SPSAB; Sayers, Bellack, Wade, Bennett, & Fong, 1995)		
평가 방법		역할놀이검사(RPT) 평정 역할놀이 수행	반응유발검사(RGT) 제시된 상황에 대한 반응 평정	반응평가검사(RET) 시나리오에 대한 주관적 평정
문항 개수		6개의 역할놀이	6개의 비디오 상황	오디오 녹음된 12개의 상호작용
평정척도		각각의 행동에 대한 5점 척도	문제와 목표의 정확성에 대한 3점 척도(3=거의 정확함), 해결책을 평정하는 5점 척도(5=더 나은 반응)	5점 척도: 1=비효과적임, 5=효과적임
척도/예시 문항		대략적인 문제해결의 질, 명료함, 협상, 고집, 흥미, 유창성, 정서	문제에 대한 설명 해당 목표 규명 해결책의 마련	비효과적인 반응과 효과적인 반응을 하는 사람이 묘사된 시나리오에 대해 평정
명료성		중간 정도	×	×
간결성		중간 정도	×	중간 정도
기술	포함 여부	중간 정도	중간 정도	×
	+	중간 정도	중간 정도	×
	−	중간 정도	중간 정도	×
환경적 특수성		×	×	×

〈표 19-2〉 자원평가를 위한 검사도구

도구 이름		**Camberwell 욕구평가**(CAN; Phelan et al., 1995) **Camberwell 욕구평가 단축형**(CANSAS; Andreasen, Caputi, & Oades, 2001)	**대인관계 지지목록평가**(ISEL; Cohen, Mermelstein, Kamarck, & Hoberman, 1985)	**지각된 사회적 지지에 대한 다차원적 척도**(MSPSS; Cecil, Stanley, Carrion, & Swann, 1995; Zimet, Dahlem, Zimet, & Farley, 1988)
평가 방법		임상가와 해당인의 면접자 평가	자기보고식	자기보고식
문항 개수		22 / 12문항 단축형	30	12
평정척도		각각의 문항이 다음의 내용에 대해 평정됨: 요구(3점: 필요 없음, 충족되었음, 충족되지 않았음), 가족들로부터 받은 도움의 정도(4점: 없음, 낮음, 중간, 높음), 실무자로부터 제공된 또는 받은 도움의 양(4점: 없음, 낮음, 중간, 높음); 단축형은 '필요'만 평정함	4점 척도: 단연코 사실임, 아마도 사실일 듯, 아마도 거짓일 듯, 단연코 거짓임	지각된 사회적 지지에 대한 정도를 7점 척도로 평정함: 1 = 매우 강하게 동의함, 7 = 매우 강하게 반대함
척도/예시 문항		예시 문항: 편의 제공, 음식, 자기 돌봄, 신체적 건강, 심리적 스트레스, 약물, 친밀한 관계, 재정	척도: 구체적인 지지, 자존감의 지지, 도움의 평가, 소속감	3개 척도: 가족, 친구, 중요한 타인으로부터의 지지
명료성		중간 정도	○	○
간결성		○(25분)	○	○
환경적 특수성		중간 정도	중간 정도	중간 정도
자원	필요도	○	×	×
	활용 가능	○	중간 정도	○
	접근 가능	○	×	×

(계속)

도구 이름		**욕구와 자원 평가 인터뷰**(NARA; Corrigan, Buican, & McCracken, 1995, 1996)	**개인적 네트워크 인터뷰 스케줄**(PNI; Stein, Rappaport, & Seidman, 1995) / **사회적 네트워크 척도**(SNS; Corrigan & Phelan, 2004)	**작업장환경 질문지**(WCQ; Kirsh, 1999)
평가 방법		인터뷰와 자기보고식	반구조화된 인터뷰에서의 자기보고식	자기보고식
문항 개수		13	12개 단계 I/V	25
평정척도		제시된 욕구와 자원들의 개수; 7점 척도로 만족도 평가: 7=흡족함, 욕구의 중요성을 7점 척도로 평정: 7=가장 중요함	단계에 따라 다양함 네트워크의 크기에 대해 숫자로 세기, 네트워크 안의 전체 쌍 중에 서로 아는 사람들의 쌍의 비율로 밀도를 계산하기, 해당인이 5점 척도로 만족도, 의무감, 상호성을 평정함	동의에 대한 5점 척도
척도/예시 문항		예시 영역: 주거, 신체건강, 정신건강, 수입과 재정, 교육, 가족, 직업, 법적 문제	네트워크의 크기(전체, 가족, 친구, 전문가들), 네트워크의 밀도, 만족감의 지각, 상호성, 의무감	예시 문항: 나는 근무 시간에 적응할 수 있다, 우리 회사의 건강 관련 복지 혜택은 나의 욕구에 잘 맞는다, 나의 지도감독자는 접근하기 쉽다
명료성		중간 정도	중간 정도	○
간결성		중간 정도	×	○
환경적 특수성		×	중간 정도	○
자원	필요도	○	×	중간 정도
	활용 가능	×	○	○
	접근 가능	×	×	×

(1) 주거 환경

세인트루이스 지역사회생활기술검사(St. Louis Inventory of Community Living Skills: SLICLS)는 재활 프로그램의 평가와는 별개로 지역사회 생활기술들에 초점을 두고 있으며, 거주지 배치를 세분화하고, 기술훈련 개입의 영향을 측정하기 위해 고안된 간단한 검사다(Evenson & Boyd, 1993). 7점 평정척도에 기술의 수준과 도움이 필요한 정도를 다음과 같이 15개 문항에 걸쳐 표시하게 된다. '1=기술이 전혀 없거나 도움을 전혀 받지 못했다, 2=상당한 도움 또는 향상이 필요하다, 3=적당한 도움 또는 향상이 필요하다, 4=기술 수준이 명확하지 않거나 관찰되지 않았다, 5=중간 정도의 기술이 있다, 6=상당한 기술이 있다, 7=자급자족할 수 있는 매우 충분한 기술이 있다'로 표시한다. 각각의 문항에는 설명 혹은 기술의 예시들이 주어지는데, 예를 들면 목욕하기 또는 샤워하기, 치과 치료, 일반적인 청결과 같은 개인위생, 그리고 약속을 지키는 것, 시간이 되면 돌아오는 것, 스케줄이 정해져 있는 활동에 참여하는 것, 정시에 출근하는 것 등과 같은 시간 관리에 대한 것이다. 이러한 문항들은 각각의 행위 영역 안에서 세부적인 기술과 행동들의 목록을 나열함으로써 행위 영역을 제시한다. 평가자는 피검사자에 대해서 잘 알고 있는 사람이어야 하며, 지난 일주일 동안 피검사자에 대해 관찰한 대로만 평정하고, 잠재력을 어림잡아 평가하지 않도록 교육받는다. 문항은 다음과 같은 기술에 대한 것이다. 즉, 개인 신변/신체적 기술(개인위생, 이발, 옷 입기, 용변 처리, 건강 행동, 음식 준비, 의복 관리), 사회적 기술(의사소통, 성행동, 여가 행동, 자원의 이용) 그리고 인지적 기술(돈의 사용과 관리, 시간 관리, 안전, 문제해결)이다. 이 검사는 내적 타당도가 높고 평정자 간 신뢰도가 뛰어날 뿐만 아니라 구성타당도와 동시타당도 또한 높다(Fitz & Evenson, 1995). 종합적 기능에 대한 다른 측정법과 비교해 볼 때 이 검사는 세 가지 수준의 입원 환자들을 변별해 내는 데도 효과적인 것으로 보이며(Fitz, 1999), 이는 홍콩의 중국인 표집에서도 입증되었다(Au, Tam, Tam, & Ungvari, 2005). 대체로 SLICLS는 행위 영역에 있어서 정보를 수집하는 명백하고 간결한 검사로서 그러한 영역을 대표하는 기술에 대한 설명도 갖추고 있으나, 각각의 세부적 기술에 대해 별도로 평정하지는 않게 되어 있다. 아마도 향후 탐색이 더 필요한 기술 영역을 정하는 데 있어서 임상적으로 쓸모 있게 사용될 수 있을 듯하다.

독립생활기술조사(Independent Living Skills Survey: ILSS)는 정신장애를 가진 사람이 기초적인 생활기술들을 얼마나 잘 수행하는가를 측정하는 검사다(Wallace, Liberman, Tauber, & Wallace, 2000). 두 가지 버전이 있는데, 하나는 정보 제공자 버전(ILSS-I)

이고 다른 하나는 자기보고식 버전(ILSS-SR)이다. ILSS-I는 개인적으로 실시하며 전화나 우편으로 실시할 수 있는데, 지역사회의 시설에서 지난 30일 동안 피검사자를 관찰할 수 있는 기회를 가졌던 사람이 정보를 제공하게 된다. ILSS-SR은 서면으로 또는 인터뷰를 통해 실시할 수 있다. 이러한 측정은 Wallace(1986)의 기능적 평가검사들에 대한 논평에서 처음 제시된 후 최신화된 것이다. ILSS-I에서는 각각의 문항들을 5점 평정척도로 '0＝전혀 아니다' 에서 '4＝항상 그렇다' 까지로 평정하도록 되어 있다. 또한 피검사자에게 그 기술을 수행하는 것을 보여 줄 기회가 없었거나 제한되었던 문항들(예: 실무자들이 음식을 준비해 주는 병동에 있을 때 음식 준비에 대한 문항들)에 대해서 여섯 번째 응답 선택 사항인 '기회가 없었다' 와 같은 척도도 들어가 있다. ILSS-SR에서는 문항들에 대해 '1＝그렇다, 2＝아니다' 로 응답하는데, 그 기술을 수행해 볼 기회가 없었다면 '해당 사항 없음' 이 있다. 두 가지 버전 모두 각각의 영역에서 점수를 합산하여 평균을 낸다. '기회가 없었다' 또는 '해당 사항 없음' 의 응답이 3회 이하이면 그 영역은 점수를 내지 않는다. 이 척도의 초기 버전에는 대인관계 기술이 포함되지 않았고 ILSS-I에 합산되었다. 게다가 ILSS-SR에는 식사기능의 영역과 관련된 문항들이 없다. ILSS-I의 내적 일관성과 안정성은 매우 좋은 편이지만, ILSS-SR은 모든 기능 영역에 있어 약한 편이다. 자기 보고자와 정보제공자 간의 평정자 일관성이 중간 정도인 데에는 두 버전 간의 평정 형식이 다르다는 이유가 일부 작용했을 수 있다. ILSS-SR의 전체 점수가 고용 상태를 예언할 수 있음이 타당도 검사를 통해서 밝혀졌고, 기술훈련에 참여한 사람들과 참여하지 않은 사람들도 변별해 낼 수 있었으며, 기술훈련 후 상당한 향상이 있었음을 보여 주기도 하였다. 대체로 이 검사는 명백하고 기술 집약적이며, 종합적이면서도 간결한 면이 있다.

주요 강점은 지역사회에서의 생활과 관련된 영역의 범위 안에서 쓰이는 기술에 대해 자세한 정보를 제공한다는 점이며, 이러한 강점 때문에 기능평가를 할 때 임상적으로 자주 사용되기도 한다. 두 가지 가용한 버전을 통해 다수의 관점에 따른 정보가 수집될 수 있다.

기술, 흥미, 목표 검사(Client Assessment of Skills, Interests, and Goals: CASIG)와 정보제공자 버전인 **평가자 관찰과 내담자 정보**(Staff Observation and Client Information: SOCI 또는 CASIG-I로 알려져 있음)는 치료 성과를 평가할 뿐 아니라 치료를 계획하고 평가하는 임상적 과정에 평가를 내포시킨 새로운 측정법이다(Wallace, Lecomte, Wilde, & Liberman, 2001). 이 척도에는 목표, 사회적 · 독립적 생활기술, 약물 복용과 부작용,

삶의 질, 치료의 질, 증상, 부적절한 지역사회 내 행동, 이전의 인터뷰와 관련된 세부적 목표에 대한 내용이 들어 있다.

이 검사에서 새로운 점은 지역사회에서 기능하는 것이 얼마나 향상되었는지, 현재의 기능 상태와 인지적인 기술, 약물 복용, 삶의 질과 치료, 증상, 부적절한 지역사회 내 행동 등에 대한 피검사자의 목표가 얼마나 달성되었는지를 평가한다는 점이다. 이렇게 의도적으로 배치한 전략들은 성과에 대한 측정과 임상에 대한 평가를 더 잘 결합시키기 위해서 사용된다. 정신장애 재활의 견지에서 볼 때 이는 매우 유용한 것인데, 다섯 가지 영역에서의 피검사자의 목표를 포함하기 때문이다. 다섯 가지 영역이란 거주지, 직업/교육, 사회/가족관계, 종교/영성, 신체/정신 건강을 말한다. 그러고 나서 인터뷰의 다른 영역과 관련된 세부적인 목표를 규명하게 된다. 사회적/독립생활 기술의 영역은 ILSS(Wallace et al., 2000)에서 부분적으로 따온 문항들로서 지난 90일 동안의 수행을 평가하는 데 초점을 두고 있다. 사회적 · 독립적 생활기술의 영역이 직접적으로 기술만을 평가하고 있기는 하지만 증상, 약물 복용과 부작용, 부적절한 지역사회 내 행동들과 관련된 세부적 목표가 뭔지에 대해 질문하기도 하며, 이는 부가적인 세부 기술 또는 필요한 자원을 만들어 내기도 한다.

SOCI(또는 CASIG-I)는 정보 제공자로 하여금 질문지에 응답하도록 한다. 목표, 삶의 질, 치료의 질에 관한 문항은 여기에 들어 있지 않다. 이 검사는 동료 면접자(피검사자)가 인터뷰를 하도록 설계된 검사다. 사회적 · 독립적 생활기술 척도의 내적 일관성은 미미한 수준에서 뛰어난 수준까지 분포되어 있으며, 안정성은 대체로 좋은 편이다. 기술 영역에 대한 평정자 간 신뢰도 또한 충분하다. 이후의 연구에서도 구성타당도, 수렴타당도, 변별타당도의 증거들이 캐나다 표집에서 제공되었다(Lecomte, Wallace, Caron, Perreault, & Lecomte, 2004). 여러 가지 구성 요소(목표, 만족도, 증상, 약물 복용, 기술 등)가 있음에도 깔끔한 편이지만, CASIG는 간결성이 떨어진다. 그러나 정신장애 재활의 평가에 통합하기에는 매우 뛰어난 검사다.

UCSD 수행중심기술평가(UCSD Performance-Based Skills Assessment: UPBSA)는 다섯 가지 영역에서의 특수한 과업에 대한 수행 정도를 평정하는 검사다. 다섯 가지 영역이란 집안일, 의사소통, 재정, 이동수단, 여가활동의 계획을 말한다(Patterson, Goldman, McKibbin, Hughs, & Jeste, 2001). 과제를 완수하도록 지시 사항을 주고, 각각의 영역에서 과제의 수행 정도에 따라 점수를 주는 방식이다. 과업은 이해하기 쉽고 명백하지만 평가는 30분 이내에 완수해야 한다. 대중교통을 이용하는 등의 방식으로 동네에 가서 해야 하는 과제도 있다. 과제들은 일반적으로 행동 언어로 기술되어 있지만,

채점된 점수가 세부적 기술의 강점 혹은 약점의 양상을 즉각적으로 보여 주는 것은 아니다. 이 측정 방법은 중년과 노년의 정신분열병 환자들을 대상으로 타당화되었고, 정신장애가 없는 사람들과의 변별에도 성공적임이 증명되었다.

간이기능검사(Brief Instrumental Functioning Scale: BIFS)는 6문항으로 된 자기보고식 측정법으로서, 일상생활을 효과적으로 해 나가는 능력을 평가하며, 노숙자들을 대상으로 타당화되었다(Sullivan, Dumenci, Burnam, & Koegel, 2001). 피검사자는 여섯 가지 영역, 즉 약물 복용, 복지기금 신청서 작성, 재무 관리, 시내버스 이용, 전화로 채용면접 약속하기, 변호사 선임의 여섯 가지 영역에 걸쳐 자기 스스로 평정하도록 한다. 평정은 3점 척도로 하는데, '1＝혼자서 할 수 있다, 2＝도움이 필요하다, 3＝혼자서 할 수 있을지 모르겠다'로 되어 있다. 이 측정법은 임상적 현장이 아닌 곳에서 기능평가를 신속히 할 필요가 있을 때 특히 유용하다. 이 측정법은 매우 안정적이고 중증 정신질환을 가진 사람과 그렇지 않은 사람을 잘 변별해 내긴 하지만 종합적이지 않고 변화에 민감하지도 않다. 평가되는 기능 중 어떤 영역은 수많은 기술이 수행될 필요가 있는 큰 단위의 행동 영역(복지기금 신청서 작성, 변호사 선임)이고, 노숙을 경험해 본 어떤 피검사자들은 길게 이어지는 평가를 받고 싶어 하지 않기 때문에 기술의 강점과 약점을 초기에 탐색할 때 유익하다.

Atascadero 기술검사(Atascadero Skills Profile: ASP)는 34개의 문항으로 이루어진 검사로서, 법의학 병원에 입원하고 있는 정신질환자들과 접촉하는 치료 팀 구성원들의 합의에 의해 평가된다(Vess, 2001). 열 가지 행동 영역에 대해 평가가 이루어지는데, 정신과적 증상에 대한 자기관리(약물 복용), 약물남용 예방기술, 공격적 행동에 대한 자기관리, 자해 및 자살 행동에 대한 통제, 자기 돌봄, 독립생활 기술, 일탈적 성적 충동과 행동의 통제, 대인관계 기술, 여가와 놀이기술이다. 전문가 팀은 '0＝한결같이 부재하는 또는 완전히 전무한 기술'에서 '4＝한결같고 충분한 기술'까지의 5점 척도를 사용한 의견 일치를 통해 평가를 한다. 몇몇 문항이 다소 불투명하고 더 큰 행위 영역을 반영하거나 평정 시 해석을 필요로 하지만(예: 약물 복용의 필요성에 대해 수긍하는 것, 충분한 작업기술을 보여 주는 것, 타인의 사생활과 소유물 및 감정을 존중하는 사회적 상호작용을 보여 주는 것), 대개의 문항들은 명백한 기술 언어로 쓰여 있다(예: 폭력적 행동으로 올라가는 내적인 전조를 알아차리는 것). 이 측정법은 비교적 간결하며 강점과 약점의 양상을 보여 줄 수 있고 내적 일관성, 안정성, 구성타당도, 변화 민감성 등에서 우수한 점을 보여 준다.

요약하면, 독립생활기술조사(ILSS)는 독립생활 기술을 종합적으로 측정할 필요가 있을 때, 특히 자기보고식 버전과 실무자 버전이 필요할 때 추천할 만하다. 정신장애 재활의 성과에 관계된 여러 영역을 평가하는 종합적인 임상 인터뷰의 과정에 기술평가, 특히 목표의 설정을 보다 쉽게 통합하려면 기술, 흥미, 목표검사(CASIG)를 쓰면 좋다. 생활기술에 대해 보다 간단하고 간결하게 검토하기를 원한다면 세인트루이스 지역사회생활기술검사(SLICLS)를 권한다. UCSD 수행중심기술평가(UPBSA)와 같이 과업의 수행에 초점을 맞춘 측정법은 보다 행동 지향적이고 활동을 즐기는 사람들에게 더 유익하다. 노숙을 경험하는 등의 특수한 표집에 대해서는 간이기능검사(BIFS)가 유용하며, 법의학 병원에 입원한 사람들에게는 Atascadero 기술검사(ASP)가 유용하다. 그러나 기술의 기능을 평가하는 이 모든 검사를 사용할 때에는 생활환경 내에서의 기술을 평가하려면 원하는 목표 환경이 요구하는 독특한 기술이 무엇인지를 표준화된 측정에 보충할 필요가 있을 것이다.

(2) 학습 환경

지원교육에 대한 문헌 고찰에서 장애를 가진 학생들의 기술을 평가할 수 있는 검사가 거의 없음이 드러났다. 학습장애를 가진 학생에게 우선적으로 사용될 수 있는 검사도 거의 없는 편이다. 학업의 평가라는 것이 표준화된 성취도 검사와 글을 읽고 쓸 줄 아는 능력에 대한 검사를 포함하고 있긴 하지만, 교육적 맥락에서 성공 경험을 하기 위해서 학생에게 일반적으로 필요한 기술들인 노트 필기를 하는 것, 시험 보는 것, 학교의 자원을 이용하는 것, 다른 학생과 교류하는 것 등과 같은 기술들은 거의 강조하지 않고 있다. 특별히 학습전략검사(Learning and Study Strategies Inventory; LASSI)와 같은 한 가지 검사가 학습장애를 가진 학생을 대상으로 전문대학과 대학교에서 제공하는 장애인 학생 서비스 기관에서 널리 쓰인다고 보고되고 있다(Proctor, Prevatt, Adams, Hurst, & Petscher, 2006). 그러나 그 검사는 정신장애를 가진 학생에 대해서는 타당화되지 않은 것이다. 그것은 또한 태도, 동기, 수행에 대한 불안과 같은 학습 전략 외의 구인들을 평가하는 것으로 보인다(Weinstein & Palmer, 2002). 정신장애를 가진 학생을 위해 특별히 개발된 지원교육 프로그램에 대한 문헌들을 폭넓게 검토해 본 결과, 해당 서비스의 평가에 사용된 측정법들 중 학생들의 기술이나 행동을 특별히 측정한 것은 거의 없었다(Collins, Bybee, & Mowbray, 1998; Cook & Solomon, 1993; Mowbray, Collins, & Bybee, 1999; Unger, Anthony, Sciarappa, & Rogers, 1991).

정신장애를 가진 사람들을 대상으로 개발된 것으로서 대학에 다니는 것과 관련된 능력과 지지 자원을 평가하는 문항이 들어 있는 측정법은 대학에 대한 관점 질문지

(Views about College Questionnaire: VCQ; Stein, 2005) 한 가지다. 이 검사는 대학교육에의 포부, 사회적 지지의 지각, 정신질환에 의한 개인적 손실 등에 대해 대규모로 수행된 연구를 위해 개발된 것이다. VCQ는 20개 문항으로 구성된 자기보고식 측정법으로, 대학에 입학 또는 복학하는 것에 대한 견해를 측정한다. 문항들은 포부 혹은 계획, 사회적 지지와 수용에 대한 지각, 대학에 다닐 수 있는 지적 · 정서적 능력에 대한 지각의 세 가지 영역 혹은 범위로 분류된다. 이 검사가 대체로 간결하고 깔끔하게 보일 수도 있지만, 특정 대학이 아닌 일반 대학에 초점이 맞춰져 있고, 능력에 대한 문항들에서는 대학과 관련된 기술이나 행동을 찾아보기 어렵다. 이 검사는 향후 언젠가 대학에 가려고 할 때 필요한 의지와 지각된 자원을 알아내는 데 더 좋을 것이고, 특정 대학에서 성공 경험을 할 수 있을 것인지를 알아보기 위해 기술 또는 지지 자원을 평가하려는 목적보다는 진학을 고려하고 있는 사람에게 개인적으로 실시하는 것이 가장 적합하다. 이 검사에 대해서는 신뢰도와 타당도에 대한 자료가 없다.

교육이나 학습 환경을 고려하고 있는 정신장애인에게는 특정 환경에서의 성공 경험과 만족을 얻으려면 어떤 기술들이 필요할 것인지에 대한 정보가 필요하다. 특히 정신장애를 가진 사람을 대상으로 만들어진 좋은 검사가 없다는 것을 감안할 때, 실무자는 피검사자가 기능하기 원하는 특정 환경에서 요구되는 기술들을 강조한 기능평가를 개인적으로 해야 할 필요가 있을 것이다. 전문가는 학생의 기술을 평가하는 검사의 개발과 신뢰도 · 타당도의 검증을 고려하여야 한다.

(3) 직업 환경

최초로 기록된 상황적 평가의 도구들 중 하나인 표준화된 작업행동평가(Griffiths; Griffiths, 1973, 1977)는 25개의 문항으로 구성되어 있고, 과업 숙련도, 관리에 대한 반응, 동료와의 관계, 작업 동기, 자신감의 촉발의 다섯 가지 영역에 해당되는 폭넓은 범위의 기술들을 평가하는 검사다. 문항들은 정신장애를 가진 사람의 직업적 기술을 측정하기 위해서 설계되었으며, 작업 현장에서 관찰된 행동에 근거하여 기술의 강점(예: 더 일할 것을 찾는 것)과 약점(예: 일이 주어지기를 기다리는 것)을 일련의 연속선상에서 임상가나 작업장의 관리자가 평정하도록 되어 있다. Griffiths는 자기보고식 평정으로도 사용되곤 했는데, 관리자의 평정과 자기보고식 평정에는 유의미한 차이가 있었으며(Griffiths, 1973), 병원 내 작업장을 떠난 후에 고용이 된 사람과 고용이 되지 못한 사람들 간의 변별력도 있다(Griffiths, 1977). 이 검사는 원래 병원 내 작업장에서 사용하려고 개발되었지만, 지역사회에서의 작업 행동을 측정하는 데도 사용되어 왔다. 게다가 더욱 최근에는 상황적 평가도구의 개발 기준으로서 사용되기도 하였다. 그러나 오늘날에는 그리 널리 사용되고 있지 않다. 이 검사는 간결하고 대개의 문항이 행동적 혹은 기술 언어로 쓰여 있다. 그러나 어떤 문항들은 평가를 위해 가치판단을 요구하는 것(예: 사람들과 쉽게 섞이지 못한다, 권위에 대해 예민한 태도를 가지고 있다 등)도 있으며 평가 대상이 되는 사람에게 명확하지 않은 것도 있다. 검사를 완료하는 데 드는 시간이 짧긴 하지만, 평가를 수행할 작업 현장이 당장 가용하지 않다면 그것을 만드는 데 적지 않은 시간이 걸린다.

또 다른 상황적 평가검사는 **상황평가: 작업적응과 대인관계기술 평가척도**(Situational Assessment: Scales to Assess Work Adjustment and Interpersonal Skills)다(Rogers, Hursh, Kielhofner, & Spaniol, 1990; Rogers, Sciarappa, & Anthony, 1991). Rogers 등(1991)은 상황적 평가를 실시하는 과정과 상황적 평가검사의 개발에 대해 기술하였다. 이 검사는 21개의 작업적응 기술과 14개의 대인관계 기술로 구성된 두 개의 분리된 척도로 구성되어 있다. 각각의 문항들은 피검사자가 선호하는 작업 환경 안에서 이루어진 관찰에 근거하여 임상가나 관리자에 의해 4점 평정척도에서 '1=해고될 정도'에서 '4=받아들여질 정도 이상'으로 평정된다. 각각의 문항에 대해 평정할 때 폭넓은 설명과 행동 지침이 제공된다. 내적 일관성, 평정자 간 신뢰도, 검사-재검사 신뢰도가 매우 뛰어났지만, 예측타당도를 결정하기에는 표집이 너무 이질적이었다(고용된 사람의 수가 너무 적었다). 모든 문항이 명쾌하고 기술 언어를 사용하여 잘 쓰였으며, 대개의 직장에서 요구되는 일반적인 작업기술과 대인관계 기술을 대표하고 있다(예: 작업이 요하는 노력을 들이는 것, 새로운 작업을 독립적으로 시작하는 것, 작업을 완수하는 방식으로 동료와 대화하는 것, 과업이 어려울 때 도움을 요청하는 것). 기술의 강점과 약점도 확인될 수 있다. 그러나 이 검사를 간결한 검사라고 보기는 어렵다. 그러한 기술들의 수행을 평정하기 위해서 10일 이상 기간 동안 매일 2시간씩 작업하는 것을 관찰하면서 평가가 이루어져야 한다는 절차가 있기 때문이다. 길긴 하지만 자세하고 세부적인 행동들이 제공되기 때문에 재활계획과 기술 개발을 위한 개입에 특히 임상적으로 유용한 면이 있다.

작업행동검사(Work Behavior Inventory: WBI; Lysaker, Bell, Bryson, & Zito)는 36문항으로 이루어진 검사로서, 중증 정신질환을 가진 사람을 위해 특별히 고안된 작업수행의 평가도구다. 이 측정법은 실제 작업 상황에서 피검사자를 관찰하려는 의도로 쓰이는데, 작업습관, 작업의 질, 개인적 표현, 협력, 사회성 기술의 다섯 가지 하위척도를 가지고 있다. 문항은 '일관성 있게 잘 못한다' 에서 '일관성 있게 잘한다' 까지 5점 척도로 평정된다. 긍정적인 감정을 적절하게 표현하는 것, 건설적인 비평에 대해 화를 내지 않고 받아들이는 것, 작업을 즉시 시작하는 것 등을 문항의 예시로 들 수 있다. 그러나 어떤 문항들은 가치판단을 요하는 것(예: 타인에게 흥미를 보이는 것, 쉽게 피로하게 보이지 않는 것), 부정적인 행동의 부재를 표현하는 것(부적절한 농담을 삼가는 것)도 있다.

이 간결한 검사는 신뢰도와 타당도가 양호한 편이다. 각 하위척도에서의 평정자 간 신뢰도는 매우 뛰어나며, 내적 일관성도 좋다. 작업성격 프로파일에서의 하위척도 간 동시타당도는 중간 또는 높은 편이며, 정신분열병을 가진 사람들과 약물남용의 진단을 가진 사람들의 표집 간 변별력도 좋다(Bryson, Bell, Lysaker, & Zito, 1997). 또한 WBI는 노동 시간과 임금에 대해서는 예측력이 있었고 전혀 일을 하지 않은 사람들을 가려낼 수도 있었지만, 향후의 경쟁적 고용에 대해서는 예측력이 높지 못했다(Bryson, Bell, Greig, & Kaplan, 1999).

몇몇 문항이 가치판단을 요하거나 부정적 행동을 하지 않는 것을 묘사하고 있기 때문에 이 검사의 명확성이나 문항에 표현된 행동 또는 기술 언어의 사용에 있어서는 중간 정도 우수한 수준이다. 그러나 작업 현장을 배열하는 지침이 간결하고 사용하기에 쉬운 점이 있다. 이 검사는 강점과 약점의 양상을 알 수 있고 작업 환경에서의 행동을 관찰한다는 점에서 특수하다. 정신장애를 가진 사람의 작업 수행, 인지적 기능, 증상을 평가하는 수많은 연구에서 활발하게 쓰인다는 점이 이 검사의 가장 큰 강점이다(Bell & Bryson, 2001; Evans et al., 2004).

직업적 인지능력평정척도(Vocational Cognitive Rating Scale: VCRS)는 16개 문항을 가진 검사로서 일터에서의 인지적 기술을 측정하기 위해 설계되었는데, 특히 중증 정신장애를 가진 사람들을 대상으로 고안되었다(Greig, Nicholls, Bryson, & Bell, 2004). 각각의 문항은 '1＝일관적으로 열악한 수행'부터 '5＝일관적으로 우수한 수행'까지 5점 척도에서 평정되며, 하나의 총점을 내게 된다. 각각의 문항 평정 시 행동 지침이 제공되는데 단순 작업을 할 때 집중하는 것, 흥미로운 것이나 색다른 것을 보거나 들었을 때 일의 속도를 늦추지 않고 계속 일을 하는 것, 한 가지 작업에서 다른 작업으로 자연스럽게 옮겨 가는 것 등이 문항의 예시다. 작업 현장에서 15분간 피검사자를 관찰하고 현장 관리자와 인터뷰를 한 임상가가 평정자가 된다.

이 검사의 신뢰도와 타당도는 양호하거나 뛰어난 수준이다. 평정자 간 신뢰도는 매우 뛰어나며 내적 일관성도 높다. VCRS는 전일제로 고용된 사람들과 고용 경험이 제한되어 있는 사람들을 잘 변별해 내기도 한다. 대체적으로 VCRS는 새롭고 명확하고 간결하고 기술 지향적인 검사로서 기술의 강점과 약점도 잘 묘사하며, 정신장애를 가진 사람들에 대해서 특정 작업장별로 사용할 수 있다. 이 검사는 인지행동에 우선적으로 초점을 두며 일터에서 필요한 사회적 · 신체적 기술에 대해서는 언급하지 않는다. 이 검사에는 연구를 통해 밝혀진 것과 같이 특히 정신분열병 또는 분열성 정동장애를 가지고 있는 사람들이 일터에서 했던 성공적인 행동들이 제시되어 있다.

직무관련 자아효능감척도(Work-Related Self-Efficacy Scale: WRSES)는 정신장애인을 대상으로 특별히 개발된 검사로, 작업과 관련된 핵심 행위를 수행하는 데 자신감을 평가하는 가장 최근의 자기보고식 검사다(Waghorn, Chant, & King, 2005). 여기서 핵심 행위란 진로계획 기술, 직업유지 기술, 직업관련 사회적 기술, 일반적 작업기술 등을 말한다. 이 검사의 개발자들은 이 검사를 긍정적인 작업 수행을 성취하기 위해 필요한 세부적 과업, 지지 자원, 보조 등에 대한 의사소통을 촉진할 수 있도록 직업상담의 도구로도 사용할 수 있음을 제안하였다. 이 검사는 37개의 문항으로 구성되어 있고, 특정 행위 수행 시 자신이 가지고 있는 자신감의 정도를 간격이 10씩인 11점 평정척도(0~100)에 표시하도록 되어 있다. 문항의 예시는 다음과 같다. 개인적으로 작업의 가치를 정하는 것, 직업 기회를 알아보기 위해 사회적 연결망을 사용하는 것, 과제를 수행하기 위해 다른 동료들과 협력하는 것, 출근해서 바로 일을 시작하는 것 등을 할 수 있는 능력에 대해 자신이 어느 정도 자신감을 가지고 있는지를 묻는 것이다.

내적 일관성은 꽤 높은 편이다. 검사-재검사 신뢰도 또한 매우 강하고, 시간 경과 시 안정적이다. 실업한 지 몇 년이 지났는지, 고용된 상태에서 몇 년이 지났는지, 지난해 몇 주나 일했는지, 그리고 현재의 고용 상태가 어떤지의 사항들이 WSES 종합 점수와 유의미한 상관을 보임으로써 동시타당도도 괜찮음을 보여 주었다.

대개의 문항들은 명확하게 쓰여 있고, 검사는 간결하며, 기술 또는 행동적 언어를 사용하고 있고, 세부적인 작업 행위가 들어가 있다. 문항들이 기술 지향적인 언어로 쓰여 있음에도 불구하고, 실제의 작업 환경에서 그 행위를 수행할 때 가지는 실제적인 강점과 약점을 평정하는 것이 아니라 그 행위를 수행하는 것에서의 자신감을 평정하도록 한다는 것이 약간의 쟁점으로 남을 수 있다. 검사 개발자들은 자아효능감의 평정을 보충할 수 있도록 기술 수행에 관한 다른 측정법을 사용할 것을 권고하고 있다. 이 측정법의 주요 장점은 피검사자 스스로 평정하도록 하는 몇 개 안 되는 검사들 중 하나라는 점인데, 실제의 기술 수준에 대해 피검사자와 열린 대화를 나눌 수 있도록 명확하고 세부적인 문항을 가지고 있다. 이 측정법에 대해서는 부가적 검사뿐 아니라 향후 척도의 개정이 필요할 것으로 보인다.

명칭이 정해지지 않았지만 작업관련 사회기술측정으로서, 수행과 자기보고식 측정을 결합시킨 새롭고 간결한 검사를 Tsang과 Pearson(2000)이 개발하였다. 10개의 문항으로 구성된 간단한 자가 실시형 체크리스트에 직업을 유지하고 직무를 계속하는 데 필요한 사회적 기술들을 평정한다. 평정자는 그 과업을 수행함에 있어서 난이도에 따라 6점 평정척도, 즉 '1=항상 어렵다'에서 '6=전혀 어렵지 않다'까지로 자기 자신을 평정하게 된다. 예시 문항들은 대개 행동적이고 관찰 가능한 언어(갑자기 자리를 떠야 할 때 관리자에게 요청하는 것, 새로운 동료가 왔을 때 과업을 설명하고 보여주는 것을 돕는 일)로 되어 있으나, 몇 개의 문항은 여러 가지 기술로 구성되어 있는 구성 요소이거나 혹은 매우 일반적인 내용(예: 구직 인터뷰에 적절하게 참여하는 것, 좋지 않은 소문에 연루되지 않는 것)을 제시하고 있다. 이 측정법의 두 번째 구성 요소는 두 개의 역할놀이 상황으로 구성되어 있는데, 각각의 상황에 대해 세 가지 양상으로 각각 평정하는 것이다. 그 세 가지 양상이란 Tsang과 Pearson(1996)이 제안한 사회적 기술의 모델을 반영하는 것으로, 사회적 생존을 위한 기초적인 기술(몸단장, 개인위생, 겸손함), 기본적인 사회적 기술(목소리의 질, 비언어적인 요소, 언어적 요소) 그리고 상황마다의 특수성 평정으로 구성된다. 평정자는 각각의 양상을 반영하는 행동의 지침들에 대해 5점 척도를 사용하여 열악한 수행을 의미하는 0부터 정상적 수행을 의미하는 4까지 중에서 평정하게 된다. 내적 일관성과 평정자 간 신뢰도는 충분하였지만, 자가 실시 체크리스트에 대한 검사-재검사 신뢰도에는 변수가 좀 있었다. 이 측정법은 한국에서 재활 프로그램에 참여한 정신분열병 환자들과 정신질환의 진단을 가지고 있지 않은 무역조합의 직원들을 잘 변별해 내기도 하였다. 그러나 미국인에 대한 적용 가능성과 부가적인 타당도에 대한 연구가 더 이루어져야 할 것이다. 이 측정법은 간결하고(총 30분 정도 소요) 작업 환경에 초점을 맞춘 비교적 명확한 측정법이지만, 특정 작업 환경의 요구 사항에는 세부적이지 못한 점도 있다. 이 측정법이 여기서 언급된 이유는 가용한 작업 환경과 관련된 사회적 기술들을 측정한 독점적인 검사들 중 유일하게 자기보고식 방법과 역할놀이의 방법을 사용한 것이기 때문이다.

작업기술의 영역 안에 있는 대개의 검사는 표준화된 작업행동평가(Griffiths), 작업행동검사(WBI), 상황평가: 작업적응과 대인관계기술 평가척도, 직업적 인지능력평정척도(VCRS)와 같은 상황적 평가 유형의 검사들이다. 상황적 평가는 피검사자의 작업 행동을 관찰하기 위한 작업 사이트를 만드는 데 시간과 돈이 들어간다는 애로점이 있다. 그러나 그런 검사들은 실제 작업 환경에서의 기술을 평가하기 때문에 정신장애 재활에서의 평가를 진행하는 데 이상적인 면이 있다. 때로는 지역사회에서는 실제 직장과는 다소 다른 기술을 요하지만, 세부 사항이 잘되어 있는 클럽하우스나 여타 재활 프로그램이 평가의 장소가 되기도 한다. 실무자들은 피검사자가 원하는 작업 환경에서 만족하고 성공 경험을 하는 데 중요한 기술들에 평가를 맞추도록 신경을 써야 한다. 이와 같은 검사들의 주요 장점은 그것들이 환경 특수성을 가지고 있다는 점인데, 대개는 요구하는 환경 내에서 실시한다. 그러나 표준화된 검사들에서는 다른 환경에서는 필요치 않고 특정 상황에서만 필수적인 기술들을 다 고려하지는 않는다. 검사 자체를 완료하는 데 긴 시간이 걸리지 않더라도 준비하고 관찰하는 시간이 더 걸릴 수도 있다. 작업행동검사(WBI)는 다른 세 가지 검사들 중에서도 가장 신뢰도와 타당도가 높아 자주 쓰이는 검사이고, 상황평가척도는 가장 세부적이고 기술 지향적이며 기능평가를 할 때 가장 쉽게 쓰일 수 있다. 최근의 몇몇 측정법 또한 특정한 유형의 기술에 초점을 맞추고 있으며 기능평가를 할 때 쓸모가 있다. 인지기능의 평가에는 직업적 인지능력평정척도(VCRS)가 좋고, 사회기능의 평가에는 작업관련 사회기술측정이 좋으며, 자기효능감 평가에는 직무관련 자아효능감척도(WRSES)가 좋다. 이러한 검사들에 대한 타당도 연구가 더 진행되어야 하고, 가용한 평가도구들에 대해 선택의 폭을 넓힐 수 있도록 대안적인 자료 수집 방법을 이용한 다양한 측정법이 더 개발되어야 한다.

(4) 사회적 환경

대개의 검사에서 사회적 기술, 행동, 행위 또는 기능에 대한 문항을 주거, 학습, 작업 환경의 영역 안에서 나열하고 있기는 하지만, 사회적 또는 대인관계 기술을 세부적으로 강조하는 검사가 따로 있다. 그중 많은 검사가 중증 정신장애를 가진 사람들의 사회적 기술을 증진시키기 위한 행동치료 혹은 기술훈련 개입이 얼마나 효과가 있었는지를 논의하기 위해 개발된 것들이다. 특정한 사회적 역할이나 환경에 맞추어진 검사는 없지만 일반적인 사회적 상황에서 쓰일 수 있는 것으로 보인다. 사회적 기술과 사회적 기술훈련의 측정에 대해 보다 심도 있는 검토를 원한다면 Bellack (2004)과 Wallace 등(1980)이 수행한 연구를 참조하면 된다.

몇몇의 역할놀이검사가 사회적 기술을 평가하기도 한다. 사회적 상호작용검사(Simulated Social Interaction Test: SSIT)는 불안을 일으키도록 자극하는 8개의 상황을 어떻게 다룰지에 대한 사회적 기술을 역할놀이를 통해 검사한다(Curran, 1982). 사회적 기술훈련의 결과를 평가하기 위한 인기 있는 도구이긴 하나, 이 검사는 상황에 반응하는 대략적인 사회적 기술을 측정할 뿐이지 세부적인 사회적 기술 또는 사회적 기술의 구성 요소에 대한 정보는 주지 못한다. 따라서 임상적 기능평가에서 세부적인 사회기술을 평가할 때는 그다지 유용하지 않다.

사회적 기술에 대한 보다 최근의 측정법은 사회적 기술의 인지적 구성요소에 대한 최신의 연구와 더불어 발전하였다. **대인관계 문제해결기술측정**(Assessment of Interpersonal Problem Solving Skills: AIPSS)은 일련의 대인관계 문제를 다룬 삽화를 보여주고 문제가 무엇인지, 어떤 해결책이 있을지를 물어본 후 그 해결책을 역할놀이로 해 보도록 하여 그것을 비디오테이프로 녹화한 것을 검사하는 방식이다. 훈련된 평가자가 그 비디오를 보고 평가하는데, Wallace가 개발한 사회적 기술 모델을 근거로 수용기술, 처리기술, 송신기술의 다양한 구성 요소 또는 하위척도에 따라 평가를 하게 된다(Donahoe, Carter, Bloem, Hirsch, Laasi, & Wallace, 1990).

사회적 문제해결평가 배터리(Social Problem Solving Assessment Battery: SPSAB)는 세 가지 검사로 이루어진 배터리로서, 사회적 기술과 문제해결 능력을 역할놀이를 통해 검사하는 방식이다(Sayers, Bellack, Wade, Bennett, & Fong, 1995). 이 검사가 측정하려는 것은 사회적인 문제를 규명하고, 대안적 반응을 만들어 내고, 그 반응의 효과성을 평가하고, 효과적인 사회적 해결책을 해낼 수 있게 하는 기술을 얼마나 가지고 있는가 하는 것이다. 이 검사의 두드러진 특징은 문제 상황을 규명하는 데 정신분열증 환자와 그 가족 구성원 그리고 평가자가 함께 투입된다는 점이다. 이 배터리는 역할놀이검사(RPT), 반응유발검사(RGT), 반응평가검사(RET)의 세 검사로 이루어져 있다. 역할놀이검사(RPT)에는 상대자와 함께 하는 3분짜리 역할놀이가 여섯 세트 들어 있다. 역할놀이에는 세 가지 유형의 사회적 상황, 즉 대화를 시작하는 것, 타협하고 협상하는 것, 주장하는 것이 제시된다. 역할놀이는 비디오로 녹화되어 훈련된 평정자로 하여금 대략적인 문제해결의 질, 명료함, 협상, 고집, 흥미, 유창성, 정서의 차원에 대해 각각 평가하게 한다. 수집된 자료는 피검사자가 보기에는 모호할 수 있으며, 검사를 시행하고 평가자를 훈련하는 데에 다소 시간이 걸린다. 세 가지 유형의 사회적 상황에 대해 세부적인 기술이 어떤지 피드백을 약간 줄 수도 있겠지만, 이 검사는 사회적 기술훈련의 효과성을 검증하기 위해 연구 도구로서의 우선적 목적을 가지고 개발되었기 때문에 임상적으로 쓰기에는 한계가 있을 수 있다. 반응유발검사(RGT)에는 갈등 혹은 문제를 가지고 있는 두 사람 사이의 상호작용에 대한 여섯 개의 녹화 테이프가 들어 있다. 피검사자가 그 비디오를 보고 문제가 무엇인지, 대상 인물의 목적이 무엇일지, 해결책을 제시할 수 있을지를 진술하게 하고 그것을 평가한다. 훈련된 평가자는 문제와 목표의 정확성을 3점 척도에 따라 평가하고, 피검사자가 말한 해결책을 여러 가지 특징별로 5점 척도상에 평가한다. 이 검사에서는 피검사자가 말한 문제와 목적, 해결책에 대해 피드백을 제공할 수도 있지만, 그러한 피드백을 주기 위해서는 평가점수가 해석되어야 하기 때문에 검사 후 즉시 결과를 사용할 수 있는 검사는 아니다. 반응평가검사(RET)는 오디오로 녹음된 12개의 상호작용으로 구성되어 있는데, 사회적 상황에 대해 한 쌍의 사람들이 효과적인 해결책과 비효과적인 해결책을 제시하고 각각의 상호작용이 얼마나 효과적인지 혹은 비효과적인지를 피검사자로 하여금 5점 척도상에 평가하도록 한다. 이 검사는 연구에는 유용하지만 대인관계 기술을 평가하기 위한 임상적 장면에서는 그다지 유용하지 않다.

의사소통기술 질문지(Communication Skills Questionnaire: CSQ)는 자기 보고, 가족 보고, 임상가 보고의 형식을 이용하여 일본에서 개발된 검사다(Takahashi, Tanaka, & Miyaoka, 2006). 이 검사는 앞서 다루었던 시행하기 힘든 역할놀이식 측정법을 사용하지 않고 사회적 기술을 평가하기 위해 임상적 요구에 맞추어 개발되었다. CSQ는 29개 문항의 질문지로서 일반적 의사소통 기술(비언어적 기술이 우선적임)과 대인 간 의사소통 기술로 이루어져 있다. 대인 간 의사소통 기술은 요인분석에서 협동적 의사소통 기술과 주장적 의사소통 기술의 두 요인으로 나타났다. 피검사자 자신과 가족 구성원, 임상 전문가가 가족, 친구, 상사, 이웃 그리고 낯선 사람과의 대인관계에 대해 각각 평정하게 된다. 일반적 의사소통 기술은 5점 척도(1 = 열악함, 2 = 다소 좋음, 3 = 때때로 좋음, 4 = 거의 항상 좋음, 5 = 항상 좋음)에서 평가하고, 대인 간 의사소통 기술은 3점 척도(0 = 열악함, 1 = 때때로 좋음, 2 = 거의 항상 좋음)에서 평가하여 합산 점수를 낸다. 대인 간 의사소통 기술에 대한 대개의 문항은 명료하고 행동적 언어로 쓰여 있으나(예: 질문하기, 대화를 시작하기, 도움이 필요하다는 것을 표현하기), 일반적 의사소통 기술에 대한 문항들은 다소 덜 명료하고 행동적이지 않다(예: 깔끔한 외양, 눈 마주침, 열정을 보이기). 이 검사는 정신과 병동에 입원 중인 사람들과 지역사회의 정신장애 재활 프로그램에 참여하고 있는 사람들과 그 가족, 담당 의료인을 대상으로 실시되었는데, 정신질환의 진단을 가지고 있지 않은 의과대학의 학생들이 통제집단이었다. 초기의 검사에서 내적 일관성이 양호한 수준이었고, 검사-재검사 신뢰도가 좋았으며, 담당 의료인들 간의 평정자 간 신뢰도는 중간 정도였다.

이 검사는 정신과적 진단을 가진 사람들과 그렇지 않은 사람들을 변별할 수 있는 수렴타당도도 충분한 편이었다. CSQ는 대개의 문항에서 명료하고 간결한 기술 언어를 사용하고 있고, 사회적 기술의 평가와 재활 프로그램의 계획에 임상적으로 쉽게 사용될 수 있는 것으로 보인다. 그러나 이 검사는 최신의 것으로서 정신장애를 가지고 있는 미국인에게는 아직 검증된 것이 없으며, 특정한 주거 · 학습 · 직업 환경에서의 기능 수준을 예언하지는 못하고 있다. 향후 더 연구할 가치가 있는 유망한 도구다.

주거 · 학습 · 직업 환경에서의 사회적 역할 외에 가치 있는 사회적 역할 수행에서 정신장애를 가진 사람이 어떤 기술을 가지고 있는지를 평가하는 도구가 사회적 환경의 범주에서 빠져 있는 것으로 보인다. 그것은 부모 역할, 배우자 혹은 친밀한 관계에서의 역할, 리더로서의 역할, 영성으로서의 역할, 시민으로서의 역할 등에서 기능하는 사회적 기술들을 말한다. 피검사자가 선택한 역할과 환경 속에서 성공을 경험하고 만족할 수 있게 하려면 현장에서는 이러한 역할들이 성취될 수 있도록 어떤 기술과 지지 자원이 필요한지를 반드시 평가하여야 한다. 이러한 영역에 대해 신뢰성 있고 타당한 검사들을 개발하는 것은 정신장애 재활의 평가에서 확실히 성장하고 있는 분야다.

3) 자원 지향적 검사

재사용되는 검사들 중 지지와 자원에 초점이 있고 자원평가를 할 때 임상적으로 도움이 될 만한 검사는 극소수다. 가장 잘 알려진 것은 사회적 지지의 측정이다(Cohen, Underwood, & Gottlieb, 2000 참조). 다른 유형의 지지 자원(예: 수입, 정신건강 서비스)에 대한 평가는 종종 욕구조사에 초점이 맞춰져 있고 주정부의 정신건강 시스템이나 기관에서 쓰는 몇몇의 체크리스트의 일부분으로 존재하긴 하지만 그다지 널리 쓰이지는 않는다(State of Alabama Department of Mental Health Services, 1984; Weiner, 1993). 욕구조사 평가는 기능의 영역, 특히 기능이 잘 안 되는 영역을 평가하는 것으로, 서비스에서 다룰 필요성이 있는 것을 제시해 준다. 서비스와 지지 자원의 세부 사항은 목록화되어 있지 않거나 다뤄지지 않을 수도 있다. 검사도구가 부족하다는 것은 정신장애를 가진 사람에게 실시할 자원평가의 도구에 어떤 것들이 있는지 알아보기가 어려워진다는 의미다. 특히 특정 주거 · 학습 · 직업 · 사회적 환경에서의 성공 경험과 만족에 필요한 자원과 지지에 초점이 맞추어져 있는 검사도구를 찾는 것이 어렵다.

최근 **욕구와 자원 평가 인터뷰**(Needs and Resources Assessment Interview: NARA)가 개발되었다(Corrigan, Buican, McCracken, 1995). 이 인터뷰 혹은 자기보고식 검사는 특정 영역의 기능에 대한 욕구가 무엇인지 확인하는 것과 이렇게 확인된 욕구를 만족시키는 데 필요한 자원에 대한 검토를 결합시킨 것이다. 피검사자는 각각의 영역에 대해 자신의 기능 수준에 대한 만족도를 평정하고, 그러한 욕구의 중요성에 대해서도 평정한다. 각 영역에는 주거, 신체건강, 치아건강, 정신건강, 수입과 재정, 교육, 직업, 친구, 가족, 여가 시간, 영적 생활, 법적 문제, 약물과 관련된 문제들이 들어있다.

NARA는 내적 일관성이 높고 특히 인터뷰로 구조화되었을 때와 지필식 자기 보고로 했을 때의 검사-재검사 신뢰도가 높다(Corrigan, Buican, & McCracken, 1996). 이 검사가 욕구와 자원이 무엇인지 알아보는 약식으로 구조화된 인터뷰이기 때문에 모든 이들에게 명확하지만은 않은 문항들이 몇 개 있다. 만족과 중요성에 대한 평정은 필요한 자원과 지지를 확인하는 데 유용할 수 있지만, 필요한 지지와 서비스를 간접적으로 확인할 뿐 그것에 대한 가용성과 접근성은 평가하지 않는다는 한계점이 있다.

비슷한 유형의 검사인 **Camberwell 욕구평가**(Camberwell Assessment of Needs: CAN)는 22개의 기능 영역에 초점을 둔 구조화된 인터뷰 검사다(Phelan et al., 1995). 각각의 영역에 대해 얼마나 어려운지를 물음으로써 욕구를 확인하는 방식이다. 또한 친구나 친척들 또한 서비스 제공자로부터 얼마나 도움을 받았는지도 물어본다. 마지막 부분에서는 필요했던 조력의 유형이 어떠한 것이었는지를 피검사자의 입장에서 확인하고 이에 따라 재활계획이 세워진다.

축약된 버전인 **Camberwell 욕구평가 단축형**(Camberwell Assessment of Need Short Appraisal Schedule: CANSAS)도 있다(Andreasen, Caputi, & Oades, 2001). CAN은 유럽에서 널리 쓰이고 미국에서는 검사 타당도 연구에서 자주 쓰인다. 정신건강에 대한 결과 평가의 측정치 비교연구에서는 CANSAS만이 연구도구와 임상적 도구 모두의 목적에 유용하고, 충족된 또는 충족되지 않은 욕구들이 무엇인지에 대한 정보를 제공하는 것으로 나타났다(Salvi, Leese, & Slade, 2005). 대체로 CAN는 명료하고 비교적 간결(25분)하며, 지지 자원에 대한 욕구, 가용성, 접근성을 평가하는 검사다. CANSAS는 더 간결하긴 하지만 욕구만 평가한다. 두 검사 모두 폭넓은 사회적 환경에서의 자원과 일반적인 지역사회의 생활 환경 내에서의 자원을 평가하지만, 특정 환경에서의 지지 자원에 초점을 맞추어서 세부적으로 평가하는 것은 아니다. 게다가

CANSAS와 CAN은 실무자의 평가에만 의지하지 않고 피검사자의 견해를 적극적으로 수용하는 몇 안 되는 검사들 중 하나다. 피검사자의 견해는 실무자에 의한 평가와 정신장애를 가진 피검사자에 의한 평가에서 차이를 보일 때 매우 중요하며, 특히 충족되지 않은 욕구에 대해 평가를 시행할 때 더욱 중요하다(Slade et al., 1998). 정신장애를 가진 피검사자의 참여는 정신장애 재활에 필수적인 구성 요소다.

지각된 사회적 지지에 대한 다차원적 척도(Multidimensional Scale of Perceived Social Support: MSPSS)는 사회적 지지에 대한 한 가지 측정 방법이다(Zimet, Dahlem, Zimet, & Farley, 1988). 원래는 정신과 표집이 아닌 사람들을 위해 개발되었지만, 최근 정신분열병, 조울장애 또는 주요우울증을 진단받은 사람들에게도 실시된다(Cecil, Stanley, Carriton, & Swann, 1995). MSPSS는 12개의 문항으로 구성된 자기보고식 척도이며 가족, 친구, 가까운 관계의 사람들로부터 받는 사회적 지지의 적절함에 대해 어떻게 지각하고 있는지를 평가하는 것이다. 지각된 사회적 지지를 기술한 문장들에 얼마나 동의하는지를 '매우 강하게 동의함'에서 '매우 강하게 반대함'까지 1~7의 척도로 평정한다. 가족, 친구, 중요한 타인으로부터의 사회적 지지 각각에 대한 하위척도가 있다. 이 검사는 명료하고 '전체적인' 사회적 환경에서의 간결한 측정법이며, 피검사자의 조망에서 비롯한 사회적 지지의 가용성을 평가한다. 다른 형태의 자원에 대해서는 평가하지 않으며, 필요한 지지의 수준과 자원의 접근성도 평가하지 않는다. 특정 사회적 환경이나 역할에도 초점을 두지 않는다. 이 검사는 내적 일관성에서 높은 신뢰도를 보여 주며, 비정신과 표집과 비교한 타당도도 높지만, 부가적인 연구가 권고된다(Cecil et al., 1995).

사회적 지지에 대한 다른 형태의 검사들도 있다. 그 하나는 **개인적 네트워크 인터뷰 스케줄**(Personal Network Interview Schedule: PNI; Stein, Rappaport, & Seidman, 1995)인데, **사회적 네트워크 척도**(Social Network Scale: SNS; Corrigan & Phelan, 2004)로 알려져 있다. 이 검사는 약식으로 구조화된 12단계의 인터뷰로 구성되어 있고 가족, 친구, 전문가들과 맺는 네트워크의 크기, 네트워크의 밀도, 만족감의 지각, 상호성, 의무감을 평가한다. 사회적 네트워크 안에 있는 사람들의 합계가 심층면접 후에 계산되며, 네트워크의 밀도는 그 네트워크 안에 있으면서 서로가 알고 있는 각 쌍의 사람들을 모두 합하여 쌍의 비율로 계산된다. 만족감에 대한 지각, 상호성, 의무감은 5점 Likert 척도에서 평가된다. 이 척도는 적당한 정도로 명료한 편이지만 간결하지는 않다. 그러나 사회적 환경에 대해 적당히 세부적이다. 지지 자원의 가용성과 정도가 표시되지만, 확인된 지지 자원에의 접근이 가능한지와 그것이 정말 필요한지에 대해서는 나와 있지 않다. 이 검사를 이용해서 더 높은 수준의 사회적 지지가 더 나은 회복 과정과 관계되어 있다는 것이 확인되었다(Corrigan & Phelan, 2004).

사회적 지지의 가용성을 평가하는 또 다른 검사는 **대인관계적 지지목록평가**(Interpersonal Support Evaluation List: ISEL; Cohen, Mermelstein, Kamarck, & Hoberman, 1985)다. 원래 이 검사는 일반적 표집에 사용하기 위해서 개발되었으나, 최근 정신장애를 가진 사람들에게도 타당화되었다(Rogers, Anthony, & Lyass, 2004). ISEL은 30문항의 자기보고식 검사이며 네 가지 영역에 대해 지지 가용성을 얼마나 지각하고 있는지에 초점을 맞춘 것이다. 즉, 매우 구체적인 지지(물질적 지지가 얼마나 가능하다고 느끼는지), 자존감의 지지(타인과 비교할 때 자신이 긍정적인 비교 우위에 있을 가능성이 얼마나 있다고 느끼는지), 소속감(어떤 것을 할 때 함께 할 누군가가 있다고 느끼는지), 도움의 평가(문제에 대해 함께 이야기할 누군가가 있다고 느끼는지)다. 문항을 읽어 보고 그 문장이 얼마나 자신에게 해당된다고 믿는지를 평정하게 한다. 이 검사는 간결하고 명료하며, 일반적인 사회적 환경에 적용되지만 특정 환경에서 요구되는 지원에 대해서는 해당 사항이 없다. 게다가 ISEL은 지지 가용성에 대한 지각을 측정할 뿐 실제로 그러한 지지가 얼마나 가능한지에 대해서는 측정하고 있지 않으며, 욕구나 자원의 접근성에 대해서도 측정하지 않는다.

작업장환경 질문지(Workplace Climate Questionnaire: WCQ; Kirsh, 2000a, 2000b)는 일터에서의 지지를 측정하는 보다 새로운 검사다. 일터에서의 사회적/구조적 환경의 양상을 측정하기 위해 설계되었지만 이 간결한 자기보고식 검사에 들어 있는 많은 문항이 대인관계적 지지(관리자 또는 동료), 혜택(건강검진, 휴일, 교통) 및 편의 조정(작업 시간의 조정, 문제해결에의 도움)을 반영한다. WCQ는 25문항의 자기보고식 검사로서 일터에서 근로자를 대상으로 측정한다. 참여자는 문항에서 제시하는 문장에 대해 얼마나 동의하는지를 5점 척도에서 평정한다. 이 검사는 명료하고 간결하며, 근로자의 현재 작업 환경에 세부적이다. 이 검사는 확인된 지지의 가용성을 간접적으로 표시하지만, 필요로 하는 지지 또는 그 접근성에 대해서는 평가하지 않고 있다. 이 검사에 대해 충분한 신뢰도와 타당도가 보고되었지만, 좀 더 점검할 필요성이 있다.

사회적 지지와 자원을 측정하는 그 어떤 검사도 정신장애를 가진 사람이 특정 주거 · 학습 · 직업 · 사회적 환경 안에서 그들의 목표를 성취하는 데 필요한 다양한 유형의 지지와 자원을 모두 포착할 수는 없다. 이처럼 다양한 검사를 잘 조합해서 평가 과정에 통합해 피검사자와 잘 조율하는 것이 피검사자에게 필요한 자원을 확인하는 데 도움이 될 것이다.

5 결 론

정신장애 재활의 평가에서 검사도구는 지배적인 분야가 아니다. 정신장애 재활에서는 피검사자와 신뢰에 바탕을 둔 관계를 맺을 수 있는 실무자의 역량이 더 중요하다. 평가를 행하는 실무자는 반드시 훌륭한 대인관계 기술을 가지고 있어야 한다(예: 이해하고 있음을 보여 주는 능력). 실무자는 정신장애 재활의 평가 과정에 피검사자를 참여시키는 기술을 가지고 있어야 하며 피검사자를 납득시킬 수 있어야 한다.

현존하는 검사들 중 대개가 정신장애 재활의 평가를 유용하게 하는 특징들이 부족하다. 점점 더 많은 수의 정신과적 검사도구가 증상과 손상에 초점을 두지 않고 기술과 자원의 평가에 초점을 두고 있기는 하지만, 임상에 적용하기에는 아직 한계가 많다. 가장 확실한 한계는 작업 환경에서 상황적 평가의 예외성을 감안한다든지 개개의 환경에 대한 세부 사항을 고려하는 것이 부족하다는 점이다. 현존하는 검사들은 표준화가 필요하기 때문에 세부적 환경에 대한 정보보다는 일반적 환경과 관련된 정보(예: 특정 직장보다는 일반적인 작업 장소)를 제공한다. 검사가 효과적으로 사용될 수 있으려면 전반적인 정신장애 재활의 맥락과 과정, 피검사자의 목표에 따른 협력에 통합되어야 한다.

Chapter 20

평가에서의 다문화적 쟁점

Richard H. Dana

1960년대 초부터 1980년대까지 미국 정부는 재활서비스에 대한 평등한 기회 제공과 사회적 · 환경적 장애물을 제거하기 위한 법안을 마련하였다. 재활 관련 법률(Middleton, Rollins, & Harley, 1999)은 1964년 공민권법(Civil Rights Act), 미국장애인법 그리고 1973년 재활법에서 빈곤층뿐만 아니라 장애 관련 위험 요인에 대하여 시급한 해결이 필요하다고 제시하였다(Middleton, Harley, Rollins, & Solomon, 1998, p. 14). 또한 재활법은 소비자의 권리, 평등한 접근, 독립성, 자기결정, 자립 등을 명시하였다. 1992년 이 법의 개정은 문화적 다양성을 포함한 모든 미국인을 포함하였다.

이와 같이 법률 제정의 역사를 통해 장애인이 시민으로서 가지게 되는 권리에 대한 기본권적인 보장을 도모할 수 있게 되었다(Jenkins, Ayers, & Hunt, 1996). 그러나 다문화적 능력이 강조되는 서비스 전달 체계의 운영은 법적인 기준에도 불구하고 기존에 사회적으로 널리 퍼져 있던 자문화 중심주의와 같은 문제에 의해 잘 실행되기가 어려웠다(Middleton et al., 2000, p. 220). 그럼에도 불구하고 재활 분야의 많은 연구자는 재활상담 현장에서 요구되는 다문화적 요소, 즉 다문화적 서비스 영역의 표준을 만들고 명확히 기술된 다문화적 요소의 범위에 대해 강조하고 있다(p. 223).

이러한 경쟁력과 표준화는 다문화적 숙달성이 적용되는 주류 상담심리학에서도 일관된다. 문화적 능력의 영역은 소비자의 세계관, 문화적 가치, 비서양인의 건강과 질병에 관한 신념을 이해하는 데 도움을 준다. 이와 관련한 평가의 쟁점은 지역사회 자원의 지식, 통역자/이중언어 상담사, 검사도구 번역, 평가의 해석, 주류 문화와 다른 소수인종 문화의 상호작용, 억압의 영향 등을 포함하고 있다(Middleton et al., 2000). 문화적으로 적절한 중재는 현재 직업재활 서비스에서 필수적 요소라고 여겨진다(Harley, 2005; Mpofu, Beck, & Weinrach, 2004).

그러나 이런 노력에도 불구하고 지금까지 "서비스 전달과 재활 교육에서 문화적 민감성을 통합하려는 노력이 크게 제기되지 못해 왔다"(Mpofu, Beck, & Weinrach, 2004). 『재활상담사의 전문가 윤리 규범(Code of Professional Ethics for Rehabilitation Counselors)』(2001)은 단순히 문화와 다양성을 존중하고(검사점수의 평가 및 해석, 중재 및 서비스 개발 및 개정, 소수 계층의 교수와 학생 선발에 대한 주의 사항이 포함된다) 문화적으로 민감한 연구를 시행하는 것에 대한 전반적인 내용만을 제공하고 있다.

비유럽계 미국인 문화/인종 집단(흑인, 미국 원주민, 라틴계)은 불균형적이고 지속적으로 높은 장애 발생률과 빈곤율을 보이고 있다(Leung, 2003). 이 인종의 사람들은 재활서비스를 충분히 이용하지 못하고 있는데, 그 이유는 재활서비스 제공자인 백인을 신뢰하지 못하기 때문이다(Belgrave & Jarama, 2000). 많은 이의 경우 교육, 직업, 건강 등에서 문제를 갖고 있는 상태에서 삶을 영위하는 데 장애라는 것은 차선의 문제다(Devlieger & Albrecht, 2000). 낮은 사회경제적 지위를 지니거나 정규교육을 받지 못한 많은 흑인의 경우 비공식적인 지역 상담서비스를 이용하며, 인종적·문화적으로 자신을 이해하는 전문가를 선호한다. 다른 비백인계 인종 집단들 역시 이와 유사한 방식으로 자신이 속한 문화적 환경에 보다 덜 편향적이고 동등한 입장에서 정신건강 서비스를 받을 수 있는 서비스 전달 체계를 원한다(Snowden & Yamada, 2005).

1 다문화 관련 핵심 쟁점

Dana(2001)는 *Handbook of measurement and evaluation in rehabilitation*의 제3판에서 시민권 보장의 정신에 기반한 민주주의 기본권 정신을 바탕으로 재활 분야에서 정신건강 그리고 사회적 여러 서비스와 관련한 다문화적 이슈에 대한 최근의 변화 흐름을 고찰하였다.

이제 문화는 평가, 중재 및 연구에서 재활상담사가 고려해야 할 필수적인 요인 중 하나다(Marshall, Sanderson, Johnson, Du Bois, & Kvedar, 2006). 다문화적 평가 쟁점의 내용과 지위에 영향을 주는 많은 기준이 이 장에 제시되어 있고, 이는 ① 문화적 숙달도(cultural competency)-평가와 훈련, ② 포괄적인 평가의 확산, ③ 표준화되고 새로운 다문화 평가도구, ④ 일반적이고 문화 특수적인 연구 방법론-학제 간의 일치다. 이와 같은 차원들에 대한 기술을 하기 전에 우선 인종과 민족의 인구통계학적인 문제, 정신건강 전문가와 관련한 사람들이 당면하게 된 인종주의적인 이슈 등에 대해 먼저 고찰하고자 한다.

1) 인구통계학적 문제와 인종주의

미국 전체에서 소수인종이 31%를 차지하고 있다는 인구통계에서의 변화(U.S. Census Bureau, 2004)는 훈련, 실습, 연구 등에서 문화적 쟁점에 집중하고 있는 최근 분위기에 부분적으로 영향을 주었다고 볼 수 있다. 유럽계 미국인은 현재 캘리포니아, 텍사스, 뉴멕시코를 포함한 몇몇의 주에서 그런 것처럼 어떤 시점에서는 소수계층으로 변할 것이다.

심리학의 여러 분야에 앞서, 상담심리학에서는 전체 구성원 중 소수인종의 학생 30% / 교수 30%의 비율을 넘고 있다. 모범적인 프로그램의 경우 학생 38% / 교수 25%(Rogers, 2006), 심리학 대학원 과정의 경우는 현재 학생 27% / 교수 12%(Norcross, Kohout, & Wichierski, 2005)가 소수인종으로 구성되어 있다. 차별을 경험한 유색인종이 저명한 전문가가 되는 것은 그들이 인종차별주의에 지속적으로 대항할 것이라는 것을 의미한다(예: Ponterotto, Casas, Suzuki, & Alexander, 2001; Robinson & Ginter, 1999 참조).

상담심리학은 근원적이고 기능적으로 진행된 소수인종 탄압과 과학적인 인종주의의 지속적 충격에 관한 지식 및 인식 확산에 뛰어난 업적을 남겼다. 뿐만 아니라 신체 및 정신 건강 서비스에서 사회적 정의와 평등의 옹호는 상담심리학의 소수문화적 인구와 집단에 대한 인종적 연구에 근거를 둔 것으로 나타났다(예: Carter, 2005; D. W. Sue, 2003; Holiday & Holmes, 2003; Ponterotto, Casas, Suzuki, & Alexander, 2001; Toporek, Gerstein, Fouad, Roysircar, & Israel, 2005; Trimble & Fisher, 2005).

2 문화적 능력

상담심리학은 문화적 능력을 향상하는 훈련을 옹호하였고(Pope-Davis, Liu, Toporek, & Brittan-Powell, 2003), 문화심리학과 다문화심리학(예: Bernal, Trimble, Burlew, & Leong, 2003)에서 자원을 받아들여 전문적인 영역을 확장하였으며, 다문화 인구에 관한 경험적 기초에 부분적 주안점을 두어 임상심리학을 확장하였다. 특수한 기술과 훈련 목적으로 정의된 문화와 능력의 통합은 내담자가 개개인의 문화적 관점을 자신의 삶에 반영하고 있다는 것을 심리상담사가 이해하도록 훈련하는 데 다양한 방법을 제공하였다(Ridley, Mendoza, & Kanitz, 1994). 그러나 문화적 능력을 위하여 상담심리학에서 발전시킨 이런 분명한 훈련 목표와 절차는 심리학적인 평가보다는 상담과 정신치료에서 주로 사용 가능하다. 재활상담에서 문화적 능력은 "문화적으로 통합된 인간 행동 양상의 맥락에서 기능하는 능력…… 단체의(연결된) 신념, 가치와 행동 등이 포함된 인간 행동의 양상"(Schaller, Parker, & Garcia, 1998, p. 40)으로 인식된다.

주로 유럽계 미국인 집단에서 다문화적 인구에 대한 적절한 훈련이 되지 않은 전문 심리사로 인해 행해진 문화적 능력과 관련한 초기 연구는 이전 제3판에 보고되어 있다. 이러한 연구에서 직업재활 상담사의 경우, 유럽계 미국인 상담사는 다문화적 능력훈련이 부족하였지만, 유색인종 상담사는 자신이 소수인종에게 책임감 있고 윤리적인 서비스를 제공한다고 분석 · 제시하였다. 그러나 이 초기 연구는 사회적으로 필요한 응답률에 그치지 못하는 회수율 30~60% 정도이며, 높은 점수가 반드시 다문화적 상담의 성공적인 결과와 이어진다고 볼 수 없기 때문에 비판을 받고 있다(Ponterotto et al., 2000).

최근의 직업재활 연구에서는 상담사들의 다문화적 능력 연관성(Bellini, 2003), 백인의 인종적 태도가 상담능력에 미치는 영향(Cumming-McCann & Accordino, 2005), 서비스 결과(Bellini, 2003; Matrone & Leahy, 2005) 등이 연구되었다. 이 연구들은 다문화적 상담목록(Multicultural Counseling Inventory: MCI; Sodowsky, Taffe, Gutkin, & Wise, 1994)을 사용하였다. 인구학적 변인들, 특히 개인이 속한 인종과 백인종에 대한 태도는 상담사-내담자 관계의 질에 대한 훈련 효과와 연관이 있었다. 특수한 다문화 관련 교육과 워크숍에 참여 경험이 있을 경우에는 긍정적인 영향을 보였지만, 나이, 기관 경험, 교육의 수준, 다문화 담당 건수 그리고 연구 경험 변인은 관련이 없었다. MCI는 이 연구에서 개인의 이상화된 개념과 문화 · 사회적으로 영향을 받는 자기보고식 도구라는 점 때문에 비판받았다. 성공적인 내담자 종결 사례로 정의된 재활 내담자의 재활 결과는 MCI 다문화적 역량에 의하여 영향을 받지 않았다. 그러나 초기 연구(Bellini, 2003)에서는 인종과 MCI 다문화적 역량이 아주 작은 규모의 집단 특수적인 결과로 나타났지만 위계선형 모델에서는 상담사의 인종과 다른 요소가 유의한 영향을 주었다고 나타났다(Matrone & Leahy, 2005).

이러한 직업재활 연구는 새로운 다문화적 능력도구, 즉 세 가지 기본 요인 산출이 가능한 초기 측정법과 장애인 내담자에게 특성화된 사회문화적 다양성(Sociocultural Diversity) 요인을 가진 캘리포니아 간이다문화능력검사(California Brief Multicultural Competence Scale: CBMCS; Gamst et al., 2004)를 포함하지 않았다. CBMCS는 사회적으로 바람직한 활동의 통제, 다시 말해 서비스 제공자 혹은 현장 실무자에게 사회·민족적 특성과 관련한 구분된 점수를 제공하였다(Der-Karabetian et al., 2002). 그리고 이 장의 뒷부분에서는 다문화적 평가중재(Multicultural Assessment-Intervention)의 훈련 요소를 제시해 보고자 한다.

3 재활평가 서비스

재활서비스를 받기 위한 내담자 개인에 대한 평가는 면접, 직업준비검사, 관찰, 의학적 평가, 표준화된 심리학적 검사, 전문가와 내담자 및 중요한 주변 인물에 의한 신체적·지적·감정적 기술평가를 포함하고 있다(Berven, 2004). 게다가 재활평가는 단순히 개인을 설명하는 것을 넘어서 전문적이고 개별적인 경력, 삶의 목표, 장벽, 중재, 특수한 전략, 중재 욕구, 포괄적인 서비스나 치료를 필요로 하는 문제해결 프로그램 등을 구별하고 개념화하는 데 폭넓은 기회를 제공해 준다. 질병의 경과를 평가하고 모니터링하는 것은 건강 관리와 재활을 향상하는 데 필수적인 요소다(Heinemann, 2000; McAweeney & Crewe, 2000).

새로운 재활평가 패러다임은 서비스의 결과와 관련한 22가지의 평가도구를 구별하여 이런 목표를 실현할 수 있게 한다(Bolton, 2001, 2004). 이 평가도구들은 경제적·직업고용·자립생활·성격·심리사회적 변인 등을 직업재활의 목표로 제시하였다. 한 유용한 표는 이 검사도구를 각각의 측정 쟁점에 따라 구별하였다(변인-경제적, 직업적, 심리사회적; 관점-기관/내담자/고용인; 차원-총 점수, 주요 척도, 2차 요소; 기간-사전검사, 사례 종료, 사후). 결함과 능력에 관한 정보는 재활 중재 및 재활서비스의 결과를 평가하는 데 매우 중대하다. 기능평가는 정신의학적 진단과 비진단적 정보에 더하여 독립적 삶과 고용에 필요한 기술과 흥미와 관련한 체계적 접근을 제공한다(Brown, Gordon, & Diller, 1983). 기능평가는 기능의 정해진 영역을 평가하고 재활 목표가 적절한지에 대해 안면타당도에 의존한다. 또한 경험적 타당도 또는 재활 결과와 유의한 관계가 있는지도 측정한다.

재활을 포함한 모든 인적 서비스 분야에서 민족성, 인종, 문화의 중요도는 현재 포괄적 평가의 시행에서 주요한 부분을 담당하고 있다. 그러나 이렇게 다양한 도구들을 다문화 재활 인구에 적용하고자 하지만, 평가에 다문화 능력훈련은 아직 적용되지 않고 있다. 향후 다문화 능력훈련의 도입은 평가자, 서비스 전달 그리고 표준화된 도구 사이의 편향 감소를 용이하게 할 수 있다.

4 편 향

검사도구를 책임감 있고 윤리적이며 공정하게 사용하는 것은 편향을 줄이기 위한 체계화된 접근을 통해 촉진될 수 있다(Dana, 1994). 표준화된 검사와 내담자에 대한 평가자의 태도에서 나타나는 편향은 평가, 중재서비스, 결과평가를 포함하는 전체적인 재활상담 과정에서 신뢰할 수 있는 사회적 에티켓을 사용하지 못한다는 것에서 드러난다(Dana, 2000, 2002a, 2002b). 평가자 편향은 주로 고정관념과 민족주의 혹은 다른 인종/민족 집단과 유럽계 미국인의 차이를 인지하지 못할 때 발생하지만, 편견과 인종차별주의를 통해 발생하기도 한다. 백인 상담사는 내담자가 차별과 고정관념으로 어려움을 호소할 때 이를 축소하거나 부정하며, 내담자 경험을 비인종주의적으로 해석할 수 있다(Mpofu, 2005). 하지만 이런 내담자에 대한 상담사의 지각에 관한 근거중심 연구는 매우 부족하다(Redmond & Slaney, 2002; Thomas & Weinrich, 2002). 예를 들어, MMPI에서 평가자 검사편향은 아프리카계 미국인 재활 학생이 상담사가 될 수 있는 가능성을 과소평가하는 것(Rahimi, Rosenthal, & Chan, 2003; Rosenthal, 2004; Rosenthal & Berven, 1999)과 같이 불필요한 편견을 발생시킨다(Whatley, Allen, & Dana, 2003). 따라서 재활 프로그램에서 수업과 실습, 인턴십 등에서 검사편향을 줄이는 훈련을 제공하는 것이 윤리적으로 매우 필요하다.

1) 서비스 전달

서비스 전달에서 비인간적이고 과제 중심적이며 형식적인 유럽계 미국인 방식의 편향이 종종 드러난다. 평가자의 편향이 최소화될 때, 내담자의 평가 참여가 극대화될 수 있다. 내담자가 평가 과제를 이행하는 것은 문화적으로 적절한 사회적 에티켓을 사용함으로써 권장될 수 있고, 집단 특유의 사회적 에티켓으로도 설명이 가능하다(Dana, 1993, 1998a, 2005). 사회적 에티켓을 이해하고 연습하는 것은 라포를 형성하고, 평가에 순응할 수 있게 하며, 문화능력 평가 요소와 치료서비스로서의 지속적인 개입을 보장한다.

2) 표준화된 평가도구

역사적으로, 편향은 다른 문화권의 구성원들에게 표준화된 성격-정신병리 검사도구를 적용할 때 발생하였다. 이런 편향은 현재 검사의 규준이 특정한 내담자의 인종 · 민족성 · 사회적 계층과 관련이 없을 때, 직업재활 상담가가 사용하는 평가도구에서도 발생할 수 있다. 표준화된 검사에서 발생하는 소수 인종이나 민족 집단에 대한 편향은 상호 문화적 등가성(cross-cultural equivalence)을 증명할 수 없기 때문에 발생한다(Van de Vijver, 2000). 내담자가 표준과 다른 응답을 하거나 검사 태도 등을 보일 때 검사 해석에서 주의가 필요하다(Dana, 2005). 또한 적절히 표준화된 자료가 없거나 객관적 채점이 없는 검사에서는 편향이 정형화된 이미지나 캐리커처의 형태로 나타날 수 있다.

Bolton이 선정한 도구는 낮은 추론적 해석과 안면타당도의 전형적인 예를 보여준다. 이 검사들에서는 편향 가능성이 나타나는데, 그 이유는 소수인종 내담자에 관한 표준화된 자료가 부족하기 때문이다. 지역 표준과 사회화, 인종, 정체성, 신분 규준은 평가자의 해석편향을 줄이는 데 필요하다. 재활상담사가 지닌 편향을 개선하기 위해서는 다문화적으로 유용한 검사도구를 평가하고 사용할 수 있도록 훈련되어야 한다(Ponterotto & Alexander, 1996).

5 편향의 수정

편향의 수정은 실제 직업재활 경험을 바탕으로 한 소수민족에 관한 연구에서 시작된다. 이러한 지식은 문화능력 훈련, 평가도구, 다문화 중재, MAIP 모델에서 나온 서비스 전달 체계 등의 이해를 돕는 연구를 포함하고 있다.

1) 다문화 집단에 관한 연구 쟁점

다양한 문화적 기원과 문화적 사회화를 지닌 내담자에 대한 재활평가 서비스는 다문화 평가 적용에서 몇 가지 쟁점을 포함하고 있다(Dana, 2003, August). 이러한 쟁점은 ① 평가도구 선정, ② 가설의 재설정, ③ 변인의 정의, ④ 집단 비교, ⑤ 표준화된 데이터, ⑥ 연구 설계와 전략을 포함한다.

(1) 평가도구 선정

다문화 심리학자는 연구의 시작과 평가도구의 기원을 살피는 데 'etic(문화 보편주의적 관점)'과 'emic(문화 상대주의적 관점)'의 개념을 사용하였다. 이 개념들은 서로 다르지만, 겹치고 동등한 가치와 중요성에 대해 양분되지 않은 관점을 설명해 준다(Berry, 1999).

'etic'은 정해진 문화권에서 발달된 도구를 사용하며, 각 문화의 설명과 비교를 위한 넓은 구조를 의미한다. 한편 'emic'은 삶의 맥락에서 한 개인을 이해하기 위한 특정한 언어와 문화에서 나온 발견과 이해를 의미한다. 미국에서 표준화된 검사(혹은 emic)가 사용될 때는 그것이 비영어 사용자를 위해 번역되며, 검사가 유럽계 미국인 문화 이외의 사람들에게도 같은 의미를 가지는 것처럼 사용된다. 이런 검사들이 세계적으로 통용될 수 있다고 잘못 가정될 수 있다. 그러나 그러한 생각은 증명된 문화적 동등성의 부재 안에서 도입된 'etic'으로 설명되어야 한다.

(2) 가설의 재설정

다문화 집단에게 행해진 비공식적인 상담 및 평가는 그릇된 가정을 증폭시킬 수 있다. 예를 들어, 미국에서 고안된 표준화된 검사의 보편적인 적용(Dana, 1993), 추론에 의존한 투사적 검사보다는 타당한 정보의 자원이라고 여겨지는 객관적인 검사(Meyers et al., 2001), 질적 연구 방법보다는 양적 연구 방법(Camic, Rhodes, & Yardley, 2003)을 선호하게 되는 것이 그 예다. 이와 유사하게, 평가 연구는 통계적인 영가설 설정에 의하여 부정적인 영향을 받아 왔다고 지적되어 오고 있다(Malgady, 2000). Malgady는 문화적 편향이 없는 것에서 특정한 편향으로 영가설을 기각하고, 유형 1, 유형 2 오류는 다문화 평가가 문화적 정보, 내담자 언어 유창성의 평가, 문화 특수한 해석 전략 등의 조정자 변인에 영향을 받는다고 지적하였다(Dana, 2005; Sue, 1998).

(3) 변인의 정의

다문화 연구는 말단 변인과 중심 변인을 구별하는 것에 대한 어려움을 겪고 있다. '문화 · 인종 · 민족성' 과 같은 말단 변인들은 복잡하며 합의된 정의 없이 다양한 의미로 쓰인다(APA, 2003a). 중심 변인은 이런 모호한 단어가 연구에 기반하여 견고하고 명확한 결론이 될 수 있도록 연구 과정에서 연결 고리를 제공한다.

인종과 민족성이 인구상의 변인으로 적용될 때마다 문화는 말단에 위치한다. 많은 표준심리검사에서 인구학적 변인은 문화적 차이를 조정하는 문화에 기초한 근원적 성격 형성 과정에 관련된 대리 변인으로 기능하는데, 이는 소수민족에 관한 많은 연구에서도 발견된다(Okazaki & Sue, 1995; Sue & Sue, 2003). 소수민족이 과포함되고, 편견 또는 미화가 이루어질 때, 문화적 정체성의 수준을 충분히 이해 못할 수 있다(Trimble, Helms, & Root, 2003). 따라서 검사 수행에 영향을 주는 심리학적 과정의 평가와 표본 특성에 대한 적절한 설명이 필요하다.

(4) 집단 비교

부정확하고 불완전하게 집단을 구별하는 것은 평가도구에서 집단 간에 관찰된 차이점의 의미에 대한 잘못된 결과를 도출하는 결과를 낳게 한다(Azibo, 1988). 이 차이는 순전히 문화적 차이이거나 혹은 편향의 예일 수 있다. 비교연구는 종종 너무 적은 인원이거나, 대표성이 없거나, 부적절하고 부적당한 집단을 대상으로 행해지는 경우가 있다. 검사점수의 임상적 해석을 위해서 중요한 통계학적 차이가 무엇인지에 대해서는 아직 알려지지 않았다. Allen과 Walsh(2000)는 집단의 순수한 차이뿐 아니라 검사도구의 질이나 근원적인 구조적 정의가 동등하지 못하였을 경우 집단 차의 의미가 틀렸다는 것을 입증한다고 하였으며, 표준화된 데이터에서 문화적 차이와 문화적 사회화를 비교해야 한다고 제안하였다(Cuellar, 2000).

(5) 표준화된 데이터

인종적 · 민족적 소수 계층과 유럽계 미국인의 비교 기준으로 사용되는 표준화된 데이터는 종종 도시적이며 특권층인 중산층을 의미한다(Lonner & Ibrahim, 2002). 또한 최신 연구 자료도 쉽게 시대에 뒤처질 수 있고, 비록 변인에 따른 집단 특수적인 검사점수와 집중적이고 다양한 타당도 검사를 통해 얻은 법칙과 같은 문화적으로 상대적인 기준 변인과의 관계를 연구하는 연구 방법론이 있지만, 이런 연구 방법론은 기초적인 문제가 있어서 결과에 편향을 나타낼 수 있다(Allen & Dana, 2004).

각각의 소수인종 규준은 집단을 넘어 동등한 척도가 없는 상황에서 집단 내 또는 집단 간 차이의 크기 때문에 적용 불가능한 것으로 알려져 왔다. 이와 관련하여 Lezak(2002)은 "사회의 주류 문화권에서 개발된 어떤 검사 표준은 너무나 편향되어 있어 다른 문화권에서는 전혀 사용될 수 없고, 참여자의 완전한 능력 수준을 평가할 수 없다. 우리는 많은 검사 해석 시 검사 자체로의 비교를 시행하지 않는다. (그리고) 모든 지역적 인종 집단과 하위 집단을 위해 흔히 사용되는 검사들의 '나이×성별×교육 표준'을 개발하는 것은 상식적으로 어렵다고 볼 수 있다." (p. 343)라고 밝혔다. 또한 Lezak은 바람직한 표준과 우리 사고에 존재하고 있는 표준 또는 다문화적으로 적용된 행동적 기대를 제공하는 일상의 활동을 구분하여 제시하였다.

그럼에도 어떤 집단 안에서 소외되고 문화에 동화되지 않은 집단의 지역 표준은 잠재적 세계관과 행동적 차이의 실제적인 지표로 사용하기에는 제한이 있다. 그러나 이런 표준은 영어를 사용하는 국제적인 사회에서의 전체 표준과 지역 표준을 구별할 수 있고(Dana, 2003), 현재 사용되는 도구를 알맞게 수정할 수 있도록 유용한 정보를 제공한다(Lee & Sue, 2001).

표준화된 도구로부터 수정된 문화적 적응, 인종적 · 민족적 정체성 검사점수는 대안적인 표준 자료를 제공한다. 문화적 적응은 지속적이고 직접적인 접촉으로 인한 전통적 · 문화적 패턴의 변화를 의미한다. Berry(1999)에 의해 확인된 문화적 적응 상태는 문화적 순응의 결과이며, 그 과정에서 개인에게 일어나는 변화의 결과를 설명한다. 이것은 MAIP 모델(Dana, 1993, 1998a)에 적용되었다. 문화적 적응 상태는 인종 집단의 소속감의 기초를 이루는 구체적 관심 변인으로 기록에 남아 있는데, 이 변인은 유전적 이질성의 주요 요소이자 심리도구로서 행위적 상관과 정신병리로 혼돈되는 요소라고 밝혀지고 있다(Dana, 2000a). 문화적 적응 상태 표준은 전통적이거나 현재 존재하는 검사 표준이 적절하지 않은 인종적인 정체성을 발달시키고 있는 개인에 대해서 설명할 수 있다.

(6) 연구 설계와 전략

대안적인 방법을 소개하는 것은 중심 변인보다 말단 변인에 대해 연구하는 비교 방법론에 지나치게 의존하고 내적 타당도의 중요성을 지나치게 강조하는 과학적 원리의 선택적인 사용 때문에 제한적이다. 이 방법론적 초점은 하나의 변인과 다른 변인의 인과적인 결과, 외적 타당도의 무시 혹은 특수한 배경과 인구에 대한 발견의 일반화를 규명하는 것이다. 문화적 등가성은 구성, 항목 및 방법에서 수립되어야 한다(Allen & Walsh, 2000; Van de Vijver, 2000).

우리는 학문적이고 보다 이론적인 충분한 논의가 없이 다른 문화의 보장되지 않은 문화적 측면들을 여과 없이 언어적 동치의 예로 활용하는 경우가 흔하다(Dana, 2005). 게다가 이러한 문화적 · 언어적 동치를 충분히 검증할 수 있는 학문적이고 이론적인 구성타당화를 하는 작업 역시 상당히 어려운 과정이다. 그러나 이런 이유로 구성타당도를 방법론에 적용하지 않는 것은 정당하지 않다. 확인적 요인분석, 문항반응 이론을 이용하는 문항기능의 변별검사, 평가 관련 연구에서 검사점수의 문화적 정체성에 대한 회귀분석을 통해 밝혀진 동일한 요인 구조를 충분히 활용하고 있지 않다고 볼 수 있다(Allen & Dana, 2004).

재활 연구는 다중회귀나 다른 상관관계 연구, 프로그램 평가를 위한 공공 자료, 메타분석, 구조방정식, 임상적으로 의미 있는 변화 측정, 문항반응 이론과 질적인 연구 등과 같은 발전된 방법론을 포함하고 있다(Chan & Rosenthal, 2006). 또한 재활 연구자들은 인종적 · 민족적 집단에 대한 연구를 실시할 때 주의해야 할 지침을 잘 파악하고 있어야 한다(Council of National Psychological Associations for the Advancement of Ethnic Minority Research, 2000).

2) 다문화 평가도구

유럽계 미국인과 소수인종의 표준화된 자료 등을 통한 문화 특수적인 집단을 위한 새로운 도구가 개발된다면 문화적 편향은 사라질 수 있을 것이다. 이야기구성검사(Tell-Me-a-Story Test: TEMAS; Costantino, Malgady, & Rogler, 1988; Costantino et al., 2007)는 예외이지만, 비유럽계 미국인 집단에게 적용하는 표준화 검사도구의 제한점이 잘 알려졌는데도 다문화적 평가도구는 부족한 실정이다(Dana, 1993, 2000a, 2005; Van de Vijver, 2000). 다문화적 평가도구의 부족 문제를 해결하기 위해 다문화 평가훈련의 다양한 접근에 관한 네 가지의 성공적인 다문화 평가도구 연구가 알래스카, 캘리포니아 및 콜로라도 주에서 이루어졌다. 이러한 사례에도 불구하고, 미국, 남아메리카, 유럽에서는 이런 다문화적 평가훈련이 부족하다.

지침(예: Dana, 2005; Ridley, Hill, Thompson, & Omerod, 2001; Roysircar-Sodowsky & Kuo, 2001)이 있지만, 그것이 상담과 심리치료에서의 다문화 능력을 위한 훈련 모델, 과정 및 예에서 합의된 다문화 평가훈련을 적절히 설명하지 못하고 있다. 특수화된 다문화 평가훈련을 제공하는 어려움을 해결하기 위한 포괄적인 평가훈련은 표준화된 평가도구의 해석에서 기대에 미치는 효과를 지니지 못한다(Clemence & Handler, 2001; Stedman, Hatch, & Schoenfeld, 2001).

3) 다문화적 중재

소수계층 적용과 문화적 변인의 증거가 될 수 있는 문화 특수적인 중재 접근은 문화적 능력훈련에 관한 경험적 문헌을 제공하는 연구 내의 문화적 경험 및 지식에 기반을 두고 나타나고 있다(예: Bernal & Scharron-Del-Rio, 2001; Miranda et al., 2006; Vera, Vila, & Alegria, 2003; Weisman, 2005; Wong Kim, Zane, Kim, & Huang, 2003). 필요한 적용을 위한 종류와 범위에 대한 의견 일치가 아직 없기 때문에, 인지치료와 시간 제한적인 역동치료를 위한 새로운 중재적 접근은 진단적 분류와 특수한 문화적 · 인종적 집단에 관한 독특한 발견을 이끌게 된다. 적응과 문화에 기반을 둔 변인은 근거중심 재활 접근인, "내담자의 특징, 문화 및 선호에 관한 임상적 전문가의 연구 통합" (APA Presidential Task Force, 2006, p. 273)으로 정의된다.

아프리카계 미국인, 아프리카인, 카리브해 지역 흑인 인구 집단(Dana, 1998a)을 위한 문화 특수적 치료에 관한 초기 연구는 최근 실시된 재활의 문화 특수적 중재 접근 연구로 보충되었다(Harley, 2005; Mpofu, 2005). Harley(2005)는 중재 효과에 대한 믿음으로 행해지는 약초, 의식, 형이상학적 과정 등을 포함하는 원초적인 치료 실제에 대한 지침을 제공하였다. "치료 프로토콜에 관한 개인의 선택에 관해 임상 프로토콜과 원초적인 철학 사이의 협의점을 찾는 것(전통적 대 과학적)" (Harley, 2005, p. 300)은 상담사와 내담자의 협력을 필요로 하는 쟁점이다. 또한 Harley는 문화평가가 서양 임상치료 체계의 통합을 위해 필요하다고 제안하고, 문화적 쟁점들을 체계적으로 조직하는 ADDRESSING 구성 요소—A: 나이와 세대적 영향, D: 발달장애 또는 후천적 장애, R: 종교와 정신적인 지향, E: 인종, S: 사회경제적 지위, S: 성적인 선호, I: 전통적 유산, N: 국적, G: 성별—를 제시하였다(Hays, 2001). 이러한 근거중심 연구는 인간 발달의 특이성에 도움이 되는 통합적인 다차원 상담 모델에 담긴 가정을 강화한다(D'Andrea & Daniels, 2001). Mpofu(2005)는 대인 중재를 위한 예방과학 전략은 전체적(일반 인구를 위한 재활 법규), 선택적(하위 집단을 위한 특수한 치료 효과), 지시적(위험군에 있는 환자를 위한 치료)이어야 한다고 제시하였다.

4) 다문화 평가-중재 과정 모델(MAIP)

Malgady의 영가설(2000)을 기각하는 임상적 적용인 MAIP 모델은 문화 정체성 평가도구(Ponterotto, Gretchen, & Chauhan, 2001), 문화적 능력 개념적 · 경험적 연구(예: Dana, 1997, 1998b, 2002a; Dana, Aragon, & Kramer, 2002) 그리고 캘리포니아 공공 정신건강 기관에서 MAIP를 적용한 연구(예: Gamst, Dana, Der-Karabetian, Meyers, & Guarino, 2007; Gamst, Rogers, Der-Karabetian, & Dana, 2006)에 기반을 두고 있다.

MAIP 모델은 문화적으로 적합한 평가, 문화능력 훈련, 경험적으로 입증된 치료 및 문화 기반 변인, 결과평가 등에서 내담자와 서비스 제공자를 모니터하도록 돕는다. 이 구조는 내담자의 중도 포기 비율을 줄이고 관련된 중재의 효과성을 높여 주는 데 도움을 주는 평가 정보의 신뢰성과 유용성을 향상하기 위해 문화적 · 인종적 쟁점을 대인서비스에 포함한다.

아프리카계 미국인에게 적용하는 것처럼(Morris, 2000), MAIP는 다른 문화적 · 인종적 집단에도 적용 가능하다(Gamst, Dana, Der-Karabetian, & Kramer, 2000, 2001; Gamst, Dana, Der-Karabetian, Aragon, Arellano, & Kramer, 2002).

문화적 태도, 평가도구, 공식화 · 개념화와 중재는 서비스 전달 과정에서의 문화적 쟁점을 나타내고 있다. [그림 20-1]에는 이런 쟁점들이 일곱 가지의 질문(Q1~Q7)으로 구별되어 있다. 이 질문들은 전체적인 재활 과정의 신뢰도를 높이고 서비스 결과평가의 효율성을 높일 수 있다.

Q1: etic 도구란? MAIP 모델이 국제적이고 etic(문화 보편주의적 관점)을 전제로 만들어졌지만, 검사/도구는 미래에 만들어질 것이다. 현재는 전문가에게 명백히 받아들여지고 사용되는 도구가 없다. *Handbook of measurement and evaluation in rehabilitation*의 제3판(Dana, 2001)의 etic 노력은 여전히 성격과 정신병리학 구조에서 단편적이고 논란의 여지가 있다.

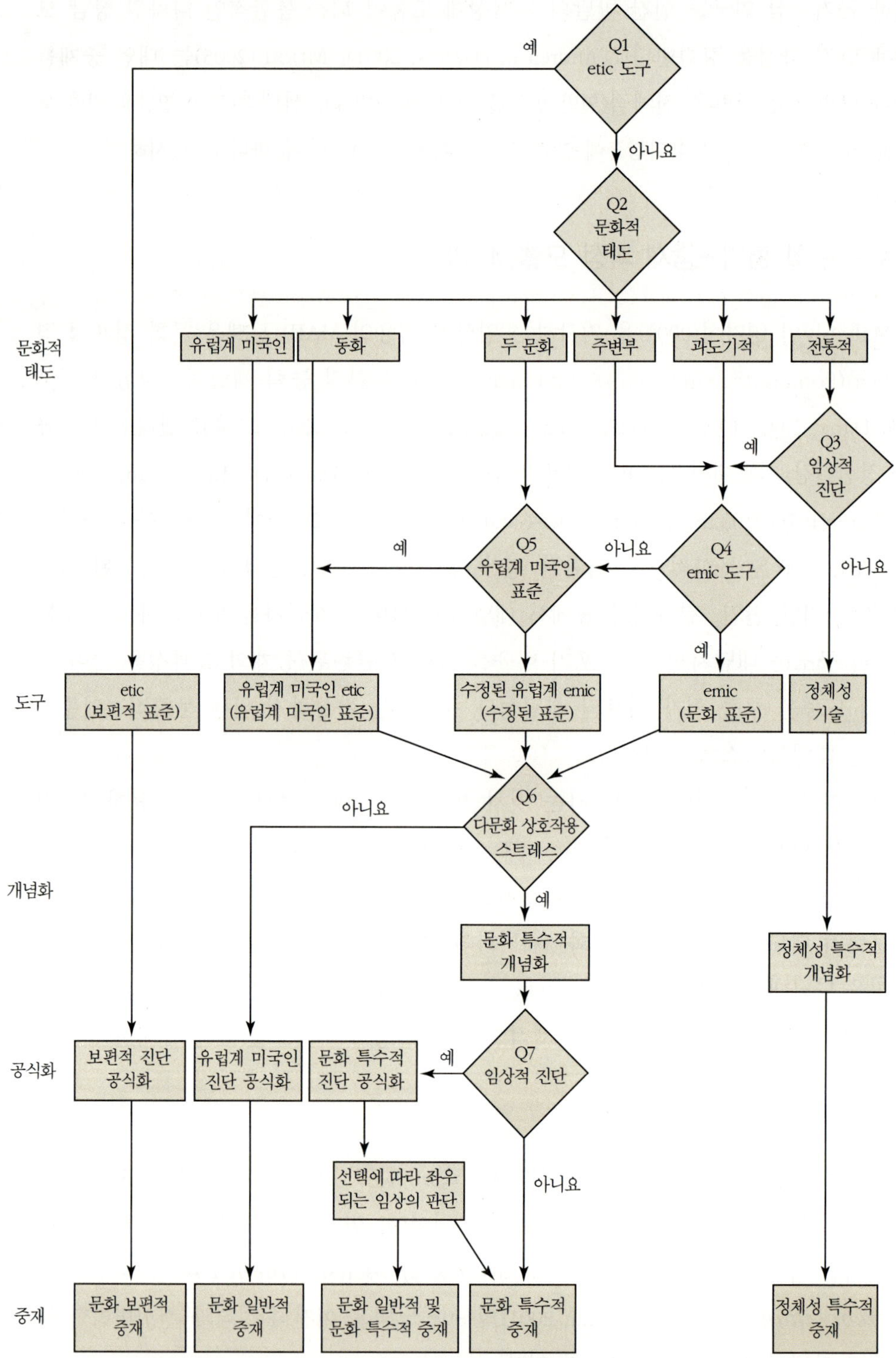

[그림 20-1] 다문화 평가-중재 과정 모델

주: Dana, R. H. (2005). *Multicultural Assessment, Application, and Examples*, p. 70에서 발췌.

Q2: 문화적 태도란? 문화적 태도는 문화 적응 상황을 의미하고, 내담자의 미국 주류 사회와의 관계 또는 문화와 내담자 출신과의 관계를 설명해 준다. 미국 문화에 동화된 사람은 주류에 속해 있는 미국인과 크게 다르지 않은 행동, 가치 및 인식을 보여 준다. 주변부(marginal)는 유럽계 미국 문화에서 나온 구성 요소의 선택적 통합뿐만 아니라 전통적인 문화의 일부 구성 요소의 보유를 가리킨다. 이중문화적(bicultural) 지향성은 전통 문화와 주류 문화 모두에 동등한 지식을 갖고 있고, 두 상황 모두에서 편안하게 기능할 수 있는 능력을 말한다. 미국 인디언/알래스카 원주민을 위한 과도기적(transitional) 지향성은 자신의 전통적인 가치와 종교에 대해 의문을 품는 사람들을 포함한다. 전통적(traditional) 사람이란 이주자, 체류자, 난민, 그리고 미국에 살고 있으나 미 주류 사회 · 문화와는 단절된 삶을 살며 자신의 언어와 문화를 고수하는 사람을 의미한다. 아프리카계 미국인에게서 인종적 정체성 발달 상태나 문화적 정체성 상황은 문화적 구성 요소를 포함하고, 상담사와 내담자의 민족적 · 문화적 기원에 따라 맞는 재활 중재를 발전시키기 위해 필수적이다.

문화적 적응 혹은 민족 정체성과 관련한 정보는 문화에 따른 수정이 필요하거나 필요하지 않는 내담자를 검사하는 표준화된 검사도구의 타당성을 결정할 때 필요하다. 문화적 적응 상태나 민족적 정체성 정보는 다양한 재활 목표를 이루기 위한 중재에 필요한 문화 특수적이고 정체성 특수적인 개념화뿐만 아니라 정신병리학적 진단과 관련한 문화 공식화를 준비하기 위해 필수적이다. 문화 공식화 및 개념화는 유럽계 미국인 상담사가 준비하기에 어려움이 있다. 왜냐하면 그들이 내담자의 제1언어, 세계관, 문화적 자기 개념, 건강/질병에 대한 신념, 문화가 반영된 신드롬들에 대한 이해가 필요하기 때문이다(예: Dana, 2000c, 2002b). 직업재활 상담에서 개념화는 문화적 경계와 문화가 지닌 구성 요소에 대한 정보를 제공해 준다. 이 정보는 문화적으로 파생된 자원, 쉽게 이용 가능한 동기 부여 및 대처 수단을 평가하는 데 도움을 줄 수 있다(Dana, 1998c). 문화적 적응 도구는 미국의 많은 인종적 · 민족적 집단에 적용 가능하고, 간결한 도구를 포함하여(Van de Vijver & Phalet, 2004) 그 집단이 지닌 세계관, 가치, 개인주의/전체주의(Dana, 2005) 등을 평가할 수 있다. 하지만 아쉽게도 전문적인 심리학자 중에 이런 평가를 시행하는 이는 드물다.

Q3: 임상적 진단은? 비정신재활적 직업재활 서비스는 주요 정신질환의 병력과 출현을 평가하는 구조화된 진단 및 면담을 필요로 한다.

Q4: emic 도구란? 비교적 적은 수의 emic(문화 상대주의적) 도구가 아프리카 미국인 집단(Jones, 1996)을 제외한 다문화 집단에 적용 가능하다. 이는 아프리카계 미국인 심리학자의 경우 emic 평가도구에서 부정적인 백인 평가자의 태도를 인정하지 않으려는 경향 때문이다. Jones는 직업 재활 인식, 언어 평가와 태도, 성격 특징, 심리적 안정, 대처능력, 스트레스와 인종주의에 대한 반응, 사회적 지지, 업무 환경에서의 지원, 고용검사에서의 이론적 분석에 관한 잠재적으로 관련된 평가도구를 포함하였다. 문화적 적응의 스트레스는 아프리카계 미국인(Anderson, 1991)과 히스패닉계(Cervantes, Padilla, & Salgado de Snyder, 1991)에게서 측정되었다. emic 도구에서 얻어진 정보와 개인적인 평가를 통합함으로써 어떻게 유럽계 미국인의 세계관이 비유럽계 미국인에 대한 지각을 제한하는지를 인식하게 할 수 있다.

Q5: 유럽계 미국인/앵글로 표준은? 이 질문은 소수인종을 위한 emic(문화 상대주의적) 도구나 표준화검사가 부재한 것에서 제기되었다. 비록 이런 표준화검사가 완전히 이해되어 사용되거나 앵글로계 내담자에게는 효과적일 수 있지만, 전통적인 성향의 소수인종 계층의 재활상담 내담자에게 유용할 수도 있고 그렇지 않을 수도 있다. 따라서 이중문화적인 혹은 주변부의 내담자에게 이런 표준을 적용하는 것은 매우 주의해야 한다. 예를 들어, MMPI-2에서 푸에르토리코 스페인어 번역이 사용되지 않으면 70여 개의 항목은 언어적 차이로 인해 잘못 이해되거나 잘못 실행될 것이고, 결과적으로 검사점수가 다르게 측정됨으로써 의미 있는 평가가 되지 못할 것이다.

Q6: 다문화 상호작용의 스트레스는? 이 스트레스는 많은 소수인종이 일상에서 겪는 것으로, 만연하는 생물심리사회적 결과를 초래할 수 있으며 건강에 안 좋은 영향을 줄 수 있다. 개인의 평가를 위한 문화 특수적 개념화는 가능한 자원을 효과적으로 활용하도록 돕는다. 또한 다문화 집단의 내담자가 효과적인 재활상담 결과를 갖기 위해 충분한 시간을 가질 수 있는 가능성을 준다. 상담사의 문화적 능력은 문화에 대한 반응을 높임으로써 임상적 성과를 향상한다고 알려져 있다.

Q7: 임상적 진단은? 이 질문은 문화 특수적 공식화와 개념화 준비의 결과로 임상적 진단의 필요성을 재검토하기 위한 기회를 만드는 데 필요하다.

MAIP 모델은 임상적 중재를 문화 일반적, 결합 그리고 문화 특수적으로 분류할 수 있게 한다. 이러한 중재는 내담자의 선호나 내담자의 문화적 기원에 대한 지식 그리고 민족적 정체성 발달에 따라 적용될 수 있다. 이러한 중재에 대한 평가는 스트레스, 억압 및 차별에서 나오는 것과 일상의 문제를 위한 중재의 결정과 관련된 정보를 제공하기 위한 문화 특수적 공식화와 정체성 특수적 개념화의 준비를 필요로 한다.

6 재활문화적 능력: 다문화적 평가훈련

임상훈련이 부족한 것에 대한 대안으로, 다문화 심리검사 훈련(Allen, 2007)을 위한 다문화적 평가 역량 과정은 재활상담사를 위한 한 학기 교육과정으로 개발될 수 있다. [그림 20-2]에서 이 모델은 검사 구성, 정신측정 이론, 전통적인 평가이론, 재활평가 실제에 나타나고 있는 협동적 접근인 구성타당도를 포함하고 있다. 문화적으로 적절한 평가는 문화 적응/민족 정체성 평가, 문화적인 면을 고려한 평가 및 검사 해석을 가능하게 하는 지역 표준 및 의사소통을 위한 쓰기기술, 검사 자료 해석에 영향을 주는 문화 적응/민족 정체성 정보와 다문화적 윤리에 대한 인식의 필요성 등을 포함한다.

APA 윤리강령(2002)의 평가 하위 영역에서는 다문화 인구를 위한 신뢰도와 타당도가 확립되지 않았을 때 검사 사용에서의 제한점에 관해 논의하였다. 윤리강령은 문화적 지식의 적용과 해석에서 임상적 평가를 통해서 나온 언어적 · 문화적 차이점과 "증거 및 연구에 대한 고려"(p. 1070)에 따른 도구의 적용을 반영하고 있다(Rollins, 2005). 이런 윤리강령의 제안은 Middleton 등(2000)의 재활상담사 다문화 평가능력에 대한 서술과도 일치한다.

향후 이 교육과정에서는 재활평가도구의 사용에 대한 평가 관리가 소개될 것이다. Bolton(2001, 2004)은 실습, 인턴십, 박사후 과정에서 다문화 내담자 집단에 대하여 이러한 평가도구를 적용하는 예를 보여 주었다. 이 교육과정에서는 문화적 지식 자원을 발전시켜 편향을 없애도록 하며(예: Dana, 1998c; Hershenson, 2000; Lomay & Hinkebein, 2006), 다문화 관련 태도에 대한 자기 인식을 확장시키고(Utsey, Gernat, & Bolden, 2003), 윤리과학에 대한 필요성을 이해하도록 해야 할 것이다(Allen & Dana, 2004; Chan & Rosenthal, 2006; Sue & Sue, 2003).

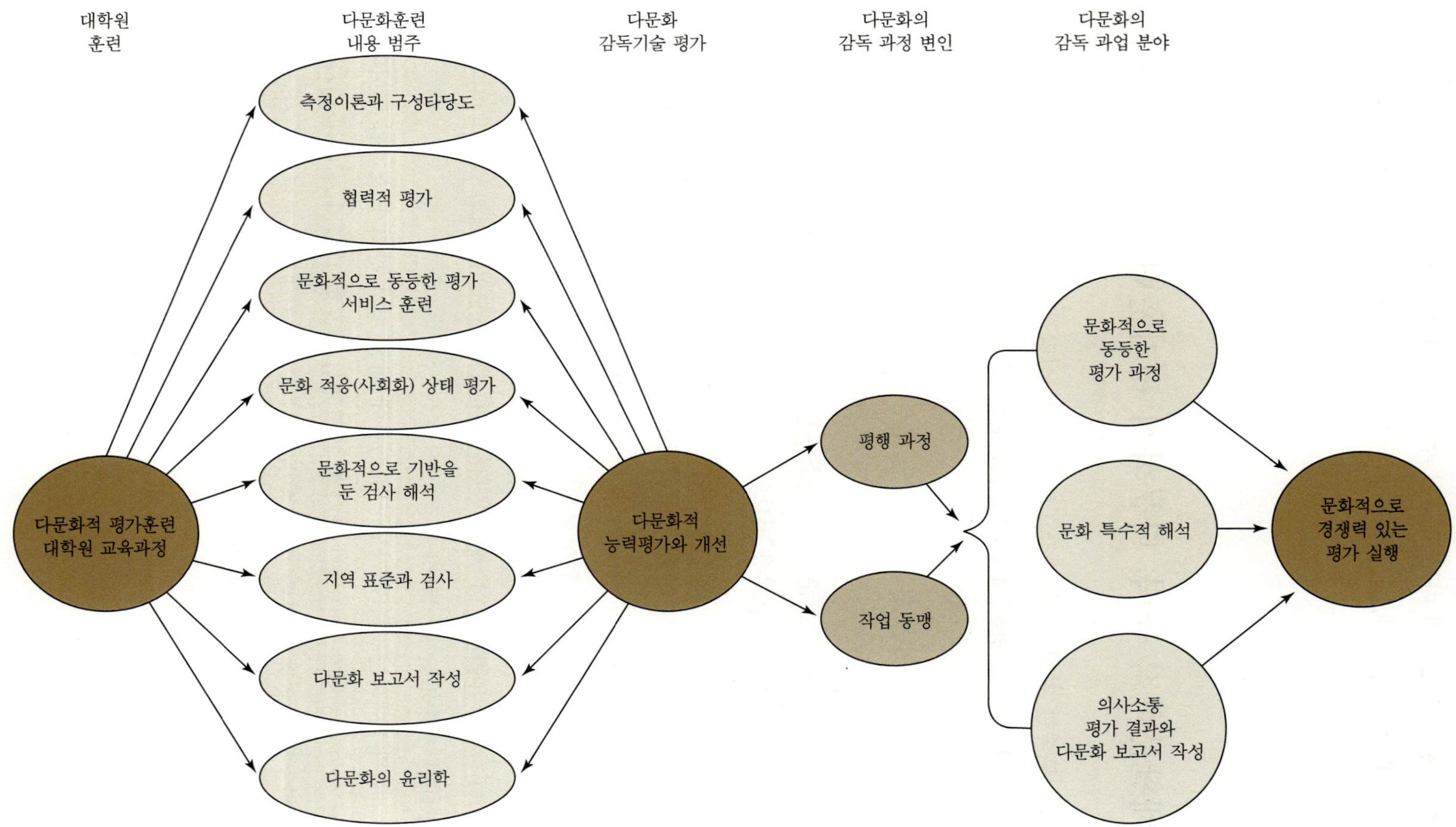

[그림 20-2] 다문화적 심리평가를 위한 문화적 능력 모델

출처: *Multicultural Assessment Supervision: Process, Interpretation, and Report Writing*에서 발췌.

7 결 론

재활상담은 상담사가 포괄적이고 협력적인 평가서비스와 상담사 자신이 지닌 다양한 문제, 다문화 내담자를 잘 참여시켜야 하는 시대에 이르렀다. 이 장에서 설명된 것처럼, 최근의 재활상담은 이전보다 폭넓은 문화평가와 문화적 능력 지식과 기술을 포함하여 실행되어야 한다. 재활상담은 긍정심리학과 관련되어 있고, 주관적 결과의 신뢰성을 강조하고, 저변에 있는 인간적인 가치와 같은 내담자와 상담사의 관계 역할을 구분하여 내담자에게 중요하다고 여겨지는 회복에 집중하여 적용되어야 한다(Costantino et al., 2007, p. 18). 재활상담은 내담자에게 희망을 고취시키고, 동기화되도록 격려하고, 기능적 제한, 빈곤, 삶의 모든 부분을 아우르는 차별 등을 해결하기 위한 지속적인 지원을 제공해 주는 질적 보호가 필요하다.

재활서비스에서 질적인 보호는 포괄적인 평가 및 문화적 민감도가 높은 도구를 사용하며 상담사에게 문화적 능력을 훈련시킴으로써 얻어질 수 있다. Bolton이 제시한 22가지의 포괄적인 평가도구들은 경제적, 고용, 자립생활, 성격, 심리사회적 재활 목표 등을 아우르고 있다. 희망이론은 재활 목표에 대한 이해와 새로운 중재를 촉진하는 데 중추가 될 수 있다(Snyder, Lehman, Kluck, & Monsson, 2006). 원하는 서비스 결과를 얻기 위해 평가도구를 정하는 것은 정신건강에서 받아들여질 수 있지만(Dana, 출판 중), 단순히 평가만을 위한 평가(Dana, 2007)가 되지 않으려면 필요한 전략이 있어야 한다. 재활문헌에서 확인된 추가 평가 도구인 Salutogenesis(대체의학적 개념으로서 질병보다는 개인의 안녕과 행복을 평가; Lustig, Rosenthai, Strauser, & Haynes, 2000)는 다문화 집단에게 유용할 수 있다(예: Ying, Akutsu, Zhang, & Huang, 1997; Ying, Lee, & Tsai, 2000). 원격 재활서비스를 통해 내담자에게 직접 서비스를 집이나 거주하는 곳으로 제공하는 것은 부수적인 주거 보호를 받고 있는 소수인종 집단에게 필요하다(Marshall, Sanderson, Johnson, Du Bois, & Kvedar, 2006).

소수인종 계층에게 Bolton의 도구 어휘를 적용하기 위해 필요한 근거 및 등가성에 대한 연구 · 훈련의 필요성은 아직 정리되지 않았고, 재활상담 학생과 의사가 사용하기에는 어려움이 있다. 예를 들어, 다문화 인구가 질 높은 정신건강 서비스에 접근하는 것은 민족 정체성과 문화 적응성의 정도에 대한 평가 체계가 없다면 불가능할 것이다. 이런 정보는 문제를 식별하고, 문화적 능력이 높은 지원자들을 훈련하며, 문화적으로 민감한 임상적 중재를 개발하는 데 영향을 준다.

비록 질적 보호가 협력적이고 학제적인 노력으로 널리 정의된 질적 · 양적 연구에 기반하고 있지만, 실질적인 연구는 서비스 결과와 연관된 문화적 변인을 고려한 적절한 연구 방법론을 사용하여 성취되어야 한다(예: Callahan & Barisa, 2005).

이 쟁점들은 재활서비스의 전체적인 구조에서 MAIP와 같은 서비스 전달 모델이 필요하다는 것을 제안하고 있다. 이 모델의 유연한 구조는 문화적 소수 계층에게 적절한 접근 가능성을 제공한다. 문화적인 쟁점에 주의를 집중하는 것은 재활 목표의 결과평가를 이루면서 방해받지 않고 협력적이며 질적인 서비스가 지속되도록 하는 데 필수적이다. 이런 노력으로 훈련된 상담사는 다문화 내담자 집단을 다루는 데 필요한 현재의 재활평가 지식을 포함할 수 있다. Allen(2006)이 구체화한 요소는 직업재활에서 다문화 평가 교육과정으로 사용될 수 있을 것이다.

참고문헌

〈제1장〉

American Counseling Association. (1989). *Policy statement on responsibilities of users of standardized tests*. Alexandria, VA: Author.

American Counseling Association. (2005). *ACA code of ethics*. Alexandria, VA: Author.

American Psychiatric Association. (2000). *Diagnostic and statistical manual of mental disorders* (4th ed., text rev.). Washington, DC: Author.

American Psychological Association. (1994a). *Psychol ogical Science Agenda, 7*(5).

American Psychological Association. (1994b). *Psychol ogical Science Agenda, 7*(6).

American Psychological Association. (2000). *Standards for educational and psychological testing* (4th ed.). Washington, DC: Author.

American Psychological Association. (2002). *Ethical principles of psychologists and code of conduct*. Washington, DC: Author.

American Psychological Association Division of Evaluation, Measurement, and Statistics. (1993). Psychometric and assessment issues raised by the Americans with Disabilities Act (ADA). *The Score, 15*(4), 1-16.

Americans with Disabilities Act of 1990, 42 U.S.C. 12101 *et seq.* (1990).

Anastasi, A., & Urbina, S. (1997). *Psychological testing* (7th ed.). Upper Saddle River, NJ: Prentice Hall.

Bolton, B. (1998). Rehabilitation client assessment. In R. M. Parker & E. M. Szymanski (Eds.), *Rehabilitation counseling: Basics and beyond* (3rd ed., pp. 411-435). Austin, TX: PRO-ED.

Bolton, B. (2004). Counseling and rehabilitation outcomes. In F. Chan, N. L. Berven, & K. R. Thomas (Eds.), *Counseling theories and techniques for rehabilitation health professionals* (pp. 444-465). New York: Springer.

Bolton, B., & Brookings, J. B. (1998). Development of a measure of intrapersonal empowerment. *Rehabilitation Psychology, 43,* 131-142.

Bolton, B., & Cook, D. (Eds.). (1980). *Rehabilitation client assessment*. Baltimore: University Park Press.

Brookings, J. B., & Bolton, B. (2000, July). Confirmatory factor analysis of a measure of intrapersonal empowerment. *Rehabilitation Psychology, 45,* 292-298.

Butcher, J. N., Dahlstrom, W. G., Graham. J. R., Tellegen, A. N., & Kaemmer, B. (1989). *MMPI-2: Manual for administration and scoring*. Minneapolis: University of Minnesota Press.

Cattell, R. B. (1986). Structured tests and functional diagnoses. In R. B. Cattell & R. C. Johnson (Eds.),

Functional psychological testing: Principles and instruments (pp. 3-14). New York: Brunner/Mazel.

Cohen, R. J., & Swerdlik, M. E. (1999). *Psychological testing and assessment: An introduction to tests and measurement* (4th ed.). Mountain View, CA: Mayfield.

Commission on Rehabilitation Counselor Certification. (2001). *Code of professional ethics for rehabilitation counselors*. Schaumburg, IL: Author.

Cronbach, L. J. (1990). *Essentials of psychological testing* (5th ed.) New York: HarperCollins.

Cushman, L. A., & Scherer, M. J. (Eds.). (1995). *Psychological assessment in medical rehabilitation*. Washington, DC: American Psychological Association.

DeVellis, R. (2003). *Scale development: Theory and applications* (2nd ed.). Thousand Oaks, CA: Sage.

Edwards, A. (1970). *The measurement of personality traits by scales and inventories*. New York: Holt, Rinehart & Winston.

Glueckauf, R. L., Sechrest, L. B., Bond, G. R., & McDonel, E. C. (Eds.). (1993). *Improving assessment in rehabilitation and health*. Newbury Park, CA: Sage.

Goldman, B. A., & Mitchell, D. F. (Eds.). (1997). *Directory of unpublished experimental mental measures* (Vols. 1-7). Washington, DC: American Psychological Association.

Graham, J. R. (1990). *MMPI-2: Assessing personality and psychopathology*. New York: Oxford University Press.

Halpern, A. S., & Fuhrer, M. J. (Eds.). (1984). *Functional assessment in rehabilitation*. Baltimore: Brookes.

Harrison, D. K., Garnett, J. M., & Watson, A. L. (1981). *Client assessment measures in rehabilitation*. Ann Arbor: University of Michigan, Rehabilitation Research Institute.

Hays, W. L. (1963). *Statistics for psychologists*. New York: Holt, Rinehart & Winston.

Impara, J. C., & Plake, B. S. (Eds.). (1998). *The thirteenth mental measurements yearbook*. Lincoln: University of Nebraska Press.

Kapes, J., & Whitfield, E. (Eds.). (2001). *A counselor's guide to career assessment instruments* (4th ed.). Columbus, OH: National Career Development Association.

Keyser, D. J. (Ed.). (1984-2005). *Test critiques* (Vols. 1-11). Austin, TX: PRO-ED.

Linn, R. L. (Ed.). (1989). *Educational measurement* (3rd ed.). New York: Macmillan.

Magnusson, D. (1967). *Test theory*. Reading, MA: Addison-Wesely.

McGowan, J. F., & Porter, T. L. (1967). *An introduction to the vocational rehabilitation process* (Rev. ed.). Washington, DC: Department of Health, Education, and Welfare.

Moriarty, J. B., Minton, E. B., & Spann, V. (1981). *Preliminary Diagnostic Questionnaire, module 4: Feedback and interpretation*. Morgantown: West Virginia Rehabilitation Research and Training Center.

Netemeyer, R., Bearden, W., & Sharma, S. (2003). *Scaling procedures: Issues and applications*. Thousand Oaks, CA: Sage.

Newland, T. E. (1980). Psychological assessment of exceptional children and youth. In W. M. Cruickshank (Ed.), *Psychology of exceptional children and youth* (4th ed., pp. 74-135). Englewood Cliffs, NJ: Prentice Hall.

Nunnally, J. C., & Bernstein, I. H. (1994). *Psychometric theory* (3rd ed.). New York. McGraw-Hill.

Parker, R., & Bolton, B. (2005). Assessment in rehabilitation counseling. In R. Parker, E. Szymanski, & J. Patterson (Eds.), *Rehabilitation counseling: Basics and beyond* (4th ed., pp. 307-334). Austin, TX: PRO-ED.

Parker, R., & Schaller, J. (2003). Issues in vocational assessment and disability. In E. Szymanski & R. Parker (Eds.), *Work and disability: Issues and strategies in career counseling and job placement* (2nd ed., pp. 155-200). Austin, TX: PRO-ED.

Plake, B. S., & Impara, J. C. (Eds.). (2000). *The fourteenth mental measurements yearbook*. Lincoln, NE: University of Nebraska Press.

Plake, B., Impara, J., & Spies, R. (Eds.). (2003). *The fifteenth mental measurements yearbook*. Lincoln: University of Nebraska-Lincoln.

Power, P. (2006). *A guide to vocational assessment* (4th ed.). Austin, TX: PRO-ED.

Rehabilitation Act of 1973, 29 U.S.C. 701 *et seq.*

Sarason, I. G. (Ed.). (1980). *Test anxiety: Theory, research, and applications*. Hillsdale. NJ: Erlbaum.

Society for Industrial and Organizational Psychology. (2003). *Principles for the validation and use of personnel selection procedures* (4th ed.). Bowling Green, OH: Author.

Thorndike, R. L. (1982). *Applied psychometrics*. Boston: Houghton Mifflin.

Torgerson, W. (1958). *Theory and methods of scaling*. New York: Wiley.

Urbina, S. (2004). *Essentials of psychological testing*. Hoboken, NJ: Wiley.

Vash, C. L. (1981). *The psychology of disability*. New York: Springer.

Vash, C., & Crewe, N. (2004). *Psychology of disability* (2nd ed.). New York: Springer.

Walls, R. T., Zane, T., & Thvedt, J. E. (1979). *The Independent Living Behavior Checklist*. Morgantown: West Virginia Rehabilitation Research and Training Center.

Walsh, W. B., & Betz, N. E. (2000). *Tests and assessment* (4th ed.). Englewood Cliffs, NJ: Prentice Hall.

Willingham, W. W., Ragosta, M., Bennett, R. E., Braun, H., Rock, D. A., & Powers, D. E. (1988). *Testing handicapped people*. Needham Heights, MA: Allyn & Bacon.

Zeidner, M. (1998). *Test anxiety: The state of the art*. New York: Plenum Press.

〈제2장〉

Charter, R. A. (2003). A breakdown of reliability coefficients by test type and reliability method, and the clinical implications of low reliability. *The Journal of General Psychology, 130*, 290-299.

Cronbach, L. J. (1951). Coefficient alpha and the internal structure of tests. *Psychometrika, 16*, 297-334.

Cronbach, L. J., Gleser, G. C., Nanda, H., & Rajaratnam, N. (1971). *The dependability of behavioral measurements*. New York: Wiley.

Embretson, S. E., & Reise, S. (2000). *Item response theory for psychologists*. Mahwah, NJ: Erlbaum.

Feldt, L. S., & Brennan, R. L. (1989). Reliability. In R. L. Linn (Ed.), *Educational measurement* (3rd ed., pp. 105-146). New York: American Council on Education.

Guilford, J. P. (1985). The structure of intellect model. In B. B. Wolman (Ed.), *Handbook of intelligence* (pp. 225-266). New York: Wiley.

Kline, T. J. B. (2005). *Psychological testing: A practical approach to design and evaluation*. Thousand Oaks, CA: Sage.

Kuder, G. F., & Richardson, M. (1937). The theory of estimation of test reliability. *Psychometrika, 2*, 151-160.

Lord, F. M., & Novick, M. R. (1968). *Statistical theories of mental test scores*. Reading, MA: Addison-Wesley.

Thorndike, R. L. (1951). Reliability. In E. F. Lindquist (Ed.), *Educational measurement* (pp. 560-620). Washington, DC: American Council on Education.

Thorndike, R. L., & Thorndike, R. M. (1994). Reliability in educational and psychological measurement. In T. Husen & N. Postlethwaite (Eds.), *International Encyclopedia of Education* (2nd ed., pp. 4981-4995). New York: Pergamon Press.

Wechsler, D. (1997). *Manual for the Wechsler Adult Intelligence. Scale-Third Edition* (WAIS-III). San Antonio, TX: Psychological Corp.

〈제3장〉

American Educational Research Association American Psychological Association, & National Council on Measurement in Education. (2000). *Standards for educational and psychological testing*. Washington, DC: American Educational Research Association.

Anastasi, A. (1958). *Differential psychology* (3rd ed.). New York: MacMillan.

Baron, R., & Kenny, D. (1986). The moderator-mediator variable distinction in social-psychological research. *Journal of Personality and Social Psychology, 51,* 1173-1182.

Barrick, M. R., & Mount, M. K. (1991). The big five personality dimensions and job performance: A meta-analysis. *Personnel Psychology, 44,* 1-26.

Bentler, P. J., & Dudgeon, P. (1996). Covariance structure analysis: Statistical practice, theory, and directions. *Annual Review of Psychology, 47,* 563-592.

Boudreau, J. W. (1991). Utility analysis for decision in human resource management. In. M. D. Dunnette & L. M. Hough (Eds.), *Handbook of industrial and organizational psychology* (2nd ed., Vol, 2, pp. 621-745). Palo Alto, CA: CPP.

Campbell, D. T., & Fiske, D. W. (1959). Convergent and discriminant validation by the multitrait-multimethod matrix. *Psychological Bulletin, 56,* 81-105.

Campbell, J. P., McCloy, R. A., Oppler, S. H., & Sager, C. E. (1993). A theory of performance. In N. Schmidt & W. C. Borman & Associates (Eds.), *Personnel selection in organizations* (pp. 35-70). San Francisco: Jossey-Bass.

Card, D., & Krueger, A. B. (1992). Does school quality matter? The characteristics of public schools in the United States. *Journal of Political Economy, 100,* 1-40.

Cohen, J. (1988). *Statistical power analyses for the behavioral sciences* (2nd ed.). Hillsdale, NJ: Erlbaum.

Cole, N. S. (1981). Bias in testing. *American Psychologist, 36,* 1067-1077.

Cooper, H., & Dorr, N. (1996). Conducting a meta-analysis. In F. T. L. Leong & J. T. Austin (Eds.), *The psychology research handbook* (pp. 229-238). Thosand Oaks, CA: Sage.

Costa, P. T., & McCrae, R. R. (1992). *NEO-PI-R manual.* Odessa. FL: Psychological Assessment Resources.

Cronbach, L. J. (1989). Construct validity after thirty years. In *Intelligence: Measurement, theory, and public policy: Proceedings of a symposium in honor of Lloyd G. Humphreys* (pp. 147-171). Champaign: University of Illinois Press.

Cronbach, L. J., & Gleser, G. (1965). *Psychological tests and personnel decisions.* Urbana: University of Illinois Press.

Cronbach, L. J., & Meehl, P. E. (1995). Construct validity in psychological test. *Psychological Bulletin, 52,* 281-302.

Deville, C. W. (1996). An empirical link of content and construct validity evidence. *Applied Psychological Measurement, 20,* 127-139.

Dunnette, M. D. (1966). *Personnel selection and placement.* Belmont, CA: Brooks/Cole.

Frazier, P. A., Tix, A. P., & Barron, K. (2004). Testing moderator and mediator effects in counseling psychology research. *Journal of Counseling Psychology, 51,* 115-134.

Glass, G. V., & Hopkins, K. D. (1984). *Statistical methods in education and psychology* (2nd ed.). Englewood Cliffs, NJ: Prentice Hall.

Gorsuch, R. L. (1983). *Factor analysis.* Hillsdale, NJ: Erlbaum.

Grooms, R. R., & Endler, N. S. (1960). The effect of anxiety on academic achievement. *Journal of Educational Psychology, 51,* 299-304.

Gutenberg, R. L., Arvey, R. D., Osburn, H. G., & Jeanneret, P. R. (1983). Moderating effects of decision-making/information processing job dimensions on test validities. *Journal of Applied Psychology, 68,* 602-608.

Hays, W. (1994). *Statistics for psychologists* (5th ed.). New York: Holt, Rinehart & Winston.

Hedges, L. V., & Olkin, R. F. (1985). *Statistical methods for meta-analysis.* New York: Academic Press.

Herrnstein, P. J., & Murray, D. (1994). *The bell curve: Intelligence and class structure in American life.* New York: The Free Press.

Holland, P. W., & Wainer, H. (Eds.). (1993). *Differential item functioning: Theory and practice.* Hillsdale,

NJ: Erlbaum.

Hunter, J. E., & Hunter, R. F. (1984). Validity and utility of alternative predictors of job performance. *Psychological Bulletin, 96,* 72-98.

Hunter, J. E., & Schmidt, F. L. (1990). *Methods of meta-analysis.* Newbury Park, CA: Sage.

Ivancevich, J. M. (1977). A multitrait-multimethod analysis of a behaviorally-anchored rating scale for sales personnel. *Applied Psychological Measurement, 1,* 523-532.

Kirk, R. E. (1982). *Experimental design: Procedures for the behavioral sciences* (2nd ed.). Belmont, CA: Brooks/Cole.

Loehlin, J. (1987). *Latent variable models: An introduction to factor, path, and structural analysis.* Hillsdale, NJ: Erlbaum.

Long, J. S. (1983a). *Confirmatory factor analysis.* Beverly Hills, CA: Sage.

Long, J. S. (1983b). *Covariance structure models.* Beverly Hills, CA: Sage.

Maruyama, G. M. (1998). *Basics of structural equation modeling.* Thousand Oaks, CA: Sage.

McNemar, Q. (1969). *Psychological statistics* (4th ed.). New York: Wiley.

Meehl, P. E., & Rosen, A. (1955). Antecedent probability and the efficiency of psychometric signs, patterns, or cuttings scores. *Psychological Bulletin, 52,* 194-216.

Messick, S. (1995). Validity of psychological assessment. *American Psychologist, 50,* 741-749.

Messick, S. (2000). Consequences of test interpretation and use: The fusion of validity and values in psychological assessment. In R. D. Goffin & E. Helmes (Eds.), *Problems and solutions in human assessment* (pp. 3-20). Norwell, MA: Kluwer Academic.

Murphy, K. R. (1994). Meta-analysis and validity generalization. In N. Anderson & P. Herriott (Eds.), *Assessment and selection in organizations* (pp. 57-76). New York: Wiley.

Murphy, K. R., & Davidshofer, F. U. (1991). *Psychological testing: Principles and applications.* Englewood Cliffs, NJ: Prentice Hall.

Neisser, U. (Ed.). (1998). *The rising curve: Long-term gains in IQ and related measures.* Washington, DC: American Psychological Association.

Neisser, U., Boodoo, G., Bouchard, T. J., Boykin, A. W., Broody, N., Ceci, S. J., et al. (1996). Intelligence: Knowns and unknowns. *American Psychologist, 51,* 77-101.

Nunnally, J. C., & Bernstein, I. H. (1994). *Psychometric theory* (3rd ed.). New York: McGraw-Hill.

Rivkin, S. G. (1994). Residential segregation and school integration. *Sociology of Education, 67,* 279-292.

Schmidt, F. L. (1992). What do data really mean? Research findings, meta-analysis, and cumulative knowledge in psychology. *American Psychologist, 47,* 1173-1181.

Schmidt, F. L., & Hunter, J. E. (1977). Development of a general solution to the problem of validity generalization. *Journal of Applied Psychology, 62,* 643-661.

Schmidt, F. L., & Hunter, J. E. (1998). The validity and utility of selection models in personnel psychology. *Psychological Bulletin, 124,* 262-274.

Schmidt, F. L., & Hunter, J. E. (2003). Meta-analysis. In J. A. Schinka & W. Velicer (Eds.), *Handbook of psychology: Research methods in psychology* (pp. 533-554). Hoboken, NJ: Wiley.

Schmidt, F. L., & Hunter, J. E. (2004). General mental ability in the word of work: Occupational attainment and job performance. *Journal of Personality and Social Psychology, 86,* 162-173.

Schmitt, N. (1978). Path analysis of multitrait-multimethod matrices. *Applied Psychological Measurement, 2,* 157-174.

Schmitt, N., & Stults, D. M. (1986). Methodology review: Analysis of multitrait-multimethod matrices. *Applied Psychological Measurement, 10,* 1-22.

Seashore, H. G. (1961, August). *Women are more predictable than men.* Presidential address, Division 17, American Psychological Association Annual Convention. New York.

Sechrest, L. (1963). Incremental validity. *Educational*

and Psychological Measurement, 23, 153-391.

Siegel, S. (1956). *Nonparametric statistics for the behavioral sciences.* New York: McGraw-Hill.

Sireci, S. G., & Geisinger, K. F. (1992). Analyzing test content using cluster analyses and multi-dimensional scaling. *Applied Psychological Mearsurement, 16,* 17-31.

Stern, G. S., McCants, T. R., & Pettine, P. W. (1982). The relative contribution of controllable and uncontrollable life events to stress and illness. *Personality and Social Psychology Bulletin, 8,* 140-145.

Tabachnick, B. G., & Fidell, L. S. (1989). *Using multivariate statistics* (2nd ed.). New York: Harper & Row.

Tinsley, H. E. A., & Weiss, D. J. (2000). Internet reliability and agreement. In H. E. A. Tinsley & S. Brown (Eds.), *Handbook of applied multivariate methods and mathematical modeling.* San Diego, CA: Academc Press.

Turban, D. B., Sanders, P. A., Francis, D. J., & Osburn, H. G. (1989). Construct equivalence as an approach to replacing validated cognitive ability selection tests. *Journal of Applied Psychology, 74,* 62-71.

Velicer, W., Eaton, C., & Fava, J. L. (2000). Construct explication through factor or component analysis. In R. D. Goffin & E. Helmes (Eds.), *Problem and solutions in human assessment* (pp. 41-72). Norwell, MA: Kluwer Academic.

Wagner, R. K. (1997). Intelligence, training, and employment. *American Psychologist, 52,* 1059-1069.

Weiss, D. J. (1970). Factor analysis and counseling research. *Journal of Counseling Psychology, 17,* 477-485.

Weiss, D. J. (1971). Further considerations in applications of factor analysis. *Journal of Counseling Psychology, 18,* 85-92.

Weiss, D. J. (1974). Multivariate procedures. In M. D. Dunnette (Ed.), *Handbook of industrial and organizational Psychology* (pp. 327-362). New York: Rand McNally.

Widaman, K. F. (1985). Hierarchically nested covariance structure models for multitrait-multimethod data. *Applied Psychologist Measurement, 9,* 1-26.

Winer, B. J. (1971). *Statistical principles in experimental design* (2nd ed.). New York: McGraw Hill.

Yinger, J. (1995). *Closed doors, opportunities lost: The continuing costs of housing discrimination.* New York: Russell Sage.

〈제4장〉

Binet, A., & Henri, V. (1985). La psychologie individuelle(Psychology of the individual). *L'Annee Psychologique, 2,* 411-465.

Brown, W. E., & McGuire, J. M. (1976). Current psychological assessment practices. *Professional Psychology, 7,* 475-485.

Carroll, J. B. (1943). The factorial representation of mental ability and academic achievement. *Educational and Psychological Measurement, 3,* 307-332.

Carroll, J. B. (1993). *Human cognitive abilities: A survey of factor-analytic studies.* Cambridge, UK: Cambridge University Press.

Carroll, J. B. (1995). Review of the book *Assessment of cognitive processes: The PASS theory of intelligence.* Journal of Psychoeducational Assessment, 13, 397-409.

Cronbach, L. J. (1984). *Essentials of psychological testing* (4th ed.). New York: Harper & Row.

Dennerill, R. D. (1964). Prediction of unilateral brain dysfunction using Wechsler test scores. *Journal of Consulting Psychology, 28,* 278-284.

Esters, I. G., Ittenbach, R. F., & Han, K. (1997). Today's IQ tests: Are they really better than their historical predecessors? *School Psychology Review, 26,* 211-223.

Flanagan, D. P. (1995). Review of the *Kaufman Adolescent and Adult Intelligence Test.* In J. C. Conoley & J. C. Impara (Eds.), *The twelfth mental measurements yearbook* (pp. 527-530). Lincoln,

NE: Buros Institute of Mental Measurements of the University of Nebraska-Lincoln.

Flanagan, D. P., Alfonso, V. C., & Flanagan, R. (1994). A review of the *Kaufman Adolescent and Adult Intelligence Test:* An advancement in cognitive assessment? *School Psychology Review,* 23, 512-525.

Flanagan, D. P., & Kaufman, A. S. (2004). *Essentials of WISC-IV assessment.* New York: Wiley.

Flanagan, D. P., & McGrew, K. S. (1997). A cross-battery approach to assessing and interpreting cognitive abilities: Narrowing the gap between practice and cognitive science. In D. P. Flanagan, J. L. Genshaft, & P. L Harrison (Eds.), *Beyond traditional intellectual assessment: Contemporary and emerging theories, tests, and issues* (pp. 314-325). New York: Guilford Press.

Flanagan, D. P., McGrew, K. S., & Ortiz, S. (2000). *The Wechsler Intelligence Scales and Gf-Gc theory: A contemporary approach to interpretation.* Boston: Allyn & Bacon.

Flanagan, D. P., & Ortiz, S. (2001). *Essentials of cross-battery assessment.* New York: Wiley.

Galton, F. (1869). *Hereditary genius: An inquiry into its laws and consequences.* London: Macmillan.

Galton, F. (1883). *Inquiries into human faculty and its development.* London: Macmillan.

Gardner, H. (1983). *Frames of mind: The theory of multiple intelligences.* New York: Basic Books.

Georgas, J., Weiss, L. G., van de Vijver, F. J. R., & Saklofske, D. H. (Eds.). (2003). *Culture and children's intelligence: Cross-cultural analysis of the WISC-III.* San Diego, CA: Academic Press.

Goddard, H. H. (1911). A revision of the Binet Scale. *Training School, 8,* 56-62.

Golden, C. J. (1981). The Luria-Nebraska Children's Battery: Theory and formulation. In G. W. Hynd & J. E. Obrzut (Eds.), *Neuropsychological assessment of the school-age child* (pp. 277-302). New York: Grune & Stratton.

Horn, J. L. (1985). Old models of intelligence. In B. B. Wolman (Ed.), *Handbook of intelligence: Theories, measurements, and applications* (pp. 267-300). New York: Wiley.

Horn, J. L. (1989). Cognitive diversity: A framework of learning. In P. L. Ackerman, R. J. Sternberg, R. Glaser (Eds.), *Learning and individual differences* (pp. 61-116). New York: Freeman.

Horn, J. L. (1991). Measurement of intellectual capabilities: A review of theory. In K. S. McGrew, J. K. Werder, & R. W. Woodcock (Eds.), *Woodcock-Johnson technical manual: A reference on theory and current research* (pp. 197-246). Allen, TX: DLM/Teaching Resources.

Horn, J. L., & Cattell, R. B. (1966). Refinement and test of the theory of fluid and crystallized intelligence. *Journal of Educational Psychology, 57,* 253-270.

Horn, J. L., & Cattell, R. B. (1967). Age difference in fluid and crystallized intelligence. *Acta Psychologica, 26,* 107-129.

Inhelder, B., & Piaget, J. (1958). *The growth of logical thinking from childhood to adolescence.* New York: Basic Books.

Johnson, J. A., & D' Amato, R. C. (2005). Test review of the Stanford-Binet Intelligence Scales (5th ed.). In R. A. Spies & B. S. Plake (Eds.), *The sixteenth mental measurements yearbook* [Electronic version]. Retrieved January 30. 2005. from http://www.unl.edu/buros

Johnstone, B., Schopp, L. H., Harper, J., & Koscuilek, J. (1999). Neurological impairments, vocational outcomes, and financial costs for individuals with traumatic brain injury receiving state vocational rehabilitation services. *Journal of Head Trauma Rehabilitation, 14*(3), 220-232.

Kaufman, A. S. (1983). Intelligence: Old concept-new perspectives. In G. W. Hynd (Ed.), *The school psychologist: An introduction* (pp. 95-117). Syracuse, NY: Syracuse University Press.

Kaufman, A. S. (1990). *Assessing adult and adolescent intelligence.* Boston: Allyn & Bacon.

Kaufman, A. S. (2000). Tests of intelligence. In R. J. Sternberg (Ed.), *Handbook of intelligence* (pp. 445-476). New York: Cambridge University Press.

Kaufman, A. S., & Horn, J. L. (1996). Age changes on tests of fluid and crystallized intelligence for females and males on the *Kaufman Adolescent and Adult Intelligence Test* (KAIT) at ages 17 to 94 years. *Archives of Clinical Neuropsychology, 11,* 97-121.

Kaufman, A. S., Ishikuma, T., & Kaufman, N. L. (1994). A Horn analysis of the factors measured by the WAIS-R, *Kaufman Adolescent and Adult Intelligence Test* (KAIT), and two new brief cognitive measures for normal adolescents and adults. *Assessment, 1,* 353-366.

Kaufman, A. S., Kaufman, J. C., Chen, T., & Kaufman, N. L. (1996). Differences on six Horn abilities for fourteen age groups between 15-16 and 75-94 years. *Psychological Assessment, 8,* 161-171.

Kaufman, A. S., & Kaufman, N. L. (1993). *Manual for Kaufman Adolescent & Adult Intelligence Test (KAIT)*. Circle Pines, MN: American Guidance Service.

Kaufman, A. S., & Kaufman, N. L. (1997). The Kaufman Adolescent and Adult Intelligence Test (KAIT). In D. P. Flanagan, J. L. Genshaft, & P. L. Harrison (Eds.), *Beyond traditional intellectual assessment: Contemporary and emerging theories, tests, and issues* (pp. 209-229). New York: Guilford Press.

Kaufman, A. S., & Kaufman, N. L. (2004). *Kaufman Assessment Battery for Children-Second Edition manual*. Circle Pines, MN: American Guidance Service.

Kaufman, A. S., & Lichtenberger, E. O. (1999). *Essentials of WAIS-III assessment*. New York: Wiley.

Kaufman, A. S., & Lichtenberger, E. O. (2006). *Assessing adult and adolescent intelligence* (3rd ed.). New York: Wiley.

Kaufman, A. S., Lichtenberger, E. O., Fletcher-Jansen, E., & Kaufman, N. L. (2005). *Essentials of KABC-II assessment*. New York: Wiley.

Keith, T. Z. (1995). Review of the *Kaufman Adolescent and Adult Intelligence Test*. In. J. C. Conoley & J. C. Impara (Eds.), *The twelfth mental measurement yearbook* (pp. 530-532). Lincoln, NE: Buros Institute of Mental Measurements of the University of Nebraska-Lincoln.

Kolve, H. (1959). Relationship of differential electroencephalographic patterns to distribution of Weschsler-Bellevue scores. *Neurology, 9,* 871-876.

Kuhlmann, F. (1912). A revision of the Binet-Simon system for measuring the intelligence of children. *Journal of Psych-Asthenics Monograph Supplement, 1,* 1-41.

Kush, J. C. (2005). Test review of the *Stanford-Binet Intelligence Scales-Fifth Edition*. In R. A. Spies & B. S. Plake (Eds.), *The sixteenth mental measurement yearbook* [Electornic version]. Retrieved January 30, 2005, from http://www.unl.edu/buros.

Levy, J., & Trevarthen, C. (1976). Metacontrol of hemispheric function in human split-brain patients. *Jouranal of Experimental Psychology: Human Perception and Performance, 2,* 299-312.

Lichtenberger, E. O., & Kaufman, A. S. (2004). *Essentials of WPPSI-III assessment*. New York: Wiley.

Logie, R. H. (1995). *Visuo-spatial working memory*. Hove. East Sussex UK: Erlbaum.

Luria, A. R. (1966). *Higher cortical functions in man*. New York: Basic Books.

Luria, A. R. (1973). *The working brain: An introduction to neuropsychology*. London: Penguin Books.

Luria, A. R. (1980). *Higher cortical functions in man* (2nd ed.). New York: Basic Books.

Luria, A. R., & Tsvetkova, L. S. (1990). *The neuropsychological analysis of problem solving* (A. Mikheyev & S. Mikheyev, Trains.). Orlando, FL: Paul M. Deutsch Press.

Martin, T. A., Donders, J., & Thompson, E. (2000). Potential of and problems with new measures of psychometric intelligence after traumatic brain injury. *Rehabilitation Psychology, 45*(4), 402-408.

Matarazzo, J. D. (1972). *Wechsler's measurement and appraisal of human intelligence* (5th ed.). Baltimore: Williams & Wilkins.

McGrew, K. S., & Flanagan, D. P. (1998). *The intelligence test desk reference (ITDR): Gf-Gc Cross-Battery assessment.* Boston: Allyn & Bacon.

Naglieri, J. A. (1999). *Essentials of CAS assessment.* New York: Wiley.

Naglieri, J. A., & Das, J. P. (1997a). *Cognitive Assessment System interpretive handbook.* Chicago: Riverside.

Naglieri, J. A., & Das, J. P. (1997b). *Das Naglieri Cognitive Assessment System.* Chicago: Riverside.

Naglieri, J. A., & Gottling, S. H. (1995). A cognitive education approach to math instruction for the learning disabled: An individual study. *Psychological Reports, 76,* 1343-1354.

Naglieri, J. A., & Gottling, S. H. (1997). Mathematics instruction and PASS cognitive processes: An intervention study. *Journal of Learning Disabilities, 30,* 513-520.

O' Connell, M. J. (2000). Prediction of return to work following traumatic brain injury: Intellectual, memory, and demographic variables. *Rehabilitation Psychology, 45*(2), 212-217.

Piaget, J. (1972). Intellectual evolution from adolescence to adulthood. *Human Development, 15,* 1-12.

Psychological Corporation. (1997). *WAIS-III and WMS-III technical manual.* New York: Psychological Corp.

Reitan, R. M. (1955). Certain differential effects of left and right cerebral lesions in human adults. *Journal of Comparative and Psychological Psychology, 48,* 474-477.

Reynolds, C. R. (1987). Playing IQ roulette with the Stanford-Binet-Fourth Edition. *Measurement and Evaluation in Counseling and Development, 20,* 139-141.

Richardson, J. T. E. (1996). Evolving concepts of working memory. In J. T. E. Richardson, R. W. Engle, L. Hasher, R. H. Logie, E. R. Stoltzfus, & R. T. Zacks (Eds.), *Working memory and human cognition* (pp. 3-30). New York: Oxford University Press.

Roid, G. H. (2003). *Stanford-Binet Intelligence Scale-Fifth Edition.* Itasca, IL: Riverside.

Roid, G. H., & Barram, R. A. (2004). *Essentials of Stanford-Binet Intelligence Scales (SB5) assessment.* New York: Wiley.

Sattler, J. M. (2001). *Assessment of children: Cognitive applications* (4th ed.). San Diego, CA: Jerome M. Sattler.

Sharp, S. E. (1899). Individual psychology: A study in psychological method. *American Journal of Psychology, 10,* 329-391.

Smith, A. (1966). Verbal and nonverbal test performances of patients with "acute" lateralized brain lesions (tumors). *The Journal of Nervous and Mental Disease, 141,* 517-523.

Spearman, C. (1904). The proof and measurement of associated between two things. *American Journal of Psychology, 15,* 72-101.

Sperry, R. W. (1968). Hemisphere deconnection and unity in conscious awareness. *American Psychologist, 23,* 723-733.

Sternberg, R. J. (1984). Toward a triarchic theory of human intelligence. *Behavioral and Brain Sciences, 7,* 269-287.

Sternberg, R. J. (1985). *Beyond IQ: A triarchic theory of human intelligence.* New York: Cambridge University Press.

Sternberg, R. J. (1993). Rocky's back again: A review of the WISC-III. In B. A. Bracken & R. S. McCallum (Eds.), *Journal of Psychoeducational Assessment monograph series, advances in psychoeducational assessment: Wechsler Intelligence Scale for Children-Third Edition* (pp. 161-164). Germantown, TN: Psychoeducational Corp.

Sternberg, R. J., & Kaufman, J. C. (1996). Innovation and intelligence tests: The curious case of the dog that didn'bark. *European Journal of Psychological Assessment, 12,* 167-174.

Sternberg, R. J., & Kaufman, J. C. (1998). Human abilities. *Annual Review of Psychology, 49,* 479-502.

Terman, L. M. (1916). *The measurement of intelligence.*

Boston: Houghton Mifflin.

Terman, L. M., & Merrill, M. A. (1937). *Measuring intelligence*. Boston: Houhton Mifflin.

Thorndike, R. L., Hagen, E. P., & Sattler, J. M. (1986). *Technical manual for the Stanford Binet Intelligence Scale-Fourth Edition*. Chicago: Riverside.

Thurstone, L. L. (1938). Primary mental abilities. *Psychometric Monographs, 1*.

Watson, R. I. (1968). *The great psychologists from Aristotle to Freud* (2nd ed.). Philadelphia: Lippincott.

Wechsler, D. (1939). *Measurement of adult intelligence*. Baltimore: Williams & Wilkins.

Wechsler, D. (1946). *Manual for the Wechsler-Bellevue Intelligence Scale, From II*. San Antonio, TX: Psychological Corp.

Wechsler, D. (1955). *Manual for the Wechsler Adult Intelligence Scale (WAIS)*. San Antonio, TX: Psychological Corp.

Wechsler, D. (1958). *Measurement and appraisal of adult intelligence* (4th ed.). Baltimore: Williams & Wilkins.

Wechsler, D. (1981). *Manual for the Wechsler Adult Intelligence Scale Revised (WAIS-R)*. San Antonio, TX: Psychological Corp.

Wechsler, D. (1991). *Manual for the Wechsler Intelligence Scale for Children-Third Edition* (WISC-III). San Antonio, TX: Psychological Corp.

Wechsler, D. (1997). *Manual for the Wechsler Adult Intelligence Scale-Third Edition* (WAIS-III). San Antonio, TX: Psychological Corp.

Wechsler, D. (2002). *Manual for the Wechsler Preschool and Primary Scale for Children-Third Edition* (WPPSI-III). San Antonio, TX: Psychological Corp.

Wechsler, D. (2004). *Manual for the Wechsler Intelligence Scale for Children-Fourth Edition* (WISC-IV). San Antonio, TX: Psychological Corp.

Wissler, C. (1901). The correlation of mental and physical test(Monograph Supplement). *Psychological Review, 3*(6).

Woodcock, R. W. (1990). Theoretical foundations of the WJ-R measures of cognitive ability. *Journal of Psychoeducational Assessment, 8*, 231-258.

Woodcock, R. W., & Johnson, M. B. (1989). *Woodcock-Johnson-Revised, Tests of Cognitive Ability: Standard and supplemental batteries*. Chicago: Riverside.

Yoakum, C. S., & Yerkes, R. M. (1920). *Army mental tests*. New York: Henry Holt & Co.

〈제5장〉

Aegisdottir, S., White, M., Spengler, P., Maugherman, A., Anderson, L., Cook, R., et al. (2006). The meta-analysis of Clinical Judgment Project: Fifty-six years of accumulated research on clinical versus statistical prediction. *Counseling Psychologist, 34*, 341-382.

Aiken, L. (1998). *Tests and examinations: Measuring abilities and performance*. New York: Wiley.

Aiken, L. (2003). *Psychological testing and assessment*. Boston: Allyn & Bacon.

American College Testing Program. (1997). *Career planning program*. Iowa City, IA: Author.

American College Testing Program. (1998). *Career planning survey: Technical manual*. Iowa City, IA: Author.

American College Testing Program(1999). *Career planning survey: Counselor's manual*. Iowa City, IA: Author.

Anastasi, A. (1988). *Psychological testing* (6th ed.). New York: MacMillan.

Anastasi, A., & Urbina, S. (1997). *Psychological testing* (7th ed.). New York: Prentice Hall.

Ball Foundation. (1998a). *Ball career system: Administration manual*. Glen Ellyn, IL: Author.

Ball Foundation. (1998b). *Ball career system: Counselor training manual*. Glen Ellyn, IL: Author.

Ball Foundation. (1998c). *Ball career system: Counselor training manual*. Glen Ellyn, IL: Author.

Ball Foundation. (1998d). *Ball career system: Counselor training manual*. Glen Ellyn, IL: Author.

Blackwell, T. (2003). [Review of the test *Occupational*

Aptitude Survey and Interest Schedule-Third Edition]. *Rehabilitation Counseling Bulletin, 46,* 247-250.

Blackwell, B. (1994). USES General Aptitude Test Battery (GATB)/USES Interest Inventory (USES-II). In J. Kapes, M. Mastie, & E. Whitfield (Eds.), *A counselor's guide to career assessment instruments* (3rd ed., pp. 117-123). Alexandria, VA: National Career Development Association.

Bolton, B., Butler, A. J., & Wright, G. N. (1968). *Clinical versus statistical prediction of client feasibility*(Wisconsin Studies in Vocational Rehabilitation, Monograph No. 7). Madison: University of Wisconsin. Regional Rehabilitation Institute.

Borman, C. (1994). *Occupational Aptitude Survey and Interest Schedule-Second Edition* (OASIS-2). In J. Kapes, M. Mastie, & E. Whitfield (Eds.), *A counselor's guide to career assessment instruments* (3rd ed., pp. 106-110). Alexandria, VA: National Career Development Association.

Borman, C. (2001). *Ability Explorer*. In J. Kapes & E. Whitfield (Eds.), *A counselor's guide to career assessment instruments* (4th ed., pp. 76-81). Columbus, OH: National Career Development Association.

Bragger, J., & Becker, A. (2005). [Review of the test *The Differential Aptitude Tests-Fifth Edition*]. In D. Keyser (Ed.), *Test critiques* (Vol. XI, pp. 72-88). Austin, TX: PRO-ED.

Carroll, J. (1985). Second-language abilities. In R. Sternberg (Ed.), *Human abilities: An information processing approach* (pp. 83-102). New York: Freeman.

Carroll, J. (1993). *Human cognitive abilities: A survey of factor-analytic studies*. New York: Cambridge.

Civil Rights Act of 1991 (P.L. 102-166) (1991).

Conoley, J. C., & Impara, J. (Eds.). (1995). *The twelfth mental measurements yearbook*. Lincoln, NE: Buros Institute of Mental Measurements of the University of Nebraska-Lincoln.

Cook, D. (1980). Clinical versus statistical prediction revisited: Issues in building rehabilitation diagnostic capacity. *Rehabilitation Counseling Bulletin, 24*(2), 151-160.

Cronbach, L. (1990). *Essentials of psychological testing* (5th ed.). New York: HarperCollins.

Dawes, R., Faust, D., & Meehl, P. (1993). Statistical prediction versus clinical prediction: Improving what works. In G. Keren & C. Lewis (Eds.), *A handbook for data analysis in the behavioral sciences: Methodological issues* (pp. 351-367). Hillsdale, NJ: Erlbaum.

DuBois, P. (1970). *A history of psychological testing*. Boston: Allyn & Bacon.

Dunning, D. (2005). *Self-insight: Roadblocks and detours on the path of knowing thyself*. New York: Psychology Press.

Ekstrom, R., & Smith, D. (2002). *Assessing individuals with disabilities in educational, employment, and counseling settings*. Washington, DC: American Psychological Association.

Elmore, P., & Bradley, R. (1994). Armed Services Vocational Aptitude Battery (ASVAB) Career Exploration Program. In J. Kapes, M. Mastie, & E. Whitfield (Eds.), *A counselor's guide to career assessment instruments* (3rd ed., pp. 73-77). Alexandria, VA: National Career Development Association.

Galton, F. (1869). *Hereditary genius: An enquiry into its laws and consequences*. London: Collins.

Ghiselli, E. (1966). *The validity of occupational aptitude tests*. New York: Wiley.

Goldman, L. (1971). *Using tests in counseling* (2nd ed.). Englewood Cliffs, NJ: Prentice Hall.

Gough, H. (1962). Clinical vs. statistical prediction in psychology. In L. Postman (Ed), *Psychology in the making* (pp. 526-584). New York: Knopf.

Green, J. (1994). APTICOM. In J. Kapes, M. Mastie, & E. Whitfield (Eds.), *A counselor's guide to career assessment instruments* (3rd ed., pp. 65-70). Alexandria, VA: National Career Development Association.

Guilford, J. (1967). *The nature of human intelligence*.

New York: McGraw-Hill.

Harrington, J., & Harrington, T. (1984). *Ability Explorer*. Indianapolis, IN: JIST Works.

Harrington, J., & Harrington, T. (1996). *Ability Explorer*. Chicago: Riverside.

Harrington, T., & O'Shea, A. (Eds.). (2006). *Guide for occupational exploration* (2nd ed.). Circle Pines, MN: American Guidance Services.

Harris, J. A. (2001). CareerScope assessment and reporting system. In J. Kapes & E. Whitfield (Eds.), *A counselor's guide to career assessment instruments* (4th ed., pp. 116-122). Columbus, OH: National Career Development Association.

Harris, J. A., & Danski, H. (1991). *APTICOM: System technical manual*. Philadelphia: Vocational Research Institute.

Hartigan, J., Wigdor, A. (1989). *Fairness in employment testing: Validity generalization, minority issues, and the General Aptitude Test Battery*. Washington, DC: National Academy Press.

Hattrup, K. (1995). [Review of the test *Differential Aptitude Tests-Fifth Edition*]. In J. C. Conoley & J. Impara (Eds.), *The twelfth mental measurements yearbook* (pp. 301-304). Lincoln, NE: Buros Institute of Mental Measurements of the University of Nebraska-Lincoln.

Helmstadter, G. (1964). *Principles of psychological measurement*. New York: Appleton-Century-Crofts.

Holland, J., Fritzsche, B., & Powell, A. (1994). *Self-directed search: Technical manual*. Odessa, FL: Psychological Assessment Resources.

Holt, R. (1958). Clinical and statistical prediction: A reformulation and some new data. *Journal of Abnormal and Social Psychology, 56*, 1-12.

Humphreys, L. (1962). The organization of human abilities. *American Psychologist, 17*, 475-483.

Hunter, J., & Hunter, R. (1984). Validity and utility of alternative predictors of job performance. *Psychological Bulletin, 96*, 72-98.

Impara, J., & Plake, B. (Eds.). (1998). *The thirteenth mental measurements yearbook*. Lincoln, NE: Buros Institute of Mental Measurements of the University of Nebraska-Lincoln.

Instructional Technologies. (2006). *VRI's APTICOM*. Retrieved May 24, 2006, from http://www.intecine.net/prod_vri_apticom.htm.

Kapes, J., & Whitfield, E. (Eds.). (2001a). A counselor's guide: Introduction to the fourth edition. In J. Kapes & E. Whitfield (Eds.), *A counselor's guide to career assessment instruments* (4th ed., pp. 1-13). Columbus, OH: National Career Development Association.

Kapes, J., & Whitfield, E. (Eds.). (2001a). A counselor's guide: Introduction to the fourth edition. In J. Kapes & E. Whitfield (Eds.), *A counselor's guide to career assessment instruments* (4th ed., pp. 1-13). Columbus, OH: National Career Development Association.

Kapes, J., & Whitfield, E. (Eds.). (2001b). *A counselor's guide to career assessment instruments* (4th ed.). Columbus, OH: National Career Development Association.

Kelley, T. (1928). *Crossroads in the mind of man: A study of differentiable mental abilities*. Palo Alto, CA: Stanford University Press.

Kirnan, J. (2005). [Review of the test *General Aptitude Test Battery*]. In D. Keyser (Ed.), *Test critiques* (Vol. XI, pp. 100-108). Austin, TX: PRO-ED.

Landy, F. (2003). Validity generalization: Then and now. In K. Murphy (Ed.), *Validity generalization: A critical review*, (pp. 155-196). Mahwah, NJ: Erlbaum.

Loch, C. (1993a). *The new Cognitive and Conceptual Abilities Test (C-CAT): A preliminary developmental manual*. Pleasantville, NY: Pesco International.

Loch, C. (1993b). *The new Vocational Interest Inventory (VII): A preliminary development manual*. Pleasantville, NY: Pesco International.

Loch, C. (1999). *A manual of research and norm studies*. Pleasantville, NY: Pesco International.

Mabe, P., & West, S. (1982). Validity of self-evaluation ability: A review and meta-analysis. *Journal of*

Applied Psychology, 67, 280-296.

Meehl, P. (1954). *Clinical versus statistical prediction.* Minneapolis: University of Minnesota Press.

Miller, R., & Hollingshead, C. (2001). *Occupational Aptitude Survey and Interest Schedule-Second Edition.* In J. Kapes & E. Whitfield (Eds.), *A counselor's guide to career assessment instruments* (4th ed., pp. 150-157). Columbus, OH: National Career Development Association.

Murphy, K. (Ed.). (2003). *Validity generalization: A critical review.* Mahwah, NJ: Erlbaum.

Parker, R. (1983). *Occupational Aptitude Survey and Interest Schedule: Aptitude Survey examiner's manual.* Austin, TX: PRO-ED.

Parker, R. (1991). *Occupational Aptitude Survey and Interest Schedule-Second Edition: Aptitude Survey examiner's manual.* Austin, TX: PRO-ED.

Parker, R. (2001). *Occupational Aptitude Survey and Interest Schedule-Third Edition: Aptitude Survey examiner's manual.* Austin, TX: PRO-ED.

Parker, R., & Schaller, J. (1994). Relationships among self-rated and psychometrically determined vocational aptitudes and interests. *Educational and Psychological Measurement, 54,* 155-159.

Plake, B., & Impara, J. (Eds.). (2001). *The fourteenth mental measurements yearbook.* Lincoln, NE: Buros Institute of Mental Measurements of the University of Nebraska-Lincoln.

Plake, B., Impara, J., & Spies (Eds.). (2001). *The fifteenth mental measurements yearbook.* Lincoln, NE: Buros Institute of Mental Measurements of the University of Nebraska-Lincoln.

Psychological Corp. (1992). *Differential Aptitude Tests-Fifth Edition: Technical manual.* San Antonio, TX: Author.

Reardon, R., & Vernick, S. (2001). *Career Planning Survey.* In J. Kapes & E. Whtifield (Eds.), *A counselor's guide to career assessment instruments* (4th ed., pp. 109-115). Columbus, OH: National Career Development Association.

Roehike, H. (1965). *Predicting outcome of rehabilitation of psychiatric patients.* Unpublished doctoral dissertations, University of Missouri, Columbia.

Rogers, J. (2001). *Armed Services Vocational Aptitude Battery Career Exploration Program* (ASVAB). In J. Kapes & E. Whitfield (Eds.), *A counselor's guide to career assessment instruments* (4th ed., pp. 93-101). Columbus, OH: National Career Development Association.

Rojewski, J. (2001). PESCO 2001. In J. Kapes & E. Whitfield (Eds.), *A counselor's guide to career assessment instruments* (4th ed., pp. 158-163). Columbus, OH: National Career Development Association.

Sawyer, J. (1966). Measurement and prediction, clinical and statistical. *Psychological Bulletin, 66,* 178-200.

Schmidt, F., & Hunter, J. (1981). Employment testing: Old theories and new research findings. *American Psychologist, 36,* 1128-1137.

Schmidt, F., & Hunter, J. (2003). History, development, evolution, and impact of validity generalization and meta-analysis. In K. Murphy (Ed.), *Validity generalization: A critical review* (pp. 31-66). Mahwah, NJ: Erlbaum.

Schmidt, F., Hunter, J., Pearlman, K., Hirsch, H., Sackett, P., Schmitt, N., et al. (1985). Forty questions about validity generalization and meta-analysis with commentaries. *Personnel Psychology, 37,* 407-422.

Siebel, D. (1968). Measurement of aptitude and achievement. In D. Whitla (Ed.), *Handbook of measurement and assessment in behavioral sciences* (pp. 261-314). Reading, MA: Addison-Wesley.

Spies, R., & Plake, B. (Eds.). (2005). *The sixteenth mental measurements yearbook.* Lincoln, NE: Buros Institute of Mental Measurements of the University of Nebraska-Lincoln.

Strohmer, D., & Arm, S. (2006). The more things change, the more they remain the same. *Counseling Psychologist, 34,* 383-390.

Thompson, D., & Patrick, J. (2001). *Ball Aptitude*

Battery. In J. Kapers & E. Whitfield (Eds.), *A counselor's guide to career assessment instruments* (4th ed., pp. 102-108). Columbus, OH: National Career Development Association.

Thurstone, L. (1938). Primary mental abilities. *Psychometric Monographs,* No. 1.

Tracey, T., & Hopkins, N. (2001). Correspondence of interests and abilities with occupational choice. *Journal of Counseling Psychology, 48*(2), 178-189.

Urbina, S. (2004). *Essentials of psychological testing*. Hoboken, NJ: Wiely.

U. S. Department of Defense. (1995). *ASVAB 18/19*. North Chicago, IL: U. S. Military Entrance Processing Command.

U. S. Department of Labor. (1970). *Manual for the USES General Aptitude Test Battery, Section III: Development*. Washington, DC: U. S. Government Printing Office.

U. S. Department of Labor. (1979). *Guide for occupational exploration*. Washington, DC: U. S. Government Printing Office.

U. S. Department of Labor. (Published biennially). *Occupational outlook handbook*. Washington, DC: U. S. Government Printing Office.

U. S. Department of Labor Employment and Training Administration. (1991). *Dictionary of occupational titles* (4th rev. ed.). Washington, DC: Author.

U. S. Department of Labor Employment and Training Administration. (2002). *O*NET Ability Profiler users guide*. Washington, DC: Author.

Vocational Research Institute. (1998). *User's guide: CareerScope*. Philadelphia: Author.

Wesman, A. (1966). Double-entry expectancy tables. *Test Service Bulletin,* No. 56. New York: Psychology Corp.

Wilson, V. (1995). [Review of the *Differential Aptitude Tests for Personnel and Career Assessment*]. In J. C. Conoley & J. Impara (Eds.), *The twelfth mental measurements yearbook* (pp. 305-307). Lincoln, NE: Buros Institute of Mental Measurement of the University of Nebraska-Lincoln.

Willson, V., & Stone, E. (1994). *Differential Aptitude Tests*. In J. Kapes, M. Mastie, & E. Whitfield (Eds.), *A counselor's guide to career assessment instruments* (3rd ed., pp. 93-98). Alexandria, VA: National Career Development Association.

Wing, H. (1995). [Review of the *Differential Aptitude Tests for Personnel and Career Assessment*]. In J. C. Conoley & J. Impara (Eds.), *The twelfth mental measurements yearbook* (pp. 307-308). Lincoln, NE: Burous Institute of Mental Measurements of the University of Nebraska-Lincoln.

Wise, S. (1995). [Review of the *Differential Aptitude Tests: Computerized adaptive edition*]. In J. C. Conoley & J. Impara (Eds.), *The twelfth mental measurements yearbook* (pp. 300-301). Lincoln, NE: Buros Institute of Mental Measurements of the University of Nebraska-Lincoln.

Zubin, J. (1967). Classification of the behavior disorders. *Annual Review of Psychology, 18,* 373-406.

〈제6장〉

Ahadi, S. A. (1991). The use of API career factors as Holland occupational types. *Educational and Psychological Measurement, 51,* 167-172.

Allport, G. W., & Odbert, H. S. (1936). Trait-names: A psycholexical study. *Psychological Monographs, 47,* 171.

Alterman, A. I., Renner, B. J., & Cacciola, J. S. (2000). Familial risk for alcoholism and self-reported psychopathology. *Psychology of Addictive Behaviors, 14,* 19-28.

Alterman, A. I., Rutherford, M. J., Cacciola, J. S., McKay, J. R., & Boardman, C. R. (1998). Prediction of seven months methadone maintenance treatment response by four measures of antisociality. *Drug & Alcohol Dependence, 49,* 217-223.

Ashton, M. C., Jackson, D. N., Helmes, E., & Paunoen, S. V. (1998). Joint factor analysis of the Personality Research From and the Jackson Personality Inventory: Comparisons with the big five. *Journal of Research in Personality, 32,* 243-250.

Barrick, M. R., & Mount, M. K. (1991). The Big-Five personality dimensions in job performance: A meta-analysis. *Personnel Psychology, 44,* 1-26.

Beutler, L. E., Goodrich, G., Fisher, D., & Williams, O. B. (1999). Use of psychological tests/instruments for treatment planning. In M. E. Maruish (Ed.) *The use of psychological testing for treatment planning and outcomes assessment* (2nd ed., pp. 81-114). Mahwah, NJ: Erlbaum.

Bolton, B. (1974). A factor analysis of personal adjustment and vocational measures of client change. *Rehabilitation Counseling Bulletin, 18,* 99-104.

Bolton, B. (1977a). Evidence for the 16PF primary and secondary factors. *Multivariate Experimental Clinical Research, 3,* 1-15.

Bolton, B. (1977b). Rehabilitation client needs and psychopathology. *Rehabilitation Counseling Bulletin, 21,* 7-12.

Bolton, B. (1978). Rehabilitation clients' psychological adjustment: A six-year longitudinal investigation. *Journal of Applied Rehabilitation Counseling, 9,* 133-141.

Bolton, B., & Roessler, R. (1986). *Manual for the Work Personality Profile.* Arkansas: Arkansas Research and Training Center for Vocational Rehabilitation.

Briddick, W. C., Watkins, C. E., Jr., & Savickas, M. L. (1998, March 28-April 1). *Career maturity: A particular type of personal maturity?* Paper presented at the annual meetings of the American Counseling Association, Indianapolis, IN.

Burdsal, C., & Bolton, B. (1979). An item factoring of 16PF-E: Further evidence concerning Cattell's normal personality sphere. *Journal of General Psychology, 100,* 103-109.

Cattell, H. B. (1989). *The 16PF: Personality in depth.* Champaign, IL: Institute for Personality and Ability Testing.

Cattell, H. E. P. (2005). *Spanish-American 16PF fifth edition questionnaire: Technical manual supplement.* Champaign, IL: IPAT.

Cattell, R. B. (1943). The description of personality: Basic traits resolved into clusters. *Journal of Abnormal and Social Psychology, 38,* 476-506.

Cattell, R. B. (1971). *Abilities: Their structure, growth, and action.* Boston: Houghton Mifflin.

Cattell, R. B. (1973). *Personality and mood by questionnaire.* San Francisco: Jossey-Bass.

Cattell, R. B. (1986). The 16PF personality structure and Dr. Eysenck, *Journal of Social Behavior and Personality, 1,* 153-160.

Cattell, R. B. (n. d.). *Sixteen personality factor questionnaire.* San Diego, CA: Educational and Industrial Testing Service.

Cattell, R. B., & Krug, S. E. (1986). The number of factors in the 16PF: A review of the evidence with special emphasis on methodological problems. *Educational and Psychological Measurement, 46,* 509-522.

Chernyshenko, O. S., Stark, S., & Chan, K. Y. (2001). Investigating the hierarchical factor structure of the fifth edition of the 16PF: An application of the Schmid-Leiman orthogonalization procedure. *Educational and Psychological Measurement, 61*(2), 290-302.

Cloninger, C. R. (1987). Neurogenetic adaptive mechanisms in alcoholism. *Science, 236,* 410-416.

Collins, J. M., & Griffin, R. W. (1998). The psychology of counterproductive job performance. In R. W. Griffin & J. M. Collins (Eds.), *Dysfunctional behavior in organizations: Non-violent dysfuctional behavior. Monographs in Organizational Behavior and Relations* (pp. 219-242). Stamford, CT: JAI Press, Inc.

Conn, S. R., & Reicke, M. L. (1994). *The IGPF fifth edition technical manual.* Champaign, IL: Institute for Personality and Ability Testing.

Connors, G. J., DiClemente, C. C., Derman, K. H., Kadden, R. M., Carroll, K. M., & Frone, M. R. (2000). Predicting the therapeutic alliance in alcoholism treatment. *Journal of Studies on*

Alcohol, 61, 139–149.

Cook, M., Young, A., Taylor, D., & Bedford, P. (1998). Personality correlates of alcohol consumption. *Personality and Individual Differences, 24,* 641–647.

Cook, T. G. (1998). A typology of antisociality in methadone patients. *Journal of Abnormal Psychology, 107,* 412–422.

Costa, P. T., & McCrae, R. R. (1992a). *NEO personality inventory-Revised.* Odessa, FL: Psychological Assessment Resources.

Costa, P. T., Jr., & McCrae, R. R. (1992b). Normal personality assessment in clinical practice: The NEO personality inventory. *Psychological Assessment, 4,* 5–13.

Costa, P. T., Jr., & McCrae, R. R. (2003). *Bibliography for the Revised NEO Personality Inventory (NEO PI-R) and NEO Five Factor Inventory (NEO-FFI).* Lutz, FL: Psychological Assessment Resources.

CPP, Inc. (2003). *Comprehensive bibliography of the CPI™ assessment: 1948–2002.* Mountain view, CA.

Craig, R. J. (1999). *Interpreting personality tests: A clinical manual for the MMPI-2, MCMI-III, CPI-R, and 16PF.* New York: Wiley.

Davis, A. H. (1983). Motivation: A rational/irrational perspective. *Journal of Applied Rehabilitation Counseling, 14,* 44–51.

Dawes, R. M. (1979). The robust beauty of improper linear models in decision making. *American Psychologist, 34,* 571–582.

Day, D. V., Bedeian, A. G., & Conte, J. M. (1998). Personality as a predictor of work-related outcomes: Test of a mediated structure model. *Journal of Applied Social Psychology, 28,* 2068–2088.

Digman, J. M. (1990). Personality structure: Emergence of the five-factor model. *Annual Review of Psychology, 41,* 417–440.

Drummond, R. J. (1987). Review of the Adult Personality Inventory. In D. J. Keyser & R. C. Sweetland (Eds.), *Test critiques* (Vol. 6, pp. 21–25). Austin: PRO-ED.

Eyde, L. D., & Kowal, D. M. (1984). Ethical and professional concerns regarding computerized test interpretation services and users. *Proceedings of the 92nd Annual Convention of the American Psychological Association.* Washington, DC: American Psychological Association.

Eyde, L. D., Robertson, G., Krug, S. E., Moreland, K. L., Roberston, A. G., Shewan, C. M., et al. (1993). *Responsible test use: Case studies for assessing human behavior.* Washington, DC: American Psychological Association.

Eysenck, H. J. (1976). *The measurement of personality.* Lancaster, England: MTP Press.

Eysenck, H. J. (1986). Can personality study ever be scientific? *Journal of Social Behavior and Personality, 1,* 3–19.

Goldberg, L. R. (1970). Man vs. model of man: A rationale, plus some evidence for a method of improving on clinical inference. *Psychological Bulletin, 73,* 422–432.

Goldberg, L. R. (1981). Language and individual differences: The search for universals in personality lexicons. In. L. Wheeler (Ed.), *Review of personality and social psychology* (Vol. 2., pp. 141–165). Beverly Hills, CA: Sage.

Goldberg, L. R. (1993). The structure of phenotypic personality traits. *American Psychologist, 48,* 26–34.

Gough, H. G. (2000). The California Psychological Inventory. In C. E. Watkins & V. L. Campbell (Eds.), *Testing and assessment in counseling practice* (2nd ed., pp. 45–71). Mahwah, NJ: Lawrence Erlbaum Associates.

Gough, H. G., & Bradley, P. (2002). *The California Psychological Inventory manual-Third edition.* Palo Alto, CA: CPP, Inc.

Guilford, J. P. (1975). Factors and factors of personality. *Psychological Bulletin, 82,* 802–814.

Hartigan, J. A., & Wigdor, A. K. (1989). *Fairness in employment testing: Validity generalization, minority issues, and the General Aptitude Test*

Battery. Washington, DC: National Academy Press.

Hogan, R. (1995). *Hogan personality inventory*. Tulsa, OK: Hogan Assessment Systems.

Hogan, R., & Hogan, J. (1995). *Hogan Personality Inventory manual: Second edition*. Tulsa, OK: Hogan Assessment Systems.

Hogan, R., Hogan, J., & Roberts, B. W. (1996). Personality measurement and employment decisions. *American Psychologist, 51,* 469-477.

Hogan, J., & Holland, B. (2003). Using theory to evaluate personality and job-performance relations: A socioanalytic perspective. *Journal of Applied Psychology, 88,* 100-112.

Hughey, J., & Burdsal, C. (1982). 16PF-E structure using radial parcels versus items. *Journal of General Psychology, 107,* 107-119.

Hunter, J. E. (1986). Cognitive ability, cognitive aptitudes, job knowledge, and job performance. *Journal of Vocational Behavior, 29,* 340-362.

Jackson, D. N. (1994). *Jackson Personality Inventory manual-Revised*. Port Huron, MI: Sigma Assessment Systems.

Jackson, D. N. (1997). *Jackson personality inventory-Revised*. Port Huron, MI: Sigma Assessment Systems.

John, O. P., Hampson, S. E., & Goldberg, L. R. (1991). The basic level in personality-trait hierarchies: Studies of trait use and accessibility in different contexts. *Journal of Personality and Social Psychology, 60,* 348-361.

Judge, T. A., Heller, D., & Mount, M. K. (2002). Five-Factor Model of personality and job satisfaction: A meta-analysis, *Journal of Applied Psychology, 87,* 530-541.

Karson, M., Karson, S., & O'Dell, J. (1997). *16PF interpretation in clinical practice: A guide to the fifth edition*. Champaign, IL: Institute for Personality & Ability Testing.

Kleinmuntz, B. (1963). MMPI decision rules for the identification of college maladjustment: A digital computer approach. *Psychological Monographs, 77.*

Kleinmuntz, B. (1982). *Personality and psychological assessment*. New York: St. Martin's Press.

Krug, S. E. (1981). *Interpreting 16PF profile patterns*. Champaign, IL: Institue for Personality & Ability Testing.

Krug, S. E. (1984). *Psychware: A reference guide to computer-based products for assessment in psychology, business, and education*. Kansas City, MO: Test Corporation of America.

Krug, S. E. (1985). *TEST PLUS: A microcomputer based system for the Adult Personality Inventory*. Champaign, IL: MetriTech.

Krug, S. E. (1986). Preliminary evidence regarding black-white differences in scores on the Adult Personality Inventory. *Psychological Reports, 58,* 203-206.

Krug, S. E. (1991). *API/Career Profile*. Champaign, IL: MetriTech.

Krug, S. E. (1993). *Psychware Sourcebook: A reference guide to computer-based products for assessment in psychology, business, and education* (4th ed.). Champaign, IL: MetriTech.

Krug, S. E. (1995). Career assessment and the Adult Personality Inventory. *Journal of Career Assessment, 3*(2), 176-187.

Krug, S. E. (1997a). Selection and screening uses of the Adult Personality Inventory in industrial security settings. *Security Journal, 8,* 33-37.

Krug, S. E. (1997b). *Interpretive and technical guide for the Adult Personality Inventory*. Champaign, IL: MetriTech.

Krug, S. E. (2004). The Adult Personality Inventory. In M. E. Maruish (Ed.), *The use of psychological testing for treatment planning and outcomes assessment* (3rd ed., Vol. 3, pp. 679-694). Mahwah, NJ: Erlbaum.

Krug, S. E., & Ahadi, S. A. (1986). Personality patterns among couples participating in a marriage enrichment program. *Multivariate Experimental Clinical Research, 8,* 168-178.

Krug, S. E., & Cattell, R. B. (1971). A test of the traitview theory of distortion in measurement of personality by questionnaire. *Educational and Psychological Measurement, 31,* 721-734.

Kurtines, W. M., Ball, L. R., & Wood, G. H. (1978). Personality characteristics of long-term recovered alcoholics: A comparative analysis. *Journal of Consulting and Clinical Psychology, 46,* 971-977.

LaForge, R. (1985). The early development of the Freedman-Leary-Coffey interpersonal system. *Journal of Personality Assessment, 49,* 613-621.

Lambert, M. J., & Lambert, J. M. (1999). Use of psychological tests for assessing treatment outcome. In M. E. Maruish (Ed.), *The use of psychological testing for treatment planning and outcomes assessment* (2nd ed., pp. 115-152). Mahwah, NJ: Erlbaum.

Lanning, K. (2001). Review of the Adult Personality Inventory (Revised). In B. S. Plake & J. C. Impara (Eds.), *The fourteenth mental measurements yearbook* (pp. 43-45). Lincoln, NE: Buros Institute of Mental Measurements of the University of Nebraska-Lincoln.

Lord, W. (1997). *16PF5 personality in practice.* Windsor, Berkshire, UK: NFER-Nelson.

Lord, W. (1999). *16PF5 Overcoming Obstacles to Interpretation.* Windsor, Berkshire, UK: NFER Nelson.

Matarazzo, J. D. (1983). Computerized psychological testing, *Science, 221,* 323.

McAllister, L. W. (1996). *A practical guide to CPI interpretation* (3rd ed.). Palo Alto, CA: Consulting Psychologists Press.

McCrae, R. R., Costa, P. T., Jr., Dahlstrom, W. G., Barefoot, J. C., Siegler, I. C., & Williams, R. B., Jr. (1989). A caution on the use the MMPI K-correction in research on psychosomatic medicine. *Psychosomatic Bulletin, 51,* 58-65.

Meehl, P. E. (1954). *Clinical versus statistical prediction.* Minneapolis, MN: University of Minnesota Press.

Meyer G., Finn S., Eyde L., Kay, G., Moreland, K., Dies, R., et al. (2001). Psychological testing and psychological assessment: A review of evidence and issues. *American Psychologist, 56*(2), 128-165.

Meyer, P., & Davis, S. (1992). *The CPI applications guide.* Palo Alto, CA: Consulting Psychologists Press.

Mitchell, J. V. (1984). Computer-based test interpretation and the public interest. *Proceedings of the 92nd Annual Convention of the American Psychological Association.* Washington, DC: American Psychological Association.

Musante, L., MacDougall, J. M., Dembroski, T. M., & VanHorn, A. E. (1983). Component analysis of the Type A coronary-prone behavior pattern in male and female college students. *Journal of Personality and Social Psychology, 45,* 1104-1117.

Newman, J. L., Gray, E. A., & Fuqua, D. R. (1999). The relation of career indecision to personality dimensions of the California Psychological Inventory. *Journal of Vocational Behavior, 54,* 174-187.

Norman, W. T. (1963). Toward an adequate taxonomy of personality attributes: Replicated factor structure in peer nomination personality ratings. *Journal of Abnormal and Social Psychology, 66,* 574-583.

Palladino, J. J., & Motiff, J. P. (1981). Discriminant analysis of Type A/Type A/Type B subjects on the California Psychological Inventory. *Journal of Social and Clinical Psychology, 1,* 155-161.

Paunonen, S. V., & Jackson, D. N. (1996). The Jackson Personality Inventory and the five-factor model of personality. *Journal of Research in Personality, 30,* 42-59.

Roessler, R., & Bolton, B. (1978). *Psychosocial adjustment to disability.* Baltimore: University Park Press.

Swenson, W. M., & Pearson, J. S. (1964). Automation techniques in personality assessment: A frontier in behavioral science and medicine. *Methods of Information in Medicine, 3,* 34-36.

Tango, R. A., & Kolodinsky, R. (2004). Investigation of placement outcomes 3 years after a job skills training program for chronically unemployed adults. *Journal of Employment Counseling, 41,* 2, 80-92.

Tett, R. P., Jackson, D. N., & Rothstein, M. (1991). Personality measures as predictions of job performance: A meta-analytic review. *Personnel Psychology, 44,* 703-742.

Wiggins, J. S. (1985). Interpersonal circumplex models: Commentary. *Journal of Personality Assessment, 49,* 626-631.

Wiggins, J. S. (1996). *The five-factor model of personality: Theoretical perspectives.* New York: Guilford.

Wiggins, J. S., & Trapnell, P. D. (1996). A dyadic-interactional perspective on the five-factor model. In J. S. Wiggins (Ed.), *The five-factor model of personality: Theoretical perspectives* (pp. 88-162). New York: Guilford Press.

Woodworth, R. S. (1930). The autobiography of Robert S. Woodworth. In C. Murchison (Ed.), *The history of psychology in autobiography* (Vol. 2, pp. 354-380). Worchester, MA: Clark University Press.

〈제7장〉

Alexy, W. D., & Webb, P. M. (1999). Utility of the MMPI-2 in work-hardening rehabilitation. *Rehabilitation Psychology, 44,* 266-273.

American Psychiatric Association. (1980). *Diagnostic and statistical manual of mental disodrers* (3rd ed.). Washington, DC: Author.

American Psychiatric Association. (1994). *Diagnostic and statistical manual of mental disodrers* (4th ed.). Washington, DC: Author.

Anastasi, A., & Urbina, S. (1997). *Psychological testing.* Upper Saddle River, NJ: Prentice Hall.

Arbisi, P. A. (1995). Review of the Schedule for Affective Disorders and Schizophrenia (3rd ed.). In J. C. Conoley & J. C. Impara (Eds.), *The twelfth mental measurements yearbook* (pp. 917-918). Lincoln, NE: University of Nebraska Press.

Arbisi, P. A., Ben-Porath, Y. S., & McNulty, J. (2002). A comparison of MMPI-2 validity in African American and Caucasian psychiatric inpatients. *Psychological Assessment, 14,* 3-15.

Atkinson, L. (1986). The comparative validities of the Rorschach and the MMPI. *Canadian Psychology, 27,* 238-247.

Bacchiocchi, J. R., & Bagby, R. M. (2006). Development and validation of the malingering discriminant function index for the MMPI-2. *Journal of Personality Assessment, 87,* 51-61.

Beck, A. T., Steer, R. A., & Garbin, M. (1988). Psychometric properties of the Beck Depression Inventory: Twenty-five years of evaluation. *Clinical Psychology Review, 8,* 77-100.

Beck, A. T., Ward, C. H., Mendelson, M., Mock, J., & Erbaugh, J. (1961). An inventory for measuring depression. *Archives of General Psychiatry, 4,* 561-571.

Belding, M. A., Iguchi, M. Y., Morral, A. R., & Husband, S. D. (1998). MMPI profiles of opiate addicts: Predicting response to treatment. *Journal of Personality Assessment, 70,* 324-339.

Bellivau, J. M., & Stoppard, J. M. (1995). Parental alcohol abuse and gender as predictors of psychopathology in adult children of alcoholics. *Addictive Behaviors, 20,* 619-625.

Blanchard, D. D., McGrath, R. E., Pogge, D. L., & Jhadivi, A. (2003). A comparison of the PAI and MMPI-2 as predictors of faking bad in college students. *Journal of Personality Assessment, 80,* 197-205.

Boyle, G. J. (1987). Psychopathological depression superfactors measured in the Clinical Analysis Questionnaire. *Personality and Individual Differences, 8,* 609-614.

Boyle, G. J. (1995). Review of the Personality Assessment Inventory. In J. C. Conoley & J. C. Impara (Eds.), *The twelfth mental measurements yearbook* (pp. 764-766). Lincoln, NE: University of Nebraska Press.

Boyle, G. J., & Lennon, T. J. (1996). Examination of the reliability and validity of the Personality

Assessment Inventory. *Journal of Psychopathology and Behavioral Assessment, 16,* 173-187.

Brieland, D. (1971). Rehabilitation psychologists: Roles and functions. In W. S. Neff (Ed.), *Rehabilitation psychology* (pp. 265-286). Washington, DC: American Psychological Association.

Burns, S., Kappenberg, R., McKenna, A., & Wood, C. (1994). Brain injury: Personality, psychopathology, and neuropsychology. *Brain Injury, 8,* 413-427.

Bury, A. S., & Michael B. R. (2002). The detection of feigned uncoached and coached posttraumatic stress disorder with the MMPI-2 in a sample of workplace accident victims. *Psychological Assessment, 14,* 472-484.

Butcher, J. N. (1995). How to use computer-based reports. In J. N. Butcher (Ed.), *Clinical personality assessment* (pp. 78-94). New York: Oxford Press.

Butcher, J. N. (2002). Revising psychological tests: Lessons learned from the revision of the MMPI. *Psychological Assessment, 12,* 263-271.

Butcher, J. N., Cheung, F. M., & Lim, J. (2003). Use of the MMPI-2 with Asian populations. *Psychological Assessment, 15,* 248-256.

Butcher, J. N., Dahlstrom, W. G., Graham, J. R., Tellegen, A., & Kaemmer, B. (1989). *Manual for administration and scoring: MMPI-2.* Minneapolis, MN: University of Minnesota Press.

Butcher, J. N., Graham, J. R., & Ben-Porath, Y. S. (1995). Methodological problems and issues in MMPI, MMPI-2, and MMPI-A research. *Psychological Assessment, 7,* 320-329.

Carmer, J. C. (1995). Review of the Schedule for Affective Disorders and Schizophrenia (3rd ed.). In J. C. Conoley & J. C. Impara (Eds.), *The twelfth mental measurements yearbook* (pp. 918-919). Lincoln, NE: University of Nebraska Press.

Carpenter, D. R. (1995). Adult children of alcoholics: CAQ profiles. *Alcoholism Treatment Quarterly, 13,* 63-70.

Cattell, R. B. (1973). A check on the 28 factor Clinical Analysis Questionnaire structure on normal and pathological subjects. *Journal of Multivariate Experimental Personality & Clinical Psychology, 1,* 3-12.

Cattell, R. B., & Kameoka, V. A. (1985). Psychological states measured in the Clinical Analysis Questionnaire (CAQ). *Multivariate Experimental Clinical Research, 7,* 69-87.

Cattell, R. B., & Krug, S. E. (1985). The number of factors in the 16PF: A review of the evidence with special emphasis on methodological problems. *Educational and Psychological Measurement, 46,* 509-522.

Choca, J. P., Shanley, L. A., & Van Denburg, E. (1992). *Interpretive guide to the Millon Clinical Multiaxial Inventory.* Washington, DC: American Psychological Association Books.

Choquette, K. A. (1994). Assessing depression in alcoholics with the BJI, SCL-90-R, and DIS criteria. *Journal of Substance Abuse, 6,* 295-304.

Colotla, V. A., Bowman, M. L., & Shercliffe, R. J. (2001). Test-retest stability of injured workers' MMPI-2 profiles. *Psychological Assessment, 13,* 572-576.

Conger, A. J., & Conger, J. C. (1996). Did too, did not! Controversies in the construct validation of the PAI. *Journal of Psychopathology and Behavior Assessment, 18,* 205-212.

Craig, R. J. (Ed.). (2005). *New directions in interpreting the Millon™ Clinical Multiaxial Inventory-III.* Hoboken, NJ: Wiley.

Craig, R. J., & Weinberg, D. (1992). Assessing drug abusers with the MCMI: A review. *Journal of Substance Abuse Treatment, 9,* 249-255.

Cruz, E. B., Brier, N. M., & Reznikoff, M. (1997). An examination of the relationship between form level rating on the Rorschach and learning disability status. *Journal of Psychology, 131,* 167-174.

Dana, R. H. (1996). Culturally competent assessment practice in the U. S. *Journal of Personality Assessment, 66,* 472-487.

Davis, R. D. (1999). Million: Essentials of his science, theory, classification, assessment, and theory. *Journal of Personality Assessment, 72,* 330-352.

Dawes, R. M. (1994). *House of cards: Psychology and psychotherapy built on myth*. New York: Free Press.

Dawes, R. M. (1999). Two methods for studying the incremental validity of a Rorscharch variable. *Psychological Assessment, 11,* 297-302.

Deisinger, J. A. (1995). Exploring the factor structure of the Personality Assessment Inventory. *Assessment, 2,* 173-179.

Derogatis, L. R. (1977). *SCL-90 revised version manual I*. Baltimore: Johns Hopkins University School of Medicine.

Derogatis, L. R. (1992). *BSI: Administration, scoring, and procedures manual II* (2nd ed.). Baltimore: Clinical Psychometric Research.

Derogatis, L. R. (1994). *SCL-90-R symptom checklist-90-R: Administration, scoring, and procedures manual*. Minneapolis, MN: National Computer Systems.

Derogatis, L. R., Fleming, M. P., Sudler, N. C., & DellaPietra, L. (1995). Psychological assessment. In P. M. Nicassio & T. W. Smith (Eds.), *Managing chronic illness* (pp. 59-115). Washington, DC: American Psychological Association.

Derogatis, L. R., & Savitz, K. L. (2000). The SCL-90-R and Brief Symptom Inventory (BSI) in primary care. In M. E. Maruish (Ed.), *Handbook of psychological assessment in primary care settings* (pp. 297-334). Mahwah, NJ: Erlbaum.

Dong, Y' L. T., & Church, A. T. (2003). Cross-cultural equivalence and validity of the Vietnamese MMPI-2: Assessing psychological adjustment of Vietnamese refugees. *Psychological Assessment, 15,* 370-377.

Durand, V. M., Blanchard, E. B., & Mindell, J. A. (1988). Training in projective testing: Survey of clinical training directors and internship directors. *Professional Psychology, 19,* 236-238.

Eber, H. W. (1976). Personality and psychopathology inventories. In B. Bolton (Ed.), *Handbook of measurement and evaluation in rehabilitation* (pp. 101-116). Baltimore: University Park Press.

Endicott, J., & Spitzer, R. L. (1978). A diagnostic interview: The Schedule for Affective Disorders and Schizophrenia. *Archives of General Psychiatry, 35,* 837-844.

Exner, H. W. (1976). Personality and psychopathology inventories. In B. Bolton (Ed.), *Handbook of measurement and evaluation in rehabilitation* (pp. 101-116). Baltimore: University Park Press.

Endicott, J., & Spitzer, R. L. (1978). A diagnostic interview: The Schedule for Affective Disorders and Schizophrenia. *Archives of General Psychiatry, 35,* 837-844.

Exner, J. E. (1974). *The Rorschach: A comprehensive system* (Vol. 1). New York: Wiley.

Exner, J. E. (1993). *The Rorschach : A comprehensive system* (3rd ed., Vol. 1). New York: Wiley.

Exner, J. E., Colligan, S. C., Boll, T. J., Stischer, B., & Hillman, L. (1996). Rorschach findings concerning head injury patients. *Assessment, 3,* 317-326.

Exner, J. E., Jr., & Weiner, I. B. (1995). *Assessment of children and adolescents* (2nd ed., Vol. 3). New York: Wiley.

Exner, J. E., Weiner, I. B., & Schuyler, W. (1976). *A Rorschach workbook for the comprehensive system*. Asheville, NC: Rorschach Workshops.

Fantoni-Salvador, P., & Rogers, R. (1997). Spanish versions of the MMPI-2 and PAI: An investigation of concurrent validity with Hispanic patients. *Assessment, 4,* 29-39.

First, M. B., Gibbon, M., Williams, J. B., & Spitzer, R. L. (1995). *Users manual for the Mini-SCID (for DSM-IV-version 2)*. North Tonawanda, NY: Multi-Health Systems/American Psychiatric Association.

Flynn, P. M., McCann, J. T., & Fairbank, J. A. (1995). Issues in the assessment of personality disorder and substance abuse using the Millon Clinical Multiaxial Inventory (MCMI-II). *Journal of Clinical Psychology, 51,* 415-421.

Foa, E. B., Cashman, L., Jaycox, L., & Perry, K. (1997). The validation of a self-report measure of posttraumatic stress disorder: The Posttraumatic Diagnostic Scale. *Psychological Assessment, 9,*

445-451.

Fraguas, R., Jr., Henriques, S. G., Jr., DeLucia, M. S., Iosifescu, D. V., Schwartz, F. H., Menezes, P. R., et al. (2006). The detection of depression in medical setting: A study with PRIME-MD. *Journal of Affective Disorders, 91,* 11-17.

Frazier, T. W., Naugle, R. I., & Haggerty, K. A. (2006). Psychometric adequacy and comparability of the short and full forms of the Personality Assessment Inventory. *Psychological Assessment, 18,* 324-333.

Gallagher, S. M., Penn, P. E., Brooks, A. J., Feldman, J., & Gallagher, S. M. (2006). Comparing the AAPE, a new assessment tool for co-occurring disorders, with the SCID. *Psychiatric Rehabilitation Journal, 30,* 63-65.

Garb, H. N., Wood, J. M., Lilienfeld, S. O., & Nezworski, M. T. (2005). Roots of the *Rorschach* controversy. *Clinical Psychology Review, 25,* 97-118.

George, J. M., & Wagner, E. E. (1995). Correlations between the Hand Test pathology score and Personality Assessment Inventory scales for pain clinic patients. *Perceptual and Motor Skills, 80,* 1377-1378.

Giesler, L., & Stein, M. I. (Eds.). (1999). *Evocative images: The Thematic Apperception Test and the art of projection* (pp. 99-105). Washington, DC: American Psychological Association.

Goldstein, A., & Reznikoff, M. (1972). MMPI performance in chronic medical illness: The use of computer-derived interpretations. *British Journal of Psychiatry, 120,* 157-158.

Graham, J. R. (2006). *MMPI-2: Assessing personality and psychopathology* (4th ed.). New York: Oxford University Press.

Greene, R. L. (1991). *The MMPI-2/MMPI: An interpretive manual.* Boson: Allyn & Bacon.

Greene, R. L. (1999). *The MMPI-2: An interpretive manual.* Boson: Allyn & Bacon.

Greene, R. L., Gwin, R., & Staal, M. (1997). Current status of the MMPI-2 research: A methodologic overview. *Journal of Personality Assessment, 68,* 20-36.

Groth-Marnat, G. (1999). *Handbook of psychological assessment* (3rd ed.). New York: Wiley.

Guthrie, G. (1985). Review of the Clinical Analysis Questionnaire. In J. V. Mitchell, Jr. (Ed.), *The ninth mental measurements yearbook* (Vol. 1, pp. 340-341). Lincoln, NE: University of Nebraska Press.

Hall, G. C. N., Bansal, A., & Lopez, I. R. (1999). Ethnicity and psychopathology: A metaanalytic review of 31 Years of comparative MMPI/MMPI-2 research. *Psychological Assessment, 11,* 186-197.

Hardt, J., & Gerbershaen, H. U. (2001). Cross-validation of the SCL-27: A short psychometric screening instrument for chronic pain patients. *European Journal of Pain, 5,* 187-197.

Hasin, D. S. (1991). Diagnostic interviews for assessment: Background, reliability, validity. *Alcohol Health & Research Word, 15,* 293-302.

Hathaway, S. R., & McKinley, J. C. (1943). *Manual for the Minnesota Multiphasic Personality Inventory.* New York: Psychological Corp.

Hathway, S. R., & McKinley, J. C. (1989). *The MMPI-2: Minnesota Multiphase Manual for administration and scoring.* Minneapolis: University of Minnesota Press.

Hess, A. K. (1998). Review of the Millon Clinical Multiaxial Inventory-III. In J. C. Impara & B. S. Plake (Eds.), *The thirteenth mental measurements yearbook* (pp. 665-667). Lincoln, NE: University of Nebraska Press.

Hilsenroth, M. J., Fowler, C., Sivec, H. J., & Waehler, C. A. (1994). Concurrent and discriminant validity between the Hand Test pathology score and the MMPI-2. *Assessment, 1,* 111-113.

Himelstein, P. (1984). Clinical Analysis Questionnaire. In D. J. Keyser & R. C. Sweetland (Eds.), *Test critiques* (Vol. 1, pp. 202-205). Kansas City, MO: Test Corporation of America.

Hodges, K. (1994). Reply to David Shaffer: Structured interviews for assessing children. *Journal of Child Psychology and Psychiatry, 35,* 785-787.

Holt, R. R. (1999). Empiricism and the Thematic

Apperception Test: Validity is the payoff. In L. Gieser & M. I. Stein (Eds.), *Evocative images: The Thematic Apperception Test and the art of projection* (pp. 99-105). Washington, DC: American Psychological Association.

Holtzman, W. H. (1988). Beyond the Rorschach. *Journal of Personality Assessment, 52,* 578-609.

Hoofien, D. (2005). Symptom Checklist-90 Revised scores in persons with traumatic brain injury: Affective reactions or neurobehavioral outcomes of the injury? *Applied Neuropsychology, 12,* 30-39.

Hunsley, J., & Bailey, J. M. (1999). The clinical utility of the Rorschach: Unfulfilled promises and the uncertain future. *Psychological Assessment, 11,* 266-277.

Hunsley, J., Hanson, R. K., & Parker, K. C. H. (1988). A summary of the reliability and stability of MMPI scales. *Journal of Clinical Psychology, 44,* 44-46.

Jankowski, D. (2002). *A beginner's guide to the MCMI-III.* Washington, DC: American Psychological Association Books.

Jensen, A. R. (1965). A review of the Rorschach. In O. K. Buros (Ed.), *The sixth mental measurements yearbook* (pp. 501-509). Highland Park, NJ: Gryphon.

Johnson, S., Barrett, P. M., Dadds, M. R., Fox, T., & Shortt, A. (1999). The diagnostic interview schedule for children, adolescents, and parents: Initial reliability and validity data. *Behavior Change, 16,* 155-164.

Kavan, C. G. (1995). Review of the Personality Assessment Inventory. In J. C. Conoley & J. C. Impara (Eds.), *The twelfth mental measurements yearbook* (pp. 766-768). Lincoln, NE: University of Nebraska Press.

Kellett, S. C., Beail, N., Newman, D. W., & Mosley, E. (1999). Indexing psychological distress in people with an intellectual disability: Use of the Symptom Checklist-90-R. *Journal of Applied Research in Intellectual Disabilities, 12,* 323-334.

Koenig, H. G. (2006). Differences between depressed patients with heart failure and those with pulmonary disease. *American Journal of Geriatric Psychiatry, 14,* 211-219.

Koenig, H. G., Vandermeer, J., Chambers, A., Burr-Crutchfield, L., & Johnson, J. L. (2006). Comparison of major and minor depression in older medical inpatients with chronic heart and pulmonary disease. *Psychosomatics: Journal of Consultation Liaison Psychiatry, 47,* 296-303.

Krug, S. E. (1980). *The Clinical Analysis Questionnaire manual.* Champaign, IL: IPAT.

Krug, S. E. (1989). Linear T scores norms for the Clinical Analysis Questionnaire. *Multivariate Experimental Clinical Research, 9,* 1-9.

Krug, S. E., & Johns, E. F. (1990). The 16 Personality Factor Questionnaire. In C. E. Watkins, Jr., & V. L. Campbell (Eds.), *Testing in counseling practice. Vocational psychology* (pp. 63-90). Hillsdale, NJ: Lawrence Erlbaum.

Lah, M. I. (1989). Sentence completion measures. In C. S. Newmark (Ed.), *Major psychological assessment instruments* (Vol. 2, pp. 133-163). Needham Heights, MA: Allyn & Bacon.

Martinez, S., Stillerman, L., & Waldo, M. (2005). Reliability and Validity of the SCL-90-R With Hispanic College Students. *Hispanic Journal of Behavioral Sciences, 27,* 254-264.

Masling, J. M. (1997). On the nature and utility of projective tests and objective tests. *Journal of Personality Assessment, 69,* 257-270.

Meyer, G. J. (1999). Introduction to the special series on the utility of the Rorschach for clinical assessment. *Psychological Assessment, 11,* 235-239.

Meyer, G. J. (2004). The reliability and validity of the Rosrschach and Thematic Apperception Test (TAT) compared to other psychological and medical procedures: An analysis of systematically gathered evidence. In M. J. Hilsenroth & D. L. Segal (Eds.), *Comprehensive handbook of psychological assessment, Vol. 2: Personality assessment* (pp. 315-342). Hoboken, NJ: Wiley.

Millon, T. (1990). *Toward a new personology: An*

evolutionary model. New York: Wiley.

Millon, T. (1994). *MCMI-III Manual*. Minneapolis, MN: National Computer Systems.

Millon, T. (1996). *Personality and psychopathology: Building a clinical science: Selected papers of Theodore Millon*. New York: Wiley and Sons.

Millon, T., & Davis, R. (1996). Conceptions of personality disorders: Historical perspectives, the DSMs, and future directions: An evolutionary theory of personality disorders. In J. F. Clarkin & M. F. Lenzenweger (Eds.), *Major theories of personality disorder* (pp. 221-346). New York: Guilford.

Montag, I., & Birenbaum, N. (1989). On the relationship between the MMPI and Cattell's normal and abnormal personality factors. *Multivariate Experimental Clinical Research, 8, 275-286.*

Morey, L. C. (1991). *The Personality Assessment Inventory professional manual*. Odessa, FL: Psychological Assessment Resources.

Morey, L. C. (1995). Critical issues in construct validation: Comment on Boyle and Lennon(1994). *Journal of Psychopathology and Behavioral Assessment, 17,* 393-401.

Morey, L. C. (1996). *An interpretive guide to the personality assessment inventory (PAI)*. Odessa, FL: Psychological Assessment Resources.

Neale, J. M., Davison, G. C., & Haaga, D. A. F. (1996). *Exploring abnormal psychology*. New York: John Wiley.

Nelson, N. W., Parsons, T. D., Grote, D. L., Smith, C. A., & Sisung, J. R., II. (2006). The *MMPI-2* fake bad scale: Concordance and specificity of ture and estimated scores. *Journal of Clinical and Experimental Neuropsychology, 28,* 1-12.

Parker, K. C. H., Hanson, R. K., & Hunsley, J. (1988). MMPI, Rorschach, and WAIS: A meta-analytic comparison of reliability, stability, and validity. *Psychological Bulletin, 103,* 367-373.

Peveler, R. C., & Fairburn, C. G. (1990). Measurement of neurotic symptoms by self-report questionnaire: Validity of the SCL-90R. *Psychological Medicine, 20,* 873-879.

Piotrowski, C., Belter, R. W., & Keller, J. W. (1998). The impact of "managed care" on the practice of psychological testing. *Journal of Personality Assessment, 70,* 441-447.

Rabin, A. I. (1981). Projective methods: A historical introduction. In A. I. Rabin (Ed.), *Assessment with projective techniques: A concise introduction*. New York: Springer.

Rauter, U. K., Leonard, C. E., & Swett, C. P. (1996). SCL-90-R factor structure in an acute, involuntary, adult psychiatric inpatient sample. *Journal of Clinical Psychology, 52,* 625-629.

Retzlaff, P. (1998). Review of the Million Clinical Multiaxial Inventory-III. In J. C. Impara & B. S. Plake (Eds.), *The thirteenth mental measurements yearbook* (pp. 667-668). Lincoln, NE: University of Nebraska Press.

Riethmiller, R. J., & Handler, L. (1997). Problematic methods and unwarranted conclusions in DAP research: Suggestions for improved research procedures. *Journal of Personality Assessment, 69,* 459-475.

Robins, L. N., Helzer, J. E., Croughan, J. L., & Ratcliff, K. S. (1981). National Institute of Mental Health Diagnostic Interview Schedule. *Archives of General Psychiatry, 38,* 381-389.

Rodevich, M. A., & Wanlass, R. L. (1995). The moderating effect of spinal cord injury on MMPI-2 profiies: A clinically derived T score correction procedure. *Rehabilitation Psychology, 40,* 181-190.

Rogers, R., Jackson, R. L., Salekin, K. L., & Neumann, C. S. (2003). Assessing Axis I symptomatology on the SADS-C in two correctional samples: The validation of subscales and a screen for malingered presentations. *Journal of Personality Assessment, 81,* 281-290.

Rogers, R., Sewell, K. W., Morey, L. C., & Ustad, K. L. (1996). Detection of feigned mental disorders on the Personality Assessment Inventory: A discriminant analysis. *Journal of Personality Assessment, 67,*

629-640.

Scheibe, S., Bagby, R. M., Miller, L. S., & Dorian, B. J. (2001). Assessing Posttraumatic Stress Disorder With the MMPI-2 in a Sample of Workplace Accident Victims. *Psychological Assessment, 13,* 369-374.

Schinka, J. A. (1995). PAI profiles in alcohol-dependent patients. *Journal of Personality Assessment, 65,* 35-51.

Schinka, J. A., Curtiss, G., & Mulloy, J. M. (1994). Personality variables and self-medication in substance abuse. *Journal of Personality Assessment, 63,* 413-422.

Schmitz, N., Hartkamp, N., & Kiuse, J. (2000). The Symptom Check List-90-R: A German validation study. *Quality of Life Research: An International Journal of Quality of Life Aspects of Treatment, Care & Rehabilitation, 9,* 185-193.

Schuckit, M. A. (2006). The empirical basis of substance use disorders diagnosis: Research recommendations for the Diagnostic and Statistical Manual of Mental Disorders, fifth edition *(DSM-V). Addiction, 10,* 170-173.

Segal, D. I. (1997). Structured interviewing and DSM classification. In S. M. Turner & M. Hersen (Eds.), *Adult psychopathology and diagnosis* (3rd ed., pp. 24-57). New York: John Wiley.

Simms, L. H., Casillas, A., Clark, L. A., Watson, D., & Doebbling, B. N. (2006). Psychometric evaluation of the restructured clinical scales of the *MMPI-2. Psychological Assessment, 17,* 345-358.

Smith, D. C., Huber, D. L., & Hall, J. A. (2005). Psychometric evaluation of the structured clinical interview for DSM-IV childhood diagnoses (KID-SCID). *Journal of Human Behavior in the Social Environment, 11,* 1-21.

Spielberger, C. D., Sydeman, S. J., Owen, A. E., & Marsh, B. J. (1999). Measuring anxiety and anger with the State-Trait Anxiety Inventory (STAI) and the State-Trait Anger Expression Inventory (STAXI). In M. E. Maruish (Ed.), *The use of psychological testing for treatment planning and outcomes assessment* (2nd ed., pp. 993-1021). Mahwah, NJ: Lawrence Erlbaum Associates.

Spitzer, R. L., Endicott, J., & Robins, E. (1978). Research diagnostic criteria: Rationale and reliability. *Archives of General Psychiatry, 31,* 197-203.

Spitzer, R. L., Williams, J. B. W., & Gibbon, M. (1987). *Structured clinical interview for DSM-III-R (SCID).* New York: New York State Psychiatric Institute.

Spitzer, R. L., Williams, J. B. W., Gibbon, M., & First, M. B. (1987). The structured clinical interview for DSM-Ⅲ-R (SCID): Ⅰ. History, rationale, and description. Archives of General Psychiatry, 49, 624-629.

Spotts, J. V., & Shontz, F. C. (1991). Drug misuse and psychopathology: A meta-analysis of 16PF research. *International Journal of the Addictions, 26,* 923-944.

Steinberg, M. (2000). Advances in the clinical assessment of dissociation: The SCID-D-R. *Bulletin of the Menninger Clinic, 64,* 146-163.

Strack, S. (1999). *Essentials of Millon inventories assessment.* New York: Wiley.

Stricker, G., & Gold, J. R. (1999). The Rorschach: Toward a nomothetically based, idiographically applicable configurational model. *Psychological Assessment, 11,* 240-250.

Tisdale, M., Pendleton, L., & Marler, M. R. (1990). MCMI characteristics of DSM-III-R bulimics. *Journal of Personality Assessment, 55,* 466-483.

Usdane, W. M. (1971). The state of the art: Rehabilitation research utilization. In W. S. Neff (Ed.), *Rehabilitation psychology* (pp. 321-326). Washington, DC: American Psychological Association.

van der Laan, L., van Spaendonck, K., Horstink, M. W. I. M., & Goris, R. J. A. (1999). The Symptom Checklist-90 Revised Questionnaire: No psychological profiles in complex regional pain syndrome-dystonia. *Journal of Pain and Symptom Management, 17,* 357-362.

Vendrig, A. A., Derksen, J. J. L., & de Mey, H. R.

(1999). Utility of selected MMPI-2 scales in the outcome prediction for patients with chronic back pain. *Psychological Assessment, 11,* 381-385.

Viglione, D. J. (1999). A review of recent research addressing the utility of the Rorschach. *Psychological Assessment, 11,* 251-265.

Watkins, C. E., Jr., Campbell, V. L., Nieberding, R., & Hallmark, R. (1995). Contemporary practice of psychological assessment by clinical psychologists. *Professional Psychology Theory, Research, and Practice, 26,* 54-60.

Wells, K. B., Burnam, M. A., Leake, B., & Robins, L. N. (1988). Agreement between face-to-face and telephone-administered versions of the depression section of the NIMH Diagnostic Interview Schedule. *Journal of Psychiatric Research, 22,* 207-220.

White, L. J. (1996). Review of the Personality Assessment Inventory (PAI-superTM): A new psychological test for clinical and forensic assessment. *Australian Psychologist, 31,* 38-40.

Widiger, T. A. (1999). Millon's dimensional polarities. *Journal of Personality Assessment, 72,* 365-389.

Williams, D., Urban, B., Keefe, F. J., Shutty, M. S., & France, R. (1995). Cluster analyses of pain patients' responses to the SCL-R90. *Pain, 61,* 81-91.

Williams, J. E., & Weed, N. C. (2004). Relative User Ratings of MMPI-2 Computer-Based Test Interpretations. *Assessment, 11,* 316-329.

Woesser, R. (1996). Emotional distress following stroke: Interpretive limitations of the SCL-90-R. *Assessment, 3,* 291-305.

Wood, J. M., Nezworski, M. T., Lilienfeld, S. O., & Garb, H. N. (2002). *What's wrong with the Rorschach? Science confronts the controversial inkblot test.* New York: Jossey-Bass/Wiley.

Zaza, A. S., & Barke, C. R. (1986). A review of the Clinical Analysis Questionnaire. *Journal of Counseling and Development, 64,* 413-414.

Zubieta, J. K., Demitrack, M. A., Fenick, A., & Krahn, D. D. (1995). Obsessionality in eating-disordered patients: Relationship to clinical presentation and two year outcome. *Journal of Psychiatric Research, 29,* 333-342.

〈제8장〉

Allport, G. W., Vernon, P. E., & Lindzey, G. (1970). *Manual: Study of values.* Boston: Houghton Mifflin.

American College Testing. (1995). *Technical manual: Revised unisex edition of the ACT Interest Inventory (UNIACT).* Iowa City, IA: ACT.

Becker, R. L. (2000). *Reading-Free Vocational Interest Inventory: 2 manual.* Columbus, OH: Elbern.

Betz, E. L. (1969). Need-reinforcer correspondence as a predictor of satisfaction. *Personnel and Guidance Journal, 45,* 878-883.

Blustein, D. L. (1999). Career development theories and the school-to-work transition: A match made in heaven? *Career Development Quarterly, 47,* 348-352.

Blustein, D. L., Kenna, A. C., & Murphy, K. A. (2005). Qualitative research in career development: Exploring the center and margins of discourse about careers and working. *Journal of Career Assessment, 13,* 351-370.

Blustein, D. L., Phillips, S. D., Jobin-Davis, K., Finkelberg, Si., & Roarke, A. E. (1997). A theory-building investigation of the school-to-work transition. *Counseling Psychologist, 25,* 364-402.

Bolton, B. (1985). Review of the USES Interest Inventory. In D. J. Keyser & R. C. Sweetland (Eds.), *Test critiques* (Vol. 3, pp. 673-681). Austin, TX: PRO-ED.

Botterbusch, K. F. (1983). *A comparison of computerized job matching systems.* Menomonie: University of Wisconsin-Stout, Materials Development Center.

Brook, S. L., & Ciechalski, J. C. (1994). Review of Minnesota Importance Questionnaire. In J. T. Kapes, M. M. Mastie, & E. A. Whitfield (Eds.), *A counselor's guide to career assessment instruments* (3rd ed., pp. 220-225). Alexandria, VA: National Career Development Association.

Brown, M. (2001). *The fourteenth mental measurements yearbook*. Lincoln, NE: University of Nebraska Press.

Callahan, M. J., & Garner, J. B. (1997). *Keys to the workplace*. Baltimore: Brookes.

Campbell, D. P., & Holland, J. L. (1972). Applying Holland's theory to Strong's data. *Journal of Vocational Behavior, 2*, 353-376.

Campbell, D. P., Hyne, S. A., & Nilsen, D. L. (1992). *Manual for the Campbell Interest and Skill Survey (CISS)*. Minneapolis, MN: National Computer Systems.

Crites, J. O. (1978). Theory and research handbook: Career Maturity Inventory. Monterey, CA: McGraw-Hill.

Daniels, M. H. (1994). Self-directed search. In J. T. Kapes, M. M. Mastie, & E. A. Whitfield (Eds.), *A counselor's guide to career assessment instruments* (3rd ed., pp. 208-212). Alexandria, VA: National Career Development Association.

Dawis, R. V. (1996). The theory of work adjustment and person-environment-correspondence counseling. In D. Brown & L. Brooks (Eds.), *Career choice and development* (3rd ed., pp. 75-120). San Francisco: Jossey-Bass.

Dawis, R. V. (2005). The Minnesota theory of work adjustment. In D. Brown & R. Lent (Eds.), *Career development and counseling* (pp. 3-23). Hoboken, NJ: Wiley.

Dewitt, D. W. (1994). Using the Strong with people who have disabilities. In L. W. Harmon, J. C. Hensen, F. H. Borgen, & A. L. Hammer (Eds.), *Strong Interest Inventory: Applications and technical guide* (pp. 281-290). Palo Alto, CA: CPP.

Doering, M., Rhodes, S., & Kaspin, J. (1988). Factor structure comparison of occupational needs and reinforcers. *Journal of Vocational Behavior, 32* (2), 127-138.

Donnay, D. A. C., Morris, M. L., Schaubhut, N. A., & Thompson, R. C. (2005). *Strong Interest Inventory: Manual*. Palo Alto, CA: CPP.

Drummond, R. J. (1996). *Appraisal procedures for counselors and helping professionals* (3rd ed.). Englewood Cliffs, NJ: Merrill.

Elizur, D., & Tziner, A. (1977). Vocational needs, job rewards, and satisfaction: A canonical analysis. *Journal of Vocational Behavior, 10*, 205-211.

Everson, J. M., & Ried, D. H. (1997). Using person-centered planning to determine employment preferences among people with the most severe developmental disabilities. *Journal of Vocational Rehabilitation, 9*, 99-108.

Fabian, E. S., & Liesener, J. L. (2005). Promoting the career potential of youth with disabilities. In S. C. Brown & R. W. Lent (Eds.), *Career development and counseling* (pp. 551-572). Hoboken, NJ: Wiley.

Feldman, D. (2004). The role of physical disabilities in early career: Vocational choice, the school-to-work transition, and becoming established. *Human Resource Management Review, 14*, 247-274.

Fouad, N. A. (1999). Validity evidence for interest inventories. In A. Spokane & M. L. Savickas (Eds.) *Vocational interests* (pp. 193-210). Palo Alto, CA: Davies-Black.

Fouad, N. A. (2002). Cross cultural differences in vocational interests: Between group differences on the Strong Interest Inventory. *Journal of Counseling Psychology, 49*, 283-289.

Fouad, N. A., & Hansen, J. C. (1987). Cross-cultural predictive accuracy of the Strong-Campbell Interest Inventory. *Measurement and Evaluation in Guidance, 20*, 3-10.

Fouad, N. A., Hansen, J. C., & Arias-Galicia, F. (1986). Multiple discriminant analysis of cross-cultural similarity of vocational interests of lawyers and engineers. *Journal of Vocational Behavior, 28*, 85-96.

Fouad, N. A., Hansen, J. C., & Arias-Galicia, F. (1989). Cross-cultural similarity of vocational interests of professional engineers. *Journal of Vocational*

Behavior, 34, 88-99.

Fouad, N. A., Harmon, L. W., & Hansen, J. C. (1994). Cross-cultural use of the Strong. In L. W. Harmon, J. C. Hansen, F. W. Borgen, & A. L. Hammer (Eds.), *Strong Interest Inventory: Applications and technical guide* (pp. 255-280). Stanford, CA: Stanford University Press.

Fouad, N. A., & Mohler, C. (2004). Cultural validity of Holland' s theory and the Strong Interest Inventory for five racial/ethnic groups. *Journal of Career Assessment, 12,* 423-439.

Gade, E. M., Fugua, D., & Hurlburt, G. (1984). Use of the SDS with Native American high school students. *Journal of Counseling Psychology, 31,* 584-587.

Gati, I., Krausz, M., & Osipow, S. H. (1996). A taxonomy of difficulties in career decision making. *Journal of Counseling Psychology, 43,* 510-526.

Gay, E. G., Weiss, D. J., Hendel, D. D., Dawis, R. V., & Lofquist, L. H. (1981). *Manual for Minnesota Importance Questionnaire. Minnesota Studies in Vocational Rehabilitation* (28). Minneapolis: University of Minnesota.

Geist, H. G. (1975). *Manual for the Geist Picture Interest Inventory: Revised.* Los Angeles: Western Psychological Services.

Gottfredson, G. D., & Holland, J. L. (1975). Vocational choices of men and women: A comparison of predictors from the Self-Directed Search. *Journal of Counseling Psychology, 22,* 28-34.

Gottfredson, G. D., Holland, J. L., & Ogawa, D. K. (1996). *Dictionary of Holland Occupational Codes.* Odessa, FL: Psychology Assessment Resources.

Hagner, D., McGahie, K., & Cloutier, H. (2001). A model career assistance process for individuals with severe disabilities. *Journal of Employment Counseling, 38,* 197-206.

Hansen, J. C. (2005). Assessment of interests. In S. D. Brown & R. W. Lent (Eds.), *Career development and counseling: Putting theory and research to work* (pp. 281-304). Hoboken, NJ: Wiley.

Hansen, J. C. & Scullard, M. G. (2002). Psychometric evidence for the Leisure Interest Questionnaire and analyses of the structure of leisure interests. *Journal of Counseling Psychology, 49,* 331-341.

Harrington, T. F., & O'Shea, A. J. (2000). *Manual: The Career Decision-Making System-Revised.* Circle Pines, MN: American Guidance Service.

Henry, P., Bardo, H., & Bryson, S. (1988). The impact of race and gender on Holland' s Self-Directed Search for nontraidtional premedical students. *College Student Journal, 22,* 206-212.

Herr, E. L., & Niles, S. (1997). Perspectives on career assessment of work-bound youth. *Journal of Career Assessment, 5,* 137-150.

Holland, J. L. (1978). *Manual for the Vocational Preference Inventory.* Palo Alto, CA: CPP,

Holland, J. L. (1997). *Making vocational choices: A theory of vocational personalities and work environments* (3rd ed.). Odessa, FL: Psychological Assessment Resources.

Holland, J. L., Fritzsche, B. A., & Powell, A. B. (1994). *The Self-Directed Search.* Odessa, FL: Psychological Assessment Resources.

Impara, J. C., & Plake, B. S. (Eds.). (1998). *The thirteenth mental measurements yearbook.* Lincoln, NE: University of Nebraska Press.

Jackson, D. N. (1994). *Jackson Personality Inventory-Revised Test Manual.* Port Huron, MI: Sigma Assessment Systems.

Kapes, J. T., Mastie, M. M., & Whitfield, E. A. (1994). *A counselor's guide to career assessment instruments* (3rd ed.). Alexandria, VA: National Career Development Association.

Keller, L. M., Bouchard, T. J., Arvey, R. D., & Segal, N. L. (1992). Work values: Genetic and environmental influence. *Journal of Applied Psychology, 77*(1), 79-88.

Keyser, D. J., & Sweetland, R. C. (Eds.). (1984-1985). *Test critiques* (Vols. 1-4). Austin, TX: PRO-ED.

Khan, S. B., & Alvi, S. A. (1991). The structure of Holland's typology: A study in nonwestern culture. *Journal of Cross-Cultural Psychology, 22,* 283-

292.

Klein, M. L., Wheaton, J. E., & Wilson, K. B. (1997). The career assessment of persons with disabilities: A review. *Journal of Career Assessment, 5,* 203–211.

Knapp, L., & Knapp, R. R. (1983). *Technical manual: Career Occupational Preference System* (Form R). San Diego, CA: Educational and Industrial Testing Service.

Kosciulek, J. (1998). Empowering life choices of people with disabilities through career counseling. In N. C. Gysbers, M. J. Heppner, & J. Johnston (Eds.), *Career counseling: Process, issues, and techniques* (pp. 109–122). Boston: Allyn & Bacon.

Krumboltz, J. D. (1991). *Manual for the Career Beliefs Inventory.* Palo Alto, CA: CPP.

Kunce, J. T. (1969). Vocational interest, disability, and rehabilitation. *Rehabilitation Counseling Bulletin, 12,* 201–210.

Lent, R. W., & Worthington, R. L. (2000). On school-to-work transition, career development theories, and cultural validity. *Career Development Quarterly, 48,* 376–384.

Lichter, D. J. (1980). *The prediction of job satisfaction as an outcome of career counseling.* Unpublished doctoral dissertation, University of Minnesota.

Lofquist, L. H., & Dawis, R. V. (1969). *Adjustment to work.* New York: Appleton-Century-Crofts.

Menchetti, B. M., & Garcia, L. A. (2003). Personal and employment outcomes of person-centered career planning. *Educational and Training in Developmental Disabilities, 38,* 145–156.

Meresman, J. F. (1975). *Biographical correlates of vocational needs.* Unpublished doctoral dissertation, University of Minnesota.

Miller, M., Springer, T., & Wells, D. (1988). Which occupational environments do black youths prefer? Extending Holland's typology. *School Counselor, 36,* 103–105.

Noonan, B., Gallor, S., & Hensler-McGinnis, N. (2004). Challenge and success: A qualitative study of the career development of highly achieving women with physical and sensory disabilities. *Journal of Counseling Psychology, 51,* 68–80.

Ochs, L. A., & Roessler, R. T. (2004). Predictors of career exploration intentions: A social cognitive career theory perspective. *Rehabilitation Counseling Bulletin, 47,* 224–233.

Overs, R. P. (1970). A model for avocational counseling. *Journal of Health & Physical Education Recreation, 41,* 36–38.

Overs, R. P. (1971). *Avocational Activities Inventory* (Milwaukee Media for Rehabilitation Research Reports Series, No. 5). Milwaukee, WI: Curative Workshop.

Power, P. (2000). *A guide to vocational assessment* (3rd ed.). Austin, TX: PRO-ED.

Psychological Corp. (1981). *Norms and scale clarity tables: Ohio Vocational Interest Survey.* New York: Author.

Pugh, R. C. (1998). Campbell Interest and Skill Survey. In J. C. Impara & B. S. Plake (Eds.), *The thirteenth mental measurements yearbook.* Lincoln, NE: University of Nebraska Press.

Rohe, D. E., & Athelstan, G. T. (1982). Vocational interest of persons with spinal cord injury. *Journal of Counseling Psychology, 29,* 283–291.

Rohe, D. E., & Athelstan, G. T. (1985). Change in vocational interests after spinal cord injury. *Rehabilitation Psychology, 30,* 131–143.

Rohe, D. E., & Krause, J. S. (1998). Stability of interests after severe physical disability: An 11-year longitudinal study. *Journal of Vocational Behavior, 52,* 45–58.

Rohe, D. E. & Krause, J. S. (1999). Vocational interests of middle-aged men with traumatic spinal cord injury. *Rehabilitation Psychology, 44,* 160–175.

Rojewski, J. W. (1996). Occupational aspirations and early career choice patterns of adolescents with and without learning disabilities. *Learning Disability Quarterly, 19,* 99–116.

Rojewski, J. W. (1999). Occupational and educational aspirations and attainment of young adults with and without LD 2 years after high school completion. *Journal of Learning Disabilities, 32,* 533-552.

Roszkowski, M. J. (1998). *Campbell Interest and Skill Survey.* In J. C. Impara & B. S. Plake (Eds.), *The thirteenth mental measurements yearbook.* Lincoln, NE: University of Nebraska Press.

Rounds, J. B. (1981). *The comparative and combined utility of need and interest data in the prediction of job satisfaction.* Unpublished doctoral dissertation, University of Minnesota.

Rounds, J. B., Dawis, R. V., & Lofquist, L. H. (1979). Life history correlates of vocational needs for a female adult sample. *Journal of Counseling Psychology, 26,* 487-496.

Rounds, J. B., Jr., Henly, G. A., Dawis, R. V., Lofquist, L. H., & Weiss, D. J. (1981). *Manual for the Minnesota Importance Questionnaire: A measure of vocational needs and values.* Minneapolis: University of Minnesota, Center for Interest Measurement Research.

Salazar, R. C. (1981). *The prediction of satisfaction and satisfactoriness for counselor training graduates.* Unpublished doctoral dissertation, University of Minnesota.

Sampson, J. P., Jr., Purgar, M. P., & Shy, J. D. (2003). Computer-based test interpretation in career assessment: Ethical and professional issues. *Journal of Career Assessment, 11,* 22-39.

Sampson, J. P., Jr., Reardon, R. C., Wilde, D. S., Peterson, N. G., Strausberger, S. J., Garis, J. W., et al. (1994). A comparison of the assessment components of fifteen computer-assisted career guidance systems. In J. T. Kapes, M. M. Mastie, & E. A. Whitfield (Eds.), *A counselor's guide to career assessment instruments* (3rd ed., pp. 373-380). Alexandria, VA: National Career Development Association.

Savickas, M. L. (1999). The transition from school to work: A developmental perspective. *Career Development Quarterly, 47,* 326-336.

Schaller, J., Parker, R., & Garcia, S. B. (1998). Moving toward culturally competent rehabilitation counselling services: Issues and practices. *Journal of Applied Rehabilitation Counseling, 29,* 40-48.

Sinick, D. (1976). Counseling older persons: Career change and retirement. *The Vocational Guidance Quarterly, 25,* 18-25.

Steere, D. E., Gregory, S. P., Heiny, R. W., & Butterworth, J., Jr. (1998). Lifestyle planning: Considerations for use with people with disabilities. In D. R. Atkinson & G. Hackett (Eds.), *Counseling diverse populations* (2nd ed., pp. 155-170). Boston: McGraw-Hill.

Super, D. E. (1970). *Manual: Work Values Inventory.* Chicago: Riverside.

Swanson, J. L., & Fouad, N. A. (1999). Applying theories of person-environment fit to the transition from school to work. *Career Development Quarterly, 47,* 337-347.

Szymanski, E. M. (1997). School-to-work transition: Ecological considerations for career development. In J. L. Swartz & W. E. Martin (Eds.), *Applied ecological psychology for schools within communities: Assessment and intervention* (pp. 167-185). Mahwah, NJ: Erlbaum.

Taylor, K. M., & Betz, N. E. (1983). Applications of self-efficacy theory to the understanding and treatment of career indecision. *Journal of Vocational Behavior, 22,* 64-71.

Thompson, A. S., & Lindeman, R. H. (1984). *Career Development Inventory: Technical manual.* Palo Alto, CA: CPP.

Thorndike, R. M. (1997). *Measurement and evaluation in psychology and education.* Upper Saddle River, NJ: Prentice Hall.

U. S. Department of Defense. (2005). *ASVAB career exploration program: Counselor manual.* Retrieved May 8, 2006, from http://www.asvabprogram.com.

U. S. Department of Labor. (1991). *Dictionary of occupational titles* (4th ed., rev.). Washington, DC: U. S. Government Printing Office.

U. S. Department of Labor. (2000). O*Net Interest Profiler: User's guide, Version 3.0. Retrieved May

5, 2006, from http://www.onetcenter.org.

Walsh, W. B., & Betz, N. E. (2001). *Tests and assessment* (4th ed.). Englewood Cliffs, NJ: Prentice Hall.

Wehman, P., West, M., & Kregel, J. (1999). Supported employment program development and research needs: Looking ahead to the Year 2000. *Education and Training in Mental Retardation and Developmental Disabilities, 34,* 3-19.

Weiss, D. J., Dawis, R. V., Lofquist, L. H., & England, G. W. (1966). *Instrumentation for the theory of work adjustment. Minnesota Studies in Vocational Rehabilitation* (21). Minneapolis: University of Minnesota, Center for Interest Measurement Research.

Whiston, S. C., Brecheisen, B. K., & Stephens, J. (2003). Does treatment modality affect career counseling effectiveness? *Journal of Vocational Behavior, 62,* 390-410.

Worthington, R. L., & Juntunen, C. L. (1997). The vocational development of non-college-bound youth: Counseling psychology and the school-to-work transition movement. *The Counseling Psychology, 25,* 323-363.

Zunker, V. G. (1998). *Career counseling: Applied concepts of life planning* (5th ed.). Pacific Grove, CA: Brooks-Cole.

Zytowski, D. G. (1976). Predictive validity of the Kuder Occupational Interest Survey: A 12-to 19-year follow up. *Journal of Counseling Psychology, 3,* 221-233.

Zytowski, D. G. (2001). *Super's Work Values Inventory-Revised: User manual.* Adel, IA: National Computer Assessment Services.

Zytowski, D. G. (2006). *Kuder Career Search with Person Match Technical manual.* Retrieved June 19, 2006, from http://www.kuder.com/PublicWeb/kcs_manual.aspx.

〈제9장〉

American Psychiatric Association. (2000). *Diagnostic and statistical manual of mental disorders* (4th ed., test rev.). Washington, DC: Author.

Barak, A., & Buchanan, T. (2004). Interest-based psychological testing and assessment. In R. Kraus, J. Zack, & G. Stricker (Eds.), *Online counseling: A handbook for mental health professionals.* London: Elsevier Academic Press.

Berven, N. L. (2004). Assessment. In T. F. Riggar & D. R. Maki (Eds.), *Handbook of rehabilitation counseling* (pp. 199-217). New York: Springer.

Beutler, L. E. (1995). The clinical interview. In L. E. Beutler & M. R. Berren (Eds.), *Integrative assessment of adult personality* (pp. 94-120). New York: Guilford.

Chan, F., Berven, N. L., & Thomas, K. R. (Eds.). (2004). *Counseling theories and techniques for rehabilitation health professionals.* New York: Springer.

Choppa, A. J., & Shafer, K. (1992). Introduction to personal injury and expert witness work. In J. M. Siefker (Ed.), *Vocational evaluation in private sector rehabilitation* (pp. 135-168). Menomonie: University of Wisconsin-Stout, Stout Vocational Rehabilitation Institute.

Cormier, S., & Nurius, P. S. (2003). *Interviewing and change strategies for helpers: Fundamental skills and cognitive behavior interventions* (5th ed.). Pacific Grove, CA: Brooks/Cole.

Cutler, F., & Ramm, A. (1992). Introduction to the basics of vocational evaluation. In J. M. Siefker (Ed.), *Vocational evaluation in private sector rehabilitation* (pp. 31-66). Menomonie: University of Wisconsin-Stout, Stout Vocational Rehabilitation Institute.

Daniels, T., Rigazio-DiGilio, S., & Ivey, A. (1997). Microcounseling: A training and supervision paradigm. In E. Watkins (Ed.), *Handbook of psychology supervision* (pp. 277-295). New York: Wiley.

Drummond, R. J., & Jones, K. D. (2006). *Assessment procedures for counselors and helping professionals* (6th ed.). Upper Saddle River, NJ: Pearson.

Emmelkamp, P. M. G. (2005). Technological innovations in clinical assessment and psychotherapy. *Psychotherapy and Psychosomatics, 74,* 336-343.

Erdman, H. P., Klein, M. H., & Greist, J. H. (1985). Direct patient computer interviewing. *Journal of Consulting and Clinical Psychology, 53,* 760-773.

Farley, R. C., & Rubbin, S. E. (2006). The intake interview. In R. T. Roessler & S. E. Rubin (Eds.), *Case management and rehabilitation counseling: Procedures and techniques* (4th ed., pp. 51-74). Austin, TX: PRO-ED.

First, M. B., Spitzer, R. L., Gibbon, M., & Williams, J. B. W. (1997). *Structured Clinical Interview for DSM-IV Axis I Disorders (SCID-I)-Clinician Version*. Washington, DC: American Psychiatric Press.

Folstein, M. F., Folstein, S. E., & McHugh, P. R. (1975). "Mini-Mental State": A practical method for grading the cognitive state of patients for the clinician. *Journal of Psychiatric Research, 12,* 189-198.

Foster, S. L., & Cone, J. D. (1995). Validity issues in clinical assessment. *Psychological Assessment, 7,* 248-260.

Grab, H. N. (1998). *Studying the clinician: Judgment research and psychological assessment*. Washington. DC: American Psychological Association.

Grab, H. N. (2005). Clinical judgment and decision making. *Annual Review of Clinical Psychology, 1,* 67-89.

Goldstein, A. P., & Higginbotham, H. N. (1991). Relationship-enhancement methods. In F. H. Kanfer & A. P. Goldstein (Eds.), *Helping people change: A textbook of methods* (4th ed.). New York: Pergamon.

Groth-Marnat, G. (2003). *Handbook of psychological assessment* (4th ed.). New York: Wiley.

Haverkamp, B. E. (1993). Confirmatory bias in hypothesis testing for client-identified and counselor self-generated hypotheses. *Journal of Counseling Psychology, 40,* 303-315.

Henry, B., Moffitt, T. E., Caspi, A., Langley, J., & Silva, P. A. (1994). On the "remembrance of things past": A longitudinal evaluation of the retrospective method. *Psychological Assessment, 6,* 92-101.

Hersen, M., & Turner, S. M. (Eds.). (2003). *Diagnostic interviewing* (3rd ed.). New York: Kluwer Academic/Plenum.

Hood, A. B., & Johnson, R. W. (2002). *Assessment in counseling: A guide to the use of psychological assessment procedures* (3rd ed.). Alexandria, VA: American Counseling Association.

Ivey, A. E., & Ivey, M. B. (2007). *Intentional interviewing and counseling: Facilitation client development in a multicultural society* (6th ed.). Pacific Grove, CA: Brooks/Cole.

Kahneman, D., Slovic, P., & Tversky, A. (1982). *Judgment under uncertainty: Heuristics and biases*. New York: Cambridge University Press.

Kaplan, R. M., & Saccuzzo, D. P. (2005). *Psychological testing. Principles, applications, and issues* (6th ed.). Pacific Grove, CA: Brooks/Cole.

Kobak, K. A., Taylor, L. H., Dottl, S. L., Greist, J. H., Jefferson, J. W., Burroughs, D., et al. (1997). Computerized screening for psychiatric disorders in an outpatient community mental health clinic. *Psychiatric Services, 48,* 1048-1057.

Koch, L. C., & Rumrill, P. D. (2005). Interpersonal communication skills for case managers. In F. Chan, M. J. Leahy, & J. L. Saunders (Eds.), *Case management for rehabilitation health professionals* (2nd ed., Vol. 1, pp. 122-143). Osage Beach, MO: Aspen Professional Services.

Lopez, S. R. (1989). Patient variable biases in clinical judgment: Conceptual overview and methodological considerations. *Psychological Bulletin, 106,* 184-203.

Lynch, R. K., & Lynch, R. T. (1998). Rehabilitation counseling in the private sector. In R. M. Parker & E. M. Szymanski (Eds.), *Rehabilitation counseling: Basics and beyond* (3rd ed., pp. 71-105). Austin, TX: PRO-ED.

McArthur, C. (1954). Analyzing the clinical process. *Journal of Counseling Psychology, 1,* 203-208.

Miller, W. R. (1976). Alcoholism scales and objective assessment methods: A review. *Psychological Bulletin, 83,* 649-674.

Morrison, J. (1993). *The first interview. A guide for clinicians.* New York: Guilford.

Parker, R. M., & Bolton, B. (2005). Psychological assessment in rehabilitation. In R. M. Parker, E. M. Szymanski, & J. B. Patterson (Eds.), *Rehabilitation counseling: Basics and beyond* (4th ed., pp. 307-334). Austin, TX: PRO-ED.

Patterson, W. M., Dohn, H. H., & Bird, J. (1983). Evaluation of suicidal patients: The SAD PERSONS scale. *Psychosomatics: Journal of Consultation Liaison Psychiatry, 24,* 343-349.

Pepinsky, H. B., & Pepinsky, P. N. (1954). *Counseling: Theory and practice.* New York: Ronald Press.

Plutchik, R., & Karasu, T. B. (1991). Computers in psychotherapy: An overview. *Computers in Human Behavior, 7,* 33-44.

Power, P. W. (2006). *A guide to vocational assessment* (4th ed.). Austin, TX: PRO-ED.

Rogers, C., Gendlin, E., Kiesler, D., & Truax, C. (1967). *The therapeutic relationship and its impact: A study of psychotherapy with schizophrenics.* Madison: University of Wisconsin Press.

Rogers, R. (2001). *Handbook of diagnostic and structured interviewing.* New York: Guilford.

Rosenthal, D. A., & Berven, N. L. (1999). Effects of client race on clinical judgment. *Rehabilitation Counseling Bulletin, 42,* 243-264.

Sommers-Flanagan, J., & Sommers-Flanagan, R. (2003). *Clinical interviewing* (3rd ed.). Hoboken, NJ: Wiley.

Spitzer, R. L., Williams, J. B. W., Gibbon, M., & First, M. B. (1996). *SCID: Screen patient questionnaire-Extended* [Computer software]. North Tonawanda, NY: Multi-Health Systems.

Strohmer, D. C., Shivy, V. A., & Chiodo, A. L. (1990). Information processing strategies in counselor hypothesis testing: The role of selective memory and expectancy. *Journal of Counseling Psychology, 37,* 465-472.

Strong, S. R. (1968). Counseling: An interpersonal influence process. *Journal of Counseling Psychology, 15,* 215-224.

Toppino, D., & Boyd, D. (1996). Wage loss analysis: Vocational expert foundation and methodology. *American Rehabilitation Economics Association Journal, 1,* 1-12.

Vacc, N. A., & Juhnke, G. A. (1997). The use of structured clinical interviews for assessment in counseling. *Journal of Counseling and Development, 75,* 470-480.

Whiston, S. C. (2005). *Principles and applications of assessment in counseling* (2nd ed.). Belmont, CA: Brooks/Cole.

〈제10장〉

Andresen, E. (2000). Criteria for assessing the tools of disability outcomes research. *Archives of Physical Medicine and Rehabilitation, 81,* 15-20.

Bolton, B. (1994). Acceptance of Disability Scale. In D. J. Keyser & R. C. Sweetland (Ed.), *Test Critiques* (Vol. 10, pp. 8-12). Austin, TX: PRO-ED.

Bolton, B., & Brookings, J. (1998). Development of a measure of intrapersonal empowerment. *Rehabilitation Psychology, 43,* 131-142.

Brookings, J., & Bolton, B. (2000). Confirmatory factor analysis of a measure of intrapersonal empowerment. *Rehabilitation Psychology, 45.*

Brown, M., Gordon, W. A., & Diller, L. (1984). Rehabilitation Indicators. In A. S. H. M. J. Fuhrer (Ed.), *Functional Assessment in Rehabilitation* (pp. 187-203). Baltimore: Paul H. Brookes Publishing Company.

Craig Hospital Research Department. (1999). *Manual of the Craig Hospital Inventory of Environmental Factors.* Englewood, CO: Craig Hospital.

Crewe, N. M. (1987). Assessment of physical functioning. In B. Bolton (Ed.), *Handbook of measurement and evaluation in rehabilitation* (pp. 235-247). Baltimore: Paul H. Brookes Publishing Company.

Crewe, N. M., & Athelstan, G. T. (1981). Functional assessment in vocational rehabilitation: A systematic approach to diagnosis goal setting. *Archives of Physical Medicine & Rehabilitation, 62,* 299-305.

Crewe, N. M., & Athelstan, G. T. (1984). *Functional Assessment Inventory manual.* Menomonie, WI: Materials Development Center, University of Wisconsin, Stout.

Crewe, N. M., Athelstan, G. T., & Meadows, G. K. (1975). Vocational diagnosis through assessment of functional limitations. *Archives of Physical Medicine & Rehabilitation, 56,* 513-516.

Crewe, N. M., & Dijkers, M. (1995). Functional Assessment. In L. A. Cushman & M. J. Scherer (Eds.), *Psychological Assessment in Medical Rehabilitation* (pp. 101-144). Washington, DC: American Psychological Association.

Cushman, L. A., & Scherer, M. J. (Eds.). (1995). Psychological Assessment in Medical Rehabilitation. Washington, DC: American Psychological Association.

Dembo, T., Leviton, G. L., & Wright, B. A. (1956). Adjustment to misfortune: A problem in social-psychological rehabilitation. *Artificial Limbs, 3,* 4-62.

Dijkers, M., with the CHART study group. (1991). Scoring CHART: Survey and sensitivity analysis. *Journal of the American Paraplegia Society, 14,* 85-86.

Diller, L., Fordyce, W., Jacobs, D., Brown, M., Gordon, W., Simmens, S., et al. (1983). *Final report: Rehabilitation Indicators Project (Grant No. G008003039).* New York: New York University Medical Center.

Frey, W. D. (1984). Functional assessment in the '80s. In A. S. Halpern & M. J. Fuhrer (Eds.), *Functional Assessment in Rehabilitation* (pp. 11-43). Baltimore: Paul H. Brookes.

Goldberg, R. T., Bernad, M., & Granger, C. V. (1980). Vocational status: Prediction by the Barthel Index and PULSES Profile. *Archives of Physical Medicine & Rehabilitation, 61,* 580-583.

Goldberg, R. T., Hannon, H., & Granger, C. V. (1977). Vocational and functional assessment of clients reopened for service. *Scandinavian Journal of Rehabilitation Medicine, 9,* 85-90.

Granger, C. V. (1982). Health accounting functional assessment of the long term patient. In G. S. F. J. Kottke, & J. S. Lehmann (Ed.), *Krusen's Handbook of Physical Medicine and Rehabilitation.* Philadelphia: W. B. Saunders.

Granger, C. V., Albrecht, G. L., & Hamilton, B. B. (1979). Outcome of comprehensive medical rehabilitation measurement by PULSES Profile and Barthel Index. *Archives of Physical Medicine & Rehabilitation, 60,* 145-154.

Granger, C. V., Hamilton, B. B., Linacre, J. M., Heinemann, A. W., & Wright, B. D. (1993). Performance profiles of the Functional Independence Measure. *American Journal of Physical Medicine and Rehabilitation, 72,* 84-89.

Gray, D. B. (1999). *A test battery to assess participation and environment with mobility limitations.* Paper presented at the annual conference of the American Public Health Association, Chicago.

Grebinger, E., Fawcett, P., Chmela, J., Baber, K., Watts, J., Cash, S. H., et al. (1997). Validity of the Functional Autonomy Rating Scale. *Journal of Rehabilitation Outcomes Measurement, 1,* 1-13.

Gresham, G. E., Phillips, T. F., & Labi, M. L. C. (1980). ADL status in stroke: Relative merits of three standard indexes. *Archives of Physical Medicine & Rehabilitation, 61,* 355-358.

Hahn, E. A., & Cella, D. (2003). Health outcomes assessment in vulnerable populations: Measurement challenges and recommendations. *Archives of Physical Medicine and Rehabilitation, 84,* 35-42.

Heinemann, A. W., Linacre, J. M., Wright, B. D., Hamilton, B. B., & Granger, C. (1993). Relationships between impairment physical disability as measured by the Functional

Independence Measure. *Archives of Physical Medicine & Rehabilitation, 74,* 566-573.

Homa, D. B., & Peterson, D. B. (2005). Using the International Classification of Functioning, Disability and Health(ICF) in teaching rehabilitation client assessment. *Rehabilitation Education, 19,* 119-128.

Jette, D. U., Warren, R. L., & Wirtalla, C. (2005). Functional independence domains in patients receiving rehabilitation in skills nursing facilities: Evaluation of psychometric properties. *Archives of Physical Medicine and Rehabilitation, 86,* 1089-1094.

Keany, K. C. M. H., & Glueckauf, R. L. (1993). Disability and value change: An overview and reanalysis of acceptance of loss theory. *Rehabilitation Psychology, 38,* 199-210.

Keith, R. A. (1984). Functional assessment measures in medical rehabilitation: Current status. *Archives of Physical Medicine & Rehabilitation, 64,* 74-78.

Linkowski, D. C. (1987). *The Acceptance of Disability Scale.* Washington, DC: George Washington University, Rehabilitation Research and Training Center.

Neath, J., Bellini, J., & Bolton, B. (1997). Dimensions of the Functional Assessment Inventory for five disability groups. *Rehabilitation Psychology, 42,* 183-207.

Nosek, M. A. (1992). Independent Living. In R. M. Parker & E. M. Szymanski (Eds.), *Rehabilitation Counseling: Basics and Beyond* (pp. 103-133). Austin, TX: PRO-ED.

Nosek, M. A., Fuhrer, M. J., & Howland, C. A. (1992). Independence among people with disabilities: II. Personal Independence Profile. *Rehabilitation Counseling Bulletin, 36,* 21-36.

Peterson, D. B. (2005). The International Classification of Functioning, Disability, and Health (ICF): A primer for rehabilitation educators. *Rehabilitation Counseling Bulletin, 19,* 81-94.

Peterson, D. B., & Rosenthal. D. A. (2005). The International Classification of Functioning, Disability, and Health (ICF): A primer for rehabilitation educators. *Rehabilitation Counseling Bulletin, 19,* 81-94.

Scheer, S. J. (Ed.). (1990). *Multidisciplinary Perspectives in Vocational Assessment of Impaired Workers.* Rockville, MD: Aspen.

Stineman, M. G., Shea, J. A., Jette, D. U., Warren, R. L., & Wirtalla, C. (1997). The Functional Independence Measure: Tests of scaling assumptions, structure and reliability across 20 diverse impairment categories. *Archives of Physical Medicine and Rehabilitation, 77,* 1101-1108.

United States Department of Labor. (1991). *Dictionary of Occupational Titles* (4th ed.). Indianapolis, IN: JIST. Available online at: http://www.wave.net/upg/immigration/dot_index.html.

Whiteneck, G. G., Charlifue, S. W., Gerhart, K. A., Overholser, J. D., & Richardson, G. N. (1992). Quantifying handicap: A new measure of long-term rehabilitation outcomes. *Archives of Physical Medicine & Rehabilitation, 73,* 519-526.

Whiteneck, G. G., Harrison-Felix, C. L., Mellick, D. C., Brooks, C. A., Charlifue, S. B., & Gerhart, K. A. (2004). Quantifying environmental factors: A measure of physical, attitudinal, service, productivity, and policy barriers. *Archives of Physical Medicine and Rehabilitation, 85,* 1324-1335.

Wickstrom, R. J. (1990). Functional Capacity Testing. In S. J. Scheer (Ed.), *Multidisciplinary Perspectives in Vocational Assessment of Impaired Workers* (pp. 73-88). Rockville, MD: Aspen.

World Health Organization. (1980). *International classification of impairments, disabilities, and handicaps: A manual of classification relating to the consequences of disease.* Geneva: World Health Organization.

〈제11장〉

American Psychiatric Association. (1994). *Diagnostic*

and statistical manual of mental disorders (4th ed.). Washington, DC: American Psychiatric Association.

Baddeley, A. (1986). *Working memory*. New York: Oxford University Press.

Benton, A. L., Hamsher, K. de S., & Sivan, A. B. (1994). *Multilingual aphasia examination*. Iowa City, IA: AJA.

Buschke, H., & Fuld, P. (1974). Evaluating storage, retention and retrieval in disordered memory and learning. *Neurology, 11,* 1019-1025.

Bush, S. S., Ruff, R. M., Tröster, A. I., Barth, J. T., Koffler, S. P., Pliskin, N. H., et al. (2005). Symptom validity assessment: Practice issues and medical necessity. (NAN Policy & Planning Committee). *Archives of Clinical Neuropsychology*, 20, 419-426.

Delis, D. C., Kramer, J. H., Kaplan, E., & Ober, B. A. (1987). *California verbal learning test manual*. New York: Psychological Corporation.

Gronwall, D. M. A., & Sampson, H. (1974). *The psychological effects of concussion*. Auckland, New Zealand: Auckland University Press/Oxford University Press.

Jones-Gotman, M., & Milner, B. (1977). Design fluency: The invention of nonsense drawings after focal cortical lesions. *Neuropsychologia, 15,* 653-672.

Kahneman, D., & Treisman, A. (1984). Changing views of attention and automaticity. In R. Parasuraman & D.R. Davies (Eds.), *Varieties of attention* (pp. 29-61). Orlando, FL: Academic Press.

Kiernan, F. J., Mueller, J., Langston, J. W., & Van Dyke, C. (1987). The neurobehavioral cognitive status examination. *Annals of Internal Medicine, 107,* 481-485.

Kornhuber, H. H. (1984). Attention, readiness for action, and the stages of voluntary decision: Some electrophysiological correlates in man. In O. Creutzfeldt, R.F. Schmidt, & W.D. Willis (Eds.), *Sensory-Motor Integration in the Nervous System: International symposium held on the occasion of the 80th birthday of Sir John Eccles* (pp. 420-429). New York: Springer-Verlag.

Levin, H. S., O' Donnell, V. M., & Grossman, R. G. (1979). The Galveston Orientation and Amnesia Test: A practical scale to assess cognition after head injury. *Journal of Nervous and Mental Disease, 167,* 675-684.

Lezak, M. (1995). *Neuropsychological assessment* (3rd ed.). New York: Oxford University Press.

Lezak, M., Howieson, D. B., & Loring, D. W.(2004). *Neuropsychological assessment* (4th ed.). New York: Oxford University Press.

Mittenberg, W., Tremont, G., Zielinski, R., Fichera, S., & Rayls, K. (1996). Cognitive-behavioral prevention of postconcussion syndrome. *Archives of Clinical Neuropsychology, 11,* 139-145.

National Institutes of Health. (1998). *NIH Consensus Development Conference on the Rehabilitation of Persons with Traumatic Brain Injury*. Bethesda, MD: Author.

Neumann, O. (1984). Automatic processing: A review of recent findings and a plea for an old theory. In W. Prinz & A. F. Sanders (Eds.), *Cognition and motor processes* (pp. 255-293). Berlin, Germany: Springer-Verlag.

Niemann, H., Ruff, R. M., & Kramer, J. H. (1996). An attempt towards differentiating attentional deficits in traumatic brain injury. *Neuropsychology Review, 6,* 11-46.

Norman, D., & Shallice, T. (1986). *Attention to action: Willed and automatic control of behavior* (Technical Report No. 99). Center for Human Information Processing. Reprinted in revised form in Davidson, R. J., Schwartz, G. E., & Shapiro, D. (Eds.), *Consciousness and self-regulation* (Vol. 4). New York: Plenum Press.

Orsini, D. L., Van Gorp, W. G., & Boone, K. B. (1988). *Adult presentation of learning disorders*. New York: Springer-Verlag.

Pendleton, M., & Heaton, R. (1982). A Comparison of the Wisconsin Card Sorting Test and the Category Test. *Journal of Clinical Psychology, 38,* 392-

396.

Posner, M. I. (1975). Psychobiology of attention. In M.S. Gazzaniga & C. Blakemore (Eds.), *Handbook of psychobiology* (pp. 441-811). New York: Academic Press.

Raskin, S. A., & Mateer, C. A. (2000). *Neuropsychological management of mild traumatic brain injury*. New York: Oxford University Press.

Raven, J. C. (1960). *Guide to the standard progressive matrices*. London: H.K. Lewis.

Reitan, R. M., & Wolfson, D. (1993). *The Halstead-Reitan Neuropsychological Test Battery: Theory and clinical interpretation*. Tucson, AZ: Neuropsychology Press.

Rourke, B. P. (2005). Neuropsychology of learning disabilities: Past and future. *Learning Disability Quarterly, 28,* 111-114.

Ruff, R. M. (1996). *Ruff Figural Fluency Test: Professional manual*. Odessa, FL: Psychological Assessment Resources.

Ruff, R. M., Allen, C. (1996). *Ruff 2 and 7 Selective Attention Test: Professional manual*. Odessa, FL: Psychological Assessment Resources.

Ruff, R. M., & Allen, C. (1999). *Ruff-Light Trail Learning Test: Professional manual*. Odessa, FL: Psychological Assessment Resources.

Ruff, R. M., & Allen, C., Farrow, C., Niemann, H., & Wylie, T. (1994). Figural fluency: Differential impairment in patients with left versus right frontal lobe lesions. *Archives of Clinical Neuropsychology, 9,* 41-55.

Ruff, R. M., Evans, R., & Marshall, L. (1986). Impaired verbal and figural fluency after head injury. *Archives of Clinical Neuropsychology, 1,* 87-101.

Ruff, R. M., Light, R. H., & Parker, S. B. (1996a). Benton Controlled Oral Word Association Test: Reliability and updated norms. *Archives of Clinical Neuropsychology, 11,* 329-338.

Ruff, R. M., Light, R. H., Parker, S. B., & Levin, H. S. (1997). The psychological construct of word fluency. *Brain and Language, 57,* 394-405.

Ruff, R. M., Mueller, J., & Jurica, P. J. (1996b). Estimating premorbid functioning levels after traumatic brain injury. *Neurorehabilitation, 7,* 39-53.

Ruff, R. M., Niemann, H., Allen, C., Farrow, C., & Wylie, T. (1992). The Ruff 2 and 7 selective attention test: A neuropsychological application. *Perceptual and Motor Skills, 75,* 1311-1319.

Shallice, T. (2002). Fractionation of the supervisory system. In D. T. Stuss & R. T. Knight (Eds.), *Principles of the frontal lobe* (pp. 261-277). New York: Oxford University Press.

Shiffrin, R. M., & Schneider, W. (1977). Controlled and automatic human information processing: II. Perceptual learning, automatic attending, and a general theory. *Psychological Review, 84,* 127-190.

Shiffrin, R. M., & Schneider, W. (1984). Theoretical note: Automatic and controlled processing revisited. *Psychological Review, 91,* 269-276.

Sohlberg, M. M., & Mateer, C. A. (1989). *Introduction to cognitive rehabilitation: Theory and practice*. New York: Guilford Press.

Squire, L. (1987). *Memory and the brain*. New York: Oxford University Press.

Stuss, D. (1999, February). *Functions of the frontal lobes: A 10-year update*. Paper presented at the International Neuropsychological Society, 25th Annual Conference, Boston.

Stuss, D., & Benson, D. F. (1984). Neuropsychological studies of the frontal lobes. *Psychological Bulletin, 95,* 3-28.

Teasdale, G., & Jennett, B. (1974). Assessment of coma and impaired consciousness: A practical scale. *Lancet, 2,* 81-84.

Van Zomeren, A. H., & Van den Burg, W. (1985). Residual complaints of patients two years after severe head injury. *Journal of Neurology, Neurosurgery, and Psychiatry, 48,* 21-28.

Varney, N.R., & Roberts, R.J. (1999). *Mild head injury: Causes, evaluation and treatment*. Mahwah, New Jersey: L. Erlbaum Associates.

Wechsler, D. (1997). *Wechsler Memory Scale-Ⅲ*

Manual. New York: Psychological Corporation.

〈제12장〉

Abrams, K., DonAroma, P., Karan, O. C., & Pappanikou, A. J. (1994). Person-centered situational assessment: A new direction for vocational rehabilitation services. *Journal for Vocational and Special Needs Education, 16*(3), 27-32.

Bell, M. D., Lysaker, P., & Bryson, G. (2003). A behavioral intervention to improve work performance in schizophrenia: Work Behavior Inventory Feedback. *Journal of Vocational Rehabilitation, 18,* 43-50.

Bellini, J., Bolton, B., & Neath, J. (1998). Rehabilitation counselors' assessments of applicants' functional limitations as predictors of rehabilitation services provided. *Rehabilitation Counseling Bulletin, 41,* 242-259.

Bennett, G. K. (1965). *Hand-Tool Dexterity Test.* New York: Psychological Corporation.

Bolton, B. (1986). Minnesota Satisfactoriness Scales. In D. J. Keyser & R. C. Sweetland (Eds.), *Test critiques* (Vol. 4, pp. 434-439). Austin, TX: PRO-ED.

Bolton, B. (1991). Becker Work Adjustment Profile. In J. C. Conoley & J. J. Kramer (Eds.), *The eleventh mental measurements yearbook* (pp. 83-84). Lincoln, NE: University of Nebraska Press.

Bolton, B. (1992). The Preliminary Diagnostic Questionnaire. In D. J. Keyser & R. C. Sweetland (Eds.), *Test critiques* (Vol. 9, pp. 405-410). Austin, TX: PRO-ED.

Botterbusch, K. F. (1978). *A guide to job site evaluation.* Menomonie, WI: University of Wisconsin-Stout, The Rehabilitation Resource.

Botterbusch, K. F. (1987). *Vocational assessment and evaluation systems: A comparison.* Menomonie, WI: University of Wisconsin-Stout, The Rehabilitation Resource.

Botterbusch, K. F. (2005). Work samples. In D. F. Roberts (Ed.), *The review manual for vocational evaluators* (pp. 286-298). Athens, GA: Elliott & Fitzpatrick.

Brown, C., McDaniel, R., & Couch, R. (1994). *Vocational evaluation systems and software: A consumer's guide.* Menomonie, WI: University of Wisconsin-Stout, The Rehabilitation Resource.

Buros Institute on Mental Measurements. (2006). *Behavior assessment.* Retrieved April 14, 2007, from http://www.unl.edu/buros/bimm/html/index19.html.

Christopherson, B. B. (1995). VALPAR and methods-time measurement (MTM). *VALPAR Views and News, 1*(1), 2.

Christopherson, B. B. (1996). VALPAR's learning curve, methods-time measurement, and the worker qualifications profile. *VALPAR Views and News, 1*(2), 2.

Commission on Vocational Evaluation and Work Adjustment. (2006). Guiding principles. Retrieved May 14, 2006, from http://www.ccwaves.org/aboutus/principles.html.

Corthell, D. W., & Griswold, P. P. (1987). *The use of vocational evaluation in VR. Fourteenth Institute on Rehabilitation Issues.* Menomonie, WI: University of Wisconsin-Stout, Research and Training Center.

Costello, J. J. (1991). *Fundamentals of vocational assessment.* Tucson, AZ: RPM Press.

Crewe, N. M., & Athelstan, G. T. (1984). *Functional Assessment Inventory manual.* Menomonie, WI: University of Wisconsin-Stout, Research and Training Center.

Dunn, P. (2004). Understanding transferable skills analysis as a tool in vocational assessment. In C. M. Donnell & Y. V. Edwards (Eds.). *National Association of Multicultural Rehabilitation Concerns eleventh annual summer training conference proceedings.* Retrieved April 14, 2007, from http://www.rcepv.siu.edu/namrc/.

Economic Research Institute. (2006). *Dictionary of occupational titles.* Retrieved April 14, 2007, from http://www.erieri.com/index.cfm?fuseaction=eDOT.Main.

Elliott & Fitzpatrick. (2006). *Functional capacity checklist*. Athens, GA: Author.

Fewell, S. (1988). Situational assessment in an integrated setting for survivors of traumatic brain injury. In R. Fry (Ed.), *The issues papers: Fourth National Forum on Issues in Vocational Assessment* (pp. 187–193). Menomonie, WI: University of Wisconsin-Stout, The Rehabilitation Resource.

Geisser, M. E., Robinson, M. E., Miller, Q. L., & Blade, S. M. (2003). Psychosocial factors and functional capacity evaluation among persons with chronic pain. *Journal of Occupational Rehabilitation, 13,* 259–276.

Gibson, D. L., Weiss, D. J., Dawis, R. V., & Lofquist, L. H. (1970). *Manual for the Minnesota Satisfactoriness Scales*. Minnesota Studies in Vocational Rehabilitation: XXVII. Minneapolis, MN: University of Minnesota.

Halpern, A., & Fuhrer, M. (1984). *Functional assessment in rehabilitation*. Baltimore: Brookes.

Havranek, J., Field, T., & Grimes, J. W. (2005). *Vocational assessment: Evaluating employment potential* (4th ed.). Athens, GA: Elliott & Fitzpatrick.

Individuals with Disabilities Education Improvement Act of 2004, P.L. 108-446, 118 Stat. 2647.

Kauppi, D. R. (1988). Vocational Interest, Temperament, and Aptitude System. In D. J. Keyser & R. C. Sweetland (Eds.), *Test critiques* (Vol. 7, pp. 623–627). Kansas City, MO: Test Corporation of America.

Kell, P. D. (1988). On-the-job evaluations: Past, present, and future trends. In R. Fry (Ed.), *The issues papers: Fourth National Forum on Issues in Vocational Assessment* (pp. 49–54). Menomonie, WI: University of Wisconsin-Stout, The Rehabilitation Resource.

Landy, F. J. (1989). *Psychology of work behavior* (4th ed.). Pacific Grove, CA: Brooks/Cole.

Li, R. S., & Tsang, H. W. (2002). The Chinese version of the Becker Work Adjustment Profile for use by people with developmental disabilities-BWAP-CV-Becker Work Adjustment Profile. *Journal of Rehabilitation, 68*(4), 52–58.

Ludlow, J. (1990). A practical guide for assessing physical demands requirements and environmental conditions. *Vocational Evaluation and Work Adjustment Bulletin, 23,* 61–64.

MacDonald-Wilson, K., Rogers, E. S., & Anthony, W. A. (2001). Unique issues in assessing work function among individuals with psychiatric disabilities. *Journal of Occupational Rehabilitation, 11,* 217–232.

McCarron-Dial Systems. (2006). Retrieved April 14, 2007, from http://www.mccarrondial.com/index.html.MECA. (2006). [Online]. http://www.conovercompany.com/Products/meca/meca.htm.

Moriarity, J. B. (1981). *Preliminary diagnostic questionnaire*. Dunbar: West Virginia Research and Training Center.

Neath, J., & Bolton, B. (2008). *Work personality profile and computer report*. Austin, TX: PRO-ED.

Parker, R. M., & Bolton, B. (2005). Psychological assessment in rehabilitation. In R. M. Parker, E. M. Szymanski, & J. B. Patterson (Eds.), *Rehabilitation Counseling Basics and Beyond* (pp. 307–334). Austin, TX: PRO-ED.

Power, P. W. (2006). *A guide to vocational assessment* (4th ed.). Austin, TX: PRO-ED.

Roberts, R. (2005). Functional skills assessment. In R. Roberts (Ed.), *Test review manual for vocational evaluators* (pp. 38–54). Athens, GA: Elliott & Fitzpatrick.

Rogers, E. S., Sciarappa, K., & Anthony, W. A. (1991). Development and evaluation of situation assessment instruments and procedures for persons with psychiatric disabilities. *Vocational Evaluation and Work Adjustment Bulletin, 24,* 61–67.

Sax, A. (1979). VDARE: The vocational diagnosis and assessment of residual employability. *Vocational Evaluation and Work Adjustment Bulletin,*

12(3), 28-29.

Scott, T. M., & Caron, D. B. (2005). Conceptualizing functional behavior assessment as prevention practice within positive behavior support systems. *Preventing School Failure, 50*(1), 13-20.

SkillTRAN. (1997). Job Browser Pro [Computer software]. Spokane, WA: Author.

Smith, F., Lombard, R., Neubert, D., Leconte, P., Rothenbacher, C., & Sitlington, P. (1994). The position statement of the Interdisciplinary Council on Vocational Evaluation and Assessment Fall 1993. *The Journal for Vocational Special Needs Education, 17*(1), 41-42.

Solly, D. C. (1994). McCarron-Dial System. In J. T. Kapes, M. M. Mastie, & E. A. Whitfield (Eds.), *A counselor' s guide to career assessment instruments* (pp. 308-314). Alexandria, VA: National Career Development Association.

Szymanski, E. M., Enright, M. S., Hershenson, D. B., & Ettinger, J. M. (2003). Career development theories, constructs, and research: Implications for people with disabilities. In E. M. Szymanski & R. M. Parker (Eds.), *Work and disability: Issues and strategies in career development and job placement* (2nd ed., pp. 91-154). Austin, TX: PRO-ED.

Talent Assessment Inc. (2006). Talent Assessment Program. Jacksonville, FL. Retrieved April 14, 2007, from http://www.talentassessment.com/programs_tap.php.

Tiffin, J. (1968). *Purdue Pegboard Dexterity Test.* Chicago: Science Research Associates.

Truthan, J. A., & Karma, S. E. (2003). Transferable skills analysis and vocational information during a time of transition. *Journal of Forensic Vocational Analysis, 6*(1), 17-25.

VALPAR International Corporation. (1999). *Temporal reliability of selected VALPAR component work samples: Learning curve studies.* Retrieved April 14, 2007, from http://www.valparint.com.

VALPAR International Corporation. (2006a). 300 series. Retrieved April 14, 2007, from http://valparint.com/300_seri.htm.

VALPAR International Corporation. (2006b). *Aviator 3.* Retrieved April 14, 2007, from http://valparint.com.

VALPAR International Corporation. (2006c). *COMPASS.* Retrieved April 14, 2007, from http://valparint.com.

VALPAR International Corporation. (2006d). *Joule, an FCE system by VALPAR.* Retrieved April 14, 2007, from http://www.valparint.com

VALPAR International Corporation. (2006e). *Pro3000.* Retrieved April 14, 2007, from http://valparint.com.

VALPAR International Corporation. (2006f). *TPAL: Therapists' Portable Assessment Lab.* Available online http://valparint.com/tpal.htm

VALPAR International Corporation. (2006g). *Work samples.* Retrieved April 14, 2007, from http://valparint.com.

Vocational Interest, Temperament and Aptitude System. (2006). Retrieved April 14, 2007, from http://www.intecinc.net/prod_vri_vitas.htm.

Vocational Rehabilitation Institute. (n.d.). Available from http://www.vri.org/

〈제13장〉

Anderson, L. E. (1999). Occupational preparation: Education, training, experience, and licensure/certification. In N. G. Peterson, M. D. Mumford, W. C. Borman, P. R. Jeanneret, & E. A. Fleishman (Eds.), *An occupational information system for the 21st century: The development of O*NET* (pp. 91-104). Washington, DC: American Psychological Association.

Arad, S., Hanson, M. A., & Schneider, R. J. (1999). Organizational context. In N. G. Peterson, M. D. Mumford, W. C. Borman, P. R. Jeanneret, & E. A. Fleishman (Eds.), *An occupational information system for the 21st century: The development of O*NET* (pp. 147-174). Washington, DC: American Psychological Association.

Ball Foundation. (1995). *Technical manual for the Ball Aptitude Battery* (3rd ed.). Glen Ellyn, IL: Author.

Barrick, M. R., & Mount, M. K. (1991). The big five personality dimensions and job performance: A meta-analysis. *Personnel Psychology, 44,* 1-26.

Baughman, W. A., Norris, D. G., Cooke, A. E., Peterson, N. G., & Mumford, M. D. (1999). Occupation classification: Using basic and cross functional skills and generalized work activities to create job families. In N. G. Peterson, M. D. Mumford, W. C. Borman, P. R. Jeanneret, & E. A. Fleishman (Eds.), *An occupational information system for the 21st century: The development of O*NET* (pp. 259-271). Washington, DC: American Psychological Association.

Borman, W. C., & Brush, D. H. (1993). More progress toward a taxonomy of managerial performance requirements. *Human Performance, 6,* 1-21.

Borman, W. C., Kubisiak, U. C., & Schneider, R. J. (1999). Work styles. In N. G. Peterson, M. D. Mumford, W. C. Borman, P. R. Jeanneret, & E. A. Fleishman (Eds.), *An occupational information system for the 21st century: The development of O*NET* (pp. 213-226). Washington, DC: American Psychological Association.

Converse, P., Oswald, F., Gillespie, M., Field, K., & Bizot, E. (2002). *Beyond gut instinct: Exploring careers using aptitudes and O*NET*. Paper presented at the 17th Annual Conference of the Society for Industrial and Organizational Psychology, Toronto, Ontario, Canada.

Costanza, D. P., Fleishman, E. A., & Marshall-Mies, J. C. (1999). Knowledges. In N. G. Peterson, M. D. Mumford, W. C. Borman, P. R. Jeanneret, & E. A. Fleishman (Eds.), *An occupational information system for the 21st century: The development of O*NET* (pp. 71-90). Washington, DC: American Psychological Association.

Cunningham, J. W. (1988). Occupation analysis inventory. In S. Gael (Ed.), *The job analysis handbook for business, industry, and government* (Vol. 2, pp. 975-990). New York: Wiley.

Cunningham, J. W. (1996). Generic job descriptors: A likely direction in occupational analysis. *Military Psychology, 8*(3), 247-262.

Daubert, William et al v. Merrell Dow Pharmaceuticals, Inc, No. 92-102. (1993). *Supreme Court Reporter, 113,* 2786-2800.

Dawis, R. V. (1991). Vocational interests, values, and preferences. In M. D. Dunnette & L. M. Hough (Eds.), *Handbook of industrial and organizational psychology* (Vol. 2, 2nd ed., pp. 833-872). Palo Alto, CA: CPP.

Dawis, R. V., & Lofquist, L. H. (1984). *A psychological theory of work adjustment: An individual-differences model and its applications.* Minneapolis, MN: University of Minnesota Press.

Dowell, B. E., & Wexley, K. N. (1978). Development of a work behavior taxonomy for first-line supervisors. *Journal of Applied Psychology, 63,* 563-572.

Drucker, P. (1994). Jobs and employment in a global economy. *Atlantic Monthly, 1,* 132-136.

Dusik, L. A., Menard, M. R., Cooke, C., Fairburn, S. M., & Beach, G. N. (1993). Concurrent validity of the ERGOS work simulator versus conventional functional capacity evaluation techniques in a workers' compensation population. *Journal of Occupational Medicine, 35*(8), 759-767.

Ericsson, K. A., & Charness, N. (1994). Expert performance: Its structure and acquisition. *American Psychologist, 49*(8), 725-747.

Fishbain, D., Abdel-Moty, E., Cutler, R., Khalil, T., Sadek, S., Rosomoff, R., et al. (1994). Measuring residual functional capacity in chronic low back pain patients based on the Dictionary of Occupational Titles. *Spine, 19*(8), 872-880.

Fleishman, E. A. (1975a). *Manual for ability requirement scales (MARS).* Bethesda, MD: Management Research Institute.

Fleishman, E. A. (1975b). *Physical abilities analysis manual.* Bethesda, MD: Management Research Institute.

Fleishman, E. A. (1988). Some new frontiers in personnel selection research. *Personnel Psychology, 41,* 679-701.

Fleishman, E. A. (1992). *Fleishman-Job Analysis*

Survey. Bethesda, MD: Management Research Institute.

Fleishman, E. A., Costanza, D. P., & Marshall-Mies, J. C. (1999). Abilities. In N. G. Peterson, M. D. Mumford, W. C. Borman, P. R. Jeanneret, & E. A. Fleishman (Eds.), *An occupational information system for the 21st century: The development of O*★*NET*. Washington, DC: American Psychological Association.

Fleishman, E., & Reilly, M. (1992). *Administrator's guide: Fleishman job analysis survey*. Palo Alto, CA: CPP.

French, J. W. (1951). The description of aptitude and achievement tests in terms of rotated factors. *Psychometric Monographs, No. 5.*

Gaudino, E., Matheson, L., & Mael, F. (2001). Development of the Functional Assessment Taxonomy. *Journal of Occupational Rehabilitation, 11*(3), 155-175.

Gottfredson, G. D., & Holland, J. L. (1996). *Dictionary of Holland occupational codes* (3rd ed.). Odessa, FL: Psychological Assessment Resources.

Gross, D. P., Battie, M. C., & Cassidy, J. D. (2004). The prognostic value of functional capacity evaluation in patients with chronic low back pain: Part 1. Timely return to work. *Spine, 29*(8), 914-919.

Guilford, J. P. (1967). *The nature of human intelligence*. New York: McGraw-Hill.

Guion, R. M. (1992, April). Matching position requirements and personality. In L. M. Hough (Chair), *Industrial and Organizational Psychology*. Symposium conducted at the 7th annual meeting of the Society for Industrial and Organizational Psychology, Montreal, Canada.

Hadden, W., Kravets, N., Muntaner, C. (2004). Descriptive dimensions of U.S. occupations with data from the O★NET. *Social Science Research, 33*(1), 64-78.

Hanson, M. A., Borman, W. C., Kubisiak, U. C., & Sager, C. E. (1999). Cross-domain analyses. In N. G. Peterson, M. D. Mumford, W. C. Borman, P. R. Jeanneret, & E. A. Fleishman (Eds.), *An occupational information system for the 21st century: The development of O*★*NET* (pp. 247-258). Washington, DC: American Psychological Association.

Hart, D., Isernhagen, S., & Matheson, L. (1993). Guidelines for functional capacity evaluation of people with medical conditions. *Journal of Orthopedic and Sports Physical Therapy, 18*(6), 682-686.

Harvey, R. J. (1991). Job analysis. In M. D. Dunnette & L. M. Hough (Eds.), *Handbook of industrial and organizational psychology* (2nd ed., Vol. 2, pp. 71-163). Palo Alto, CA: CPP.

Hogan, R. (1982). Socioanalytic theory of personality. In M. M. Page (Ed.), *1982 Nebraska symposium on motivation: Personality-current theory and research* (pp. 55-89). Lincoln, NE: University of Nebraska Press.

Holland, J. (1966). *The psychology of vocational choice: A theory of personality types and model environments*. Waltham, MA: Blaisdell.

Holland, J. (1973). *Making vocational choices: A theory of careers*. Englewood Cliffs, NJ: Prentice Hall.

Hough, L. M. (1997). Personality at work: Issues and evidence. In M. Hakel (Ed.), *Beyond multiple choice: Evaluating alternatives to traditional testing for selection* (pp. 131-166). Hillsdale, NJ: Erlbaum.

Hubbard, M., McCloy, R., Campbell, J., Levine, J., Nottingham, J., Lewis, P., & Rivkin, D. (2000). *Revision of O*★*NET data collection instruments*. Raleigh, NC: National Center for *O*★*NET* Development, Employment Security Commission.

Innes, E., & Straker, L. (1999). Validity of work-related assessments. *Work, 13,* 125-152.

Isernhagen, S., Hart, D., & Matheson, L. (1999). Reliability of independent observer judgments of level of lift effort in a kinesiophysical functional capacity evaluation. *Work, 12,* 145-150.

Jeanneret, P. R., Borman, W. C., Kubisiak, U. C., & Hanson, M. A. (1999). Generalized work activities.

In N. G. Peterson, M. D. Mumford, W. C. Borman, P. R. Jeanneret, & E. A. Fleishman (Eds.), *An occupational information system for the 21st century: The development of O★NET*. Washington, DC: American Psychological Association.

Johansson, C. B. (1986). *Career Assessment Inventory*. Minneapolis, MN: National Computer Systems.

Johnson, J., Carter, G., & Dorsey, D. (2002). *Development of an occupational strength requirement measure from O★NET descriptors*. Paper presented at the 17th Annual Conference of the Society for Industrial and Organizational Psychology, Toronto, Ontario, Canada.

Kaskutas, V. (2006). *Work Performance Questionnaire*. St. Louis, MO: Washington University School of Medicine Program in Occupational Therapy.

Kuijer, W., Brouwer, S., Reneman, M., Dijkstra, P., Groothoff, J., Schellekens, J., et al. (2006). Matching FCE activities and work demands: An explorative study. In *Journal of Occupational Rehabilitation Online* (pp. 1-15). The Netherlands: Springer.

Law, M., Baptiste, S., Carswell, A., McColl, M., Polatajko, H., & Pollock, N. (1998). *Canadian Occupational Performance Measure*. Ottawa, Ontario, Canada: CAOT Publications.

Matheson, L. (1986). Evaluation of lifting and lowering capacity. *Vocational Evaluation and Work Adjustment Bulletin, 19*(4), 107-111.

Matheson, L., Isernhagen, S., & Hart, D. (2002). Relationship among lifting ability, grip force, and return to work. *Physical Therapy, 82*, 249-256.

Matheson, L., Kaskutas, V., McCowan, S., Shaw, H., & Webb, C. (2001). Development of a database of functional assessment measures related to work disability. *Journal of Occupational Rehabilitation, 11*(3), 177-199.

McCloy, R., Waugh, G., Medsker, G., Wall, J., Rivkin, D., & Lewis, P. (1999). *Determining the occupational reinforcer patterns for O★NET occupational units*. Raleigh, NC: National Center for *O★NET* Development, Employment Security Commission.

McCormick, E. J., Jeanneret, P. R., & Mecham, R. C. (1972). A study of job characteristics and job dimensions as based on the Position Analysis Questionnaire (PAQ). *Journal of Applied Psychology Monograph, 56*, 347-368.

Mumford, M. D., Peterson, N. G., & Childs, R. A. (1999). Basic and cross-functional skills. In N. G. Peterson, M. D. Mumford, W. C., Borman, P. R., Jeanneret, & E. A. Fleishman (Eds.), *An occupational information system for the 21st century: The development of O★NET* (pp. 49-69). Washington, DC: American Psychological Association.

National Center for *O★NET* Development. (2006a). *Updating the O★NET-SOC taxonomy: Summary and implementation*. Raleigh, NC: Author.

National Center for *O★NET* Development. (2006b). *New and emerging (N&E) occupations: Methodology development report*. Raleigh, NC: Author.

Oswald, F., Campbell, J., McCloy, R., Rivkin, D., & Lewis, P. (1999). *Stratifying occupational units by specific vocational preparation (SVP)*. Raleigh, NC: National Center for *O★NET* Development, Employment Security Commission.

Outerbridge, A. N. (1981). *The development of generalizable work behavior categories for a synthetic validity model*. Washington, DC: U.S. Office of Personnel Management, Personnel Research and Development Center.

Peterson, N. G., Mumford, M. D., Borman, W. C., Jeanneret, P. R., & Fleishman, E. A. (Eds.). (1995). *Development of prototype occupational information network (O★NET) content model* (Vols. 1 & 2). Salt Lake City: Utah Department of Employment Security.

Peterson, N. G., Mumford, M. D., Borman, W. C., Jeanneret, P. R., & Fleishman, E. A. (Eds.). (1996). *O★NET final technical report*. Salt Lake City: Utah Department of Employment Security.

Peterson, N. G., Mumford, M. D., Borman, W. C., Jeanneret, P. R., & Fleishman, E. A. (Eds.). (1999). *An occupational information system for the 21st century: The development of O★NET*. Washington, DC: American Psychological Association.

Peterson, N. G., Mumford, M. D., Levin, K. Y., Green, J., & Waksberg, J. (1999). Research method: Development and field testing of the content model. In N. G. Peterson, M. D. Mumford, W. C. Borman, P. R. Jeanneret, & E. A. Fleishman (Eds.), *An occupational information system for the 21st century: The development of O*NET* (pp. 31-47). Washington, DC: American Psychological Association.

Peterson, N. G., Owens-Kurtz, C., Hoffman, R. G., Arabian, J. M., & Whetzel, D. C. (1990). *Army synthetic validation project*. Alexandria, VA: U.S. Army Research Institute for the Behavioral Sciences.

Rounds, J., Smith, T., Hubert, L., Lewis, P., & Rivkin, D. (1999). *Development of occupational interest profiles for O*NET*. Raleigh, NC: National Center for O*NET Development, Employment Security Commission.

Sager, C. E. (1999). Occupational interests and values. In N. G. Peterson, M. D. Mumford, W. C. Borman, P. R. Jeanneret, & E. A. Fleishman (Eds.), *An occupational information system for the 21st century: The development of O*NET* (pp. 197-211). Washington, DC: American Psychological Association.

Shrout, P. E., & Fleiss, J. L. (1979). Intraclass correlations: Uses in assessing rater reliability. *Psychological Bulletin, 86*(2), 420-428.

Strong, M. H., Jeanneret, P. R., McPhail, S. M., Blakley, B. R., & D' Egidio, E. L. (1999). Work context: Taxonomy and measurement of the work environment. In N. G. Peterson, M. D. Mumford, W. C. Borman, P. R. Jeanneret, & E. A. Fleishman (Eds.), *An occupational information system for the 21st century: The development of O*NET* (pp. 127-145). Washington, DC: American Psychological Association.

Thurstone, L. L. (1947). *Multiple factor analysis: A development and expansion of the vectors of mind*. Chicago: University of Chicago Press.

U.S. Department of Labor. (1991). *Dictionary of occupational titles* (4th ed., rev.). Washington, DC: U.S. Government Printing Office.

U.S. Department of Labor. (1993). *The new DOT: A database of occupational titles for the twenty-first century*. Washington, DC: U.S. Government Printing Office.

Wonderlic Personnel Test, Inc. (1998). *Wonderlic Personnel Test & Scholastic Level Exam User's Manual*. Libertyville, IL: Author.

Yuki, G. A. (1987, October). *A new taxonomy for integrating diverse perspectives on managerial behavior*. Paper presented at the annual meeting of the American Psychological Association, New York.

〈제14장〉

Akabas, S. H., Gates, L. B., & Oran-Sabia, V. (2006). Work opportunities for rewarding careers (WORC): Insights from implementation of a best practice approach toward vocational service for mental health consumers. *Journal of Rehabilitation, 72*(1), 19-26.

Allaire, S., Anderson, J., Meenan, R. (1997). Outcomes from the Job-Raising Program, a self-improvement model for vocational rehabilitation, among persons with arthritis. *Journal of Applied Rehabilitation Counseling, 28*(2), 26-31.

Ashley, M. J., Persel, C. S., Clark, M. C., & Krych, D. K. (1997). Long-term follow-up of post-acute traumatic brain injury rehabilitation: A statistical analysis to test for stability and predictability of outcome. *Brain Injury, 11*(9), 677-690.

Becker, R. L. (1989). *Becker Work Adjustment Profile: Evaluators manual*. Columbus, OH: Elbern.

Bellini, J., Bolton, B., & Neath, J. (1998). Operationalizing multiple services over extended time as a measure of service intensity. *Journal of Rehabilitation, 22,* 47-64.

Bellini, J., Neath, J., & Bolton, B. (1995a). Development of a scale of social disadvantage for vocational rehabilitation. *Journal of Rehabilitation Administration, 19,* 107-118.

Bellini, J., Neath, J., & Bolton, B. (1995b). A comparison

of linear multiple regression and a simplified approach in the prediction of rehabilitation outcomes. *Rehabilitation Counseling Bulletin, 39,* 151-160.

Bitter, J. A., & Bolanovich, D. J., (1970). WARF: A scale for measuring job-readiness behaviors. *American Journal of Mental Deficiency, 74,* 616-621.

Blankertz, L., & Robinson, S. (1996). Adding a vocational focus to mental health rehabilitation. *Psychiatric Services, 47,* 1216-1222.

Bolton, B. (1987). Outcome analysis in vocational rehabilitation. In M. J. Fuhrer (Ed.), *Rehabilitation outcomes: Analysis and measurement* (pp. 57-69). Baltimore: Brookes.

Bolton, B. (1990). Research methodology for investigating the relationship between rehabilitation counselor education and client outcomes. *Rehabilitation Education, 4,* 70-81.

Bolton, B. (2004). Counseling and rehabilitation outcomes. In F. Chan, N. L. Berven, & K. R. Thomas (Eds.), *Counseling theories and techniques for rehabilitation health professionals* (pp. 444-465). New York: Springer.

Bolton, B., & Akridge, R. L. (1995). A meta-analysis of skills training programs for rehabilitation clients. *Rehabilitation Counseling Bulletin, 38,* 262-273.

Bolton, B., & Brookings, J. B. (1993). Prediction of job satisfactoriness for workers with severe handicaps from aptitudes, personality, and training ratings. *Journal of Business and Psychology, 7*(3), 359-366.

Bolton, B., & Brookings, J. (1998). Development of a measure of intrapersonal empowerment. *Rehabilitation Psychology, 43,* 131-142.

Bolton, B., & Roessler, R. (1986). *Manual for the Work Personality Profile.* Fayetteville, AR: Arkansas RRTC.

Brooks-Lane, N., Hutcheson, S., & Revell, G. (2005). Supporting consumer directed employment outcomes. *Journal of Vocational Rehabilitation, 23,* 123-134.

Brown, M., Diller, L., Fordyce, W., Jacobs, D., & Gordon, W. (1980). Rehabilitation Indicators: Their nature and uses for assessment. In B. Bolton & D. Cook (Eds.), *Rehabilitation client assessment* (pp. 102-117). Baltimore: University Park Press.

Bryson, G., Greig, T., & Bell, M. D. (2003). Domain specific work performance change for people with schizophrenia. *Journal of Vocational Rehabilitation, 19,* 167-172.

Burt, D. B., Fuller, S. P., & Lewis, K. R. (1991). Competitive employment of adults with autism. *Journal of Autism and Developmental Disorders, 21* (2), 237-242.

Butterworth, J., Gilmore, D., & Shalock, R. (1998). Rates of vocational rehabilitation system closure into competitive employment. *Mental Retardation, 36* (4), 336-337.

Callahan, M. (1991). Common sense and quality: Meaningful employment outcomes for persons with severe physical disabilities. *Journal of Vocational Rehabilitation, 1*(2), 21-28.

Chan, F., Cheing, G., Chan, J. Y. C., Rosenthal, D. A., & Chronister, J. (2006). Predicting employment outcomes of rehabilitation clients with orthopedic disabilities: A CHAID analysis. *Disability and Rehabilitation, 28*(5), 257-270.

Cook, J. A., & Pickett, S. A. (1994). Recent trends in vocational rehabilitation for people with psychiatric disability. *American Rehabilitation, 20*(4), 2-12.

Cook, J. A., & Rosenberg, H. (1994). Predicting community employment among persons with psychiatric disability. *Journal of Rehabilitation Administration, 18*(1), 6-22.

Crewe, N. M., & Athelstan, G. T. (1984). *Functional Assessment Inventory manual.* Menomonie, WI: University of Wisconsin-Stout.

Crisp, R. (2005). Key factors related to vocational outcome: Trends for six disability groups. *Journal of Rehabilitation, 71*(4), 30-37.

Dedding, C., Cardol, M., Eyssen, I., Dekker, J., & Beelen, A. (2004). Validity of the Canadian Occupational Performance Measure: A client-centred outcome measurement. *Clinical Rehabilitation, 18,*

660-667.

Depoy, E. (1992). A comparison of standardized and observational assessment. *Journal of Cognitive Rehabilitation, 10*(1), 30-33.

Deren, S., & Randell, J. (1990). The vocational rehabilitation of substance abusers. *Journal of Applied Rehabilitation Counseling, 21* (2), 4-6.

Dijkers, M. (1997). Measuring the long-term outcomes of traumatic brain injury: A review of the Community Integration Questionnaire. *Journal of Head Trauma Rehabilitation, 12* (6), 74-91.

Donovan, M. R., & Tilson, G. P., Jr. (1998). The Marriott Foundations Bridges: From school to work program: A framework for successful employment outcomes for people with disabilities. *Journal of Vocational Rehabilitation, 10*(1), 15-21.

Dowler, D. L., & Walls, R. T. (1996). Accommodating specific job functions for people with hearing impairments. *Journal of Rehabilitation, 62,* 35-43.

Ernst, J. L., & Day, E. H. (1998). Reducing the penalties of long-term employment: Alternatives in vocational rehabilitation and spinal cord injury. *Journal of Vocational Rehabilitation, 10*(2), 133-139.

Evans, R. W., & Ruff, R. M. (1992). Outcome and value: A perspective on rehabilitation outcomes achieved in acquired brain injury. *Journal of Head Trauma Rehabilitation, 7*(4), 24-36.

Fabiano, R. J., & Crewe, N. (1995). Variables associated with employment following severe traumatic brain injury. *Rehabilitation Psychology, 40*(3), 223-231.

Farkas, M., & Anthony, W. A. (1987). Outcome analysis in psychiatric rehabilitation. In M. J. Fuhrer (Ed.), *Rehabilitation outcomes: Analysis and measurement* (pp. 43-56). Baltimore: Paul H. Brookes.

Fraser, R. T., Vandergoot, D., Thomas, D., & Wagner, C. C. (2004). Employment outcomes research in vocational rehabilitation: Implications for Rehabilitation Counselor (RC) training. *Journal of Vocational Rehabilitation, 20,* 135-142.

Fuhrer, M. J. (1987). Overview of outcome analysis in rehabilitation. In M.J. Fuhrer (Ed.), *Rehabilitation outcomes: Analysis and measurement* (pp. 1-15). Baltimore: Brookes.

Gardner, J. (1991). Early referral and other factors affecting vocational rehabilitation outcome for the workers compensation client. *Rehabilitation Counseling Bulletin, 34* (3), 197-209.

Gibson, D. L., Weiss, D. J., Dawis, R. V., & Lofquist, L. H. (1970). *Manual for the Minnesota Satisfactoriness Scales* (Minnesota Studies in Vocational Rehabilitation: 27). Minneapolis: University of Minnesota.

Gilbride, D. D., Thomas, J. R., & Stensrud, R. (1998). Beyond Status Code 26: Development of an instrument to measure the quality of placements in the state-federal program. *Journal of Applied Rehabilitation Counseling, 29*(1), 3-7.

Goodman, G. (2005). Work occupations and outcomes internationally and across the lifespan. *Work: Journal of Prevention, Assessment, and Rehabilitation, 24*(1), 1-2.

Gough, H. G. (1987). *California Psychological Inventory administrator's guide.* Palo Alto, CA: Consulting Psychologist Press.

Halpern, A. S. (1987). Outcome analysis for persons with mental retardation. In M. J. Fuhrer (Ed.), *Rehabilitation outcomes: Analysis and measurement* (pp. 29-41). Baltimore: Brookes.

Institute for Personality and Ability Testing. (1985). *Manual for Form E of the 16 PF.* Champaign, IL: Author.

Jette, A. M., & Jette, D. U. (1997). Assessing health status outcomes in rehabilitation. In M. J. Fuhrer (Ed.), *Assessing medical rehabilitation practices: The promise of outcomes research* (pp. 181-207). Baltimore: Brookes.

Johnston, M. V., Stineman, M., & Velozo, C. A. (1997). Outcomes research in medical rehabilitation. In M. J. Fuhrer (Ed.), *Assessing medical rehabilitation practice: The promise of outcomes research* (pp. 1-41). Baltimore: Brookes.

Kilmer, D. D. (1999). Outcome of lower limb orthotic intervention in hereditary and acquired NMD. In Research and Training Center in Neuromuscular Diseases. (Eds.), *Rehab info network for neuromuscular diseases*. Davis, CA: University of California.

Kirchner, C., Johnson, G., & Harkins, D. (1997). Research to improve vocational rehabilitation: Employment barriers and strategies for clients who are blind or visually impaired. *Journal of Visual Impairment and Blindness, 91* (4), 377-392.

Lehman, A. F. (1995). Vocational rehabilitation in schizophrenia. *Schizophrenia Bulletin, 21*(4), 645-656.

Linkowski, D. C. (1987). *The Acceptance of Disability Scale*. Washington, DC: George Washington University.

Livneh, H., & Parker, R. M. (2005). Psychological adaptation to disability: Perspectives from chaos and complexity theory. *Rehabilitation Counseling Bulletin, 49* (1), 17-28.

Lougheed, V. (1998). Employer-based rehabilitation. *Canadian Journal of Rehabilitation, 12*(1), 33-37.

Majumder, R. K., Walls, R. T., & Fullmer, S. L. (1998). Rehabilitation client involvement in employment decisions. *Rehabilitation Counseling Bulletin, 42*, 162-173.

Majumder, R. K., Walls, R. T., Fullmer, S. L., & Misra, S. (1997). What works. In F. E. Menz, J. Eggers, P. Wehman, & V. Brooke (Eds.), *Lessons for improving employment of people with disabilities from vocational rehabilitation research* (pp. 263-282). Menomonie, WI: Stout Vocational Rehabilitation Institute.

Martin, T. J. (1999). Evaluation: The image of effective implementation of human resource development principles in rehabilitation. *Rehabilitation Education, 13*(1), 69-77.

Matrone, K. F., & Leahy, M. J. (2005). The relationship between vocational rehabilitation client outcomes and rehabilitation counselor multicultural counseling competencies. *Rehabilitation Counseling Bulletin, 48* (4), 233-244.

Michaels, C. A., & Risucci, D. A. (1993). Employer and counselor perceptions of workplace accommodations for persons with traumatic brain injury. *Journal of Applied Rehabilitation Counseling, 24*(1), 38-46.

Moore, S. C., & Powell, T. H. (1990). Benefits and benefits protection for persons with severe disabilities entering supported employment: A guide for vocational rehabilitation counselors. *Journal of Applied Rehabilitation Counseling, 21* (4), 31-35.

Moriarty, J. B. (1981). *Preliminary Diagnostic Questionnaire*. Morgantown, WV: West Virginia RRTC.

Morton, M. V., Gibbs, R. L., & Ragland, M. (1997). The rehabilitation counselor-employment specialist relationship: A collaborative approach. *Journal of Vocational Rehabilitation, 9*(2), 153-157.

Mount, D., Johnstone, B., White, C., & Sherman, A. (2005). Vocational outcomes: VR service determinants for persons with epilepsy. *Journal of Vocational Rehabilitation, 23*(1), 11-20.

Neath, J., Bellini, J., & Bolton, B. (1997). Dimensions of the Functional Assessment Inventory for five disability group. *Rehabilitation Psychology, 42*, 183-207.

Neath, J., & Bolton, B. (1997). *Manual for the Employability Maturity Interview Computer Report*. Fayetteville, AR: Arkansas RRTC.

Nosek, M. A. (1987). Outcome analysis in independent living. In M. J. Fuhrer (Ed.), *Rehabilitation outcomes: Analysis and measurement* (pp. 71-83). Baltimore: Brookes.

Nosek, M. A., Fuhrer, M. J., & Howland, C. A. (1992). Independence among people with disabilities: II. Personal Independence Profile. *Rehabilitation Counseling Bulletin, 36*, 21-36.

Ochs, L. A., & Roessler, R. T. (2004). Predictors of career exploration intentions: A social cognitive career theory perspective. *Rehabilitation Counseling Bulletin, 47*(4), 224-233.

O' Day, B., Wilson, J., Killeen, M., & Ficke, R. (2004). Consumer outcomes of centers for independent living program. *Journal of Vocational Rehabilitation, 20,* 83-89.

Othmer, E., Penick, E., Powell, B., Read, M., & Othmer, S. (1989). *Manual for the Psychiatric Diagnostic Interview, Revised (PDI-R)*. Los Angeles: Western Psychological Services.

Peters, R. H., Scalia, V. A., & Fried, J. H. (1993). The effectiveness of vocational evaluation program recommendations and successful outcome by disability type. *Vocational Evaluation and Work Adjustment Bulletin, 26* (2), 47-52.

Platt, J. J. (1995). Vocational rehabilitation of drug abusers. *Psychological Bulletin, 117* (3), 416-433.

Reagles, K. W., Wright, G. N., & Butler, A. J. (1970). A scale of rehabilitation gain for clients of an expanded vocational rehabilitation program. *Wisconsin Studies in Vocational Rehabilitation,* No. 13. Madison: University of Wisconsin.

Rehabilitation Act of 1973, 29 U.S.C. 701 *et seq.* (1973) (amended 1998).

Rehabilitation Services Administration. (2005). *Policy Directive PD-06-01: RSA 911 Case Service Report for State Vocational Rehabilitation Agencies (General and Blind).* Washington, DC: U.S. Dept. of Education, Office of Special Education and Rehabilitative Services.

Research Triangle Institute. (1998). *A longitudinal study of the vocational rehabilitation service program: Characteristics and outcomes of former VR consumers with an employment outcome.* Washington, DC: Rehabilitation Services Administration, ED Contract No. HR92-022-001.

Roessler, R. T., & Rumrill, P.D., Jr. (1995). Promoting reasonable accommodations: An essential postemployment service. *Journal of Applied Rehabilitation Counseling, 26* (4), 3-7.

Rogers, E. S., Anthony, W. A., Lyass, A., & Penk, W. E. (2006). A randomized clinical trial of vocational rehabilitation for people with psychiatric disabilities. *Rehabilitation Counseling Bulletin, 49* (3), 143-156.

RSA Data Archive. (2005). *Vocational rehabilitation case records: RSA Form 911*. Washington, DC: Rehabilitation Services Administration.

Rubin, S. E., & Roessler, R. T. (2001). *Foundations of the vocational rehabilitation process* (5th ed.). Austin, TX: PRO-ED.

Rumrill, P. D., Roessler, R. T., & Cook, B. G. (1998). Improving career re-entry outcomes for people with multiple sclerosis. A comparison of two approaches. *Journal of Vocational Rehabilitation, 10* (3), 241-252.

Sales, A., & McAllan, L. (1999). Evaluation of a continuing education model for delivering a rehabilitation counseling degree: Preliminary findings. *Rehabilitation Education, 13* (1), 61-68.

Schriner, K. F., Roessler, R. T., & Johnson, P. (1993). Identifying the employment concerns of people with spina bifida. *Journal of Applied Rehabilitation Counseling, 24*(2), 32-37.

Shrey, D. E., Mital, A. (1994). Disability management and the cardiac rehabilitation patient: Job simulation and transitional work strategies. *Journal of Occupational Rehabilitation, 4*(1), 39-53.

Siller, J. (1970). Generality of attitudes toward the physically disabled. *Proceeding of the 78th Annual Convention of the American Psychological Association, 5,* 697-698.

Sowers, J. (1991). Employment for persons with physical disabilities and related technology. *Journal of Vocational Rehabilitation, 1*(2), 55-64.

Stoddard, S., Hanson, S., & Temkin, T. (1999). *An evaluation of choice demonstration projects.* Report to Rehabilitation Services Administration, Contract HR95034001. Berkeley, CA: InfoUse.

Stoddard, S., & Premo, B. (2004). Expanding employment opportunities: Independent living center employment services and collaboration with vocational rehabilitation. *Journal of Vocational Rehabilitation, 20,* 40-52.

Szymanski, E. M., & Danek, M. M. (1992). The relationship of rehabilitation counselor education to rehabilitation client outcome: A replication and extension. *Journal of Rehabilitation, 58*(1), 49-56.

Taheri-Araghi, M., & Hendren, G. (1994). Successful vocational rehabilitation of clients with retinitis pigmentosa. *Journal of Visual Impairment and Blindness, 88*(2), 128-131.

Tinsley, H. E. A., Warnken, R. G., Weiss, D. J., Dawis, R. V., & Lofquist, L. H. (1969). *A follow-up survey of former clients of the Minnesota Division of Vocational Rehabilitation* (Minnesota Studies in Vocational Rehabilitation: 26). Minneapolis: University of Minnesota.

U.S. Department of Labor. (1998). Workforce development performance measures. [Online]. Retrieved September 1, 1999, from http://nortec.org/cb/onestop/wdpm_menu.html.

Wagner, K. A. (1987). Outcome analysis in comprehensive medical rehabilitation. In M. J. Fuhrer (Ed.), *Rehabilitation outcomes: Analysis and measurement* (pp. 19-28). Baltimore: Paul H. Brookes.

Walls, R. T. (1982). Disincentives in vocational rehabilitation: Cash and inkind benefits from other programs. *Rehabilitation Counseling Bulletin, 26,* 3746.

Walls, R. T., & Batiste, L. (1996). Job accommodations for fatigue in the workplace. *Technology and Disability, 5,* 335-343.

Walls, R. T., & Dowler, D. L. (1987). Benefits versus earnings for vocational rehabilitation clients: The anchoring effect. *Journal of Behavioral Economics, 16,* 5567.

Walls, R. T., Dowler, D. L., & Fullmer, S. L. (1989). Cash and inkind benefits: Incentives rather than disincentives for vocational rehabilitation. *Rehabilitation Counseling Bulletin, 33,* 118126.

Walls, R. T., Dowler, D. L., & Fullmer, S. L. (1990). Incentives and disincentives to supported employment. In F. R. Rusch (Ed.), *Supported employment: Models, methods, and issues* (pp. 251-269). Sycamore, IL: Sycamore Publishing.

Walls, R. T., & Fullmer, S. L. (1996). Comparing rehabilitated workers to the U.S. workforce. *Rehabilitation Counseling Bulletin, 40,* 153-164.

Walls, R. T., & Fullmer, S. L. (1997). Competitive employment: Occupations after vocational rehabilitation. *Rehabilitation Counseling Bulletin, 41,* 15-25.

Walls, R. T., Fullmer, S. L., & Dowler, D. L. (1996). Functional vocational cognition: Dimensions of real-world accuracy. *The Career Development Quarterly, 44,* 224-233.

Walls, R. T., Misra, S., & Majumder, R. K. (2002). Trends in vocational rehabilitation: 1978, 1988, 1998. *Journal of Rehabilitation, 68* (3), 4-10.

Walls, R. T., & Tseng, M. S. (1987). Measurement of client outcomes in rehabilitation. In B. Bolton (Ed.), *Handbook of measurement and evaluation in rehabilitation* (2nd ed., pp. 183-201). Baltimore: Brookes.

Walls, R. T., Werner, T. J., Bacon, A., & Zane, T. (1977). Behavior checklists. In J. D. Cone & R. P. Hawkins (Eds.), *Behavioral assessment: New directions in clinical psychology* (pp. 77-146). New York: Bruner & Mazel.

Walls, R. T., Zane, T., & Thvedt, J. E. (1979). *The Independent Living Behavior Checklist.* Morgantown, WV: West virginia RRTC.

Walls, R. T., Zane, T., & Werner, T. J. (1978). *The Vocational Behavior Checklist.* Morgantown, WV: West Virginia RRTC.

Warren, P. R., Giesen, J. M., & Cavenaugh, B. S. (2004). Effects of race, gender, and other characteristics of legally blind consumers on homemaker closure. *Journal of Rehabilitation, 70* (4), 16-21.

Wehman, P., & Revell, G. (2005). Lessons learned from the provision of funding of employment services for the MR/DD population. *Journal of Disability Policy Studies, 16* (2), 84-101.

Wehman, P., Revell, W. G., & Brooke, V. (2003). Competitive employment: Has it become the "First Choice" yet? *Journal of Disability Policy Studies, 14* (3), 163-173.

Weiss, D. J., Dawis, R. V., England, G. W., & Lofquist, L. H. (1967). *Manual for the Minnesota Satisfaction Questionnaire* (Minnesota Studies in Vocational Rehabilitation: 22). Minneapolis: University of Minnesota.

West, M., Revell, W. G., & Wehman, P. (1992). Achievements and challenges: I. A five-year report on consumer and system outcomes from the Supported Employment Initiative. *Journal of the Association for Persons with Severe Handicaps, 17*(4), 227-235.

Westerheide, W. J., Lenhart, L., & Miller, M. C. (1975). Field test of a Service Outcome Measurement Form: Client change. *Monograph No. 3*. Oklahoma City, OK: Department of Rehabilitation Services.

Wilgosh, L., Mueller, H. H., & Rowat, W. (1994). Employer views on reasons for employment failure of employees with and without intellectual impairments. *Canadian Journal of Rehabilitation, 8*(2), 79-86.

Wood-Dauphinee, S. (1998). Competing conceptual frameworks for assessing rehabilitation outcomes. *Canadian Journal of Rehabilitation, 11*(4), 165-167.

Workforce Investment Act of 1998, 29 U.S.C. 28(Session law # is P.L. 105-220).

Wright, G. N., & Remmers, H. H. (1960). *Manual for the Handicap Problems Inventory*. Lafayette, IN: Purdue Research Foundation.

Zivolich, S., Shueman, S. A., & Weiner, J. S. (1997). An exploratory cost-benefit analysis of natural support strategies in the employment of people with severe disabilities. *Journal of Vocational Rehabilitation, 8*(3), 211-221.

Zivolich, S., & Weiner-Zivolich, J. S. (1997). A national corporate employment initiative for persons with severe disabilities: A 10-year perspective. *Journal of Vocational Rehabilitation, 8*(1), 75-87.

〈제15장〉

Berven, N. L. (1984). Assessment practices in rehabilitation counseling. *Journal of Applied Rehabilitation Counseling, 15*, 9-14.

Bobek, B. L., & Gore, P. A. (2004, March). *Inventory of Work-Related Values: 2001 Revision*. (ACT Research Report Series 2004-3). Iowa City, IA: American College Testing.

Bolton, D. L. (1995). Review of the Career Beliefs Inventory. In J. C. Conoley & J. C. Impara (Eds.), *Twelfth mental measurements yearbook* [Electronic version]. Retrieved September 6, 2006, from http://www.unl.edu/buros.

Blackwell, T. L., & Guglielmo, D. E. (2001). Ethics and assessment. *Journal of Applied Rehabilitation Counseling, 32*(1), 10-14.

Blustein, D. L., & Ellis, M. V. (2000). The cultural context of career assessment. *Journal of Career Assessment, 8*, 379-390.

Brown, D., & Brooks, L. (Eds.). (1996). *Career choice and development* (3rd ed.). San Francisco: Jossey-Bass.

Brown, M. B. (1998). Review of the Career Attitudes and Strategies Inventory: An Inventory for Understanding Adult Careers. In J. C. Impara & B. S. Plake (Eds.), *The thirteenth mental measurements yearbook* (pp. 182-183). Lincoln, NE: Buros Institute of Mental Measurements.

Crites, J. (1971). *The maturity of vocational attitudes in adolescence*. Washington, DC: American Personnel and Guidance Association.

Crites, J. (1976). A comprehensive model of career development in early adulthood. *Journal of Vocational Behavior, 9*, 105-118.

Czerlinsky, T., & Chandler, S. K. (1999). *Vocational Decision-Making Interview administration manual*. Indianapolis, IN: JIST Works.

Falvey, M. A., Bishop, K. D., & Gage, S. T. (1993). Mental retardation. In M. G. Browdin, F. Tellez, & S. K. Brodwin (Eds.), *Medical, psychosocial, and vocational aspects of disability* (pp. 165-177). Athens, GA: Elliot & Fitzpatrick.

Fontaine, J. H. (2001). Review of the Career Thoughts Inventory. In B. S. Plake & J. C. Impara (Eds.), *The fourteenth mental measurements yearbook* (pp. 228-230). Lincoln, NE: Buros Institute of Mental Measurements.

Fougeyrollas, P. & Beauregard, L. (2001). Disability: An interactive person-environment social creation. In G. L. Albrecht, K. D. Seelman, & M. Bury (Eds.), *Handbook of disability studies* (pp. 171-194). Thousands Oaks, CA: Sage.

Ginzberg, E. (1984). Career development. In D. Brown & L. Brooks (Eds.), *Career choice and development: Applying contemporary theories to practice* (pp. 169-191). San Francisco: Jossey-Bass.

Gottfredson, L. S. (2002). Gottfredson's theory of circumscription, compromise, and self-creation. In D. Brown & Associates (Eds.), *Career choice and development* (4th ed., pp. 85-148). San Francisco: Jossey-Bass.

Guion, R. M. (1995). Review of the Career Beliefs Inventory. From J. C. Conoley & J. C. Impara (Eds.), *Twelfth mental measurements yearbook* [Electronic version]. Retrieved September 6, 2006, from http://www.unl.edu/buros.

Hahn, H. (1989). The politics of special education. In D. K. Lipsky & A. Gartner (Eds.), *Beyond separate education: Quality education for all* (pp. 225-241). Baltimore: Paul H. Brookes.

Harmon, L. W. (1994). Review of the Career Decision Scale (CDS). In J. T. Kapes, M. M. Mastie, & E. A. Whitfield (Eds.), *A counselor's guide to career assessment instruments* (3rd ed., pp. 258-262). Alexandria, VA: National Career Development Association.

Harrington, T. F., & O'Shea, A. J. (2000). *The Harrington-O'Shea Career Decision-Making System Revised manual*. Circle Pines, MN: American Guidance Service.

Hartman, B., Fuqua, D., Blum, C., & Hartman, P. (1985). A study of the predictive validity of the Career Decision Scale in identifying longitudinal patterns of career indecision. *Journal of Vocational Behavior, 27,* 202-209.

Hartman, B., Fuqua, D., & Hartman, P. (1983). The construct validity of the Career Decision Scale administered to high school students. *Vocational Guidance Quarterly, 31,* 250-258.

Hartman, B., & Hartman, P. (1982). The concurrent and predictive validity of the Career Decision Scale adapted for high school students. *Journal of Vocational Behavior, 20,* 244-252.

Hartman, B., Utz, P., & Farnum, S. (1979). Examining the reliability and validity of an adapted scale of educational-vocational undecidedness in a sample of graduate students. *Journal of Vocational Behavior, 15,* 224-230.

Hartung, P. J., Vandiver, B. J., Leong, F. T., Pope, M., Niles, S. G., & Farrow, B. (1998). Appraising cultural identity in career-development assessment and counseling. *Career Development Quarterly, 46,* 276-293.

Holland, J. L., Daiger, D. C., & Power, P. G. (1980). *My Vocational Situation*. Palo Alto, CA: Consulting Psychologists Press.

Holland, J. L., & Gottfredson, G. D. (1994). *Career Attitudes and Strategies Inventory: An inventory for understanding adult careers*. Lutz, FL: Psychological Assessment Resources.

Kelley, K. N. (2005). Review of the O*NET Work Importance Locator. In R. A. Spies & B. S. Plake (Eds.), *Sixteenth mental measurements yearbook* [Electronic version]. Retrieved June 30, 2006, from http://www.unl.edu/buros.

Kelly, K. R. (2005). Review of the Harrington-O'Shea Career Decision-Making System-Revised, 2005 Update. From R. A. Spies & B. S. Plake (Eds.), *Sixteenth mental measurements yearbook* [Electronic version]. Retrieved June 30, 2006, from http://www.unl.edu/buros.

Kinnier, R. T. (1998). Review of the Career Attitudes and Strategies Inventory: An Inventory for Understanding Adult Careers. In J. C. Impara & B. S. Plake (Eds.), *The thirteenth mental measurements yearbook* (pp. 184-185). Lincoln, NE:

Buros Institute of Mental Measures.

Knapp-Lee, L. J. (1996). Use of the COPES, a measure of work values, in career assessment. *Journal of Career Assessment, 4,* 429-443.

Krumboltz, J. D. (1992). Challenging troublesome career beliefs. Ann Arbor, MI: ERIC Clearinghouse on Counseling and Personnel Services No. ED347481.

Levinson, E. M., Ohler, D. L., Caswell, S., & Kiewra, K. (1998). Six approaches to the assessment of career maturity. *Journal of Counseling & Development, 76,* 475-482.

LoCascio, R. (1964). Delayed and impaired vocational development: A neglected aspect of vocational development theory. *Personnel and Guidance Journal,* 885-887.

LoCascio, R. (1974). The vocational maturity of diverse groups: Theory and measurement. In D. E. Super (Ed.), *Measuring vocational maturity for counseling and evaluation* (pp. 123-133). Washington, DC: National Vocational Guidance Association.

Lunneborg, P. W. (1985). Review of My Vocational Situation. In J. V. Mitchell, Jr. (Ed.), *The Ninth Mental Measurements Yearbook* (pp. 1026-1027). Lincoln, NE: Buros Institute of Mental Measures.

Lusso, D. A., & MacGregor, M. W. (December 2001). Practice and research in career counseling and development_2000_annual review. *Career Development Quarterly.* Retrieved June 20, 2006, from http://www.findarticles.com/p/articles/mi_m0JAX/is_2_50/ai_81762548.

Manuele, C. A. (1984). Modifying vocational maturity in adults with delayed career development. *Vocational Guidance Quarterly,* 33, 101-112.

McMahon, M., Patton, M., & Tatham, P. (2003). *Managing life, learning and work in the 21st century.* Retrieved June 20, 2006, from http://www.dest.gov.au/sectors/career_development/publications_resources/profiles/life_learning_and_work.htm..

Michael, W. B. (2005). Review of the O*NET Work Importance Locator. From R. A. Spies & B. S. Plake (Eds.), *Sixteenth mental measurements yearbook*[Electronic version]. Retrieved June 30, 2006, from http://www.unl.edu/buros.

Osborn, D. S., & Zunker, V. G. (2006). *Using assessment results for career development* (7th ed.). Belmont, CA: Thomson/Brooks/Cole.

Patterson, C. H., & Watkins, C. E., Jr. (1982). Some essentials of a client-centered approach to assessment. *Measurement and Evaluation in Guidance, 15,* 103-106.

Patterson, J. B., & Blackwell, T. L. (2005). Ethics and ethical decision making in rehabilitation counseling. In. R. M. Parker, E. D. Szymanski, & J. B. Patterson (Eds.), *Rehabilitation counseling: Basics and beyond* (4th ed., pp. 89-116). Austin, TX: PRO-ED.

Patton, W., & Creed, P. A. (2001). Developmental issues in career maturity and career decision status. *Career Development Quarterly, 49*(4), 336-351.

Reid, C. (1997). Rehabilitation client assessment. *Rehabilitation Education,* 11, 211-219.

Sampson, J. P., Jr., Peterson G. W., Lenz, J. G., Reardon, R. C., & Saunders, D. E. (1996a). *Career Thoughts Inventory-Professional manual.* Odessa, FL: Psychological Assessment Resources.

Sampson, J. P., Jr., Peterson G. W., Lenz, J. G., Reardon, R. C., & Saunders, D. E. (1996b). *Improving your career thoughts: A workbook for the Career Thoughts Inventory.* Odessa, FL: Psychological Assessment Resources.

Savickas, M. L. (1984). Career maturity: The construct and its appraisal. *Vocational Guidance Quarterly, 32,* 222-231.

Schriner, K. (2001). A disability studies perspective on employment issues and polices for disabled people: An international view. In G. Albrecht, K. D. Seelman, & M. Bury (Eds.), *Handbook of disability studies* (pp. 642-662). Thousand Oaks, CA: Sage.

Shahnasarian, M. (2001). Career rehabilitation: Integration of vocational rehabilitation and career development in the twenty-first century. *Career*

Development Quarterly. Retrieved June 20, 2006, from http://www.highbeam.com/library/docFree.asp?DOCID=1G1:72703670.

Sharf, R. S. (2006). *Applying career development theory to counseling* (4th ed.). Belmont, CA: Thomson/Brooks/Cole.

Sink, J. M., Gannaway, T. W., & Cottone, R. R. (1987). Psychological testing versus assessment in counseling and a critical response to canon 7-"assessment." *Journal of Applied Rehabilitation Counseling, 18*, 35-37.

Strohmer, D. C. (1979). *The Decision-Making Interview*. Menomonie, WI: Rehabilitation Research and Training Institute, University of Wisconsin-Stout.

Super, D. E., Crites, J. O., Hummel, R. C., Moser, H. P., Overstreet, P. L., & Warnath, C. F. (1957). *Vocational development: A framework for research*. New York: Teachers College Press, Columbia University.

Super, D. E., Savickas, M. L., & Super, C. M. (1996). The life-span, life-space approach to careers. In D. Brown, L. Brooks, & Associates (Eds.), *Career choice and development* (3rd ed., pp. 121-178). San Francisco: Jossey-Bass.

Szymanski, E. M. (1989). Disability, job stress, the changing nature of careers, and career resilience portfolio. *Rehabilitation Counseling Bulletin, 42*, 279-289.

Szymanski, E. M., Johnston-Rodriguez, S., Millington, M. J., Rodriguez, B. H., & Lagergren, J. (1995). The paradoxical nature of disability services. Illustrations from supported employment and implications for rehabilitation counseling. *Journal of Applied Rehabilitation Counseling, 26*, 17-22.

Szymanski, E. M., & Vancollins, J. (2003). Career development of people with disabilities: Some new and not so new challenges. *Australian Journal of Career Development, 12*(1), 9-16.

Tiffany, D. W. (2001). Review of the Vocational Decision-Making Interview-Revised. In B. S. Plake & J. C. Impara (Eds.), *The fourteenth mental measurements yearbook* (pp. 1313-1314). Lincolon, NE: Buros Institute of Mental Measures.

U. S. Census Bureau. (nd). *People with disabilities*. Retrieved June 19, 2006, from www.census.gov/hhes/www.disability.html

U. S. Department of Labor. (2000a). *O*NET testing and assessment: An employer's guide to good practices*. Washington, DC: Author.

U. S. Department of Labor. (2000b). *O*NET Work Importance Locator user's guide*. Washington, DC: Author.

U. S. Department of Labor. (nd). *Average number of jobs started by individuals form age 18 to age 36 in 1978-2000 by age and sex*. Retrieved June 20, 2006, from http://www.bls.gov/nls/nlsy79r19.supp.htm

Vondracek, F. W., Lerner, R. M., & Schulenberg, J. M. (1986). *Career development: A life span approach*. Hillsdale, NJ: Erlbaum.

Wall, J. E. (1994). Review of the Career Beliefs Inventory (CBI). In J. T. Kapes, M. M. Mastie, & E. A. Whitfield (Eds.), *A counselor's guide to career assessment instruments* (3rd ed., pp. 253-257). Alexandria, VA: National Career Development Association.

Westbrook, W. B. (1985). Review of My Vocational Situation. In J. V. Mitchell, Jr. (Ed.), *The Ninth Mental Measurements Yearbook* (pp. 1027-1029). Lincoln, NE: Buros Institute of Mental Measures.

Wise, R., Charner, I., & Randour, M. A. (1978). A conceptual framework for career awareness in career decision-making. In J. Whiteley & A. Resnikoff (Eds.), *Career counseling* (pp. 216-231). Monterey, CA: Brooks/Cole.

Zytowski, D. G. (May, 2006). *Super's Work Values Inventory-revised: Technical manual version 1.0*. Retrieved September 14, 2006, from http://www.kuder.com/publicweb/swv_manual.aspx.

〈제16장〉

Abraham, E., Axelrod, B. N., & Ricker, J. H. (1996). Application of the Oral Trail Making Test to a mixed clinical sample. *Archives of Clinical Neuropsychology, 11*(8), 697-701.

American Foundation for the Blind. (1975). *Not without sight* (Video). New York: Author.

American Foundation for the Blind. (1987). *Low vision, questions and answers: Definitions devices, services*. New York: Author.

Benton, A. L., Sivan, A. B., Hamsher, K., Varney, N. R., & Spreen, O. (1994). *Contributions to neuropsychological assessment* (2nd ed.). Orlando, FL: Psychological Assessment Resources.

Cattell, R. B. (1968). *Sixteen personality factor questionnaire, Edition R*. Champaign, IL: Institute for Personality and Ability Testing.

Cattell, R. B., Cattell, A. K., & Cattell, H. B. (1993). *Sixteen Personality Factor Questionnaire, Fifth Edition,* Champaign, IL: Institute for Personality and Ability Testing.

Cattell, R. B., Eber, H. W., & Tatsuoka, M. M. (1970). *Handbook for the 16PF*. Champaign, IL: Institute for Personality and Ability Testing.

Cattell, R. B., & Krug, S. (1975). *Clinical Analysis Questionnaire*. Champaign, IL: Institute for Personality and Ability Testing.

Chan, F., Lynch, R. T., Dial, J. G., Wong, D. W., & Kates, D. (1993). Applications of the McCarron-Dial System in vocational evaluation: An overview of its operational framework and empirical findings. *Vocational Evaluation and Work Adjustment Bulletin,* Summer, 57-65.

Chaytor, N., Schmitter-Edgecombe, M., & Burr, R. (2006). Improving the ecological validity of executive functioning assessment. *Archives of Clinical Neuropsychology, 21* (3), 217-227.

Collins-Moore, M. S., & Osborn, K. N. (1984). Assessing the visually handicapped child. In S. J. Weaver (Ed.), *Testing children: A reference guide for effective clinical and psychoeducational assessment*. Kansas City, MO: Test Corporation of America.

Corcoran, K., & Fischer, J. (1987). *Measures for clinical practice: A source book*. New York: The Free Press.

Delis, D. C., Kaplan, E., & Kramer, J. H. (2001). *Delis-Kaplan Executive Function System*. San Antonio, TX: The Psychological Corporation.

Dial, J. G., Chan, F., Mezger, C., Parker, H. J., Zangler, K., Wong, D. W., et al. (1991a). Comprehensive vocational evaluation system (CVES) for visually impaired/blind individuals: A validation study. *Journal of Visual Impairment and Blindness, 85,* 153-157.

Dial, J. G., Mezger, G., Gray, S., Massey, T., Chan, F., & Hull, J. A. (1991b). *Comprehensive vocational evaluation systems: A systematic approach to vocational, educational and neuropsychological assessment of the visually impaired and blind*. Dallas, TX: McCarron-Dial Systems.

Farah, M. J. (1990). *Visual agnosia: Disorders of object recognition and what they tell us about normal vision*. Cambridge, MA: Massachusetts Institute of Technology Press.

First, M. B., Gibbon, M., Spitzer, R. L., & Williams, J. B. W. (1997). *Structured Clinical Interview for DSM-IV Axis I Disorders: Clinical Version*. North Tonawanda, NY: Multi-Health Systems.

Flynn, J. R. (1984). The mean IQ of Americans: Massive gains 1932 to 1978. *Psychological Bulletin, 95,* 29-51.

Glutting, J., Adams, W., & Sheslow, D. (2004). *Wide Range Intelligence Test*. Wilmington, DE. Wide Range.

Groenveld, M. (1990). The dilemma of assessing the visually impaired child. *Developmental Medicine and Child Neurology, 32,* 1105-1113.

Groenveld, M., Jan, J. E., & Leader, P. (1990). Observations on the habilitation of children with cortical visual impairment. *Journal of Visual Impairment and Blindness,* January, 11-17.

Gronwall, D., & Sampson, H. (1974). *The psychological effects of concussion*. New Zealand: Auckland University Press.

Hathaway, S. R., & McKinley, J. C. (1989). *Minnesota Multiphasic Personality Inventory-2*. Minneapolis,

MN: National Computer System.

Hayes, S. F. (1929). The new revision of the Binet intelligence tests for the Blind. *Teachers Forum, 2,* 2-4.

Holland, J. L. (1992). *Making vocational choices: A theory of vocational personalities and work environments.* Odessa, FL: Psychological Assessment Resources.

Holland, J. L. (1994). *Self-Directed Search Form E-4th Edition.* Odessa, FL: Psychological Assessment Resources.

Hull, T., & Mason, H. (1993). Issues in standardizing psychometric tests for children who are blind. *Journal of Visual Impairment and Blindness,* May, 149-150.

Irwin, R. B., & Goddard, H. H. (1976). Adaptation of the Binet-Simon Tests (original work published in 1914). In G. Scholl and R. Schneer (Eds.), *Measures of psychological, vocational, and educational functioning in the blind and visually handicapped* (pp. 17-20). New York: American Foundation for the Blind.

Jastak, S., & Wilkinson, G. S. (1984). *Wide Range Achievement Test-Revised.* Wilmington, DE: Jastak Assessment Systems.

Jose, R. T. (Ed.). (1993). *Understanding low vision.* New York: American Foundation for the Blind.

Joyce, A., Dial, J., Nelson, P., & Hupp, G. (2000). Neuropsychological predictors of adaptive living and work behaviors [Abstract]. *Archives of Clinical Neuropsychology, 15,* 665.

Joyce, A., Isom, R., Dial, J., Sandel, M. (2004). Implications of perceptual-motor differences with blind populations. *Journal of Applied Rehabilitation Counseling, 35* (3), 3-7.

Kirchner, C., Schmeidler, E., & Todorov, A. (1999). *Looking at employment through a lifespan telescope: Age, health and employment status of people with serious visual impairment.* Mississippi State, MS: Rehabilitation Research and Training Center on Blindness and Low Vision.

Knowlton, M., Lee, I., Bruininks, R. H., Woodcock, R. W., Weatherman, R. F., & Hill, B. K. (1996). *Scales of Independent Behavior-Revised: Short form for the Visually Impaired.* Itasca, IL: Riverside.

Koestler, F. (1976). *The unseen minority: A social history of blindness in the United States.* New York: David McKay.

Krug, S. E. (1981). *Interpreting 16PF profile patterns.* Champaign, IL: Institute for Personality and Ability Testing.

Kuusisto, S. (1998). *Planet of the blind.* New York: Bantam Doubleday Dell.

Larson, S. (2002). *Slosson Intelligence Test-Revised: Supplemental Manual for Visually Impaired/Blind.* East Aurora, NY: Slosson Educational Publications.

Loevinger, J. (1970). *Measuring ego development* (Vols. 1 and 2). San Francisco: Jossey-Bass.

Mangiameli, L. J., & Peters, L. (1999). A non-visual battery for assessment of spatial abilities. *Archives of Clinical Neuropsychology, 14*(1), 86.

Matarazzo, J. D. (1990). Psychological assessment versus psychological testing. *American Psychologist, 45*(9), 999-1017.

McGee Hall, J. M. (1994). *Neuropsychological functioning of adult subjects with diabetic retinopathy compared to a normal blind population.* Unpublished doctoral dissertation, University of North Texas, Denton, TX.

Miller, J., & Skillman, G. (2003). Assessors' satisfaction with measures of cognitive ability applied to persons with visual impairment. *Journal of Visual Impairment and Blindness,* December, 769-774.

Millon, T. M. (1994). *Millon Clinical Multiaxial Inventory-*Ⅲ. Minneapolis, MN: National Computer Systems.

Morey, L. C. (1989). *Personality Assessment Inventory.* Odessa, FL: Psychological Assessment Resources.

National Federation of the Blind. (1989). *Blindness and disorders of the eye.* Baltimore: Author.

Needham, W. E., & Eldridge, L. S. (1990). Performance of Blind Vocational Rehabilitation Clients on the Minnesota Rate of Manipulation Test. *Journal of*

Visual Impairment and Blindness, 84(4), 182-185.

Nelson, K. A., & Dimitrova, G. (1993). Severe visual impairment in the United States and in each state, 1990. *Journal of Visual Impairment and Blindness, 87,* 80.

Nelson, P., Dial, J., & Joyce, A. (2002a). Validation of the Cognitive Test for the Blind as an assessment of intellectual functioning. *Rehabilitation Psychology, 47,* 184-193.

Nelson, P., Dial, J., & Joyce, A. (2002b). Detecting brain injury in adults with visual impairment or blindness [Abstract]. *Archives of Clinical Neuropsychology, 17,* 715-867.

Nelson, P., O' Brien, E., Dial, J., & Joyce, A. (2001). Neuropsychological correlates of retinopathy of prematurity (ROP) compared to other causes of blindness [Abstract]. *Archives of Clinical Neuropsychology, 16,* 766-767.

Newell, F. W. (1966). *Ophthalmology: Principles and practice* (8th ed.). St. Louis, MO: Mosby.

O' Brien, E. P. (1992). Neuropsychological sequelae of adult subjects with retinopathy of prematurity compared to other blind populations. Unpublished doctoral dissertation, University of North Texas, Denton, TX.

Psychological Corporation. (2002). Wechsler Individual Achievement Test-Second Edition. San Antonio, TX: Author.

Psychological Corporation. (1992). Wechsler Individual Achievement Test (WIAT). San Antonio, TX: Psychological Corporation.

Rabeck, D. D. (1994). Neuropsychological functioning of blind subjects with learning disabilities compared to those with blindness alone. Unpublished doctoral dissertation, University of North Texas, Denton, TX.

Rafal, R. D. (1997). Balint syndrome. In T. E. Feinbert and M. J. Farrah (Eds.), Behavioral neurology and neuropsychology (pp. 337-356). New York: McGraw-Hill.

Reitan, R. M., & Wolfson, D. (1985). The Halstead-Reitan Neuropsychological Test Battery: Theory and clinical interpretation. Tucson, AZ: Neuropsychology Press.

Reynolds, C. R., Pearson, N. A., & Voress, J. K. (2002). Developmental Test of *Visual Perception-Adolescent and Adult.* Austin, TX: PRO-ED.

Ricker, J. H., & Axelrod, B. N. (1994). Analysis of an oral paradigm for the trail making test. *Assessment, 1,* 47-51.

Ringgold, N. P. (1991). Out of the cornea of my eyes: Living with vision loss in later life. New York: American Foundation for the Blind.

Roberts, J. R., & Bauman, M. K. (1944). Motor skills tests adapted to the blind. Minneapolis, MN: Minnesota Educational Test Bureau.

Sacks, O. (1997). The island of the colorblind. New York: Knopf.

Scholl, G., & Schnur, R. (1976). Measures of psychological, vocational, and educational functioning in the blind and visually handicapped. New York: American Foundation for the Blind.

Shurrager, H. C., & Shurrager, P. S. (1964). Haptic Intelligence Scale for Adult Blind. Chicago: Stoetling.

Slosson, R. L. (2002). Slosson Intelligence Test-Revised. East Aurora, NY: Slosson Educational Publications.

Spreen, O., & Strauss, E. (1998). A compendium of neuropsychological tests (2nd ed.). New York: Oxford.

Strauss, E., Sherman, E., & Spreen, O. (2006). A Compendium of Neuropsychological Tests: Administration, Norms and Commentary, Third Edition. New York: Oxford.

Taylor, R. E., & Ward, K. M. (1990). The tale of our search for the tactile Progressive Matrices. *American Psychologist, 45*(1), 69.

Tiffin, J. (1968). Purdue Pegboard Test. Lafayette, IN: Lafayette Instrument.

Tombaugh, T. (2006). A comprehensive review of the Paced Auditory Serial Addition Test (PASAT). *Archives of Clinical Neuropsychology, 21,* 53-76.

Valpar International (1980a). *Conceptual understanding*

through blind evaluation. Tucson, AZ: Author.

Valpar International (1980b). Valpar Component Work Sample. Tucson, AZ: Author.

Van Son, A. R. (1989). Diabetes vision impairment and blindness. New York: American Foundation for the Blind.

Vander Kolk, C. J. (1980). Assessment and planning with the visually impaired. Baltimore: University Park Press.

Vaughan, D. G., Asbury, T., & Riordan-Eva, P. (1995). General ophthalmology (14th ed.). Norwalk, CT: Appleton and Lange.

Vincent, K. R., Castillo, I. M., Hauser, R. I., Zapata, J. A., Stuart, H. J., Cohn, C. K., et al. (1984). MMPI-168 codebook. Norwood, NJ: Ablex.

Warrington, E. K., & James, M. (1991). The Visual Object and Space Perception Battery. Bury St. Edmunds, UK: Thames Valley Test Co.

Wechsler, D. (1955). Wechsler Adult Intelligence Scale. New York: Psychological Corporation.

Wechsler, D. (1997). Wechsler Memory Scale-Third Edition. San Antonio, TX: Psychological Corporation.

Wechsler, D. (1998). Wechsler Adult Intelligence Scale-Third Edition. San Antonio, TX: Psychological Corporation.

Weiskrantz, L. (1986). Blindsight: A case study and implications. Oxford, England: Clarendon Press.

Wilkinson, G. S. (1993). Wide Range Achievement Test-Third Edition. Wilmington, DE: Jastak Associates.

Wolf-Schein, E. G. (1998). Considerations in assessment of children with severe disabilities including deaf-blindness and autism. International Journal of Disability, Development and Education, 45(1), 35-55.

〈제17장〉

Allen, T. E. (1984, April). *Out-of-level testing with the Stanford Achievement Test (Seventh Edition): A procedure for assigning Students to the correct battery level.* Paper presented at the annual meeting of the American Educational Research Association. New Orleans, LA.

Allen, T. E. (1994a). *Who are the deaf and hard-of-hearing students leaving high school and entering postsecondary education?* Retrieved May 19, 2006, from http://gri.gallaudet.edu/AnnualSurvey/whodeaf.html.

Allen, T. E. (1994b). *How many people in the USA and Canada use ASL as a primary language and how many use it as their second or other language?* Washington, DC: Gallaudet Research Institute. Gallaudet University.

Allen, T. E. (1996). *Stanford Achievement Test, 9th Edition, and WISC-III and their use with deaf and hard-of-hearing students: Progress report.* Retrieved June 25, 2006, from http://www.gallaudet.edu/~cadsweb/satprogr.html

Allen, T. E., White, C. S., & Karchmer, M. A. (1983). Issues in the development of a special edition for hearing-impaired students of the seventh edition of the Stanford Achievement Test. *American Annals of the Deaf, 128*(1), 34-39.

American National Standards Institute. (1996). *Specification for audiometers (ANSI S3.6-1996).* New York: Author.

American National Standards Institute. (1997). *Method for manual pure-tone threshold audiometry (ANSI S3.21-1978).* New York: Author.

American National Standards Institute. (2003). *Maximum permissible ambient noise levels for audiometric test rooms (ANSI S3.1-1999).* New York: Author.

Baker-Shenk, C., & Cokely, D. (1980). *American Sign Language: A teacher's resource text on grammar and culture.* Silver Spring, MD: TJ Publishers.

Becker, H., Schur, S., Paoletti-Schelp, M., Hammer, E. (1984). *The functional Skills Screening Inventory.* Amarillo, TX: Functional Resources Enterprises.

Becker, R. L., (2000). *Reading Free Vocational Interest Inventory: 2 (RFVII:2).* Columbus, OH:

Elbern.

Bender, L. (1938). *A visual motor gestalt test and its clinical use.* New York: American Orthopsychiatric Association.

Blennerhassett, L. (2000). Psychological Assessments. In N. Kitson & P. Hindley (Eds.), *Mental health and deafness* (pp. 185-205). London: Whurr Publishers LTD.

Blennerhassett, L., Strohmeier, S. J., & Hibbett, C. (1994). Criterion-related validity of Raven's Progressive Matrices with deaf residential school students. *American Annals of the Deaf, 139*(2), 104-110.

Bolton, B. (1972). Quantification of two projective tests for deaf clients. *Journal of Clinical Psychology, 28*(4), 554-556.

Bolton, B., Donoghue, R., & Langbauer, W. (1973). Quantification of two projective tests for deaf clients: A large sample validation study. *Journal of Clinical Psychology, 29*(2), 249-250.

Braden, J. (1994). *Deafness deprivation and IQ.* New York: Plenem Press.

Braden, J. P. (2001). The Clinical assessment of deaf people's cognitive abilities. In M. D. Clark, M. Marschark, & M. Karchmer (Eds.), *Context, cognition, and deafness* (pp. 14-37). Washington, DC: Gallaudet University Press.

Brannigan, G. G., & Decker, S. L. (2003). *Bender Visual Motor Gestalt Test, Second Edition: Bender-Gestalt* II. Itasca, IL: Riverside Publishing.

Brauer, B. A. (1992). The signer effect on MMPI performance of deaf respondents. *Journal of Personality Assessment, 58*(2), 380-388.

Brauer, B. A. (1993). Adequacy of a translation of the MMPI into American Sign Language for use with deaf individuals: Linguistic equivalency issues. *Rehabilitation Psychology, 38*(4), 247-260.

Briccetti, K. A. (1994). Emotional indicators of deaf children on the Draw-A-Person test. *American Annals of the Deaf, 139*(5), 500-505.

Brodwin, M. G., Parker, R. M., & DeLaGarza, D. (1996)., Disability and accommodation. In E. M. Szymanski & R. M. Parker (Eds.), *Work and disability: Issues and strategies in career development and job placement* (pp. 165-207). Austin, TX: PRO-ED.

Brown, L., Sherbenou, R. J., & Johnsen, S. K. (1997). *Test of Nonverbal Intelligence-Third Edition (TONI-3).* Austin, TX: PRO-ED.

Buck, J., (1948). The H.T.P. technique: A qualitative and quantitative scoring manual. *Journal of Clinical Psychology, 4*, 151-159.

Buck, J., (1992). The House-Tree-Person projective drawing technique: Manual and interpretive guide (revised). Los Angeles, CA: Western Psychological Services.

Burns, R. C. (1987). *Kinetic-House-Tree-Person Drawings: An interpretative manual.* Los Angeles: Western Psychological Services.

Butcher, J., Dahlstrom, W., Graham, J., & Tellegen, A. (1989). *Minnesota Multiphasic Personality-Inventory* II. Minneapolis, MN: Regents of the University of Minnesota.

Capella, M. E. (2003). Evaluating differences in demographics, services, and outcomes for vocational rehabilitation consumers with hearing loss versus consumers with other disabilities. *Journal of Rehabilitation, 69*(3), 39-46.

Case, B. J. (2004). *It's about time: Stanford Achievement Test Series, tenth edition (Stanford 10).* San Antonio, TX: Harcourt Assessment.

Center for American Sign Language Literacy. (2000). *American Sign Language Assessment.* Washington, DC: Gallaudet University.

Center for Assessment and Demographic Studies. (1989). *Administering the 8th edition Stanford Achievement Test to hearing impaired students.* Washington, DC: Gallaudet Research Institute.

Center for Assessment and Demographic Studies. (1991). *Stanford Achievement Test 8th edition form J: Hearing impaired norms booklet.* Washington, DC: Gallaudet Research Institute.

Checklist (Revised). Washington, DC: Gallaudet University.

Collins, J. M., & Hunter, J. E. (2001, April). *Problems with the WAIS Intelligence Test 1938-1997.* Symposium Presentation at the Annual Conference of the Society for Industrial and Organizational Psychologists, San Diego.

Dickert, J. (1988). Examination of Bias in Mental Health Evaluation of Deaf Patients. *Social Work, 33*(3), 273-274.

Drossman, E. R., Maller, S. J., & McDermott, P. A. (2001). Core profiles of school-aged examinees from the national standardization sample of the Comprehensive Test of Nonverbal Intelligence. *School Psychology Review, 30*(4), 586-598.

Elliot, H. (1987). Educational history. In H. Elliot, L. Glass, & J. Evans (Eds.), Mental health assessment of deaf clients: A practical manual (pp. 71-75). London: Taylor & Francis.

Evans, J. W., & Elliott, H. (1981). Screening criteria for the diagnosis of schizophrenia in deaf patients. *Archives of General Psychiatry, 38*(7), 787-790.

Exner, J. E., Jr. (2001). A Rorschach Workbook for the Comprehensive System (5th ed.). Asheville, NC: Rorschach Workshops.

Flanagan, D. P., McGrew, K. S., & Ortiz, S. O. (2000). *The Wechsler Intelligence Scales and Gf-Gc theory: A contemporary approach to interpretation.* Boston: Allyn & Bacon.

Flexor, C. (1999). *Facilitating hearing and listening in young children.* Clifton Park, NY: Delmar Learning.

French, D. B. (1987). Validity, test bias, and the use of the Special Edition of the stanford Achievement Test for the Hearing Impaired (SAT-HI) with Canadian students. *ACEHI Journal, 13*(3), 104-116.

Gallaudet Research Institute. (1996a). *Achievement Testing of Deaf and Hard-of-hearing Students: The 9th Edition Stanford Achievement Test.* Washington, DC: Gallaudet University.

Gallaudet Research Institute. (1996b). *Stanford Achievement Test. Conversion Tables: Stanford 9 Scaled Scores to SAT-8 Scaled Scores.* Washington, DC: Gallaudet University.

Gallaudet Research Institute. (1996c). *Stanford Achievement Test, 9th Edition, Form S: Norms booklet for deaf and hard-of-hearing students.* Washington, DC: Gallaudet University.

Gallaudet Research Institute. (1996d). *Stanford Achievement Test, 9th Edition, Administration procedures for deaf and hard-of-hearing students.* Washington, DC: Gallaudet University.

Gallaudet Research Institute. (1996e). *Stanford Achievement Test, 9th Edition, Screening procedures for deaf and hard-of-hearing students.* Washington, DC: Gallaudet University.

Gallaudet Research Institute. (2003a). *Regional and national summary report of data from the 2002-2003 annual survey of deaf and hard-of-hearing children and youth.* Washington, DC: Author.

Gallaudet Research Institute. (2003b). *Frequently asked questions about the Stanford Achievement Test 10th edition with deaf and hard-of-hearing students.* Washington, DC: Gallaudet University.

Gallaudet University School Psychology Handbook. (1994). Communication Policy. Washington, DC: Gallaudet University.

Geist, H. (1962). *The Geist picture interest inventory: Deaf form: Male.* Los Angeles: Western Psychological Services.

Geist, H. (1988). *Geist Picture Interest Inventory-Revised (GPII-R).* Beverly Hills: CA: Western Psychological Services.

Gibbins, S. (1989). The provision of school psychological assessment services for the hearing impaired. *Volta Review, 91*(2), 95-103.

Gierl, M. J. (2000). Construct equivalence on translated achievement test. *Canadian Journal of Education, 25*(4), 280-296.

Graham, F., & Kendall, B. (1960). *Memory-for-Designs Test: Revised General Manual.* Missoula, MT: Psychological Test Specialists.

Gregory, R. J. (1999). Foundation of intellectual

assessment: The WAIS-Ⅲ and other tests in clinical practice. Needham Heights, MA: Allyn & Bacon.

Hammer, E., & Carlson, R. (1996). Using the Intervener Model with adults who are Deaf-Blind. *Journal of Vocational Rehabilitation, 7*(1), 125-128.

Hammill, D. D., Pearson, N. A., & Wiederholt, J. L. (1997). *Comprehensive Test of Nonverbal Intelligence (CTONI)*. Austin, TX: PRO-ED.

Harcourt Assessment, The Psychological Corporation. (1996a). The Stanford achievement test (9th ed.). San Antonio, TX: Author.

Harcourt Assessment, The Psychological Corporation. (1996b). *Stanford Achievement Test Series: Technical data report* (9th ed.). San Antonio, TX: Author.

Harcourt Assessment, The Psychological Corporation. (2002). The *Stanford achievement test* (10th ed.). San Antonio, TX: Author.

Harcourt, Brace, & Jovanovich. (1972). The stanford Achievement Test (6th ed.). San Antonio, TX: Harcourt Assessments.

Harcourt, Brace, & Jovanovich. (1973). *The stanford Achievement Test for the Hearing Impaired*. San Antonio, TX: Harcourt Assessments.

Heller, B. (1987). Mental health assessment of deaf persons: A brief history. In H. Elliot, L. Glass, & J. W. Evans (Eds.). *Mental health assessment of deaf clients* (pp. 9-20). Boston: Little, Brown & Co.

Hindley, P. (2000). Child and adolescent psychiatry. In P. Hindley & N. Kitson (Eds.), *Mental Health and Deafness* (pp. 43-74). London: Whurr Publishers.

Hindley, P., Kitson, N., & Leach, V. (2000). Forensic psychiatry and deaf people. In P. Hindley & N. Kitson (Eds.), *Mental health and deafness* (pp. 206-231). London: Whurr Publishers.

Hiskey, M. S. (1966). *Hiskey-Nebraska Test of Learning Aptitude*. Lincoln, NE: Union College Press.

Hoemann, H. W. (1986). *Introduction to American Sign Language*. Bowling Green, OH: Bowling Green Press.

Holt, J. A. (1993). Stanford Achievement Test-8th Edition for deaf and hard-of-hearing students: Reading Comprehension subgroup results. American Annals of the Deaf, Online edition. Retrieved April 23, 2007, from http://gri.gallaudet.edu/Assessment/sat-read.html.

Holt, J. A. (1994). Classroom attributes and achievement test scores for deaf and hard-of-hearing students. *American Annals of the Deaf, 139*(4), 430-437.

Holt, J. A., Traxler, C. B., & Allen, T. E. (1997). Interpreting the scores: A user's guide to the 9th edition Stanford Achievement Test for students who are deaf or hard-of-hearing. *Gallaudet Research Institute Technical Report, 97*, 1.

Johnson, E., Kimball, K., & Brown, S. O. (2001). American sign language as an accommodation during standards-based assessments. *Assessment for Effective Intervention, 26*(2), 39-47.

Johnson, M. (2001). *The art of nonconversation: A reexamination of the validity of the oral proficiency interview*. New Haven: Yale University Press.

Johnson, R. C. (2005). Epilogue: Fort Monroe revisited. In J. L. Mounty & D. S. Martin (Eds.), *Assessing deaf adults: Critical issues in testing and education* (pp. 174-179). Washington, DC: Gallaudet University Press.

Kaufman, A. S., & Lichtenberger, E. O. (1999). Essentials of WAIS-HI Assessment. New York: Wiley.

Kelly, M., & Braden, J. (1990). Criterion-related validity of the WISC-R Performance Scale with the Stanford Achievement Test-Hearing-Impaired Edition. *Journal of Special Education, 26*(3), 235-252.

Kimberling, W. J., & Möller, C. (1995). Clinical and molecular genetics of Usher syndrome. *Journal of the American Academy of Audiology, 6*(1), 63-72.

Kitson, N., & Thacker, A. (2000). Adult psychiatry. In P. Hindley & N. Kitson (Eds.). *Mental health and deafness* (pp. 75-98). London: Whurr Publishers.

Kochkin, S. (2005). MarkeTrak VII: Hearing loss population tops 31 million people. *The Hearing Review, 12*(7), 16-29.

Koppitz, E. (1963). *The Bender-Gestalt Test for Young Children: Koppitz scoring system*. New York: Grune & Stratton.

Ladd, P. (2003). Understanding deaf culture: In search of deafhood. Buffalo, NY: Multilingual Matters.

Lane, H. (1992). *The mask of benevolence: Disabling the deaf community*. New York: Alfred A. Knopf.

Lane, H., Hoffmeister, R., & Bahan, B. (1996). *A journey into the deaf world*. San Diego, CA: Dawn Sign Press.

La Vigne, M., & Vernon, M. (2003). An interpreter isn't enough: Deafness, language, and due process. Wisconsin Law Review, 5, 844-935.

Leakey, T. A. (1993). Vacational education in deaf American and African-American communities. In J. V. Van Cleve (Ed.), Deaf history unveiled: Interpretations from the new scholarship (pp. 74-91). Washington, DC: Gallaudet University Press.

Levine, E. S. (1981). *The psychology of early deafness*. New York: Columbia University Press.

Lipton, D. S., & Goldstein, M. F. (1997). Measuring substance abuse among the deaf. *Journal of Drug Issues, 27*(4), 733-754.

Loew, R., Cahalan-Laitusis, C., Cook, L., & Harris, R. (2005). Access considerations and the provision of appropriate accommodations: A research perspective from a testing organization. In J. L. Mounty & D. S. Martin (Eds.), Assessing deaf adults: Critical issues in testing and evaluation (pp. 37-53). Washington, DC: Gallaudet University Press.

Lucas, J. W., Schiller, J. S., & Benson, V. (2004). *Summary health statistics for U.S. adults: National health interview survey, 2001: Vital & health statistics, 10(218). (DHHS Publication No. PHS 2004-1546)*. Hyattsville, MD: U.S. Department of Health and Human Services.

Machover, K. (1949). *Personality projection in the drawing of the human figure*. Springfield, IL: Charles C. Thomas.

Mandes, E., & Gessner, T. (1989). The principle of additivity and its relation to clinical decision making. *Journal of Psychology: Interdisciplinary and Applied, 123*(5), 485-490.

Markwardt, F. C. Jr. (1997). *Peabody Individual Achievement Test Normative Update (PIAT-R NU)*. Circle Pines, MN: American Guidance Service.

Martin, D. S., & McCrone, W. (1990). Testing the hearing-impaired teacher: Is fairness possible? *Journal of Personnel Evaluation in Education, 3*(2), 169-178.

Massad, C. E. (2005). Considerations in developing licensing tests that are accessible for all candidates. In J. L. Mounty & D. S. Martin (Eds.), Assessing deaf adults: Critical issues in testing and evaluation (pp. 65-74). Washington, DC: Gallaudet University Press.

Moores, D. (1978). *Educating the Deaf: Psychology, principles, and practices*. Boston: Houghton Mifflin.

Moores, D. F. (1996). Educational options for the deaf and hard-of-hearing. In R. L. Schow & M. A. Nerbonne (Eds.), *Introduction to audiologic rehabilitation* (3rd ed., pp. 264-286). Boston: Allyn & Bacon.

Morgan, A., & Vernon, M. (1994). A guide to the diagnosis of learning disability in deaf and hard-of-hearing individuals. *American Annals of the Deaf, 139*(3), 358-370.

Mounty, J. (1994). *Signed language development checklist*. Princeton, NJ: Educational Testing Service.

Mounty, J. L., Gordon, J. M., Mitchiner, B. S., & Arellano, L. (2005). *Faculty assessment project*. Washington, DC: Gallaudet University.

Mounty, J. L., Martin, D. S. (2005). *Assessing deaf adults: Critical issues in testing and evaluation*.

Washington, DC: Gallaudet University Press.

Naglieri, J., & Welch, J. (1991). Use of Raven' s and Naglieri' s nonverbal matrix tests. *Journal of the American Deafness and Rehabilitation Association, 24*(3), 98–103.

National Center for Health Statistics. (1996). Vital and health statistics series 10,(200). Washington, DC: Author.

National Center for Health Statistics. (2002). Trends and differential use of assistive technology devices: United States, 1994. Washington, DC: Author.

Noble, W., Atherley, G. (1970). The Hearing Measurement Scale: A questionnaire for the assessment of auditory disability. *Journal of Auditory Research, 10*, 229.

Osgood, R. (2005). *The history of inclusion in the United States*. Washington, DC: Gallaudet University Press.

Padden, C., & Humphries, T. (2005). *Inside deaf culture*. Cambridge, MA: Harvard University Press.

Parker, R. M., & Bolton, B. (2005). Psychological assessment in rehabilitation. In R. M. Parker, E. M. Szymanski, & J. B. Patterson (Eds.), *Rehabilitation counseling: Basics and beyond* (4th ed., pp. 307–334). Austin, TX: PRO-ED.

Pleis, J. R., & Coles, R. (2002). *Summary health statistics for U. S. adults: National health interview survey, 1998. Vital & Health Statistics 10*(209). Washington, DC: National Center for Health Statistics.

Psychological Corporation. (1992). *The Stanford Achievement Test* (8th ed.). San Antonio, TX: Author.

Punch, R., Creed, P. A., & Hyde, M. B. (2006). Career barriers perceived by hard-of-hearing adolescents: Implications for practice from a mixed-methods study. *Journal of Deaf Studies and Deaf Education, 11*(2), 224–237.

Ragosta, M. (2005). Historical reflections on testing individuals who are deaf and hard-of-hearing. In J. L. Mounty & D. S. Martin (Eds.), *Assessing deaf adults: Critical issues in testing and evaluation* (pp. 11–23). Washington, DC: Gallaudet University Press.

Raifman, L. J., & Vernon, M. (1996). Important implications for psychologists of the American with Disabilities Act: Case in point, the patient who is deaf. *Professional Psychology: Research and Practice, 27*(4), 372–377.

Raven, J. C. (1948). *Progressive Matrices*. New York: Psychological Corporation.

Raven, J. C., Court, J. H., & Raven, J. (1977). *Raven' s Progressive Matrices and Vocabulary Scales*. New York: Psychological Corporation.

Reeves, J. B., & Newell, W. (2000). The sign language skills classroom observation: A process for describing sign language proficiency in classroom settings. *American Annals of the Deaf, 145*(4), 315–341.

Riley-Glassman, N. D. (1989). Discriminating clinic from control groups of deaf adults using a short form of the Brauer-Gallaudet American Sign Language translation of the Minnesota Multiphasic Personality Inventory. Dissertation Abstracts International, 50(5-B). (AAT No. 8919056)

Rogers, P. (2005). Sign language interpretation in testing environments. In J. L. Mounty & D. S. Martin (Eds.), Assessing deaf adults: Critical issues in testing and evaluation (pp. 109–122). Washington, DC: Gallaudet University Press.

Roid, G. H., & Miller, L. (1997). The Leiter International Performance Scale—Revised. Chicago: Stoelting Company.

Rönnberg, J., Samuelsson, E., & Borg, E. (2002). Exploring the perceived world of the deaf-blind: On the development of an instrument. *International Journal of Audiology, 41*(2), 136–142.

Rorschach, H. (1942). *Psychodiagnostics*. Berne, Switzerland: Hans Huber.

Rosen, A. (1967). Limitations of personality inventories for assessment of deaf individuals as illustrated by research with the MMPI. *Journal of Rehabilitation of the Deaf, 1*(2), 47–52.

Schein, J. D. (1989). *At home among strangers*.

Washington, DC: Gallaudet University Press.

Schick, B., Williams, K., & Kupermintz, H. (2006). Look who's being left behind: Educational interpreters and access to education for deaf and hard-of-hearing students. *Journal of Deaf Studies and Deaf Education, 11*(1), 3-20.

Schroedel, J. G. (1991). Improving the career decisions of deaf seniors in residential and day high schools. *American Annals of the Deaf, 136*(4), 330-338.

Schwartz, N. S., Mebane, D. L., & Malony, H. N. (1990). Effects of alternate modes of administration on Rorschach performance on deaf adults. *Journal of Personality Assessment, 54*(3), 671-683.

Smart, J. (2001). *Disability, society, and the individual.* Austin, TX: PRO-ED.

Spragins, A. B. (1996). *Reviews of four types of assessment instruments used with deaf and hard-of-hearing students: Tests of academic skills.* Gallaudet Research Institute. Retrieved April 23, 2007, from http://gri.gallaudet.edu/~catraxle/ACADEMIC.html.

Spragins, A. B. (1997). *Reviews of four types of assessment instruments used with deaf and hard-of-hearing students: 1997-1998 update.* Gallaudet Research Institute. Retrieved April 23, 2007, from http://gri.gallaudet.edu/~catraxle/reviews.html.

Spragins, A. B., Blennerhassett, L., & Mullen, Y. (1993). *Review of five types of assessment instruments used with deaf and hard-of-hearing sturdents.* Washington, DC: Gallaudet University Press.

Stillman, R. (1978a). *Callier-Azusa Scale.* Dallas, TX: University of Texas at Dallas.

Stillman, R. (1978b). *Callier-Azusa Scale (G), cognitive development subscale.* Dallas, TX: University of Texas at Dallas.

Stillman, R., & Battle, C. (1985). *Callier-Azusa Scale (H), scles for the assessment of communicative abilities.* Dallas, TX: University of Texas at Dallas.

Traxler, C. B. (1996). Frequently Asked Questions about the Stanford Achievement Test. Gallaudet Research Institute. Retrieved April 23, 2007, from http://gri.gallaudet.edu/~catraxle/sat-faq.html.

Trybus, R. J., & Jensema, C. (1976). The development, use, and interpretation of the 1973 Stanford Achievement Test, Special Edition for Hearing Impaired Students. Washington, DC: Gallaudet University.

Trybus, R. J., & Karchmer, M. A. (1977). School achievement scores of hearing-impaired children: National data on achievement and growth patterns. *American Annals of the Deaf, 122*(2), 62-69.

Tsatsanis, K. D., Dartnall, N., Cicchetti, D., Sparrow, S. S., Klin, A., & Volkmar, F. R. (2003). Concurrent validity and classification accuracy of the Leiter and Leiter-R in low-functioning children with autism. *Journal of Autism and Developmental Disorders, 33*(1), 23-30.

Tye-Murry, N. (2004). *Foundations of aural rehabilitation: Children, adults, and their family members* (2nd ed.). Clifton Park, NY: Thomson Learning.

U.S. Department of Labor. (1982). *USES General Aptitude Test Battery for the Deaf: GATB for the Deaf.* Washington, DC: Author.

Vernon, M. (1996). Psychosocial aspects of hearing impairment. In R. L. Show & M. A. Nerbonne (Eds.), Audiologic rehabilitation (pp. 229-263). Needham, MA: Simon & Schuster.

Vernon, M., & Andrews, J. F. (1990). *The psychology of deafness: Understanding deaf and hard-of-hearing people.* White Plains, NY: Longman Press.

Vernon, M., & Green, D. (1980). A guide to the psychological assessment of deaf-blind adults. *Visual Impairment and Blindness, 74*(6), 229-230.

Vernon, M., & Hammer, E. (1996). The state of evaluation and diagnosis of deaf-blind people: Psychological and functional approaches. *Journal of Vocational Rehabilitation, 6*(2), 133-141.

Vernon, M., Blair, R., & Lotz, S. (1979). Psychological evaluation and testing of children who are deaf-blind. *School Psychology Digest, 8*, 291-295.

Vess, S. M., & Douglas, L. S. (1995). Program planning

for children who are deaf or severely hard-of-hearing. In A. Thomas & J. Grimes (Eds.), *Best practices in school psychology-III* (pp. 1123-1133). Washington, DC: National Association of School Psychologists.

Wechsler, D. (1997). *WAIS-III Administration and Scoring Maunal.* San Antonio, TX: Psychological Corporation.

Weinstock, R. B., & Mounty, J. L. (2005). Test-taking for deaf and hard-of-hearing individuals: Meeting the challenges. In J. L. Mounty & D. S. Martin, (Eds.), *Assessing deaf adults: Critical issues in testing and evaluation* (pp. 27-36). Washington, DC: Gallaudet University Press.

Wilber, L. A. (1999). Pure-tone audiometry: Air and bone conduction. In F. E. Musiek & W. F. Rintelmann (Eds.), *Contemporary perspectives in hearing assessment* (pp. 1-20). Boston, MA: Allyn & Bacon.

Wikinson, G. S., & Robertson, G. J. (2006). *The Wide Range Achievement Test* (4th ed.). Wilmington, DE: Wide Range.

Wolk, S., & Zieziula, F. R. (1985). Reliability of the 1973 edition of the SAT-HI over time: Implications for assessing minority students. *American Annals of the Deaf, 130*(4), 285-290.

Zieziula, F. R. (Ed.). (1986). Assessment of hearing-impaired people: A guide for selecting psychological, educational, and vocational tests. Washington, DC: Gallaudet College Press.

〈제18장〉

Ambel, B. R., & Peterson, G. (1979). Rehabilitation counselors: The use of psychological reports. *Rehabilitation Counseling Bulletin, 22,* 127-130.

American Association on Mental Retardation. (2002). *Mental retardation: Definition, classification, and systems of support* (10th ed.). Washington, DC: Author.

American Psychiatric Association. (1994). *Diagnostic and statistic manual of mental disorders:* DSM-IV (4th ed.). Washington, DC: Author.

American Psychiatric Association. (2000). *Diagnostic and statistic manual of mental disorders: DSM-IV-TR.* Washington, DC: Author.

Anastasi, A., & Urbina, S. (1997). *Psychological testing.* Upper Saddle River, NJ: Prentice Hall.

Balboni, H., Battagliese, G., & Pedrabissi, L. (2000). The psychopathology inventory for mentally retarded adults: Factor structure and comparisons between subjects with or without dual diagnosis. *Research in Developmental Disabilities, 21*(4), 311-321.

Baroff, G. S. (1999). General learning disorder: A new designation for intellectual disabilities. *Intellectual Disabilities, 37,* 68-70.

Becker, R. L. (2000). *Reading Free Vocational Interest Inventory: 2 (RFVII : 2).* Columbus, OH: Elbern Publications.

Becker, R. L., Schull, C., & Cambell, K. (1981). Vocational interest evaluation of trainable mentally retarded adults. *American Journal of Mental Deficiency, 85,* 350-356.

Bellini, J. (2003). Mental retardation: Definition, classification, and systems of supports. *Mental Retardation, 41*(2), 135-140.

Biasini, F. J., Grupe, L., Huffman, L., & Bray, N. W. (1999). Mental retardation: A symptom and a syndrome. In S. Netherton, D. Holmes, & C. E. Walker (Eds.), *Comprehensive Text-book of Child and Adolescent Disorders* (pp. 6-23). New York: Oxford University Press.

Black, R. S., & Rojewski, J. W. (1998). The role of social awareness in the employment success of adolescents with mild intellectual disabilities. *Education and Training in Intellectual Disabilities and Developmental Disabilities, 33,* 144-161.

Blackwell, T. L. (2002). Test Review: Woodcock, R. W., McGrew, K. S., & Werder, J. E. (1994). Woodcock-McGrew-Werder Mini-Battery of Achievement. *Rehabilitation Counseling Bulletin, 45*(2), 121-122.

Bower, A., & Hayes, A. (1995). Relations of scores on the Stanford Binet fourth edition and form L-M: Concurrent validation study with children who have intellectual disabilities. *American Journal on Intellectual Disabilities, 99*, 555-558.

Brolin, D. E. (1976). *Vocational preparation of retarded citizens*. Columbus, OH: Charles E. Merrill.

Brown, L., Sherbenou, R. J., & Johnsen, S. K. (1997). *Test of Nonverbal Intelligence-Third Edition (TONI-3)*. Austin, TX: PRO-ED.

Bruininks, R. H., Woodcock, R. W., Weatherman, R. F., & Hill, B. K. (1996). *Scales of Independent Behavior-Revised (SIB-R)*. Chicago: Riverside.

Butcher, J. N. (1999). *A beginner's guide to the MMPI-2*. Washington, DC: American Psychological Association.

Conoley, J. C., & Impara, J. C. (Eds.). (1995). *The Twelfth Measurements Yearbook*. Lincoln, NE: Buros Institute of Mental Measurements.

Dacy, C. M., Nelson, W. M., & Stoeckel, J. (1999). Reliability, criterion-related validity, and qualitative comments of the fourth edition of the Stanford Binet Intelligence Scale with a young adult population with intellectual disability. *Journal of Intellectual Disability Research, 43*, 179-184.

Danker-Brown, P., Sigelman, C. K., & Flexer, R. W. (1978). Sex bias in vocational programming for handicapped students. *The Journal of Special Education, 12*(4), 451-458.

Decola, K. L. (1997). Increasing self-determination through vocational assessment for persons with intellectual disabilities. *Vocational Evaluation & Work Adjustment Bulletin, 30*, 51-55.

DeVinney, D. J., Kamnetz, B., Chan, F., & Hattori, K. (1998). Wechsler scale short forms in vocational assessment and evaluation settings. *Vocational Evaluation & Work Adjustment Bulletin, 31*, 4-10.

Drossman, E. R., Maller, S. J., & McDermott, P. A. (2001). Core profiles of school-aged exam-inees from the national standardization sample of the Comprehensive Test of Nonverbal Intelligence. *School Psychology Review, 30*(4), 586-598.

Dunn, L. M., & Dunn, L. M. (1981). *Peabody Picture Vocabulary Test-Revised*. Circle Pines, MN: American Guidance Services.

Dunn, L. M., & Dunn, L. M. (1997). *Peabody Picture Vocabulary Test-Third Edition*. Circle Pines, MN: American Guidance Services.

Edelson, M. G. (2005). A car goes in the garage like a can of peas goes in the refrigerator: Do deficits in real-world knowledge affect the assessment of intelligence in individuals with autism? *Focus on Autism and Other Developmental Disabilities, 20*, 2-9.

Flanagan, D. P., Alfonso, V. C., & Flanagan, R. (1994). A review of the Kaufman Adolescent and Adult Intelligence Test: An advancement in cognitive assessment? *School Psychology Review, 23*, 512-525.

Flanagan, D. P., Genshaft, J. L., & Boyce, D. M. (1999). Review of Kaufman, A. S., & Kaufman, N. L. (1993). Kaufman Adolescent and Adult Intelligence Test (KAIT). *Journal of Psychoeducational Assessment, 17*, 62-89.

Frauenhoffer, D., Ross, M. J., Searight, H. R., & Piotrowski, C. (1998). Psychological test usage among licensed mental health practitioners: A multidisciplinary survey. *Journal of Psychological Practice, 4*, 28-33.

Geist, H. (1988). *Geist picture interest inventory-Revised* (GPII-R). Beverly Hills, CA: Western Psychological Services.

Greenspan, S. (1997). Dead manual walking? Why the 1992 AAMR Definition needs redoing. *Education and Training in Intellectual Disabilities and Developmental Disabilities, 32*, 180-190.

Gustafsson, C., & Sonnander, K. (2005). A psychometric evaluation of a Swedish version of the psychopathology inventory for mentally retarded adults (PIMRA). *Research in Developmental Disabilities, 26*, 183-201.

Hammill, D. D., Pearson, N. A., & Wiederholt, J. L. (1997). *Comprehensive Test of Nonverbal*

Intelligence (CTONI). Austin, TX: PRO-ED.

Hawkins, B. A., Eklund, S. J., James, D. R., & Foose, A. K. (2003). Adaptive behavior and cognitive function of adults with Down Syndrome: Modeling change with age. *Mental Retardation, 41*(1), 7-28.

Hill, B. (2001). *Adaptive and maladaptive behavior scales*. Retrieved June 2, 2006, from http://www.assessmentpsychology.com/adaptivebehavior.htm.

Horn, J. L., & Cattell, R. B. (1967). Age differences in fluid and crystallized intelligence. *Acta Psychologica, 26*, 107-129.

Iacono, T. (2002). Words. *AAC Augmentative and Alternative Communication, 18*, 215-216.

Irvin, L. K., Gersten, R., Taylor, V. E., Close, D. W., & Bellamy, G. T. (1981). Vocational skill assessment of severely mentally retarded adults. *American Journal of Mental Deficiency, 85*, 635-638.

Jackson, D. N., Harris, W. G., Ashton, M. C., McCarthy, J. M., & Tremblay, P. F. (2000). How useful are work samples in vocational studies? *International Journal of Selection and Assessment, 8*(1), 29-33.

Jewish Employment and Vocational Services. (1976). *Work sample evaluation system*. Philadelphia: Author.

Kamphaus, R. W. (1993). *Clinical assessment of children's intelligence*. Boston: Allyn & Bacon.

Kamphaus, R. W., Petoskey, M. D., & Morgan, A. W. (1997). *A history of intelligence test interpretation*. In D. P. Flanagan, J. L. Genshaft, & P. L. Harrison (Eds.), *Contemporary Intellectual Assessment* (pp. 32-47). New York: The Guilford Press.

Kaufman, A. S. (1990). *Assessing adolescent and adult intelligence*. Boston: Allyn & Bacon.

Kaufman, A. S., & Kaufman, N. L. (1990). *Administration and Scoring Manual for Kaufman Brief Intelligence Test (K-BIT)*. Circle Pines, MN: American Guidance Service.

Kaufman, A. S., & Kaufman, N. L. (1993). *Manual for Kaufman Adolescent and Adult Intelligence Test (KAIT)*. Circle Pines, MN: American Guidance Service.

Kaufman, A. S., & Kaufman, N. L. (1994). *Kaufman Functional Academic Skills Test (KFAST)*. Circle Pines, MN: American Guidance Service.

Kaufman, A. S., & Kaufman, N. L. (2004). *Kaufman Test of Educational Achievement-Second Edition*. Circle Pines, MN: American Guidance Service.

Kaufman, A. S., & Lichtenberger, E. O. (1999). *Essentials of WAIS-HI Assessment*. New York: Wiley.

Kilsby, M., Bennert, K., & Beyer, S. (2002). Measuring and reducing acquiescence in vocational profiling procedures for first time job-seekers with mental retardation. *Journal of Vocational Rehabilitation, 17*, 287-299.

Lambert, N., Nihira, K., & Leland, H. (1993). *AAMR Adaptive Behavior Scale-School* (2nd Ed.). Austin, TX: PRO-ED.

Leicester, M., & Cooke, P. (2002). Rights not restrictions for learning disabled adults: A response to Spiecker and Steutel. *Journal of Moral Education, 31*(2), 181-187.

Leiter, R. G. (1948). *Leiter International Performance Scale*. Chicago: Stoelting.

MacMillan, D. L., Gresham, F. M., & Siperstein, G. N. (1993). Conceptual and psychometric concerns about the 1992 AAMR definition of intellectual disabilities. *American Journal of Intellectual Disabilities, 98*, 325-335.

Markwardt, F. C., Jr. (1987). *Peabody Individual Achievement Test (PIAT-R NU)*. Circle Pines, MN: American Guidance Service.

Markwardt, F. C., Jr. (1997). *Peabody Individual Achievement Test Normative Update (PIAT-R NU)*. Circle Pines, MN: American Guidance Service.

Masi, G. (1998). Psychiatric illness in mentally retarded adolescents: Clinical features. *Adolescence, 33*, 425-434.

Mather, N., & Wendling, B. J. (2005). Linking cognitive assessment results to academic interventions for students with learning disabilities. In D. P. Flanagan & P. L. Harrison (Eds.), *Contemporary intellectual assessment: Theories, tests and issues* (pp. 269-294). New York: The Guilford Press.

Mather, N., & Woodcock, R. W. (2001). Application of the Woodcock-Johnson Tests of Cognitive Ability-Revised to the diagnosis of learning disabilities. In A. S. Kaufman & N. L. Kaufman (Eds.), *Specific learning disabilities and difficulties in children and adolescents: Psychological assessment and evaluation* (pp. 55-96). New York: Cambridge University Press.

Matson, J. L. (1988). *The PIMRA Maunal.* Orlando Park, IL: International Diagnostic Systems.

Matson, J. L., Kazdin, A. E., & Senatore, V. (1984). Psychometric properties of the Psychopathology Inventory for Mentally Retarded Adults. *Applied Research in Mental Retardation, 5*, 881-889.

McDaniel, W. F., & Harris, D. W. (1999). Mental health outcomes in dually diagnosed individuals with intellectual disabilities assessed with the MMPI-168 (L)s: Case studies. *Journal of Clinical Psychology, 55*, 487-496.

McDermott, S., Martin, M., & Butkus, S. (1999). What individual, provider, and community characteristics predict employment of individuals with intellectual disabilities? *American Journal of Intellectual Disabilities, 104*, 346-355.

McGrew, K. S., & Woodcock, R. W. (2001). *Woodcock-Johnson III technical manual.* Itasca, IL: Riverside Publishing.

McLean, W. E. (1993). Overview. In J. L. Matson & R. P. Barrett (Eds.), *Psychopathology in the mentally retarded* (pp. 1-16). Boston: Allyn & Bacon.

Menchetti, B., Rusch, F. R., & Owens, P. (1983). Vocational training. In J. L. Mason & S. E. Breuning (Eds.), *Assessing the mentally retarded* (pp. 247-284). New York: Grune & Stratton.

Michael, W. B. (1998). Review of the Woodcock-McGrew-Werder Mini-Battery of Achievement. In J. C. Impara & B. S. Plake (Eds.), *The Thirteenth Mental Measurements Yearbook* (pp. 1140-1141). Lincoln, NE: Buros Institute of Mental Measurements.

Miller, C. L., O'Callaghan, M. F., Keogh, D. A., & Whitman, T. L. (1994). Intellectual disabilities. In V. B. Van Hasselt & M. Hersen (Eds.), *Advanced abnormal psychology.* New York: Plenum Press.

Miller, P. S. (1999). The Equal Employment Opportunity Commission and people with intellectual disabilities. *Intellectual Disabilities, 37*, 162-167.

Muklewicz, C., & Bender, M. (1988). *Competitive job funding guide for persons with handicaps.* Austin, TX: PRO-ED.

Nezu, C. M., Nezu, A. M., & Gill-Weiss, M. J. (1992). *Psychopathology in persons with intellectual disabilities.* Champaign, IL: Research Press.

Nihira, K., Leland, H., & Lambert, N. (1993). *AAMR Adaptive Behavior Scale-Residential and Community* (2nd ed.). Austin, TX: PRO-ED.

Ollendick, T. H., Oswald, D. P., & Ollendick, D. G. (1993). Anxiety disorders in mentally retarded persons. In J. L. Matson & R. P. Barrett (Eds.), *Psychopathology in the mentally retarded* (pp. 41-85). Boston: Allyn & Bacon.

Ortiz, S. O., & Dynda, A. M. (2005). Use of intelligence test with culturally and linguistically diverse populations. In D. P. Flanagan & P. L. Harrison (Eds.), *Contemporary intellectual assessment: Theories, tests and issues* (pp. 545-556). New York: The Guilford Press.

Parker, L. D. (1993). The Kaufman Brief Intelligence Test: An introduction and review. *Measurement & Evaluation in Counseling & Development, 26*, 152-156.

Parker, R. M., & Bolton, B. (2005). Psychological Assessment in Rehabilitation. In R. M. Parker, E. M. Szymanski, & J. B. Patterson (Eds.), *Rehabilitation counseling: Basics and beyond* (4th ed., pp. 307-334). Austin, TX: PRO-ED.

Pickett, J. M., & Flynn, P. T. (1983). Language assessment tools for mentally retarded adults: Survey and recommendations. *Intellectual Disabilities, 21*, 244-247.

Piotrowski, C. (1999). Assessment practices in the era of managed care: Current status and future directions. *Journal of Clinical Psychology, 55*,

787–796.

Plake, B. S., & Impara, J. C. (Eds.). (2001). *The fourteenth mental measurements yearbook*. Lincoln, NE: Buros Institute of Mental Measurements.

Polloway, E. A. (1997). Developmental principles of the Luckasson et al., (1992). AAMR definition of intellectual disabilities: A retrospective. *Education and Training in Intellectual Disabilities and Developmental Disabilities, 32*, 174–178.

Psychological Corporation. (1999a). *Wechsler Abbreviated Scale of Intelligence*. San Antonio, TX: Author.

Psychological Corporation. (1999b). *Wechsler Abbreviated Scale of Intelligence Manual*. San Antonio, TX: Author.

Reiss, S. (1988). *The Reiss Screen for Maladaptive Behavior test manual*. Orland Park, IL: International Diagnostic Systems.

Reiss, S. (1993). Assessment of psychopathy in persons with intellectual disabilities. In J. L. Matson & R. P. Barrett (Eds.), *Psychopathology in the Mentally Retarded*. Boston: Allyn & Bacon.

Reiss, S. (1997). Comments on the Reiss Screen for Maladaptive Behavior and its factor structure. *Journal of Intellectual Disability Research, 41*, 346–354.

Roid, G. H. (2003). *The Stanford-Binet Intelligence Scales-Fifth Edition*. Itasca, IL: Riverside Publishing.

Roid, G., H. & Barram, R. A. (2004). *Essentials of Stanford-Binet intelligence scales (SB5) assessment*. Hoboken, NJ: John Wiley & Sons.

Roid, G. H., & Miller, L. (1997). *The Leiter International Performance Scale-Revised*. Chicago: Stoelting Company.

Rumrill, P. D., Jr., & Roessler, R. T. (1999). New directions in vocational rehabilitation: A "career development" perspective on "closure." *Journal of Rehabilitation, 65* (Jan-March), 26–33.

Sadieson, R. (1998). A survey on terminology that refers to people with intellectual disabilities/developmental disabilities. *Education and Training in Intellectual Disabilities and Developmental Disabilities, 33*, 290–295.

Sattler, J. M. (1992). *Assessment of children* (3rd ed.). San Diego: Jerome M. Sattler, Publisher, Inc.

Scheerenberger, R. C. (1987). *A history of intellectual disabilities: A quarter century of promise*. Baltimore: Paul H. Brookes.

Schrank, F. A. (2005). Woodcock-Johnson III Test of Cognitive Abilities. In D. P. Flanagan & P. L. Harrison (Eds.), *contemporary intellectual assessment: Theories, tests and issues* (pp. 371–401). New York: The Guilford Press.

Serr, R., Lavay, B., Young, D., & Greene, G. (1994). Dexterity and bench assembly work productivity in adults with mild intellectual disabilities. *Education and Training in Intellectual Disabilities and Developmental Disabilities, 29*, 165–171.

Singer, T. (1977). *Vocational evaluation system*. Rochester, NY: The Singer Educational Division.

Slosson, R. L., Nicholson, C., & Hibpshman, T. L. (2002). *Slosson Intelligence Test-Revised 2002 Edition*. East Aurora, NY: Slosson Educational Publications Inc.

Smith, J. D. (1997). Intellectual disabilities as an educational construct: Time for a new shared view? *Education and Training in Intellectual Disabilities and Developmental Disabilities, 32*, 168–173.

Sovner, R., & Pary, R. J. (1993). Affective disorders in developmentally disabled persons. In J. L. Matson & R. P. Barrett (Eds.), *Psychopathology in the Mentally Retarded* (2nd ed., pp. 87–147). Boston: Allyn & Bacon.

Sparrow, S. S., Balla, D. A., & Cicchetti, D. V. (1984). *Vineland Adaptive Behavior Scales*. Circle Pines, MN: American Guidance Service.

Sparrow, S. S., Cicchetti, D. V., & Balla, D. A. (2005). *Vineland Adaptive Behavior Scales*, Second Edition. Circle Pines, MN: American Guidance Service.

Spies, R. A., & Plake, B. S. (Eds.). (2005). *The sixteenth mental measurements yearbook*. Lincoln, NE: Buros Institute of Mental Measurements.

Stano, J. (2004). Test Review of the Wechsler Abbreviated Scale of Intelligence. *Rehabilitation Counseling Bulletin, 48*(1), 56–57.

Stevens, P., & Martin, N. (1999). Supporting individuals with intellectual disability and challenging behavior in integrated work settings: An overview and a model for service provision. *Journal of Intellectual Disabilities Research, 43*, 19–29.

Sturmey, P., Burcham, J. A., & Shaw, B. (1966). The frequency of REISS screen diagnoses in a community sample of adults with mental retardation. *Behavioral Interventions, 11*(2), 87–94.

Swiezy, N. B., Matson, J. L., Kirkpatrick-Sanchez, S., & Williams, D. E. (1995). A criterion validity study of the schizophrenia subscale of the Psychopathology Instrument for Mentally Retarded Adults (PIMA). *Research in Developmental Disabilities, 16*, 75–80.

Szymanski, E. M., & Hanley-Maxwell, C. (1996). Career development of people with developmental disabilities: An ecological model. *Journal of Rehabilitation, 62*, 48–55.

Tsatsanis, K. D., Dartnall, N., Cicchetti, D., Sparrow, S. S., Kiln, A., & Volkmar, F. R. (2003). Concurrent validity and classification accuracy of the Leiter and Leiter-R in low-functioning children with autism. *Journal of Autism and Developmental Disorders, 33*(1), 23–30.

Wadsworth, J., Milsom, A., & Cocco, K. (2004). Career development for adolescents and young adults with mental retardation. *Professional School Counseling, 8*(2), 141–147.

Wagner, P. A. (1991). Developmentally based personality assessment of adults with intellectual disabilities. *Intellectual Disabilities, 29*, 87–92.

Walsh, K. K., & Shenouda, N. (1999). Correlations among Reiss Screen, the Adaptive Behavior Scale II, and Aberrant Behavior Checklist. *American Journal of Mental Retardation, 104*(3), 236–248.

Walters, S. O., & Weaver, K. A. (2003). Relationships between the Kaufman Brief Intelligence Test and the Wechsler Adult Intelligence Scale-third edition. *Psychological Reports, 92*(3), 1111–1115.

Wasserman, J. D., & Tulsky, D. S. (2005). A history of intelligence assessment. In D. P. Flanagan & P. L. Harrison (Eds.), *Contemporary intellectual assessment: Theories, tests and issues* (pp. 2–22). New York: The Guilford Press.

Wechsler, D. (1981). *Manual for the Wechsler Adult Intelligence Test-Revised.* San Antonio, TX: The Psychological Corporation.

Wechsler, D. (1997). *Wechsler Adult Intelligence Test-III administration and scoring manual.* San Antonio, TX: The Psychological Corporation.

Wehman, P., West, M., & Kregel, J. (1999). Supported employment program development and research needs: Looking ahead to the year 2000. *Education and Training in Intellectual Disabilities and Developmental Disabilities, 34*, 3–19.

West, M., Johnson, A., Cone, A., Hernandez, A., & Revell, G. (1998). Extended employment support: Analysis of implementation and funding issues. *Education and Training in Intellectual Disabilities and Developmental Disabilities, 33*, 357–366.

Wilkinson, G. S. (1993). *Wide Range Achievement Test-3.* Wilmington, DE: Wide Range.

Wilkinson, G. S., & Robertson, G. J. (2006). *The Wide Range Achievement Test* (4th ed.). Wilmington, DE: Wide Range.

Woodcock, R. W., & Johnson, M. B. (1989). *Woodcock-Johnson Psycho-Educational Battery*-Revised. Allen, TX: DLM Teaching Resources.

Woodcock, R. W., McGrew, K. S., & Mather, N. (2001a). *Woodcock-Johnson III*. Itasca, IL: Riverside.

Woodcock, R. W., McGrew, K. S., & Mather, N. (2001b). *Woodcock-Johnson III*. Tests of Achievement. Itasca, IL: Riverside.

Woodcock, R. W., McGrew, K. S., & Mather, N. (2001c). *Woodcock-Johnson III*. Tests of Cognitive Ability. Itasca, IL: Riverside.

Woodcock, R. W., McGrew, K. S., & Werder, J. E. (1994). *Woodcock-McGrew-Werder Mini-Battery of Achievement.* Chicago: Riverside Publishing

Company.

World Health Organization. (1996). *International Classification of Disease, Tenth Edition: Guide for Mental Retardation*. Geneva: Author.

Zimmerman, I. L., Covin, J., & Woo-Sam, J. M. (1986). A longitudinal comparison of the WISC-R and WAIS-R. *Psychology in the Schools*, *23*, 148-151.

〈제19장〉

American Psychiatric Association (APA). (2000). *Diagnostic and statistical manual of mental disorders* (4th ed., Text Revision). Washington, DC: Author.

Andreasen, R., Caputi, P., & Oades, L. G. (2001). Inter-rater reliability of the Camberwell Assessment of Need Short Appraisal Schedule. *Australian and New Zealand Journal of Psychiatric*, *35*, 856-861.

Anthony, W. A. (1979). *Principles of psychiatric rehabilitation*. Austin, TX: PRO-ED.

Anthony, W. A. (1994). Characteristics of people with psychiatric disabilities that are predictive of entry into the rehabilitation process and successful employment outcomes. *Psychosocial Rehabilitation Journal*, *17*(3), 3-13.

Anthony, W. A., Cohen, M. R., Farkas, M., & Gagne, C. (2000). *Psychiatric rehabilitation* (2nd ed.). Boston: Center for Psychiatric Rehabilitation, Boston University.

Anthony, W. A., & Jansen, M. (1984). Predicting the vocational capacity of the chronically mentally ill: Research and policy implications. *American Psychologist*, *39*, 537-544.

Anthony, W. A., & Liberman, R. P. (1986). The practice of psychiatric rehabilitation: Historical, conceptual, and research base. *Schizophrenia Bulletin*, *12*, 542-559.

Anthony, W. A., & Margules, A. (1974). Toward improving the efficacy of psychiatric rehabilitation: A skills training approach. *Rehabilitation Psychology*, *21*, 101-105.

Anthony, W. A., Pierce, R., & Cohen, M. (1980). *The skills of diagnostic planning*. Baltimore: University Park Press.

Anthony, W. A., Rogers, E. S., Cohen, M., & Davies, R. R. (1995). Relationships between psychiatric symptomatology, work skills, and future vocational performance. *Psychiatric Services*, *46*(4), 353-358.

Arns, P. G., & Linney, J. A. (1995). Relating functional skills of severely mentally ill clients to subjective and societal benefits. *Psychiatric Services*, *46*(3), 260-265.

Au, R. W. C., Tam, P. W. C., Tam, G. W. C., & Ungvari, G. S. (2005). Cross-cultural validation of the St. Louis Inventory of Community Living Skills for Chinese patients with schizophrenia in Hong Kong. *Psychiatric Rehabilitation Journal*, *29*(1), 34-39.

Barker, S., Barron, N., McFarland, B. H., & Bigelow, D. A. (1994). A community ability scale for chronically mentally ill consumers: Part Ⅰ. Reliability and validity. *Community Mental Health Journal*, *30*(4), 363-383.

Becker, D. R., Drake, R. E., Farabaugh, A., & Bond, G. R. (1996). Job preferences of clients with severe psychiatric disorders participating in supported employment programs. *Psychiatric Services*, *47*(11), 1223-1226.

Bell, M. D., & Bryson, G. (2001). Work rehabilitation in schizophrenia: Does cognitive impairment limit improvement? *Schizophrenia Bulletin*, *27*(2), 269-279.

Bell, M. D., & Lysaker, P. (1995). Psychiatric symptoms and work performance among persons with severe mental illness. *Psychiatric Services*, *46*(5), 508-510.

Bell, M., & Lysaker, P. (1996). Levels of expectation for work activity in schizophrenia: Clinical and rehabilitation outcomes. *Psychiatric Rehabilitation Journal*, *19*(3), 71-76.

Bellack, A. S. (2004). Skills training for people with

severe mental illness. *Psychiatric Rehabilitation Journal, 27*(4), 375-391.

Berzins, J. I., Bednar, R. L., & Severy, L. J. (1975). The problem of intersource consensus in measuring therapeutic outcomes: New data and multivariate perspectives. *Journal of Clinical Psychology, 84*(1), 10-19.

Blackman, S. (1982). Paraprofessional and patient assessment criteria of patient's recovery: Why the discrepancy? *Journal of Clinical Psychology, 37*(4), 903-907.

Blankertz, L., & Cook, J. A. (1998). Choosing and using outcome measures. *Psychosocial Rehabilitation Journal, 22*(2), 167-174.

Bryson, G., Bell, M. D., Greig, T., & Kaplan, E. (1999). The Work Behavior Inventory: Prediction of future work success of people with schizophrenia. *Psychiatric Rehabilitation Journal, 23*(2), 113-117.

Bryson, G., Bell, M. D., Lysaker, P., & Zito, W. (1997). The Work Behavior Inventory: A scale for the assessment of work behavior for people with severe mental illness. *Psychiatric Rehabilitation Journal, 20*(4), 47-55.

Carkhuff, R. R. (2000). *The art of helping* (8th ed.). Amherst, MA: HRD Press, Inc.

Cecil, H., Stanley, M. A., Carrion, P. G., & Swann, A. (1995). Psychometric properties of the MSPSS and NOS in psychiatric outpatients. *Journal of Clinical Psychology, 51*(5), 593-602.

Cohen, B., & Anthony, W. A. (1984). Functional assessment in psychiatric rehabilitation. In A. Halpern & M. Fuhrer (Eds.), *Functional assessment in rehabilitation* (pp. 79-100). Baltimore: Paul H. Brookes.

Cohen, S., Mermelstein, R., Kamarck, T., & Hoberman, H. M. (1985). Measuring the functional components of social support. In I. Sarason & B. Sarason (Eds.), *Social support: Theory, research, and applications* (pp. 73-94). Dordrecht, the Netherlands: Martinus Nijhoff.

Cohen, S., Underwood, L. G., & Gottlieb, B. H. (2000). *Social support measurement and intervention: A guide for health and social scientists.* New York: Oxford Press.

Collins, M. E., Bybee, D., & Mowbray, C. T. (1998). Effectiveness of supported education for individuals with psychiatric disabilities: Results from an experimental study. *Community Mental Health Journal, 34*, 595-613.

Cook J. A., & Razzano, L. (2000). Vocational rehabilitation for persons with schizophrenia: Recent research and implications for practice. *Schizophrenia Bulletin, 26*(1), 87-103.

Cook J. A., & Solomon, M. L. (1993). The Community Scholars Program: An outcome study of supported education for students with severe mental illness. *Psychosocial Rehabilitation Journal, 16*, 83-97.

Corrigan, P. W., Buican, B., & McCracken, S. (1995). The Needs and Resources Assessment Interview for severely mentally ill adults. *Psychiatric Services, 46*(5), 504-505.

Corrigan, P. W., Buican, B., & McCracken, S. (1996). Can severely mentally ill adults reliably report their needs? *Journal of Nervous and Mental Disease, 184*(9), 523-529.

Corrigan, P. W., & Penn, D. L. (2001). Introduction: Framing models of social cognition and schizophrenia. In P. W. Corrigan & D. L. Penn (Eds.), *Social cognition and schizophrenia* (pp. 3-37). Washington, DC: American Psychological Association.

Corrigan, P. W., & Phelan, S. M. (2004). Social support and recovery in people with serious mental illnesses. *Community Mental Health Journal, 40*(6), 513-523.

Cruz, M., & Pincus, H. A. (2002). Research on the influence that communication in psychiatric encounters has on treatment. *Psychiatric Services, 53*(10), 1253-1265.

Curran, J. P. (1982). A procedure for assessment of social skills: The Simulated social interaction test. In J. P. Curran & P. M. Monti (Eds.), *Social skills training: A practical handbook for assessment and treatment* (pp. 348-373). New York: The Guilford Press.

Danley, K., MacDonald-Wilson, K., & Hutchinson, D. (1998). *The Choose-Get-Keep Approach to employment support: Operational Guidelines*. Boston: Center for Psychiatric Rehabilitation at Boston University.

Dellario, D. J., Anthony, W. A., & Rogers, E. S. (1983). Client-practitioner agreement in the assessment of severely psychiatrically disabled persons' functional skills. *Rehabilitation Psychology, 28*, 243-248.

Derogatis, L. R. (1994). *Symptom checklist-90-R (SCL-90-R) administration, scoring, & procedures manual* (3rd ed.). Minneapolis, MN: National Computer Systems.

Dickerson, F. B. (1997). Assessing clinical outcomes: The community functioning of persons with serious mental illness. *Psychiatric Services, 48*(7), 897-902.

Dimsdale, J., Klerman, G., & Shershow, J. (1979). Conflict in treatment goals between patients and staff. *Social Psychiatry, 14*, 1-4.

Dion, G. L., & Anthony, W. A. (1987). Research in psychiatric rehabilitation: A review of experimental and quasi-experimental studies. *Rehabilitation Counseling Bulletin, 30*, 177-203.

Donahoe, C. P., Carter, M. J., Bloem, W. D., Hirsch, G. L., Laasi, N., & Wallace, C. J. (1990). Assessment of interpersonal problem-solving skills. *Psychiatry, 53*, 329-339.

Drake, R. E., Merrens, M. R., & Lynde, D. W. (2005). *Evidenced-based mental health practice: A textbook*. New York: W. W. Norton.

Egan, G. (2007). *The skilled helper: A problem management and opportunity-development approach to helping* (8th ed.). Pacific Grove, CA: Brooks/Cole Publishing Company.

Eisen, S. V., Dill, D. L., & Grob, M. C. (1994). Reliability and validity of a brief patient-report instrument for psychiatric outcome evaluation. *Hospital and Community Psychiatry, 45*, 242-247.

Ernst, M., & Paulus, M. P. (2005). Neurobiology of decision-making: A selective review from a neurocognitive and clinical perspective. *Biological Psychiatry, 58*, 597-604.

Estroff, S. E., Patrick, D. L., Zimmer, C. R., & Lachiotte, W. S. (1997). Pathways to disability income among people with severe, persistent psychiatric disorders. *Milbank Quarterly, 75*(4), 495-532.

Evans, J. D., Bond, G. R., Meyer, P. S., Kim, H. W., Lysaker, P. H., et al. (2004). Cognitive and clinical predictors of success in vocational rehabilitation in schizophrenia. Schizophrenia Research, 70(2/3), 331.

Evenson, R. C., & Boyd, M. A. (1993). The St. Louis Inventory of Community Living Skills. *Psychosocial Rehabilitation Journal, 17*(2), 93-99.

Farkas, M. D., Cohen, M. R., & Nemec, P. B. (1988). Psychiatric rehabilitation programs: Putting concepts into practice. *Community Mental Health Journal, 24*, 7-21.

Fitz, D. (1999). Recommending client residence: A comparison of the St. Louis Inventory of Community Living Skills and Global assessment. *Psychiatric Rehabilitation Journal, 23*(2), 107-112.

Fitz, D., & Evenson, R. C. (1995). A validity study of the St. Louis Inventory of Community Living Skills. *Community Mental Health Journal, 31*(4), 369-377.

Frey, W. D. (1984). Functional assessment in the '80s: A conceptual enigma, a technical challenge. In A. S. Halpern & M. J. Fuhrer (Eds.), *Functional assessment in rehabilitation* (pp. 11-43). Baltimore: Brookes.

Gerber, S. K. (1986). *Responsive therapy: A systematic approach to counseling skills*. New York: Human Sciences Press, Inc.

Glynn, S. M. (1998). Psychopathology and social functioning in schizophrenia. In K. T. Mueser & N. Tarrier (Eds.), *Handbook of social functioning in schizophrenia* (pp. 66-78). Needham Heights, MA: Allyn & Bacon.

Goffman, E. (1961). *Asylums: Essays on the social*

situation of mental patients and other inmates. Garden City, NJ: Doubleday-Anchor.

Goldman, H. H., Skodol, A. E., & Lave, T. R. (1992). Revising Axis V for DSM-Ⅳ: A review of measures of social functioning. *American Journal of Psychiatry, 149*(9), 1148-1156.

Gollwitzer, P. M. (1996). The volitional benefits of planning. In P. M. Gollwitzer & J. A. Bargh (Eds.), *The psychology of action: Linking cognition and motivation to behavior* (pp. 287-312). New York: The Guilford Press.

Goodman, S. H., Sewell, D. R., Cooley, E. L., & Leavitt, N. (1993). Assessing levels of adaptive functioning: The Role Functioning Scale. *Community Mental Health Journal, 29*(2), 119-131.

Greig, T. C., Nicholls, S. S., Bryson, G. J., & Bell, M. D. (2004). The Vocational Cognitive Rating Scale: A scale for the assessment of cognitive functioning at work for clients with severe mental illness. *Journal of Vocational Rehabilitation, 21*, 71-81.

Griffiths, R. D. P. (1973). A standardized assessment of the work behavior of psychiatric patients. *British Journal of Psychiatry, 123*, 403-408.

Griffiths, R. D. P. (1975). The accuracy and correlates of psychiatric patients' self-assessment of their work behavior. *British Journal of Social and Clinical Psychology, 14*, 181-189.

Griffiths, R. D. P. (1977). The prediction of psychiatric patient's work adjustment in the community. *British Journal of Social and Clinical Psychology, 16*, 165-173.

Grisso, T., & Appelbaum, P. S. (1995). The MacArthur treatment competence study: Ⅲ. Abilities of patients to consent to psychiatric and medical treatments. *Law and Human Behavior, 19*, 149-174.

Hamann, J., Cohen, R., Leucht, S., Busch, R., & Kissling, W. (2005). Do patients with schizophrenia wish to be involved in decisions about their medical treatment? *American Journal of Psychiatry, 162*(12), 2382-2384.

Hoffmann, H., Kupper, Z., Zbinden, M., & Hirsbrunner, H. (2003). Predicting vocational functioning and outcome in schizophrenia outpatients attending a vocational rehabilitation program. *Social Psychiatry and Psychiatric Epidemiology, 38*, 76-82.

Holroyd, J., & Goldenberg, I. (1978). The use of goal attainment scaling to evaluate a wardtreatment program for disturbed children. *Journal of Clinical Psychology, 34*, 732-739.

Hughes, R. A., & Weinstein, D. (2000). *Best practices in psychosocial rehabilitation.* Columbia, MD: International Association of Psychosocial Rehabilitation Services.

Ikebuchi, E., Iwasaki, S., Sugimoto, T., Miyauchi, M., & Liberman, R. (1999). The factor structure of disability in schizophrenia. *Psychiatric Rehabilitation Skills, 3*(2), 220-230.

Institute of Medicine Committee on Quality of Health Care in America. (2001). *Crossing the quality chasm: A new health system for the 21st century.* Washington, DC: National Academies Press.

Kirsh, B. (2000a). Factors associated with employment for mental health consumers. *Psychiatric Rehabilitation Journal, 24*(1), 13-21.

Kirsh, B. (2000b). Organizational culture, climate, and person-environment fit: Relationships with employment outcomes for mental health consumers. *Work: A Journal of Prevention, Assessment, and Rehabilitation, 14*, 1-14.

Kramer, P. J., & Gagne, C. (1997). Barriers to recovery and empowerment for people with psychiatric disabilities. In L. Spaniol, C. Gagne, & M. Koehler (Eds.), *Psychological and social aspects of psychiatric disability* (pp. 467-476). Boston: Center for Psychiatric Rehabilitation at Boston University.

Lazare, A., Eisenthal, S., & Wasserman, L. (1975). The customer approach to patienthood: Attending to patient requests in a walk-in clinic. *Archives of General Psychiatry, 32*, 553-558.

Lecomte, T., Wallace, C. J., Caron, J., Perreault, M., & Lecomte, J. (2004). Further validation of the Client Assessment of Strengths, Interests, and Goals. *Schizophrenia Research, 66*, 59-70.

Leviton, G. (1973). Professional and client viewpoints on rehabilitation issues. *Rehabilitation Psychology, 20*, 1-80.

Locke, E. A., Shaw, K. N., Saari, L. M., & Latham, G. P. (1981). Goal setting and task performance: 1969-1980. *Psychological Bulletin, 90*, 125-152.

Lysaker, P., Bell, M. D., Bryson, G., & Zito, W. (1933). *Rater's guide for the Work Behavior Inventory: Rehabilitation, research and development service.* West Haven, CT: Department of Veteran Affairs.

Mosher, L., & Burti, L. (1992). Relationships in rehabilitation: When technology fails. *Psychosocial Rehabilitation Journal, 15*(4), 11-17.

Mowbray, C. T., Collins, M., & Bybee, D. (1999). Supported education for individuals with psychiatric disabilities: Long-term outcomes from an experimental study. *Social Work Research, 23*(2), 89-100.

New Freedom Commission on Mental Health. (2003). *Achieving the promise: Transforming mental health care in America.* DHHS Pub. No. SMA-03-3832. Rockville, MD.

Noble, L. M., Douglas, B. C., & Newman, S. P. (2001). What do patients expect of psychiatric services? A systematic and critical review of empirical studies. *Social Science and Medicine, 52*, 985-998.

Orlinsky, D. E., Grawe, K., & Parks, B. K. (1994). Process and outcome in psychotherapy: Noch einmal. In A.E. Bergin & S.L. Garfield (Eds.), *Handbook of psychotherapy and behavior change* (4th ed., pp. 270-376). New York: John Wiley & Sons.

Patterson, T. L., Goldman, S., McKibbin, C. L., Hughs, T., & Jeste, D. V. (2001). UCSD Performance-Based Skills Assessment: Development of a new measure of everyday functioning for severely mentally ill adults. *Schizophrenia Bulletin, 27*(2), 235-245.

Phelan, M., Slade, M., Thornicroft, G., Dunn, G., Holloway, F., Wykes, T., et al. (1995). The Camberwell Assessment of Need: The validity and reliability of an instrument to assess the needs of people with severe mental illness. *British Journal of Psychiatry, 167*, 589-595.

Phelan, M., Wykes, T., & Goldman, H. (1994). Global function scales. *Social Psychiatry and Psychiatric Epidemiology, 29*(5), 205-211.

Pratt, C. W., Gill, K. J., Barrett, N. M., & Roberts, M. M. (2006). *Psychiatric rehabilitation* (2nd ed.). San Diego, CA: Academic Press.

Proctor, B. E., Prevatt, F., Adams, K., Hurst, A., & Petscher, Y. (2006). Study skills profiles of normal-achieving and academically-struggling college students. *Journal of College Student Development, 47*(1), 37-51.

Rapp, C. A., & Goscha, R. J. (2005). What are the common features of evidence-based practice? In R. E. Drake, M. R. Merrens, & D. W. Lynde (Eds.), *Evidence-based mental health practice* (pp. 189-216). New York: W.W. Norton.

Rogers, E. S., Anthony, W. A., Cohen, M., & Davies, R. R. (1997). Prediction of vocational outcome based on clinical and demographic indicators among vocationally ready clients. *Community Mental Health Journal, 33*(2), 99-112.

Rogers, E. S., Anthony, W. A., & Lyass, A. (2004). The nature and dimensions of social support among individuals with severe mental illnesses. *Community Mental Health Journal, 40*(5), 437-450.

Rogers, E. S., Hursh, N., Kielhofner, G. R., & Spaniol, L. (1990). *Situational assessment Scales to assess work adjustment and interpersonal skills.* Boston: Center for Psychiatric Rehabilitation, Boston University.

Rogers, E. S., Sciarappa, K., & Anthony, W. A. (1991). Development and evaluation of situational assessment instruments and procedures for persons with psychiatric disability. *Vocational Evaluation & Work Adjustment Bulletin, 24*(2), 61-67.

Rosen, A., Hadzi-Pavlovic, D., & Parker, G. (1989). The Life Skills Profile: A measure assessing function and disability in schizophrenia. *Schizophrenia Bulletin, 15*(2), 325–337.

Ryan, W. (1976). *Blaming the victim.* New York: Vintage Books.

Salvi, G., Leese, M., & Slade, M. (2005). Routine use of mental health outcome assessments: Choosing the measure. *British Journal of Psychiatry, 186*, 146–152.

Sayers, M. D., Bellack, A. S., Wade, J. H., Bennett, M. E., & Fong, P. (1995). An empirical method for assessing social problem solving in schizophrenia. *Behavior Modification, 19*, 267–289.

Schmieding, N. J. (1968). Institutionalization: A conceptual approach. *Perspectives in Psychiatric Care, 6*(5), 205–211.

Scott, J. E., & Lehman, A. F. (1998). Social functioning in the community. In K. J. Mueser & N. Tarrier (Eds.), *Handbook of social functioning in schizophrenia* (pp. 1–19). Needham Heights, MA: Allyn & Bacon.

Sederer, L. I., & Dickey, B. (Eds.). (1996). *Outcomes assessment in clinical practice.* Baltimore: Williams & Wilkins.

Sederer, L. I., Dickey, B., & Hermann, R. C. (1996). The imperative of outcomes assessment in psychiatry. In L. I. Lederer & B. Dickey (Eds.), *Outcomes assessment in clinical practice* (pp. 1–7). Baltimore: Williams & Wilkins.

Shumway, M., Sentell, T., Chouljian, T., Tellier, J., Rozewicz, F., & Okun, M. (2003). Assessing preferences for schizophrenia outcomes: Comprehension and decision strategies in three assessment methods. *Mental Health Services Research, 5*(3), 121–135.

Slade, M., Phelan, M., & Thornicroft, G. (1998). A comparison of needs assessed by staff and by an epidemiologically representative sample of patients with psychosis. *Psychological Medicine, 28*, 543–550.

State of Alabama Department of Mental Health Services. (1984). *Utilization and needs assessment.* Unpublished manuscript, Birmingham, AL.

Stein, C. H. (2005). Aspirations, ability, and support: Consumers' perception of attending college. *Community Mental Health Journal, 41*(4), 451–468.

Stein, C. H., Rappaport, J., & Seidman, E. (1995). Assessing the social networks of people with psychiatric disability from multiple perspectives. *Community Mental Health Journal, 31*(4), 351–367.

Stiles, P. G., Poythress, N. G., Hall, A., Falkenbach, D., & Williams, R. (2001). Improving understanding of research consent disclosures among persons with mental illness. *Psychiatric Services, 52*(2), 780–785.

Substance Abuse and Mental Health Services Administration (SAMHSA). (2006). *National Consensus Statement on Mental Health Recovery.* Retrieved August 14, 2006, from http://www.mentalhealth.samhsa.gov/publications/allpubs/sma05-4129.

Sue, S., Zane, N., & Young, K. (1994). Research on psychotherapy with culturally diverse populations. In A. E. Bergin & S. L. Garfield (Eds.), *Handbook of psychotherapy and behavior change* (4th ed., pp. 783–817). New York: John Wiley & Sons.

Sullivan, G., Dumenci, L., Burnam, A., & Koegel, P. (2001). Validation of the Brief Instrumental Functioning Scale in a homeless population. *Psychiatric Services, 52*(8), 1097–1099.

Takahashi, M., Tanaka, K., & Miyaoka, H. (2006). Reliability and validity of communication skills questionnaire (CSQ). *Psychiatry and Clinical Neurosciences, 60*(2), 211–218.

Tryon, G. S., & Winograd, G. (2002). Goal consensus and collaboration. In J. C. Norcross (Ed.), *Psychotherapy relationships that work: Therapist contributions and responsiveness to patients* (pp. 109–125). New York: Oxford University Press.

Tsang, H., Lam, P., Ng, B., & Leung, O. (2000). Predictors of employment outcomes for people with psychiatric disabilities: A review of literature since the mid '80s. *Journal of Rehabilitation, 66*, 19–31.

Tsang, H., & Pearson, V. (2000). Reliability and validity of a simple measure for assessing the social skills of people with schizophrenia necessary for seeking and securing a job. *Canadian Journal of Occupational Therapy, 67*(4), 250-259.

Tsang, W. H. H., & Pearson, V. (1996). A conceptual framework for work-related social skills in psychiatric rehabilitation. *Journal of Rehabilitation, 62*, 61-66.

Unger, K., Anthony, W., Sciarappa, K., & Rogers, E. S. (1991). A supported education program for young adults with long-term mental illness. *Hospital and Community Psychiatry, 42*, 179.

Vaccaro, J. V., Pitts, D. B., & Wallace, C. J. (1992). Functional assessment. In R. P. Liberman (Ed.), *Handbook of psychiatric rehabilitation* (pp. 78-94). Boston: Allyn & Bacon.

Vermeire, E., Hearnshaw, H., Van Royen, P., & Denekens, J. (2001). Patient adherence to treatment: Three decades of research. A comprehensive review. *Journal of Clinical Pharmacy and Therapeutics, 26*, 331-342.

Vess, J. (2001). Development and implementation of a functional skills measure for forensic psychiatric patients. *Journal of Forensic Psychiatry, 12*(3), 592-609.

Waghorn, G., Chant, D., & King, R. (2005). Work-related self-efficacy among community residents with psychiatric disabilities. *Psychiatric Rehabilitation Journal, 29*(2), 105-113.

Walitzer, K. S., Dermen, K. H., & Connors, G. J. (1999). Strategies for preparing clients for treatment: A review. *Behavior Modification, 23*(1), 129-151.

Wallace, C. J. (1986). Functional assessment in rehabilitation. *Schizophrenia Bulletin, 12*(4), 604-630.

Wallace, C. J., Connie, J. N., Liberman, R. P., Aitchison, R. A., Lukoff, D., Eider, J. P., et al. (1980). A review and critique of social skills training with schizophrenic patients. *Schizophrenia Bulletin, 6*(1), 42-63.

Wallace, C. J., Lecomte, T., Wilde, J., & Liberman, R. P. (2001). CASIG: A consumer-centered assessment for planning individualized treatment and evaluating program outcomes. *Schizophrenia Research, 50*, 105-119.

Wallace, C. J., Liberman, R. P., Tauber, R., & Wallace, J. (2000). The Independent Living Skills Survey: A comprehensive measure of the community functioning of severely and persistently mentally ill individuals. *Schizophrenia Bulletin, 26*(3), 631-658.

Ware, J. E., Snow, K. K., Kosinski, M., & Gandek, B. (1993). *SF-36 health survey manual and interpretation guide*. Boston: New England Medical Center, The Health Institute.

Webster's Illustrated Encyclopedia Dictionary. (1990). Montreal, Canada: Tormont Publications.

Weiner, H. R. (1993). Multi-Function Needs Assessment: The development of a functional assessment instrument. *Psychosocial Rehabilitation Journal, 16*(4), 51-61.

Weinstein, C. E., & Palmer, D. R. (2002). *Learning and Study Strategies Inventory (LASSI): Users manual* (2nd ed.). Clearwater, FL: H & H.

Wewiorski, N. J., & Fabian, E. S. (2004). Association between demographic and diagnostic factors and employment outcomes for people with psychiatric disabilities: A synthesis of recent research. *Mental Health Services Research, 6*(1), 9-21.

Willer, B., & Miller, G. (1978). On the relationship of client satisfaction to client characteristics and outcome of treatment. *Journal of Clinical Psychology, 34*, 157-160.

World Health Organization. (2001). *International Classification of Functioning, Disability and Health*. Geneva: Author.

Wykes, T. (1998). Social functioning in residential and institutional settings. In K. T. Mueser & N. Tarrier (Eds.), *Handbook of social functioning in schizophrenia* (pp. 20-38). Needham Heights, MA: Allyn: Bacon.

Zimet, G. D., Dahlem, N. W., Zimet, S. G., & Farley, G. K. (1988). The Multidimensional Scale of

Perceived Social Support. *Journal of Personality Assessment, 52*(1), 30-41.

〈제20장〉

Allen, J. (in press). Multicultural assessment supervision: Process, interpretation and report writing. *Professional Psychology: Research and Practice.*

Allen, J., & Dana, R. H. (2004). Methodological issues in cross-cultural and multicultural Rorschach research. *Journal of Personality Assessment, 82*(2), 189-205.

Allen, J., & Walsh, J. A. (2000). A construct-based approach to equivalence: Methodologies for cross-cultural/multicultural personality assessment research. In R. H. Dana (Ed.), *Handbook of cross-cultural and multicultural personality assessment* (pp. 63-85). Mahwah, NJ: Erlbaum.

American Psychological Association. (2002). Ethical Principles of Psychologists and Code of Conduct. *American Psychologist, 57,* 1060-1073.

American Psychological Association. (2003). Guidelines on multicultural education, training, research, practice, and organizational change of psychologists, *American Psychologist, 58,* 377-402.

American With Disabilities Act of 1990, 42 U.S.C. § 12101 *et seq.* (1990).

Anderson, L. P. (1991). Acculturative stress: A theory of relevance to black Americans. *Clinical Psychology Review, 11,* 685-702.

APA Presidential Task Force. (2006). Evidence-based practice in psychology. *American Psychologist, 61,* 271-285.

Azibo, D. A. (1988). Understanding the proper and improper usage of the comparative framework. *Journal of Black Psychology, 15,* 81-91.

Belgrave, F. Z., & Jarama, S. L. (2000). Culture and the disability and rehabilitation experience: An African American example. In R. G. Frank & T. R. Elliott (Eds.), *Handbook of rehabilitation psychology* (pp. 558-600). Washington, DC: American Psychological Association.

Bellini, J. (2002). Correlates of multicultural counseling competencies of vocational rehabilitation counselors. *Rehabilitation Counseling Bulletin, 45,* 65-76.

Bellini, J. (2003). Counselors' multicultural competencies and vocational rehabilitation outcomes in the context of counselor-client racial similarity and difference. *Rehabilitation Counseling Bulletin, 46,* 164-173.

Bernal, G., & Scharron-Del-Rio, M. R. (2001). Are empirically supported treatments valid for ethnic minorities? Toward an alternative approach for treatment research. *Cultural Diversity and Ethnic Minority Psychology, 7,* 328-342.

Bernal, G., Trimble, J. E., Burlew, A. K., & Leong, F. T. L. (Eds.) (2003). *Handbook of racial & ethnic minority psychology.* Thousand Oaks, CA: Sage.

Berry, J. W. (1999). Psychology of acculturation. *Nebraska Symposium on Motivation, 39,* 201-234.

Berven, N. L. (2004). Assessment. In T. F. Riggar & D. R. Maki (Eds.), *Handbook of rehabilitation counseling.* New York: Springer.

Bolton, B. (2001). Measuring rehabilitation outcomes. *Rehabiliation Counseling Bulletin, 44*(2), 67-75.

Bolton, B. (2004). Counseling and rehabilitation outcomes. In F. Chan, N. L. Berven, & K. R. Thomas (Eds.), *Counseling theories and techniques for rehabilitation health professionals* (pp. 444-465). New York: Springer.

Brown, M., Gordon, W. A., & Diller, L. (1983). Functional assessment and outcome measurement: An integrative review. In E. L. Pan, T. E. Backer, & C. L. Vash (Eds.), *Annual Review of Rehabilitation* (Vol. 3, pp. 93-120). New York: Springer.

Callahan, C. D., & Barisa, M. T. (2005). Introduction to the Special Issue of Rehabilitation Psychology: Issues in outcomes measurement. *Rehabilitation Psychology, 50,* 5.

Camic, P. M., Rhodes, J. E., & Yardley, L. (Eds.), *Qualitative research in psychology: Expanding perspective in methodology and design*. Washington, DC: American Psychological Association.

Carter, R. T. (Ed.). (2005). *Handbook of racial-cultural psychology and counseling* (Vols. 1, 2). New York: Wiley.

Cervantes, R. C., Padilla, A. M., & Salgado de Snyder, N. (1991). The Hispanic Stress Inventory: A culturally relevant approach to psychological assessment. *Psychological Assessment, 3*, 438-447.

Chan, F., & Rosenthal, D. A. (2006). Introduction to the Special Series: Advanced research methodology in rehabilitation. *Rehabilitation Counseling Bulletin, 49*, 219-222.

Civil Rights Act of 1964 42 U.S.C §§ 2000d 2000d-7 (P. L. 88-352) (1964).

Clemence, A. J., & Handler, L. (2001). Psychological assessment on internship: A survey of training directors and their expectations for students. *Journal of Personality Assessment, 76*, 18-47.

Code of Professional Ethics for Rehabilitation Counselors (1995). *Journal of Applied Rehabilitation Counseling, 18*(4), 26-31.

Costantino, G., Dana, R. H., & Malgady, R. (2007). *Tell-Me-A-Story assessment of children in multicultural societies*. Mahwah, NJ: Lawrence Erlbaum Associates.

Council of National Psychological Association for the Advancement of Ethnic Minority Interests. (2000). *Guidelines for research in ethnic minority communities*. Washington, DC: American Psychological Association.

Cuellar, I. (2000). Acculturation as a moderator of personality and psychological assessment. In R. H. Dana (Ed.), *Handbook of cross-cultural and multicultural personality assessment* (pp. 113-129). Mahwah, NJ: Lawrence Erlbaum Associates.

Cumming-McCann, A., & Accordino, M. P. (2005). An investigation of rehabilitation counselor characteristics, White racial attitudes, and self-reported multicultural counseling competencies. *Rehabilitation Counseling Bulletin, 48*, 167-176.

Dana, R. H. (1993). *Multicultural professional perspectives for professional psychology*. Boston: Allyn & Bacon.

Dana, R. H. (1994). Testing and assessment ethics for all persons: Beginning and agenda. *Professional Psychology: Research and Practice, 25*, 349-354.

Dana, R. H. (1998a). *Understanding cultural identity in intervention and assessment*. Thousand Oaks, CA: Sage.

Dana, R. H. (1998b). Multicultural assessment in the United States, 1997: Still art, not yet science, and controversial. *European Journal of Personality Assessment, 14*, 62-70.

Dana, R. H. (1998c). Personality assessment and the cultural self: Emic and etic contexts as learning resources. In L. Handler & M. Hilsenroth (Eds.), *Teaching and learning personality assessment* (pp. 325-345). Hillsdale, NJ: Lawrence Erlbaum Associates.

Dana, R. H. (2000a). Culture and methodology in personality assessment. In I. Cuellar & F. Paniagua (Eds.), *Handbook of multicultural mental health: Assessment and treatment of diverse groups* (pp. 97-120). San Diego, CA: Academic Press.

Dana, R. H. (2000b). Multicultural assessment of adolescent and child personality and psychopathology. In A. L. Comunian & U. P. Gielen (Eds.), *Human development in international perspective* (pp. 233-258). Lengerich, Germany: Pabst Science Publishers.

Dana, R. H. (2000c). The cultural self as locus for assessment and intervention with American Indians/Alaska Natives. *Journal of Multicultural Counseling & Development, 28*, 66-82.

Dana, R. H. (2001). Multicultural issues in assessment. In B. Bolton (Ed.), *Handbook of measurement and evaluation in rehabilitation* (3rd ed., pp. 449-469). Gaithersburg, MD: Aspen.

Dana, R. H. (2002a). Mental health for African Americans:

A cultural/racial perspective. *Cultural Diversity and Ethnic Minority Psychology, 8*, 3-18.

Dana, R. H. (2002b). Examining the usefulness of DSM-IV. In K. Kurasaki, S. Okazaki, & S. Sue (Eds.), *Asian American mental health: Assessment methods and theories* (pp. 29-46). New York: Kluwer Academic/Plenum Publishers.

Dana, R. H. (2002c). Introduction to Symposium-Multicultural assessment: Teaching methods and competence evaluation. *Journal of Personality Assessment, 79*, 195-199.

Dana, R. H. (2003). Assessment training, practice, and research in the new millennium: Challenges and opportunities for professional psychology. *Ethical Human Sciences and Services, 5*, 127-140.

Dana, R. H. (2003, August). *Bridging the gap between standard and multicultural assessment practice: An agenda for research and training*. Invited address presented at the meeting of the American Psychological Association, Toronto, Canada.

Dana, R. H. (2005). *Multicultural assessment principles, applications, and examples*. Mahwah, NJ: Lawrence Erlbaum Associates.

Dana, R. H. (2007). Refugee assessment practices and cultural competency training. In J. P. Wilson & C. Tang (Eds.), *The cross-cultural assessment of psychosocial trauma and posttraumatic stress disorder* (pp. 91-112). New York: Springer.

Dana, R. H. (in press). Clinical diagnosis of multicultural populations. In L. A. Suzuki, J. G. Ponterotto, & P. J. Meller (Eds.), *Handbook of multicultural assessment* (3rd ed.). San Francisco: Jossey-Bass.

Dana, R. H., Aragon, M., & Kramer, T. (2002). Public sector mental health services for multicultural populations: Bridging the gap from research to clinical practice. In M. N. Smyth (Ed.), *Health care in transition* (Vol. 1, pp. 1-13). Hauppauge, NY: Nova Science Publishers.

D'Andrea, M., & Daniels, J. (2001). Respectful counseling: An integrated multidimensional model for counselors. In D. B. Pope-Davis, & H. L. C. Coleman (Eds.), *The intersection of race, class, and gender in multicultural counseling* (pp. 417-466). Thousand Oaks, CA: Sage.

Der-Karabetian, A., Gamst, G., Dana, R. H., Aragon, M., Arellano, L., Morrow, G., et al. (2002). *California Brief Multicultural Competence Scale* (CBMCS) User Guide. La Verne, CA: University of La Verne.

Devlieger, P. J., & Albrecht, G. L. (2000). Your experience is not my experience. *Journal of Disability Policy Studies, 11*(1), 51-60.

Gamst, G., Dana, R. H., Der-Karabetian, A., & Kramer, T. (2000). Ethnic match and client ethnicity effects on global assessment and visitation. *Journal of Community Psychology, 28*, 547-564.

Gamst, G., Dana, R. H., Der-Karabetian, A., & Kramer, T. (2001). Asian American mental health clients: Cultural responsiveness and global assessment. *Journal of Mental Health Counseling, 23*, 57-71.

Gamst, G., Rogers, R., Der-Karabetian, A., & Dana, R. H. (2006). Addressing mental health disparities: A preliminary test of the Multicultural Assessment Intervention Process (MAIP) model. In E. V. Metrosa (Ed.), *Racial and ethnic disparities in health and healthcare* (pp. 1-18). Hauppauge, NY: Nova Science Publishers.

Gamst, G., Dana, R. H., Der-Karabetian, A., Meyers, L. S., & Guarino, A. J. (2007). *A structural analysis of the Multicultural Assessment Intervention Process model*. Submitted for publication.

Gamst, G., Dana, R. H., Der-Karabetian, A., Aragon, M., Arellano, L., & Kramer, T. (2002). Effects of Latino acculturation and ethnic identity status on mental health outcomes. *Hispanic Journal of Behavioral Sciences, 24*, 479-504.

Gamst, G., Dana, R. H., Der-Karabetian, A., Aragon, M., Arellano, L., Morrow, G., et al. (2004). Cultural competency revised: The California Brief Multicultural Competence Scale. *Measurement and Evaluation in Counseling and Development, 37*, 163-183.

Harley, D. A. (2005). African Americans and

indigenous counseling. In D. A. Harley & J. M. Dillard (Eds.), *Contemporary mental health issues among African Americans* (pp. 293-306). Alexandria, VA: American Counseling Association.

Hays, P. A. (2001). *Addressing cultural complexities in practice: A framework for clinicians and counselors.* Washington, DC: American Psychological Association.

Heinemann, A. W. (2000). Functional status and quality-of-life measures. In R. G. Frank & T. R. Elliott (Eds.), *Handbook of rehabilitation psychology* (pp. 261-286). Washington, DC: American Psychological Association.

Hershenson, D. R. (2000). Toward a cultural anthropology of disability and rehabilitation. *Rehabilitation Counseling Bulletin, 43*, 150-157.

Holiday, B. G., & Holmes, A. L. (2003). A tale of challenge and change: A history and chronology of ethnic minorities in the United States. In G. Bernal, J. E. Trimble, A. K. Burlew, & F. T. L. Leong (Eds.), *Handbook of racial & ethnic minority psychology* (pp. 15-64). Thousand Oaks, CA: Sage.

Huang, L., Stroul, B., Friedman, R., Mrazek, R., Friesen, B., Pires, S., et al. (2005). Transforming mental health care for children and their families. *American Psychologist, 60*, 615-627.

Jenkins, A. E., Ayers, G. E., & Hunt, B. (1996). Cultural diversity and rehabilitation: The road traveled. *Rehabilitation Education, 10*, 83-103.

Jones, R. (1996). *Handbook of tests and measurements for black populations* (Vols. 1 & 2). Hampton, VA: Cobb & Henry.

Lee, J., & Sue, S. (2001). Clinical psychology and culture. In D. Matsumoto (Ed.), *The handbook of culture and psychology* (pp. 287-305). New York: Oxford University Press.

Leung, P. (2003). Multicultural competencies and Rehabilitation Counseling/Psychology. In D. B. Pope-Davis, H. L. K. Coleman, W. M. Liu, & R. L. Toporek (Eds.), *Handbook of multicultural competencies in counseling and psychology* (pp. 439-455). Thousand Oaks, CA: Sage.

Lezak, M. D. (2002). Responsive assessment and the freedom to think for ourselves. *Rehabilitation Psychology, 47*, 339-353.

Lomay, V. T., & Hinkebein, J. H. (2006). Cultural considerations when providing rehabilitation services to American Indians. *Rehabilitation Psychology, 51*, 36-42.

Lonner, W. J., & Ibrahim, F. A. (2002). Appraisal and assessment in cross-cultural counseling. In P. B. Pedersen, J. G. Draguns, W. J. Lonner, & J. E. Trimble (Eds.), *Counseling across cultures* (5th ed., pp. 355-378). Thousand Oaks, CA: Sage.

Lustig, D. C., Rosenthal, D. A., Strauser, D. R., & Haynes, K. (2000). The relationship between sense of coherence and adjustment in persons with disabilities. *Rehabilitation Counseling Bulletin, 43*, 134-141.

Malgady, R. G. (2000). Myths about the null hypothesis and the path to reform. In R. H. Dana (Ed.), *Handbook of cross-cultural and multicultural personality assessment* (pp. 49-62). Mahwah, NJ: Lawrence Erlbaum Associates.

Marshall, C. A., Leung, P., Johnson, S. R., & Busby, H. (2003). Ethical practice and cultural factors in rehabilitation. *Rehabilitation Education, 17*, 55-65.

Marshall, C. A., Sanderson, P. R., Johnson, S. R., Du Bois, B., & Kvedar, J. C. (2006). Considering class, culture, and access in rehabilitation intervention and research. In K. J. Hagglund & A. W. Heinemann (Eds.), *Handbook of applied disability and rehabilitation research* (pp. 25-44). New York: Springer.

Matrone, K. F., & Leahy, M. J. (2005). The relationship between vocational rehabilitation client outcomes and rehabilitation counselor multicultural counseling competencies. *Rehabilitation Counseling Bulletin, 48*, 233-244.

McAweeney, M., & Crewe, N. (2000). Evaluating outcomes research: Statistical concerns and clinical relevance. In R. G. Frank & T. R. Elliott (Eds.), *Handbook of rehabilitation psychology* (pp.

311–326). Washington, DC: American Psychological Association.

Meyer, G. J., Finn, S. E., Eyde, L. D., Kay, G. G., Moreland, K. I., Dies, R. R., et al. (2001). Psychological testing and psychological assessment: A review of evidence and issues. *American Psychologist, 56*, 128–165.

Middleton, R. A., Harley, D. A., Rollins, C. W., & Solomon, T. (1998). Affirmative action, cultural diversity, and the disability policy reform: Foundations to the civil rights of persons with disabilities. *Journal of Applied Rehabilitation Counseling, 29*(3), 9–18.

Middleton, R. A., Rollins, C. W., & Harley, D. (1999). The historical and political context of the civil rights of persons with disabilities: A multicultural perspective for counselors. *Journal of Multicultural Counseling and Development, 27*(2), 105–120.

Middleton, R. A., Rollins, C. W., Sanderson, P. L., Leung, P., Harley, D. A., Ebener, D., et al. (2000). Endorsement of professional multicultural rehabilitation competencies and standards: A call to action. *Rehabilitation Counseling Bulletin, 43*, 219–240.

Miranda, J., Bernal, G., Lau, A., Kohn, L., Hwang, W-C., & LaFromboise, T. (2005). State of the science on psychosocial interventions for ethnic minorities. *Annual Review of Clinical Psychology, 1*, 113–142.

Morris, E. F. (2000). Assessment practice with African Americans: Combining standard assessment measures within an Africentric orientation. In R. H. Dana (Ed.), *Handbook of cross-cultural and multicultural personality assessment* (pp. 573–603). Mahwah, NJ: Lawrence Erlbaum Associates.

Mpofu, E. (2005). Selective interventions in counseling African Americans with disabilities. In D. A. Darley & J. M. Dillard (Eds.), *Contemporary mental health issues among African Americans*. Alexandria, VA: American counseling Association.

Mpofu, E., Beck, R., & Weinrach, S. G. (2004). In F. Chan, N. L. Berven, & K. R. Thomas (Eds.), *Counseling theories and techniques for rehabilitation health professionals* (pp. 386–402). New York: Springer.

Norcross, J. C., Kohout, J. L., & Wicherski, M. (2005). Graduate study in psychology 1971 to 2004. *American Psychologist, 60*, 959–975.

Okazaki, S., & Sue, S. (1995). Methodological issues in assessment research with ethnic minorities. *Psychological Assessment, 7*, 367–375.

Ponterotto, J. G., & Alexander, C. M. (1996). Assessing the multicultural competence of counselors and clinicians. In L. A. Suzuki, P. J. Meller, & J. G. Ponterotto (Eds.), *Handbook of multicultural assessment: Clinical, psychological, and edcational applications* (pp. 651–672). San Francisco: Jossey-Bass.

Ponterotto, J. G. Fuertes, J. N., & Chen, E. C. (2000). Models of multicultural counseling. In S. A. Blour & R. W. Lent (Eds.), *Handbook of counseling psychology* (3rd ed., pp. 639–669). San Francisco: Jossey-Bass.

Ponterotto, J. G., Gretchen, D., & Chauhan, R. V. (2001). Cultural identity and multicultural assessment: Quantitative and qualitative tools for the clinician. In L. A. Suzuki, J. G. Ponterotto, & P. J. Meller (Eds.), *Handbook of multicultural assessment: Clinical, psychological, and educational applications* (2nd ed., pp. 67–99). San Francisco: Jossey-Bass.

Ponterotto, J. G., Casas, J. M., Suzuki, L. A., & Alexander, C. M. (Eds.). (2001). *Handbook of multicultural counseling* (2nd ed.). Thousand Oaks, CA: Sage.

Pope-Davis, D. B., Liu, W. M., Toporek, R. L., & Brittan-Powell, C. S. (2003). *Handbook of cultural competencies in counseling and psychotherapy*. Thousand Oaks, CA: Sage.

Rahimi, M., Rosenthal, D. A., & Chan, F. (2003). Effects of client race on clinical judgment of African American undergraduate students in rehabilitation. *Rehabilitation Counseling Bulletin, 46*, 157–163.

Rehabilitation Act of 1973, 29 U. S. C. § 701 *et seq.* (1973).

Ridley, C. R., Hill, C. L., Thompson, C. E., & Omerod, A. J. (2001). Clinical practice of assessment: Toward an idiographic perspective. In D. B. Pope-Davis, & H. L. K. Coleman (Eds.), *The intersection of race, class, and gender in multicultural counseling* (pp. 191-211). Thousand Oaks, CA: Sage.

Ridley, C. R., Mendoza, D. W., & Kanitz, B. E. (1994). Multicultural training: Reexamination, operationalization, and integration. *Counseling Psychologist, 22*(2), 227-289.

Robinson, T. L., & Ginter, E. J. (1999). Introduction to the Journal of Counseling & Development's special issue on racism. *Journal of Counseling & Development, 44*, 3.

Rogers, M. R. (2006). Exemplary multicultural training in school psychology programs. *Cultural Diversity and Ethnic Minority Psychology, 12*, 115-133.

Rollins, W. W. (2005). Ethical implications in mental health counseling with African Americans. In D. A. Harley & J. M. Dillard (Eds.), *Contemporary mental health issues among African Americans* (pp. 307-316). Alexandria, VA: American Counseling Association.

Rosenthal, D. A. (2004). Effect of client race on clinical judgment of practicing European American vocational rehabilitation counselors. *Rehabilitation Counseling Bulletin, 47*(3), 131-141.

Rosenthal, D. A., & Berven, N. L. (1999). Effects of client race on clinical judgment. *Rehabilitation Counseling Bulletin, 42*, 243-264.

Roysircar-Sodowsky, G., & Kuo, P. Y. (2001). Determining cultural validity of personality assessment: Some guidelines. In D. B. Pope-Davis, & H. L. K. Coleman (Eds.), *The intersection of race, class, and gender in multicultural counseling* (pp. 213-239). Thousand Oaks, CA: Sage.

Schaller, J., Parker, R., & Garcia, S. M. (1998). Moving toward culturally competent rehabilitation counseling services: Issues and practices. *Journal of Applied Rehabilitation Counseling, 29*(2), 40-48.

Snowden, L. R., & Yamada, A-M. (2005). Cultural differences in access to care. *Annual Review of Clinical Psychology, 1*, 143-166.

Snyder, C. R., Lehman, K. A., Kluck, B., & Monsson, Y. (2006). Hope for rehabilitation and vice versa. *Rehabilitation Psychology, 51*, 89-112.

Stedman, J. M., Hatch, J. P., & Schoenfeld, L. S. (2001). The current status of psychological assessment training in graduate and professional schools. *Journal of Personality Assessment, 77*, 398-407.

Sue, D. W. (2003). *Overcoming our racism: The journey to liberation*. San Francisco: Jossey-Bass.

Sue, S. (1998). In search of cultural competence in psychotherapy and counseling. *American Psychologist, 53*, 440-448.

Sue, S. (1999). Science, ethnicity, and bias: Where have we gone wrong? *America Psychologist, 54*, 1070-1077.

Sue, S., & Sue, L. (2003). Ethnic science is good science. In G. Bernal, J. E. Trimble, A. K. Burlew, & F. T. Leong (Eds.), *Handbook of racial and ethnic minority psychology* (pp. 198-207). Thousand Oaks, CA: Sage.

Toporek, R. L., Gerstein, L., Fouad, N., Roysircar, G., & Israel, T. (2005). *Handbook for social justice in counseling psychology*. Thousand Oaks, CA: Sage.

Trimble, J. E., & Fisher, C. B. (Eds.). (2005). *The handbook of ethical research with ethnocultural populations and communities*. Thousand Oaks, CA: Sage.

Trimble, J. E., Helms, J. E., & Root, M. P. P. (2003). Social and psychological perspectives on ehnic and racial identity. In G. Bernal, J. E. Trimble, A. K. Burlew, & F. T. L. Leong (Eds.), *Handbook of racial and ethnic minority psychology* (pp. 219-275). Thousand Oaks, CA: Sage.

U. S. Census Bureau. (2004). *U. S. interim projections by age, sex, race, and Hispanic Origin*. Retrieved December 8, 2005, from http://www.census.gov/ipcwww/usintrerimroj/.

Utsey, S. O., Gernat, C. A., & Bolden, M. A. (2003). Teaching racial identity development and racism awareness: Training in professional psychology programs. In G. Bernal, J. E. Trimble, A. K.

Burlew, & F. T. L. Leong (Eds.), *Handbook of racial and ethnic minority psychology* (pp. 147-166). Thousand Oaks, CA: Sage.

Van de Vijver, F. (2000). The nature of bias. In R. H. Dana (Ed.), *Handbook of cross-cultural and multicultural personality assessment* (pp. 87-106). Mahwah, NJ: Lawrence Erlbaum Associates.

Van de Vijver, F. J. R., & Phalet, K. (2004). Assessment of multicultural groups: The role of acculturation. Applied Psychology: *An International Review, 53*(2), 215-236.

Vera, M., Vila, D., & Alegria, M. (2003). Cognitive-behavior therapy: Concepts, issues, and strategies for practice with racial/ethnic minorities. In G. Bernal, J. E. Trimble A. K. Burlew, & F. T. L. Leong (Eds.), *Handbook of racial and ethnic minority psychology* (pp. 521-538). Thousand Oaks, CA: Sage.

Weisman, A. (2005). Integrating culturally based approaches with existing interventions for Hispanic/Latino families coping with schizophrenia. *Psychotherapy: Theory, Research, Practice, Training, 42,* 178-197.

Whatley, R., Allen, J., & Dana, R. H. (2003). Racial identity and the MMPI in African American male college students. *Cultural Diversity and Ethnic Minority Psychology, 8,* 344-352.

Wong, E. C., Kim, B. S., Zane, N. W. S., & Huang, J. S. (2003). Examining culturally based variables associated with ethnicity: Influences on credibility perceptions of empirically supported interventions. *Cultural Diversity and Ethnic Minority Psychology, 9,* 88-96.

Ying, Y-W, Akutsu, P. D., Zhang, X., & Huang, L. N. (1997). Psychological dysfunction in Southeast Asian refugees as mediated by sense of coherence. *American Journal of Community Psychology, 25,* 839-859.

Ying, Y-W., Lee, P. A., & Tsai, J. L. (2000). Cultural orientation and racial discrimination: Predictors of coherence in Chinese American Young adults. *Journal of Community Psychology, 25,* 427-442.

찾아보기

편저자 소개

Brian F. Bolton 박사는 위스콘신 매디슨 대학교에서 박사학위를 수여받았으며, 아칸소-페이엣빌 대학교에서 재활학과 교수 및 심리학과 부교수를 역임하였고, 미국심리학협회, 인성평가학회, 미국심리학회의 재활심리 및 평가 · 측정 · 통계 분과 정회원이다. 아칸소 대학교에서 Burlington Northern 교수 연구 업적상, 미국심리학회 재활심리 분과에서 Roger Barker 수훈 연구상, 미국재활상담협회로부터 재활상담 연구 대상, 위스콘신 대학교에서 졸업생 업적상, Buros 연구소 수훈 리뷰를 수상했고, 미국재활상담협회로부터 12개의 연구 프로젝트상을 수상하였다. 또한 『재활상담사를 위한 청각장애인 심리학』『장애의 사회심리적 적응』『재활상담 연구』『재활 고객 평가』『특수교육 평가 - 이론과 실제』를 포함한 10여 권의 저술 및 편집에 참여하였다. 더 나아가 『기능심리평가』『임상평가 백과사전』『재활 리뷰』『다변량 실험 심리 핸드북』『재활상담-기초 및 중급 과정』『재활결과 - 분석 및 측정』『건강과학도를 위한 심리학』『재활 및 건강 분야에서의 평가 증진』『재활건강 전문가를 위한 심리이론』과 같은 책들의 총 20여 장(chapter)을 집필하였다. 『검사 비평』 및 『정신측정 연감』에서도 36개의 평가 리뷰를 기술하였으며, 심리 및 재활 학술지에 100여 편 이상의 논문 저자로서 활동하였다. 직업성격 프로파일, 고용성숙도 인터뷰, 직업성격 보고, 직업기질평가, 기능적 능력 컴퓨터 보고와 같은 평가도구를 개발하였으며, 『재활상담 불리틴』의 편집자 및 『재활교육』의 공동 편집자를 역임하였다. 그는 응용다변량연구학회 회장이었으며, 심리학자, 인본주의 목사다.

Randall M. Parker 박사는 컬럼비아 미주리 대학교에서 학위를 수여받았으며, 아칸소-페이엣빌 대학교에서 재활학과 교수 및 심리학과 부교수를 역임하였다. 멜리사 엘리자베스 스튜어트 100주년 교육 교수, 텍사스 오스틴 대학교에서 재활상담학과 학과장 및 특수교육 교수이며, 미국심리학회 재활심리(제22분과), 상담심리(제17분과)의 정회원이다. 또한 위스콘신 매디슨 교육대학 동문 업적상, 텍사스 오스틴 교육대학에서 우수 교수상, 미국재활상담협회로부터 재활상담 연구상의 높은 업적을 가지고 있다. 그는 100여 권 이상의 논문, 논문 편집, 리뷰, 책을 출간하였고, 직업적성조사 및 홍미 스케줄 평가도구를 개발하였다. 『재활상담 불리틴(Rehabilitation Counseling Bulletin)』의 편집자 및 공동 편집자였으며, 텍사스 심리협회 및 미국재활상담협회의 회장을 역임하였다. 현재는 텍사스 공인 심리학자이며 공인 재활상담사다.

집필자 소개

Norman L. Berven, PhD
Professor
Department of Rehabilitation Psychology and Special Education
University of Wisconsin-Madison
Madison, Wisconsin

Nancy E. Betz, PhD
Professor
Department of Psychology
The Ohio State University
Columbus, Ohio

Terry L. Blackwell, PhD
Professor
Montana State University-Billings
Billings, Montana

Brian F. Bolton, PhD
University Professor Emeritus
Department of Rehabilitation Education and Research
University of Arkansas
Fayetteville, Arkansas

Walter C. Borman, PhD
Professor
Department of Psychology
University of South Florida and Personnel Decisions Research Institutes
Tampa, Florida

Jeffrey B. Brookings, PhD
Professor and Chair
Department of Psychology Wittenberg University
Springfield, Ohio

Nancy M. Crewe, PhD
Professor Emeritus
Counseling, Educational Psychology, and Special Education
Michigan State University
East Lansing, Michigan

Richard H. Dana, PhD, ABPP
Research Professor (Honorary)
Regional Research Institute
Portland State University
Portland, Oregon

Nadya A. Fouad, PhD
Professor
Department of Educational Psychology
University of Wisconsin-Milwaukee
Milwaukee, Wisconsin

John T. Gallagher, EdD
Licensed Psychologist
John T. Gallagher & Associates
Portage, Michigan

Darlene A. G. Groomes, PhD, CRC
Research Associate
Project Excellence Adjunct Faculty
Michigan State University
Ease Lansing, Michigan

Amy Guillen, MS
Ames, Iowa

Sandra E. Hansmann, PhD, CRC
Assistant Professor
Department of Rehabilitation

The University of Texas Pan American
Edinburg, Texas

Mary Ann Hanson, PhD
President
Center for Career and Community Research
St. Paul, Minnesota

Neeta Kantamneni, MS
Milwaukee, Wisconsin

Alan S. Kaufman, PhD
Clinical Professor of Psychology
Yale University School of Medicine
New Haven, Connecticut

James C. Kaufman, PhD
Director, Learning Research Institute
Psychology and Human Development
California State University at San Bernardino
San Bernardino, California

Samuel E. Krug, PhD
President
MetriTech, Inc.
Champaign, Illinois

Stephen J. Leierer, PhD
Counseling, Educational Psychology and Research
The University of Memphis
Memphis, Tennessee

Elizabeth O. Lichtenberger, PhD
Alliant International University
San Diego, California

Rodney L. Lowman, PhD
Provost and Vice President for Academic Affairs
Alliant International University
San Diego, California

Kim L. MacDonald - Wilson, ScD
Assistant Professor
University of Maryland
College Park, Maryland

Leonard N. Matheson, PhD, CVE, CRC
Associate Professor
Director, Work Performance Clinical Laboratory
Washington University School of Medicine
St. Louis, Missouri

Patricia B. Nemec, PsyD
Clinical Associate Professor
Department of Rehabilitation Counseling
Boston University
Boston, Massachusetts

Randall M. Parker, PhD
Professor
Department of Special Education
The University of Texas at Austin
Austin, Texas

Jeanne B. Patterson, EdD, CRC
Professor and Program Director
Health Science–Rehabilitation Counseling Program
University of North Florida
Jacksonville, Florida

Linda M. Richardson, PhD
Mental Health Program Head
County of Los Angeles–Department of Mental Health
Juvenile Justice Mental Health Services
Downey, California

Ronald M. Ruff, PhD, ABPP
Director of Neurobehavioral Rehabilitation
St. Mary's Medical Center
Associate Clinical Professor of Physical Medicine and Rehabilitation

Stanford University
Associate Adjunct Professor of Neurosurgery and Psychiatry
University of California
San Francisco, California

Shawn P. Saladin, PhD, CRC, CPM
Assistant Professor
Department of Rehabilitation
The University of Texas Pan American
Edinburg, Texas

James C. Schraa, PsyD
Clinical Neuropsychologist
Craig Hospital
Englewood, Colorado

Melissa K. Smothers, MA
Milwaukee, Wisconsin

Douglas C. Strohmer, PhD
Chair
Counseling, Educational Psychology and Research
The University of Memphis
Memphis, Tennessee

Robert M. Thorndike, PhD
Professor
Department of Psychology
Western Washington University
Bellingham, Washington

Tracy Thorndike-Christ, PhD
Assistant Professor
Woodring College of Education
Department of Special Education
Western Washington University
Bellingham, Washington

Richard T. Walls, PhD
Professor
Educational Psychology Program and the International Center for Disability Information
West Virginia University
Morgantown, West Virginia

David J. Weiss, PhD
Professor
Department of Psychology
University of Minnesota
Minneapolis, Minnesota

William R. Wiener, PhD
Vice Provost for Research and Dean of the Graduate School
Marquette University Graduate School
Milwaukee, Wisconsin

Irla Lee Zimmermann, PhD, ABPP
Clinical Psychologist (Retired)
Private Practice
Whittier, California

역자 소개

▪ 신현욱

University of Wisconsin-Stout 석사 (재활상담학 전공)
University of Wisconsin-Madison 박사 (재활심리학 전공)
현 전주대학교 재활학과 교수, 한국직업재활학회 이사, 전주대학교 보조공학센터 센터장
관심분야 재활평가, 직업재활상담, 근거 중심 재활 개입, 재활전달체계, 보조 공학 서비스, 직업재활 네트워크, 이용자 중심의 직업재활서비스
이메일 vexme@hanmail.net

▪ 이은정

가톨릭대학교 대학원 석사 (발달심리 전공)
University of Wisconsin-Madison 박사 (재활심리학 전공)
현 Illinois Institute of Technology 재활심리학과 교수, 미국심리학회 재활심리분과 회원자격심사위원장, 미국재활교육협회 이사
관심분야 장애인의 사회심리 및 직업적응, 우울증 모델 개발, 재활에서의 긍정 심리 및 건강심리 활용, 연구방법론, 재활상담에서의 다중문화적 접근 활용
이메일 elee20@iit.edu

▪ 김정한

University of Wisconsin-Madison 석사 (재활심리학 전공)
University of Wisconsin-Madison 박사 (재활심리학 전공)
현 Virginia Commonwealth University 재활상담학과 교수
관심분야 장애의 심리 · 사회적 적응에 있어 성격적 강점 및 미덕, 회복 탄력성, 복지, 직업적 성공
이메일 jhkim3@vcu.edu

▪ 안성희

한양대학교 대학원 석사 (상담심리학 전공)
University of Arkansas 박사 (재활상담학 전공)
현 University of Florida 교환교수,
고려대학교 교육문제연구소 연구교수, 상담심리전문가
관심분야 정신장애 재활, 조직 내 우울증 관리, 신체 및 정신장애인에 대한 태도 변화,
상담자교육과 슈퍼비전
이메일 rebecca@korea.ac.kr

▪ 김원호

서울대학교 대학원 석사 (교육학 전공)
University of Wisconsin-Madison 석사 (재활심리학 전공)
현 Pennsylvania State University 교육정책학 박사과정
관심분야 장애인의 심리사회적 적응과정, 장애인과 긍정심리학, 장애인의 진로발달이론
이메일 wvk5054@gmail.com

▪ 박진희

대구대학교 대학원 석사 (재활심리학 전공)
Illinois Institute of Technology 석사 (재활심리학 전공)
현 Michigan State University 재활상담교육학 전공 박사과정
관심분야 정신장애인의 재활 및 근거 중심 재활 개념, 재활 전문가의 태도 및
내담자와의 작업 동맹, 재활에서의 긍정 심리, 재활의 문화적 접근
이메일 jpark0916@gmail.com

재활평가

Handbook of Measurement and Evaluation in Rehabilitation, 4th edition

2013년 9월 25일 1판 1쇄 인쇄
2013년 10월 1일 1판 1쇄 발행

엮은이 • Brian F. Bolton · Randall M. Parker
옮긴이 • 신현욱 · 이은정 · 김정한 · 안성희 · 김원호 · 박진희
펴낸이 • 김진환
펴낸곳 • (주) 학지사

121-837 서울특별시 마포구 서교동 352-29 마인드월드빌딩 5층
대표전화 • 02)330-5114 팩스 • 02)324-2345
등록번호 • 제313-2006-000265호

홈페이지 • http://www.hakjisa.co.kr
커뮤니티 • http://cafe.naver.com/hakjisa

ISBN 978-89-997-0222-8 93180

정가 25,000원

이 도서의 국립중앙도서관 출판시도서목록(CIP)은 서지정보유통지원시스템 홈페이지(http://seoji.nl.go.kr)와 국가자료공동목록시스템(http://www.nl.go.kr/kolisnet)에서 이용하실 수 있습니다.
(CIP제어번호: CIP2013017418)